Joseph Mausbach
Die Ethik des Heiligen Augustinus

**Zweiter Band: Die sittliche Befähigung des Menschen
und ihre Verwirklichung**

**Mausbach, Joseph: Die Ethik des heiligen Augustinus –
Zweiter Band: Die sittliche Befähigung des Menschen und ihre
Verwirklichung
Hamburg, SEVERUS Verlag 2013.
Nachdruck der Originalausgabe von 1909.**

ISBN: 978-3-86347-575-8
Druck: SEVERUS Verlag, Hamburg, 2013

Bibliografische Information der Deutschen Nationalbibliothek:
Die Deutsche Nationalbibliothek verzeichnet diese Publikation in der
Deutschen Nationalbibliografie; detaillierte bibliografische Daten sind
im Internet über http://dnb.d-nb.de abrufbar.

SEVERUS

Inhaltsverzeichnis.

Erstes Kapitel.

Der Kampf Augustins mit dem Pelagianismus.

Seite

I. Die Entwicklung der Gnadenlehre Augustins vor dem Auftreten des Pelagius 1
II. Die Entstehung des Pelagianismus 7
III. Die Lehre der Pelagianer. Ihr Verhältnis zum Manichäismus . . 11
IV. Art und Bedeutung der Abwehrstellung Augustins 18

Zweites Kapitel.

Die Bedeutung der göttlichen Gnade.

§ 1. Freiheit und Gnade in ihrer allgemeinsten Beziehung.
Die Gnade als Triebkraft alles Sittlichen.

I. Begriff der Willensfreiheit bei Augustin 25
II. Der göttliche Beistand zum sittlichen Wollen und Handeln . . . 39
III. Die menschliche Freiheit und die Sicherheit der göttlichen Weltregierung 59

§ 2. Die Gnade als Nachlassung und Heilung der Sünde.

I. Die Auffassung der Sündenschuld bei den Pelagianern und ihre Widerlegung durch Augustin 75
II. Das Wesen der bleibenden Sünde nach Augustin 84
III. Die Gnade der Erlösung 93

§ 3. Die Gnade als übernatürliches Leben der Seele.

I. Einleitendes 97
II. Die verschiedene Auffassung von Natur und Gnade bei Augustin und in der Scholastik 100
III. Erklärung der Eigenart Augustins in der Auffassung von Natur und Gnade 105
IV. Der Gnadencharakter des Urstandes 113
V. Der mystische Vollzug der christlichen Rechtfertigung . . . 117
VI. Die übernatürliche Gottähnlichkeit als Wirkung der Rechtfertigung . 126
VII. Moderne Einwände gegen Augustins Theorie 135

Drittes Kapitel.

Die Erbsünde.

Seite

§ 1. Einleitendes zur Geschichte des Dogmas . . 139

§ 2. Die Tatsache der Erbsünde. 148

§ 3. Ursprung und Fortpflanzung der Erbsünde. . 157

§ 4. Das Wesen der Erbsünde.

I. Einleitendes über den Stand der Frage. 170
II. Begriff der Konkupiszenz 174
III. Das „Übel" der Konkupiszenz 178
IV. Der reatus concupiscentiae als eigentliche Erbsünde 185
V. Das Wesen des reatus: Der Mangel des göttlichen Lebens. . . 193
VI. Die Verbindung zwischen concupiscentia und reatus 198

Viertes Kapitel.

Die sittliche Unfreiheit des gefallenen Menschen.

I. Einleitendes 208
II. Die Macht der bösen Lust 213
III. Die Macht der Unwissenheit und Verblendung 226
IV. Die „Notwendigkeit der Sünde" und die Freiheit des Willens . . 240

Fünftes Kapitel.

Das sittliche Handeln außerhalb des Christentums und der Kirche.

§ 1. Die natürlichen Tugenden der Heiden.

I. Die sittlichen Vorzüge der alten Römer nach der Civitas Dei . . 260
II. Heidnische und christliche Tugend nach den Kampfschriften gegen Julian 265
III. Die stoische und neuplatonische Tugend 278
IV. Die natürliche Sittlichkeitsanlage im Juden und Heiden . . . 284
V. Würdigung der Auffassung Augustins. 294

§ 2. Die Möglichkeit des Heils außerhalb des Christentums.

I. Die Wirksamkeit der Erlösungsgnade im Judentum und Heidentum . 300
II. Die Art des rechtfertigenden Glaubens in den vor- und außerchristlichen Gerechten 307

§ 3. Der Mangel des Sakraments und der Zugehörigkeit zur Kirche.

I. Die Notwendigkeit des Sakraments. Die Begierdetaufe . . . 323
II. Häresie und Schisma als Abfall von der kirchlichen Einheit . . 330

Sechstes Kapitel.

Der Kampf und Sieg des Guten in der Entwicklung des Getauften.

Seite

I. Einleitende und übersichtliche Bemerkungen 341
II. Die allmähliche Heilung der bösen Lust durch die Liebe . . . 345
III. Der Fortschritt des Glaubens zur Einsicht 355
IV. Die religiöse Erkenntnis des Christen und die Gottschauung des Jenseits 367
V. Der Nutzen des sittlichen Kampfes 371
VI. Der Sieg und Friede der Vollendung 378

Personenregister 389
Sachregister 391

Erstes Kapitel.
Der Kampf Augustins mit dem Pelagianismus.

*„Pro gratia Christi clamo, sine qua nemo
iustificatur tanquam sufficiente naturae
libero arbitrio."*

(De nat. et gr. 73.)

I. Die Entwicklung der Gnadenlehre Augustins vor dem Auftreten des Pelagius.

Die Ansichten Augustins über die Stellung der menschlichen Natur zur Gnade und zur Sünde haben sich nicht erst im Kampfe mit der pelagianischen Irrlehre entwickelt. Sie sind von ihm auf Grund seiner christlichen und philosophischen Weltanschauung, insbesondere seiner Vertiefung in die paulinischen Schriften erarbeitet worden und standen im wesentlichen lange fest, bevor Pelagius auftrat[1]. Das Problem, was und woher das Böse sei, hatte für ihn mit der Abwerfung des Manichäismus eine geistig-sittliche Fassung erhalten; wie das Übel in der Natur nicht reale Wesenheit ist, nicht einem bösen Prinzip entspringt, so ist auch das sittlich Böse nicht Äußerung einer realen Sündenmacht, sondern eine Privation, die Abkehr des geistigen Willens vom höchsten Gute und der aus ihr entstehende Mangel sittlicher Lebenskraft[2]. Der Neuplatonismus hatte ihm zugleich ein tiefes Verständnis und eine lebhafte Empfindung für die Einheit alles Guten, für die göttliche Heimat der sittlichen Ideale gegeben; aber die platonische Erlösungslehre war zu einseitig abstrakt, als daß sie seine Spekulation und sein Gefühl hätte befriedigen können. Die Lektüre des hl. Paulus gab ihm den ersehnten Aufschluß, indem sie ihm das Geheimnis der Gnade, die in der Menschwerdung ihr Zentrum hat, enthüllte, der Gnade, die nicht bloß das sittliche Ziel und Ideal zeigt, sondern

---

[1] Reuter, Augustinische Studien 10 f. Harnack, Dogmengeschichte III 151. Loofs, Augustinus: Realenzyklopädie für prot. Theologie II[3] 279 282.
[2] Conf. 7, 22.

Mausbach, Ethik des hl. Augustinus. II.   1

auch den Menschen innerlich heilt und stärkt, es zu suchen und festzuhalten[1]. Nach hartem und anhaltendem Kampfe zwischen der
Gnade und der in ihm lebenden bösen Neigung gewann er jene
praktische, unreflektierte Einsicht über die Bedeutung der Gnade,
die vom Glauben und der Frömmigkeit des Christen unzertrennlich
ist. In seinem dankbaren und religiös erregbaren Gemüte spricht
sich diese Einsicht gleich nach der Bekehrung in Wendungen aus,
die wir als schlichte, aber immerhin überraschende Vorboten seiner
ausgebildeten Gnadenlehre bezeichnen dürfen. In der Einleitung der
Soliloquien betet er, Gott möge ihm zunächst „verleihen, daß er gut
bitten möge, sodann ihn würdig machen, erhört zu werden"[2]. Das
Wort der Konfessionen, an dem Pelagius später Anstoß nahm: „Da,
quod iubes, et iube, quod vis", findet sich sachlich schon hier: „Be-
fiehl und heiße nur, was du willst; aber heile und öffne mein Ohr,
deine Worte zu hören; heile und öffne mein Auge, deine Winke zu
merken! . . . Sprich du zu mir, offenbare dich mir, gib meiner Seele
Nahrung! Wenn die zu dir Flüchtenden durch den Glauben dich
finden, so gib den Glauben; wenn durch die Tugend, so gib die
Tugend; wenn durch die Erkenntnis, so gib die Erkenntnis! Ver-
mehre in mir den Glauben, die Hoffnung, die Liebe! . . . Zu dir
strebe ich hin, und wodurch man zu dir strebt, das erbitte
ich wiederum von dir. Denn wenn du einen verlässest, so geht
er zu Grunde; doch du verlässest (ihn) nicht, weil du das höchste
Gut bist, das noch niemand recht gesucht und nicht gefunden hat.
Jeder aber sucht dich recht, den du recht suchen
machst."[3]

In der ersten Zeit nach der Taufe standen für seine Denkarbeit
andere Gegenstände im Vordergrunde als das Wesen der Gnade. Noch
auf der Durchreise in Rom begann Augustin die Schrift De libero
arbitrio, die den Zweck hatte, gegen die Manichäer den Ursprung
der Sünde aus dem freien Willen nachzuweisen bzw. apologetisch zu
erörtern. Verschiedene Teile dieses Werkes stammen erst aus den

---

[1] Conf. 7, 27: Inveni, quidquid illac verum legeram, hac cum commendatione
gratiae tuae dici, ut, qui videt, non sic glorietur, quasi non acceperit,
non solum id, quod videt, sed etiam ut videat . . . et ut te, qui es semper idem,
non solum admoneatur, ut videat, sed etiam sanetur, ut teneat.

[2] Solil. 1, 2. Vgl. Bd I, S. 8 ff 15 f.

[3] Solil. 1, 5 6. Vgl. De beata vita 35: Admonitio autem quaedam, quae
nobiscum agit, ut Deum recordemur, ut eum quaeramus, ut eum pulso omni
fastidio sitiamus, de ipso ad nos fonte veritatis emanat. Hoc interioribus lumini-
bus nostris iubar sol ille secretus infundit.

folgenden Jahren (390—395) und zeigen ein kräftigeres Betonen der Sündenfolgen und im allgemeinen ein stärkeres theologisches Gepräge[1]. Die beredte Verteidigung der Willensfreiheit in dieser Schrift bot später den Pelagianern willkommenen Anlaß, Augustin des Abfalls von seinen früheren Grundsätzen zu beschuldigen. Er antwortet zunächst, der Zweck des früheren Werkes habe es verboten, die Macht und Notwendigkeit der Gnade eigens zu behandeln. Gleichwohl macht er auf eine Reihe von Äußerungen aufmerksam, die schon im voraus eine Widerlegung des Pelagianismus enthielten[2]. Sie sprechen tatsächlich in allgemeiner Form drei Gedanken aus, die später Leitsätze seiner Polemik wurden. Der erste ist der Grundsatz, daß alles Gute, auch die Tugend und die Tugendübung, von Gott kommt, die Sünde dagegen dem Menschen aus eigener Macht (bzw. Ohnmacht) möglich ist[3]; der zweite, daß zur Heilung und Aufhebung der Sünde die Gnade Christi notwendig ist, weil der Mensch zwar aus sich fallen, aber nicht aus sich wieder aufstehen kann; der dritte, daß mit der Fortdauer der Sünde als Schuld und Seelenwunde auch eine gewisse Notwendigkeit, weiter zu sündigen, gegeben ist, die sich in der ignorantia und cupiditas äußert und nur durch die Gnade und Liebe innerlich überwunden wird. Immerhin halten diese am Schlusse der Bücher De libero arbitrio auftretenden Gedanken dem philosophischen und in etwa optimistischen Nachweise der Wahlfreiheit nicht das Gegengewicht. Augustin selbst gesteht, daß er in jener früheren Zeit eine allseitige Darlegung dieser tiefer liegenden Probleme nicht geliefert habe[4].

Eine Reihe von Schriften, die in den Jahren von 388 bis 396 entstanden und, soweit sie polemisch sind, antimanichäische Färbung tragen, legen gleichfalls allen Nachdruck auf die Freiheit des Willens[5]. Wenn Augustin in denselben wiederholt die Wahlfreiheit als

---

[1] Thimme, Augustins geistige Entwicklung 9 217.

[2] Retr. 1, c. 9, 4—6.

[3] Thimme (a. a. O. 217) meint, Augustin würde zur Zeit, als er De libero arbitrio schrieb, die Konsequenz abgelehnt haben, daß, wie der freie Wille, so auch der „bonus usus liberae voluntatis" von Gott stamme. Allein Augustin beruft sich in den Retraktationen mit Recht auf De lib. arb. 2, 49—51, wo er feststellt: „et maxima et minima bona ab illo sunt, a quo est omne bonum", und dann zu den maxima bona die Tugenden und die Werke der Tugenden rechnet, den „bonus usus istorum, quibus etiam non bene uti possumus".

[4] Retr. 1, c. 9, 2.

[5] De Gen. c. Man. (388—390); De ver. rel. (389—391); De duab. anim. c. Man. (391—392); C. Adim. Man. (393—396).

Bedingung jeder Sünde hinstellt, so bemerkt er in den Retraktationen, sein Absehen sei nur auf die persönliche Tatsünde gerichtet gewesen, nicht auf die Erbsünde und die mit ihr verbundene Knechtschaft unter die Sünde. Wenn er anderseits dem menschlichen Willen die Macht, sich zum Besseren zu wenden und das Gesetz Gottes zu erfüllen, beigelegt habe, so sei diese Lehre nicht unrichtig, fordere aber als Ergänzung, daß Gott den Willen zu dieser Gesinnung vorbereite (praeparatur voluntas a Deo)[1]. Die ganze Aufmerksamkeit Augustins war in jenen ersten Priesterjahren so sehr auf andere Fragen gerichtet, daß er selten über die umfassende Bedeutung der Gnade und Erbsünde nachdachte.

Von besonderem Interesse ist das rückschauende Urteil, das er über den ersten Versuch einer Erklärung des Römerbriefes (393 bis 396) fällt. Er hatte in demselben deutlich den Satz ausgesprochen, daß das Sittengesetz in seiner wahren und innerlichen Wesenheit nur von dem geistlichen, durch die Gnade erneuerten Menschen, nicht von dem fleischlichen, natürlichen Menschen erfüllt werden könne. Damit hatte er, wie die Retraktationen bemerken, die pelagianische Irrlehre in ihrem Kernpunkte abgewiesen[2]. Aber, so bemerkt er weiter, wenn er die praktische Heiligkeit oder die Liebe zu Gott als Frucht der Gnade anerkannt habe, so sei seine Ansicht über den Glauben irrig gewesen; der Glaube sei ihm als Vorbedingung aller göttlichen Heilsberufung erschienen, als eine Leistung, die ausschließlich Werk des menschlichen Willens sei[3].

---

[1] Retr. 1, c. 13, 5; c. 15, 2—6; c. 22, 4. Der Satz: „Praeparatur voluntas a Deo" ist Übersetzung von Spr 8, 35 in der Lesart der LXX; er kommt in gleicher Anwendung bei Ambrosius, Expos. in Luc. 1, 10 vor. — Thimme (Augustins geistige Entwicklung 217) behauptet, Augustin lehre in De Gen. c. Man. 2, 21 eine der später anstößigsten Häresien des Pelagius, nämlich, der heutige Mensch befinde sich der Sünde gegenüber genau in der gleichen Situation wie einst Adam. Davon steht an der Stelle nichts. Daß nicht die unfreie Begierde, sondern die Zustimmung des Willens eigentliche Sünde ist, hat Augustin zu allen Zeiten festgehalten (siehe unten Kap. 4, II); daß der heutige Mensch diese Zustimmung so leicht versagen könne wie Adam, wird durch die Darstellung De Gen. c. Man. eher ausgeschlossen als nahegelegt (Sed aliquando ratio viriliter etiam commotam cupiditatem refrenat atque compescit).

[2] Retr. 1, c. 23, 1: Unde quidem iam evertitur haeresis Pelagiana, quae vult non ex Deo sed ex nobis esse caritatem, qua bene ac pie vivimus.

[3] Ebd. n. 2: „Quod ergo credimus, nostrum est; quod autem bonum operamur, illius est, qui credentibus dat Spiritum sanctum" profecto non dicerem, si iam scirem etiam ipsam fidem inter Dei munera reperiri, quae dantur in eodem Spiritu.

Freilich habe er gelegentlich die göttliche Anregung zum Glauben erwähnt, aber die volle P r i o r i t ä t der Gnade vor allem Glauben und Verdienen, die Voraussetzungslosigkeit, Freiheit und Sicherheit der göttlichen G n a d e n w a h l habe er damals nicht mit Klarheit erkannt[1]. — Diese spezifisch augustinischen Lehren sind übrigens für die Widerlegung des eigentlichen Pelagianismus nicht so wichtig wie die aus De libero arbitrio herausgehobenen Sätze. Sie bilden die letzte Ausgestaltung des augustinischen Systems und wenden sich formell gegen die Leitsätze des S e m i p e l a g i a n i s m u s.

Aber wie konnte Augustin, wenn er in De libero arbitrio alles sittlich Gute auf Gott zurückführte, wenn er ferner über den Gnadencharakter der Caritas nie im Zweifel war, den Glauben auch nur vermutungsweise als reine Tat des Menschen ansehen? Hatte ihm nicht schon der Neuplatonismus die Einsicht gebracht, daß alle Lichtgedanken des Menschen, speziell die Erkenntnis der absoluten Wahrheit, aus der Gottheit hervorströmen? Vielleicht lag in letzterem Umstande eher ein Hindernis für die tiefere Erkenntnis des Werdens des Glaubens. Der Einfluß Gottes als der ersten Wahrheitsquelle ist für Augustin ein universaler, alle Menschen umfassender; er vergleicht ihn mit Vorliebe der Sonne, die nach allen Seiten ihre Strahlen sendet. Mag er diese Wirksamkeit auch nicht naturhaft fassen, mag er sie oft genug zu der Gnade in engste Beziehung setzen: den übernatürlichen, freien Charakter der Berufung zum Glauben konnte sie eher verdunkeln als klarstellen. Vielleicht erinnerte er sich auch, daß ihm selbst die Erkenntnis Gottes und gewisser christlicher Wahrheiten durch die Philosophie und durch eigenes Nachdenken zu einer Zeit aufgegangen war, in der er der Gnade des Heiligen Geistes, d. h. der Taufe, noch fernstand. Der Glaube als solcher ist mit dem Stande der Sünde vereinbar; die Liebe und die in ihr liegende volle Gutheit und Gerechtigkeit des Menschen beginnt mit der Geburt aus dem Heiligen Geiste. Daß Liebe und gutes Leben die Gnade voraussetzen, konnte Augustin nicht übersehen;

---

[1] Ebd.: Nondum diligentius quaesiveram nec adhuc inveneram, qualis sit electio gratiae. Ebd. n. 4: Rectissime itaque alio loco in eodem libro dixi: Quoniam si non ex operibus sed misericordia Dei et vocamur, u t c r e d a m u s, et credentibus praestatur, ut operemur . . .; quamvis minus ibi diligenter de illa, quae p e r D e i p r o p o s i t u m fit, vocatione tractaverim. In n. 2 bemerkt er ähnliches über die B e h a r r l i c h k e i t im Guten; auch sie hat er früher in etwa als Gnadengeschenk anerkannt, aber doch nicht die vocatio deutlich als ein propositum Dei, das in dieser Form nur den electi zuteil wird, verstanden.

Gnade bedeutet hier „heiligmachende Gnade", Kindschaft Gottes. Beim Glauben war eher eine Unklarheit möglich; hier ist die Gnade zunächst „aktuelle Gnade", und weder die kirchliche Gnadenspendung noch die voraugustinische Theologie hatten diese Gnade so stark wie die heiligmachende in das Licht des christlichen Bewußtseins gerückt.

Die entscheidende Wendung zu der vorhin als spezifisch augustinisch bezeichneten Auffassung fällt in die erste Zeit seines Episkopats. Der Bischof Simplizian von Mailand hatte ihm unter andern Schwierigkeiten eine Frage vorgelegt über den Sinn des 9. Kapitels des Römerbriefes, das von der Vorherbestimmung des Esau und Jakob und im Anschluß daran von der Gnadenwahl handelt. Beim Nachdenken über dieses Kapitel kämpften in ihm die beiden Ideen Freiheit und Gnade; „aber die Gnade siegte". Wie eine Offenbarung erschien es ihm, daß das Apostelwort: „Quis enim te discernit? Quid autem habes, quod non accepisti? Si autem accepisti, quid gloriaris, quasi non acceperis" (1 Kor 4, 7), sich auf das ganze Heilswerk vom ersten Aufleuchten des Glaubens bis zur himmlischen Vollendung erstreckt [1]. Auch die Lehre von der Erbsünde tritt hier bestimmt und im Einklange mit der prädestinatianischen Gnade hervor. Die Menschheit ist infolge des Falles „una quaedam massa peccati". Gott wählt mit erbarmender Freiheit, aber auch mit einer Weisheit, deren Gesetze wir nicht durchschauen, diejenigen, welche er begnadigen und beseligen will, aus der Masse aus und gibt ihnen die zum Heile angemessenen und unfehlbar wirksamen Gnaden. Er läßt die andern in dem Zustande der Sünde, den das Menschengeschlecht in Adam sich zugezogen; er zwingt niemand zur Sünde, verhärtet niemand positiv, aber er versagt ihnen jene wirksame Erbarmung, die den bösen Willen zu besiegen im stande ist. Die Priorität der Gnade hebt nicht die freie Entschließung des Willens auf; das Glauben und Guthandeln „ist unser eigen wegen der Willensfreiheit; es ist uns gegeben durch den Geist des Glaubens und der Liebe" [2].

---

[1] Retr. 2, c. 1, 1. De praedest. sanct. 8.
[2] Retr. 1, c. 23, 2. De div. quaest. ad Simpl. 1, 2, 13: Verum est ergo: Multi vocati, pauci electi; illi enim electi, qui congruenter vocati; illi autem, qui non congruebant neque contemperabantur vocationi, non electi, quia non secuti, quamvis vocati. Item verum est: Non volentis neque currentis sed miserentis est Dei, quia etsi multos vocet, eorum tamen misereretur, quos ita vocat, quomodo eis vocari aptum est, ut sequantur. Falsum est autem,

II. Die Entstehung des Pelagianismus.

So war Augustin seit mehr als fünfzehn Jahren im Besitze einer festen Anschauung über Gnade und Sünde und innerlich vollkommen gerüstet, als er im Jahre 412 in den Kampf gegen den Pelagianismus verwickelt wurde. Die Lehre des Pelagius stellt den ersten großen Versuch einer aufgeklärten, auf der bloßen Natur und Vernunft fußenden Sittenlehre in der Kirche dar. Die früheren dogmatischen Kämpfe hatten fast alle die theoretischen Dogmen, die Lehren von Gott und der Schöpfung und von dem Verhältnis Christi zur Gottheit zum Gegenstande. Diese Lehren bildeten das für die wissenschaftliche Betrachtung hervorspringende Neue der christlichen Religion; an ihnen mußten zunächst die Einwände der heidnischen Polemik wie die falschen Vermittlungen und Abschwächungen innerhalb der Kirche ihre Kraft erproben. Diese metaphysisch-historischen Wahrheiten stellte auch das Symbolum in den Vordergrund des religiösen Interesses, wie umgekehrt der Kampf um sie — besonders im Orient — das Symbolum bereicherte und ausgestaltete. Anders verhielt es sich mit der tieferen Erkenntnis der christlichen Sittlichkeit. Die moralischen Vorschriften des Christentums leuchteten der Vernunft als edel und wertvoll ein; die neue Kraft und mystische Weihe des Handelns sollte praktisch erlebt, nicht sofort zum Gegenstande der Reflexion gemacht werden. Das Übernatürliche ist hier weniger objektive Lehre als subjektive Lebensmacht. Der Glaube an die Gnade trat nicht so sehr in symbolischen Erklärungen wie im Gebets- und Kultusleben der Kirche hervor. Der dunkle Hintergrund der Gnade, die im natürlichen Menschen wuchernde Sünde, und ihr Ursprung, der Sündenfall, blieben auch doktrinell länger im

---

si quis dicit: Igitur non miserentis Dei sed volentis atque currentis est hominis; quia nullius Deus frustra misereatur; cuius autem miseretur, sic eum vocat, quomodo scit ei congruere, ut vocantem non respuat. Diese Ausführung hat später dem im wesentlichen molinistischen System des Bellarmin, Suarez u. a. den Namen Kongruismus gegeben. Für die Interpretation Augustins ist jedoch dabei der vorhergehende Satz nicht zu übersehen: Ad alios autem vocatio quidem pervenit; sed quia talis fuit, qua moveri non possent nec eam capere apti essent, vocati quidem dici potuerunt sed non electi. — Das Obdurare von seiten Gottes ist ein solches „nolle misereri, ut non ab illo irrogetur aliquid, quo sit homo deterior, sed tantum, quo sit melior, non erogetur" (ebd. 1, 2, 15); „ut tantummodo quibusdam peccantibus misericordiam iustificationis suae non largiatur, et ob hoc dicatur obdurare peccantes quosdam, quia non eorum misereatur, non quia impellit, ut peccent.

Dunkeln. Für den Christen war das Alte abgetan, das neue, himmlische Leben mit der Taufe Tatsache geworden. In außerchristlichen
Kreisen konnte die Betonung einer Natursünde dualistischen Vorstellungen, wie sie im Gnostizismus und Manichäismus wucherten,
Vorschub leisten. Was die Auffassung Gottes betrifft, so mußte
sich zuerst seine Einheit, seine vollkommene Güte, die alles gut geschaffen hat, im Bewußtsein durchsetzen. Was den Menschen und
sein Heil angeht, so richtete sich die ganze Energie des Denkens
und Fühlens auf die Zukunft, nicht auf die Vergangenheit, auf das
sehnsüchtig erhoffte Paradies des Jenseits, nicht auf das verlorene
Paradies der Urzeit.

Die sittliche Paränese faßte als Gegenstand der Warnung selbstverständlich die persönliche Sünde, nicht die Erbsünde ins Auge.
Wie diese Sünde nur durch den freien Willen zu stande kommt,
so bedarf es zu ihrer Bekämpfung stets des kräftigen Appells an die
F r e i h e i t, an die menschliche Selbstbestimmung und die in ihr
liegende Würde und Verantwortung. Sinnliche Schwäche und Leicht-
fertigkeit trösten sich zu allen Zeiten gern mit fatalistischen Entschuldigungen, mit Anklagen gegen die verdorbene Natur. Je
ernster es die Vertreter der Kirche mit der Heiligkeit ihrer Mit-
glieder nahmen, um so entschiedener verteidigten sie die Willensfreiheit, die Pflicht der sittlichen Anstrengung wider die Reize des
Bösen. Tatsächlich bildet ja die Gnade, selbst in ihren höchsten Formen, keinen Gegensatz oder Ersatz der sittlichen Selbstbetätigung,
sondern eine Belebung und Kräftigung derselben. Das innere Verhältnis aber zwischen Gnade und Freiheit, zwischen göttlicher Voraus-
bestimmung und menschlicher Selbstbestimmung ist für irdisches
Denken so schwierig und geheimnisvoll, daß, wie Augustin selbst
gesteht, die Betonung der einen Wahrheit leicht die Erkenntnis der
andern gefährdet. Solche Rücksichten, sei es metaphysischer, sei
es praktischer Art, haben bei manchen Kirchenvätern, vor allem
bei Origenes und Johannes Chrysostomus, eine Darstellung der Gnade
und Freiheit herbeigeführt, die den natürlichen Faktoren der Sittlichkeit erheblich mehr Gewicht und Bedeutung beilegt, als es Augustinus
zu tun pflegt.

Auch der britische (nach andern irische) Mönch P e l a g i u s ist
ohne Zweifel durch ähnliche Motive zu seiner Theorie über Natur und
Gnade geführt worden. Er entbrannte in glühendem Eifer gegen
„die, welche bei ihren Sünden, statt ihren Willen anzuklagen, lieber
die menschliche Natur anklagen und sich so zu entschuldigen

suchen"[1]. Er erkannte, daß manche Christen um so nachlässiger ihre Kraft gebrauchen, je geringer sie über dieselbe denken[2]. Als Anhänger des aszetischen Lebens wußte er, wieviel die geistige Sammlung, die strenge Selbstzucht in der Bekämpfung des Bösen vermag. Der Eifer wider eine falsche mystische und quietistische Richtung trieb ihn zum entgegengesetzten Extrem. Er machte die Natur zu selbständig gegenüber der Gnade; indem er „die Gerechtigkeit Gottes nicht kannte und seine eigene Gerechtigkeit aufstellen wollte, unterwarf er sich nicht der Gerechtigkeit Gottes (Röm 10, 3)[3].

Unverkennbaren Einfluß auf die pelagianische Irrlehre übte außerdem die stoische Philosophie und Moral. Dieser Einfluß zeigt sich nicht bloß methodisch in der Handhabung einer nüchternen, formalistischen Dialektik, sondern vor allem sachlich in der Überschätzung der Kraft des Willens, in der Verkennung der religiösen Abhängigkeit des Menschen, in dem Ideal des hienieden zu voller Sündlosigkeit gereiften Weisen. In der Schilderung des letzteren überwiegen freilich bei Pelagius die Züge des christlichen Aszeten; unverhüllter zeigt sich die stoische „Apathie" und „Anamartesie" in den Äußerungen seines Bundesgenossen Cälestius. Dieser behauptete, nur vollkommen Sündlose könnten Kinder Gottes genannt werden. Er bildete den Syllogismus: „Wenn die Seele nicht ohne Sünde sein kann, so unterliegt auch Gott der Sünde, da ein Teil von ihm, d. h. die Seele, der Sünde unterworfen ist."[4] Selbst die ersten Grundsätze des christlichen Glaubens sind diesem, von stoischen Philosophemen erfüllten Laien nicht klar. Um so hitziger und erregter wendet er sich gegen denjenigen Teil der kirchlichen Erlösungslehre, der dem natürlichen Denken am dunkelsten ist, die Lehre von der Erbsünde. Dank seiner vornehmen Stellung und seinem agitatorischen Talent fanden seine Aufklärungsbestrebungen viel Anklang in gebildeten Kreisen und trugen wesentlich zur Ausbreitung der Irrlehre bei.

Als eigentlichen Systematiker des Pelagianismus und bedeutendsten Gegner betrachtet Augustin ohne Zweifel den talentvollen

---

[1] August., De nat. et gr. 1. [2] Pelag., Ep. ad Demetr. c. 21.

[3] Wörter, Der Pelagianismus, Freiburg 1874, 183 193. Klasen, Die innere Entwicklung des Pelagianismus, Freiburg 1882, 1 ff 46 87. Reuter, Augustinische Studien 39 ff. Im Laufe des Streites verwickelte sich Pelagius allerdings nicht nur in dogmatische, sondern auch in sittliche Widersprüche, die auf seinen Charakter schwere Schatten werfen.

[4] August., De gest. Pel. 42.

Bischof Julian von Eklanum[1]. Auch er stellt die Erbsünde in
den Vordergrund der Debatte; aber dieses Thema wird ihm zum
Ausgangspunkte, um die ganze Auffassung des Menschen, wie sie
nach Offenbarung und Kirchenlehre feststand, einer Kritik im Sinne
empirischer Vernunftbetrachtung zu unterziehen. Seine Erklärung
der Heiligen Schrift schließt sich an die kritisch-nüchterne Exegese
der Antiochener an. Sein Gottes- und Weltbegriff ist deistisch,
seine Freiheitslehre extremer Indeterminismus, seine Moral eine
natürliche Tugendlehre, die ihre naturalistische Tendenz nur durch
äußerliche Reste von Mystik verhüllt. Was Pelagius aus ererbter
christlicher Gesinnung oder aus Furchtsamkeit nicht auszusprechen
wagte, das brachte dieser „iuvenis confidentissimus" in eine kühne
Formel: Die Emanzipation des freien Willens von Gott, die Verherrlichung der jetzigen Menschennatur als des ursprünglichen, vollkommenen Menschenwesens, die Überlegenheit der Vernunft über die
Tradition, der Bildung über das Massenchristentum[2]. Julian hat
sich, so bemerkt Augustin, derart in die heidnische Philosophie und
Ethik eingelebt, daß er den sensus christianus verloren hat[3]. Die
Rücksichtslosigkeit, mit der er die Gesamtidee der Häresie erfaßte
und aussprach, gab Augustin Gelegenheit, ihren widerchristlichen
Charakter mit der ganzen Kraft seines Glaubens und seiner Spekulation klarzustellen. Die Anmaßung und Leidenschaft, mit der Julian
den weit älteren Augustin angriff und auch vor persönlichen
Schmähungen nicht zurückschreckte, bot letzterem Anlaß, seine vor-
nehme, edle Gesinnung an den Tag zu legen[4]. — Freilich haben der

---

[1] C. Iul. Pel. 6, 36.

[2] Klasen, Die innere Entwicklung des Pelagianismus 68 ff 105 240 ff. Op.
imp. c. Iul. 1, 78: Libertas arbitrii, qua a Deo emancipatus homo est,
in admittendi peccati et abstinendi a peccato possibilitate consistit. Augustin
antwortet: Emancipatum hominem dicis a Deo; nec attendis hoc cum emancipato
agi, ut in familia patris non sit. — Ebd. 2, 13 ff schilt Julian die geistige „Im-
potenz", die „blinde Meinung" bäurischer Köpfe, die Berufung auf den Glauben
des Volkes; er stellt ihnen gegenüber die Vernunft und Gelehrsamkeit, die Idee
der Gerechtigkeit, der die Heilige Schrift nicht widersprechen dürfe, und schließt:
per hoc, quod ratio arguit, non potest auctoritas vindicare (n. 16).

[3] Ebd. 1, 22.

[4] Ebd. 1, 19 68 86. Vgl. die Charakteristik der drei Häupter der Irrlehre
bei Harnack, Dogmengeschichte III 153 f: „Hier ist es ein Mönch und ein
Eunuch, beide ohne Spuren innerer Kämpfe, beide begeistert für die Tugend, beide
erfüllt von dem Gedanken, die sittlich träge Christenheit zur Anspannung des
Willens aufzurufen und sie zur mönchischen Vollkommenheit zu bringen, beide
mit den griechischen Vätern wohl vertraut, Beziehungen zum Orient aufsuchend,

dialektische Scharfsinn und die Zähigkeit Julians dem feurigen Temperament Augustins auch harte Proben gestellt, seiner Polemik Schlingen gelegt, denen sie nicht überall heil entkommen ist. So großartig und tief Augustin die Kernfrage des Streites erfaßt und so sicher er sie vom Standpunkte sowohl der christlichen Erlösung wie der Sittlichkeit gelöst hat, in einzelnen Behauptungen und Argumenten ging er weiter, als das Dogma und die bisherige Theologie forderten, und trat dem natürlichen, auch die Lichtseiten des gefallenen Zustandes würdigenden moralischen Denken zu nahe. Diesen Eindruck gewinnt nicht bloß der philosophische Ethiker und der optimistische, den tieferen Seelenkonflikten fernstehende Weltchrist, sondern auch der an der geschichtlichen Entwicklung des Problems geschulte Theologe, wenn er von dem heutigen sensus ecclesiae in die mit Julian gewechselten Schriften Augustins eindringt.

III. Die Lehre der Pelagianer. Ihr Verhältnis zum Manichäismus.

Pelagius ging aus von der Überspannung der natürlichen Kraft des Menschen zum Guten und von der Leugnung der Notwendigkeit der Gnade. Was die Heilige Schrift Gnade nennt, ist nach seiner Auffassung die menschliche Natur, der von Gott geschenkte freie Wille, dem die positive Kraft, aus sich das sittlich Gute in allen Formen zu tun, innewohnt. Dazu kommt das Gesetz Gottes, die Belehrung durch die Offenbarung, vor allem durch die Menschwerdung Christi. Einer inneren Gnadenhilfe, einer Erleuchtung der Vernunft und Belebung des Willens bedarf der Mensch nicht; jeder sittliche Fortschritt, auch die Liebe zu Gott und die sittliche Vollkommenheit, liegt innerhalb des Rahmens vernünftiger Selbstbestimmung. Notgedrungen verstand sich Pelagius zu der Konzession,

---

in der antiochenischen Exegese bewandert, vor allem aber jener stoisch-aristotelischen Popularphilosophie (Erkenntnistheorie, Psychologie, Ethik und Dialektik) huldigend, die unter den gebildeten Christen des Abendlandes so viele Anhänger zählte. Der dritte im Bunde, Julian von Eklanum, der früh verwitwete Bischof, lebhafter und ausfahrender als der zurückhaltende und vorsichtige Pelagius, gescheiter als der agitierende Cälestius, gebildeter als beide, ein ungezogenes dialektisches Talent, mit einer unverwüstlichen Lust am Disput und einem knabenhaften Eifer, Begriffe zu definieren und Syllogismen zu bilden, mehr rechthaberisch als ernst, kein Mönch, sondern ein naturfreudiges Weltkind, ja der erste und bis zum 18. Jahrhundert nicht übertroffene, unverfrorene Vertreter eines selbstzufriedenen Christentums."

die innere Gnade sei wenigstens zur Erleichterung des Guten wertvoll[1]. Aber auch hierbei suchte er die Priorität des freien Willens zu retten, indem er die Verleihung der Gnade von dem sittlichen Verdienste oder dem Glauben des Empfängers abhängig machte.

Die Sünde ist Mißbrauch des Willens, hebt aber seine sittliche Freiheit, seine innere Gutheit und Produktivität zum Guten nicht auf. Der Sünder bedarf der „Gnade" im Sinne einer Verzeihung der Beleidigung Gottes (ähnlich wie es unter Menschen der Fall ist), er bedarf des Nachlasses der Sündenstrafe, nicht aber der Gnade als innerer Befreiung von Schuld, als sittlicher Neubelebung. Der Schuldbegriff ist bei den Pelagianern überhaupt ein äußerlicher und widerspruchsvoller. So konnte auch die Sünde des Stammvaters keine Verschlechterung in seinem physischen und sittlichen Wesen hervorrufen. Weder ist der leibliche Tod Folge des Sündenfalls, noch ist die sittlich-religiöse Lebendigkeit des Geistes durch die Sünde verloren gegangen. Um so weniger hat die Ursünde den Nachkommen des ersten Paares geschadet; die Menschen treten heute wesentlich so ins Dasein, wie es im Paradiese der Fall gewesen wäre. Es gibt keine überpersönliche, geschlechtliche Einheit der Menschen in ihrer Stellung zu Gott; jeder einzelne ist in seiner Freiheit unvertretbar und unverwundbar, ist der alleinige und bleibende Schöpfer seiner Sittlichkeit und Unsittlichkeit, seines Heiles und seiner Verdammnis. Eine Teilnahme an Adams Sünde ist nicht möglich durch ererbte Schuld, sondern nur durch freie Tat, durch Nachahmung seiner Verfehlung.

In analoger Weise wird die Erlösung und Rechtfertigung aufgefaßt. Das Werk Christi ist nicht der dem ganzen Menschengeschlecht erschlossene und zum Heile notwendige Quell sittlicher Reinigung, Wiedergeburt und Heiligung, es ist eine großartige moralische Anregung durch Offenbarung der Güte Gottes und durch das Tugendbeispiel Christi. Der Opfertod Christi bewirkt allerdings die Verzeihung der Sündenschuld der Menschheit; das Sakrament der Taufe, das von der Kirche „in remissionem peccatorum" gespendet wird, überträgt diese Verzeihung auf die einzelnen; aber bei dem unklaren Begriff der Schuld trägt dieser Nachlaß, zumal er nur für die nachchristliche Zeit vorgeschrieben ist, einen vorwiegend juridischen Charakter. Bei der Kindertaufe fällt auch

---

[1] De patient. 12 13. De grat. Chr. 1, 28 ff.

diese Bedeutung weg, da es keine Erbsünde gibt. Immerhin läßt die kirchliche Überlieferung nicht zu, die Taufe der Kinder abzuschaffen; demnach muß ein anderer Sinn mit ihr verbunden werden. Die Taufe ist, wie man aus Jo 3, 5 schließen kann, notwendig zum Eingang in das „Reich Gottes" oder Himmelreich (regnum coelorum), das wir als eine höhere Stufe der Seligkeit zu denken haben; sie ist nicht erforderlich zur Erlangung des „ewigen Lebens" oder des „Heiles" (vita aeterna, salus aeterna)[1]. Außerdem bildet sie einen feierlichen Aufnahmeakt, eine Weihe und Initiation für das kirchliche Leben. Der erwachsene Christ, der durch die Taufe von seinen persönlichen Sünden freigesprochen ist, braucht sich bezüglich des weiteren Fortschritts im Guten auch nicht über die in der Natur gebliebene Unordnung zu beunruhigen. Dieselbe ist für ihn heilsam als Gegenstand des Kampfes. So dankbar er dabei für die Lehren und Gebote des Evangeliums ist, so abhängig er sich in seinen äußeren Verhältnissen von der Vorsehung fühlt, innerlich ist seine gute Natur und sein eifriger Wille ausreichend zur Meidung der Sünde, ja bei der rechten Tatkraft und Wachsamkeit ausreichend zur völligen Reinheit auch von läßlicher Sünde. Die Kirche als makellose Braut des Herrn — so lehren wenigstens Pelagius und Cälestius — soll nach dem Willen ihres Stifters nur aus vollkommenen Heiligen bestehen; läßliche Sünden schließen ebenso vom Himmelreiche aus wie schwere Sünden[2].

Läßt sich innerhalb des Pelagianismus eine Entwicklung feststellen? Man hat schon bei Pelagius selbst einen Unterschied finden wollen zwischen seiner Anschauung im Kommentar zu den paulinischen

---

[1] De pecc. mer. et rem. 1, 2 f: A quibus tamen cum quaeritur, utrum non baptizati et non effecti cohaeredes Christi regnique coelorum participes habeant saltem beneficium salutis aeternae in resurrectione mortuorum, laborant vehementer nec exitum inveniunt. — De pecc. orig. 2, 19: Propter accipiendum regnum coelorum tantummodo eos baptizandos esse contendunt. — Epist. 186, 32.

[2] De gest. Pel. 42. Epist. 186, 32 f. Sermo 181, 2 ff. Portalié, S. Augustin 2383. — Eine kurze Zurückweisung des pelagianischen Gnadenbegriffs siehe De gr. et lib. arb. 27: Neque scientia divinae legis neque natura neque sola remissio peccatorum est illa gratia, quae per Iesum Christum Dominum nostrum datur, sed ipsa facit. ut lex impleatur, ut natura liberetur, ne peccatum dominetur. Ähnliche kurze Skizzierungen des Pelagianismus Epist. 188, 3; De haeres. 88. Julian versteht (Op. imp. c. Iul. 1, 94) unter Gnade folgendes: Die Erschaffung aus nichts, die Vernunft, die Willensfreiheit, sonstige Wohltaten Gottes, das Gesetz des Alten Bundes, die Offenbarung der Güte Gottes in der Menschwerdung Christi.

Briefen, der den Heilswert des Todes Christi deutlicher anerkennt, und den nachher bei Augustin vorkommenden Äußerungen, die alles Gewicht auf das Tun und Verdienst des Menschen legen. Allein abgesehen von dem Zwange, den der biblische Text dem Exegeten auflegt, ist es, wie schon angedeutet wurde, nicht widersprechend, den Kreuzestod Christi als objektive Bedingung des Sündennachlasses festzuhalten und dessen persönliche Aneignung dennoch rein von der sittlichen Kraft des Menschen zu erwarten[1]. Dagegen zeigt sich eine Entwicklung im Sinne fortschreitender Abschwächung des Christlichen und Übernatürlichen, wenn wir Julian mit Pelagius vergleichen; im Theoretischen eine stärkere Betonung der Vernunft und Wissenschaft, im Praktischen ein Übergang von aszetischem Rigorismus zu freier, weltförmiger Denkweise. Pelagius hatte argumentiert: Wir sind von derselben Natur wie die Stammeltern im paradiesischen Zustande; also haben wir dieselbe Möglichkeit und Aussicht, eine vollkommene Herrschaft über die Sinnlichkeit zu erlangen. Julian zog den andern Schluß: Adam war von derselben Natur wie wir; also hat er wie wir den Zwiespalt zwischen sittlichem Streben und regelloser Sinnlichkeit in sich getragen. Pelagius hielt das kirchliche Ideal der Vollkommenheit, die geisterfüllte Harmonie des Seelenlebens, aufrecht; er schloß das Auge vor den tatsächlichen Mängeln der Menschennatur. Julian nahm den Menschen, wie er ist, und konstruierte von ihm aus ein neues Ideal: die gesunde Lebensentfaltung, die in labilem Gleichgewicht oder dramatischer Spannung wirkende Kraft. Die von beiden hochgefeierte Willensfreiheit ist bei Pelagius vorzugsweise Anlage und Kraft des G u t e n , bei Julian formelle Selbstherrschaft im Kampfe der G e g e n s ä t z e , Möglichkeit zum Guten u n d Bösen. Eine Folge des naturalistischen Zuges bei Julian, zum Teil allerdings auch eine Wirkung der augustinischen Fassung des Erbverderbens, war die steigende Bedeutung, welche die Geschlechtslust in seiner Debatte mit Augustin gewann. Sah der letztere in ihrem verführerischen Reize das deutlichste Zeichen einer Anomalie der Natur, so verstieg sich Julian nicht selten zu ungescheuter Verherrlichung der gesunden Sinnlichkeit.

Es ist ungemein schwierig, in der Beurteilung des Pelagianismus die rechte Mitte zu treffen. Wir dürfen sein Wesen nicht einfach

---

[1] E r n s t , Pelagianische Studien: Katholik 1885 I 254. L o o f s , Pelagius: Realenzyklopädie für prot. Theologie XV[3] 754 ff.

als Rationalismus oder Naturalismus kennzeichnen; dafür war die
Macht der biblischen und kirchlichen Vorstellungen über das Denken
jener Männer zu groß, und ihr tatsächlicher Zusammenhang mit
dem Leben der Kirche noch zu stark. Auch Julian erkennt
z. B. den sittlichen Vorrang der Jungfräulichkeit vor der Ehe an[1];
er bedient sich, wenn er von Erlösung und Taufe redet, oft streng-
kirchlicher, von altersher geheiligter Ausdrücke. Anderseits dürfen
wir die frommen und klangvollen Redensarten der Pelagianer nicht
zu ernst nehmen; sie endigen oft in nichtssagenden Gemeinplätzen
oder wechseln mit Äußerungen, die jeder tiefere und ehrliche
Denker als offenen Widerspruch empfinden müßte. Ohne Zweifel
hat bald die Verlegenheit, bald diplomatische Berechnung zu der
Methode geführt, verfängliche Gedanken in unschuldige Formeln
zu kleiden. Und auch, wo dies nicht der Fall ist, wo aus Unklarheit und Kurzsichtigkeit richtige Einzelheiten mit häretischen
Thesen verbunden wurden, hatte Augustin das Recht, mit allem
Nachdrucke das Neue und Charakteristische der Irrlehre heraus-
zustellen und seine Konsequenzen zu entwickeln. Die moderne
Dogmengeschichte, die in einzelnen Punkten dem Pelagianismus
gegen Augustin recht gibt, fällt deshalb im ganzen doch ein ebenso
ungünstiges Urteil über den Wert des Systems wie die älteren
Theologen, sowohl vom Standpunkte der christlichen Religion wie
von dem einer tieferen, die Wirklichkeiten des Lebens würdigenden
Ethik[2].

---

[1] Vgl. Bd I, S. 358, A. 3.

[2] R e u t e r (Augustinische Studien 39) urteilt, das eigentlich Substantielle
der pelagianischen Überzeugung sei ein „verworrener, m o r a l i s c h e r Humanismus"
gewesen. H a r n a c k (Dogmengeschichte III 183) sagt: „Man wird doch urteilen
müssen, daß ihre Lehre den Jammer der Sünde und des Übels verkennt, daß sie
im tiefsten Grunde g o t t l o s ist.... Sie war eine Neuerung, weil sie den Pol der
mystischen Erlösungslehre, welche die Kirche stets neben der Freiheitslehre festgehalten hat, trotz aller Akkommodationen im Ausdruck faktisch doch fallen
läßt." — Für diese Charakteristiken und speziell für die innere Entwicklung des
Pelagianismus sind die Darlegungen von W ö r t e r und K l a s e n nicht ohne Einfluß gewesen. An ihnen übt E r n s t a. a. O. Kritik, in manchen Punkten nicht
ohne Glück. Aber seine Auffassung ist meines Erachtens den Pelagianern hier
und da zu günstig; u. a. wohl deshalb, weil er den sog. libellus fidei Iuliani als
echt ansieht, den man heute andern Verfassern zuschreibt (L o o f s a. a. O. XV 770).
Ernst beruft sich z. B. (S. 241) auf die Äußerung Julians (Op. imp. c. Iul.
1, 106): Gratia, quae a Christo provisa est, supervacua non est. Aber das unmittelbar folgende bringt die starke Abschwächung: Rationabilis eius muni-
ficentia teneatur, per quod r e a v o l u n t a s c o n v i n c i t u r p e c c a t o r i s, quae

Die Pelagianer machten auf arglose Katholiken dadurch Eindruck, daß sie ihre Auffassung als die einzig wirksame Widerlegung
der manichäischen Irrlehre hinstellten. Sie warfen Augustin
vor, er verleugne durch seine Erbsündenlehre die ganze Stellung,
die er in der ersten Zeit seiner Tätigkeit eingenommen. Augen-
scheinlich habe er, wie Julian hämisch bemerkt, das in der Jugend
eingesogene Gift des Manichäismus niemals völlig ausgeschieden und
überwunden. Er nehme ja, wie die Manichäer, in der menschlichen
Natur ein unreines, böses Element an, das dem freien Willen vorangeht und eine sittliche Freiheit nicht aufkommen läßt. Augustin
lehnt diesen Vorwurf mit aller Entschiedenheit ab. Seine Anschauung
unterscheidet sich so deutlich und wesentlich vom Manichäismus
wie vom Pelagianismus; sie bildet die rechte Mitte zwischen pessimistischer und optimistischer Lebensbetrachtung. Von ihr aus läßt
sich der manichäische Wahn ernst und wirksam bekämpfen, während
ihm der Pelagianismus, wie jeder extreme Gegensatz, Vorschub
leistet. Der Manichäer glaubt an ein böses Prinzip, das in Gottes
Wesenheit eindringt, sie teilweise fesselt und verunreinigt. Der Katholik erblickt in der Erbsünde einen Mangel und Fehler der geschöpflichen Natur, die an sich gut, aber veränderlich ist, durch
Mißbrauch der Freiheit sich jene Unreinheit zugezogen hat. Die
Manichäer erwarten vom Erlöser, daß er eine fremde, feindliche
Natur von ihnen hinwegnehme; die Katholiken hoffen und beten,
daß er die eigene, aber geschwächte Natur heile und belebe [1]. Julian
ahnt nicht, wie er sich durch seine optimistische Freiheitslehre den
Dank der Manichäer verdient. Wieviel tut er sich zu gute auf
das Argument, die eheliche Fortpflanzung könne als etwas Gutes

---

utique potuit tam bonum velle, quam malum voluit. Ferner soll Julian (a.a.O.2,172)
im Anschluß an Röm Kap. 5 die Erlösung durch Christus lehren; aber schließlich deutet er doch die Parallele Adam-Christus völlig moralistisch, indem er
die Fortpflanzung der Sünde und der Gnade auf die Nachahmung zurückführt (2, 214 f). Höchst bezeichnend für die schillernde und schwankende Ausdrucksweise Julians ist seine verschiedene Beurteilung der Taufe. Das eine Mal
(1, 53) nennt er die Taufgnade „omnibus utilis, parvulis necessaria", das andere
Mal (3, 149) umgekehrt „omnibus necessaria, parvulis utilis"; an einer dritten
Stelle (3, 163) bringt er beide Formeln glücklich zu einer Phrase mit dehn-
barem Subjekt zusammen: „augmenta beneficiorum divinorum utilia esse et
necessaria omnibus in commune aetatibus dicimus." — Über ältere Meinungsverschiedenheiten bezüglich der Glaubwürdigkeit Augustins und der Pelagianer
vgl. S c h e e b e n, Dogmatik III 744 ff.
    [1] Op. imp. c. Iul. 1, 85. C. Iul. Pel. 6, 74.

unmöglich die Sünde überleiten, in einer gottgeschaffenen Natur könne niemals die Wurzel des Bösen liegen! Wenn diese Sätze zuträfen, wenn das Böse nicht in gottgeschaffenen Naturen entspringen und fortwuchern könnte, so müßte es, da es tatsächlich existiert, offenbar in einer ungeschaffenen Natur, d. h. in einem bösen Urwesen, seinen Grund haben — ganz die Lehre des Manichäismus![1]

Die Pelagianer suchten die Natur zu verherrlichen und Augustin wie den Manichäismus zu widerlegen durch das fünffache Lob der **Kreatur, der Ehe, des Gesetzes, der Freiheit, der Heiligen** (des Alten Bundes). In knapper und schlagender Übersicht weist Augustin die Überlegenheit der kirchlichen Lehre in all diesen Punkten nach. Die menschliche **Kreatur** ist bei der Geburt gut, insofern sie Mensch ist, und so lobt sie den Schöpfer; sie trägt zugleich die Sünde in sich, insofern sie der Gottesnähe beraubt ist, und so bedarf sie des Erlösers. Sie ist heilungsbedürftig (gegen Pelagius), aber auch heilbar (gegen Mani). Wir Katholiken rühmen die **Ehe**; aber die fleischliche Lust rühmen wir nicht wie Julian; jedoch halten wir sie auch nicht für teuflisch wie die Manichäer, so daß ihretwegen die Ehe verwerflich würde. Vom alttestamentlichen **Gesetze** sagen wir mit dem hl. Paulus gegen die Manichäer: „Es ist heilig und gerecht und gut"; gegen die Pelagianer: „Niemand wird aus dem Gesetze gerechtfertigt" ohne den Geist der Gnade. Der freie **Wille**, so entgegnen wir Mani, ward durch Mißbrauch der Freiheit Quelle der Sünde; derselbe Wille, so antworten wir Pelagius, kann nur durch Gottes Gnade von dieser falschen zur wahren Freiheit erhoben werden. Den **Heiligen** des Alten Bundes erweisen wir die schuldige Ehrfurcht, die ihnen die Manichäer versagen; aber wir führen ihre Heiligkeit auf die Erlösungsgnade Christi zurück, die Pelagius für überflüssig hält. „So zählt der katholische Glaube beide Arten von Irrlehrern, wie alle übrigen, zu seinen Gegnern und überwindet sie beide durch die Autorität der Heiligen Schrift und durch das Licht der Wahrheit."[2]

Vielleicht lassen sich die **Extreme**, zwischen denen die katholische und augustinische Auffassung die rechte Mitte hält, noch kürzer in folgender Weise charakterisieren. Nach dem Manichäismus ist das Böse ebenso wie das Gute die Schöpfung eines absoluten, göttlichen Prinzips; nach dem Pelagianismus ist das Gute ebenso wie das Böse alleiniges, unabhängiges Werk des geschöpflichen

---

[1] C. Iul. Pel. 1, 41 42. Op. imp. c. Iul. 5, 41.
[2] C. duas epist. Pel. 3, 25.

Willens. Nach jenem liegt das Böse in der Sphäre des Seins, der
Wesenheit, und dringt von da aus naturnotwendig in den Kreis des
Wollens; nach diesem liegt es so ausschließlich in der Sphäre des
Sollens und Wollens, daß das Sein von ihm gänzlich unberührt bleibt,
die Natur keine unheilvolle Spur von ihm empfängt. Nach jenem
ist das sittliche Ringen in der Menschenbrust schließlich ein Kampf
zweier kosmischer Mächte, denen eine persönliche, verantwortliche
Einheit nicht gegenübersteht; nach diesem ist der Wille in seiner
freien Selbstbestimmung so souverän, daß er die Wagschalen ebenso
leicht nach oben wie nach unten bewegt, Sieg und Niederlage in
gleicher Weise in der Hand hält. Nach jenem ist das, was im
Menschen böse ist, radikal böse und nur der Ausscheidung oder
Betäubung, nicht der Besserung fähig; nach diesem ist die Güte
und Kraft der Natur so unverletzlich, daß auch das Böse ihr keinen
dauernden Schaden zufügt, daß eine sittliche Arznei und Hilfe Gottes
nach der Sünde nicht notwendig ist.

IV. Art und Bedeutung der Abwehrstellung Augustins.

Die Haltung Augustins der Neuerung gegenüber zeigt gleich im
Anfang die größte Wachsamkeit, aber auch eine wohltuende Um-
sicht und Rücksicht. Den Pelagius hat er hochgeschätzt und anfangs ohne Namensnennung bekämpft, um ihn nicht zu verletzen und
um ihn leichter umzustimmen. In der Fassung der gegnerischen Behauptungen sucht er stets über unsichere Berichte zur wirklichen Ansicht vorzudringen, legt aber dann auch unerbittlich die letzten Wurzeln
des Irrtums bloß und läßt sich weder durch Halbheiten noch durch
heuchlerische Phrasen zu Kompromissen verleiten. Die Wucht und
Tiefe seiner Spekulation, der Reichtum seiner Lebenserfahrung, seine
tiefgewurzelte christliche Gesinnung und Frömmigkeit, sein umfassender Blick für die großen Triebkräfte und Gegensätze im Weltlaufe
verleihen ihm eine zweifellose Überlegenheit über seine Gegner. Die
Schwierigkeit der Probleme und der scharfe Kontrast der pelagianischen Einwände zu seiner innersten und heiligsten Überzeugung
geben seiner Polemik wohl dann und wann einen leidenschaftlichen
Akzent. Aber Selbstbeherrschung, Streben nach Wahrheit und Gerechtigkeit sind bei ihm so groß, daß er auch einem so aggressiven
und respektlosen Debatter wie Julian stets mit größter Liberalität
das Wort erteilt. Es gibt kaum eine polemische Schrift in der Welt-
literatur, die den Argumenten des Gegners so ehrlich und weitherzig

Raum gönnt, wie Augustins letztes Werk gegen Julian (Opus imperfectum contra Iulianum ll. 6).

Unser Kirchenlehrer würde bei seiner ungeheuern Arbeitslast, bei seiner Friedensliebe und Neigung zur Beschaulichkeit den Kampf gegen die pelagianische Irrlehre nicht eröffnet und mit so zäher Ausdauer durchgeführt haben, wenn er diese Lehre nicht als gefährlichste Feindin der christlichen Wahrheit und Lebensgestaltung erkannt hätte. Der Eifer für die Ehre Gottes und für die Wahrung des Grundverhältnisses zwischen Gott und Seele, der Eifer für die Ehre Christi und seine einzige, universale Stellung im Leben der Menschheit haben ihm immer wieder die Feder in die Hand gedrückt und das Wort auf die Zunge gelegt. Gott ist nicht mehr allumfassender Urquell der Wahrheit, Schönheit und Güte, wenn das Beste, das es in der Welt gibt, die sittliche Willenshingabe des Geistes, seinem Einflusse entzogen und dem emanzipierten freien Willen zugeschrieben wird. Die Pelagianer stehen durch ihre Leugnung der Gnade hinter heidnischen Philosophen wie Pythagoras und Plato zurück, denen die Gottheit als Urgrund der Wirklichkeit, als Licht der Wahrheit, als Mittelpunkt der Sittlichkeit feststand[1]. Sie rauben der Tugend ihre höchste Weihe, ihren religiösen Abschluß, indem sie den Dank gegen Gott und das Vertrauen auf ihn aus dem Kern der Sittlichkeit entfernen. Sie nähern sich dem Tugendstolze des stoischen Weisen, der sich der Unabhängigkeit von Zeus rühmt; sie versteigen sich zu der Behauptung, es sei ein leichtes für den Menschen, alle göttlichen Gebote zu erfüllen oder gar über sie hinauszugehen[2]. — Auch der große Inhalt der Heilsoffenbarung, das Erlösungswerk Christi, wird seiner tiefsten Kraft und Bedeutung beraubt: „Evacuatur crux Christi.“[3] Der Erlöser sinkt zum Lehrer und Propheten hinab; seine gottmenschliche Würde wird unverständlich, sein Leiden und Sterben der mystischen Lebens- und Gnadenkraft beraubt; er ist nicht mehr der Brennpunkt der Weltgeschichte

---

[1] C. Iul. Pel. 4, 17. De Civ. Dei 8, c. 9.

[2] De gest. Pel. 29 54 55. Epist. 140, 85: Qui enim gloriatur, quod sit bonus, in illo debet gloriari, a quo factus est bonus; ac per hoc, qui se a semetipso factum bonum arbitratur, consequens est, ut in se ipso, non in Domino glorietur. Omnis autem intentio gratiae Novi Testamenti, qua sursum cor habemus, quia omne datum optimum et omne donum perfectum de sursum est (Iac 1, 17) id agit, ne simus ingrati; atque in ipsa gratiarum actione nihil aliud agitur, nisi ut, qui gloriatur, in Domino glorietur.

[3] De nat. et gr. 7 47.

zwischen Sündenfall und Weltgericht, nicht mehr der Heiland aller
Adamskinder, ohne dessen Namen und Werk kein Heil zu finden ist.
Wenn wir heute auch die Milderungen und freundlicheren Seiten
des Pelagianismus allseitiger mit in Rechnung setzen, als es Augustin mitten im Kampfe konnte und durfte, so müssen doch auch
wir sagen: Obschon der Pelagianismus das Christentum, seine Lehre
und Gnade nicht leugnen oder als nutzlos erklären wollte, so traf
er doch seinen Lebensnerv und lähmte seine Lebensenergie und
werbende Kraft, indem er die Universalität und allgemeine
Verpflichtung des Christentums angriff. Wie er die Herrschaft
der Gnade Christi in der vorchristlichen Zeit durchaus verkannte,
die Heiligen des Alten Bundes durch Natur und Gesetz zur Seligkeit gelangen ließ, so mußte er folgerichtig auch den Menschen nach
Christus die Möglichkeit, aus eigener Kraft das Heil zu erlangen,
zuerkennen. Was Christus dem sittlich strebenden Menschen bieten
konnte, war eine willkommene Hilfe, eine dankenswerte Erhöhung
des diesseitigen und jenseitigen Lebens; es blieb aber mehr oder
weniger ein Fakultatives, ein superadditum und supereroga-
torium.

Dieser Gedanke tritt in zwei Formen hervor. Einmal unterschieden die Pelagianer zwischen der vita aeterna und dem regnum
coelorum; die erstere soll der menschlichen Natur als solcher (so
auch den ungetauften Kindern), das letztere der in Christus wiedergebornen Natur, dem Getauften, zu teil werden. Nun bedeutet aber
vita aeterna im christlichen Sprachgebrauch das wahre, selige Leben
in Gott, jenes Ziel, in dem unser Herz und unser sittliches Streben
zur Ruhe kommt. Damit mußte das „Himmelreich" von selbst als
ein bonum melius erscheinen, als eine Auszeichnung, die jenseits der
sittlichen Bestimmung des Menschen liegt und nicht „notwendig",
sondern „nützlich" ist [1]. Diese Unterscheidung konnte nicht bei den
Kindern und ihrer Seligkeit stehen bleiben; sie mußte — konsequent —
auch auf die Erwachsenen ausgedehnt werden und hier zum Rechte
der freien Wahl, der Alternative zwischen dem höheren und niederen
Ziele werden. Das von Natur unschuldige Kind war ja beim Heran-
wachsen nach Pelagius befähigt, ohne göttlichen Beistand alle Sünden
zu meiden; es blieb in diesem Falle auch ohne Taufe und mystische
Verbindung mit Christus des „ewigen Lebens" würdig. Der Empfang
der Gnadenmittel Christi war für solche Menschen prinzipiell nicht

---

[1] S. 15 A. 2.

geboten, sondern nur geraten, oder wenn geboten, doch nur unter einer Bedingung, die das eigentliche sittliche Endziel nicht in Frage stellte. Auch die spätere Kirchenlehre hebt den Unterschied zwischen dem der Natur des Menschen entsprechenden und dem durch Gnade gewährten, übernatürlichen Endziele scharf hervor. Aber sie kennt jenes erstere nur in der Theorie, als begriffliche Voraussetzung des tatsächlichen, übernatürlichen Zieles. Dieses letztere, nachdem es von Gott als Bestimmung gesetzt ist, beherrscht und verpflichtet all unser Leben und Handeln.

Ein mystisches Element, eine gewisse Reinigung und Weihung der Seele legen, wie wir hörten, die Pelagianer bisweilen dem Sakramente der Taufe bei [1]. Aber dieses Mystische erscheint als ein Willkürliches, das, ähnlich den heidnischen Mysterien, über die Sittlichkeit hinausgeht; es wurzelt nicht in einer Verpflichtung und erweist sich nicht triebkräftig in eigenartiger Sittlichkeit. Wir sind gut, in vollem Sinne moralisch leistungsfähig ohne diese Gabe des Geistes, wir werden durch sie „besser", innerlich vornehmer und heiliger. Für Augustin dagegen gibt es nichts Höheres über dem wahren sittlichen Leben. Gerade deshalb kann die Tugend und Heiligkeit nicht bloße Tat des Menschen, sie muß Wirkung und Geschenk Gottes sein. Indem er das Wesen dieser Heiligkeit in der Liebe zu Gott zusammenfaßt, erhält er einen Begriff, der die christliche Tugend deutlich über heidnische Gewissenhaftigkeit wie über jüdische Gesetzestreue emporhebt. Nachdem die Liebe als neues Gesetz geoffenbart ist, erkennt auch das ethische Denken in dem ihr eigenen Umfassen des höchsten Gutes den Inbegriff und Geist aller Verpflichtung auf das Gute. Als wirkliche persönliche Liebe, als geheimnisvolles Einswerden und Leben im Geliebten bildet sie zugleich die edelste Blüte der Mystik. Auch die Heilige Schrift zeigt die Gottesliebe einerseits als Summe und Höhepunkt des sittlichen Lebens, anderseits als übernatürliche, vom Heiligen Geiste eingeflößte Lebenskraft.

Selbst an denjenigen Stellen, in denen die Pelagianer die Wirkung des Sakramentes relativ hochstellen, fassen sie dieselbe nur als Abschluß mit der Vergangenheit, als ruhende Qualität, als Standeserhöhung, nicht als fortwirkende Kraft. Die Gnade ist reiner Habitus, Stand der Rechtfertigung; es fehlt die aktuelle Gnade, die das in ihm verborgene Leben entfaltet und im Kampfe mit der bösen

---

[1] Vgl. z. B. Op. imp. c. Iul. 5, 9.

Lust zum Siege führt. Die Pelagianer beten: „Vergib uns unsere
Schuld"; sie halten es für überflüssig, zu beten: „Führe uns nicht
in Versuchung!" Die echte Mystik, so trostvoll sie in der erlangten
Verzeihung und Gotteskindschaft ruht, weiß auch, daß das neue
Verhältnis zu Gott ein Leben des Kampfes und des Wachstums ist,
das nie des Gnadeneinflusses Gottes entbehren kann.

Die zweite Form jenes Relativismus, der bei den Pelagianern
den Ernst der christlichen Religion abschwächt, liegt in der Behauptung: Die Gnade ist keine notwendige Bedingung, sondern eine
Erleichterung der Heilswirkung, ein „bequemerer Weg" zum
Himmel. In dieser Formulierung tritt der Unterschied zwischen
vita aeterna und regnum coelorum zurück; es ist nur von einem
Ziele die Rede. „Mit dem Segel fährt man leichter, mit dem Ruder
schwerer, aber auch mit dem Ruder kommt man zum Ziele." [1] Was
hier fehlt, ist die Erkenntnis der spezifischen Erhabenheit des christlichen Heiles über die Kraft des Menschen; es soll nur einen Gradunterschied geben zwischen Natur und Gnade. Der mystische
Gedanke ist hier ganz ausgeschaltet; ein ausgeprägter Moralismus,
der das Christentum als dankenswerte Förderung der Naturreligion,
als „Erziehung des Menschengeschlechts" auffaßt, liegt diesem Begriff der Gnade zu Grunde. Nach der kirchlichen, von Augustin
verteidigten Anschauung ist das von Christus erworbene Heil die
einzige Seligkeit, das in der Gnade begründete Leben die einzig
gottgefällige Sittlichkeit des Menschen. Die menschliche Kraft ist
unzureichend, das sittliche Endziel zu verwirklichen; dieses Ziel
selbst ist ein übermenschliches. „Wer behauptet, daß wir die Liebe
Gottes ohne den Beistand Gottes besitzen können, was behauptet
der anders, als daß wir Gott ohne Gott besitzen können?" [2]

Einen Gradunterschied der christlichen Vollkommenheit kennt
auch Augustin, aber nur innerhalb des durch die Gnade begründeten Lebensganzen. Von den evangelischen Räten sagt er mit der
kirchlichen Überlieferung, daß sie einen leichteren, geraderen Weg
zur Vollkommenheit zeigen. Glaube und Liebe, die uns den Gottesbesitz verbürgen, sind das eine Notwendige, sind allen Christen
gemeinsam; der Unterschied zwischen dem Guten und Besseren
bezieht sich nur auf die sekundäre Seite der Sittlichkeit, auf die
geschöpfliche Form oder Intensität, in der wir uns dem höchsten
Gute hingeben.

---

[1] Sermo 156, 13.   [2] De patient. 15.

Andere Punkte, in denen der Pelagianismus das Salz und Feuer des Christentums dämpft, den Zusammenhang der christlichen Ideen auflöst und einer rationalistischen Lebensauffassung vorarbeitet, werden später zur Sprache kommen [1].

Bei Darlegung und Würdigung der Gnaden- und Sündenlehre Augustins muß der Theologe sich hüten, die eigenartige, zum Teil durch den persönlichen Entwicklungsgang, zum Teil durch aktuelle Kontroversen beeinflußte Theologie des gewaltigen afrikanischen Denkers in das Schema späterer dogmatischer Theorien einzuzwängen. Scheeben (Dogmatik III 890) klagt mit Recht darüber, daß man in den Gnadenstreitigkeiten der Spätscholastik die Ansicht Augustins oft mehr nach vorgefaßten Meinungen statt nach richtigen exegetischen Grundsätzen dargestellt habe; er gesteht — obschon entschiedenster Gegner des Jansenius — bezüglich eines Spezialpunktes, daß es nur „aus theoretischer Prävention oder blindem Eifer" begreiflich sei, wie „nach der vortrefflichen Darlegung der Sachlage bei Jansenius" dessen Erklärung von Theologen der verschiedensten Richtungen mit ganz unhaltbaren Mitteln bekämpft worden sei. Auch heute zeigen manche Dogmatiker an gewissen Punkten eine in Schulmeinungen befangene Auffassung, regelmäßig mit der Tendenz, den großen Kirchenlehrer für die betreffende Schule zu gewinnen. Nicht minder unhistorisch ist umgekehrt das polemische Anlegen späterer, Augustin völlig fernliegender Maßstäbe von protestantischer Seite. So bemerkt Seeberg (Dogmengeschichte I 280): „Er hat mit dem sola gratia Ernst gemacht, aber es rächt sich an seiner Lehre, daß er das sola fide nicht verstand." Feuerlein wird bei Augustin bald „empfindlich daran

---

[1] Vgl. Ernst im Katholik 1884 II 256 ff; Wörter, Die Geistesentwicklung des hl. Augustin bis zu seiner Taufe 361 ff. Die oben zuletzt erwähnten Ausstellungen faßt Augustin zusammen C. Iul. Pel. 6, 81: Vos autem, dum non omnes sed multos sive per Adam condemnatos esse sive per Christum liberatos vultis intellegi, horrenda perversitate Christianae religioni estis infesti. Si enim salvi erunt aliqui sine Christo et iustificantur aliqui sine Christo, ergo Christus gratis mortuus est. Erat enim et alius modus, sicut vultis in natura, in libero arbitrio, in lege naturali sive conscripta, quo possent salvi et iusti esse, qui vellent. Iustas autem imagines Dei quis nisi iniustus prohiberet a regno Dei? Hic forte dicis: Sed facilius per Christum. Numquid non posset etiam de lege dici: Est per legem iustitia, sed facilius per Christum? Et tamen ait Apostolus: „Si per legem iustitia, ergo Christus gratis mortuus est." Non est itaque praeter unum mediatorem Dei et hominum hominem Christum Iesum aliud nomen sub coelo, in quo oporteat salvos fieri nos. Et ideo dictum est: „In Christo omnes vivificabuntur" ; quoniam in illo Deus „definivit fidem omnibus suscitans illum a mortuis". Vestrum autem dogma id persuadere conatur velut inculpatae praedicatione naturae et potentiae, liberi arbitrii et legis sive naturalis sive per Moysen datae, ut, et si opus sit, necesse tamen non sit ad Christum pro aeterna salute transire, eo quod per sacramentum mortis et resurrectionis — si tamen vel hoc putatis — commodior via sit, non quod alia via esse non possit. Unde quantum vos detestari debeant Christiani, considerantes renuntiate vobis etiam tacentibus nobis.

gemahnt", daß er es mit einem gründlichen Antipoden Lessings zu tun hat (Hist.
Zeitschrift XXII 275), bald wartet er auf Kant, „aber Kant will nicht kommen"
(ebd. 281), bald verlangt er gegenüber dem unbedingten Lobe Augustins „bestimmt,
daß die spezifische Würde der ihrer wahrhaft ethischen Bestimmung hinzugebenden
Menschheit erst in der Gewissenstat der Reformation gesehen werde" (ebd. 287),
bald merkt er in der Christologie zu seinem Bedauern, „daß man noch lange nicht
an der Frage von der κένωσις und κρύψις ist" (ebd. 309).

Anderseits ist eine rein philologisch-historische Behandlung, auch wenn sie
mit Kenntnis des katholischen Dogmas im allgemeinen und der geschichtlichen
Voraussetzungen Augustins verbunden ist, für das volle Verständnis seiner Theologie nicht ausreichend. Die tiefdringende Spekulation eines solchen Geistes mit
ihren verschlungenen Pfaden läßt sich durch bloß literarische Beweismittel nicht
fassen und erhärten. Bei manchen sorgfältigen Detailforschungen neuerer Zeit
fehlt die metaphysische Vertiefung, die Feinheit der spekulativen Methode, ohne
die bei der Würdigung Augustins Mißverständnisse unvermeidlich sind. Eine
solche spekulative Verarbeitung hat in ihrer Art die Scholastik vor und nach
dem Tridentinum geleistet. So unmethodisch es ist, ihre Deutungen voreilig in
Augustins Anschauung hineinzutragen, so unnatürlich und schädlich ist es, dieselben einfach zu ignorieren. Ihre scharfsinnigen Erklärungsversuche geben zunächst unbestreitbar wertvolle Gesichtspunkte, von denen aus wir die Vielseitigkeit des augustinischen Denkens kennen lernen. Sodann ist die Scholastik
als historische Gesamterscheinung in gewissem Sinne selbst ein Kommentar zu
Augustin; eine lebendige Tradition hat vom frühen Mittelalter her augustinische
Gedanken durch die Jahrhunderte fortgepflanzt, eine Reihe gründlicher, zum Teil
genialer Denker hat sich pietätvoll in Augustins Anschauungen vertieft und in wichtigen Punkten eine communis opinio erzielt. Solche geschichtliche Entwicklungen,
mögen sie auch Neues zum Alten hinzufügen, gestatten doch oft einen tieferen
Einblick in das Wesen eines Systems als die bloße Betrachtung des Schriftstellers
in seiner zeitgeschichtlichen Wirklichkeit, die aus so weiter Ferne immer etwas
Problematisches hat und meist in den Köpfen verschiedener Gelehrten ein sehr
verschiedenes Gesicht annimmt [1].

---

[1] Bisweilen stehen sogar Deutungen, welche offenbar durch die später definierte
Form des kirchlichen Dogmas beeinflußt sind, dem echten Augustinismus näher
als häretische oder rein subjektive Auffassungen, insofern sie die Grundtendenz
Augustins, stets der katholischen Wahrheit zu dienen, wiedergeben. Vgl. De div.
quaest. 83, q. 67, 7: Sive illa, quam exsecuti sumus, sive alia aliqua huius capituli
expositio proferatur, id tantum cavendum est, ne violet aut vulneret catholicam
fidem. De Trin. 3, 2: Sicut lectorem meum nolo mihi esse deditum, ita correctorem
nolo sibi. Ille me non amet amplius quam catholicam fidem, iste se non amet
amplius quam catholicam veritatem. Fein wird hier dem vertrauenden Leser der
katholische Glaube, dem selbständigen Kritiker die katholische Wahrheit gegenübergestellt. — Es ist ein Vorzug der umfassenden Abhandlung P o r t a l i é s und
mancher Erörterungen in S c h e e b e n s Dogmatik, daß sie eine gediegene Kenntnis
der spekulativen Theologie mit historischer Auffassung verbinden.

Zweites Kapitel.
Die Bedeutung der göttlichen Gnade.

§ 1. Freiheit und Gnade in ihrer allgemeinsten Beziehung. Die Gnade als Triebkraft alles Sittlichen.

> „Ipsius enim sumus figmentum non tantum
> ad hoc, ut homines simus, sed ad hoc
> etiam, ut boni simus.“
> (De Gen. ad litt. 8, 27.)

I. Begriff der Willensfreiheit bei Augustin.

In der Lehre von der Freiheit zeigt sich besonders deutlich, wie wenig Augustin ein schulmäßiger, von festgestellten Begriffen abhängiger Denker ist. Alle Bedeutungen, in denen das Wort Freiheit bei Philosophen und Ethikern, bei Propheten und Dichtern gebräuchlich ist, macht er sich in lebendiger, zwangloser Weise zu eigen und verwertet sie, je nachdem es die verschiedenen Standpunkte der Praxis oder Polemik wünschenswert machen.

Da die großen Gegensätze des Manichäismus und Pelagianismus, wie sie nacheinander das Denken Augustins bestimmen, vor allem auch seine Freiheitslehre beeinflussen, so ist es kein Wunder, daß die erwähnte Vieldeutigkeit leicht als schroffer Widerspruch erscheint, wenn man Schriften aus der ersten und der letzten Periode miteinander vergleicht. Zahlreiche ältere und neuere Gelehrte haben nach dem Eindrucke der antipelagianischen Schriften den hl. Augustin schlechtweg als Leugner der Willensfreiheit, vor allem der sittlichen Freiheit, bezeichnet. Diejenigen, welche den Sprachgebrauch Augustins und die Fragestellung, von der er ausgeht, gerechter würdigen, können einem solchen Urteil nicht zustimmen; sie rechnen Augustin trotz mancher anscheinend deterministischen Äußerungen zu den bedeutendsten Vertretern der Willensfreiheit. Immerhin wird gerade hier mit einigen Stellen nichts bewiesen; nur von den Grundgedanken seiner Spekulation aus lassen sich die Schwierigkeiten, soweit sie nicht vom Geheimnis der Willensfreiheit unzertrennlich sind, lösen [1].

---

[1] Nach Überweg-Heinze (Grundriß der Geschichte der Philosphie II⁸ 131) schließt Augustin (wegen seiner Lehre von der Gnade und Prädestination) den freien Willen im Menschen aus. Auch nach Bergemann (Ethik als Kulturphilosophie, Leipzig 1904) „kennt Augustin keine Willensfreiheit für den gefallenen Menschen“. Dubois-Reymond (Reden, Leipzig 1886, 402) nennt Augustin

Für die frühere Periode der schriftstellerischen Tätigkeit „kann es keinem Zweifel unterliegen, daß Augustin die volle Willensfreiheit für das gegenwärtige Leben in Anspruch nimmt" [1]. Die bedeutsamste Darlegung der Frage aus dieser Zeit ist die öfter erwähnte Schrift De libero arbitrio. Nun ist es gewiß bemerkenswert, daß Augustin den Begriff des liberum arbitrium später stets festgehalten und eine wesentliche Änderung seines Sprachgebrauches nirgends angedeutet hat. Was für die spätere Zeit charakteristisch ist, das ist die Behandlung des Problems, wie Gnade und Freiheit zusammenstimmen. Die Existenz des liberum arbitrium ist ihm dabei nicht nur eine philosophische Wahrheit, sondern auch eine Lehre der Offenbarung [2]. In einer gegen Pelagius gerichteten Schrift (von 415) bemerkt er sogar, wenn Pelagius den Inhalt jener Bücher De libero arbitrio annähme, wäre der Streit zwischen ihnen geschlichtet [3]; auch in der bezüglichen Stelle der Retraktationen findet sich nichts, was einem Verlassen der älteren Definition ähnlich sieht [4].

Bei dieser Definition unterscheidet nun Augustin zunächst die freie Bewegung des Willens und die physische Notwendigkeit, voluntas und necessitas. Die letztere herrscht beim eigentlichen Zwange sowie bei natürlichen, dem Willen zuwiderlaufenden Prozessen [5]; sie herrscht aber auch in dem inneren Naturgesetzen folgenden Fallen

---

unbedenklich unter den „Fatalisten". Nach Jodl (Geschichte der Ethik, Stuttgart 1882, 58) tritt uns in ihm „jener ethische Pessimismus, der alle sittliche Selbsttätigkeit des Menschen in dem mystischen Abgrunde göttlicher Gnadenwirkungen verschwinden läßt, in seiner schärfsten Ausprägung entgegen". — Dagegen bezeichnet Harnack (Dogmengeschichte III 104) Augustin als „Indeterministen" und bemerkt wiederholt, an der „formalen Freiheit", d. h. der Wahlfreiheit des Menschen nach dem Sündenfalle, habe er stets festgehalten (ebd. 190 194).

[1] Thimme, Augustins Entwicklung in den ersten Jahren nach seiner Bekehrung 216. — Ebd.: „Augustins Indeterminismus ist ungleich resoluter und prinzipieller als die meist etwas zaghaft und verklausuliert vorgetragene Freiheitslehre der griechischen Philosophie, auch des Plotin. Was Augustin lehrt, ist eine wirkliche Wahlfreiheit des Willens, während Plotins Freiheit in der Sphäre des Gedankens, des Intellekts liegt."

[2] De grat. et lib. arb. (426—427) 2: Revelavit autem nobis per Scripturas suas sanctas esse in homine liberum voluntatis arbitrium.

[3] De nat. et gr. 81.

[4] Retr. 1, c. 9, 6.

[5] De lib. arb. 3, 7: Ideo recte possumus dicere: non voluntate senescimus sed necessitate, aut: non voluntate morimur sed necessitate.

des Steines, im Wachstum der Pflanze usw.[1] Der menschliche
Wille steht außerhalb des Kausalnexus der Natur; nur der äußere
Vollzug seiner Entschlüsse ist von jener Notwendigkeit abhängig.
Wille und Zwang schließen sich aus; „gegen seinen Willen wollen"
ist ein Nonsens. Aber wie verhält sich der Wille zur inneren,
natürlichen Notwendigkeit? Es scheint oft, als sehe Augustin im
Wollen als solchen, d. h. in der geistigen Innerlichkeit des Strebens
den einzigen oder genügenden Unterschied vom unfreien Streben der
Naturdinge. So stellt er z. B. das Grundverlangen der Seele nach
Seligkeit als Gegensatz zur necessitas hin[2], so glaubt er mit der
Behauptung, die Sünde gehöre dem Willen an, auch über ihre Freiheit im klaren zu sein[3].

Allein bei näherem Zusehen zeigt sich doch, daß er neben der
Spontaneität und Innerlichkeit mit aller Klarheit die Freiheit des
Willens im Sinne der Selbstbewegung und Selbstherrschaft
behauptet. Der Stein, auch wenn er seiner inneren Natur folgt,
hat es nicht in der Gewalt, seine Bewegung einzuhalten, die Seele
aber bewegt sich nicht zur Wahl, wenn sie nicht will[4]. „Nichts
ist so sehr in unserer Gewalt wie das Wollen selbst. Denn sobald
wir wollen, ist es ohne jede Zeitpause da."[5] Diese Selbstbestimmung
des Willens ist ohne Zweifel vom Standpunkte der Naturbetrachtung
etwas Einzigartiges. Es scheint einen Widerspruch einzuschließen,
daß diejenige Kraft, die andere Kräfte gebraucht und beherrscht,
sich auch selbst in der Gewalt hat. Allein ebenso geheimnisvoll
und mechanisch unbegreiflich ist die parallele Erscheinung, die doch
niemand bestreitet, daß die Vernunft, indem sie anderes erkennt,
auch sich selbst erkennt, und zwar mit demselben Bewußtsein, mit
dem sie jenes erfaßt. In beiden Vorzügen ist dasselbe geistige Ich
tätig, dem eine höhere Art von Kausalität zukommt als den Natur-
dingen. Diese selbstbewußte und selbstmächtige Art kennzeichnet
auch das Seligkeitsverlangen des Willens. Augustin kann ihm
insofern mit Recht Freiheit zuschreiben, als die Willensakte,

---

[1] Ebd. 3, 2.   [2] Ebd. 3, 7.   [3] De ver. rel. 27.
[4] De lib. arb. 3, 2.
[5] Ebd. 3, 7: Nihil tam in nostra potestate quam ipsa voluntas est. Ea enim
prorsus nullo intervallo, mox ut volumus, praesto est. Diese Stelle zeigt, wie
unzählige andere, daß voluntas bei Augustin sehr häufig den Willensakt bedeutet. Vgl. ebd. 3, 8: Quodsi fieri non potest, ut, dum volumus, non velimus,
adest utique voluntas volentibus; nec aliud quidquam est in potestate, nisi quod
volentibus adest.

die diesem inhaltlich notwendigen Ziele gelten, der Selbstherrschaft
unterstehen [1].

Wiederholt sieht sich Augustin genötigt, den antik-heidnischen
oder astrologischen Fatalismus abzuweisen. Manche Sünder, darunter
gebildete und gelehrte Männer, entschuldigen ihre sittlichen Vergehen
mit der Einwirkung der Gestirne: „Mars hat mich zum Mörder,
Venus zum Ehebrecher gemacht." Sie sollten doch einsehen, daß
Gott ihnen einen freien Willen gegeben hat; sie sollten an ihre
Brust schlagen und sprechen: „Ich, ich habe gesündigt, nicht das
Schicksal, nicht der Zufall, nicht der Teufel — auch der letztere hat
mich nicht gezwungen, ich habe seiner Einflüsterung zugestimmt." [2]
Alle Gesetze und Einrichtungen der Erziehung, Lob und Tadel, Mahnung und Drohung, Belohnung und Strafe würden ihres Sinnes und
Rechtes beraubt, wenn die Mathematiker (Astrologen) recht hätten,
wenn etwas anderes als der Wille die Ursache des Sündigens wäre [3].
Die Möglichkeit, den menschlichen Willen aus dem Banne der physischen Notwendigkeit zu lösen, ist zuletzt darin begründet, daß an
der Spitze aller Naturursachen die Gottheit steht, ein vollkommenstes,
durch Denken und Wollen schaffendes Wesen; ihm stehen von
allen Geschöpfen die Geister am nächsten. An Gott und an den
geistigen Geschöpfen lernen wir das W e s e n   d e r   K a u s a l i t ä t
besser kennen als an der Natur, eben weil sie denkend und wollend
die Wirkung vorherbestimmen. Gott ist völlige Aktivität, der geschaffene Geist aktiv und passiv zugleich, die Körper sind mehr passiv
als aktiv [4].

Wir fragen weiter, ob nach Augustin in der Selbstbestimmung
auch zugleich die W a h l f r e i h e i t in dem Sinne eingeschlossen ist,
daß der Wille bei der Setzung eines Aktes oder bei der Auswahl
objektiver Werte die innere M ö g l i c h k e i t   d e s   G e g e n t e i l s

---

[1] De lib. arb. 3, 51: Noli ergo mirari, si ceteris per liberam voluntatem
utimur, etiam ipsa libera voluntate per eam ipsam uti nos posse,
ut quodammodo se ipsa utatur voluntas, quae utitur ceteris, sicut se ipsam
cognoscit ratio, quae cognoscit et cetera.... Quod non obliviscimur nos
habere memoriam, ipsa se memoria quodammodo tenet in nobis, quae non
solum aliorum sed etiam sui meminit, vel potius nos et cetera et ipsam per
ipsam meminimus.

[2] En. 2 in ps. 31, 16.   [3] Epist. 146, 2.

[4] De Civ. Dei 5, c. 9, 4: Per hoc colligitur non esse causas efficientes omnium, quae fiunt, nisi voluntarias, illius naturae scilicet, quae spiritus vitae est....
Spiritus ergo vitae, qui vivificat omnia creatorque est omnis corporis et omnis
creati spiritus, ipse est Deus, spiritus utique non creatus....

(potentia ad oppositum) besitzt? Es ist schon nach früher Gesagtem klar, daß er eine libertas indifferentiae im schrankenlosen Sinne, einen radikalen Indeterminismus nicht zugeben kann. Das Wesen des Willens ist nach seiner Grundanschauung Empfänglichkeit für das Gute, für die Vollkommenheit und Glückseligkeit. Aber wie dieses Grundstreben durch die Geistigkeit der Seele eine Innerlichkeit und Selbstmacht erhält, die über mechanischen Zug und sinnlichen Trieb wesentlich erhaben ist, so ergibt sich aus derselben Geistigkeit auch jene Vielseitigkeit und Überlegenheit, welche das freie Wesen beim Wählen über seine Vorstellungen und Motive geltend macht. Auch Thomas von Aquin nimmt eine natürliche, notwendige Richtung im Willen an; indem er aber als ihren Gegenstand ein universales, unendlich deutungsfähiges Gut hinstellt, behält er die Möglichkeit, die aktive Indifferenz des Willens gegenüber allen Einzelgütern und -motiven aufrecht zu halten, eine innerliche potentia ad oppositum neben dem wirklichen Wollen festzuhalten.

Augustin ist in dieser Auffassung der Freiheit zweifellos nicht so klar wie Thomas von Aquin. Ausdrücke wie „velle et nolle propriae voluntatis est" bilden ebensowenig für sie einen stringenten Beweis wie der Hinweis auf die Gesetze und Mahnungen der Heiligen Schrift, die so häufig mit dem Worte „Nolite" beginnen[1]. Auch der Determinist kann sich jenen Satz zu eigen machen; auch er bemüht sich, die Zweckmäßigkeit der Gesetze und Strafen von seiner Willenstheorie aus darzutun. Außerdem sieht Augustin, wie bemerkt, an manchen Stellen ein Zeichen der Freiheit schon in der natürlichen Inklination eines Wesens zu seinem Endziele, ebenso in der seelischen Lust und Leichtigkeit, die das Wollen durchdringt, in Fällen, wo wir nach heutigem Sprachgebrauch von notwendigem Wollen reden[2]. Dennoch läßt sich nachweisen, daß Augustin den erwähnten vollen Begriff der Freiheit besitzt und ihn in den pelagianischen Streitigkeiten nicht widerruft, obschon er fortschreitend die sittlichen Bedingungen und Schranken der Freiheit stärker geltend macht. In der Schrift über die Willensfreiheit lehrt er, daß der Wille in gewissem Sinne seine eigene Ursache, für das böse Wollen

---

[1] De grat. et lib. arb. 4.

[2] Op. imp. c. Iul. 6, 15: Immutabilis autem ... illa libertas est voluntatis, qua beati esse omnes volumus et nolle non possumus. — C. duas epist. Pel. 1, 7: Haec voluntas, quae libera est in malis, quia delectatur malis, ideo libera in bonis non est, quia liberata non est. — Näheres über diese Äußerungen siehe unten Kap. 4, III (am Schlusse).

sogar die einzige Ursache ist, zugleich in der Weise, daß die **Möglichkeit des Andershandelns** zur moralischen Freiheit gehört[1]. In andern gegen die Manichäer gerichteten Schriften wird der freie Wille ausdrücklich als Indifferenz, eine Tat zu setzen oder zu unterlassen, als Entschließung zu einer von zwei möglichen Alternativen definiert[2]. Auch nach dem Auftreten des Pelagius kehrt diese Definition wieder, abgesehen von der Tatsache, daß das Wort liberum arbitrium schlechtweg weitergebraucht wird[3]. Gewisse Pelagianer hatten bezüglich der Kindertaufe die Vermutung aufgestellt, es handle sich bei ihr um Nachlassung persönlicher Sünden. Augustin entgegnet, ein persönlicher sittlicher Willensgebrauch sei völlig undenkbar, wo keine Kenntnis des Gesetzes, keine Geistestätigkeit, kein freier, nach zwei Seiten urteilender Vernunftgebrauch (nullus in alterutram partem rationis usus) möglich sei[4]. Der Wille genügt zwar allein nicht zum Guten, er schließt keine Unabhängigkeit gegenüber Gott ein, aber die inneren Erleuchtungen und Gnaden Gottes determinieren ihn ebensowenig wie dessen äußere Lehren und Mahnungen: Gott verhandelt mit der Seele und **läßt ihr die Freiheit, zuzustimmen oder abzulehnen**[5].

---

[1] De lib. arb. 3, 49: Sed quae tandem esse poterit ante voluntatem causa voluntatis? Aut enim et ipsa voluntas est et a radice ista voluntas non receditur, aut non est voluntas et peccatum nullum habet. Ebd. 3, 50: Quaecumque ista causa est voluntatis, si non ei potest resisti, sine peccato ei ceditur.... Quis enim peccat in eo, quod nullo modo caveri potest? In den Retraktationen heißt es u. a. zu der erwähnten Schrift: In mediis quidem bonis invenitur liberum voluntatis arbitrium, quia et male illo uti possumus, sed tamen tale est, ut sine illo recte vivere nequeamus.

[2] De duab. anim. c. Man. 17: Quamobrem illae animae, quidquid faciunt, si natura non voluntate faciunt, i. e. si libero et ad faciendum et ad non faciendum motu animi carent, si denique his abstinendi ab opere suo potestas nulla conceditur, peccatum earum tenere non possumus. — C. Secundin. Man. 19: Deinde si habet in potestate vel consentire vel non consentire, non ergo victa consentit.... Si autem cogitur consentire, ita ut non sit in eius potestate aliter facere, non ergo, ut dicebas, voluntate peccat, quando non voluntate consentit. Augustin bezeichnet später die letztere Schrift als die beste der antimanichäischen. Retr. 2, c. 10.

[3] Vgl. Epist. 177, 4: Die Gnade bedeutet nicht, wie Pelagius meint, das liberum arbitrium. Denn wir beten um die Gnade; um den freien Willen aber beten wir nicht, weil wir ihn schon haben.

[4] De pecc. mer. et rem. 1, 65. De nat. et gr. 39: Vitia sane nostra... ut in nostra potestate fuisse, ne acciderent, confitemur, ita ut sanentur, in illius magis esse misericordia quam in nostra potestate fateamur. Vgl. ebd. 80.

[5] De spir. et litt. 60. Nemo habet in potestate, quid ei veniet in mentem, sed consentire vel dissentire propriae voluntatis est.... His ergo modis, quando

In der Civitas Dei wird die Tatsache der Willensfreiheit festgehalten und gegenüber den Einwänden, die aus der Naturnotwen-
digkeit und dem Vorauswissen Gottes abgeleitet werden, verteidigt [1].
Obschon Gott wußte, daß manche der geschaffenen Geister abfallen
würden, wollte er ihnen die Freiheit und Macht dazu nicht vorent-
halten. Denn in der Intelligenz und Freiheit liegt der höchste
Ausdruck der Würde und Gutheit des Geistes; es schien Gott macht-
voller und besser, auch aus dem Bösen Gutes zu machen, als das
Böse überhaupt nicht zuzulassen [2]. Die Engel wie die ersten Menschen besaßen offenbar die Wahlfreiheit im strengsten Sinne, daran
hat Augustin nie gezweifelt [3]. Auch bezüglich des jetzigen Menschen
drängt sich dieselbe Auffassung auf. Augustin stellt sich den Fall vor,
daß zwei Personen ganz dieselbe körperliche und geistige Beschaffenheit haben und von denselben äußeren Reizen versucht werden; es
ist dennoch möglich, daß der eine standhaft bleibt, der andere der
Sünde zustimmt. Alle ursächlichen Momente, die der freien Entschließung vorangehen, sind hier gleich; worin anders kann das
verschiedene Resultat begründet sein als im Willen selbst? [4] Das
Interesse Augustins gilt freilich zumeist dem Rätsel des Bösen; er
fragt, wie ein Wille, der gut geschaffen und noch unverdorben ist,
sich selbst böse machen könne. Eine wirkliche Ursache hierfür, so
erwidert er, gibt es nicht; dieses deficere bedarf keiner causa efficiens, es entstammt dem Willen, nicht insofern er gut geschaffen,
sondern insofern er aus dem Nichts geschaffen ist. Man kann hier
den Eindruck bekommen, die Wahl des Bösen vollziehe sich im
Willen, ohne von ihm auszugehen, die Freiheit verliere sich nach der
Seite des Bösen in den Zufall. Aber Augustin betont schließlich das
persönliche und aktive Moment der Wahl mit Nachdruck und will
nur gleichzeitig den privativen Charakter des Bösen gewahrt wissen [5].

Deus agit cum anima rationali, ut ei credat — neque enim credere potest quodlibet libero arbitrio, si nulla sit suasio vel vocatio, cui credat — profecto et
ipsum velle credere Deus operatur in homine, et in omnibus misericordia eius
praevenit nos; consentire autem vocationi Dei vel ab ea dissentire, sicut
dixi, propriae voluntatis est.

[1] De Civ. Dei 5, c. 9.   [2] Ebd. 22, c. 1, 2.

[3] Vgl. De corr. et gr. 32: Posset ergo permanere, si vellet, quia non deerat
adiutorium, per quod posset. . . . Sed quia noluit permanere, profecto eius culpa
est, cuius meritum fuisset, si permanere voluisset.

[4] De Civ. Dei 12, c. 6.

[5] Ebd.: Propriam igitur in uno eorum voluntatem malam quae res fecerit,
scire volentibus, si bene intueantur, nihil occurrit. . . . Qui ergo dicit . . . ipsum

In erhöhtem Maße geschieht letzteres bestimmten Gedanken der
Pelagianer gegenüber, welche die Freiheit als schrankenlose und
unantastbare Willkür hinstellen und dadurch tatsächlich unverständlich machen. Vor allem ist es Julian, der Natur und Wille,
Notwendigkeit und Freiheit, Sein und Handeln als unvermittelte
Gegensätze behandelt [1]. Der Wille ist innerlich unbestimmt, nicht
Streben, sondern bloßes Wählen; ohne eigene Teilnahme befiehlt er,
ob das Gute oder Böse geschehen soll. Er selbst ist weder natura
noch mit der menschlichen Natur — als ihre höchste Blüte — verwachsen; darum ist er auch unabhängig von den Lebensquellen der
geistigen Natur, wie umgekehrt diese unzugänglich ist für die sittlichen Taten und Sünden des Willens. Der Willensakt hat keinen
eigentlichen Ursprung; er entsteht im Menschen, nicht aus ihm [2].
Diesen Begriff des Wollens weist Augustin als oberflächliche und
unhaltbare Verzerrung der Freiheit zurück. Ein freier Wille, wie
ihn Julian sich denkt, wäre ein charakterloses, nichtiges Scheinwesen;
alles, was Dasein und Tätigkeit hat, hat auch ein Sosein, eine bestimmte Wesenheit; der menschliche wie der göttliche Wille zeigen
eine solche, wenn auch geistig-universale Natur. Jene Theorie zerreißt völlig die Einheit des Menschenwesens, indem sie Wollen und
Sein als Gegensätze faßt, das sittliche Handeln nur in der Seele,
nicht aus ihr entspringen läßt; zugleich wird die tatsächliche Wahl
ein volles Rätsel, ein unerklärlicher Zufall. „Ist denn der Willensakt von allem Gewordenen das einzige, was von keinem gemacht,
von keinem entsprossen ist?" Wenn das Gute und Böse in dieser
Weise in der Luft schwebt, nicht mehr höchster Ausdruck des per-

---

sibi fecisse voluntatem malam ... quaerat, cur eam fecerit ... et inveniet voluntatem
malam non ex eo esse incipere, quod natura est, sed ex eo, quod de nihilo natura
facta est. Ebd. 12, c. 8: Neque enim auri vitium est avaritia sed hominis
perverse amantis aurum. ... Ac per hoc, qui perverse amat cuiuslibet naturae
bonum, etiamsi adipiscatur, ipse fit in bono malus.

[1] Op. imp. c. Iul. 5, 53: „Quomodo ergo, quod a necessario venit, possibili
meo ascribi non potest, ita, quod a possibili venit, necessario ascribi non potest.
Id est, quomodo natura corporis et animi mei voluntati meae applicari non
potest, ut ideo sic videar esse, quia volui, cum non potuerim velle antequam
essem, ita malum voluntatis naturae non potest admoveri, ut necessitati possi-
bilitatis opera misceantur."

[2] Ebd. 5, 41: „Naturalia cuncta cogunt esse, quod sequitur; voluntas autem ...
perdit conditionem, si accepit originem." Ebd. 5, 56: „Voluntas quidem in his
exoritur sed non de his. Capacia voluntatis sunt quippe (natura et liberum arbitrium), non plena; nec faciunt sed accipiunt diversitatem meritorum."

sönlichen, selbstmächtigen Geistes ist, wie kann der ganze Mensch, nachdem er gesündigt hat, verdammt werden? [1]

So dringt Augustin tiefer in den Zusammenhang zwischen Natur und Freiheit ein, legt die Voraussetzungen der freien Entschließung im ganzen Seelenleben dar. Er kann dabei auf Gedanken zurückgreifen, die er bereits in seinen ersten Schriften ausgesprochen hat, und die von vornherein einen exzessiven, utopischen Indeterminismus unmöglich machen. Der Grundzug des Willens ist nicht die Unabhängigkeit, sondern die Liebe, ein freudiges Bejahen alles Wirklichen und Vollkommenen. Der Kreis der Betätigung für den Willen fällt zusammen mit dem Kreise der Vorstellungen, den das persönliche Erkennen liefert. „Niemand hat in seiner Gewalt, was ihm in den Sinn kommen soll" [2]; die Güter und Ideale müssen uns durch das Denken und indirekt durch tausendfache äußere Kanäle oder göttliche Gnaden zugeführt werden. Die Wahlfreiheit beginnt erst im Zusammenhang mit dem Selbstbewußtsein und betätigt sich so weit, als irgendwie Reflexion und Vergleichung bezüglich der Denkinhalte möglich ist [3]. Der wirkliche Entschluß ist oft genug kein voller Entschluß; entgegengesetzte Güter wirken anziehend weiter, bringen Halbheit und Zwiespalt in den Willen, einen Gegensatz zwischen Akt und Habitus [4]. Noch weniger ist der momentane Wille absoluter Herr über die Zukunft, über sein morgiges Tun und Lassen oder über die sinnlichen und äußeren Faktoren, die seinen Befehl ausführen müssen. Dem Wollen entspricht oft nicht das Können [5]; wir bedürfen eines höheren Beistandes, „ut, quod volumus, valeamus, et quod valuerimus, impleamus" [6]. Und wenn wir uns entschieden einem Gute hingegeben haben, so fragt es sich, ob es ein wahres Gut, d. h. dem Sein unserer Seele angemessen ist; wir lieben nicht ungestraft das Schlechte. „Der Wille ist um so freier, je gesunder er ist" (tanto liberior, quanto sanior); er kann aber durch Überspannung und scheinbare Kraft des Wollens ebenso geistig unfrei, beschränkt und elend werden, wie es der Fieberkranke in seiner

---

[1] Ebd. 5, 53 56 57: Ita fit, ut per tuam mirabilem sapientiam nec Deus fecerit rectum hominem...nec ipse se faciat, sed nescio quo casu rectus fiat, quia nec de illo sed nescio unde aut nescio quomodo in illo voluntas oritur, qua rectus fiat. Ebd. 5, 60: Si haec possibilitas (peccandi) extra naturam est, ipsa potius, unde mala exstitit voluntas, non natura damnetur. Si vero ad naturam etiam possibilitas pertinet, magis sibi voluntatem malam natura fecit, quia et non facere potuit.
[2] De spir. et litt. 60. [3] Siehe oben S. 27 30. [4] Conf. 8, 21.
[5] De div. quaest. ad Simpl. 1, 2, 10. [6] Epist. 157, 10.

körperlichen Kraftentfaltung ist [1]. Den tiefsten Ausdruck dieser Ver-
flechtung der Freiheit in die Welt des Ontologischen findet Augustin
in dem Satze: „Immer ist in uns der Wille frei, aber nicht immer
ist er gut!" [2] Nur der gute Wille ist der natürliche, der wahre,
der ganze, der vollkommene, der siegreiche Wille. Julian hat kein
richtiges Verständnis der Freiheit, weil er für ihre Betätigung nicht
bloß das Böse dem Guten gleichstellt, sondern die Wahl des Bösen
sogar vorzugsweise als Kraftprobe der Freiheit ansieht [3]. In der
Sünde geschieht — in gewissem Sinne — tatsächlich, was Julian
vorhin den Kern der Freiheit nannte, die Loslösung vom Lebens-
grunde der Natur, das Grundlos- und Haltloswerden des Wollens
im Nichts; aber auch dies nicht so, daß die persönliche Tat und
Verantwortung aufgehoben würde.

Was aber die Gnade angeht und ihre Wirkung auf den Willen,
so sagt Augustin stets von ihr, daß sie den Willen im wahren und
höheren Sinne freimacht. Die sittliche Freiheit, das Gute zu wollen
und zu vollbringen, ist ihm zugleich im echtesten Sinne Wahlfreiheit.
Durch die Gnade tritt zwar eine neue Voraussetzung in das Gebiet
des Wollens ein — wir werden sehen, inwiefern sie zur Sittlichkeit
notwendig ist —; unter ihrer Einwirkung bleibt jedoch die selbständige Wahl im Guten, bleibt die freie Wahl zwischen gut und böse [4].

Diese Behauptung wird für die letzte Zeit der schriftstellerischen
Tätigkeit Augustins von vielen Gelehrten bestritten: Augustin
schreibe hier den Prädestinierten eine gratia irresistibilis zu,
eine Gnade, der der Wille nicht untreu werden oder widerstehen
könne [5]. Dennoch müssen wir an jener These festhalten; dem Gegenteil

[1] Epist. 157, 7 8.   [2] De gr. et lib. arb. 31.

[3] Op. imp. c. Iul. 6, 11: Quale igitur autumas fuisse arbitrium liberum, quod
collatum primis hominibus confiteris? Certe ut possent animi alternare motus
et vel facere malum vel recedere a malo, vel deserere vel servare iustitiam. Diese Voranstellung des Bösen ist nicht zufällig; denn Julian sagt weiter:
Hanc autem tu libertatem, condicionem suam, dicis voluntatis opere perdidisse,
ut per hoc interiisse credatur, per quod solum probatur vigere.... Quid ergo
novum, quid insperatum delinquente homine accidit, per quod Dei instituta corruerent! Vgl. auch ebd. 1, 78; oben S. 10, A. 2.

[4] De gr. et lib. arb. 4: Nempe, ubi dicitur: „Noli hoc" et „noli illud", et
ubi ad aliquid faciendum vel non faciendum in divinis monitis opus voluntatis
exigitur, satis liberum demonstratur arbitrium. Nemo ergo Deum causetur in
corde suo, sed sibi imputet quisque, cum peccat. Neque, cum aliquid secundum
Deum operatur, alienet hoc a propria voluntate. Vgl. ebd. 3.

[5] Vgl. z. B. Harnack, Dogmengeschichte III 189; Kolb, Menschliche
Freiheit und göttliches Vorauswissen nach Augustin, Freiburg 1908, 109: „Hat

kommt nur durch ein verhängnisvolles Mißverständnis teils sachlicher teils sprachlicher Natur ein Schein von Wahrheit zu.

In der reichen Stellensammlung bei Rottmanner ist nur eine einzige, die anscheinend der Gnade unwiderstehliche Wirksamkeit beilegt. „Subventum est igitur infirmitati voluntatis humanae, ut divina gratia indeclinabiliter et insuperabiliter ageretur et ideo, quamvis infirma, non tamen deficeret neque adversitate aliqua vinceretur." [1] Allein schon bei bloßer Betrachtung dieses Satzes fragt man sich: Wird hier wirklich die Gnade als indeclinabilis und insuperabilis bezeichnet, so daß die Freiheit nicht von ihr abweichen, ihr nicht widerstehen könnte? Ist es nicht vielmehr der Wille, der durch die Gnade „unentwegt und unüberwindlich" handeln lernt, natürlich nicht gegenüber der Gnade, sondern gegenüber den Versuchungen und Schwierigkeiten des Guten? Das „indeclinabiliter" steht doch offenbar dem „deficere", das „insuperabiliter" dem „neque adversitate aliqua vinceretur" gegenüber! Nicht Gnade und Willensfreiheit erscheinen als Gegensätze, deren Streit von vornherein zu Gunsten der Gnade entschieden wäre; es stehen sich gegenüber der Wille und die Sündengefahr, wobei der Wille (in Kraft der Gnade) des Sieges gewiß wird. Der Zusammenhang sowie sämtliche Parallelstellen machen den Sachverhalt evident. Ein „adiutorium, sine quo non", wie es Adam im Paradiese besaß, bemerkt Augustin, reicht für den jetzigen Menschen nicht aus; er bedarf eines „adiutorium quo", einer sicher wirksamen Gnade, damit sein geschwächter Wille „unter so vielen und so großen Versuchungen nicht abfalle und unterliege". „Es ist deshalb der Schwäche des menschlichen Willens in der Weise geholfen worden, daß er durch die göttliche Gnade unabweichlich und unüberwindlich geleitet werde, und so, obschon schwach, dennoch nicht abfalle, noch durch irgend eine widrige Macht besiegt werde." Diese Gnadenausteilung führt so zu dem merkwürdigen Gegensatz,

---

Augustin mit solchen Sätzen wirklich eine gratia ad perseverantiam irresistibilis gelehrt? Man wird es kaum in Abrede stellen können." Rottmanner (Der Augustinismus 21): „Er (Gott) führt die Prädestinierten indeclinabiliter et insuperabiliter zu ihrem Ziele (De corr. et gr. 38)". Rottmanner (a. a. O. 24): „Mit einer Deutlichkeit, die nichts zu wünschen übrig läßt, spricht Augustin aus, daß alle guten Willensrichtungen und Werke im Grunde nichts anderes seien als Wirkungen, welche die unüberwindliche Gnade des Allmächtigen in den Menschenherzen hervorbringt."

[1] De corr. et gr. 38.

daß der starke Wille Adams in der Versuchung zusammenbrach, der geschwächte Wille der Prädestinierten unbesiegt feststeht [1].

Daß eine Gnade, die unfehlbar ihren Erfolg erzielt, nicht unwiderstehlich zu sein braucht, ist für Augustin klar und wird sich später noch zeigen; es kann ja neben der Wirklichkeit die Möglichkeit des Andersseins bestehen. Jedenfalls hat Augustin niemals von der Gnade die Ausdrücke irresistibilis, insuperabilis gebraucht. In der Parallelstelle, die Rottmanner mit dem bloßen Hinweise: „Vgl. das insuperabilem fortitudinem" zitiert, heißt es ganz klar: „Voluntas quippe humana ... consequitur ... insuperabilem fortitudinem", und vorher: „Quando rogavit ergo, ne fides eius (Petri) deficeret, quid aliud rogavit, nisi ut haberet in fide liberrimam, fortissimam, invictissimam, perseverantissimam voluntatem!" [2]

Dieselbe Schrift De correptione et gratia — ein von Augustin selbst sehr geschätztes Werk — beweist überdies positiv, daß Augustin neben der Gnade der Prädestinierten das Können des Bösen, somit die wirkliche Wahlfreiheit, festhält. Den ersten Menschen, so

---

[1] De corr. et gr.: Nam si in tanta infirmitate vitae huius, in qua tamen infirmitate propter elationem reprimendam perfici virtutem oportebat, ipsis relinqueretur voluntas sua, ut „in adiutorio Dei, sine quo" perseverare non possent, manerent, si vellent, nec Deus in eis operaretur, ut vellent: inter tot et tantas tentationes infirmitate sua voluntas ipsa succumberet, et ideo perseverare non possent, quia deficientes infirmitate nec vellent aut nou ita vellent infirmitate voluntatis, ut possent. Nun folgt der zitierte Satz. Dann weiter: Ita factum est, ut voluntas hominis invalida et imbecilla in bono adhuc parvo perseveraret per virtutem Dei, cum voluntas primi hominis fortis et sana in bono ampliore non perseveraverit habens virtutem liberi arbitrii, quamvis non defuturo adiutorio Dei sine quo non.... Fortissimo quippe dimisit atque permisit facere, quod vellet; infirmis servavit, ut ipso donante invictissime, quod bonum est, vellent et hoc deserere invictissime nollent. — Die passivische Konstruktion ut ... ageretur (siehe S. 35) darf nicht verleiten, das insuperabiliter auf die Gnade zu beziehen, wie der ganze Kontext zeigt. Das „ut divina gratia indeclinabiliter et insuperabiliter ageretur" sagt brachylogisch: „daß er, durch die Gnade gelenkt, unabweichlich und unüberwindlich seinen Weg nehme". Vgl. ebd. 35: Unde hoc, nisi donante illo, ... a quo acceperunt spiritum non timoris, quo persequentibus cederent, sed virtutis et caritatis et continentiae, quo cuncta minantia, cuncta invitantia, cuncta cruciantia superarent? De dono pers. 22: Ut enim non dicam, quam sit possibile Deo, ... in eorum cordibus operari, ut nullis adversitatibus cedant nec ab illo, aliqua superati tentatione, discedant etc. Es war daher schon aus diesem Grunde verwerflich und überflüssig, daß Migne in seiner Ausgabe das insuperabiliter durch inseparabiliter ersetzte. — Portalié (S. Augustin 2406) leugnet sachlich die gratia irresistibilis, ist jedoch nicht auf das sprachliche Mißverständnis des Satzes aufmerksam geworden.

[2] Ebd. 17.

ist sein Gedanke, gab die Gnade das Können und überließ das Wollen ihrer Freiheit; den heutigen Prädestinierten gibt sie das Können und Wollen des Guten bis zum Ende, aber so, daß das Können des Bösen bestehen bleibt [1]. Erst der jenseitigen Vollendung ist eine Begnadigung des Willens vorbehalten, in der wir das Gute wollen, ohne das Böse zu können, eine selige Notwendigkeit des Guten, die zugleich höchste sittliche Freiheit ist [2].

Die sachliche Verwechslung, die den exegetischen Irrtum begünstigt hat, liegt in der Gleichstellung der gratia mit der voluntas Dei. Vom göttlichen Willen, von Gott dem Allmächtigen sagt Augustin allerdings in den erwähnten Schriften wieder und wieder, er sei nicht bloß unfehlbar wirksam, sondern auch unwiderstehlich und unbesiegbar [3]. Allein wer sieht nicht, daß diese Aussage von der bisher berücksichtigten völlig verschieden, ja mit der Idee des allmächtigen Gottes und dem katholischen Dogma von selbst gegeben ist? Auch die späteren Molinisten, die am weitesten von einer gratia irresistibilis entfernt waren, sogar eine gratia in se efficax leugneten, haben einstimmig daran festgehalten, daß der Wille Gottes das, was er unbedingt beschlossen hat, mit höchster Sicherheit und Macht durchsetzt, daß ein „Widerstand" gegen den absoluten Willen nicht nur fruchtlos, sondern sinnlos sein würde. Bei der Gnade aber handelt es sich um geschaffene sittliche Kräfte, auf die Augustin keineswegs die Souveränität des göttlichen Willens überträgt [4].

---

[1] Ebd. 34 ff.

[2] Ebd. 32: Tunc ita liberum erat (arbitrium), ut bene velle posset et male. Quid erit autem liberius libero arbitrio, quando non poterit servire peccato!... Ebd. 33: Prima ergo libertas voluntatis erat posse non peccare; novissima erit multo maior non posse peccare. Ebd. 35: Die prädestinierten Christen accipiunt tantam per istam gratiam libertatem, ut, quamvis, quamdiu hic vivunt, pugnent contra concupiscentias peccatorum eisque nonnulla subrepant, propter quae dicant quotidie: Dimitte nobis debita nostra, non tamen ultro serviant peccato, quod est ad mortem.

[3] Ebd. 43: Cui (Deo) volenti salvum facere nullum hominum resistit arbitrium. Sic enim velle seu nolle in volentis aut nolentis est potestate, ut divinam voluntatem non impediat nec superet potestatem. Vgl. auch die andern Stellen bei Rottmanner (Der Augustinismus 20 ff), die sämtlich nur Gott oder den Willen Gottes als Subjekt haben. — Wenn man die modernen Verwechslungen nahestehender Begriffe sieht, muß man um so mehr die Geistesgegenwart und Geistesschärfe bewundern, mit der Augustin in diesen lebhaften Schriften stets die feinen Grenzlinien der dogmatischen und metaphysischen Begriffe innehält.

[4] De corr. et gr. 45 wird ausdrücklich die libertas contradictionis im Menschen unbeschadet der Unwiderstehlichkeit des göttlichen Wollens festgehalten: Nisi

Ebenso unrichtig ist der Satz Rottmanners, in den letzten
Schriften Augustins werde „dem Menschen jeder — an sich un-
berechtigte — Anspruch auf eigenes oder eigentliches Verdienst genommen und, wie es sich gebührt, alles Gott gegeben“[1]. Den
Ausdruck „datur totum Deo“ hat Augustin aus Cyprian[2] genommen.
Er gebraucht ihn häufig, nicht um die freie und verdienstliche Mitwirkung des Menschen mit der Gnade zu leugnen, sondern um den
Semipelagianern zu zeigen, daß auch der Anfang des Glaubens
und das gute Ende des Heilswerkes in den Wirkungskreis der
Gnade falle. Er will zwar das „Verdienst des Glaubens“ selbst hin-
wegnehmen, nicht aber das Verdienst, das auf den Glauben und die
Gnade sich gründet[3]. Was jener Satz ausschließt, das ist jede äußerliche Teilung und Subtraktion zwischen Gnade und Freiheit, sowohl
die extensive (zeitliche) wie die intensive, keineswegs aber die Selbständigkeit und organische Durchdringung beider[4]. Gerade in den
Schriften der letzten Periode betont Augustin dieses Zusammengehen,
das lebendige Ineinander des göttlichen und menschlichen Faktors
mit aller Deutlichkeit[5]. Zugleich zeigt er, wie hierdurch das menschliche Handeln eine übernatürliche Wirkungskraft erlangt, der Gedanke des Verdienstes also durchaus berechtigt ist[6]. Damit stimmen

---

forte, ut ex multis aliqua commemorem, quando Deus voluit Sauli regnum dare,
sic erat in potestate Israelitarum, subdere se memorato viro sive non subdere, quod utique in eorum erat positum voluntate, ut etiam
Deo valerent resistere! Qui tamen hoc non fecit nisi per ipsorum hominum
voluntates.

[1] Rottmanner, Der Augustinismus 24 f.

[2] De domin. orat. 26. Vgl. De dono pers. 12. Die Übersetzung heißt also
nicht: „Alles“, sondern „das Ganze“ wird Gott gegeben!

[3] Zu Rottmanner a. a. O. 25, A. 1. — De praed. sanct. 32: Non ex
operibus, sed ex vocante dictum est ei: Quia maior serviet minori. Numquid
dixit: Non ex operibus, sed ex credente? Prorsus etiam hoc abstulit homini,
ut totum daret Deo.

[4] De dono pers. 12: Tutiores igitur vivimus, si totum Deo damus, non autem
nos illi ex parte et nobis ex parte committimus.

[5] Retr. 1, c. 23, 2: Utrumque ergo nostrum est propter arbitrium voluntatis, et utrumque tamen datum est per spiritum fidei et caritatis. Neque enim
sola caritas, sed sicut scriptum est: „Caritas cum fide a Deo Patre et Domino
nostro Iesu Christo“ (Eph 6, 23).

[6] Enchir. 9: „Non volentis neque currentis sed miserentis est Dei“ (Rom 9, 16)
ut totum Deo detur (nicht bloß das currere, sondern auch das velle!), qui hominis
voluntatem bonam et praeparat adiuvandam et adiuvat praeparatam. Praecedit
enim bona voluntas hominis multa Dei dona, sed non omnia; quae autem non
praecedit ipsa, in eis est et ipsa. — De gr. et lib. arb. 4: Nemo ergo Deum

die populären Äußerungen in seinen Predigten, nach denen wir uns „Gott zugesellen", Gott unser Helfer und wir seine „Mitarbeiter werden", völlig überein; sie bedürfen nicht, wie Rottmanner meint, einer „Retraktation" [1].

Die Natur der Freiheit, die im innerlichen, selbstmächtigen, wahlfreien Wollen liegt, bleibt intakt, wenn die Gnade als höheres Prinzip hinzutritt. Daß die Willensfreiheit nach Augustin zur A n - l a g e   d e s   M e n s c h e n gehört, daß sie im n o r m a l e n   Z u s t a n d e, im   L e b e n   d e s   W i e d e r g e b o r n e n   T a t s a c h e   i s t, u n t e r l i e g t k e i n e m   Z w e i f e l. Gewisse Unklarheiten bleiben nur bezüglich des Standes der Sünde. Wir kommen auf dieselben zurück, nachdem wir Augustins Auffassung der Erbsünde kennen gelernt haben.

II. Der göttliche Beistand zum sittlichen Wollen und Handeln.

Es ist ein Grundsatz der Metaphysik Augustins, daß die All-ursächlichkeit Gottes und die Selbsttätigkeit der Geschöpfe sich nicht

---

c a u s e t u r in corde suo, sed sibi imputet quisque, cum p e c c a t. Neque cum aliquid s e c u n d u m Deum operatur, a l i e n e t   h o c   a   p r o p r i a   v o l u n t a t e. Quando enim volens facit, tunc dicendum est opus bonum, tunc speranda est boni operis m e r c e s ab eo, de quo dictum est: „Qui reddet unicuique secundum opera sua" (Mt 16, 27). De gr. et lib. arb. 12: „Non ego autem, sed gratia Dei mecum" (1 Kor 15, 10) id est: non s o l u s, sed gratia Dei mecum; ac per hoc n e c   g r a t i a D e i   s o l a nec ipse solus, sed gratia Dei cum ipso. Ebd. 13: Sed plane cum data fuerit, incipiunt esse etiam m e r i t a nostra bona, per illam tamen. Cum fuerit iam iustificatus ex fide, a m b u l e t   c u m   i l l o gratia et incumbat super ipsam, ne cadat. — De corr. et gr. 41: Vita aeterna, quam certum est bonis operibus d e b i t a m reddi etc.

[1] In Epist. Io. 4, 7: Videte, quemadmodum non abstulit liberum arbitrium, ut diceret: „castificat seipsam". Quis nos castificat nisi Deus? Sed Deus te nolentem non castificat. Ergo, quod a d i u n g i s   v o l u n t a t e m   t u a m   D e o, castificas teipsum. Sermo 156, 11: Dicit mihi aliquis: Ergo agimur (Spiritu Dei) non agimus. Respondeo: Imo et agis et ageris; et tunc bene agis, si a bono agaris. Spiritus enim Dei, qui te agit, agenti a d i u t o r est tibi. Ipsum nomen adiutoris praescribit tibi, quia e t   t u   i p s e   a l i q u i d   a g i s. Ebd. 156, 13: Cum auditis: „Quotquot Spiritu Dei aguntur hi filii sunt Dei", nolite vos d e m i t t e r e. Neque enim templum suum sic de vobis aedificat Deus, quasi de lapidibus, qui non habent motum suum; levantur, ab structore ponuntur. N o n   s i c   s u n t   l a - p i d e s   v i v i.... Ducimini sed currite et vos; ducimini sed sequimini; quia, cum secuti fueritis, verum erit illud, quia sine illo nihil facere potestis: „Non enim volentis neque currentis sed miserentis est Dei." De pecc. mer. et rem. 2, 6: Nachdem die Notwendigkeit des Gebetes betont ist: Nec ideo tamen solis de hac re v o t i s agendum est, ut non subinferatur a d n i t e n d o etiam n o s t r a e   e f f i c a c i a   v o - l u n t a t i s. „Adiutor enim noster" Deus dicitur (Ps 26, 9), nec adiuvari potest, nisi qui etiam s p o n t e   c o n a t u r. Vgl. noch P o r t a l i é, S. Augustin 2406 f.

ausschließen und hemmen, sondern Hand in Hand gehen. Das Wort des Apostels an die Athener: „In ihm leben wir, bewegen wir uns und sind wir", unterstützt die Anschauung und Lehre, „daß Gott unaufhörlich in seinen Geschöpfen wirkt. Allerdings sind wir nicht in ihm als seine Wesenheit, wie (von Christus) gesagt ist, daß er ‚das Leben in sich selbst hat', vielmehr, indem wir etwas anderes sind als er, sind wir insofern in ihm, als er dieses wirkt — durch jene Tätigkeit, mit der er alles umfaßt, und seine Weisheit von einem Ende bis zum andern kraftvoll waltet und alles lieblich ordnet" [1].

Auch der freie Wille bedeutet keine „Emanzipation des Menschen von Gott", wie Julian auszusprechen gewagt hatte; auch im sittlich guten Wollen, der innerlichsten Tat des Menschen, bleibt jene starke und liebliche Ordnung, durch die Gott Quell alles Lebens ist, bestehen. Das ist der erste Gedanke, der Augustins Polemik gegen die Pelagianer durchzieht. Dem heidnischen Bewußtsein war es trotz einzelner tieferer Ahnungen verborgen geblieben, daß der Mensch wie die äußeren Güter, Gesundheit und Lebensglück, so auch die sittliche Tugend von Gott erflehen müsse. „Wer bezweifelt", sagt ein Führer der stoischen Philosophie, „daß das Leben ein Geschenk der unsterblichen Götter, das gute Leben aber eine Gabe der Philosophie sei? Und daß wir aus diesem Grunde der letzteren um so viel mehr Dank schulden als den Göttern, um wie viel das gute Leben kostbarer ist als das Leben?" [2] Der Heide war zu entschuldigen, wenn er zu solchen Vorstellungen kam; seine Götter waren in der Tat nicht geeignet, als Geber und Schutzherren der sittlichen Reinheit und Größe aufzutreten, weil sie selbst diese Reinheit und Größe nicht besaßen. Ganz anders verhielt es sich auf dem Standpunkte der Offenbarung; der eine Gott, dessen unendliche Seinsfülle und Macht alles durchdringt, ist auch die höchste Güte und Heiligkeit; die physische und die sittliche Welt haben ihn in gleicher Weise zum Urgrunde und Mittelpunkte.

Der entscheidende Beweis gegen die stoisch gefärbte Emanzipation der pelagianischen Freiheit liegt daher für Augustin in der Gottesidee und Frömmigkeit der Heiligen Schrift. Wenn die Heiden nicht oder kaum um Tugend beten, so ist die Heilige Schrift und besonders das Neue Testament angefüllt mit Beispielen und

---

[1] De Gen. ad litt. 4, 23; vgl. 8, 48. De Civ. Dei 7, c. 30. Vgl. Bd I, S. 145 ff.
[2] Seneca, Epist. 90, 1. Vgl. Cicero, De nat. deor. 3, 36.

Mahnungen solcher Bitten. Der hl. Paulus betet, daß die Korinther
„nicht Böses tun“; er sagt, daß wir vom Geiste Gottes getrieben
werden und sein Wort in uns vernehmen; er führt sogar die Kraft,
etwas Gutes zu denken, auf Gottes Beistand zurück. Dabei ist
nicht vom bloßen Können, wie Pelagius meint, sondern auch vom
wirklichen Tun die Rede[1]. Er denkt auch nicht nur an äußeres
Handeln, sondern ganz vorzugsweise an die innerliche Gesinnung.
Er macht keinen Unterschied zwischen dem Erkennen und Wollen,
als ob etwa Gott bloß den Verstand erleuchte, über das wahrhaft
Gute aufkläre, der Wille aber moralisch durch die Anziehungskraft
des Guten und dynamisch durch seine eigene Freiheit bestimmt
werde. Es gibt eine Erkenntnis, die noch nicht Tugend ist, weil ihr
der Wille nicht gehorchen will: „Die Wissenschaft bläht auf, die
Liebe erbaut“; es wäre der Ehre Gottes zuwider, wollten wir jenes
Geringere, die Erleuchtung, auf seinen Beistand zurückführen, das
Größere aber, den praktischen Entschluß, der Willensfreiheit vorbehalten. Wie die rechte Erkenntnis, so stammt auch der gute
Wille in innerlicher, geheimnisvoller Weise von Gott[2]. Umgekehrt
ist es unzulässig und schon vom psychologischen Standpunkt un-
organisch gedacht, den Beistand Gottes auf das Wollen und Tun
zu beschränken. Den Irrtum, daß das Erkennen und Glauben von
der Sphäre des Gnadenwirkens ausgeschlossen sei, hatte Augustin
in seinem System schon früh entdeckt und überwunden[3]. Wenn
die Heilige Schrift so häufig neben dem Gebet die Wachsamkeit
und die Anstrengung des Willens gegen das Böse empfiehlt, so zeigt
sie nur, daß die Gnade bei der sittlichen Leistung nicht von der
Selbsttätigkeit absieht, nicht, daß die Gnade überflüssig ist[4].

---

[1] De grat. Chr. 29.

[2] Ebd. 25—27. — De spir. et litt. 63 64: Sciri enim aliquid vel credi et
tamen non diligi potest; diligi autem, quod neque scitur neque creditur, non
potest. Vgl. De gr. et lib. arb. 40: Quid est ineptius, . . . quam confiteri ex Deo
esse scientiam, quae sine caritate inflat, et ex nobis esse caritatem . . .? C. Iul.
Pel. 5, 9: Quando Deo donante ex vera vivitur fide, ipse Deus adest et menti
illuminandae et concupiscentiae superandae et molestiae perferendae. Hoc enim
totum recte fit, quando fit propter ipsum i. e. quando gratis amatur ipse;
qualis amor nobis esse non potest, nisi ex ipso.

[3] Siehe oben S. 4.

[4] De gr. et lib. arb. 9: Non autem intrat in tentationem, si voluntate bona
vincat concupiscentiam malam. Nec tamen sufficit arbitrium voluntatis humanae,
nisi a Domino victoria concedatur oranti, ne intret in tentationem. Ebd. 29. Op.
imp. c. Iul. 3, 109.

Was die spekulativen Gründe angeht, so hatte Augustin, wie
früher bemerkt, schon durch seine neuplatonischen Studien, vor allem
aber durch den Kampf gegen die Manichäer die immer mehr ein-
leuchtende Erkenntnis gewonnen, 1. daß das Gute, und nur das Gute
ein absolutes Prinzip verlangt; 2. daß in diesem alles Gute der physischen und geistigen Welt seine Erklärung und Begründung finden
muß. Als Pelagius in seinem Briefe an Demetrias schrieb, die
jungfräulichen Tugenden der Adressatin seien ihr höchstes und
kostbarstes Besitztum, weil sie „nur in ihr und aus ihr" erwachsen
seien, läßt Augustin dem Ausdrucke „in ihr" Anerkennung wider-
fahren; den andern aber, „nur aus ihr", tadelt er. „Denn wenn
sie auch aus ihr sind wegen der eigenen Freiheit, ohne die wir nichts
Gutes tun, so sind sie doch nicht nur aus ihr." Eine christliche
Jungfrau rühmt sich zumeist in Gott, der „in ihr" ist, „von dem
sie aber auch alles Gute hat, wodurch sie gut ist, von dem sie
alles Gute erwartet, wodurch sie besser wird" [1].

Die sittliche Gutheit, so sagt Augustin, muß, wie alles Entstehende, eine Ursache haben; da der Mensch ohne sie schlecht und
unweise ist, muß diese Ursache außer und über dem Menschen liegen [2].
Der unvergleichliche, absolute Wert, den das Gewissen und das Bewußtsein der Menschheit dem Sittlichen beilegen, läßt sich nicht erklären außer durch die Annahme, daß Gott, das absolute Gut, den
Gravitationspunkt des sittlichen Lebens bildet. Der Anziehungskraft
des höchsten Gutes entspricht aber die Triebkraft der ersten Ursache. Die Seele wird besser, wenn sie weise, gerecht, fromm wird;
sie wird es durch Hinwendung ihres Strebens zu Gott, sie wird es
durch Krafteinfluß seitens Gottes. „Wenn sie sich erhebt zu dem,
was nicht sie selbst ist, was über ihr ist und woraus sie ist,
dann empfängt sie Weisheit, Gerechtigkeit, Frömmigkeit. . . . Wie
sie selbst, wenn sie im Körper ist, diesem Lebenskraft, Schönheit,
Beweglichkeit, organische Gliederung verleiht, so verleiht ihr
Gott, wenn er, ihr Leben, in ihr ist, die Weisheit, Frömmigkeit,
Gerechtigkeit, Liebe." [3] Es ist eine doppelte „participatio Dei", eine
finale und eine kausale, die Augustin annimmt, um den Zuwachs
seelischer Vollkommenheit, der im Guten liegt, zu erklären.

---

[1] Epist. 188, 5 7 9.
[2] Siehe Bd I, S. 54 f.
[3] In Io. Ev. tr. 19, 12. Vgl. ebd. 19, 13: Non ergo, sicut anima aliquid aliud
est, antequam illuminetur, et fit melius, cum illuminatur, participatione
melioris, ita et Verbum Dei.

Nachdem er in einem Briefe die erstere Beziehung mit den platonischen Wendungen seiner Frühzeit geschildert hat, wendet er sich am Schluß gegen Pelagius mit den deutlichen Sätzen: „Notwendigerweise liebt derjenige Gott zu wenig, der nicht von ihm, sondern von sich selbst gut gemacht zu sein (effectum) wähnt; und wie sollte ein solcher dazu kommen, sich nicht in sich, sondern in Gott zu rühmen? Denn wer sich rühmt, gut zu sein, muß sich rühmen in dem, von dem er gut gemacht worden ist!" [1]

Aber auch Pelagius wagt es nicht, die Herkunft alles Guten von Gott im Widerspruch zur ganzen Offenbarung zu leugnen; er führt das Wollen und Vollbringen insofern auf Gott zurück, als dieser der geistigen Natur und dem Willen des Menschen das Können gegeben hat. Diese allgemeine, indirekte Verursachung glaubt er Gnade nennen zu dürfen [2]. Gott schuf die Freiheit des Willens als Wurzel des Tuns; der Mensch entscheidet dann, ob aus ihr eine blühende, fruchtbare Pflanze oder ein wilder Dornstrauch erwachsen soll [3]. — Augustin entgegnet, wenn die Gabe des freien Willens, als der Möglichkeit des Guten und Bösen, nach Pelagius ausreiche, Gott mit den Worten der Heiligen Schrift als denjenigen zu feiern, der das Wollen und Vollbringen des Guten gibt, dann müsse er konsequent Gott auch den Urheber des Bösen nennen; denn die Möglichkeit des Bösen liegt ja ebenso wie die des Guten in dem Geschenke der Freiheit [4]. Eine solche blasphemische Behauptung aber scheue er sich wohl auszusprechen. Es bleibt dann nur das offene Geständnis, daß das aktuelle Wollen und Vollbringen des Guten gar nicht Geschenk Gottes, sondern reine Tat des Menschen ist. Diese Anschauung liegt in der Tat der Irrlehre zu Grunde: die Freiheit ist Wahl zwischen gut und böse; das Gute ist in keiner andern Weise auf Gottes Beistand zurückzu   ren wie das Böse [5]. Der Mensch ist vermöge seiner Freiheit ebenso Prinzip

[1] Epist. 140, 85 (die andere participatio n. 56 74). Vgl. C. Iul. Pel. 1, 45: Ac per hoc Deus auctor est omnium bonorum, hoc est et naturae bonae et voluntatis bonae, quam nisi Deus in illo operetur, non facit homo, quia „praeparatur voluntas a Deo".

[2] De grat. Chr. 5 ff.   [3] Ebd. 19.

[4] Ebd. 18: Si quod bene agimus, loquimur, cogitamus, ideo et nostrum est et Dei, quia ille nobis hoc posse donavit, ergo et quod malum agimus, loquimur, cogitamus, et nostrum est et Dei, quia illud posse ad utrumque donavit.... Possibilitas quippe illa, quam dedit, tam nos facit bona posse quam mala. Vgl. C. Iul. Pel. 5, 57.

[5] Das zeigt sich auch in dem Einwande der Pelagianer: Wenn die Sünder oft die größten Qualen tapfer ertragen, „sine ullo Dei adiutorio, viribus liberi

des Guten wie des Bösen, der Veredelung zum Fruchtbaume wie
der Verwilderung zum Dornstrauche.

Gegen diesen Grundgedanken wendet sich Augustin mit tiefster
Überzeugung und innerster Bewegung. Die Pelagianer, schreibt er
an Papst Innozenz I., sagen gleichsam zu ihrem Schöpfer: „Du
hast uns zu Menschen gemacht; zu Gerechten aber
haben wir uns selbst gemacht" [1] — genau das, was Seneca
seinen Göttern sagte. Sie stellen damit Gott nicht bloß dem Menschen gleich, sondern in gewissem Sinne unter den Menschen; denn
wenn die Gerechtigkeit das Werk des Menschen allein ist, so über-
strahlt seine Schöpfung an Wert das, was Gott geschaffen hat. Die
Wahlfreiheit als solche ist ein physisches Gut, das mißbraucht werden
kann; der sittlich gute Wille ist ein schlechthin wertvolles Gut [2].
„Stammt der freie Wille, der weiterhin entweder gut oder böse sein
kann, von Gott, so ist das, was von uns ist, besser als das, was
von ihm ist. Ist dies aber eine ganz absurde Behauptung, so muß
man zugeben, daß wir den guten Willen von Gott erhalten.... Daß
wir von Gott uns abwenden, ist unser Werk, und darin liegt der
böse Wille; daß wir aber zu Gott uns hinwenden, ist uns ohne seine
Anregung und Hilfe (nisi ipso excitante atque adiuvante) unmöglich, und das ist der gute Wille; ,was haben wir also, das wir nicht
empfangen hätten?'" [3] Nehmen wir das von Pelagius gebrauchte
Bild: der freie Wille ist nicht eine Wurzel, die aus ihrer inneren
Kraft ebenso leicht zum fruchtbaren Baume wie zum unnützen Gestrüpp sich auswächst. „Der Mensch macht den Baum gut, wenn
er die Gnade Gottes annimmt. Denn er macht sich aus einem
schlechten zu einem guten nicht durch sich selbst, sondern aus ihm
und durch ihn und in ihm, der immer gut ist; und nicht bloß, um
ein guter Baum zu sein, sondern auch um gute Früchte zu
bringen, bedarf er des Beistandes der Gnade, ohne die er nichts tun
kann. Denn derjenige ist in den guten Bäumen zur Frucht mittätig,
der sowohl äußerlich durch seine Diener begießt und pflegt, als auch
innerlich selbst das Gedeihen gibt. Schlecht aber macht den Baum
der Mensch, wenn er sich selbst schlecht macht, wenn er abfällt

---

arbitrii", warum sollte nicht der freie Wille in derselben Weise (eodem modo)
für die Tugend leiden können, „non ad hoc exspectans se divinitus adiuvari sed
sibi naturali possibilitate sufficiens"? De patient. 13.

    [1] Epist. 177, 1.   [2] De lib. arb. 2, 50.

    [3] De pecc. mer. et rem. 2, 30 f. Vgl. Op. imp. c. Iul.: ut per se ipsum
bonus sit homo non per Deum, aut certe melior per se ipsum quam per Deum.

von dem unwandelbaren Gute; der Abfall von diesem ist der Ursprung des bösen Willens." [1]
Diese Grundsätze sind so allgemeiner, tiefliegender Art, daß sie nicht bloß für den empirischen Zustand der Menschheit, sondern auch für die Engelwelt und den Urzustand des Menschen gelten [2]. Man kann darüber streiten, ob die Engel im Stande der Gerechtigkeit geschaffen sind oder ihn durch freie Stellungnahme erreicht haben; jedenfalls stammt ihre sittliche Rechtheit wie ihre Wesenheit zuletzt aus Gott. Durch die Heiligkeit wird der Geist reicher an Sein und Leben, seine Anlage für Gott wird erfüllt und ausgewirkt; woher sollte dieser Zuwachs an Vollkommenheit stammen, wenn nicht aus Gott? Andernfalls stände das Wollen der Kreatur an Schöpferkraft über dem Schöpfer. Das Gegenstück zu diesem Bedürfnis göttlicher Hebung und Kräftigung ist die Tatsache, daß der Geist nur in Gott ein befriedigendes Strebeziel findet; Gott ist die Fülle des Guten, er ist die Fülle der Kraft zum Guten [3]. Was den ersten Menschen betrifft, so ist Augustin schon auf Grund der Stelle Pred. 7, 30: Fecit hominem rectum überzeugt, daß er nicht als sittlich indifferenter, sondern als guter, durch Gerechtigkeit und Liebe mit Gott verbundener Mensch ins Dasein getreten ist [4]. „Der gute Wille ist also Werk Gottes; denn mit demselben ist der Mensch von ihm erschaffen worden. Der erste böse Wille aber, der allen bösen Werken im Menschen vorherging, war mehr ein Abfall vom Werke Gottes

---

[1] De grat. Chr. 20. Vgl. C. Iul. Pel. 1, 45. Der oben angedeutete Unterschied der gratia excitans (operans) und adiuvans (cooperans) wird später noch deutlicher ausgeführt. Vgl. z. B. De gr. et lib. arb. 33.

[2] De nat. et gr. 56.

[3] De Civ. Dei 12, c. 9, 1: Si non potuerunt (angeli) se ipsos facere meliores, quam eos ille fecerat, quo nemo melius quidquam facit, profecto et bonam voluntatem, qua meliores essent, nisi operante adiutorio Creatoris habere non possent. Et cum id egit eorum voluntas bona, ut non ad se ipsos, qui minus erant, sed ad alium, qui summe est, converterentur eique adhaerentes magis essent eiusque participatione sapienter beateque viverent, quid aliud ostenditur nisi voluntatem quamlibet bonam inopem fuisse in solo desiderio remansuram, nisi ille, qui bonam naturam ex nihilo sui capacem fecerat, ex se ipso faceret implendo meliorem, prius faciens excitando avidiorem?

[4] De corr. et gr. 32: Tunc ergo dederat homini Deus bonam voluntatem; in illa quippe eum fecerat, qui fecerat rectum. Die Unschuld des indifferenten Willens, vor allem die possibilitas Julians genügt nicht zur „Rechtheit". Op. imp. c. Iul. 5, 57: An rectus erat non habens voluntatem bonam sed eius possibilitatem? Ergo et pravus erat, non habens voluntatem malam sed eius possibilitatem!

zu den eigenen Werken, als überhaupt ein Werk."[1] Die sittliche
Vollkommenheit der ersten Menschen war keine abgeschlossene; sie
sollten in der Tugend wachsen und die volle Seligkeit durch Treue
in der Prüfung verdienen. Auch diese Fortdauer und steigende Kraft
des Wollens strömte aus derselben Quelle, die ihm den Ursprung
gegeben hatte. Wie der Mensch das Paradies „bebauen und bewahren sollte", so mußte Gott auf den Garten des menschlichen
Herzens wirken, wenn derselbe fruchtbar sein und bleiben sollte.
„Denn da Gott das unwandelbare Gut ist, der Mensch aber nach
Seele und Leib ein veränderliches Wesen, so kann dieser nicht zur
Gerechtigkeit und Seligkeit gestaltet werden, wenn er nicht zu Gott,
dem unwandelbaren Gute, hingewandt und in ihm befestigt wird."[2]
Ja diese Notwendigkeit steter Beeinflussung durch Gott ist eine viel
umfassendere, als sie für irgend eine Beziehung zwischen dem menschlichen Künstler und seinem Werke besteht; sie ist außerdem eine
so innerliche und natürliche, daß jeder Vergleich einer mechanischen
Einwirkung versagt. Das göttliche Walten erscheint als die Licht-
und Lebenssphäre, in der die Seele zu höherem Sein erwacht
und erstarkt. „Der Mensch ist nicht ein Wesen, das, nachdem es
geschaffen ist, aus sich selbst gut handeln könnte, auch wenn sein
Schöpfer es im Stiche läßt; sondern all sein Guthandeln heißt nichts
anderes als zum Schöpfer hingewandt und von ihm stetig gerecht,
fromm, weise und selig gemacht werden... Nicht so darf sich der
Mensch zum Herrn hinwenden, daß er, einmal durch ihn gerecht
geworden, weggehen könnte, sondern so, daß er beständig durch
ihn gerecht wird. Und schon dadurch allein, daß er nicht von
ihm weggeht, d. h. durch die Gegenwart Gottes wird er gerechtfertigt, erleuchtet und beseligt." Das Beispiel von der Bebauung
und Bewahrung des Gartens ist also ein unvollkommenes; kann ja
der Gärtner, wenn er seine Arbeit getan, sich entfernen und der
Natur das Weitere überlassen. Ein treffenderer Vergleich ist die
von der Sonne erhellte Atmosphäre. „Wie die Luft durch die Gegenwart des Lichtes nicht hell gemacht ist, sondern wird — denn
wenn sie erhellt wäre, nicht würde, so bliebe sie hell, auch wenn
die Lichtquelle verschwände —, so wird der Mensch, wenn
Gott ihm gegenwärtig ist, erleuchtet, wenn er ihm
fern ist, sogleich verfinstert; von ihm aber entfernt man
sich nicht durch räumliche Trennung, sondern durch Abwendung

---

[1] De Civ. Dei 14, c. 11.   [2] De Gen. ad litt. 8, 23.

des Willens. Derjenige also möge den Menschen gut machen und
erhalten, der unwandelbar gut ist. Und wir müssen von ihm beständig geschaffen, beständig vervollkommnet werden, indem wir
ihm anhangen, indem wir in der Hinwendung zu ihm ausharren, nach
dem Worte: ‚Mir aber ist es gut, Gott anzuhangen‘, und dem andern:
‚Meine Stärke will ich behüten bei dir!‘ Denn wir sind sein Ge-
bilde, nicht nur dazu, daß wir Menschen sind, sondern auch dazu,
daß wir gut sind.“ Die Schuld unseres Willens, die Begierde nach
falscher Selbständigkeit ist es, die uns aus der göttlichen Lichtsphäre
ins Dunkel hat hinabsinken lassen; ein Gebrauch der Freiheit, der
dem aus Nichts geschaffenen Wesen ohne Gott möglich ist, es aber
auch dem Nichts entgegenführt [1].

Auch die Erleuchtung und Erwärmung durch einen äußeren
Lichtträger ist noch kein vollkommenes Bild der sittlichen Verklärung und Lebensglut; bei letzterer handelt es sich eben um
Leben, d. h. um ein innerliches, in sich wachstumsfähiges Prinzip.
Auch dieser Vergleich ist unserem Kirchenlehrer nicht fremd. „Mochte
die Sünde in der bloßen Macht des freien Willens liegen, so genügte
dieser Wille nicht zum Festhalten der Gerechtigkeit, wenn ihm nicht
ein göttlicher Beistand in der Teilnahme am unveränderlichen Gute
zuteil wurde. Wie es nämlich in der Macht des Menschen steht, zu
sterben, wenn er will — denn es ist niemand, der sich selbst nicht
wenigstens durch Ablehnung der Nahrung zu töten imstande wäre —,
zur Wahrung des Lebens aber der Wille nicht ausreicht,
falls ihm alle Hilfsquellen der Nahrung und sonstigen Selbst-
erhaltung fehlen (alimentorum sive quorumque tutaminum), so war
der Mensch im Paradiese durch seinen Willen wohl imstande, sich
zu töten, indem er die Gerechtigkeit preisgab; um aber das
Leben der Gerechtigkeit festzuhalten, dazu war es nicht
genug, zu wollen, falls nicht derjenige, der ihn erschaffen, ihm Beistand leistete.“ [2]

Zur Erklärung und Beurteilung dieser Gedankengänge sei folgendes bemerkt:

1. Die Stellung Gottes als höchstes Zielgut und als belebende Triebkraft erscheint überall in innigster Verbindung.
Der finale und der kausale Einfluß Gottes sind so zusammengerückt,
daß es — in den früheren Auslassungen — nicht leicht ist, den

---

[1] Ebd. 8, 26 31. Vgl. ebd. 1, 10; De Civ. Dei 14, c. 13, 1.
[2] Enchir. 28. Ganz ähnlich De Civ. Dei 14, c. 27.

letzteren sicher zu konstatieren; der Beistand Gottes verschwimmt
mit der Gegenwart Gottes im Bewußtsein, die Bewegung durch Gott
mit der Begeisterungs- und Anziehungskraft des höchsten Gutes.
Aber die fortschreitende Einsicht in das Wesen Gottes und der Geschöpfe zeigt Augustin, daß finale und kausale Bewegung zwar Hand
in Hand gehen, aber nicht identisch sind, daß Gott als *A* und *Ω* jeglichem Idealen seine Größe, aber auch allem Realen seine Wirklichkeit verleiht. Zumal, nachdem Pelagius den sittlichen Beistand Gottes
ausdrücklich auf moralische Einflüsse, Lehre, Beispiel usw. ein-
schränkte, legt Augustin besonderes Gewicht auf den Nachweis, daß
Gott das sittlich Gute auch dynamisch bewirkt — eine Sonne, die
nicht nur die Farben und das Auge beleuchtet, sondern auch die
farbigen Gegenstände und das Auge schafft und erhält[1]. Er zeigt
im Anschluß an die Heilige Schrift, daß wie das Erkennen, so das
Wollen des Guten von Gott kommt; daß die höchste und eigentliche
Sittlichkeit, die Liebe zu Gott, durch den Geist Gottes in unsere
Herzen ausgegossen wird. Das ganze Problem erhält neben der
ethischen eine ausgeprägt energetische Fassung; der sittliche
Fortschritt ist Steigerung des Seins, innerlicher Zuwachs an Kraft,
Schönheit und Adel, für den es nicht minder eine reale Ursache
geben muß, wie für das leibliche Wachstum in der Nahrung[2].

2. Eine Bestätigung dessen liegt in der Tatsache, daß Augustin
die philosophische Beweisführung so häufig durch Bibelstellen bestätigt, in denen offenbar von der übernatürlichen, den Menschen
dynamisch ergreifenden und verklärenden Gnade die Rede ist, von
jener Gnade, die dem Denken und Wollen „zuvorkommt", es „vorbereitet", „heilt" und im Kampfe zum Siege führt. An den oben
(S. 47) zitierten Satz, wie das Sein, so müsse auch das Gutsein des
Menschen von Gott kommen, schließt sich unmittelbar der Hinweis
auf das Wort des hl. Paulus: „Denn aus Gnade seid ihr gerettet
worden durch den Glauben; und das nicht aus euch, sondern es
ist Gottes Geschenk" (Eph 2, 8). Diese Annäherung des allgemeinen Beistandes Gottes an die christliche Gnade
ist wiederum ganz charakteristisch. Man hat gesagt, Augustin denke,

---

[1] De nat. et gr. 29. En. in ps. 118, sermo 18, 4.

[2] Daß Augustin auch in dieser Zeit die finale Beeinflussung des Willens
nicht übergeht, ist sehr verständlich; Pelagius und vor allem Julian leugnen ja
auch die Abhängigkeit der Freiheit vom höchsten Gute, die wesentliche Anlage
des Willens auf das Gute. Vgl. zur ganzen Frage noch S c h e e b e n, Dogmatik
III 690 ff.

wenn er Gottes Beistand zu allem Guten fordert, nur an das übernatürlich Gute, an das Gute im vollen Sinne, und man beruft sich
dafür auf die biblische Charakteristik jenes Beistandes, auf die
Gleichstellung desselben mit der Gnade. Allein es ist klar und durch
die mitgeteilten Stellen und ihre metaphysische Begründung genug-
sam erwiesen, daß Augustin eine solche Unterscheidung nicht macht —
ebensowenig wie die Pelagianer sie machten [1]. Alles Gute, das
den Menschen besser macht, seine sittliche Anlage zur Wirklichkeit
erhebt, bedarf der Anregung und Hilfe Gottes; nur das Böse ist
dem Willen aus sich möglich. Wollen wir in der Sprache der
späteren Theologie reden, so müssen wir sagen: Augustin lehrt den
zu allem sittlich Guten, auch dem natürlich Guten, erforderlichen
Beistand Gottes.

3. Dazu ist freilich eine wichtige Erläuterung bzw. Einschränkung
zu machen. Als eigentliche Sittlichkeit, als die den Menschen wahrhaft bessernde Tugend betrachtet Augustin, wie wir hörten, die
Liebe des höchsten Gutes (caritas). Das ist für ihn eine philosophische, aus der Natur der Sittlichkeit erwachsende Einsicht, nicht
bloß eine christliche Überzeugung. Das Dorngestrüpp ist die cupiditas, der gute Baum ist die caritas [2]; der freie Wille kann nicht
zur Erfüllung der Gebote genügen, weil die Fülle des Gesetzes die
Liebe ist [3]; die Kraft, die das Schwere leicht macht und den Willen
im Kampfe aufrechthält, ist die Liebe [4]; wir können die Liebe nicht
ohne Gott erwerben, weil sie nach dem Apostel Johannes mit Gott
identisch ist: „Gott ist die Liebe"! [5] Ist die Liebe der zentrale
Ausdruck des Gottesstrebens, der Hingabe an das Gute (agere
propter Deum), so ist sie auch die charakteristische Äußerung und
Wirkung der Kraft Gottes (agere ex Deo) [6]. Bei dem schillernden
Charakter der augustinischen caritas brauchen wir nicht eigens zu
betonen, daß Liebe an solchen Stellen nicht stets die selbstlose Liebe
des persönlichen Gottes bedeutet [7].

---

[1] Vgl. oben S. 43, A. 5.

[2] De grat. Chr. 21 22. C. duas epist. Pel. 2, 21: Proinde cupiditas boni non
homini a Deo esset, si bonum non esset; si autem bonum est, nonnisi ab illo
nobis est, qui summe et incommutabiliter bonus est. Quid est enim boni cupiditas
nisi caritas, de qua Ioannes apostolus sine ambiguitate loquitur dicens: „Caritas
ex Deo est"?

[3] Epist. 157, 4 9.   [4] De gr. et lib. arb. 33.   [5] Ebd. 40.

[6] C. Iul. Pel. 5, 9 (siehe oben S. 41, A. 2).

[7] Siehe Bd I, S. 181 ff 202 ff.

Von großem Interesse ist die Beantwortung der Frage der Pelagianer, warum die Geduld und Tapferkeit des Christen stets auf
die Gnade von oben angewiesen sein soll, während doch der freie
Wille im Heiden und selbst im Verbrecher oft zu staunenswerter
Leidenskraft ausreicht[1]. Woher eine solche Verschiedenheit zwischen
der ursächlichen Begründung der weltlich-sündhaften Willensrichtung
und der christlichen Tugend? Augustin antwortet, die beiden Triebfedern, die cupiditas und die caritas, entwickelten eine um so höhere
Leistungsfähigkeit, je stärker ihre innere Spannkraft sei; aber ihr
inneres Wesen sei eben diametral verschieden, fordere darum auch
einen verschiedenen Ursprung. „Die Lust an der Welt hat ihren
Anfang im f r e i e n W i l l e n, ihren Fortgang in der Annehmlichkeit
des G e n u s s e s, ihre Befestigung in der Fessel der G e w o h n h e i t.
Die Liebe zu Gott aber ist in unsere Herzen ausgegossen nicht durch
uns, sondern durch den Heiligen Geist, der uns gegeben ist.“[2] Die
Weltlust bedarf keiner höheren (etwa dämonischen) Anregung; der
Mensch und die Weltgüter stehen auf gleicher Stufe, er kennt und
fühlt ihren Reiz und erglüht von selbst immer stärker in ihrem Genusse. Und je größer dieses natürlich entzündete Feuer ist, um so
zäher ist auch sein Widerstand gegen Hindernisse und Angriffe.
Die Lust an Gott ist ganz anderer Art; sie gehört so wenig den
irdischen Trieben und Kräften an, wie Gott selbst. Die Liebe bewirkt eine gewisse Einheit mit Gott, vermittelt den seelischen Besitz
Gottes; wer aber möchte behaupten, „daß man G o t t b e s i t z e n
k ö n n e o h n e G o t t“, d. h. ohne freie Herablassung und Gnade
Gottes? Demgemäß muß jede w a h r e, gläubige, fromme Beharrlichkeit, die nichts anderes ist als ausharrende Liebe, aus der Gnade
stammen[3].

---

[1] De patient. 13: Si voluntas hominis sine ullo Dei adiutorio viribus liberi arbitrii tam multa gravia et horrenda perfert sive in animo sive in corpore, ut
m o r t a l i s v i t a e huius et p e c c a t o r u m delectatione perfruatur, cur non eodem
modo eadem ipsa voluntas hominis eisdem viribus liberi arbitrii non ad hoc exspectans se divinitus adiuvari sed sibi naturali possibilitati sufficiens, quidquid laboris vel doloris ingeritur, pro i u s t i t i a et v i t a a e t e r n a patientissime sustinet?
Man beachte, wie hier das Motiv der iustitia und der vita aeterna nachher als
caritas erscheint.

[2] Ebd. 14.

[3] Ebd. 21: Voluntas ... potest et sine alterius spiritus instinctu se ipsa seducere et defectu a superioribus in inferiora lapsando, quanto iucundius aestimaverit, quod adipisci appetit vel amittere metuit vel adeptum gaudet vel amissum
dolet, tanto tolerabilius pro eo ferre, quod sibi minus est ad patiendum, quam illud

Nach dieser Ausführung scheint Augustin der Ansicht zu sein: Jener göttliche Beistand zum Guten, den er für notwendig erklärt, bezieht sich auf das i n n e r s t e, z e n t r a l e M o t i v d e r S i t t l i c h- k e i t, nicht auf ihre sekundären Motive und äußeren Leistungen, oder auf letztere doch nur i n s o f e r n, als sie lebendiger, fortwirkender Ausdruck des ersteren sind. Die Tapferkeit und Selbstbeherrschung des Verbrechers und des weltlichen Helden bedürfen keines gött- lichen Beistandes. Darum wird, so dürfen wir schließen, die gleiche Geisteskraft, die gleiche Willensenergie des christlichen Dulders a l s s o l c h e auch nicht dieses Beistandes bedürfen [1]. Neben dem Ab- soluten der Sittlichkeit steht, wie wir früher sahen, eine relative Seite des Moralischen in zweifachem Sinne: einerseits beziehen sich die Einzeltugenden auf geschöpfliche Ziele, während d a s Ziel der Sittlichkeit das ungeschaffene absolute Gut ist; anderseits breitet sich die Hingabe des Willens an dieses Gut, der sittliche G r u n d- a f f e k t, in seelischen Habitus und äußeren Werken verschiedenster Art aus. Nun sagt uns Augustin: Soweit das Absolute der Sitt- lichkeit reicht, so weit ist die „Gnade" nötig; soweit aber irdische Güter, Motive von natürlich-psychologischer Wirkung (quorum nota voluptas est), innerhalb der Caritas walten, erscheint die Gnade überflüssig. Dasselbe gilt vom Überströmen der im Willen vor- handenen — sei es irdischen, sei es himmlischen — Energie auf die Sinnlichkeit und das äußere Tun, von dem einfachen Weitergehen der Liebeskraft in die Verzweigungen des Menschenlebens (progressus ex iucunditate voluptatis, firmamentum ex vinculo consuetudinis).

---

ad fruendum. Quidquid enim illud est, e x c r e a t u r a est, cuius n o t a voluptas est. Quodammodo enim f a m i l i a r i c o n t a c t u a t q u e c o n n e x u ad experien- dam eius suavitatem adiacet a m a n t i c r e a t u r a e a m a t a c r e a t u r a. Ebd. 22: Voluptas autem Creatoris, de qua scriptum est: „Et torrente voluptatis tuae potabis eos" l o n g e a l t e r i u s g e n e r i s e s t: neque enim, sicut nos, creatura est. Nisi ergo amor eius d e t u r i n d e nobis, non est, unde esse possit in nobis. Vgl. ebd. 15: „Deus caritas est, et qui manet in caritate, in Deo manet et Deus in illo manet." Quisquis ergo contendit haberi posse Dei caritatem sine Dei adiutorio, quid aliud contendit nisi h a b e r i D e u m p o s s e s i n e D e o? Quis autem hoc dicat chri- stianus, quod nullus dicere audeat insanus! Exsultans ergo apud Apostolum vera, pia fidelisque patientia dicit ore sanctorum: „Quis nos separabit a caritate Christi!" Nachher gibt aber Augustin zu, daß auch die Standhaftigkeit h ä r e t i s c h e r Christen, welche den Glauben und die beschriebene caritas nicht haben, wenn sie z. B. für die gebliebenen Glaubenswahrheiten leiden, von Gott kommen müsse (ebd. 24 25) — ein Zeichen, daß caritas auch im weiteren Sinne gemeint ist.

[1] Siehe Bd I, S. 205 215 218.

Demnach wäre die Notwendigkeit des Beistandes Gottes auf die innerlichste und höchste Sphäre des Sittlichen beschränkt, die volle Selbstmacht des Willens aber in dem, was sein eigentliches Herrschaftsgebiet ist, im Seelenleben und äußeren Handeln, gewahrt. Was den Menschen wirklich besser macht, der Fortschritt der sittlichen Grundgesinnung, das fließt aus überirdischer Kraftquelle; alles Relative und Äußere aber ist nur in jenem Zusammenhange, wie es aus dieser Gesinnung — oft als weitverzweigter Organismus der Arbeit — hervorgeht, nicht in seinen Einzelmomenten, von der Gnade abhängig [1].

4. Man kann fragen, ob die „Gnade", wie Augustin sie an manchen der angeführten Stellen beschreibt, nicht nur eine Erweiterung des Wortbegriffs — was ohne Zweifel der Fall ist —, sondern einen Mißbrauch desselben bedeute, da sie nach ihrer metaphysischen Begründung e n t w e d e r mit der göttlichen Welterhaltung und Weltregierung zusammenfalle, also gar keine besondere Realität habe, o d e r aber auf eine Linie mit den innerweltlichen Naturpotenzen herabsinke, somit ihren spezifisch-sittlichen Charakter verliere.

Man empfängt in der Tat bisweilen den Eindruck, Augustin wolle nur darauf dringen, daß die sittliche Tat und Gesinnung des Menschen irgendwie als Werk des Schöpfers anerkannt, der Allursächlichkeit Gottes nicht entzogen werde. Nun ist aber die Beziehung, in der alles Seiende zu seiner ersten Ursache steht, keine besondere Realität. Ebensowenig wie die anfängliche Erschaffung ein eigenes Sein bedeutet zwischen Gott und der Welt, ebensowenig ist derjenige concursus Dei, dem die Welt und alles Einzelne, das Substantielle wie Akzidentelle, ihre Fortdauer verdanken, eine eigene geschaffene Wirklichkeit. Bei näherem Zusehen aber zeigt sich hinlänglich klar, daß bei Augustin der zur Sittlichkeit geforderte Beistand doch als besondere Anregung und Kräftigung, als g r a t i a c r e a t a (im weiteren Sinne) zu denken ist. Das ergibt sich aus der engen Verbindung und häufigen Verwechslung mit der Gnade Christi, der gratia infusa

---

[1] Diese Auffassung ist nicht völlig sicher, scheint mir aber die augustinischen Gedanken am besten wiederzugeben. Man könnte zunächst einwenden, Augustin spreche in De patientia nur von der Tapferkeit im Dienste der Sünde. Allein wenn auch seine Beispiele dieser Art sind, so hat er von vornherein die delectatio m o r t a l i s v i t a e huius e t peccatorum im Auge. Er sagt anderswo deutlich, daß ihm auch die Tapferkeit eines Regulus, Fabius usw. als eine Tugend erscheint, welche ohne Gnade möglich ist (siehe unten Kap. 5, § 1, II). Ebenso liegt die Meidung der Sünde aus bloßer F u r c h t vor der Hölle in der Kraft des bloßen Willens (Sermo 145, 3 4).

des übernatürlichen Lebens; denn die letztere faßt Augustin zweifellos realistisch [1]. Es ergibt sich aus dem beliebten Vergleiche mit energetischen Naturprozessen, mit der Erhellung der Luft durch die Sonnenstrahlen, mit der Stärkung des Lebens durch Nahrung und Arznei [2]. Es ergibt sich aus denjenigen Stellen, die neben der äußeren Einwirkung durch Wort, Beispiel und andere geschöpfliche Mittel einen inneren, geheimnisvollen Antrieb Gottes (durch suasiones, vocationes, dona) betonen, einen Antrieb, der dem Wollen vorangeht, von ihm angenommen oder zurückgewiesen wird [3].

Das zweite Mißverständnis, Augustin stelle die sittliche Belebung des Geistes durch Gott auf eine Stufe mit jenem schöpferischen Einflusse, durch den die Körperwelt sich bewegt, die Lebewesen in der Natur aufblühen und wachsen, kann sich nur berufen auf seine bildliche Redeweise; tatsächlich hebt Augustin den charakteristischen Unterschied beider Anregungen mit aller Klarheit hervor [4]. Die Bewegungen der Körperwelt wie die erfahrungsmäßigen Erscheinungen des Seelenlebens stehen zwar sämtlich unter der Allursächlichkeit Gottes; ihre nächste Ursache aber ist eine andere geschöpfliche Kraft. Dagegen ist die illuminatio und inspiratio, von der Augustin im Hinblick auf die tiefsten Grundlagen des Seelenlebens redet, ein unmittelbares Werk des Schöpfers. Schon in einer seiner frühesten Schriften unterscheidet er den direkten Krafteinfluß, der nur Gott zukommt und nur auf Gotteswürdiges hinzielt, von dem vermittelten Einflusse, der sich auf alles Kreatürliche bis zur Schönheit des Grases und der Zahl unserer Haare erstreckt [5]. Weil die Seele unter den irdischen Geschöpfen am höchsten steht, Gott am ähnlichsten ist, wird sie „ohne Dazwischentreten irgend einer Wesenheit" von Gott

---

[1] De spir. et litt. 5 11. Siehe unten § 3.

[2] De nat. et gr. 29. Enchir. 28. Siehe oben S. 46 f.

[3] De grat Chr. 25. De spir. et litt. 60. Vgl. unten S. 64.

[4] Für die scheinbare Gleichstellung vgl. Conf. 7, 8: Quis alius a morte omnis erroris revocat nos nisi vita, quae mori nescit, et sapientia mentes indigentes illuminans ..., qua mundus administratur usque ad arborum volatica folia? De corr. et gr. 43: Quis operatur in cordibus eorum salutem nisi ille, qui quolibet plantante atque rigante et quolibet in agris vel arbustulis operante dat incrementum, Deus?

[5] De div. quaest. 83, q. 53, 2: Faciens quaedam per se ipsum, quae illo solo digna sunt eique soli conveniunt, sicuti est illuminare animas et se ipsum eis ad perfruendum praebendo sapientes beatasque praestare; alia per servientem sibi creaturam, ... quaedam eorum iubens quaedam permittens, usque ad passerum administrationem ... et usque ad foeni decorem, usque ad numerum etiam capillorum nostrorum divina providentia pertendente.

gestaltet[1]. Eine solche innerliche Bewegung unserer Seele ist selbst
den Engeln unmöglich; sie können höchstens, wie es auch menschliche Lehrer vermögen, eine gewisse Disposition für dieselbe herbeiführen. Nur der, welcher den Geist erschaffen und ihm die Anlage
(das posse) des Denkens und Wollens gegeben hat, kann ihm von
innen her geistiges Licht und Leben zuführen. Diese Unmittelbarkeit der dynamischen Beziehung entspricht der Unmittelbarkeit, mit
der die Seele das Göttliche erkennt und liebt, die Wahrheit und Güte
als absolute Größen erfaßt und würdigt[2].

Verrät aber nicht doch die ganze Anschauung Augustins eine
Verkennung der inneren Gutheit und Selbständigkeit des menschlichen Willens? Er selbst betont ja dem extremen Indifferentismus
der Pelagianer gegenüber den natürlichen, unverwüstlichen Zug des
Willens zur Vollkommenheit und Glückseligkeit; liegt nicht darin,
wenn wir die Wahrheitskraft und vielseitige Bewegung des Urteils
hinzunehmen, eine genügende Energiequelle für die Entstehung des
sittlich guten Wollens? Nach Augustins Überzeugung ist es nicht
so. Jene natürliche Tendenz des Willens ist, wie ihr Irregehen im
Bösen zeigt, völlig unbestimmt, dem sittlich Guten gegenüber bloße
Empfänglichkeit (capacitas), die einer Erhöhung und Erfüllung bedarf[3].
Das naturhaft erstrebte Endziel steht ebenso tief unter dem sittlichen
höchsten Gute wie das allgemeine Sein der Dinge unter dem absoluten Sein. Es bedeutet eine tatsächliche Hebung und Bereicherung
des Geistes, wenn der Wille von seiner angeborenen verschwommenen
Zielstrebigkeit fortschreitet zum Erstreben des sittlichen Endziels mit

---

[1] De div. quaest. 83, q. 51, 2: Quare cum homo possit particeps esse
sapientiae secundum interiorem hominem, secundum ipsum ita est ad imaginem,
ut nulla natura interposita formetur et ideo nihil sit Deo coniunctus.

[2] En. in ps. 118, sermo 18, 4: Deus itaque per se ipsum, quia lux est, illuminat pias mentes, ut ea, quae divina dicuntur vel ostenduntur, intelligant.
Sed si ad hoc ministro utitur angelo, potest quidem aliquid agere angelus in mente
hominis, ut capiat lucem Dei et per hanc intellegat, sed ita dicitur intellectum
dare homini et quasi, ut ita dicam, intellectuare hominem, quemadmodum quisquam dicitur lucem dare domui vel illuminare domum, cui fenestram fecit,
cum eam non sua luce penetret et illustret. ... Deus autem et hominis mentem
rationalem atque intellectualem fecit, qua posset capere lumen eius etc. Vgl.
De ver. rel. 113; De grat. Chr. 25.

[3] De Civ. Dei 12, c. 9, 1: Aut si non potuerunt se ipsos facere meliores ...
quid aliud ostenditur, nisi voluntatem quamlibet bonam inopem fuisse in solo
desiderio remansuram, nisi ille, qui bonam naturam ex nihilo sui capacem
fecerat, ex se ipso faceret implendo meliorem, prius faciens excitando
avidiorem? Vgl. C. Iul. Pel. 1, 45; De Gen. ad litt. 1, 11.

seiner bestimmten, verpflichtenden Kraft; wie diese Hebung und
Konzentration moralisch vollgenügend nur durch den Gottesgedanken
zu stande kommt, so fordert sie nach Augustin auch ontologisch
eine Einwirkung Gottes. Anders ist es bei der Sünde; die unsittliche Entschließung ist keine Steigerung, sondern eine Erniedri-
gung, Verschlechterung der natürlichen Willenstendenz. Während
diese natürliche Tendenz immerhin die Allgemeinheit mit dem
höchsten Gute teilt, somit auch die Empfänglichkeit für das letztere
in sich trägt, ist der sündhafte Wille eine Verengung des Strebens
auf die Kreatur, sei es auf ein Gut sinnlicher Leidenschaft oder auf
das eigene Ich — das Ich nicht in seiner Aufgeschlossenheit für alles
Wahre und Gute, sondern in seiner endlichen Besonderung und Beschränkung. Es ist verständlich, daß ein solcher Kraftverlust keiner
höheren, übergeschöpflichen Begründung bedarf[1].

Immerhin konnte die spätere Spekulation der Scholastik, wie sie
in der Erkenntnistheorie von der platonischen Richtung Augustins
abwich und aristotelische Bahnen einschlug, versucht sein, auch der
sittlichen Selbständigkeit des Willens weitere Grenzen zu ziehen,
ohne die Souveränität des göttlichen Schaffens und Regierens preiszugeben. Wenn die Anlagen der unvernünftigen Wesen, wenn die
meisten Kräfte unseres Geistes, wie Augustin zugibt, durch geschaffene Ursachen angeregt und entfaltet werden, warum soll das
Wollen nicht in gleicher Weise seine inhaltliche Bereicherung aus
den Erkenntnissen und Idealen der Vernunft schöpfen, die ihrerseits
befähigt ist, von der Betrachtung der Welt und des Seelenlebens
durch eigene Kraft zur absoluten Wahrheit, zur Erkenntnis Gottes
emporzusteigen? Sobald Vernunft und Gewissen dem Willen das
sittliche Zielgut und Gesetz vorhalten, wird er bei seiner Anlage für
alles Gute ohne Zweifel irgendwie von diesen höchsten Gütern
affiziert und ist alsdann vermöge seiner Freiheit imstande, zu ihrer
Aneignung oder Ablehnung Stellung zu nehmen. Auch in diesem
Falle ist der sittliche Kraftzuwachs auf Gott zurückzuführen,
aber nicht unmittelbar, sondern durch Vermittlung jener ersten
Prinzipien, von denen die Scholastik sagt, sie seien uns dem Habitus
nach angeboren. Immerhin erheben sich auch für diese Auffassung
tiefgehende Schwierigkeiten, die manchem Denker die augustinische
Auffassung als einfacher erscheinen lassen. Das Hauptinteresse der
scholastischen Erörterung hat sich dabei — nicht zum Nutzen des

---

[1] Vgl. De Civ. Dei 14, c. 13.

philosophischen und ethischen Problems — auf die Frage konzentriert,
wie die Freiheit mit der übernatürlichen Gnade und Prädestination
zu vereinbaren ist [1].

[1] Thomas von Aquin denkt im ganzen augustinisch, unterscheidet sich aber
bezüglich der Erklärung der natürlichen Sittlichkeit dadurch von Augustin, daß
er die Notwendigkeit eines göttlichen Beistandes nicht aus dem Inhalte und
Werte des Guten, sondern aus der Selbstbewegung des Willens und der
dazu notwendigen Aktualisierung der Seelenpotenz herleitet. Auch Thomas fragt
wiederholt, wo er von der virtus acquisita spricht, wie es möglich sei, daß ein
sittlich noch indifferentes Vermögen sich selbst den Charakter der Tugend geben
könne. Er antwortet regelmäßig, die bloße Wiederholung der Akte vermöge das
freilich nicht; vielmehr erhalte die sinnliche Sphäre der Seele ihre höhere „Gestaltung" von der Vernunft und vom Willen, diese beiden aber schöpften den Zuwachs sittlicher Bestimmtheit und Energie, den sie „erwerben" (virtus acquisita),
aus den ersten Grundsätzen der Synteresis und dem natürlichen Streben des Willens
zum bonum honestum, also aus nicht „erworbenen", sondern angeborenen
„Samenkräften der Tugenden" (S. theol. 1, 2, q. 63, a. 1 2 ad 3. Quaest. disp. de
virt. in comm. q. 1, a. 9. In 3 sent. dist. 33, q. 1, a. 2, quaest. 2). Der inhaltliche Wert der natürlichen Sittlichkeit scheint sich ihm also aus der univer-
salen Anlage des Geistes, die sich in den ersten Prinzipien der theoretischen
und praktischen Vernunft äußert, zu ergeben. Um so deutlicher verlangt er anderseits einen göttlichen Einfluß zur Tatsächlichkeit des Wollens als solcher.
Keine Potenz kann sich selbst den Akt geben; von diesem metaphysischen Gesetze ist der freie Wille nicht ausgenommen. Sein Vorzug ist nur, daß er unmittelbar von der ersten Ursache zum Akte bewegt wird — ist ja die Seele
auch unmittelbar von Gott geschaffen und im Streben unmittelbar auf Gott hingeordnet (1, 2, q. 9, a. 6). Es läßt sich leicht einsehen, daß es keine absolute
Selbstbestimmung ohne einen ersten Anstoß geben kann; die Freiheit liegt darin,
daß der Wille, der durch Gott einen Impuls auf das bonum universale (oder auch
auf ein konkreteres, aber immer vielseitiges Gut) erhalten hat, in Kraft dieses
aktuellen Zielwollens sich selbst frei zum Wollen der Mittel bewegt (ebd.
a. 3 4 9 ad 3). Es ist auch klar, daß die göttliche Einwirkung, indem sie die
Anlage des Willens über die schlummernde Potenz zum Akte erhebt, stets etwas
Gutes im Sinne physischer Vervollkommnung bedeutet. Ob aber zum sittlich Guten
des Naturstandes außer dieser Erhebung (und der dem Willen vorschwebenden
Gewissensnorm) ein spezifischer Beistand nötig ist — im Sinne Augustins —,
erscheint nach Thomas sehr fraglich.

Hat Thomas übrigens eine ähnliche motio ad actum auch für die Sphäre des
Erkennens gefordert? Da, wie er richtig sieht, die Tätigkeit des Denkens von
der Sinneserkenntnis ausgeht, das geistige Erkenntnisbild in etwa ein Produkt
des sinnlichen ist, so erhebt sich die Schwierigkeit, wie es möglich ist, daß
Sinnendinge und -eindrücke den Geist adäquat zu bestimmen vermögen. Er löst
dieselbe mit Aristoteles durch die Annahme des intellectus agens, einer vorbewußten geistigen Energie, die das von den Sinnen gebotene Material durchleuchtet und seinen gedanklichen Kern in die eigentliche Denkkraft (intellectus
possibilis) projiziert. Soll nun dieser intellectus agens, der für die scholastische
Erkenntnislehre von größter Bedeutung ist, u. a. der Vernunft den Gedanken und

5. Noch eine letzte Folgerung müssen wir aus dem Gesagten ziehen: Für alle Momente, in denen der Mensch eine sittliche Entschließung treffen soll, muß jene Gnade im weiteren Sinne zu Gebote stehen, wenn für den Menschen eine freie Wahl zwischen gut und böse möglich sein soll. Denn da sie allein die Kraft zum sittlich Guten verleiht, würde andernfalls nur die Möglichkeit des Sündigens übrig bleiben. Wir erinnern uns dabei freilich des organischen Zusammenhangs, in dem manche Handlungen zueinander stehen, und der Bemerkung, daß Augustin überall nur den innersten Kern, „die Seele" eines solchen organischen Komplexes, im Auge hat; wir dürfen daher jene Beeinflussung nicht atomistisch vervielfältigt denken. Wir werden ferner sehen, wie jene Beeinflussung auch in dem Sinne organisch aufzufassen ist, daß sie in zarten Anfängen anhebt und, mit der freien Tätigkeit verwachsen, emporsteigt; der erste Impuls ist in der Regel der zum Gebete; an ihn schließen sich weitere Gnaden an. So gefaßt, ist nun in der Tat nach Augustin der sittliche Beistand Gottes für den normalen Zustand der Menschheit ohne Zweifel ein durchaus universeller. Der Vergleich Gottes mit der Sonne, die den Luftkreis mit Licht und Wärme erfüllt, die enge Beziehung zwischen der Anziehungskraft, die das höchste Gut im Pflichtgefühl ausübt, und der belebenden Kraft, durch die es zum guten Wirken antreibt, die ganze Schilderung des ursprünglichen Zustandes der Menschheit: das alles läßt uns schließen, daß diese Gnade sich allen Menschen darbietet. Eine Unklarheit ergibt sich wiederum erst, wenn wir die Lage des Sünders ins Auge fassen; ein Gesichtspunkt, der, wie bemerkt, in einem späteren Kapitel gewürdigt werden soll.

Eine nicht unerhebliche Schwierigkeit gegenüber den dargelegten Grundsätzen bieten die Gedanken, welche Augustin in seinen letzten Schriften bezüglich der Gabe der Beharrlichkeit und der von ihr verschiedenen Gnade des Urstandes entwickelt. Es wurde schon erwähnt, daß er den Stammeltern im Paradiese einen Beistand Gottes zuschreibt, der die Möglichkeit des Beharrens im

Habitus der ersten Prinzipien mitteilt, in dem Sinne aktiv sein, daß er auch keiner Anregung durch den höchsten Geist bedarf? Nein; obschon Thomas den intellectus agens selbst als ein „Licht" bezeichnet, das der Seele bleibend innewohnt, so bedarf er doch, wie alles Geschaffene, um zur Tätigkeit überzugehen, der göttlichen Anregung. Der Unterschied gegenüber Augustin ist hier wie beim Wollen der, daß diese Anregung nur für das Daß, nicht für das Was erforderlich ist, nur die Aktualisierung, nicht die stoffliche und qualitative Bereicherung mitteilt. Die letztere, eine höhere formatio und illustratio, ist, wie Thomas ausdrücklich bemerkt, nur für die übernatürliche Wahrheitserkenntnis notwendig (1, 2, q. 109, a. 1).

Guten sichert (adiutorium, sine quo non), während er für die Auserwählten nach
dem Sündenfalle einen Beistand verlangt, der — unbeschadet ihrer Freiheit — die
unfehlbare W i r k l i c h k e i t der Ausdauer (adiutorium, quo) mit sich bringt. Den
Grund dieses Unterschiedes findet er in dem Abstande, der zwischen der ursprünglichen und der heutigen Willensverfassung besteht: dort ein durchaus gesunder,
starker, geschützter Wille; hier ein geteilter, geschwächter, allseitig versuchter
Wille [1]. Im Anschluß daran stellt er nun den Satz auf, im Urstande sei der freie
Wille d u r c h e i g e n e K r a f t imstande gewesen, die Versuchung zur Sünde zu überwinden; er habe n i c h t u m g ö t t l i c h e n B e i s t a n d z u b i t t e n b r a u c h e n, um
im Guten auszuharren. De corr. et gr. 37: Ut ... perseverare vel non perseverare
in eius relinqueretur arbitrio, t a l e s v i r e s h a b e b a t e i u s v o l u n t a s, quae
sine ullo fuerat instituta peccato et nihil illi ex se ipso concupiscentialiter resiste-
bat. De dono pers. 13: Siquidem et u t n o n d i s c e d a m u s a D e o, non ostendit
dandum nisi a Deo, cum p o s c e n d u m ostendit a D e o. Qui enim „non infertur
in tentationem", non discedit a Deo. Non est hoc omnino in viribus liberi arbitrii,
quales nunc sunt; f u e r a t i n h o m i n e, antequam caderet. Op. imp. c. Iul. 6, 15:
Dicimus ... „ne nos inferas in tentationem" propter hoc utique, ne mala facia-
mus. ... Q u o d s i i t a e s s e t i n n o s t r a p o t e s t a t e, q u o m o d o f u i t a n t e
p e c c a t u m, priusquam esset natura humana vitiata, n o n u t i q u e p o s c e r e t u r
o r a n d o s e d a g e n d o p o t i u s t e n e r e t u r. Vgl. De gr. et lib. arb. 13. —
Wird damit nicht das metaphysische Prinzip, das Augustin sonst überall seinen
ethisch-mystischen Untersuchungen zu Grunde legt, erschüttert? Gott ist doch für
alle Zeiten und Zustände in derselben Weise Urquell des Guten; wird nun hier nicht
der menschlichen Freiheit das Gut der Beharrlichkeit unter ausdrücklichem Ausschluß der Gnade zugesprochen, somit der Pelagianismus für den U r s t a n d des
Menschen als berechtigt anerkannt? — Augustin spricht das sonst hochgehaltene
Prinzip auch in den erwähnten Schriften mit Deutlichkeit aus. De corr. et gr. 31:
N e c i p s u m (primum hominem) ergo Deus esse voluit s i n e s u a g r a t i a, quam
r e l i q u i t i n e i u s a r b i t r i o. Quoniam liberum arbitrium ad malum sufficit,
a d b o n u m a u t e m p a r u m e s t, n i s i a d i u v e t u r a b o m n i p o t e n t i b o n o.
Quod adiutorium si homo ille per liberum non d e s e r u i s s e t arbitrium, semper
esset bonus; sed deseruit et desertus est. Tale quippe erat adiutorium, quod d e -
s e r e r e t, cum vellet, et in quo p e r m a n e r e t, si vellet, non quo fieret, ut
vellet. Kurz nachher vergleicht er dieses adiutorium, wie in andern Schriften,
mit der zum Leben notwendigen Nahrung (n. 34). Die wesentliche Abhängigkeit
des Geschöpfes von Gott als dem sittlichen Licht- und Lebensquell gilt also auch
für den Urstand. Worin aber liegt das Charakteristische des letzteren nach Augustin? S c h e e b e n findet es darin, daß das adiutorium Dei im Paradiese „zur
standesgemäßen Ausstattung oder zum B e s i t z s t a n d e des Menschen gehörte",
während wir es heute erst zu suchen und zu erflehen haben. „Obgleich das adiutorium nicht bloß in der habituellen Gnade bestand, so hatte es doch einiger-
maßen den C h a r a k t e r e i n e s H a b i t u s, mit Bezug auf welchen es ebenso
wie die habituelle Gnade, als deren einfache Belebung es sich darstellte, schlech-
hin als F o r t b e s t a n d d e r i m A u g e n b l i c k e d e r S c h ö p f u n g g e w ä h r t e n
G n a d e betrachtet werden konnte" (Dogmatik III 886). Unter schärferer Beachtung
der konkreten Ausdrücke Augustins und unter Verfolgung bzw. Bestätigung seines

---

[1] Siehe oben S. 35 f.

energetischen Grundgedankens läßt sich noch folgendes zur Ausgleichung des Widerspruches bemerken:

1. An allen erwähnten Stellen ist nur von dem B e h a r r e n in dem Guten, das man schon erreicht hat und besitzt, die Rede. Es handelt sich nicht um das W e r d e n und W a c h s e n des Guten, sondern nur um das N i c h t z u g r u n d e - g e h e n desselben. Adam hatte in seiner Freiheit die Macht, „nicht zu fallen", die Gnade „nicht preiszugeben"; daß er die Macht besessen, sich irgend einen sittlichen Wert zu geben, den er bisher nicht besaß, deutet Augustin nirgends an. Er verweist, modern zu sprechen, auf ein gewisses „B e h a r r u n g s g e s e t z" der sittlich-religiösen Welt, das dem Gesetz der zureichenden „Energie" hier ebensowenig widerspricht wie in der Natur: der einfache Fortbestand bedarf keiner Ursache, wohl aber das Entstehen und Zunehmen. Für die gefallene Menschheit gilt jene Beharrung darum nicht, weil der Träger der Gnade nicht mehr das innere G l e i c h g e w i c h t besitzt, das seiner ungeschwächten Natur zukam; weil er überdies in einer Umgebung und Welt lebt, die unaufhörlich störend und niederziehend einwirkt. Daher ist der jetzige Mensch auch zum einfachen Bewahren der Gnade und der erlangten Sittlichkeit auf den heilenden und hebenden Beistand Gottes angewiesen.

2. Man könnte entgegnen, in der seelischen Welt sei das Meiden des Bösen, das Festhalten des gewonnenen Standpunktes zugleich immer ein G u t e s, ein p o s i t i v e s H a n d e l n. Darauf ist zu erwidern, daß nach der wahrscheinlichen Grundauffassung Augustins der göttliche Beistand auch heute nicht zu allen relativen Tugendhandlungen notwendig ist, sondern nur zu dem zentralen Affekte der Sittlichkeit, in dem wir uns dem höchsten Gute hingeben. Um auch hier in dem energetischen Bilde zu bleiben: das H i n a b s t e i g e n von dem Zielstreben zu den Mitteln, das einfache Ü b e r s t r ö m e n und Ausbreiten der Caritas auf die mannigfachen Arbeitsgebiete erheischt keine erneute Zufuhr sittlicher Lebenskraft. Nun besteht auch in dieser Hinsicht nach Augustin ein wesentlicher Unterschied zwischen dem ursprünglichen und dem gefallenen Menschen. Während heute der Umfang des von einem Liebesaffekt beherrschten Handelns ein sehr beschränkter ist — wegen der Teilung und Zerstreuung unseres inneren Lebens —, war das paradiesische Leben durch eine hohe und mächtige Einheit, durch eine aktuelle Herrschaft der Liebe ausgezeichnet. Wie das leibliche Leben so gesammelt und stark war, daß es nicht der fortwährenden Nahrung bedurfte, so ging auch die Kraft der Erkenntnis und Liebe ungeschwächt durch große Zusammenhänge des Wirkens hindurch. Zu einer E r h ö h u n g und Bereicherung des sittlichen Lebens, mit andern Worten, zum Wachstum der caritas wäre aber auch damals stets ein neuer Beistand Gottes erforderlich gewesen (vgl. außer den zitierten Stellen De gr. et lib. arb. 13 31).

III. Die menschliche Freiheit und die Sicherheit der göttlichen Weltregierung.

Obschon die dogmatischen Fragen über das Wesen der göttlichen Allwissenheit und der Prädestination über den Rahmen dieses Werkes hinausgehen, ist es doch behufs Klarstellung der augustinischen Lehre von der Freiheit und Gnade notwendig, einige wichtige

Feststellungen bzw. Erklärungsversuche zu jenen Streitfragen hier
anzuschließen.

Augustin hatte schon früh dem Problem, wie die Freiheit des
Menschen und die Sicherheit des göttlichen Vorauswissens zu vereinbaren sind, Aufmerksamkeit geschenkt, desgleichen die Tatsache
der Allursächlichkeit Gottes nach verschiedenen Seiten verfolgt. Mit
der Gnadenlehre aber setzt er diese Fragen erst spät, und man kann
wohl sagen, nicht überall glücklich in Verbindung. Der eigentliche
Pelagianismus hatte ihm dazu keine Veranlassung gegeben; ihm
gegenüber mußte die Notwendigkeit der Gnade als qualitativer
Erhöhung und Erneuerung des inneren Lebens nachgewiesen werden.
Erst als die semipelagianischen Fragen auftauchten, der Umfang
des Gnadenwirkens nach Anfang und Ende und die Sicherheit des
Seligkeitswillens Gottes näher zu bestimmen war, traten jene älteren
Gedanken der Theodicee in Beziehung zur Gnadenlehre. Abgesehen
von der inneren Schwierigkeit dieser Aufgabe, war es Augustin
schon wegen der Kürze der Lebenszeit, die ihm noch blieb, nicht
möglich, diesen Versuch mit der Allseitigkeit und Tiefe durchzuführen, wie sie sonst seinem Genius erreichbar gewesen wäre.

Die Allwissenheit Gottes als solche und die in ihr liegende
Voraussicht des menschlichen Handelns ist für Augustin zwar stets
ein tiefes Geheimnis, aber doch ein solches, das sich für die Vernunft notwendig aus dem erhabenen, überzeitlichen Wesen Gottes
ergibt und nicht im Widerspruch zur Freiheit des Willens steht.
Gibt es ein freies Wollen, wofür die innere Erfahrung und das Gewissen Zeugnis ablegen, dann muß jede Erkenntnis Gottes, wenn sie
wahr sein will, auch die Freiheit dieses Wollens anerkennen; und
umgekehrt, die Tatsache, daß ein absolut vollkommenes, irrtums-
loses Denken unsere Willensentschlüsse erkennt, ändert den inneren
Charakter der letzteren gar nicht, übt — als Denken — auf sie
nicht den mindesten Einfluß. Daß mit der Voraussicht Gottes die
Sicherheit des Erfolges gegeben ist, ist eine logisch-noëtische Notwendigkeit, die für die reale Entstehung und Seinsweise des Aktes
keine Bedeutung hat. Gott erkennt auch seine eigenen Werke vorher,
ohne daß sie den Charakter freigewollter Taten verlieren. Ebenso,
wenn wir im Selbstbewußtsein und in der Erinnerung unser eigenes
Wollen erfassen, ist letzteres zwar in etwa notwendig als Wahrheit, aber nicht notwendig als Geschehnis [1]. Bei Gott trifft dieser

---

[1] De lib. arb. 3, 6—10.

Vergleich um so mehr zu, als er in seiner Ewigkeit nichts im eigentlichen Sinne vorausschaut; sein Vorauswissen ist dieselbe Erkenntnis, die er während und nach der Handlung besitzt. Gott erkennt die menschlichen Handlungen nach ihrer ganzen Wirklichkeit, nach all ihren geschöpflichen Voraussetzungen und ihrer tiefsten Eigenart. Daher „sündigt der Mensch nicht, weil Gott vorauswußte, daß er sündigen werde; im Gegenteil, es ist gerade deshalb zweifellos, daß er selbst sündigt, wenn er sündigt, weil derjenige, der sich in seiner Voraussicht nicht täuschen kann, vorherwußte, daß nicht das Fatum, nicht der Zufall, nicht irgend etwas anderes, sondern er sündigen werde. Will er nicht, so sündigt er auch offenbar nicht; und will er nicht sündigen, so hat Gott auch dies vorausgesehen." [1]

Das Wissen Gottes ist jedoch nicht bloß allumfassend und ewig, sondern auch durchaus innerlich und selbständig. Gott erkennt die Dinge, wie sie sind; aber er hat sie in seiner Schöpfungsidee schon vor ihrem Sein erkannt; weil er ihr Sein gewollt und hervorgebracht hat, kennt er ihre Existenz [2]. Diese Allursächlichkeit Gottes steht in realerem Zusammenhang mit der Tatsache des Wollens. Für Gott gibt es keinen Zufall, keine konträre Macht in der Weltentfaltung; er ist die einzige Ursache, die vollkommⁿⁿ Tätigkeit ohne Passivität ist; er durchwaltet und beherrscht de unzen ordo causarum, von dem das Universum getragen wird. Aber weil Gott wollte, daß „in dieser Ordnung der Ursachen unser Wille einen wichtigen Platz einnehme", enthält auch die kausale Absolutheit Gottes keine Gefahr für die Selbstbestimmung des Willens. „Unser Wille hat so viel Macht, wie Gott wollte und voraussah, daß er habe. Daher besitzt er (der Wille) seine Macht in sicherster Weise und tut zweifellos selbst, was er tut, weil derjenige, dessen Wissen untrüglich ist, sein Können und Tun vorausgesehen hat." [3]

Die aufgestellten Thesen geben eine bedeutungsvolle, aber doch zum Teil nur formelle Lösung der Schwierigkeit. Solange Augustin bei der Betrachtung der Lichtseite der Welt und Menschheit verweilt, wird es ihm leicht, ihren Grundgedanken, das wohltätige Ineinander göttlicher und menschlicher Tätigkeit, lebendig zu verfolgen und zu schildern. Auch die Gnade ist nur ein erneuter Zufluß

---

[1] De Civ. Dei 5, c. 10, 2. Vgl. Kolb, Menschl. Freiheit und göttl. Vorherwissen nach Augustin 24 ff.

[2] De Trin. 15, 32.   [3] De Civ. Dei 5, c. 9, 4.

schöpferischer Kraft, der den Willen des Menschen nur noch freier
macht, zugleich aber alle Momente seines Handelns so durchwaltet,
daß Gott den Erfolg sicher voraussieht und seinem Weltplane einfügt. Anders wird es, wenn der Blick auf das Übel in der Welt,
speziell auf das Böse in der Welt des Geistes fällt. Wenn das
physische Übel kein Gegensatz zu Gott, darum auch keine Gefährdung seiner Heiligkeit ist, so erhebt sich um so peinlicher die Frage,
ob das moralisch Böse zu den Gegenständen nicht bloß der göttlichen Voraussicht, sondern auch der göttlichen Ursächlichkeit gehört. Augustin antwortet darauf mit Nein. „Der schlechte Wille
ist nicht von ihm"; Gott „ist der Schöpfer aller Naturen, der Geber
aller Macht, aber nicht alles Wollens" [1]. Von dem sittlich Bösen
sagen wir nicht, daß er es bewirkt, sondern daß er es zuläßt, und
daß er es richtet, ordnet und straft [2]. Den Sündern hat nicht Gott
den bösen Willen gegeben; aber er gibt ihnen bald die Macht, ihn
auszuführen, bald entzieht er ihnen diese Macht [3]. Daher ist das
Vorauswissen der Sünde durch Gott keine Folge seiner Ursächlichkeit; es ist bloße praescientia, nicht praedestinatio [4]. Wir fragen,
wie dieses möglich ist, wenn nicht Gottes Wissen vom Willen des
Sünders abhängig werden, wenn nicht die absolute Allmacht und
Herrschaft des göttlichen Willens erschüttert werden soll? Liegt nicht
in der Sünde ein tatsächlicher Widerstand gegen den Willen Gottes,
wie Augustin selbst einmal bemerkt [5], mithin eine Abschwächung
seiner souveränen Allmacht?

Eine Lösung dieser Schwierigkeit ist nur möglich, wenn wir
einen mehrfachen Sinn des Ausdrucks „Wille Gottes" unterscheiden. Wir verstehen darunter häufig eine Wirkung des göttlichen Willens, das Gesetz, das er als Regel des menschlichen
Verhaltens aufstellt; es ist klar, daß gegen diese ideale, von
Gott im Gewissen oder in der Offenbarung aufgestellte Macht ein

---

[1] De Civ. Dei 5, c. 9, 4.

[2] Ebd. 5, c. 9, 4; 14, c. 26. Sermo 125, 5. De Gen. ad litt. lib. imp. 25.

[3] De div. quaest. ad Simpl. 2, 1, 4. En. 2 in ps. 29, 16. En. 2 in ps. 31, 16.

[4] De lib. arb. 3, 11: Deus omnia, quorum ipse auctor est, praescit nec tamen
omnium, quae praescit, ipse auctor est. Quorum autem non est malus auctor,
iustus est ultor. De praed. sanct. 19: Praedestinatione quippe Deus ea
praescivit, quae fuerat ipse facturus...: praescire autem potens est
etiam, quae ipse non facit sicut quaecumque peccata. Das Folgende
bringt freilich eine Abschwächung, auf die wir sogleich zurückkommen.

[5] De Civ. Dei 12, c. 3: Idcirco vitium, quo resistunt Deo, qui eius
appellantur inimici, non est Deo sed ipsis malum.

Widerstand möglich ist [1]. Eine andere Wirkung des göttlichen
Willens ist alles das, was die Menschen in Übereinstimmung mit
dem Sittengesetz von Gott erflehen und wünschen sollen, so z. B.
das Verlangen eines guten Sohnes, daß sein Vater am Leben bleibe.
Auch dieser Wille geht nicht notwendig in Erfüllung; Gott selbst
vereitelt ihn, indem er den Vater sterben läßt. Umgekehrt verwirklichen die Bösen, indem sie z. B. gegen Gottes Gesetz den Erlöser
ans Kreuz schlagen, den endgültigen Willen Gottes [2]. „Die Heiligen
wollen, daß vieles geschehe, mit heiligem, von Gott ein-
geflößtem Willen, und es geschieht nicht; wie sie z. B. für
gewisse Personen fromme und heilige Fürbitte einlegen, und er tut
nicht, was sie erbitten, obschon er selbst diesen Willen zu beten in
ihnen durch seinen heiligen Geist bewirkt hat.... Nach jenem
Willen aber, der wie seine Voraussicht ein ewiger ist, hat er
zweifellos ‚im Himmel und auf Erden alles, was er gewollt hat‘,
nicht bloß das Vergangene und Gegenwärtige, sondern auch das Zukünftige bereits gemacht.“ [3] So ist ein absoluter, über allem
Geschaffenen schwebender Wille, der keine Konkurrenz endlicher
Kräfte, keinen Widerstand kennt, sein Ziel bereits verwirklicht sieht,
und ein auf den Willen und im Willen des Menschen
tätiger Einfluß Gottes zu unterscheiden, der uneigentlich sein
Wille genannt wird, tatsächlich eine moralische oder mystische Kraft
geschaffener Art ist. Der letztere setzt sich durch im tugend-
haften Willen des Menschen, wird vereitelt im bösen Willen, aber
so, daß der absolute Wille Gottes unabhängig von beiden und durch
beide siegreich seine Wege geht. „So sehr kommt es darauf
an, was sich für den Menschen, und was sich für Gott
zu wollen geziemt, und zu welchem Ziele jeder seinen Willen
hinrichtet, damit er gebilligt oder verworfen werde.“ [4]

---

[1] En. in ps. 110, 2: Non sic constituta sunt opera Domini, ut creatura in
arbitrio libero constituta creatoris superet voluntatem, etiamsi contra eius faciat
voluntatem. Non vult Deus, ut pecces, nam prohibet; tamen si peccaveris, ne
putes hominem fecisse, quod voluit, et Deo accidisse, quod noluit. En. in ps. 93, 28:
Ne voluntatem Dei velis torquere ad voluntatem tuam sed tuam corrige ad voluntatem Dei! Voluntas Dei sic est quomodo regula; ecce, puta, torsisti regulam,
unde habes corrigi.

[2] Enchir. 26.

[3] De Civ. Dei 22, c. 2, 2.

[4] Enchir. 26: Tantum interest, quid velle homini. quid Deo congruat,
et ad quem finem suam quisque referat voluntatem, ut aut probetur aut im-
probetur.

Zu dem Willen Gottes im zweiten Sinne rechnet Augustin auch die sittliche Gesinnung des Menschen, die Gerechtigkeit im allgemeinen [1]. Die Gerechtigkeit, durch die Gott uns gerecht macht, ist identisch mit der Gabe der Liebe, die der Heilige Geist in uns ausgießt; sie ist eine der Seele mitgeteilte, des Wachstums fähige Kraft [2]. Auch die Gnaden des Beistandes enthalten einen göttlichen Willen, ähnlich jedoch wie äußere sittliche Mahnungen und erhebende Gesichte, so daß der Mensch dem Rufe Gottes widerstehen, die Gaben Gottes verscherzen kann. „Annehmen und besitzen kann die Seele jene Gaben . . . nur durch ihre Zustimmung. Daher ist es zwar Gottes Sache, was sie haben und empfangen soll; das Empfangen und Haben selbst aber ist Sache dessen, der empfängt und hat. Und wenn uns jemand weiter drängt, das Rätsel zu erforschen, warum Gott dem einen so zuredet, daß er überredet wird, dem andern nicht, so habe ich einstweilen nur das Doppelte zu antworten: ‚O Tiefe des Reichtums!‘ und: ‚Gibt es denn eine Ungerechtigkeit bei Gott?‘ " [3]

Anderseits läßt Augustin an der Allmacht des göttlichen Willens nicht rütteln; er betont dieselbe in den letzten Jahren mit einer Ausschließlichkeit, daß so deutliche Stellen wie die eben genannte sich kaum mehr finden. Er kennt „nichts Unwürdigeres" als die Vorstellung, daß, was der Allmächtige will, durch menschlichen Willen verhindert werde [4]. „Der Wille des Allmächtigen ist immer unbesiegt. . . . Der allmächtige Gott, ob er durch seine Milde sich erbarmt, wessen er will, oder durch sein Gericht verhärtet, wen er will, tut nichts Ungerechtes und tut nichts unfreiwillig und tut alles, was er will." [5] Dem Gott, der retten will, vermag kein freier Wille des Menschen zu widerstehen; er „besitzt die allmächtigste Gewalt, die menschlichen Herzen zu neigen, wohin er will" [6]. Diejenigen, welche Gott in seiner Vorherbestimmung für die Seligkeit ausgewählt hat, „können daher überhaupt nicht zu Grunde gehen", weil Gott sich nicht täuscht noch durch menschliche Schwäche besiegen läßt [7].

[1] De Civ. Dei 22, c. 2, 1: Dicitur etiam voluntas Dei, quam facit in cordibus obedientium mandatis eius, de qua dicit Apostolus: „Deus est enim, qui operatur in vobis et velle." Sicut iustitia Dei non solum, qua ipse iustus est, dicitur, sed illa etiam, quam in homine, qui ab illo iustificatur, facit.
[2] De spir. et litt. 31 36 42 49.   [3] Ebd. 60.
[4] Enchir. 24.   [5] Ebd. 26.
[6] De corr. et gr. 43 45.   [7] Ebd. 23 14.

Das Wahrheitsmoment beider Gedankenfolgen können wir nur dann vereinigen und das Schroffe des Gegensatzes in etwa mildern, wenn wir die Ursächlichkeit, mit der Gott als Schöpfer alles Sein bis in die letzte Bestimmtheit und in schlechthin voraussetzungsloser Weise bewirkt, von einer andern Wirksamkeit unterscheiden, die als geschaffene Hilfe und Gnade zum Menschen herabsteigt, seinen Wesenskräften als besondere moralische oder mystische Energie sich anschmiegt. In ersterer Beziehung ist Gottes Wirksamkeit über alle Konkurrenz und Widersetzlichkeit der menschlichen Freiheit erhaben; sowenig wie gegenüber der schaffenden Macht Gottes eine Freiheit des Geschöpfes denkbar ist, ebensowenig duldet die erhaltende Ursächlichkeit Gottes, die sachlich von jener nicht verschieden ist, einen Widerstand; alles, was Widerstand leisten wollte, müßte ja die Kraft dazu erst von Gottes Ursächlichkeit empfangen. Diese Tätigkeit Gottes ist so einzig groß und erhaben, daß jeder Versuch des menschlichen Denkens, sie vorzustellen, fruchtlos bleibt. Anderseits ist sie so sehr Voraussetzung und Grund all unserer Tätigkeit, daß unsere ganze Selbständigkeit und Freiheit erst durch sie verständlich wird. Darum enthält sie keine Bedrohung der recht verstandenen Freiheit; sie liegt viel tiefer als der Kampf und Ausgleich der Motive, tiefer als der Wille und die Substanz der Seele selbst; sie gibt dem Geiste Existenz und Selbständigkeit, Innerlichkeit und Freiheit. Auf dem Grunde dieser Allwirksamkeit aber entfalten sich Einwirkungen Gottes geschöpflicher Art, bald äußere Faktoren des Sittlichen, wie Gesetz, Offenbarung, Wunder, bald unmittelbar auf die Seele wirkend, wie innere Erleuchtungen und Willensantriebe. Der Beistand Gottes im letzteren Sinne ist in der Hand des unendlichen Gottes mannigfaltigster Auswahl und Steigerung fähig, bildet aber an sich nie eine unendliche, sondern stets eine begrenzte Kraft, die der Wille vermöge seiner Freiheit aufnehmen oder abweisen kann — wie dies sogar mit der höchsten jener Gaben, der heiligmachenden Gnade, der Fall ist [1].

---

[1] Vgl. S c h e l l, Dogmatik II, Paderborn 1890, 140 ff 164 f. An letztere Einwirkung denkt der M o l i n i s m u s, wenn er die Gnade durch Hinzutritt der freien Willenszustimmung „wirksam" werden läßt. Er ist also bezüglich dessen, was wir im eigentlichen Sinne Gnade nennen, im Rechte. Allein, solange wir bei dieser Betrachtungsweise stehen bleiben, ist es unmöglich, die Absolutheit des göttlichen Vorauswissens zu erklären. Diese wird nur verständlich vom Standpunkte der kausalen Beherrschung alles Wirklichen durch Gott, wie sie der T h o m i s m u s annimmt. Unrichtig ist nur, daß er diese Beherrschung mit der

Seit Jahrhunderten streitet man, ob Augustin am Schlusse seines Lebens die „aus sich wirksame" Gnade gelehrt oder ob er die unfehlbare Wirksamkeit des Heilswillens aus der vollkommenen Weise, wie Gott die menschliche Seele durchschaut und die passende Gnade für sie auswählt, hergeleitet hat [1].

Eine sichere Lösung dieser Streitfrage ist meines Erachtens nicht möglich; aber die Richtung des augustinischen Denkens in den letzten Schriften geht dahin, die **innere Unfehlbarkeit** und Macht der Gnade darzutun, die absolute Sicherheit, die er früher der Allwissenheit und Allmacht Gottes zuschrieb, **in die Gnade selbst hineinzulegen**. Das Wort „praeparatur voluntas a Deo" bedeutet jetzt: „Certum est nos velle cum volumus, sed ille facit, ut velimus"; „certum est nos facere cum facimus, sed ille facit, ut faciamus." [2] Um die Gnade der Beharrlichkeit und die Sicherheit der Prädestination klarzustellen, scheint es ihm jetzt nicht ausreichend, auf eine Gnade zu verweisen, wie sie Adam im Paradiese hatte, und für das weitere das unfehlbare Vorauswissen Gottes anzurufen; er nimmt eine von der urständlichen spezifisch verschiedene Gnade an, die nicht bloß Bedingung und Hilfe ist (sine qua non), sondern das Können und Wollen, die Möglichkeit und Wirklichkeit zugleich gibt [3]. Er begründet die Notwendigkeit einer reichlicheren

einzelnen Gnade verknüpft, so daß diese durch sie efficax, ohne sie inefficax wäre. Sie gehört überhaupt nicht in das Kapitel der Gnadenlehre, sondern in das der Welterhaltung und Weltregierung. Ihre Darstellung und Rechtfertigung muß von vornherein nicht bloß für das Gebiet des Guten oder gar des Übernatürlichen, sondern für das Gebiet alles Tatsächlichen, die Sünde eingeschlossen, in Angriff genommen werden. Am grundlegendsten tut dies Thomas in der Summa c. Gentiles 3, c. 64 ff, wo besonders der Gedanke wichtig ist, daß die prima causa das eigentliche Sein der Dinge, die causae secundae aus sich nur das Werden und die Besonderung verleihen; sodann ebd. c. 7 ff und S. theol. 1, 2, q. 79, wo er zeigt, daß auch das Böse, soweit es Tat, Wirklichkeit ist, auf Gottes Allursächlichkeit zurückgeht.

[1] Im letzteren Sinne (des sog. Kongruismus) hat sich jüngst Portalié (S. Augustin 2389 ff) ausgesprochen.

[2] De gr. et lib. arb. 32.

[3] De corr. et gr. 38: Ac per hoc nec de ipsa perseverantia boni voluit Deus sanctos suos in viribus suis sed in ipso gloriari; qui eis non solum dat adiutorium, quale primo homini dedit, sine quo non possint perseverare, si velint, sed in eis etiam operatur et velle; ut quoniam non perseverabunt, nisi et possint et velint, perseverandi eis et possibilitas et voluntas divinae gratiae largitate donetur. Tantum quippe Spiritu Sancto accenditur voluntas eorum, ut ideo possint, quia sic volunt, ideo sic velint, quia Deus operatur, ut velint.

Gnade des Beistandes für den gefallenen Menschen, wie wir hörten, zwar auch mit der Gebrechlichkeit des Menschenwesens und der Menge der Versuchungen [1]. Aber wie der letztere Unterschied nur ein endlicher, gradueller ist, so brauchte aus diesem Grunde auch die Gnade nur eine reichlichere, nicht eine spezifisch andere, gleichsam mit einem Attribut der göttlichen Allwissenheit ausgerüstete, zu sein.

Es gelingt Augustin nicht, die Darstellungsweise dieser letzten Schriften zu einer streng einheitlichen zu machen. Neben der Gnade, die ihr ganzes Wesen aus dem Ziele, das unabänderlich vor Gott dasteht, empfängt, zeigt sich eine andere, die als endliche Gabe die Lücken und Mängel der menschlichen Natur ergänzt und die Sünde mit wechselndem Erfolge bekämpft. Es soll nicht von neuem betont werden, daß er auch hier von der Gnade selbst nie die Worte irresistibilis, invictissima, omnipotens gebraucht, wie er es tut bezüglich des Willens Gottes [2]. Weiter aber unterscheidet er mit Nachdruck eine doppelte Berufung zum Heile. Die eine, die den Vielen zu teil wird, hat im Sinne der schließlichen Beseligung keinen Erfolg; die andere (vocatio secundum propositum) ist die der eigentlich Auserwählten (electi), sie führt unfehlbar zur Seligkeit [3]. Ist nicht, so müssen wir fragen, auch mit der ersteren eine Gnade verbunden, die als sittliche Anregung und übernatürliche Belebung der Seele so ernstgemeint ist wie die entsprechende der Prädestinierten? Erreicht sie nicht häufig in der heiligmachenden Gnade eine Wirklichkeit, die wir geradezu als Abschluß der höheren inspiratio, als gratia im Sinne des Geistesbesitzes und der Kindschaft Gottes bezeichnen müssen? Auch Augustin bestreitet das nicht, aber man merkt die Spannung zwischen seinen verschiedenen Auffassungen, wenn er den Nichtprädestinierten, die jetzt im Stande der Gnade sind, zwar den Namen der Kinder Gottes, aber nicht die Wirklichkeit zu-

---

[1] Siehe oben S. 35 f 58 ff.

[2] Siehe oben S. 36. Ich bemerke noch einmal, daß auch die gratia ex se efficax nicht mit einer gratia irresistibilis zu verwechseln ist. Bei der ersten handelt es sich nur um die Tatsächlichkeit, bei der zweiten um die Notwendigkeit. — Wenn wir etwas Transzendentes, die voluntas Dei, als irresistibilis bezeichnen, so tangiert dies die Freiheit als solche nicht, die ihrem Begriffe nach Selbstherrschaft, innermenschliche Unabhängigkeit sein will. Anders ist es bezüglich der Gnade; sie bezeichnet eben das in den Menschen eintretende göttliche Element, würde also als gratia irresistibilis die Freiheit formell aufheben.

[3] De corr. et gr. 13. De praed. sanct. 33.

erkennt, wenn er die Ansicht äußert, der prädestinierte Todsünder
sei jetzt schon in wahrerem Sinne ein Kind Gottes zu nennen [1].

Völlig klar ist das Herausfallen aus der prädestinatianischen Auffassung in der Beurteilung des ersten Menschen. Dem Adam „hatte Gott
einen Beistand gegeben, ohne den er nicht ausharren konnte, wenn
er wollte; daß er aber wollte, überließ er seinem freien Willen" [2].
Die Gnade, die Adam empfing, war offenbar eine hohe und reich-
liche; dennoch lag in ihr weder eine Allmacht noch eine Unfehlbarkeit der Wirkung; ihre natürliche, auf die Sittlichkeit und das Heil
gerichtete Tendenz konnte durch die Freiheit vereitelt, ihre ganze
Existenz in der Seele konnte aufgehoben werden. Und doch betont Augustin gleichzeitig, daß Gottes Vorauswissen bezüglich Adams
ebenso sicher war wie bezüglich der späteren Menschen; ist es ihm
ja mit dem metaphysischen Begriffe Gottes gegeben. Wer möchte
nun annehmen, daß in dieser metaphysischen Beziehung zwischen
Gott und Geschöpf durch den Sündenfall eine Änderung eingetreten
sei? Konnte aber bezüglich der freien Wahl Adams nicht die mitgeteilte Gnade die Grundlage des Vorauswissens sein, so muß es
notwendig eine andere, allgemeinere Abhängigkeit der Welt vom
Schöpfer geben, aus der sich dieses Vorauswissen erklärt.

Dieser letztere Gedanke wird noch unmittelbarer durch das
Problem des Bösen aufgedrängt, das sich immer wieder in die Spekulation Augustins einschiebt. Wir hörten, daß er die Sünde als
Gegenstand des göttlichen Vorauswissens hinstellt, aber eines Wissens,
das nicht auf einem Wollen und Wirken Gottes beruht. Gott schafft
die Sünde nicht; er läßt sie zu und schafft aus ihr Gutes. In demselben Maße, wie nun Augustin die Voraussetzungslosigkeit und Allmacht des göttlichen Waltens tiefer betrachtet und zugleich in der
Heiligen Schrift so viele drastische Einkleidungen des in der Sünde
wirkenden Strafgerichts Gottes findet, genügt ihm die frühere Antwort nicht mehr. Er gibt diese Antwort niemals auf, er hält sie
nicht bloß in populären, sondern auch in dogmatischen Äußerungen
fest, aber er gibt ihr eine Wendung, die der Allmacht und Aseität

---

[1] De corr. et gr. 22 23.
[2] Ebd. 32. Vgl. ebd. 31: Nec ipsum ergo Deus esse voluit sine sua gratia,
quam reliquit in eius libero arbitrio. Ebd. 37: ut digne tantae boni-
tati ... perseverandi committeretur arbitrium; Deo quidem praesciente, quid esset facturus iniuste, praesciente tamen non ad hoc cogente,
sed simul sciente, quid de illo ipse faceret iuste.

Gottes mehr zu entsprechen scheint, ohne seine Heiligkeit zu gefährden.

Die Augustin so geläufige Unterscheidung, Gott gebe nicht die voluntas, wohl aber die potestas peccandi, bezieht sich nicht nur auf die Wahl der physischen Ausführung des Willens — das ist der öftere Sinn —, sondern auch auf die Kraft des Wollens selbst, d. h. auf die natürliche Fähigkeit und Potenz des Willens. Daraus erwächst nun gleich die Frage, ob diese natürliche Mitwirkung Gottes nur das doppelte posse vor und nach dem Akte oder in etwa auch den Willensakt selbst zum Objekte habe. Diese Frage hat unsern Lehrer schon bei Abfassung der Schrift De libero arbitrio beunruhigt. Der Wille bewegt sich doch, wenn er vom höchsten Gute abfällt; woher stammt diese Bewegung? Wenn man antwortet, man wisse es nicht, so wäre das in diesem Falle eine sehr richtige Antwort: „kann man ja nicht wissen, was nichts ist!" „Da die Bewegung jener Abkehr, die wir Sünde nennen, eine mangelhafte Bewegung ist, jeder Mangel aber aus dem Nichts stammt, so siehe, wohin er gehört und zweifle nicht, daß er nicht Gott angehört!" [1] Ebenso sicher ist jedoch, daß alles, was in jener Willensbewegung gut ist, sei es für die Sinne oder den Geist, alles, was in ihr Maß, Zahl und Ordnung an sich trägt, auf Gott als Schöpfer und Künstler zurückgeht [2]. In unsern bösen Werken bleiben Gottes Werke gut; wie ja auch aus dem Ehebruche Menschen geboren werden, edle Geschöpfe Gottes [3]. Die Güte des Schöpfers hört nicht auf, den ständig der Sünde ergebenen bösen Geistern das Leben und die Macht lebendiger Betätigung darzubieten (subministrare vitam vivacemque potentiam) [4]. So schafft er auch die erbsündliche Menschheit durch Abstammung von Adam, nicht „um dem Teufel Unter-

---

[1] De lib. arb. 2, 54: Motus ergo ille aversionis, quod fatemur esse peccatum, quoniam defectivus motus est, omnis autem defectus ex nihilo est, vide, quo pertineat, et ad Deum non pertinere ne dubites. Qui tamen defectus quoniam voluntarius est, in nostra est positus potestate. — Der letzte Satz spricht dafür, daß sich das „vide, quo pertineat" auf defectus, nicht auf motus bezieht.

[2] Ebd.: Tu tantum pietatem inconcussam tene, ut nullum ibi bonum vel sentienti vel intellegenti vel quoquo modo cogitanti occurrat, quod non sit ex Deo. Ita enim nulla natura occurrit, quae non sit ex Deo. Omnem quippe rem, ubi mensuram et numerum et ordinem videris, Deo artifici tribuere ne cuncteris. Unde autem ista penitus detraxeris, nihil omnino remanebit.

[3] De mus. 6, 30.

[4] Enchir. 8. Unmittelbar vorher ist das freiwillige Sündetun (als Strafe anderer Sünde) erwähnt.

tanen zu schaffen", sondern in Kraft jener Güte, die allen Kreaturen
Dasein und Leben gibt, obschon er sieht, daß das entsprießende Geschlecht sofort der Sünde unterworfen wird [1].

Das allgemeine Gesetz, daß alle Vollkommenheit irgend welcher
Art von Gott stammt, wird hier auf die sündhafte Tat und Verfassung des Menschen übertragen. Ohne Zweifel offenbart sich in
der Sünde oft ein hohes Maß körperlicher Kraft, geistiger Intelligenz,
künstlerischer Begabung; wie dasselbe der Potenz nach von Gott
kommt und Früchte erzeugen kann, die objektiv gut sind, so wird es
auch in dem Momente der Sünde, der zwischen der Potenz und den
Früchten liegt, nicht plötzlich verschwinden oder sich der Kausalität
Gottes entziehen. Fragen wir, wie sich die „Natur" des Willens nach
Augustin psychologisch äußert, so wissen wir, daß es geschieht in dem
unwiderstehlichen Drange nach beatitudo, nach beseligender Lebens-
vollendung. Somit können wir die motio Dei, die er nach den
zitierten Stellen als ontologische Voraussetzung der Sünde betrachtet,
mit dem finalen Einflusse vergleichen, den das Seligkeitsideal auf
jeden Menschen ausübt. Auch in dem sündhaften Streben, so zeigt
uns Augustin, wirkt unbewußt, durch die geschöpfliche Selbstsucht
entstellt, das Ideal der Gottheit; der Stolze sucht die Größe, der
Tyrann die Macht, der Faule die Ruhe, der Üppige die Lust —
alles Güter, die nur in Gott wahrhaft zu finden sind [2]. Das ist die
„vivax potentia", die auch in der furchtbarsten Verirrung und Auflehnung des Willens als edler Kern zu achten und auf Gott zurückzuführen ist: der Zug des Willens zur Größe und Glückseligkeit.

Gehört aber nicht die Entstellung des Ideals zum sündhaften
Idol auch zur geistigen Tat des Menschen, liegt nicht in der Zuspitzung der Seligkeitstendenz auf dies und jenes verbotene Objekt
auch eine Realität, eine Bestimmtheit nach „Maß und Zahl", die
nach dem Gesagten auf Gott zurückgehen muß? Folgt also nicht,
daß die Sünde selbst durch Gott verursacht ist?

Abgesehen von den zahlreichen Stellen, die nur eine Zulassung
des Bösen anerkennen, sagt Augustin konstant, daß Gott, wie er
nicht durch Gesetz und Aufforderung zur Sünde mahnt, ebensowenig
innerlich zur Sünde „zwingt", „antreibt", „versucht" [3]. Die
Reprobation des Sünders, mag sie als überweltlicher Ratschluß wie

---

[1] C. Iul. Pel. 3, 19.

[2] Siehe Bd I, S. 117.   Conf. 2, 13 ff.   De Civ. Dei 12, c. 8.

[3] De div. quaest. ad Simpl. 1, 2, 16.   De pecc. mer. 2, 33.   De dono pers. 12.
De corr. et gr. 37.   De gr. et lib. arb. 41.

immer zu denken sein, ist nicht mit der „Einflößung" einer bösen
Qualität verbunden, die das Gegenstück zur Gnade wäre; sie besteht
innerweltlich nur in der Nichtgewährung jener Gnade, die den
Willen des Sünders zu brechen im stande wäre. Der Wille Gottes
an die Menschen, der Wille Gottes, der sich offenbart im Gesetze,
der in unser Wesen eintritt als Krafteinfluß, Anmutung, Begeisterung, ist immer nur Antrieb zum Guten und Abschreckung
vom Bösen.

Eine Schwierigkeit ergibt sich für Augustin allerdings in demselben Maße, als er den Satz verfolgt, es gebe Sünden, die zugleich
die Strafe früherer Sünden sind. Vor allem um die Erbsünde als
eine solche darzutun, beruft er sich auf zahlreiche Bibelstellen,
die sagen, daß Gott die Sünder zur Strafe verhärtet, verblendet,
ihren bösen Gelüsten überliefert usw. Im Jahre 415 erklärt Augustin
diese göttliche Bestrafung noch rein negativ; Gott überläßt den
Sünder der freigewählten Finsternis, aus der naturgemäß nichts
anderes hervorgeht als Werke der Finsternis [1]. Sechs Jahre später
zweifelt er, ob diese Erklärung genügt; Gott hat, wie Paulus sagt,
die Heiden ihren schändlichen Gelüsten überliefert, „sei es durch
Überlassen o d e r auf irgend eine andere erklärliche oder unerklärliche
Weise" [2]. Sicher ist, daß es sich um ein Überliefern handelt nicht
nur an die Gefahr der Sünde, sondern an die Sünde selbst; um einen
Akt nicht der Langmut, sondern der Strafgerechtigkeit Gottes [3].
Wir Menschen dürfen eine solche Art der Bestrafung nicht nachahmen; wir müssen die Sünde verhindern, soweit unsere Kraft reicht.
Gott aber übergibt den bösen Gelüsten „nicht bloß, w e n n sie geschehen, sondern auch, d a ß sie geschehen", ohne daß seine Heiligkeit darunter leidet. Trotzdem bleiben wir bei dem Satze: „Er
m a c h t den schlechten Willen nicht, sondern er g e b r a u c h t ihn,
wie er will" [4]. In ähnlichen, wenn nicht noch stärkeren Ausdrücken
verbreitet sich Augustin 426 über dasselbe Problem. Der gerechte
Zorn Gottes gegen den Sünder oder seine Absicht, die Guten zu prüfen,
kann veranlassen, daß Gott das „Herz des Sünders zu einer bösen
Tat lenkt oder fallen läßt" (miserit vel dimiserit), „daß er den durch
eigene Schuld bösen Willen zu dieser oder jener Sünde n e i g t" (in hoc

---

[1] De nat. et gr. 24 25.
[2] C. Iul. Pel. 5, 10: sive deserendo sive alio quocumque vel explicabili vel
nexplicabili modo.
[3] Ebd. 5, 11.   [4] Ebd. 5, 14 15.

peccatum inclinavit)[1]. Dabei wird von neuem hervorgehoben, daß
diese Einwirkung Gottes nicht mit einem Befehl oder einer Mahnung
zu verwechseln ist[2]; ferner, daß sie nur als Strafgericht über den
bösen Willen kommt, ohne seine Bosheit zu bewirken[3]. Der Nachdruck liegt dabei auf der Allmacht und Souveränität der göttlichen
Weltherrschaft, die durch das freie Wollen der Geschöpfe, das böse
wie das gute, hindurchwirkt[4]. Gelegentlich tritt allerdings die
Lenkung des Bösen formell auch in Parallele zu der Gnade des
Heiligen Geistes[5]. Der Schluß ist: Beten wir zitternd, aber unver-
wirrt und unverzagt die Weisheit und Gerechtigkeit Gottes an, die
dereinst auch über diese dunkeln Geheimnisse Licht verbreiten wird![6]

So nimmt Augustin in diesen Schriften, wenn auch mit einigem
Schwanken, eine direkte Kausalität Gottes bezüglich des Bösen an.
Daß er derselben stets den Strafcharakter zuschreibt und sie auf
die Zeit nach dem Sündenfalle einschränkt, schwächt die sittliche
und metaphysische Bedeutung der Schlußfolgerung nicht ab; wurde
ja bereits betont, daß Augustin in diesen Untersuchungen überhaupt den Abstand zwischen dem paradiesischen und jetzigen Zustande eigenartig übertreibt. Soweit allerdings jene Einschränkung
sagen soll, daß die Sünde im engsten Sinne, die malitia vel
defectio voluntatis, immer vom Menschen ausgeht und nicht Tat
Gottes ist, ist sie bedeutungsvoll; Augustin will seinen wichtigsten
Grundsatz auch jetzt nicht fallen lassen. Immerhin rückt jetzt die
Sünde als Realität und Moment der Heilsgeschichte unverkennbar in
den Kreis dessen, was Gott nicht bloß vorausweiß, sondern auch
bewirkt und vorausbestimmt; freilich so, daß sie bei Gott niemals Sünde ist, sondern Gerechtigkeitstat, unbegreifliches aber weis-
heitsvolles Moment seiner Weltregierung[7].

---

[1] De gr. et lib. arb. 41.   [2] Ebd. 41 42.

[3] Ebd. 43: quorum malitiam non ipse fecit, sed aut originaliter tracta
est ab Adam aut crevit per propriam voluntatem.

[4] Ebd. 42: Agit enim Omnipotens in cordibus hominum etiam motum
voluntatis eorum, ut per eos agat, quod per eos agere ipse voluerit, qui
omnino iniuste aliquid velle non novit. Ebd. 43: Satis, quantum existimo, mani-
festatur operari Deum in cordibus hominum ad inclinandas eorum voluntates, quocumque voluerit, sive ad bona pro sua misericordia sive ad mala
pro meritis eorum, iudicio utique suo aliquando aperto aliquando occulto, semper
autem iusto. ... Nolite dubitare praecessisse mala merita eorum, ut iuste ista
paterentur. ...   [5] Ebd. 43.   [6] Ebd. 45.

[7] De praed. sanct. 19 heißt es nach der Stelle: „Praescire autem potens
est etiam, quae ipse non facit sicut quaecumque peccata" bedeutsam weiter: quia,

Wollen wir die Gedanken, die Augustin selbst nicht zu Ende gedacht hat, unter sich und mit den früher erwähnten Äußerungen über den gnädigen Beistand Gottes zu einer Einheit zusammenschließen, so wird folgendes das Wahrscheinlichste sein:

1. Der gegen Pelagius betonte Satz, daß die Willensfreiheit des Geschöpfes in verschiedener Weise dem Guten und Bösen gegenübersteht, bleibt stets in Geltung. Der Fortschritt zu sittlicher Güte ist Erhebung und Bereicherung durch göttliches Leben, daher von Anfang an abhängig vom Beistande Gottes. Die Sünde ist törichte Beschränkung auf das Ich, Herabsinken in die dem Geschöpfe eigene Nichtigkeit, daher in der eigenen Macht des Geschöpfes.

2. Dennoch bleibt die allmächtige und allumfassende Kausalität Gottes so gewahrt, daß unbeschadet der Freiheit des Geschöpfes der Weltlauf bis in alle einzelnen Bestimmtheiten, nach seiner ganzen idealen und realen Tatsächlichkeit von Gott verursacht und vorhererkannt ist. Was es in der Sünde an geistiger und körperlicher Bewegung, an modus, species, ordo gibt, rührt zuletzt von Gott her.

3. Auf dem Grunde dieser allumfassenden Beziehung, die nicht als psychologisch-geschichtliche Realität zu denken ist, entfalten sich auf der einen Seite die geschaffenen Gnaden äußerer und innerer, natürlicher und übernatürlicher Art, die den Menschen zum Guten antreiben. Augustin sucht den Pelagianern gegenüber vor allem die innere Erleuchtung und Stärkung des Geistes als unmittelbares Werk Gottes nachzuweisen. Eine gleiche Beeinflussung und Stärkung zur Sünde widerspricht der Heiligkeit Gottes; sie ist auch überflüssig, weil die Sünde keines „Einflusses" von Licht und Kraft bedarf, vielmehr Verlust dieser Geistesgüter ist. — Bedarf es aber nicht zu

---

etsi sunt quaedam, quae ita peccata sunt, ut poenae sint etiam peccatorum, unde dictum est: „Tradidit illos Deus in reprobam mentem, ut faciant, quae non conveniunt" (Rom 1, 28), non ibi peccatum Dei est sed iudicium. Ebd. 33: Der Haß der Juden gegen Christus nützte dem Evangelium. Est ergo in malorum potestate peccare; ut autem peccando hoc vel hoc illa malitia faciant, non est in eorum potestate sed Dei dividentis tenebras et ordinantis ea, ut hinc etiam, quod faciunt contra voluntatem Dei, non impleatur nisi voluntas Dei.... Tanta quippe ab inimicis Iudaeis manus Dei et consilium praedestinavit fieri, quanta necessaria fuerunt evangelio propter nos. — Enchir. 26 heißt es bezüglich desselben Gegenstandes im Anschluß an den oben S. 63 A. 4 zitierten wichtigen Satz über den Abstand des göttlichen und menschlichen Wollens: Nam Deus quasdam voluntates suas utique bonas implet per malorum hominum voluntates malas; sicut per Iudaeos malevolos bona voluntate Patris pro nobis Christus occisus est.

der unter Ziffer 2 erwähnten geistigen oder leiblichen Energie, die
mit der Sünde unlöslich verbunden ist, eines solchen Krafteinflusses?
Nicht jenes unmittelbaren, wie ihn Augustin für die tiefste
sittliche Seite des Denkens und Wollens fordert, sondern eines
vermittelten, wie er in der ganzen Natur wirkt und als Mitwirkung zur Sünde der Heiligkeit Gottes nicht widerspricht. So
empfängt ja der äußere Vollzug eines bösen Entschlusses in der Tat
seine Wirklichkeit und Eigenart vom Willen; der Befehl des Willens
setzt auf naturgesetzlichem Wege den Körper in Bewegung. So
wirken auch die Reize und Versuchungen vor der Sünde in ähnlicher, vermittelter Weise, als an sich indifferente Äußerungen
materieller und seelischer Kräfte.

4. Der Kernpunkt der Schwierigkeit bleibt immer die Frage,
ob die malitia voluntatis im engsten Sinne, der freie Abfall vom
höchsten Gute, der zwischen der Versuchung und der Ausführung
der Sünde liegt, ohne jeden Akt, also auch ohne Verursachung
Gottes denkbar ist. Dann würde Gott die ganze Weltentwicklung,
einschließlich der mannigfaltigen Wirklichkeit der Sünde, verursachen und voraussehen können, ohne die malitia peccati selbst
hervorzurufen. Augustin selbst bekennt sich, wie wir wissen, zu dieser
Auffassung[1]. Wenn wir bedenken, daß er auch in der geistigen
Sünde, wie Empörung, Stolz usw., den Drang nach Glück und Vollendung als gut betrachtet, daß er das Wesen der Sünde so häufig
im Preisgeben und Nichtachten des höheren Lichtes erblickt, so
scheint es in der Tat: der eigentliche dunkle Punkt, das deficere
voluntatis, ist ihm in keiner Weise ein geistiger Akt, vielmehr
ein Nichthandeln, insofern der Wille dem angebornen Zuge auf
das physisch Gute ohne Rücksicht auf die sittliche Norm, ohne
Befragung des höheren Lichtes folgt. Daß die Freiheit nicht bloß
im aktuellen Wählen und Bestimmen, sondern vielfach in einem
inneren Verhältnisse des Willens zu den ihm vorschwebenden
Gütern zu suchen ist, ergibt sich auch sonst bei tieferem Nachdenken. Es tritt besonders deutlich hervor im Begriffe der göttlichen
Freiheit, die ja keine neuen Akte in Gott zu setzen vermag; Gottes
Wille umfaßt in einem Akte das göttliche Sein mit Notwendigkeit,
das geschöpfliche mit Freiheit[2].

---

[1] De lib. arb. 2, 54. De Civ. Dei 12, c. 7 8. Siehe vorhin S. 69 und
Bd I, S. 112 ff.

[2] Der hl. Thomas hat diese Gedanken klarer ausgeführt. Er sagt (S. theol.
1, 2, q. 79, a. 2 c): Deus est causa actus peccati; non tamen est causa peccati,

§ 2. Die Gnade als Nachlassung und Heilung der Sünde.

„Post illam ruinam maior est misericordia
Dei, quando et ipsum arbitrium libe-
randum est a servitute."
(Enchir. 28.)

I. Die Auffassung der Sündenschuld bei den Pelagianern und ihre Widerlegung durch Augustin.

Ein concursus divinus für alles sittlich gute Handeln ist, wie wir sahen, aus metaphysischen Gründen, daher in allen Ständen und Lagen der Menschheit unentbehrlich. Gott wäre nicht Schöpfer alles

---

quia non est causa huius, quod actus sit cum defectu. Ebd. (Sed contra): **Actus peccati est quidam m o t u s l i b e r i a r b i t r i i.** Sed „v o l u n t a s D e i est causa omnium motionum", ut Augustinus dicit (De Trin. 3, c. 4 et 9). Ergo voluntas Dei est causa actus peccati. Auf den Einwand, bei den Sünden, die secundum suam speciem böse sind, lasse sich Akt und Defekt nicht trennen, daher müsse Gott, der Urheber des Aktes, auch das Böse bewirken, antwortet Thomas, die Spezies der Sünde ergebe sich nicht aus dem Defekte, sondern aus dem positiven Objekte der Sünde. Daher könne Gott den Akt und seine Spezies bewirken, ohne den Defekt als solchen zu verursachen (ebd. ad 3). — In der **S u m m a c o n t r a G e n t i l e s** (III c. 10) geht er dann psychologisch auf die Frage ein, wie der an sich gute und auf das Gute hingewandte Wille böse werden könne. Er kann sich das Rätsel nicht erklären durch einen plötzlichen Übergang vom Guten zum be- wußten Bösen; er nimmt vor der Sünde einen freiwilligen Defekt im Willen an, der noch nicht Sünde ist: das **N i c h t b e f r a g e n** und **N i c h t a c h t e n** der sittlichen Vernunft, den **d e f e c t u s o r d i n i s a d r a t i o n e m e t a d p r o p r i u m f i n e m.** „Hic autem ordinis defectus voluntarius est; nam in potestate ipsius voluntatis est velle et non velle; itemque est in potestate ipsius, quod ratio actu consideret vel a consideratione desistat aut quod hoc vel illud consideret. Nec tamen iste defectus est malum morale: si enim ratio nihil consideret vel consideret bonum quodcumque, **n o n d u m e s t p e c c a t u m, q u o a d u s q u e v o l u n t a s i n f i n e m i n d e b i t u m t e n d a t;** quod iam est voluntatis actus. — Auch andern Denkern erscheint ein Handeln, das sofort und unmittelbar **g e g e n** die sittliche Überzeugung angeht, unbegreiflich; zuerst finde bei der Sünde ein **S e l b s t b e t r u g** statt, und da solcher im strengen Sinne widersprechend ist, ein **H i n w e g s e h e n** von den sittlichen Grundsätzen, das den Willen für das höhere Licht blind macht und sein Streben, das an sich empor- und vorwärtsdrängt, zur Verirrung und zum Abgrunde führt. Bezüglich des Kausalverhältnisses zwischen Gott und der Schöpfung sind durch das Dogma und die christliche Spekulation gewisse Grundzüge festgelegt; für das tiefere Eindringen und volle Verständnis fehlen uns, den allseitig in Raum und Zeit eingeschlossenen Wesen, wie schon bemerkt, alle Voraussetzungen. Wenn übrigens katholische Theologen vielfach behaupten, man dürfe Gott nur ein Zu- lassen und in keiner Weise ein Bewirken des Bösen zuschreiben, so ist dem- gegenüber auf die Entscheidung des Tridentinums (sess. 6, can. 6) zu verweisen,

Seins und Lebens, wenn die Tugend, die höchste und lebendigste Wirklichkeit, nicht von ihm stammte. Gott wäre nicht Herr und Eigentümer des Menschen, wenn er ihm nur das Vermögen des Wollens gegeben hätte, die Tat und Erfüllung aber reines Werk des Menschen wäre. Diese Wahrheit stellt Augustin dem Deismus der Pelagianer entgegen, der sich am kühnsten in dem Worte Julians: „Homo emancipatus a Deo", ausspricht.

Die pelagianische Irrlehre richtet sich aber vor allem gegen die Gnade der Erlösung. Sie hat die tatsächliche, von der Sünde infizierte Menschheit im Auge und leugnet für sie die Notwendigkeit einer inneren Gnade, eines heilenden und belebenden Einflusses der Gottheit. Darum ist Augustins Absehen auch zumeist darauf gerichtet, zu zeigen, daß der gefallene Mensch einer Unterstützung und Belebung durch göttliche Kraft bedarf. Gerade dem Sünder gegenüber erhält dieser Einfluß den Namen „Gnade" als unverdientes Entgegenkommen, als freier Erweis barmherziger Liebe. Derselbe gründet sich objektiv auf die Erlösungstat Christi; der Streit um die Gnade ist somit auch der Kampf um die Ehre Christi und seines Kreuzes. In welcher Weise die geschichtliche Erlösung sich vollzogen und der Menschheit die Gnade erworben hat, mit andern Worten die objektive Seite des Erlösungswerkes, kann an dieser Stelle nur beiläufig zur Sprache kommen.

Den Artikel des Symbolums: „Remissionem peccatorum" durften die Pelagianer nicht offen bekämpfen. Der sittliche Ernst, den Pelagius im Anfang des Kampfes an den Tag legt, zeigt sich auch darin, daß er der Sünde nicht bloß als drohender Versuchung, sondern auch als vergangener Tat eine Verderblichkeit beimißt, die nicht von selbst, ohne Eingreifen Gottes wegzuschaffen ist. Aber wie er die Stellung Gottes zum Menschen überhaupt veräußerlicht, seine Souveränität der eines irdischen Herrn und Gesetzgebers annähert, so gleicht auch die Verzeihung, die er dem Sünder von Gott zu teil werden läßt, dem äußerlichen Erlaß einer Schuld, ihrer Nichtanrechnung und Nichtbestrafung. Wir sehen überall in den Systemen der Moral das Sittliche auf die Stufe des Rechtlichen und Sozialen herabsinken, wo es nicht in seiner wurzelhaften Verbindung mit der

---

die ein „permissive operari" des Bösen seitens Gottes voraussetzt: Si quis dixerit non esse in potestate hominis, vias suas malas facere, sed mala opera ita ut bona Deum operari, non permissive solum sed etiam proprie et per se, adeo ut sit proprium eius opus non minus proditio Iudae quam vocatio Pauli, anathema sit.

religiösen Grundbeziehung, mit einem innersten, mystischen Leben der Seele erkannt wird.

Pelagius, so bemerkt Augustin, „gesteht, daß die begangenen Sünden durch göttliche Tat ausgelöscht und daß der Herr ihretwegen angefleht, d. h. um Verzeihung gebeten werden müsse, weil die vielgerühmte Kraft der Natur und der menschliche Wille doch auch nach seinem Geständnisse nicht im stande sind, das Geschehene ungeschehen zu machen; aus dieser Notwendigkeit ergibt sich die Pflicht, Verzeihung nachzusuchen"[1]. Also die Unmöglichkeit, mit menschlicher Kraft die einmal geschehene Sünde ungeschehen zu machen, ist der Grund der Buße und Verzeihung; von einer anderweitigen, aus dem Zustande des sündigen Gewissens und Herzens hergeleiteten Begründung, schweigt Pelagius. Er betet: „Vergib uns unsere Schuld", hält es aber nicht für notwendig, beizufügen: „Und führe uns nicht in Versuchung", weil er die sittliche Kraft des Willens für unvermindert hält[2].

Jene Begründung drängt die Frage auf: Aber ist denn Gott im stande, das Geschehene ungeschehen zu machen? Kann es überhaupt Zweck der Reue und der Versöhnung sein, eine vergangene Sündentat als solche zu vernichten? Hätten dann nicht die sittlichen Libertinisten und Skeptiker recht, wenn sie die Reue für Torheit, die Buße für das Überflüssigste von der Welt erklären? Vergangene Sünde, sagen sie, kann nicht ungeschehen gemacht werden; sie braucht es auch nicht, eben weil sie vergangen, also nicht mehr wirklich ist.

Der scharfsinnigere Julian läßt jenes Argument fallen; er denkt, wenn er von der Schuld (reatus) der Sünde spricht, an das Verhängnis der Strafe, das der momentanen Sünde als finsterer Schatten folgt. Das Gesetz Gottes droht dem Sünder mit Strafe, es rächt die begangene Übeltat; die Gnade Christi kündet Verzeihung an, schenkt die Strafe, hebt die „Anrechnung" des Frevels auf[3]. — Gewiß hängt

---

[1] De nat. et gr. 20. Ganz übereinstimmend Epist. 178, 1 : Necessariam vero nobis esse remissionem peccatorum, quia ea, quae a nobis in praeteritum malefacta sunt, infecta facere non valemus.

[2] Ebd.

[3] Op. imp. c. Iul. 1, 67: Commendans ergo hanc gratiam Iudaeis, quia lex punit scelestos nec habet illam efficientiam misericordiae, quam baptisma, in quo confessione brevi actuum delicta purgantur, ostendit debere illos currere ad Christum, implorare opem huius indulgentiae et advertere, quod lex morum vulneribus comminetur, gratia vero efficaciter celeriterque medeatur.... Quis me liberabit a reatu peccatorum meorum, ... quae legis severitas non donat

mit der Schuld die Strafwürdigkeit zusammen; aber solange die
Natur der ersteren nicht klargestellt ist, bleibt auch die letztere
unverständlich. Wenn das sittliche Wesen des Menschen durch die
Sünde nicht berührt ist, so fragt man, was die Strafe solle, die
doch zu spät kommt, um die Sünde zu verhüten; ob es nicht
nutzlose Quälerei und unsittliche Rache sei, dem Übel der Tat das
Übel des Leidens folgen zu lassen. Anderswo erklärt Julian die
Schuld der Sünde als den fortdauernden „Druck", den die Sündhaftigkeit des Vergehens auf die Seele des Sünders ausübt. Gewiß
mit Recht; aber wiederum erhebt sich die Frage, worin dieser Druck,
abgesehen von der Furcht vor der Strafe, bestehen soll[1]. Julian denkt,
wie es scheint, vor allem an die quälende Erinnerung im menschlichen Bewußtsein: „Die Schuld bleibt im Gewissen dessen, der
gesündigt hat." Darauf stellt Augustin die Frage, ob denn die Schuld
eines Verbrechens getilgt sei, wenn etwa durch Vergeßlichkeit das
Bewußtsein und der innere Vorwurf der Sünde geschwunden sei[2].

Nach Augustin ist Gottes Wesen zu sehr lebendige Wahrheit,
Güte und Heiligkeit, als daß sein Strafen und Verzeihen nur äußerliche Rechtsprechung und nicht zugleich Ausdruck und Entfaltung
innerer Wirklichkeit wäre. Ihm ist die Sünde nicht ein Faktum,
das isoliert und zeitlich abgeschlossen im Seelenleben dasteht, sondern

---

sed ulciscitur?... (Deus) non donat peccatum, nisi quod iure potuit im-
putare. Dieselbe Betonung der ultio als Inhalt des reatus ebd. 2, 227.
[1] C. Iul. Pel. 6, 61: Si semel aliquis idolis sacrificaverit, potest, donec con-
sequatur veniam, premi impietate commissi, et manet reatus actione finita.
[2] Ebd. 6, 62. Der Begriff der Schuld bei Julian ist sehr unklar. Op. imp.
c. Iul. 6, 19 will ihn Augustin auf einen objektiven Schuldbegriff festnageln;
aber die Zustimmung Julians wird nur supponiert, nicht deutlich ausgesprochen.
In den oben zitierten Stellen tritt neben den Gewissensdruck auch der Druck der
Gewohnheit; so Op. imp. c. Iul. 1, 67: Apostolus hoc, quod ait: Miser ego homo,
quis me liberabit... non ad mortalitatem corporis retulit... sed ad consuetu-
dinem delinquendi; a quo reatu post incarnationem Christi per Testamentum
Novum, quisquis ad virtutis studia migraverit, liberatur. Damit hängt zusammen
die Anschauung, daß je mehr die böse Gewohnheit und das Laster in der Menschheit stiegen, auch stärkere Mittel zur Besserung (emendatio) der Menschheit nötig
geworden sind, so daß zuletzt der Sohn Gottes selbst auf Erden erschien (Op. imp.
c. Iul. 2, 222; De pecc. orig. 30). Daraus erklärt sich in dem zitierten Satze
das „post incarnationem"; früher war es ohne die Gnade Christi möglich, die
Schuld der Sünde loszuwerden. Weiter schließt Augustin gegen Julian, daß ihm
Christus auch jetzt nicht der einzige, sondern nur der „bequemere Weg" sei, um
von der Schuld der Sünde frei zu werden (C. Iul. Pel. 6, 81). Eine wirkliche
remissio peccatorum durch das sacramentum mortis et resurrectionis Christi liegt
in der Tat der ganzen Anschauung Julians fern.

ein virtuell fortdauerndes und fortwirkendes Geschehnis. „Wenn jemand z. B. einen Ehebruch begangen hat, so ist er, auch wenn er es nie wieder tut, des Ehebruchs s c h u l d i g, bis die Schuld durch Verzeihung erlassen wird. Er h a t also die Sünde, obschon die begangene Sünde nicht mehr existiert, da sie mit der Zeit des Geschehnisses vorübergegangen ist. Denn wenn ‚von der Sünde ablassen‘ schon soviel wäre als ‚keine Sünden h a b e n‘, so genügte es, daß die Schrift uns mahnt: ‚Mein Sohn, hast du gesündigt, so sündige nicht wieder‘; allein dies genügt nicht, sondern sie fügt bei: ‚Und bete wegen der vergangenen, damit sie dir erlassen werden‘ (Sir 21, 1). Sie b l e i b e n also, wenn sie nicht erlassen werden. Doch wie können sie bleiben, da sie vergangen sind, wenn nicht so, daß sie vergangen sind dem A k t e nach, bleiben der S c h u l d nach (nisi quia praeterierunt actu, manent reatu)?“ [1]

Der Zusammenhang zwischen Sündentat und Sündenschuld besteht unabhängig vom Willen und Bewußtsein des Menschen: in occultis legibus Dei [2]. Diese leges Dei sind mit der ratio divina, der untrüglichen, wahrhaftigen Vernunft Gottes identisch; darum kann es keine bleibende Strafwürdigkeit und Gewissenslast geben, wenn nicht eine bleibende sittliche Unordnung aus der Sünde erwachsen ist. Die Strafe, die mit der Gewissensunruhe beginnt, ist die Ausgestaltung einer inneren Störung und Verkehrtheit des sündigen Geistes [3]. Die bloße Strafe könnte Gott als Richter durch ein äußeres Dekret nachlassen; die innere Unordnung kann er nur aufheben als Erlöser, durch heilende und erneuernde Gnade.

Es war ein falsches Prinzip der Pelagianer, so hat Augustin erklärt, daß der Wille vermöge seiner Freiheit gleich stark sei, das Gute wie das Böse zu vollbringen; es ist ein noch falscheres Prinzip, daß der Wille ohne Gott e b e n s o b e f ä h i g t s e i, n a c h d e m e r g e s ü n d i g t, v o m B ö s e n s i c h z u e r h e b e n, w i e e r f ä h i g w a r, i n d i e S ü n d e z u f a l l e n. Ist die Hilfe Gottes — als allgemeine sittliche Kraftquelle — notwendig, damit der Gute besser wird, so ist sie d o p p e l t n o t w e n d i g — als erlösender, heilender Beistand —, d a m i t d e r B ö s e w i e d e r g u t u n d h e i l i g w i r d.

---

[1] De nupt. et conc. 1, 29. — Der Ausdruck „h a b e r e peccatum“ bietet eine natürliche Überleitung zu dem scholastischen Ausdrucke „h a b i t u s peccati, peccatum h a b i t u a l e“.
[2] C. Iul. Pel. 6, 62.   [3] Conf. 1, 19. En. in ps. 5, 10.

„Da der Mensch nicht so, wie er aus sich selbst gefallen ist, auch aus sich selbst wieder aufstehen kann,
so laßt uns die von oben dargereichte Hand Gottes, d. h.
unsern Herrn Jesus Christus in festem Glauben ergreifen, in sicherer
Hoffnung erwarten, in glühender Liebe ersehnen"; so hatte Augustin schon zwanzig Jahre vor dem Auftreten des Pelagius geschrieben [1].

Als eine Flugschrift aus dem Kreise des Cälestius auf den Begriff
der Freiheit, als der Fähigkeit zwischen gut und böse zu wählen,
pochte, erinnert Augustin daran, daß mancher frei in den Kampf
zieht, aber, wenn er besiegt und gefesselt worden, nicht ebenso frei
ist, sich loszumachen; denn „von wem einer besiegt ist, dem ist
er als Sklave zugesprochen" (2 Petr 2, 19). Es gibt eine Art von
Freiheit, die wir durch die Sünde verloren haben, die erst der Sohn
Gottes uns wiedergibt [2]. So hat schon mancher sich frei in Sklaverei
verkauft, ohne nachher die Macht zu besitzen, die Sklavenfessel zu
brechen. Ähnlich seufzt der Sünder: „Ich habe mich durch meinen
Willen unter die Herrschaft der Ungerechtigkeit verkauft; kaufe du
mich los mit deinem Blute!" [3] — Es liegt in unserer Macht, ein
Licht auszulöschen oder die Lichtkraft des Auges zu schwächen;
aber nicht immer vermögen wir den Funken neu zu entzünden, die
erloschene oder verfinsterte Sehkraft wiederherzustellen [4]. — Am
häufigsten gebraucht Augustin den Vergleich des Lebens, um
das pelagianische Sophisma ad absurdum zu führen. Wir sind im
stande, durch Unmäßigkeit oder Nahrungsverweigerung die Gesundheit zu schwächen, uns Wunden beizubringen, uns zu töten;
folgt daraus, daß wir keines Arztes oder Heilmittels bedürfen, um

---

[1] De lib. arb. 2, 54.   [2] De perf. iust. hom. 9.
[3] Sermo 30, 2. Enchir. 28. Op. imp. c. Iul. 1, 88 ff; 6, 13. In Io. Ev. tr.
41, 4: „Omnis qui facit peccatum, servus est peccati." O miserabilis servitus!... Servus peccati quo fugit? Secum se trahit, quocumque fugerit. ...
Peccatum enim, quod facit, intus est. Fecit peccatum, ut aliquam corporalem caperet voluptatem; voluptas transit, peccatum manet; praeteriit, quod
delectabat, remansit, quod pungat. Ebd. 41, 5: Obsecramus ergo, inquit, pro Christo
reconciliari Deo. Quomodo autem reconciliamur nisi solvatur, quod inter nos
et ipsum separat?... Medium separans est peccatum, mediator reconcilians
est Dominus Iesus Christus.
[4] De nat. et gr. 3, 34. Ebd. 3, 25: Deserti ... luce iustitiae et per hoc
contenebrati quid pariant aliud, quam haec omnia, quae commemoravi opera tene-
brarum, donec dicatur eis, si dicto obaudiant: „Surge, qui dormis et exsurge a
mortuis et illuminabit te Christus" (Eph 5, 14). Enchir. 8.

wieder zu gesunden, folgt daraus, daß wir uns das Leben wiedergeben können? „So war die menschliche Natur durch ihren freien Willen fähig, sich Wunden zu schlagen; aber, einmal verletzt und verwundet, ist sie nicht durch ihren freien Willen befähigt, sich zu heilen." [1] „Der Mensch bedarf des Arztes, weil er nicht gesund ist; er bedarf des Lebenspenders, weil er tot ist." [2] „S a n a animam meam, quia peccavi tibi", ist der Ruf des gefallenen Menschen [3].

Wie diese Vergleiche zeigen, ist die Überzeugung Augustins von der Notwendigkeit der heilenden Gnade die Konsequenz seiner Grundanschauung über Gott als Licht- und Lebensquell der Seele und über Gottes allumfassende Kausalität im sittlichen wie im physischen Dasein. Zu näheren Untersuchungen über die Nachwirkung der Sünde nötigen ihn die Einwürfe seiner Gegner.

Pelagius hat, wie es scheint, den vorhin erwähnten optimistischen Trugschluß nicht offen ausgesprochen, so notwendig er ihn voraussetzen muß. Er wandte sich gegen die in der Erbsündenlehre behauptete „Änderung der Natur" mit der Frage, ob Augustin glaube, daß mit dem Sündenfalle eine böse S u b s t a n z in den Menschen eingedrungen sei; andernfalls sei ja nichts in der Seele vorhanden, was eine bleibende Schwächung verursachen könne. Augustin gibt selbstverständlich auf jene Frage ein rundes Nein zur Antwort; aber, so fährt er fort, auch das Nichtessen ist keine Substanz. „Es ist Entfernung von der Substanz; die Speise ist Substanz. Und doch, obschon die Enthaltung von der Speise nicht Substanz ist, wird bei fortgesetzter Enthaltung die Substanz des Körpers so angegriffen, so in ihrem Gleichgewicht gestört, aller Kräfte beraubt, durch Mattigkeit gebrochen, daß sie sich, wenn sie überhaupt am Leben bleibt, nur mit Mühe wieder an jene Nahrung gewöhnt, durch deren Versagung sie sich krank gemacht hat. S o i s t d i e S ü n d e k e i n e S u b s t a n z; a b e r G o t t i s t S u b s t a n z; e r i s t d i e h ö c h s t e S u b s t a n z u n d d i e e i n z i g e w a h r e N a h r u n g d e r v e r n ü n f - t i g e n K r e a t u r. V o n i h m e n t f e r n t s i c h d e r M e n s c h i m U n g e h o r s a m; i h n k a n n e r n i c h t m e h r f a s s e n i n s e i n e r S c h w ä c h e, d e r n i c h t b l o ß s e i n e Speise, s o n d e r n a u c h s e i n e W o n n e s e i n s o l l t e; darum hören wir ihn rufen: „Wie welkes Gras ist geknickt und vertrocknet mein Herz; denn ich habe vergessen, mein Brot zu essen!" (Ps 101, 5.) [4]

---

[1] Sermo 156, 2; 278, 2. [2] De nat. et gr. 25. Enchir. 28.
[3] De nat. et gr. 21. [4] Ebd. 22.

Es entsprach sowohl dem kecken Geiste Julians wie seinem
falschen Freiheitsbegriff, wenn er ohne Scheu das Prinzip aussprach,
das Pelagius verschleierte; dadurch brach denn auch der versteckte
Widerspruch offen hervor. Julian nennt es eine ungeheure Unwahrheit
und Abgeschmacktheit, ein Wesen als gut geschaffen hinzustellen,
„in dem das Gute, und sogar das der Natur zugehörige Gute, verlierbar sei, das Böse aber, und zwar das durch den Willen entstandene Böse, untrennbar hafte“ [1]. Der Gedanke des ersten Satzes
tritt anderswo noch bestimmter auf; die Natur des Menschen, die
seelische wie die leibliche, ist für Julian etwas Unveränderliches und
Unverletzliches. Der Wille hat seinen eigenen, von der Natur völlig
getrennten Bereich; was er tut und schafft, gilt nur hier, in der
Sphäre der Freiheit und des Handelns, bleibt ohne jede Rückwirkung auf die Sphäre der Notwendigkeit und des Seins. Die sittliche Entschließung „färbt nicht ab“ auf die Natur der Seele [2]. Die
Freiheit hat keine Macht, Natürliches anzugreifen und zu ändern;
wir können weder, wenn wir wollen, mit den Ohren riechen noch
unser Geschlecht ändern noch unsere Körpergröße vermehren [3]. —
Augustin deckt die Kurzsichtigkeit dieser Polemik auf, indem er
Julian fragt, ob der Wille nicht im stande sei, durch Blendung oder
Verstümmelung „natürliche“ Güter unwiderbringlich zu zerstören?
Ferner — ein Beispiel aus dem geistigen Leben — ob nicht der Teufel
durch den Fall in die Sünde seine ursprüngliche Gutheit und Herrlichkeit unwiderruflich verloren habe? [4]

Julian läßt denn auch den ersten Teil des Einwandes tatsächlich fallen; er gibt sogar zu, daß der Mensch die angeborne und
natürliche Schuldlosigkeit (innocentia) durch die Sünde verloren
habe. Um so hartnäckiger verficht er die zweite Behauptung:
die Freiheit muß ebenso mächtig sein, die Gerechtigkeit wiederzugewinnen wie zu verlieren, das Böse in der Seele gut zu machen,
wie das Gute zu verderben. Denn alle die „Qualitäten, vermöge
deren wir gut und böse sind — also die sittlich entscheidenden —, stehen unter der Botmäßigkeit des Willens“; es ist
sogar dem Willen viel leichter, das Böse zu besiegen, als sich

---

[1] Op. imp. c. Iul. 6, 18.

[2] Ebd. 5, 59: Illud ergo, quod ei de proprio venit, peccans quidem sauciare
potest, hoc vero, quod de Dei opere suscepit, decolorare non potest.

[3] Ebd. 3, 109.

[4] Ebd. 6, 18. C. Iul. Pel. 4, 37 weist Augustin darauf hin, daß das Natürliche auch nach oben, z. B. durch Verklärung des Leibes, veränderlich ist.

in seine Herrschaft zu begeben![1] Bei jenem ersten Irrtum träumt sich
Julian einen Willen, dessen Entschließungen fern von aller Realität
in einer Welt des Imaginären schweben und darum sich schranken-
loser Freiheit erfreuen. Das Gute und Böse hat in der Natur weder
seine Wurzeln noch streut es seinen Samen in sie hinein. Damit
verliert die Sittlichkeit allen Ernst lebendiger Wirklichkeit, alles
Gewicht persönlicher Verantwortung[2]. Bei dem zweiten Irrtum oder
Ausweg scheint er seine Niederlage zu ahnen und durch Frivolität
verdecken zu wollen; es ist leichter, wagt er zu sagen, wieder-
zufinden, als zu verlieren, aufzubauen, als zu zerstören! Augustin
weist den Gegner ruhig darauf hin, daß das Gebiet der Natur, auf das
er sich widerwillig eingelassen, ausschließlich gegenteilige Analogien bietet, daß überall die Herrschaft des Willens ausreicht, edle
Gaben und Lebenskräfte zu vernichten, nicht aber, sie schöpferisch
ins Dasein zu rufen. Das leibliche Leben, die äußere Jungfräulichkeit und so viele Gottesgaben werden leichtsinnig geschwächt und geschändet, aber nicht durch Willensänderung oder Reuetränen zurück-
gebracht[3]. Ist die sittliche Gesundheit und Kraft der Seele soviel
geringwertiger, daß menschliche Freiheit mit ihr nach Willkür
schalten, sie preisgeben und zurückrufen könnte? Nein, auch hier
genügt nicht der Wunsch, nicht die Reue des Willens, um das Unheil, das die Seele beraubt und verwundet hat, wieder gutzumachen.

---

[1] Op. imp. c. Iul. 6, 19: Illud est, quod his illuminatum exempli volo, quia cum
talis sit condicio facta qualitatum, per quas boni et mali dicimur, ut
sub iure agitent voluntatis, tamque hoc sit serio constitutum, ut nec innocentia,
quae pro dignitate auctoris officium antevertit voluntatis et naturalis est, tamen
nulla se potestate in animo repugnante custodiat, longe longeque amplius
hoc in mali parte ius valeat, ut nullam in rationis exitium tyranni-
dem capessat culpa voluntate suscepta. Ebd. 6, 10: Si tam pravo affecit
animo, ut error suus ei displicere (!) non posset, ut nullum haberet ad honestatem
regressum nec fieret post experimenta correctior ac ne forte recupe-
randae probitatis unquam sentiret affectum, ipsam ei possibilitatem correctionis
evellit! [2] So sagt Julian auch (ebd. 5, 53): Quomodo natura corporis et animi
mei voluntati meae applicari non potest, ut ideo sic videar esse, quia volui,
cum non potuerim velle, antequam essem, ita malum voluntatis naturae non potest
admoveri. Darauf entgegnet Augustin: Angelus et homo naturae non sunt? Quis
hoc dixerit? . . . Quomodo ergo malum voluntatis naturae non potest admoveri,
cum velle aliquid nisi natura non possit? Aut non imputetur homini peccatum voluntatis suae . . .? An in tantum tua progreditur vanitas, ut naturae
dicas debere imputari, quod naturae non potest admoveri? [3] Ebd. 6, 19.

Wenn Julian, nachdem er zuerst die Kraft des Willens ins Gedankliche entrückt und verflüchtigt, sie nachher ins Übermenschliche,
Schöpferische überspannt, so liegt der Grund in seinem starren Festhalten an dem Axiom, daß der Wille begrifflich nichts anderes ist als
die schrankenlose Freiheit, zwischen gut und böse zu wählen, „mit
seinen Entschlüssen zu wechseln" [1]. Das soll die eigentliche Natur
des Willens sein; gesetzt, der Wille könne anderes Natürliche, z. B. das
Wesen des Menschen, beeinflussen und schädigen, ihm selbst soll stets
die Möglichkeit bleiben, das Gute und das Böse zu tun, das Verdorbene
gut zu machen, wie das Gute zu verderben. — Auch hierin liegt,
wie Augustin zeigt, eine psychologische Oberflächlichkeit. Die Natur
des Willens liegt nicht in der Möglichkeit, zwischen dem Guten
und Bösen zu wählen, zu wechseln. Wäre das der Fall, so fehlte
Gott und den Seligen der freie Wille; ihnen, denen die Freiheit im
höchsten Sinne zukommt! [2] Jede Freiheit setzt eine Notwendigkeit,
jedes Handeln eine Natur voraus. Auch im Willen steckt eine
Natur, — eine solche, die auf das Gute, das unendlich Gute angelegt ist; eine solche, die durch den schlechten Gebrauch verderbt
und geschwächt werden kann! [3]

II. Das Wesen der bleibenden Sünde nach Augustin.

In das Wesen der habituellen Sünde erhalten wir einen tieferen
Einblick, wenn wir berücksichtigen, was Augustin in der Betrachtung des geschichtlichen Sündenfalles ausführt. Die Seele des
ersten Menschen hatte wie die der begnadigten Engel ihre eigentliche Vollkommenheit, ihr „Leben" in einer Verbindung mit Gott,
die zugleich freie Liebeshingabe an Gott und ständige Belebung
durch Gott war [4]. Die Verbindung mit dem Leibe stand keineswegs, wie es dualistischer Einseitigkeit scheinen möchte, solcher Verbindung im Wege; im Gegenteil, die gnadenvolle Abhängigkeit der

---

[1] Op. imp. c. Iul. 6, 19: „Sed falso", inquis, „diceretur liber homo, si
motus proprios variare non posset." Vgl. oben S. 10 A. 2.

[2] Ebd. 6, 10; 5, 38. Also kann auch nicht, wie Julian behauptet, die Gottebenbildlichkeit des Menschen in jenem Wählenkönnen liegen.

[3] Ebd. 5, 53 58. De Civ. Dei 12, c. 9.

[4] De Civ. Dei 13, c. 2: Vivit itaque anima ex Deo, cum vivit bene; non
enim potest bene vivere nisi Deo operante in se, quod bonum est. Vivit autem
corpus ex anima, cum anima vivit in corpore. Ebd. 14, c. 13, 1: Si voluntas in
amore superioris boni, a quo illustrabatur, ut videret, et accendebatur, ut amaret,
stabilis permaneret, non inde ad sibi placendum averteretur et ex hoc tenebre-
sceret et frigesceret.

Seele von Gott setzte sich fort und reflektierte sich in einer Herrschaft der Seele über den Leib, die für letzteren volle Gesundheit und Kraft bedeutete. Die Verbindung mit dem Leibe konnte darum auch nicht Ursache der ersten Sünde sein. „Die Verderbnis des Leibes, welche den Geist beschwert, ist nicht Grund der ersten Sünde, sondern ihre Strafe; nicht das verwesliche Fleisch hat die Seele sündig gemacht, sondern die sündige Seele hat das Fleisch verweslich gemacht." [1] Die äußere Übertretung des Schöpfergebotes lag in einer Befriedigung der Sinnlichkeit; sie bildete nicht den entscheidenden Abfall. „Es wäre nicht zur bösen Tat gekommen, wenn nicht der böse Wille vorangegangen wäre. Und was hätte den Beginn des bösen Willens bilden können, wenn nicht der Stolz? ‚Aller Sünde Anfang ist der Stolz‘ (Sir 10, 15). Was ist aber der Stolz anders als das Streben nach verkehrter Hoheit? Denn eine verkehrte Hoheit ist es, denjenigen preiszugeben, dem der Geist als seinem Prinzip anhangen muß, und gleichsam sich selbst Prinzip zu werden und zu sein. Dies geschieht aber aus zu großem Selbstgefallen . . ., wenn er abfällt von dem unwandelbaren Gute, das ihm mehr gefallen müßte als er selbst." [2] Die Menschen waren schon böse, als sie zum bösen Werke schritten; „ein Böses im Verborgenen ging vorher, damit das offen vollzogene Böse folgen konnte" [3]. Dieser Abfall vom höchsten Gute und Gesetze war zugleich ein Frevel an dem innersten Gute der Seele; eine Unterbindung ihrer Lebensadern, eine Verleugnung ihres tiefsten Wesens. „Sie will selig sein durch ein Leben, in dem sie nicht selig sein kann. — Was ist lügenhafter als dieser Wille?" [4]

Mit dem Abfall von Gott hat der Menschengeist die große, einheitliche Liebe verloren, den inneren Kraftquell, durch den er sittlich lebendig und befähigt war, den Leib und die sinnlichen Kräfte zusammenzuhalten und dem Zwecke des Geistes dienstbar zu machen. Gleich nach dem Sündenfalle zeigt sich die innere Entzweiung der

---

[1] Ebd. 14, c. 3, 2.   [2] Ebd. 14, c. 13, 1.

[3] Ebd. 14, c. 13, 2: „Eritis sicut dii." Quod melius esse possent summo veroque principio cohaerendo per obedientiam, non suum sibi exsistendo principium per superbiam. Dii enim creati non sua veritate, sed Dei veri participatione sunt dii. Plus autem appetendo minus est, qui, dum sibi sufficere diligit, ab illo, qui ei vere sufficit, deficit. Illud itaque malum, quod, cum sibi homo placet, tanquam sit et ipse lumen, avertitur ab eo lumine, quod ei si placeat, et ipse fit lumen: illud inquam malum praecessit in abdito, ut sequeretur hoc malum, quod perpetratum est in aperto.

[4] Ebd. 14, c. 4, 1.

Menschennatur, die Trübung des Vernunftlichtes, das Aufbegehren
der Sinnlichkeit [1]. Wie der Geist dem Schöpfer den Gehorsam verweigerte, so empört sich das Fleisch wider den Geist. Verblendung
und Neigung zum Bösen, Leidenschaft und Wankelmut, Zerrissen-
heit und Unfriede bilden die Krankheit (languor) der menschlichen
Natur [2]. Dem Tode der Seele, den die Trennung von Gott ausmacht,
folgt auf dem Fuße der Tod des Leibes; ist ja seit dem Urteil über
Adam tatsächlich unser Leben ein langsames Sterben [3]. So folgte
der Sünde die gerechte Verurteilung, „daß der Mensch, der bei Be-
folgung des Gebotes auch dem Fleische nach geistig geworden wäre,
nun dem Geiste nach fleischlich wurde; daß der, welcher
in seinem Stolze sich selbst gefallen wollte, durch Gottes Gerechtigkeit sich selbst überlassen wurde (sibi donaretur), und
zwar nicht so, daß er völlig seiner Macht verblieb, sondern, mit
sich selbst zerfallen (a se ipse quoque dissentiens), unter dem,
dessen Willen er in der Sünde befolgte, statt der erhofften Freiheit
eine harte und traurige Knechtschaft fand; daß er, dem Geiste
nach freiwillig gestorben, auch dem Leibe nach unfreiwillig starb; daß er endlich, wie er das ewige Leben preisgegeben, wenn nicht die Gnade ihn befreite, zum ewigen Tode
verurteilt würde" [4].

Was ist nach dieser Entstehung und Entwicklung der Sünde,
die sich' bei jeder Sünde in etwa wiederholt, jener reatus,
der der Tat folgt und einer Tilgung durch göttliche Kraft bedarf?
Es ist zunächst klar, daß wir ihn nicht in der Störung des Gleichgewichts zwischen Leib und Seele, in der sinnlichen Neigung
und Leidenschaft zu suchen haben. Man könnte sich bei dem
Nachdruck, den Augustin in der Erbsündenlehre auf die Konkupiszenz legt, zu dieser Auffassung versucht fühlen. Versteht man ja

---

[1] De Civ. Dei 13, c. 13. De Gen. ad litt. 11, 42.

[2] De Civ. Dei 15, c. 6. De contin. 18. De nat. et gr. 34. C. Iul. Pel. 2, 11.
Op. imp. c. Iul. 6, 14.

[3] De Civ. Dei 13, c. 3 10. De Trin. 4, 16.

[4] De Civ. Dei 14, c. 15. Vgl. Enchir. 8: Nequaquam dubitare debemus
rerum, quae ad nos pertinent, bonarum causam non esse nisi bonitatem Dei, malarum vero ab immutabili bono deficientem boni mutabilis voluntatem, prius angeli, hominis postea. Hoc primum est creaturae rationalis
malum, i. e. prima privatio boni; deinde iam etiam nolentibus subintravit
ignorantia rerum agendarum et concupiscentia noxiarum; quibus comites
subinferuntur error et dolor. Sed homo habet et poenam propriam, qua etiam corporis morte punitus est.

nicht selten unter habitueller Sünde die aus Tatsünden hervorgehende
böse Neigung und Gewöhnung. Allein bei der durchgängigen Parallele, die Augustin zwischen der Sünde der Engel und der Menschen
zieht, ist es undenkbar, daß er die Schuld der Sünde in einen sinnlichen Faktor verlegt. Außerdem hörten wir, daß er die Auflehnung
und Unordnung des Fleisches deutlich als S t r a f e der Schuld hinstellt und zur Sterblichkeit des Leibes in engere Beziehung setzt
als zur eigentlichen Sünde. Augustin lehnt endlich ausdrücklich
die Auffassung ab, daß die böse G e w o h n h e i t und die in ihr
liegende Unfreiheit und Schwäche das Wesen der bleibenden Sünde
sei. Die Pelagianer hatten versucht, die Sünde, die Paulus im
7. Kapitel des 1. Korintherbriefes beklagt, auf die böse Neigung zu
beziehen, die sich beim Erwachsenen aus sündhaften Werken ergibt.
Augustin nennt diese Deutung exegetisch unrichtig; er weist aber
zugleich darauf hin, daß ein solcher Hang, mag er mit der Sünde
in wurzelhafter Verbindung stehen, doch von ihrem Wesen verschieden und real trennbar ist. Mit der Taufe nämlich wird die
ganze Schuld des Sünders erlassen; die Macht der bösen Gewohnheit aber bleibt im Getauften zurück, sie äußert sich in mannigfachen Reizen und Begierden, die erst allmählich zur Ruhe gebracht
werden [1].

Gehen wir von dem Wesen der Tatsünde als einer freien Entschließung des Geistes aus, so liegt es näher, ihren Fortbestand als
Schuld mit der inneren R i c h t u n g und V e r f a s s u n g des Willens
zu identifizieren, die sich naturgemäß aus der Hingabe an die Sünde
ergibt. Jede seelische Tätigkeit läßt ihre Spur in dem betreffenden
Vermögen zurück; wie Wachs, das den Eindruck des Siegels aufnimmt, wie frischer Kalk, der die Farbe einsaugt, so empfangen
nicht bloß Phantasie und Gefühl für immer erhabene oder schreck-
liche Eindrücke, so nimmt auch die Vernunft Lehre und Wissen
unverlierbar in sich auf, so wird der Wille durch das, was er liebend

---

[1] C. Iul. Pel. 2, 5: Quasi v i s i p s a c o n s u e t u d i n i s deponatur in baptismo et non adversus eam confligant etiam baptizati tanto fortius atque vehe-
mentius, quanto magis placere student oculis eius, cuius gratia adiuvantur, ne in
tali certamine superentur. Quod si attente sine pervicacia considerare voluisses,
profecto in ipsa etiam vi consuetudinis invenires, quomodo concupiscentia r e m i t-
t a t u r i n r e a t u et maneat in actu. Ebd. 6, 56: Vellem itaque mihi diceres,
utrum a morbo fornicationis sanior non fiat, quem fornicari minus minusque delectat, quamvis opus illud malum una conversione sibi amputaverit nec unquam
hoc fecerit, ex quo lavacrum regenerationis accepit.

umfaßt, innerlich bestimmt und geformt. Je umfassender der Standpunkt des Willens, je prinzipieller seine Entschlüsse sind, um so
verhängnisvoller wird auch die innere Nachwirkung seiner Entscheidung sein. — Diese Erklärung würde nicht, wie die vorher
besprochene, in unmittelbaren Widerspruch zu den Tatsachen der
christlichen Heilslehre und der täglichen Erfahrung geraten. Mit der
Taufe und Bekehrung wird ja stets die Anhänglichkeit des Willens
an die Sünde zurückgenommen und aufgehoben. Es gibt keinen
Erlaß der Schuld ohne aufrichtige Reue des Willens. Der Geist
muß in der Buße der trügerischen Lust entsagen und sein Vergehen
verurteilen, auch wenn das Fleisch nicht sofort willfährig sich
anschließt.

Dennoch macht auch jenes Fortwirken der Sünde im Willens-
habitus, in der geistigen Liebe zum verkehrten Gute und Genusse
nicht das Wesen der bleibenden Sünde, des reatus, aus. Denn wie
stark und tief diese Willensrichtung sich einwurzelt, das hängt offenbar von manchen Zufälligkeiten ab, vor allem von der Häufigkeit
der Sündentat. Die Sünde als Schuld aber tritt im Momente ein
und hat in etwa ihre festbestimmte Größe. Jene Willensrichtung ist
positive Energie, sie zielt auf Objekte, die, wie Augustin oft sagt,
zwar beschränkte Güter, aber doch Güter sind; die Sünde aber ist
Defekt, Beraubung, Schlechtigkeit. Ja Augustin widerlegt jene Auffassung ausdrücklich; er weist darauf hin, daß der Wille eine solche
Richtung und Gesinnung oft durch aufrichtige Reue ab-
legt, ohne daß er dadurch der Sünde ledig wird. Wer
einen Akt des Götzendienstes oder einen Ehebruch begangen hat,
kann die Schuld nicht einfach damit abschütteln, daß er jene Verblendung und Leidenschaft verabscheut[1]. „Ganz törichterweise", sagt
er zu Julian, „stellst du in Abrede, daß häufig aus dem Willen eine
Notwendigkeit entsteht, die dem Willen entgegen ist. Denn wer freiwillig sich tödlich verwundet, stirbt, auch wenn er nicht will. Ebenso

---

[1] C. Iul. Pel. 6, 61: Quapropter sicut idolis immolatio, quae iam nec in
actione est, quia praeteriit, nec in voluntate, quia error, quo fiebat, ab-
sumptus est, manet tamen reatus eius, donec in lavacro regenerationis peccatorum omnium remissione solvatur. ... Op. imp. c. Iul. 6, 19: Non enim verum
videt, qui putat reatum sibi ipsi tollere poenitentem, quamquam et ipsam
poenitentiam Deus det ... sed reatum eius apertissime Deus tollit homini dando
indulgentiam; non sibi ipse homo agendo poenitentiam. Debemus quippe
illum recolere, qui locum poenitentiae non invenit, quamvis cum lacrimis quae-
sierit eam (Hebr 12, 17).

wer freiwillig die Sünde tut, hat die Sünde auch gegen seinen Willen; der freiwillig Unkeusche ist unfreiwillig schuldig. Die Sünde bleibt, auch wenn er nicht will, obschon sie nicht entstand, falls er nicht wollte." [1]

Damit stimmt das natürliche sittliche Gefühl, das Gewissen der Völker überein. Jene modernen Denker, die den hergebrachten Begriff der Schuld für einen Widerspruch erklären, sehen sich genötigt, das ganze Gewissen, wie es bisher aufgefaßt und geachtet wurde, als eine „furchtbare Krankheit" der Menschheit zu lästern. Wie das äußere Unheil, das der Frevler anrichtet, häufig unheilbar ist, so und noch mehr reicht der Verstoß gegen das Sittengesetz als solcher über die Grenzen seiner Macht hinaus; es ist eine Kluft zwischen ihm und dem sittlichen Prinzip aufgetan, die sich nicht von selbst oder nach seinem Belieben wieder schließt. Wäre es anders, so würde das, was jedes unverdorbene Gemüt als höchste und heiligste Macht empfindet, tatsächlich machtloser sein als jedes irdische Gesetz, ein Spielball menschlicher Laune. Die wissenschaftliche Erklärung dieser Empfindung freilich ist nur möglich, wenn hinter den wechselnden Akten der Seele eine unvergängliche, geistige Substanz, wenn über den sachlichen und endlichen Aufgaben der Sittlichkeit ein lebendiges und unendliches Prinzip der Sittlichkeit steht.

Aber vielleicht genügt es, mit der bereits zitierten Stelle Augustins das Wo und Was der Sündenschuld dahin zu bestimmen, daß sie „in den geheimen Gesetzen Gottes liegt, die gleichsam im Denken der Engel aufgeschrieben sind, (in jenem Gesetze), daß keine Ungerechtigkeit ungestraft bleibt, es sei denn, sie werde gesühnt im Blute des Mittlers!" [2] Dann läge die Schuld tatsächlich nicht im Sünder, sondern sie schwebte über ihm; sie bestände nicht in einer geistigen Verfassung des Menschen, sondern in der Beziehung seiner Tat zu der drohenden Strafe; mit andern Worten, sie wäre, bis das Strafverhängnis hereinbricht, ein rein Gedankliches, eine bloße Anrechnung der vorübergegangenen Sünde. Der Appell an das Wissen der Engel würde dann wohl dadurch zu erklären sein, daß Augustin, der in dem unveränderlichen Gott eine Wirkung der Sünde nicht annehmen kann, doch wie von selbst irgend eine geistige Darstellung jenes übermenschlichen Verhäng-

---

[1] Op. imp. c. Iul. 4, 103. Vgl. De nupt. et conc. 1, 29.
[2] C. Iul. Pel. 6, 62.

nisses sucht [1]. — Diese Auffassung entspricht jedoch weder dem
allgemeinen Realismus der sittlichen Anschauungsweise Augustins,
noch den mannigfachen Äußerungen, die wir über das Schuldproblem
von ihm vernommen haben. Gegenüber Julian, der die Sünde als
ein rein Momentanes oder in der quälenden Erinnerung Fortlebendes
hinstellt, betont er ja wieder und wieder, daß sie auf das Wesen
des Geschöpfes zurückwirkt und kraft dieser Rückwirkung eine Verantwortung und Verschuldung des innersten Menschen bedeutet [2]. Die
Sünde, die dem Akte nach vergangen, „bleibt" der Schuld nach;
sie bleibt im Menschen, er trägt sie in sich, „besitzt" sie [3]. Die
Strafe und ihre Berechtigung ergeben sich erst aus der Tatsache der
den Menschen umstrickenden Schuld [4].

Nach dem Zusammenhang der Lehre Augustins kann es nicht
zweifelhaft sein, was er als das Wesen der bleibenden Sünde ansieht.
Akt und Habitus entsprechen sich; wenn Augustin ausdrücklich bemerkt, das formelle Moment der Freiheit, das für die Sündentat
erforderlich ist, könne beim Habitus der Sünde fehlen, so dürfen
wir doch als sicher voraussetzen, daß das inhaltliche Moment
bei beiden dasselbe ist. Nun hat nach ihm die aktuelle Sünde zwar
stets ein positives Ziel; den Charakter als Sünde aber besitzt sie
wegen der Abwendung des Geistes vom höchsten Gute [5]. Demgemäß

---

[1] Sermo 142, 4: Audi potius vocantem et dicentem: „Convertimini ad me
et ego convertor ad vos." Non enim Deus avertitur et convertitur;
manens corripit, immutabilis corripit. Aversus est, quia tu te avertisti.

[2] C. Iul. Pel. 3, 13: Quasi et actio mala faciat nisi naturam ream.
Actione quippe qui reus est hominis, homo est; homo autem natura est. Vgl.
oben S. 83 A. 2.

[3] De nupt. et conc. 1, 29: Habet ergo peccatum, quamvis illud, quod ad-
misit, iam non sit.

[4] Retr. 1, c. 15, 2: Peccatum, quod eos ex Adam dicimus originaliter trahere
i. e. reatu eius implicatos et ob hoc poenae obnoxios detineri. —
Die Erkenntnis der Engel, von der in der erwähnten Stelle die Rede ist, steht
gegenüber der „conscientia illius, qui deliquit"; wenn das Gewissen des
Menschen die Sünde vergißt oder nicht achtet, bleibt sie gleichwohl dem Auge
der Engel sichtbar. Es wird also der menschlichen, subjektiven Erkenntnis eine
höhere, objektive gegenübergestellt. Wie aber das menschliche Gewissen nicht
die Schuld ist, sondern dieselbe erkennt und rächt, so muß es sich entsprechend
mit der Erkenntnis der Engel verhalten. Der Satz: „ut nulla sit iniquitas im-
punita", setzt gleichfalls voraus, daß eine wirkliche Schuld im Sünder besteht. Das
Wort iniquitas bezeichnet bei Augustin gerade die habituelle Ungerechtigkeit.
Vgl. zur Stelle Jansenius, Augustinus, Lovan. 1640, II 194; Scheeben,
Dogmatik II 559.

[5] Siehe Bd I, S. 113 117.

liegt auch die Fortdauer der Sünde als Schuld **in dem bleibenden Abgekehrtsein und Getrenntsein des Geistes von Gott**, in der Aufhebung jener Verbindung, durch welche die Seele Gott, ihrem sittlichen Licht- und Lebensquell, anhängt. Wo immer Augustin das Wesen der Sünde beschreibt, da nennt er die Trennung von Gott „das erste Übel der vernünftigen Kreatur, d. h. die erste Beraubung des Guten" [1]. In dem Herabsinken von Gott auf sich selbst liegt „der erste Abfall und die erste Verarmung und die erste Schwäche" der für Gott geschaffenen Kreatur [2]. Die Verarmung (inopia), das Mittlere zwischen dem Abfall und der Schwäche ist hier bezeichnend für die habituelle Sünde, die auf die Tat zurückweist und den Übergang zur sittlichen Krankheit der Natur bildet. Der Geist, dessen Wesen auf die unendliche Wahrheit und Güte angelegt ist, erreicht in der Hinwendung auf Gott sein eigentliches **Ziel**, seine Ruhe und Freude. Zugleich strömt ihm aus dieser Verbindung in jenen Seelentiefen, die unter dem Denken und Wollen liegen, die **Kraft** zu, das Gute in lebendiger, gotteswürdiger Weise zu wollen und zu tun [3]. Diesen Lebenszusammenhang zerreißt die Sünde; an die Stelle der höheren Zielbestimmung und Krafterfüllung tritt die endliche Lust und Kraft, das eigene Belieben und Können. Der Mensch sinkt auf sich selbst „zurück" [4], „wird sich selbst überlassen" [5]; er fällt seiner geschöpflichen Potentialität und Bedürftigkeit anheim. Nach dieser Bestimmung ist die Sünde nicht Substanz, sondern Loslösung von der höchsten Substanz [6], widernatürliche Trennung des innerlich Zusammengehörigen [7]. Nach ihr steht dem guten Baume der schlechte Baum gegenüber, nicht im Sinne einer positiven Sündenwurzel, sondern im Sinne der Beraubung: Der schlechte Baum ist der schlechte Wille, „der Abfall vom höchsten Gute, durch den das geschaffene Gut des schaffenden Gutes **beraubt wird, so daß in ihm die Wurzel des Bösen nichts anderes ist als der Mangel des Guten.** Ein guter Baum aber ist der gute Wille,

---

[1] Enchir. 8. Siehe oben S. 86, A. 4.

[2] De Civ. Dei 12, c. 6: Hic primus defectus et prima inopia primumque vitium eius naturae.

[3] Siehe oben S. 45 ff 84 f.

[4] De contin. 11: Ab eo, qui fecit te, noli deficere nec ad te!

[5] De Civ. Dei 14, c. 15: ut..., qui sua superbia sibi placuerat, Dei iustitia sibi donaretur.

[6] Siehe oben S. 81.

[7] Siehe oben S. 86, A. 4. De Civ. Dei 13, c. 2: Qua (morte) fit **cohaerentium diremtio naturarum**, sive Dei et animae sive animae et corporis.

weil durch ihn der Mensch zum höchsten und unvergänglichen
Gute hingewandt und mit dem Guten erfüllt wird, so daß
er auch gute Frucht bringt"[1].

Diese Auffassung der habituellen Sünde als verschuldeter
Gottesferne harmoniert durchaus mit dem von Augustin festgestellten privativen Charakter des Bösen; sie zeigt uns auch, wie
alle schweren Sünden, mag die positive Leidenschaft und Willensrichtung in ihnen noch so verschieden sein, das eine Moment der
absoluten Verkehrtheit gemeinsam haben. Wir sehen zugleich,
daß es zur Fortdauer der Schuld keiner Hartnäckigkeit des Willens
im Sinne ausdrücklicher Unbußfertigkeit bedarf; das frei Gewollte
hat notwendige Nachwirkungen, die böse Tat bewirkt von selbst
das Bösesein des Sünders. Der bezeichnendste Ausdruck hierfür ist
der sittliche Tod. „Es ist der Tod der Seele, wenn Gott sie
verläßt; wie es der Tod des Körpers ist, wenn die Seele ihn verläßt."[2] Auch der Teufel, dessen physisches Sein unvergänglich ist,
ist diesem Tode verfallen; bei uns hat der Tod der Gottlosigkeit
auch den leiblichen Tod herbeigeführt[3]. Dieser prima inopia folgt
jene Reihe sittlicher Übel, die wir als habituelle Sünde im sekundären Sinne bezeichnen können: Unwissenheit und böse Lust, Gewohnheit und Schwäche, die empirische Verderbnis des menschlichen
Wesens[4].

Verständlich wird endlich die Tatsache, daß der Wille nicht
durch bloße Mißbilligung und Reue die Schuld aufheben kann.
Er mag im stande sein, die sündhafte Gesinnung als fortwirkende

---

[1] C. Iul. Pel. 1, 45: Et hinc intellegat ideo esse arborem malam voluntatem
malam; quia defectus est a summo bono, ubi bonum creatum bono creante privatur,
ut sit in eo radix mali nihil aliud quam indigentia boni. Arbor autem bona ideo
est voluntas bona, quia per ipsam convertitur homo ad summum et incommutabile
bonum et impletur bono, ut faciat fructum bonum.

[2] De Civ. Dei 12, c. 2. — De ver. rel. 21: Mors autem vitae non est nisi
nequitia, quae ab eo, quod ne quidquam sit, dicta est; et ideo nequissimi homines
nihili homines appellantur. Vita ergo voluntario defectu deficiens ab eo, qui eam
fecit et cuius essentia fruebatur, et volens contra Dei legem frui corporibus, quibus
eam Deus praefecit, vergit ad nihilum et haec est nequitia.

[3] De Trin. 4, 15: Per impietatem namque mortuus est in spiritu,
carne utique mortuus non est; nobis autem et impietatem persuasit et per hanc,
ut in mortem carnis venire mereremur, effecit. In diesem Buche wird wiederholt
mors animae als habitueller Sündenzustand mit impietas gleichgestellt, so 4, 5 6.
Das bestätigt unsere Deutung der wichtigen Stelle C. Iul. Pel. 6, 61 f (oben S. 88 f),
wo der reatus peccati auch wiederholt als impietas bezeichnet wird.

[4] Vgl. De Civ. Dei 14, c. 15; Enchir. 8; De patient. 14 (oben S. 50).

Neigung zum verkehrten Objekte abzuschütteln; die Sündenschuld als Verlust des göttlichen Lebens kann er nicht aus eigener Kraft rückgängig machen. Dort stehen wir vor einer Erkrankung, die innerlich heilbar ist, hier vor dem Tode, für den es keine Heilung gibt. Dort handelt es sich darum, ein eingedrungenes Endliches wieder auszuscheiden, hier darum, das verlorene Unendliche wiederzugewinnen [1].

III. Die Gnade der Erlösung.

Nur die Erlösungstat Christi war im stande, die Schuld der Sünde hinwegzunehmen. Christus ist der barmherzige Samaritan, der durch seine Gnade der verarmten und verwundeten Natur (inopi sauciaeque naturae) zu Hilfe kommt [2]. Er ist der Arzt und Heiland,

---

[1] Vgl. oben S. 80 f. Man könnte fragen, warum der Wille des Sünders nicht im stande sein soll, durch einen Akt der Liebe zu Gott die unterbrochene Lebensverbindung wieder anzuknüpfen; nach Augustin ist ja die caritas stets auch Gottverbindung und sittliche Rechtheit. Letzteres ist allerdings der Fall; aber um so sicherer steht für ihn fest, daß 1. die Liebe überhaupt ein Geschenk Gottes ist (Deum non posse haberi sine Deo; De patient. 15), und 2. daß der Mensch die Freiheit, Gott zu lieben, durch die Sünde verliert (Epist. 217, 12). Wie jedoch stimmt dies zu der gottebenbildlichen Anlage der Seele, wie stimmt es zu der philosophischen Art, in der Augustin die Liebe zu Gott als höchste natürliche Tugend beschreibt? Wenn der Sünder seinen Ehebruch bereuen kann, warum soll er nicht von neuem Gott lieben können? Psychologisch erklärt sich dies aus der inneren Spaltung und Haltlosigkeit, in die der Mensch gerät, wenn er Gott abweist und sich auf sein Ich zurückzieht, aus der Macht der Sinnlichkeit und Äußerlichkeit, der er verfällt. Sermo 96, 2: „Amare te coepisti; sta in te, si potes.... Coepisti diligere, quod est extra te; perdidisti te. Cum ergo pergit amor hominis etiam a seipso ad ea, quae foris sunt, incipit cum vanis evanescere et vires suas quodammodo prodigus erogare. Exinanitur, effunditur, inops redditur, porcos pascit.“ Der mit Gott und sich zerfallene Mensch hat die Kraft und den Mut verloren, sich ganz und für immer Gott hinzugeben; die Sünde steht auch psychologisch, als Schuldgefühl, zwischen ihm und Gott. Die Liebe ist wesentlich nicht bloße velleitas, sondern voluntas, eine vertrauliche, zuversichtliche Einigung mit Gott, die schon an sich dem Geschöpfe fernliegt. Und metaphysisch gilt hier alles, was oben (S. 45 ff) über den erhabenen Charakter und Ursprung der caritas angeführt ist. Gerade weil die Liebe Ausdruck des absoluten und tiefsten Zielstrebens der Seele ist, strömt sie auch aus der alleinigen Schöpferkraft des Absoluten hervor, während die Stellung zur geschöpflichen Lust — im Sündigen und Bereuen — der Macht des Willens unterliegt. Das Nichtgewähren des zur Liebe erforderlichen Einflusses Gottes hängt beim Sünder allerdings zusammen mit der vergangenen sündhaften Tat. Insofern gehört zur bleibenden Schuld (reatus) außer dem Mangel des göttlichen Lebens stets die Beziehung auf eine Tatsünde.

[2] Sermo 131, 6.

den wir anflehen: „Sana me Domine"; er selbst ist die Arznei der
Seelen [1]. Die Pelagianer behaupten die Möglichkeit einer Überwindung der Sünde durch sittliche Selbsttätigkeit (per emendationem);
sie berufen sich dafür auf die vorchristlichen Gerechten. Nach Augustin haben auch diese für ihre Sünden Verzeihung gefunden nicht
durch eigene Kraft, sondern „durch das Blut des Erlösers, der
der einzige Mittler zwischen Gott und den Menschen ist, des Menschen
Christus Jesus" [2]. Unsere Erlösungsbedürftigkeit ist nicht im bloßen
Strafleiden begründet, das über Adams Geschlecht gekommen ist;
als Sünde gilt nur „der Tod unserer Seele, die von ihrem Leben
d. h. von ihrem Gotte verlassen ist, daher notwendig tote Werke
tut, bis sie durch die Gnade Christi wieder auflebt" [3].

Die Macht zur Überwindung der Sünde besitzt Christus als Gottmensch, als derjenige Mensch, der allein jeder Sünde unzugänglich
ist [4]. „Da die Sünden das Menschengeschlecht weit von Gott getrennt hatten, so mußten wir durch den Mittler, der allein ohne
Sünden geboren wurde, lebte und starb, mit Gott versöhnt werden, ...
damit der menschliche Stolz durch die Demut eines Gottes beschämt
und geheilt wurde; damit dem Menschen gezeigt wurde, wie weit er
von Gott gewichen war, da der menschgewordene Gott selbst
ihn zurückrief; damit dem trotzigen Menschen durch den Gottmenschen
das Beispiel des Gehorsams gegeben und durch die unverdiente
Annahme der Knechtsgestalt seitens des Eingebornen der Quell
der Gnade eröffnet wurde." [5] Derselbe, der den Menschen frei
und gut erschaffen hat, mußte den gefallenen Menschen zur sittlichen Güte und Freiheit neuschaffen; jenes hatte er als Gott getan, dies tat er als Gottmensch [6]. Der Tod und die Auferstehung

---

[1] En. in ps. 40, 6. Sermo 175, 5.   [2] C. duas epist. Pel. 1, 12 39.

[3] De nat. et gr. 25: Non ei dicimus „mortem corporis ad peccatum valere,
ubi sola vindicta est" — nemo enim peccat corpore moriendo —; sed ad peccatum
valet mors animae, quam deseruit vita sua hoc est Deus eius, quae necesse est
mortua opera faciat, donec Christi gratia reviviscat.

[4] In Io. Ev. 3, 13: Homo et homo; sed ille nonnisi homo, iste Deus-homo.
Ille homo peccati, iste iustitiae.

[5] Enchir. 28.

[6] Sermo 26, 3: O malum liberum arbitrium sine Deo! ... „Venite adoremus
et prosternamur illi et fleamus coram Domino, qui nos fecit", ut perditos nos per
nos reficiat nos, qui fecit nos.... Quid est mediator? Per quem coniungeremur,
per quem reconciliaremur; quia peccatis propriis separati iacebamus, in morte
eramus, prorsus perieramus. Non erat Christus homo, quando creatus est homo;
ne periret homo, ille factus est homo.

Christi sind das große Sakrament, das in erhabenster Symbolik die
Heilskraft seines Kommens anzeigt und zugleich verwirklicht. Unsern
ewigen Tod hat der zeitliche Tod unseres Herrn getötet[1]; zum
Zeichen dessen ruft Christus am Kreuze in unserem Namen: „Gott,
mein Gott, warum hast du mich verlassen?"[2] Wir gaben in der
Sünde freiwillig das Leben der Seele preis, um unfreiwillig den Tod
des Leibes zu sterben; Christus übernahm freiwillig den leiblichen
Tod, den er nicht als Strafe verdient hatte, um in der Macht seines
inneren Lebens unsern Seelen- und Leibestod zu besiegen[3].

Die Teilnahme an der Erlösungstat Christi fordert vom Menschen
ein inneres Absterben gegenüber der Sünde im Schmerze der Reue;
einen neuen sittlichen Lebensbeginn im Glauben an den Erlöser und
im Vorsatze des heiligen Lebens[4]. Aber wie die menschliche Lebens-
änderung nicht das Wesen des Sündennachlasses ist, so besteht auch
der erste Umschwung, der mit der Taufe eintritt, nicht wesentlich
in der abrenuntiatio, dem feierlichen Versprechen des Täuflings, wie
Julian meint, sondern in einem inneren Vorgang der Heilung und
Heiligung, dessen Wesen die wirkliche Tilgung der Sünde und Mitteilung göttlichen Lebens ist[5]. „In allen, die in Christus getauft
werden, hebt die Gnade die S c h u l d (reatus) alles Vergangenen auf
durch den G e i s t d e r W i e d e r g e b u r t (spiritu regenerationis)."[6]
Die menschliche Seele, die von Gott getrennt, der Finsternis und
Kraftlosigkeit verfallen war, wird durch Teilnahme an Christus und
dem Heiligen Geiste mit Gott verbunden, dem Lichte und der Freiheit wiedergegeben[7]. — —

---

[1] In Io. Ev. 3, 13.

[2] De Trin. 4, 6: Interioris enim hominis nostri sacramento data est illa vox
pertinens ad mortem animae nostrae significandam non solum in psalmo verumetiam in cruce: Deus meus, Deus meus, ut quid me dereliquisti? En. in ps. 40, 6.

[3] De Trin. 4, 16 f. — Sermo 231, 2: Poena culpae mors. Dominus Iesus
Christus mori venit, peccare non venit; communicando nobiscum sine culpa poenam
et culpam solvit et poenam.... Ergo crucifixus est, ut in cruce ostenderet veteris
hominis nostri occasum; et resurrexit, ut in sua vita ostenderet nostrae vitae
novitatem.

[4] De Trin. 4, 5 6.   [5] Op. imp. c. Iul. 2, 224 f.   [6] Retr. 1, c. 13, 5.

[7] De Trin. 4, 4 5. Mit unsern Darlegungen und Nachweisen vergleiche D o r n e r,
Augustinus 134: „Die Schuld hat nach Augustin zwar Objektivität; allein gerade
so, wie wir bei der Sünde wahrnehmen, daß er durch dieselbe Gottes unveränder-
liches Verhalten nicht irgendwo modifiziert werden läßt, so wird auch hier die
Schuld nicht zu dem göttlichen Wesen selbst in unmittelbare Beziehung gesetzt....
So begründet die Schuld die Erscheinung der göttlichen Gerechtigkeit in der S t r a f e.
Die Schuld hat aber auch s u b j e k t i v e Existenz im Schuld g e f ü h l. Allein

Augustin vergleicht das Geistesleben vor seiner sittlichen Verklärung durch Gott gern mit dem Chaos im Beginn der Zeiten,
das der Ordnung und Belebung durch den Schöpfergeist harrte.
Für den Menschen ist das Leben nicht gleichbedeutend mit dem
wahren, vollkommenen Leben; die sich selbst überlassene Natur
neigt nach unten, der abgründigen Tiefe entgegen. „Unsere Begierden, die Wogen unserer Leidenschaft, die Unreinheit unseres
Geistes, sie strömen nach unten in der zeitlichen Anhänglichkeit
und Sorge; die Heiligkeit deines Geistes aber ist es, die uns
nach oben trägt in dem Verlangen nach der ewigen Ruhe", nach
jener Welt, „wo der Geist Gottes über den Wassern schwebt", „wo
auch unsere Seele die wesenlosen Wasser hinter sich hat"[1]. „Der
Engel sank hinab, die Menschenseele sank hinab; sie enthüllten in
ihrer dunkeln Tiefe das Chaotische des geschaffenen Geisteslebens,
hättest du nicht im Beginne gesprochen: Es werde Licht!" Ohne
dieses Licht, das von deinem Geiste ausgeht, wäre der Himmel der
Himmel selbst ein finsterer Abgrund! Dennoch zeigen die ab-
gefallenen, des Lichtgewandes beraubten Geister auch in ihrem tiefen
Elende, „wie groß du die vernünftige Kreatur geschaffen hast, da
ihr in keiner Weise etwas zur seligen Ruhe genügt, was geringer
ist als du, auch nicht sie selbst!"[2] Bei den erstgeschaffenen Geistern
und bei Adam bedeutet das „Fiat lux" nicht notwendig eine Erleuchtung und Erhebung nach der Erschaffung; „bei uns aber liegt
es auch der Zeit nach auseinander, daß wir Finsternis waren und
Licht werden"[3]. Für uns ist es die Taufe, die tatsächlich und
zeitlich zwischen Finsternis und Licht scheidet, in der Gottes Geist
das Chaos der Seele ordnet. „Auch unsere Erde war wüst und
leer, ehe sie die Gestalt der Lehre empfing; vom Dunkel der Unwissenheit waren wir umhüllt. . . . Aber da dein Geist über den
Wassern schwebte, hat deine Barmherzigkeit unsere Armut nicht
sich selbst überlassen; du hast zu uns gesprochen: Es werde Licht!. . .
Und wir verabscheuten unsere Finsternis, wir wandten uns zu dir,
und es ward Licht. Siehe, ,so waren wir einst Finsternis, jetzt aber
sind wir Licht im Herrn'!" (Eph 5, 8.)[4]

---

auch dieses wird nicht in unmittelbare Beziehung zu dem göttlichen Wesen gebracht. Nicht dies hat Augustin bei dem Schuldbewußtsein im Auge, daß dasselbe uns hindert, gut zu werden, sofern es uns von Gott als der Quelle des
Guten scheidet." — Hier fehlt doch gerade das Wesentlichste!

[1] Conf. 13, 8.   [2] Conf. 13, 9.
[3] Conf. 13, 11.   [4] Conf. 13, 13.

§ 3. Die Gnade als übernatürliches Leben der Seele.

„Deus enim Deum te vult facere; non
natura, sicut est ille, quem genuit,
sed dono suo et adoptione."
(Sermo 166, 4.)

I. Einleitendes.

Wir haben Augustin kennen gelernt als den beredten Verteidiger
der Gnade im Sinne der Allursächlichkeit Gottes auf dem sittlichen
wie auf jedem andern Gebiete. Wir haben gesehen, wie er die Tiefe
und Hoffnungslosigkeit der Sünde betont und an die Gnade Christi
als einzige erlösende Macht appelliert. In der ersten Darlegung ver-
nahmen wir Gedanken und sinnbildliche Einkleidungen, die auch jeder
philosophische Denker, der die Welt nicht als bloßen Atomhaufen, den
Menschen nicht als autonomes Individuum ansieht, sondern an einen
schöpferischen, geistigen Weltgrund glaubt, zum großen Teil sich
aneignen wird. In der zweiten hörten wir den Widerhall des Evangeliums, die Zentrallehre des Christentums von der Menschheit, die
verloren war, von der Heilung und Versöhnung, die sie in Christus
gefunden hat. Die Gnade in diesem Sinne nimmt jeder christliche
Denker an; auch solche, die außerhalb der Kirche stehen, haben
die Macht der Sünde, die Notwendigkeit der Gnade mit höchstem
Nachdruck anerkannt.

Die katholische Kirche hat aber zu allen Zeiten in dem Begriff der Gnade noch einen höheren und reicheren Inhalt geschaut;
Spuren und Ahnungen desselben sind uns bereits aus manchen
Äußerungen Augustins entgegengetreten. Der allwaltende, belebende
Einfluß Gottes auf die Menschenseele hat nicht nur den Zweck, sie
zur natürlichen Denk- und Willensbetätigung anzuregen, zu philosophischer und moralischer Geistesreife emporzuführen; er will den
Menschen im innersten Grunde über sich erheben, durch geheimnisvolle übernatürliche Kräfte zu einem Ziele befähigen, das jenseits
aller rein philosophischen und moralischen Gottbeziehung liegt und
nur aus einem freien, gnädigen Ratschlusse Gottes erklärlich ist.
Ebenso: die erlösende Gnade Christi wird dem Menschen gegeben,
nicht bloß, um ihn von der Strafe und Verantwortung der Sünde
zu befreien, nicht bloß, um ihn von sittlicher Schuld und Krankheit
zu heilen und zur Unversehrtheit seines Wesens zurückzuführen; die
„Heilung" bietet ihm ein „Heil", das auch der gesundeste Mensch
nie erringen und hoffen konnte, eine „Heiligkeit", die nicht nur

Verzeihung der Sünde, sondern wunderbare Erhöhung des Wesens, Teilnahme am göttlichen Leben ist. Wiederherstellung ist diese Art der Begnadigung nur insofern, als auch die Ausstattung des Menschen vor dem Sündenfalle den Charakter der Übernatur an sich trug — wie es die katholische Glaubenslehre in der Tat annimmt.

Diese Idee der Gnade und Seligkeit stand in den dogmatischen Kämpfen und Untersuchungen, die sich seit der Reformation innerhalb der christlichen Konfessionen abgespielt haben, stets mit im Vordergrunde. Ihre Verkennung und Entstellung bildet die Quelle zahlreicher Einwände, nicht bloß gegen die katholische, sondern auch gegen die christliche Lebensanschauung, ihr richtiges Verständnis, man kann sagen, den Schlüssel zur rechten Erfassung aller katholischen Lehren und Einrichtungen. Lange Zeit hat die protestantische Polemik, auf Luthers Rechtfertigungslehre fußend, dem erwähnten Gedanken der Übernatur nicht nur jede sachliche Berechtigung, sondern auch die biblische und altchristliche Grundlage abgesprochen. Die geschichtliche Theologie unserer Tage vollzieht auch auf diesem Punkte eine Wendung und erkennt die Bewurzelung des Gedankens in der altkirchlichen, ja neutestamentlichen Glaubenswelt in weitem Umfange an. Nicht die sola fides, sondern die Erneuerung des inneren Menschen, eine „wirkliche und wahrhaftige Neuschöpfung", war der Kern der paulinischen Rechtfertigung. Nicht bloß Reinheit und Bruderliebe, sondern die geheimnisvolle Lebenseinheit mit Christus, aus der beide erwachsen, war nach Johannes das Siegel der Kindschaft Gottes. Nicht bloß allegorisch, sondern tiefrealistisch wurde der Gedanke der Wiedergeburt aufgefaßt. Der Besitz des Geistes (Pneuma) bekommt gerade darum für uns etwas Schwebendes zwischen persönlichem und dinglichem Gehalt, weil man die Gnade einerseits als eine dem Menschen eingesenkte Kraft, zugleich aber als Verbindung mit dem persönlichen Heiligen Geiste dachte. Das Mysterium der Gnade steht in Beziehung zu dem Mysterium der himmlischen Berufung und dem der Menschwerdung; nicht minder zu den Mysterien der Taufe und des Abendmahls, die mehr sind als Sinnbilder und Anregungen des Glaubens: sakramentale Werkzeuge jenes inneren Wunders[1]. Es

---

[1] Jacoby, Neutestamentliche Ethik (1899) 52 302. Holtzmann, Neutestamentliche Theologie II 150. Lagarde, Deutsche Schriften 45. Vgl. Harnack, Die Mission und Ausbreitung des Christentums (1902) 169 ff; Tröltsch, Die Soziallehren der christlichen Kirchen: Archiv für Sozialwissenschaft XXVI (1908).

sind besonders die griechischen Kirchenväter, die diese mystische
Seite der christlichen Lehre und Hoffnung in ihrer Spekulation betonten. Die Erlösung und Rechfertigung enthält ihnen, wie Harnack
sagt, „eine wunderbare Umbildung der Natur", eine „Annahme zur
göttlichen Sohnschaft", die sich vollendet in der Anteilnahme an
der göttlichen Natur, genauer in der Vergottung des Menschen durch
die Gabe der Unsterblichkeit [1]. Derselbe Dogmenhistoriker bemerkt
über Augustin, diese Auffassung der Gnade finde sich bei ihm in
erfreulicher Verkümmerung. Er habe den neuen Wein seiner er-
lebten, persönlichen Religiosität in die alten Schläuche der mystisch-
magischen Gnadenlehre gegossen. Daran schließt sich freilich der
Tadel, daß er das „altkatholische Schema von der Umbildung
der menschlichen Natur" doch nicht überwunden, vielmehr durch
den Einfluß seiner Theologie nur noch fester in der Kirche ein-
gebürgert habe [2].

---

[1] Harnack, Dogmengeschichte II 44 f 52. Der Ausdruck „Vergottung" ist
zu stark für den Sinn des Ausdruckes θέωσις bei den Vätern.

[2] Ebd. III 175. Scheel, Die Anschauung Augustins über Christi Person
und Werk 275. Das Übernatürliche und das Mystische sind dem Begriffe nach nicht gleichbedeutend, aber verwandt. Wenn wir den Sinn des
Mystischen, wie er sich heute festgesetzt hat, in etwa fixieren wollen, so bezeichnet er der Regel nach jene Erscheinungen und Tätigkeiten, in denen die
menschliche Seele, sei es aktiv oder passiv, unmittelbar zu Gott oder dem
Jenseits in Beziehung tritt, nicht durch natürliche Zwischenstufen. So gehört
von seiten des Menschen — im Gegensatz zu der vermittelten, auf
Schlußfolgerung oder Unterricht fußenden Gotteserkenntnis — ins Gebiet des
Mystischen die neuplatonische Kontemplation, der christliche Glaubensakt, insofern
er über die Beweiskraft der Motive hinausgeht, in noch höherem Sinne die Gotteserkenntnis der Propheten und Ekstatiker. In der Sphäre des Wollens und Handelns
finden wir neben der sittlichen Klugheit und Energie, neben der aszetischen Zucht
und Anstrengung als mystische Erscheinung den unmittelbaren Aufschwung der
Hoffnung und Liebe zu Gott, das Erleben Gottes im Gemüte, von dem die Theo-
sophen reden, und als höchste Stufe die ekstatische Ruhe und Wonne des Willens
in Gott. Die Seele kann solche Tätigkeit über den gewöhnlichen Zusammenhang
der Natur hinaus offenbar nur entfalten, wenn sie zuerst von Gott dazu angeregt worden ist; diese unmittelbaren Anregungen, Einflüsse und Gaben Gottes
nennen wir gleichfalls mystisch im Gegensatz zu der aus der geschaffenen Welt
hervortretenden Offenbarung und Wirkung Gottes. Dahin gehören die unmittelbaren Erleuchtungen des Verstandes und Antriebe des Willens, die aktuellen und
habituellen Gnaden, die außerordentlichen Gaben und Charismen. Nach dem Gesagten fallen nicht alle mystischen Tatsachen, wirkliche und angenommene, in
das Gebiet der Übernatur; wohl aber ist das Übernatürliche in der vorhin (S. 97 f)
erklärten Bedeutung stets im echtesten Sinne mystisch. — Da die Gnade nach
kirchlicher Auffassung in der Regel durch sichtbare, kultische Akte vermittelt

II. Die verschiedene Auffassung von Natur und Gnade bei Augustin und in der Scholastik.

Es ist eine schwierige Aufgabe, das Verhältnis der Gnadenlehre Augustins zu der später in der Kirche herrschend gewordenen richtig darzustellen, speziell was die Vergleichung des natürlichen und des begnadeten Menschen angeht. Einerseits hat das Mittelalter das Erbe des Doctor gratiae angetreten und seine Lehre mit höchster Pietät behandelt; noch auf dem Tridentinum hat, wie Harnack zugesteht, die Kirche ihre Gnadenlehre wesentlich nach Augustinus entworfen, zu allen Zeiten hat sie eine augustinische Frömmigkeit in ihrem Schoße gepflegt [1]. Anderseits erblickt der moderne Geschichtschreiber schon im Thomismus eine Zersetzung der Gnadenlehre Augustinus, in den gegen Bajus und Jansenius erlassenen Entscheidungen deren völlige Austilgung [2]. Auch die katholische Theologie kann nicht umhin, nicht bloß in kleineren Einzelheiten, sondern was die **Ausdrucksweise** angeht, im ganzen der Lehre einen starken Abstand zwischen Augustinus und der Scholastik, erst recht der späteren, molinistischen Richtung, anzuerkennen. So bemerkt **Ernst** [3], die Sprache der Scholastik sei in wesentlichen Punkten der Gnadenlehre von der des afrikanischen Kirchenlehrers grundverschieden; es lasse sich nur eine Harmonie im Gedanken, nicht eine Harmonie im Wort und Ausdruck feststellen. Scheeben

---

wird, verschärft man auf modern protestantischer Seite die Charakteristik des Mystischen vielfach zu dem Vorwurf des **Magischen**. Das sakramentale Prinzip in der katholischen Heilsvermittlung ist aber wesentlich von Magie verschieden. 1. Magisch nennen wir die Bewirkung und Anstrebung höherer, religiöser Wirkungen durch unzureichende Ursachen, des Göttlichen durch die Natur, des Geistigen durch den Stoff. Die Wirkung des Sakraments geht aber nicht vom Natursymbole, sondern vom Geiste Gottes aus, der jenes als Werkzeug benutzt; von demselben Geiste, der unsere Seele geschaffen hat, der alle ihre geistige Kraft durch die Sinnenwelt, die Sprache usw. zur Tätigkeit erweckt. 2. Die Magie schaltet das vernünftige Denken und moralische Tun des Menschen aus, ist untersittlich und unsittlich. Das Sakrament dagegen ersetzt nicht die sittliche Reinigung und Annäherung an Gott, sondern fordert und fördert sie. Der als Gnadenzauber verspottete Kultus der Kirche offenbart seine geistige Größe durch die reichen Anregungen, die er auch der philosophischen Spekulation, der Dichtung und Kunst gegeben hat.

[1] **Harnack**, Wesen des Christentums 161 ff.

[2] **Harnack**, Dogmengeschichte III 525 ff 639.]

[3] Die Werke und Tugenden der Ungläubigen nach St Augustin 224 227. Er zitiert den Satz des Kardinals Noris: Omnes .fere scholastici non similiter Augustino de operibus infidelium loquuntur (Vindiciae Augustinianae c. 3, § 4).

hebt gleichfalls die außerordentliche Schwierigkeit hervor, die der „anscheinend überaus schroffe Gegensatz" in der Lehre von der Notwendigkeit der Gnade zwischen Augustin und der Scholastik dem Verständnisse bietet; er kommt aber wie E r n s t zu dem Resultate, daß kein ernster sachlicher Widerspruch, jedenfalls kein prinzipieller, besteht[1].

Veranschaulichen wir uns zunächst den Gegensatz an einigen bedeutsamen Punkten der Gnadenlehre. Wir greifen dabei mit in das Gebiet der folgenden Kapitel über, um die ethischen Konsequenzen der verschiedenen Systeme zu erfassen. 1. Nach Augustin trägt der Mensch in seiner „Natur" die Anlage und Bestimmung für die selige Anschauung Gottes im Himmel. Nach der Scholastik übersteigt das himmlische Endziel die natürliche Bestimmung des Menschen und gründet in einem freien Ratschlusse göttlicher Liebe. 2. Der Zustand der Menschen im Paradiese ist nach Augustin der natürliche, der Idee des Menschen entsprechende; nach Auffassung der Scholastik ist er, was die innerste Ausstattung der Seele angeht, absolut übernatürlich (supernaturalis), was die sonstigen Gaben betrifft (Weisheit, Harmonie des Seelenlebens, Unsterblichkeit), relativ übernatürlich (praeternaturalis). 3. Die Natur des Menschen ist bei Augustin infolge des Sündenfalles krank, verdorben, zerstört[2]. In der Scholastik ist sie zwar der übernatürlichen Gaben beraubt, aber in ihrem Wesensbestande unverkürzt, identisch mit jener natura pura, die Gott, wenn er wollte, auch von Anfang an hätte schaffen können. 4. Bei Augustin steht die Erbschuld in engster Verbindung mit jener Erkrankung und Störung der menschlichen Natur; die Scholastik setzt das eigentliche Wesen der Erbsünde in den Mangel der heiligmachenden Gnade und läßt die empirischen Sündenfolgen mehr in den Hintergrund treten.

---

[1] Dogmatik III 983 f 1004. Ein Punkt, der keine eigentliche Schwierigkeit bereitet, aber doch eine Hervorhebung verdient, ist die Tatsache, daß Augustin d e n U n t e r s c h i e d d e r a k t u e l l e n u n d h a b i t u e l l e n G n a d e weniger betont wie die ausgebildete Scholastik. Selbstverständlich erkennt er ihn an; aber das Wort Gnade bezieht er meist auf das Ganze des erlösenden und erhebenden Einflusses Gottes. Die aktuelle Gnade ist Anbahnung, die habituelle Gnade Durchsetzung und Vollendung desselben Prozesses.

[2] Op. imp. c. Iul. 3, 110: Hoc malum in Adam, quando rectus creatus est, non erat; quia natura humana d e p r a v a t a nondum erat. De perf. iust. hom. 1: Respondemus vitari posse peccatum, si natura vitiata sanetur gratia Dei per Iesum Christum. De gr. et lib. arb. 25: Ideo Christus non gratis mortuus est, ut et lex per illum impleretur . . . et natura per Adam p e r d i t a per illum repararetur.

5. Augustin leugnet jeden Mittelort zwischen Himmel und Hölle für
die ungetauften Kinder und verurteilt letztere auf Grund der bloßen
Erbsünde zur Verdammung, freilich zu einer Verdammung mildester
Art[1]. Thomas und seine Schule postulieren für jene Kinder, ihrem
Begriff der Erbsünde entsprechend, einen Zustand natürlicher Seligkeit (limbus puerorum). 6. Der Wille des Sünders ist nach Augustin,
wenn er ohne Gnade bleibt, in gewissem Sinne der Freiheit und
des Vermögens zum Guten beraubt[2]. Nach der Scholastik kann
der Todsünder und der Heide natürlich gute Werke verrichten, bedarf aber zur Bekehrung und zur übernatürlichen Tätigkeit der Gnade
des Erlösers. 7. Für Augustin ist der jetzige Zustand des Menschengeschlechts ein „Zeugnis" für die Existenz der Erbsünde. Der all-
gerechte Gott hätte ohne ihr Vorhandensein den Kindern Adams ein
so schweres Joch nicht auflegen können[3]. Für die Scholastik ist die
Erbsünde ein Mysterium; ein vernunftmäßiger Beweis derselben ist
schon deshalb unmöglich, weil die schlimmen Folgen des Sündenfalls
schließlich mit dem Zustande reiner Natur vereinbar sind.

Diese gegensätzliche Formulierung ist nicht falsch, aber schul-
mäßig starr und einseitig. Sie läßt selbst bei der Scholastik, die
nach solcher schulmäßiger Ausprägung der Begriffe strebte, den
Reichtum inneren Lebens und die verschiedenen Schattierungen, die
zwischen den Denkern und Schulen bestanden, nicht ahnen. Obschon
es nur indirekt zu unserem Gegenstande gehört, möge es gestattet

---

[1] De pecc. mer. et rem. 1, 55. Nec est ullus ulli medius locus, ut
possit esse nisi cum diabolo, qui non est cum Christo. Op. imp. c. Iul. 2, 113:
An tandem aliquando extra regnum Dei infelices futuros fatemini parvulos non
renatos? — An einzelnen Stellen neigt übrigens Augustin auch zu einer milderen
Auffassung, so De lib. arb. 3, 66; C. Iul. Pel. 5, 44.

[2] C. duas epist. Pel. 1, 7: Sed haec voluntas, quae libera est in malis, quia
delectatur malis, ideo libera in bonis non est, quia liberata non est. Nec
potest homo boni aliquid velle, nisi adiuvetur ab eo, qui malum non potest velle,
h. e. gratia Dei per Iesum Christum. — Op. imp. c. Iul.: Quid ergo mirum, si delinquendo, h. e. rectitudinem suam, in qua factus erat, depravatione mutando cum
supplicio secutum est non posse recta agere? — De nat. et gr. 62: Quid
tantum de naturae possibilitate praesumitur? Vulnerata, sauciata, vexata, per-
dita est.

[3] De Civ. Dei 22, c. 22: Omnem mortalium progeniem fuisse damnatam, haec
ipsa vita, si vita dicenda est, tot et tantis malis plena testatur. — Op. imp. c.
Iul. 1, 29: Ostende iustum esse, ut cum tam manifesta miseria vel ad tam mani-
festam miseriam nascatur, a quo peccatum originale non trahitur. Ebd. 1, 49:
Porro, quia in iugo gravi eorum divina iustitia est, non est in eis talis, qualem
praedicas, innocentia. Derselbe Schluß ebd. 2, 13 87; 3, 144; 6, 36.

sein, durch Anbringung einiger Pinselstriche zu zeigen, wie leicht das gezeichnete Bild für Thomas von Aquin und die gesunde Scholastik eine augustinische Färbung annimmt.

1. Auch Thomas will nicht einen Gegensatz zwischen Natur und Übernatur in dem Sinne, daß die Natur „aufgehoben", „umgebildet" würde; sie wird „erhoben", „überbildet", d. h. unter Wahrung und Entfaltung ihres Wesens mit höherem Leben erfüllt. Speziell ist das himmlische Endziel zwar insofern übernatürlich, als kein Geschöpf diese Form des Gottesbesitzes als sein Endziel beanspruchen kann; es ist aber natürlich insofern, als der Denkgeist a) irgend eine Gottverbindung als seine notwendige Bestimmung erkennt, b) in der tatsächlichen Seligkeit, nachdem sie offenbart ist, die höchste Ehre und Verpflichtung erblicken muß[1]. 2. Die Scholastik beschreibt den paradiesischen Zustand sachlich so wie Augustin. Wenn sie ihn, von der philosophischen Wesensbestimmung des Menschen ausgehend, formell als übernatürlich bezeichnet, so stellt sie doch nicht in Abrede, daß zwischen der Begnadigung des ersten Menschen und seiner irdischen Ausstattung ein innerer Zusammenhang besteht, daß letztere die „naturgemäße" Mitgift und Auswirkung der inneren Gnade ist. Ebenso ist ihr die Urgnade insofern eine Naturgnade, als in der Person des Stammvaters die ganze menschliche Natur den Gnadenberuf empfangen hat[2]. 3. Aus der innigen Verbindung der Gnade mit der Natur folgt, daß die Sünde, obschon sie wesentlich in dem Herabsinken aus der übernatürlichen Heiligkeit in die nackte Endlichkeit besteht, doch die Natur „verwundet", die Ordnung und Richtung der ihr gebliebenen Wesenskräfte verkehrt[3]. 4. So übersieht denn Thomas auch in der Definition der Erbsünde keineswegs die sittliche Unordnung und Schwäche der Menschennatur; der Mangel der übernatürlichen Gerechtigkeit ist ihm die Form, die Konkupiszenz die Materie der Erbsünde[4]. 5. Mit der Annahme eines limbus puerorum geht die Scholastik über Augustin hinaus; aber abgesehen davon, daß sie diese Frage stets als offene behandelt, bezeichnet sie den angenommenen Endzustand doch mit Augustin objektiv als Verwerfung (damnatio), weil als Ausschluß vom christlichen Heile. Anderseits bekämpft Augustin einen Mittelort für die Ungetauften, so wie ihn die

---

[1] Oft ist der Gedankenausdruck bei Thomas noch stärker augustinisch. Vgl. z. B. Summa c. Gent. 3, 50 mit De verit. q. 27, a. 2.

[2] S. theol. 1, 2, q. 81, a. 5 ad 2; 2, 2, q. 164, a. 1.

[3] S. theol. 1, 2, q. 85, a. 3.   [4] S. theol. 1, 2, q. 82, a. 3.

Pelagianer aufstellen, der verschieden ist vom Himmel und doch identisch mit der biblischen vita aeterna. 6. Nach Thomas ist durch den Sündenfall die Freiheit, natürlich Gutes zu wollen und zu tun, nicht zerstört worden. Gleichwohl fordert er zu jeder guten Handlung jene allgemeine Mitwirkung Gottes, die Augustin häufig Gnade nennt, und zur steten, andauernden Sittlichkeit den Beistand der Gnade Christi (gratia medicinalis)[1]. 7. Thomas kennt allerdings keinen empirischen Beweis für die Erbsünde; er gesteht aber, daß wir aus dem Elend und Jammer der Welt „angesichts der göttlichen Vorsehung und der Würde des höheren Teils der Menschennatur" mit hinlänglicher Wahrscheinlichkeit auf eine Schuld des Geschlechtes schließen können[2].

So wird schon, was die Scholastik angeht, der scheinbar feste Lehrsatz für den feineren Beobachter durch Übergänge und Vermittlungen erweicht. Um so mehr ist bei dem lebendigen, stets auch polemisch engagierten Augustin mit der Unterstreichung und Häufung von Zitaten nichts getan, wenn man den Zusammenhang und Geist seiner Lehre übersieht. Unsere schroffe Formulierung des Gegensatzes darf gewiß nicht dadurch neutralisiert werden, daß man Härten künstlich abschleift, naturfreundliche Stellen über Gebühr betont, wie es vielfach in harmonistischer Absicht geschehen ist. Aber anderseits haben die spezifischen Augustinianer wichtige Anklänge an die Scholastik unbillig in den Hintergrund gedrängt. Die richtige Methode muß ohne Zweifel besonders die allgemeinen, sowohl literarischen als geschichtlichen Gesichtspunkte betonen, wenn sie trotz der anerkannten Verschiedenheiten eine prinzipielle Einheit der Anschauung nachweisen will. So heben denn Ernst und Scheeben hervor, Augustin habe praktisch und polemisch in seiner Stellung zum Pelagianismus ganz andere Gesichtspunkte im Auge gehabt als die wissenschaftlich reflektierende Scholastik; er würde, wenn ihm die scholastische Lehre entgegengetreten wäre, in ihr nicht den von ihm bekämpften Irrtum erkannt haben[3]. Wir werden die Berechtigung dieser Ansicht sogleich näher untersuchen. Auf alle Fälle ist aber zugleich eine bedeutsame Entwicklung der Gnadenlehre seit Augustin zu konstatieren. Wir haben dieselbe vom katholischen Standpunkte, nachdem die Kirche sich in weitgehender Art dem thomistischen

---

[1] S. theol. 1, 2, q. 109, a. 1. S. c. Gent. 3, 67.
[2] S. c. Gent. 4, 52.
[3] Ernst, Die Werke und Tugenden der Ungläubigen nach St Augustin 225. Scheeben, Dogmatik III 998 1004.

Gedankengange angeschlossen hat, nicht als Auflösung und „Zersetzung", sondern als fortschreitende Entfaltung anzusehen. Es liegt in der augustinischen Lehre „eine wirkliche Einseitigkeit und Unklarheit", insofern sie die Krankheit der Natur und den medizinellen Zweck der Gnade zu stark vorschiebt. Diese Mängel sind innerhalb der Kirche dadurch überwunden worden, daß die Gnadenlehre der griechischen Väter, die stets den übernatürlichen Charakter der Gnade deutlicher betonte, mit der des hl. Augustin verbunden und verschmolzen wurde, auch dadurch, daß in Aristoteles ein Vertreter der natürlichen Sittlichkeit auf die kirchliche Moral Einfluß gewann. Durch diese Gesamtentwicklung begünstigt, sind manche Gedanken, die schon bei Augustin eine Brücke zu den Griechen bildeten, nachher mehr aus dem Schatten hervorgetreten, in den sie durch aktuellere Probleme gerückt waren, und zu kräftigerer Wirksamkeit in der Glaubens- und Sittenlehre gelangt [1].

III. Erklärung der Eigenart Augustins in der Auffassung von Natur und Gnade.

Der enge Zusammenschluß der beiden Begriffe Natur und Gnade, der der Selbständigkeit des Natürlichen und der mystischen Erhabenheit der Gnade gefährlich wird, hatte bei Augustin vor allem zeitgeschichtliche Gründe. Der Pelagianismus beschränkte sich nicht darauf, die Gnade als übernatürliche Belebung und mystische Verbindung mit Gott zu bestreiten; er leugnete die Notwendigkeit aller, auch der natürlichen Gnade für die sittliche Innerlichkeit und Gutheit

---

[1] Wir hörten schon, daß Harnack solche Elemente der mystischen Gnadenlehre in Augustins Theologie anerkennt (oben S. 100). Vgl. die weitere Äußerung Dogmengeschichte III 525: „Mindestens ebenso verderblich wirkte (bei Thomas) die konsequente Fassung der Gnade als eines physischen, geheimnisvollen Aktes und als einer Mitteilung dinglicher Güter. Auch das stammte von Augustin, und auch das hat in seiner konsequenten Durchführung den Augustinismus zersetzt: die Zersetzung des Augustinismus ist wesentlich nicht von außen erfolgt; sie ist zu einem großen Teil das Ergebnis einer inneren Entwicklung." — Ernst bemerkt, gerade die Scholastik besitze den Schlüssel, um die Schwierigkeiten und scheinbaren Widersprüche in der Doktrin Augustins zu lösen; der Gegensatz der Terminologie beweise nur, „daß nicht der tötende Buchstabe, sondern der lebendige Geist der Wahrheit in der Entwicklung der kirchlichen Lehre und der kirchlichen Wissenschaft das Zepter führt". Wenn das wahr ist, kann man allerdings nicht mit Ernst sagen, die augustinische und die scholastische Gnadenlehre ergänzten sich gegenseitig als „zwei gleichberechtigte und gleichwesentliche Momente der kirchlichen Lehrentwicklung und Lehrdarstellung" (a. a. O. 226 f).

des Menschen. Sein Angriff galt nicht nur dem supernaturalen, sondern dem religiösen Prinzip der christlichen Moral im allgemeinen. Von seinem überspannten Freiheitsbegriff ausgehend, landete er bei der Erklärung der vollen Unabhängigkeit und Selbstherrlichkeit des Willens. Dieser umfassenden Negation gegenüber mußte auch die Position und Verteidigung aufs Ganze gehen. Augustin bewies die Abhängigkeit des Menschen von Gott auf allen Gebieten des Lebens und Handelns, die Notwendigkeit des erleuchtenden und helfenden Einflusses der Gotteskraft zu allem wahrhaften Guten. Eine Unterscheidung der natürlichen und übernatürlichen Lebenssphäre wurde durch den Stand der Polemik nicht von ihm gefordert.

Auch in der Debatte über die Erbsünde stand nicht die formelle Übernatürlichkeit der paradiesischen Vorzüge in Frage, sondern ihre Tatsächlichkeit und ihre Erhabenheit über den jetzigen Zustand des Menschen. Die Pelagianer lehrten, es gebe weder Erbschuld noch Erbverderben; der Mensch komme mit denselben Kräften und Vorzügen zur Welt, wie wenn Adam nicht gesündigt hätte. So mußte Augustins Bemühen vor allem dahin zielen, den Abstand des gefallenen, sündigen Menschen von dem „recht erschaffenen", gottverbundenen Menschen nachzuweisen. Hierzu diente ihm der Bericht der Genesis selbst: die Verhängung des Todes als Sündenstrafe, das Erwachen der bösen Lust als Sündenfolge; dazu dienten auch die paulinischen Schilderungen des in die Natur eingedrungenen Verderbens, des Kampfes zwischen Geist und Sinnlichkeit. Jemehr Julian die sittliche Verfassung der empirischen Menschheit als ursprünglich, ja als ideal hinzustellen suchte, um so mehr richtete sich Augustins entrüsteter Widerspruch gegen diese Auffassung, um so mehr berief er sich auf die dem Empfinden und Erleben des Menschen zugängliche Seite des Erbverderbens.

Aber hätte nicht der Einwand Julians, eine von Gott der Natur geschenkte Mitgift könne überhaupt nicht verloren werden, Augustin auf die Antwort bringen müssen, die Vollkommenheit des Urstandes sei eben nicht natürlich, sondern übernatürlich, also verlierbar. Zunächst war schon das von Julian angerufene Prinzip unrichtig — gibt es doch auch natürliche Vollkommenheiten, die das Geschöpf unbeschadet seines wesentlichen Fortbestandes verlieren kann. Augustin stellt daher, wie wir hörten, zuvörderst dieses Prinzip durch Hinweis auf die Verwundung und Erkrankung der leiblichen Natur in Abrede und zeigt, wie der Seele auch natürliche Vollkommenheiten verloren gehen können, Eigenschaften, die nicht zum Bestande, aber zum Wohlbestande der Natur gehören [1].

Zweitens hatte Augustin in der ganzen Kontroverse die Absicht zu zeigen, daß die Kluft zwischen dem ursprünglichen und dem tatsächlichen Zustande eine S c h u l d , nicht nur ein U n g l ü c k für den Menschen bedeutet. Es mußte ihm mithin daran liegen, die Verbindung der iustitia originalis mit der Menschennatur möglichst innig zu gestalten. Die Urgerechtigkeit mußte als „geschuldet", als Forderung der menschlichen Bestimmung und Würde, nicht als freie Zutat zur Natur dargetan werden. Von seiten Gottes war sie allerdings freies Geschenk, Ausfluß unbegreiflicher Güte; für den Menschen war sie, nachdem sie in sein Wesen eingetreten, Grundlage heiliger Verpflichtung. Zumal aus dem Grunde, weil Adam die gnadenvolle Ausstattung nicht nur für sich, sondern für das ganze, von ihm stammende Geschlecht empfangen hatte, trat das anfangs und innerlich Freigeschenkte in obligatorischen Zusammenhang mit der Natur. Sein Verlust erschien nicht nur als negatio, sondern als privatio, nicht als bloßer Mangel, sondern als Beraubung.

So richtig dies ist, es bleibt für unser Empfinden immerhin auffallend, wie selten Augustin den Charakter der Übernatur im strengen Sinne hervorhebt. Manchen Einwendungen Julians hätte er damit die Spitze abbrechen können, sowohl wo es sich handelte um die Beschaffenheit der jetzigen Menschennatur, wie um die Erklärung der Erbsünde. In ersterer Beziehung bewegt er sich jedoch mit Vorliebe in den stärksten Schilderungen des menschlichen Elendes, in letzterer ist er unermüdlich im Betonen der positiven, durch die Offenbarung und kirchliche Lehre gebotenen Beweismomente.

Wir müssen daher außer der polemischen Rücksicht noch andere Gesichtspunkte heranziehen, um Augustins eigenartige Redeweise zu verstehen, Gesichtspunkte, die mit seinem p h i l o s o p h i s c h e n S p r a c h g e b r a u c h und seiner g a n z e n G e i s t e s a r t zusammenhängen.

1. Schon d a s W o r t n a t u r a deutet Augustin, der Ableitung von nasci folgend, mit Vorliebe so, daß es nicht den notwendigen,

---

[1] Die Scholastik unterscheidet die Natur als Summe der zum Wesensbestande notwendigen Eigenschaften und die durch Entfaltung der Wesensanlagen vervollkommnete Natur. Erstere gibt die spezifische Wesenheit, letztere die spezifische Gutheit des Dinges. Der schwache und verkrüppelte Baum ist ein Baum dieser Art, eine Eiche, Tanne usw.; aber der Substanz fehlen die zur vollen Entwicklung gehörigen Akzidenzien.

sondern den ursprünglichen Zustand des Menschen bedeutet. Unter
Natur, so heißt es in seiner Frühzeit, „verstehen wir das eine Mal —
und zwar, wenn wir im eigentlichen Sinne reden — die Natur des
Menschen, in der er seiner Art nach im Anfange schuldlos erschaffen wurde, das andere Mal diejenige, in der wir zur Strafe
der Sünde des ersten Menschen sterblich und unwissend und fleischlich geboren werden" [1]. Mit demselben Nachdruck sagt er am Schlusse
seines Lebens, die Stellen seiner Schriften, die von der Natur der
Seele jedes Übel auszuschließen scheinen, bezögen sich auf die ur-
ständliche, sündlose Natur, welche die „wahre und eigentliche Natur
des Menschen" sei [2]. Erklärlicherweise geht er den Pelagianern
gegenüber häufig von dieser Bedeutung des Wortes aus. Sie leugnen
die „Änderung der Natur" nur deshalb, weil sie die katholische Auffassung des Urstandes und seiner Vorzüge aufgegeben haben [3]. Die
zum Christentum bekehrten Heiden erfüllen das Gesetz in „natürlicher
Weise" (Röm 2, 14); das soll heißen: der Geist der Gnade ist
in ihnen tätig, der jenes Bild Gottes, in dem wir „natürlich geschaffen wurden, in uns erneuert" [4]. — Mit der Tatsache dieses
Sprachgebrauchs erklären sich manche Anstöße. Wenn Augustin
unter natura die paradiesische Natur, das menschliche Wesen, wie
es durch den Geist der Gnade zum Bilde Gottes gestaltet war, versteht, so kann und muß er dem gefallenen Menschen eine natura
vitiata und corrupta zuschreiben, ohne daß er damit die Integrität
seines Wesens antastet und in sachlichen Gegensatz zur scholastischen
Theorie tritt [5].

Eine ähnliche Verschiedenheit von der sprachlichen Wurzel her
ergab sich für den Sinn des Wortes Gnade (gratia). Das Wort
hat eine allgemeine Bedeutung; jedes unverdiente Geschenk, das

---

[1] De lib. arb. 3, 54.

[2] Retr. 1, c. 10, 3. In eo, quod ... dixi, nullum esse malum naturale, possunt
quaerere similem latebram, nisi hoc dictum ad naturam talem referatur, qualis
sine vitio primitus condita est; ipsa vero natura vere ac proprie natura hominis dicitur.
Translato autem verbo utimur ut naturam dicamus etiam, qualis nascitur homo,
secundum quam locutionem dixit Apostolus: „Fuimus enim et nos aliquando natura
filii irae, sicut et ceteri" (Eph 2, 3). Ebenso Retr. 1, c. 15, 6.

[3] Op. imp. c. Iul. 1, 96.

[4] De spir. et litt. 47. Vgl. De pecc. mer. et rem. 2, 4. Der andere Begriff
der natura Sermo 26, 4 5.

[5] Dieselbe Bedeutung der „Natur" finden wir in der These Cölestins I.: In
praevaricatione Adae omnes homines naturalem possibilitatem et innocentiam perdidisse (Denzinger, Enchir. [10] 130).

wir umsonst (gratis) erhalten, auch die tiefste, bedürftigste Gestalt des natürlichen Lebens (vita informis, tenebrosa, fluitans), können wir in solchem Sinne Gnade nennen. Aber diese Gaben, die allen Menschen gemeinsam sind, pflegt der christliche Sprachgebrauch nicht als Gnaden zu bezeichnen; er versteht unter Gnade die dem Christen durch den Glauben gewährte Befreiung von der Sünde und Erfüllung mit göttlichem Lichte[1].

2. Wenden wir uns von der Wortbedeutung zur philosophischen Sachbedeutung, so kann, wie schon angedeutet, „Natur" sowohl die einfachste, zur Existenz des Dinges unbedingt erforderliche Daseinsform wie auch die normale Entfaltung und Vollendung des Wesens bedeuten. Man kann mit Recht die Frage stellen: Ist die Spezies als solche, oder ist ihre volle Ausgestaltung die Natur des Dinges? Gibt der „Begriff" oder gibt die „Idee" das Wesen des Geschöpfes an? Sind das Kind und der Irrsinnige in demselben Sinne „wahre" Menschen wie der körperlich und geistig entwickelte Mann? Bei der platonischen Denkweise Augustins lag es nahe, daß er nicht die natura pura, sondern die natura perfecta als eigentliche Natur bezeichnete. In demselben Maße mußte Augustin dazu neigen, die körperlichen und seelischen Vorzüge Adams — abgesehen von der zeitlichen Priorität und Ursprünglichkeit des paradiesischen Zustandes — in die Natur hineinzuziehen; jedenfalls jene Vorzüge, die selbst der scholastische Sprachgebrauch als „dona integritatis" charakterisiert.

Immerhin stimmen die platonische und die aristotelische Auffassung darin überein, daß die Wesenheit der Geschöpfe eine typische Bestimmtheit hat; sieht doch gerade Plato in den Ideen zeitlose, unveränderliche Vorbilder der irdischen Dinge. Demgemäß muß auch die Summe dessen, was aus den Anlagen der Natur werden kann, eine festumschriebene sein. So lehrt denn Augustin in einer der frühesten Schriften, daß für alle Wesen, „die in ihrer Art eine

---

[1] Conf. 13. 4: Erat iam qualiscumque vita, quam illuminares. Sed sicut non te promeruerat, ut esset talis vita, ... ita nec, cum iam esset, promeruit te, ut illuminaretur ... ut, et quodcumque vivit et quod beate vivit, non deberet nisi gratiae tuae. Sermo 26, 7: Excepta ergo illa gratia, qua condita est humana natura — haec enim christianis paganisque communis est — haec est maior gratia, non quod per Verbum homines creati sumus, sed quod per Verbum carnem factum fideles facti sumus. Ebd. n. 12: Et istam, qua conditi sumus, quamquam hoc nomine appellatam minime legerimus, tamen quia gratis data est, gratiam fateamur. ... Qui nondum erat, bene non merebatur; peccator et male merebatur. ... Haec est gratia per Iesum Christum Dominum nostrum.

besondere Natur darstellen", gedankliche Vorbilder im Geiste des Schöpfers existieren, die eine ewige und unveränderliche Bestimmtheit haben [1].

3. Je mehr er aber Gott nicht bloß als die Urwahrheit und Fülle der Ideen, sondern auch als den lebendigen, allmächtigen Schöpfer und Lenker der Welt, als den Gott der W u n d e r und freien Heilsratschlüsse betrachten und anbeten lernt, um so mehr bekommt die philosophische Elastizität des Begriffes Natur noch eine t h e o logische Steigerung: Alles das ist natürlich, was Gott aus den Dingen machen kann! [2] Alle geschöpflichen Dinge, sagt er in einer konkret ausgeführten Untersuchung, haben zunächst ihr „bestimmtes Streben", ihre „begrenzte Kraft und Eigentümlichkeit", ein „Maß ihrer Leistungsfähigkeit". Es ist begründet in eingeschaffenen, zielstrebigen Wesensformen, so daß z. B. aus einem Weizenkorn keine Bohne, aus einer Bohne kein Weizenhalm hervorwächst. „Über diesen natürlichen Gang und Lauf der Dinge hinaus besitzt die Macht des Schöpfers in sich die Fähigkeit, aus allen etwas anderes zu machen, als es jene samenhaften Anlagen in sich tragen, freilich nicht etwas, dessen M ö g l i c h k e i t er nicht in sie gelegt hätte." [3] Alles dies, was der Allmacht Gottes möglich, was mit dem Begriffe eines Wesens vereinbar ist, dürfen wir, wenn es geschieht, n a t ü r l i c h nennen, um so mehr, da auch dieses wunderbare Wirken Gottes nicht Willkür, sondern von der höchsten Weisheit geleitet ist [4]. So sind die Wunder, die offenbar contra naturam sind, insofern sie die erste Bestimmtheit der Natur (determinatio naturae) überschreiten, unter einem andern Gesichtspunkte der Natur entsprechend. „D e n n w i e s o l l t e d a s g e g e n d i e N a t u r s e i n, w a s d u r c h G o t t e s W i l l e n g e s c h i e h t, d a d o c h d e r W i l l e eines so erhabenen Schöpfers eines jeden Dinges Natur ist!" [5]

Nun ist das, was Gott in der Ordnung der Gnade aus dem Menschen macht, offenbar nicht gegen die innere Möglichkeit der

---

[1] De div. quaest. 83, q. 46, 2. Dahin gehört aus den späteren Schriften das, was er über s p e c i e s , m o d u s , o r d o der Naturen sagt. Vgl. De nat. boni 5. Sermo 26, 4. De Civ. Dei 22, c. 24, 3.

[2] C. Faust. Man. 26, 3: Dici autem h u m a n o more contra naturam esse, quod est contra naturae usum mortalibus notum, nec nos negamus. . . . Deus autem creator et conditor omnium naturarum nihil contra naturam facit: i d e n i m e r i t c u i q u e r e i n a t u r a l e , q u o d i l l e f e c e r i t , a quo est omnis modus, numerus, ordo naturae.

[3] De Gen. ad litt. 9, 32.   [4] Ebd. 6, 24.

[5] De Civ. Dei 21, c. 8, 2.

Seele, vielmehr trotz seiner Gratuität ihr in höchstem Maße angemessen. Warum sollen wir also nicht sagen, die Gnade und ihre Herrschaft in der paradiesischen Natur sei nicht supra oder praeter naturam, sondern geradezu die echte Natur des Menschen? Höchst bezeichnend für diesen Übergang ist eine Stelle in der Schrift De fide et symbolo. Natura bedeutet dort zunächst — etymologisch — den anfänglichen Zustand der Menschheit[1]. Sodann wird auch die tatsächliche, gesunkene Wesenheit Natur genannt[2]. Vollkommen aber ist die Natur der Seele, wenn sie vergeistigt und Gott gehorsam ist[3]. Ähnlich ist es beim Leibe; das sichtbare Fleisch ist seiner Natur nach Fleisch; aber dieses Fleisch wird auferstehen, wird nach der Glaubenslehre eine „englische Umwandlung" erfahren — und dieser Endzustand, den Augustin deutlich als Wunder schildert, ist die „eigentliche Natur" des menschlichen Leibes![4] Muß da nicht jeder einsehen, daß, wenn Augustin an derselben Stelle das Fehlen der Konkupiszenz als natura animae bezeichnet, damit absolut nichts ausgemacht ist über die „Natürlichkeit" dieses Vorzugs im Sinne der Scholastik — faßt ja die letztere die Natur ganz anders, als konkrete, spezifisch begrenzte Wesenheit![5]

---

[1] De fide et symb. 23: Pars enim eius (animae) quaedam resistit spiritui, non natura, sed consuetudine peccatorum.

[2] Quae consuetudo in naturam versa est secundum generationem mortalem peccato primi hominis; ideoque scriptum est: Et nos aliquando fuimus naturaliter filii irae.

[3] Est autem animae natura perfecta, cum spiritui suo subditur et eum sequitur sequentem Deum.

[4] Ebd. Non est desperandum, etiam corpus restitui naturae propriae; sed utique non tam cito quam anima... sed tempore opportuno in novissima tuba.... Haec etiam visibilis caro, quae naturaliter est caro, ...sine dubitatione credenda est resurgere. Weiter (24) wird von einer „immutatio angelica" gesprochen und das Wandeln Christi auf dem Wasser als Parallele zu der Vergeistigung des Auferstehungsleibes erwähnt.

[5] Der entwickelten Anschauung entspricht es völlig, wenn Augustin bisweilen auch den Tod nicht absolut, sondern relativ faßt, als etwas, das ein Mehr und Minder zuläßt: Mors autem non esse cogit, quidquid moritur, inquantum moritur. Nam, si ea, quae moriuntur, penitus morerentur, ad nihilum sine dubio pervenirent; sed tantum moriuntur, quantum minus essentiae participant; quod brevius ita dici potest: tanto magis moriuntur, quanto minus sunt (De ver. rel. 22). — Neuplatonisch kann die Auffassung nicht genannt werden; schon darum nicht, weil Augustin das freie Wollen Gottes als Maß des Natürlichen hinstellt, während der Neuplatonismus nur eine notwendige Entwicklung des Weltganzen kennt.

Mehr wie von allen Geschöpfen gilt das Gesagte vom geschaffenen
Geiste, der in seinen höchsten Fähigkeiten, Vernunft und Wille,
von Natur in gewissem Sinne eine unendliche Spannweite besitzt.
Und wenn die andern Weltwesen naturgemäß nur durch Wirkung
zweiter Ursachen zur Tätigkeit kommen, so steht der Geist von Haus
aus dem unmittelbaren Einflusse Gottes offen; er bedarf zu seinen
fundamentalsten Erkenntnis- und Willensakten der Einströmung
höherer Licht- und Lebenskraft. Die Schranken zwischen der eigenen
Kraft der Seele und der Belebung, die sie von Gott empfängt, sind
bei Augustin nicht so sicher gezogen wie bei Thomas. In den Objekten
des Denkens und Wollens schiebt sich alles Lichte und Gute zu
einer lebendigen, aber auch fließenden Einheit zusammen. Die ein-
leuchtende Wahrheit der Prinzipien wird zur Erkenntnis Gottes, das
sittliche Pflichtgefühl zur Liebe Gottes; die ipsa veritas et bonitas
verschwimmt oft mit der lebendigen Gottheit[1]. Bei dieser idealistischen Auffassung des Verhältnisses von Gott und Seele ist es
um so leichter verständlich, daß die Unterschiede und Stufen der
religiösen Verbindung mit Gott, der gottgeschenkten Kräfte des Guten
bei Augustin weniger klar hervortreten.

Auf die Färbung der Darstellung Augustins wirkt endlich — gerade im pelagianischen Kampfe — die Tatsache ein, daß sein Blick
stets von der abstrakten Fragestellung auf das Ganze der religiösen und sozialen Wirklichkeit geht. Der Pelagianismus
galt ihm eben als Vorstoß gegen die ganze Eigenart des Christentums; er widersprach fast noch mehr seinem christlichen Gefühl
und Wirklichkeitssinn als seiner klaren Erkenntnis. So fragt er
denn weniger, ob Gott nach seinem philosophischen Wesen den
Menschen in dieser oder jener Verfassung erschaffen konnte; er denkt
an den Gott der Offenbarung, an die Fülle der Macht- und Liebes-
erweise, die überall in der Heilsgeschichte von ihm berichtet werden.
So fragt er nicht, ob der gefallene Mensch in einzelnen Entscheidungen
das Böse besiegen und der Pflicht treu bleiben könne; er schaut auf
das ganze Menschenleben mit seinen zahllosen Gefahren und Versuchungen. So hat er bei seinen düstern Urteilen über Welt und
Heidentum weniger den Einzelnen und seine sittliche Freiheit oder
Unfreiheit im Auge, als vielmehr die ganze Tatsächlichkeit des
Weltlebens mit seiner verwirrenden, den Einzelnen fortreißenden
Macht.

---

[1] Vgl. Bd I, S. 43 f 89 f 167 f.

IV. Der Gnadencharakter des Urstandes.

Obschon Augustin mit Vorliebe den Urstand als natura des Menschen bezeichnet, erkennt er faktisch ein übernatürliches Element in seiner sittlichen Ausstattung deutlich an, eine innerliche Gnade, die über den Wesensbestand des Menschen erhaben und von ihm trennbar ist.

Die griechischen Kirchenväter stellten in allegorischer Verwertung des biblischen Berichtes vom Sündenfalle die Gnade des ersten Menschen als eine Bekleidung der Natur mit höherer Würde und Lebenskraft dar, die zunächst die Seele gottähnlich machte, dann aber dem Leibe Unsterblichkeit verlieh[1]. Diese Auffassung finden wir auch bei Augustinus; die Gnade ist ein Lichtgewand, das die Seele schmückt und die tierische Natur im Menschen veredelnd umhüllt. Im Augenblick der Versuchung bedachten Adam und Eva nicht, „was ihnen durch das Gewand der Gnade (indumento gratiae) gewährt wurde"; die strafende und beschämende Sinnlichkeit nach dem Falle machte sie zu spät auf die verlorene Herrlichkeit aufmerksam[2]. „Sobald sie das Gebot übertreten hatten, wurden sie innerlich gänzlich entblößt, da die Gnade sie verließ, die sie durch Hochmut und stolze Liebe zur Eigenmacht beleidigt hatten; sie warfen ihre Augen auf ihre Glieder und empfanden die ihnen bislang unbekannte Begierde."[3] Der Vergleich des Gewandes ist ein passender, um die Auszeichnung als eine freigewährte, nicht aus dem Menschen herausgewachsene zu sinnbilden[4]. Sowohl die leiblichen Vorzüge vor dem Falle wie die traurigen Erscheinungen nach demselben sind Reflex der geheimnisvollen Herrlichkeit und der späteren Verarmung ihres Innern. „Der Tod trat (innerlich) an demselben Tage ein, wo die Übertretung des göttlichen Gebotes

---

[1] Zuerst wohl Tatian, Orat. adv. Graec. 20; Irenaeus, Adv. haer. 3, 23, 5. Vgl. noch Scheeben, Dogmatik II 445.

[2] De Civ. Dei 14, c. 17.

[3] De Gen. ad litt. 11, 41. Hier ist es ganz klar, daß die Gnade nicht nur in der Freiheit von der sinnlichen Begierde bestand; wird sie ja wesentlich durch den Ungehorsam und Hochmut vertrieben. Aber auch in der vorigen Stelle kann der Sinn nicht zweifelhaft sein; die Entfesselung der Begierde ist Folge der Gnadenberaubung: Qua gratia remota, ut poena reciproca inobedientia plecteretur, extitit in motu corporis quaedam impudens novitas.

[4] Sermo 169, 11: Iustitia sit, sed ex gratia sit; a Deo tibi sit, non tua sit. „Sacerdotes tui", inquit, „induantur iustitiam." Vestis accipitur, non cum capillis nascitur: pecora de suo vestiuntur.

geschah. Denn nachdem ihr wunderbarer Stand verloren war
(amisso statu mirabili), nahm sogar ihr Leib jene Schwäche und Sterblichkeit an, die dem Leibe der Tiere eigen ist; auch ihm war ja
vom Baume des Lebens durch mystische Kraft ein Zustand eigen
gewesen, kraft dessen sie weder von Krankheit heimgesucht noch
vom Alter geschwächt werden konnten." Diese Speise vom Lebensbaume „sinnbildete dasjenige, was die geistliche Nahrung der
Weisheit, deren heiliges Symbol (sacramentum) jener Baum war,
in den Engeln bewirkt: die Teilnahme an der Ewigkeit".
Mit dem Verluste der Gnade, jenes wunderbaren Zustandes, ist jedoch
die Vernünftigkeit der Menschennatur und ihre sittliche Arbeitskraft
nicht verloren gegangen; „in der Bestrafung selbst blieb es ein
Zeichen des Adels der vernünftigen Seele, daß sie über
den tierischen Trieb in den Gliedern ihres Fleisches errötete".
Diese Beschämung bezog sich vor allem auf den Grund der leiblichen
Änderung, die geistige Sünde: „Denn dort empfand sie Scham, wo
sie früher von der Gnade bekleidet gewesen war." [1]

Da die Gnade eine höhere Lebendigkeit des Geistes ist, so kann
Augustin ihren Verlust, wie wir hörten, als Tod der Seele bezeichnen; diese Auffassung ist ihm, wie der Heiligen Schrift, sehr
geläufig [2]. Sie besagt nicht, daß die Seele durch die Sünde ihre
Vernünftigkeit, ihr natürliches Leben eingebüßt habe; soll sie also
ernsthaft, nicht allegorisch sein, so muß sie auf ein übernatürliches
Leben, das durch die Sünde verloren geht, hinweisen. Augustin sagt
denn auch, die sündige Seele entbehre ein „gewisses Leben", nicht
ihr „eigentümliches Leben" [3]; die Seele sei nach dem Falle eine vernünftige und sittlich empfindende geblieben, werde aber durch die
Rechtfertigung wieder „in ein anderes Leben" übergeführt [4]. Wie
die Sünde falsche Selbstbehauptung ist, so das ihr folgende Sterben ein
Herabsinken auf das endliche Selbst [5]. Wenn die Heilige Schrift das
Leben „secundum hominem" tadelt und verwirft, so rechnet sie es
als Sünde an, daß wir „bloß Menschen sind", „reine Geschöpfe",

---

[1] De Gen. ad litt. 11, 42.
[2] Vgl. noch De ver. rel. 21; En. 2 in ps. 48, 2; Sermo 212, 1.
[3] De Civ. Dei 13, c. 24, 6: Quae licet peccato mortua perhibeatur carens
quadam vita sua, h. e. Dei Spiritu, quo‘ etiam sapienter et beate vivere
poterat, tamen propria quadam licet misera vita sua non desinit vivere.
[4] De spir. et litt. 48.
[5] De Civ. Dei 14, c. 15, 1: ut ..., quia superbia sibi placuerat, Dei iustitia
sibi donaretur.

entblößt von der höheren Erleuchtung und Würde, die uns geschenkt war [1].

Das Bild des Todes tritt in eine gewisse Disharmonie zu dem
der Krankheit, das Augustin ebenso häufig auf den Zustand
des gefallenen Menschen anwendet: „Gott heilt den Kranken oder
belebt den Toten in geistiger Weise, d. h. er rechtfertigt den Gottlosen!" [2] Liegt dieses Schwanken bloß an der Unbestimmtheit, die
alle Vergleiche aus der Natur für das geistig-religiöse Leben haben?
Oder ist es ein Anzeichen dafür, daß es auf dem Gebiete des Geistes
und seiner Beziehung zu Gott ein doppeltes Leben gibt, ein übernatürliches, das durch die Sünde erstorben ist, und ein natürliches,
das nur geschwächt und verletzt ist? Das letztere scheint der Fall
zu sein [3]. In einer schon erwähnten Predigt unterscheidet Augustin
die allen Menschen, den Heiden und Christen, gemeinsame Natur
als Gnade im weitesten Sinne (gratia generalis) von der eigentlichen
Gnade, die den Menschen zum Gläubigen und Anhänger Christi, die
Menschheit zum Volke Gottes macht [4]. In der ersten Gnade ist die
Würde des Menschen als Ebenbild Gottes und die Freiheit des
Willens eingeschlossen [5]. Dieselbe ist durch den Sündenfall nicht
verloren gegangen; der gefallene Mensch erkennt das Gesetz: „Du
sollst nicht begehren!", seine Schwäche hindert ihn nur, es zu

---

[1] De div. quaest. 83, q. 67, 4. Ipse homo, cum iam signaculo imaginis
propter peccatum amisso remansit tantummodo creatura etc. Sermo 166, 2:
Invenimus Apostolum tanquam crimen obiecisse hominibus, quia homines sunt. . . .
Qui nolentes exuere Adam et induere Christum non novi homines sed tantum
homines esse cupiebant. Sermo 166, 3: Si ablata fuerit homini illustratio veritatis, remanebit tanquam nudus indumento luminis. De Gen. c. Man. 2, 10:
Nach der Beseelung Adams war er erst homo animalis; die Einführung ins
Paradies sinnbildet die Erhebung zum homo spiritalis. Itaque, postquam peccavit recedens a praecepto Dei et dimissus est de paradiso, in hoc remansit, ut
animalis esset. Et ideo animalem hominem prius agimus omnes, qui de illo post
peccatum nati sumus, donec assequamur spiritalem Adam, i. e. Dominum nostrum
Iesum Christum, qui peccatum non fecit, et ab illo recreati et vivificati restituamur
in paradisum.

[2] De nat. et gr. 29. Vgl. De Trin. 4, 5: Utrique autem rei nostrae, et
animae et corpori medicina et resurrectione opus erat. Ebd. 4, 4: Parti-
cipationi (Verbi) prorsus inhabiles et minus idonei eramus propter immunditiam peccatorum.

[3] So wird in dem zuletzt angeführten Zusammenhang ausführlich gezeigt,
daß die Krankheit der Seele den gefallenen Menschen nicht hindert, den wahren
Gott als existierend und verehrungswürdig zu erkennen, wohl aber, das Denken
und Wollen „standhaft auf ihn hinzurichten" (De Trin. 4, 23 ff).

[4] Sermo 26, 4 7 9 12.   [5] Sermo 26, 1 4.

erfüllen[1]. Anderseits waren wir durch die Sünde dem vollen Tode
anheimgefallen (in morte eramus, prorsus perieramus); die „tote
Natur" konnte nur durch die Gnade, die der Gottmensch uns verdiente, wieder zum Leben erweckt werden[2]. — Dieselbe Gegen-
sätzlichkeit des Ausdrucks finden wir bei der Beantwortung der
Frage, ob der Mensch nach dem Falle ein Ebenbild Gottes geblieben
ist. Bisweilen lehrt Augustin, das Bild des Schöpfers in der Seele
sei ausgelöscht[3]; der Regel nach sagt er, es sei nicht getilgt, sondern nur getrübt und entstellt, habe seine Farbe verloren (deformis
et decolor facta est)[4]. Die Natur des Menschen, sofern sie ver-
nünftig und gewisser sittlicher Grunderkenntnisse fähig ist, bleibt gut
und gottebenbildlich; durch Christus aber erhält sie eine Erneuerung
und Klärung, die zugleich „translatio in aliam vitam" ist[5].

Die deutlichste Bezeugung der „Natürlichkeit" des jetzigen Zustandes der Menschheit, d. h. seiner Vereinbarkeit mit dem Begriff
der Menschennatur findet sich am Schlusse des Werkes De libero
arbitrio. Augustin will hier zunächst den Manichäern zeigen, daß
die Mängel und Leiden des Daseins, vor allem die Unwissenheit und
Schwäche auf sittlichem Gebiete, nicht die Existenz eines bösen Welt-
prinzips beweisen, sondern auch vom Standpunkte des christlichen
Gottesglaubens erklärlich sind. Die erste Begründung bildet die
Erbsünde, als deren tatsächliche Folge der Jammer der Zeit erscheint.
Eine zweite Erklärung liegt in der Größe und sittlichen Aufgabe
des Menschenlebens, die sich in Not, Schwäche und Kampf entfalten
und bewähren soll. Der weise und gütige Gott hätte die
Menschen in dem Zustande erschaffen können, in dem
wir jetzt geboren werden; auch so wären sie dem Schöpfer für ihre
hohe Stellung als geistige, sittliche Wesen zu Dank verpflichtet gewesen. „Denn was läge Unwürdiges darin, wenn der Schöpfer
in dieser Weise hätte zeigen wollen, daß die Würde der Seele die
körperlichen Geschöpfe derart übertrifft, daß die eine (Seele) auf
derselben Stufe anfangen kann, zu der die andere hinabgesunken
ist. . . . In diesem Falle wären Unwissenheit und Schwierigkeit für die entstehenden Seelen nicht Strafe der Sünde,
sondern Antrieb zum Fortschreiten und Anfang der Vollkommenheit.
Denn es ist nichts Geringes, vor jeglichem Verdienste eines guten
Werkes das natürliche Urteilsvermögen erhalten zu haben, durch

---

[1] Sermo 26, 9.   [2] Sermo 26, 7 12.   [3] De Gen. ad litt. 6, 35.
[4] De Trin. 14, 22. De Civ. Dei 22, c. 24, 2. En. in ps. 32, sermo 2, 16.
[5] De spir. et litt. 48. C. Iul. Pel. 4, 15.

das man die Weisheit dem Irrtum und die Ruhe der Schwierigkeit vorzieht, um zu diesen Zielen nicht durch Geburt, sondern durch eifriges Streben hinzugelangen."[1] Diese „natürliche Unwissenheit und Mühe" würde somit ihr Gutes enthalten und keinen Vorwurf gegen den Schöpfer begründen; denn was nicht vollkommen ist, braucht deshalb nicht schlecht zu sein. Die menschliche Seele steht auch bei dieser Art des Daseins an der Spitze der irdischen Wesen und in sittlicher Beziehung zu Gott, obschon sie nur allmählich zur Wahrheit sich durchzuringen, nur langsam das niedere, „trägere" Streben mit dem höheren, geistigen in Einklang zu setzen vermag[2].

Man kann gegen diese Ausführung einwenden, sie werde durch manche spätere Äußerung Augustins widerlegt, nach der die Überhäufung schuldloser Menschenkinder mit so viel Schmerz und Elend vom Standpunkte des gerechten Gottes unbegreiflich wäre. Allein entscheidender ist doch, daß Augustin bei der späteren Revision des Werkes De libero arbitrio die besprochene Stelle nicht widerrufen, sondern ausdrücklich aufrechterhalten hat[3]. Die Lösung des scheinbaren Widerspruchs liegt wohl darin, daß Augustin hier vom abstrakt-philosophischen, in der späteren Polemik aber vom tatsächlich-christlichen Standpunkte aus argumentiert[4].

V. Der mystische Vollzug der christlichen Rechtfertigung.

Die Pelagianer übersahen bei ihrem Eifer, den menschlichen Willen zum rechten Gebrauche der Freiheit zu bewegen, das Bedürfnis einer tieferen Quelle der Begeisterung und Belebung, die dem

---

[1] De lib. arb. 3, 56.

[2] Ebd. 3, 64: Ignorantia vero et difficultas si naturalis est, inde incipit anima proficere et ad cognitionem et requiem, donec in ea perficiatur vita beata, promoveri. Quem profectum in studiis optimis atque pietate, quorum facultas ei non negata est, si propria voluntate neglexerit, iuste in graviorem, quae iam poenalis est, ignorantiam difficultatemque praecipitatur. Noch ausführlicher ebd. 3, 65.

[3] Retr. 1, c. 9, 6: Quam miseriam Pelagiani nolunt ex iusta damnatione descendere negantes originale peccatum; quamvis ignorantia et difficultas, etiamsi essent homini primordia naturalia, nec sic culpandus sed laudandus esset Deus; sicut in eodem tertio libro disputavimus. Vgl. De dono pers. 30.

[4] Julian sagte: „Es wäre ungerecht, wenn Gott den Kindern die Schuld der Stammeltern anrechnen wollte!" Augustinus antwortet: „Gott wäre ungerecht, wenn er den schuldlosen Nachkommen das ursprüngliche Erbgut entziehen wollte, das jene tatsächlich besessen haben!"

verkehrten oder unschlüssigen Willen die Wendung zum Guten und die Ausdauer in demselben geben muß. Ihre nüchterne Denkweise, ihr einseitiges Vertrauen auf die Macht der Vernunft und Freiheit, verschloß ihnen den Blick für die geheimnisvollen übernatürlichen Triebkräfte des Handelns. Augustin lehnt ihre Versuche, die Erlösungsgnade auf eine bloß vernunftmäßige, moralische Anregung des Menschen herabzustimmen, der Reihe nach ab und nimmt den mystischen Charakter der Begnadigung, die Realität innerlicher, dem Denken und Wollen vorangehender Lebenskräfte in Schutz.

Der erste Versuch, eine rationalisierende Aufklärung in die Betrachtung der Geheimnisse der Erlösung einzuführen, war die Gleichstellung der Gnade mit d e r L e h r e u n d d e m G e s e t z e. „Gott bringt uns Hilfe durch seine Lehre und Offenbarung", sagt Pelagius: er öffnet das Auge unseres Geistes, erschüttert unser Herz durch Mahnung, Verheißung und Drohung[1]. Also sind es Rede und Schrift, antwortet Augustin, Mittel der Überredung, die auch Menschen gebrauchen, aus denen unser Heil stammt. „Ich wünschte, daß jener sich endlich auch zu d e r Gnade bekännte, durch die die Größe der zukünftigen Herrlichkeit nicht bloß verheißen, sondern geglaubt und gehofft wird; durch die die Weisheit nicht bloß geoffenbart, sondern auch geliebt wird; durch die alles Gute nicht nur auf uns eindringt, sondern in uns durchdringt."[2] . . . „Wenn man diese Gnade als Lehre bezeichnen will, so fasse man sie wenigstens so auf, daß man glaubt, G o t t f l ö ß e s i e t i e f e r u n d i n n e r l i c h e r m i t u n a u s s p r e c h l i c h e r S ü ß i g k e i t e i n, nicht nur durch diejenigen, welche äußerlich pflanzen und begießen, sondern auch d u r c h s i c h s e l b s t, d e r i m g e h e i m e n s e i n W a c h s t u m g i b t, so zwar, daß er nicht nur die Wahrheit zeigt, sondern auch die Liebe mitteilt."[3]

Neben der sittlichen und religiösen Aufklärung ist es das B e ispiel Christi, das Pelagius als Gnade zulassen will. Das Beispiel Adams und unsere allzu willige Nachahmung desselben bilden ja auch allein das, was Pelagius Erbsünde nennt. Augustin sieht bei Adam wie bei Christus neben der Anziehungskraft des Beispiels eine tieferliegende, das Innere des Menschen ergreifende Macht. „Außer der Nachahmung (Christi) bewirkt seine Gnade auch innerlich unsere Erleuchtung und Rechtfertigung. . . . Durch diese Gnade nämlich pflanzt er auch die getauften Kind'er seinem Leibe ein, sie, die offenbar ihn nicht nachahmen können. Wie also derjenige,

---

[1] De grat. Chr. 8.   [2] Ebd. 11.   [3] Ebd. 14.

in dem alle lebendig werden, sich nicht bloß als Beispiel der Gerechtigkeit zur Nachahmung aufstellt, **sondern auch den Gläubigen die geheimnisvollste Gnade seines Geistes verleiht, die er unbemerkt auch den Kindern eingießt** (dat
etiam sui Spiritus occultissimam fidelibus gratiam, quam latenter infundit et parvulis), ebenso ist derjenige, in dem alle sterben, nicht
nur ein Beispiel zur Nachahmung für die, welche freiwillig das Gesetz
des Herrn übertreten, sondern er hat auch mit der geheimen Krankheit der fleischlichen Begier in seiner Person alle angesteckt, die
von seinem Stamme geboren werden." [1]

Die im Innern des Menschen vorgehende Änderung hat die sittliche Heiligung des Menschen, die Nachahmung Christi zum Ziele.
Aber das ganze System des Heiles würde zusammenbrechen, wollten
wir die Erlösung ausschließlich auf moralische Vorbildlichkeit zurückführen [2]. Dann wären die Heiligen des Alten Bundes, wie Pelagius und Julian auch zugaben, ohne Christus selig geworden;
dann würde Paulus, der die Korinther auffordert, seine Nachahmer
zu sein, ebenbürtig an die Seite Christi rücken! So grundstürzende
Folgen hat es, wenn man die paulinische Antithese Adam-Christus
und ihre Bedeutung für das Christenleben auflöst in den Gegensatz
des bösen und guten Beispiels, nicht in den einer fleischlichen und
geistlichen Geburt [3].

Ein dritter Versuch, die Rechtfertigung zu einem moralischen,
oder wenn man will juridischen Prozeß herabzusetzen, lag in der
Behauptung der Pelagianer, die Taufe und das Gebet seien nur notwendig, um **von der Sünde freigesprochen zu werden** (in
remissionem peccatorum); ein Geständnis, das sie aus naheliegendem
Grunde nur bezüglich der Erwachsenen machten [4]. „Sie sagen, die
Gnade Gottes, die durch den Glauben an Jesus Christus gegeben
wird und die weder mit dem Gesetze noch mit der Natur identisch
ist, habe nur die Bedeutung, daß die vergangenen Sünden nach-

---

[1] De pecc. mer. et rem. 1, 10.

[2] Op. imp. c. Iul. 2, 146: Hoc est occultum et horrendum virus haeresis
vestrae, ut velitis gratiam Christi in exemplo eius esse non in dono eius, dicentes,
quia per eius imitationem fiant iusti, non per subministrationem Spiritus sancti,
ut eum imitentur, adducti.

[3] Ebd. Vgl. De pecc. mer. et rem. 1, 11.

[4] Nach Klasen (Die innere Entwicklung des Pelagianismus 285 ff) ist es
wahrscheinlich, daß sie diesen Sündennachlaß als ein äußerliches Freisprechen
durch Gott ansahen, während sie die Aufhebung der inneren Sündhaftigkeit
durch das sittliche Verdienst des Täuflings oder Büßers geschehen ließen.

gelassen, nicht, daß die künftigen vermieden oder die drohenden
überwunden werden. Aber, wenn das wahr wäre, so würden wir
im Gebete des Herrn, nachdem wir gesprochen: ‚Vergib uns unsere
Schuld, wie auch wir vergeben unsern Schuldigern‘ nicht hinzufügen:
‚Und führe uns nicht in Versuchung‘! Denn jenes sagen wir, damit
uns die Sünden erlassen werden, dieses aber, damit sie vermieden
oder besiegt werden; um beides aber würden wir den Vater, der
im Himmel ist, nicht zu bitten brauchen, wenn wir es durch die
Kraft des menschlichen Willens bewirken könnten.“ [1] Julian will
seinen Dank gegen den Erlöser nur damit begründen, daß Christus
unsere Schuld getilgt, d. h. uns der Rache Gottes entrissen und die
ewigen Strafen von uns abgewendet hat [2]. Augustin entgegnet ihm:
„Nur ihr seid es, die jene Rechtfertigung (durch Christus) auf die
Vergebung der Sünden einschränken. Denn Gott rechtfertigt den
Sünder nicht bloß dadurch, daß er verzeiht, was er Böses getan,
sondern auch dadurch, daß er ihm die Liebe mitteilt, damit
er das Böse meide und das Gute tue durch den Heiligen Geist,
um dessen beständige Verleihung der Apostel fleht für diejenigen, denen er sagt: ‚Wir beten aber zu Gott, daß ihr nichts
Böses tut‘ (2 Kor 13, 7).“ Es ist also nicht ein bloßer rückwirkender
Akt, der die Verantwortung für vergangene Taten aufhebt, sondern
eine dauernde, das künftige Leben beherrschende Kraft, die wir in
der Rechtfertigung empfangen. Dem ankämpfenden Sündenreize tritt
die Liebe (caritas) als Gegengewicht entgegen; und ihr Ursprung
ist nicht die Kraft des menschlichen Willens, sondern die ständige Mitteilung des Heiligen Geistes (iugis subministratio Spiritus
sancti) [3].

---

[1] De gr. et lib. arb. 26. Ähnlich De nat. et gr. 20.

[2] Op. imp. c. Iul. 2, 165.

[3] Schon aus diesen Stellen geht klar hervor, daß der Satz H a r n a c k s
(Dogmengeschichte III 187) unrichtig ist: „Für Augustins System ist es ein
schwerer, von den Pelagianern auch gerügter Mangel, daß die Taufe nur die
Schuld der Erbsünde tilgt“, nicht die faktische Renovation bewirkt. Augustin
wirft umgekehrt den Pelagianern vor, sie legten die Wirkung der Taufe nur in
die Sündenvergebung (W ö r t e r, Der Pelagianismus 381). C. Iul. Pel. 6, 72:
Putatis gratiam Dei per I. Chr. D. n. sic in sola peccatorum remissione versari,
ut non adiuvet ad vitanda peccata et desideria vincenda carnalia diffundendo caritatem in cordibus nostris per Spiritum sanctum, qui ab illo datus est nobis. Die
diffusio caritatis und Mitteilung des Heiligen Geistes geschieht in der Taufe (Epist.
187, 26); sie ist ebenso wie die Sündenvergebung „v i r t u s sacramenti“ (In Io.
Ep. 6, 10 f; 5, 6). Vgl. unten S. 122, A. 1 123, A. 2 126 ff. Aber die

Eine letzte Ausflucht versuchte Julian, indem er sich der kirchlichen Mysteriensprache im Ausdrucke anschloß. Tatsächlich blieb er bei der Leugnung der inneren Gnade; was er außer den erwähnten Formen der Gnade noch weiter zuließ, das war das k u lt i s c h e E l e m e n t, das in den Sakramenten liegt und einen Teil des Gottesdienstes und ein Mittel der Erbauung bildet. „Du lügst", sagt er zu Augustin, „wenn du uns die Lehre zuschreibst, für den Menschen genüge die Freiheit des Willens zum rechten Dienste Gottes. Das Wort Gottesdienst hat einen vielfachen Sinn; es bedeutet sowohl die Haltung der Gebote wie den Abscheu vor dem Laster, die Einfalt des Wandels wie die O r d n u n g d e r M y s t e r i e n und die Tiefe der Dogmen, die der christliche Glaube betreffs der Dreifaltigkeit oder der Auferstehung und vieler ähnlicher Lehren festhält. . . . Da nun der freie Wille dieses alles, was in jenen Dogmen und Mysterien enthalten ist, a u s s i c h n i c h t f i n d e n k o n n t e, . . . so sagen wir ebensowenig wie irgend ein Vernünftiger das, was du uns zuschiebst." Gott hilft den Erwachsenen auf vielfache Weise: praecipiendo, b e n e d i c e n d o, s a n c t i f i c a n d o, coërcendo, illuminando[1]. Augustin hatte schon früher gegen Pelagius bemerkt, daß dessen Irrlehre vor allem dem Gebetsleben und Gottesdienste der Kirche widerspreche; das Herabflehen der Gnade und der Gaben des Heiligen Geistes, wie es bei den Segnungen der Kirche vorkommt, verliere allen Sinn, wenn der Vollzug des Sittlichen bloß Sache des Willens wäre[2]. Ein katholischer Bischof wie Julian konnte, ohne sich unmöglich zu machen, das sakramentale Prinzip nicht völlig verwerfen. Aber er gibt ihm nur so viel Raum, daß er in den Mysterien einen Kultus, den die „in die Mysterien Eingeweihten" G o t t e r w e i s e n, anerkennt; eine Gnade für sie selbst kennt er nicht, abgesehen von der Tatsache, daß sie die Dogmen und Mysterien des Christentums nicht selbst entdeckt und geschaffen haben. Augustin läßt sich daher durch den Wortschwall Julians nicht beirren: „Du nennst so vieles, wodurch uns Gott hilft — durch Gebot, Segnung, Weihung, Bestrafung, Erleuchtung — und sagst nicht: d u r c h V e r l e i h u n g d e r L i e b e, wo doch der Apostel Johannes sagt: ‚Die Liebe ist aus Gott' (1 Jo 4, 7)

Wiedergeburt setzt natürlich nur ein a n f a n g e n d e s, keimhaftes Leben, das weiterwächst bis zur vollen Verklärung des Geistes und Körpers und in dieser Ausgestaltung vom freien Willen abhängig ist.

[1] Op. imp. c. Iul. 3, 106. Eine anscheinend ebenso ausdrückliche Anerkennung des Übernatürlichen siehe ebd. 5, 9.

[2] Epist. 175, 4 5.

und weiter sagt: ‚Sehet, welche Liebe uns der Vater geschenkt hat, daß wir **Kinder Gottes heißen und sind**‘ (1 Jo 3, 1)! In dieser Liebe, welche dem menschlichen Herzen nicht durch den Buchstaben, sondern durch den Geist verliehen wird, ist auch jene Macht mitzuverstehen, von der derselbe in seinem Evangelium sagt: ‚Er gab ihnen Macht, Kinder Gottes zu werden‘ (Jo 1, 12). Von derselben behauptet ihr, sie komme dem Menschen vom Menschen durch den freien Willen, da ihr ‚den Geist dieser Welt habt, nicht den, der aus Gott ist‘; deshalb ‚wißt ihr nicht, was von Gott uns geschenkt ist‘ (1 Kor 2, 12).“[1] So faßt Augustin die Wirkung der Sakramente unvergleichlich ernster und realistischer als Julian; und doch faßt er sie anderseits mehr **sittlich**, indem er die Weihe und Heiligung in den innersten Menschen verlegt, indem er keine äußere rituelle Heiligung anerkennt ohne die Erneuerung des Herzens, die in der Gottesliebe liegt. Äußeres und Inneres wirken, wie bei allen Heilsveranstaltungen, zusammen. „Der Heilige Geist bewirkt innerlich — mirabilibus et latentibus modis —, daß die Arznei anschlägt, welche äußerlich gereicht wird.“[2] Aber ehe der Funke der Liebe in lichter Flamme brennen kann, schlummert er im Heiligtum des Herzens; auch den Kindern ist der **Geist** der Gerechtigkeit, der Kindschaft Gottes eingesenkt, der später das Opfer der Liebe und Gerechtigkeit vollziehen wird[3].

Eine Zusammenfassung des Gesagten liegt in folgendem Worte Augustins: „Dies alles wirkt an uns die Gnade Gottes durch Jesus Christus unsern Herrn, nicht nur durch **Lehren**, **Sakramente**,

---

[1] Op. imp. c. Iul. 3, 106. Als Julian weiter bemerkt, da Christus sein Urteil nach dem, was man im Leibe Gutes oder Böses getan, sprechen werde (2 Kor 5, 10), so könnten die Kinder nicht wegen der Erbsünde verurteilt werden, fragt Augustin geschickt, wie denn die getauften Kinder zum Leben eingehen könnten, da sie ja auch nicht durch eigene Werke gerecht seien. Ebd. 3, 107: Quodsi, ut necesse est, fatearis sine ullis operibus liberae voluntatis, quae gerit quisque per corpus, illos in **Christo vivificari**, cur non fateris istos in Adam mori, cum scias Adam Christo e contrario esse formam futuri? An clausis oculis os aperies et dices, **illis, in quo renati sunt, spiritum profuisse iustitiae**, et istis, in qua nati sunt, carnem non obfuisse peccati?

[2] De Civ. Dei 15, c. 6.

[3] Epist. 187, 26. Auch De Civ. Dei 10, c. 3, 2 betont Augustin, daß der innere Kultus, die Weihe des Herzens, die Hauptsache ist: Ad hunc videndum, sicut videri potest, eique cohaerendum ab omni peccatorum et cupiditatum malarum labe mundamur et eius nomine **consecramur**. Vorher: Ei suavissimus adolemus incensum, **cum in eius conspectu pio sanctoque amore flagramus** etc.

Beispiele, sondern auch durch den Heiligen Geist, durch
den die Liebe geheim in unsere Herzen ergossen wird,
die da betet mit unaussprechlichen Seufzern (Röm 8, 26),
bis die Heilung sich vollendet und Gott sich uns zeigt zum
Schauen, wie er ist: in ewiger Wahrheit!"[1] Nach Ablehnung der
einseitig moralischen Formen der Heilsvermittlung wird hier der
mystische Charakter der Begnadigung deutlich ausgesprochen, zugleich mit dem Hinweise auf das übernatürliche Endziel des menschlichen Lebens[2].

Eine Moral, die nur die von der Vernunft vorgehaltenen Gesetze und Vorbilder anerkennt, bringt es niemals zu jener Tiefe und
Kraft, die einerseits den unendlichen Wert des Sittlichen aufrechthält, anderseits der Vielseitigkeit des Lebens vollkommen gerecht
wird. Entweder sinkt die sittliche Zwecksetzung auf das Niveau
einer maßvollen Lebens- oder Kulturfreudigkeit hinab — wenn die
Einzelmotive das Urteil beherrschen; oder aber der Pflichtbegriff
wird mit gleicher Absolutheit auf Großes und Kleines angewandt, —
wenn das Sittengesetz als solches, der kategorische Imperativ allein
entscheidet[3]. Im ersten Falle nähert sich auch die sittliche Entwicklung den Veränderungen im Naturleben; der absolute Gegensatz von gut und böse verschwindet; die Bekehrung und Heiligung
setzt nicht ein Neues im Menschen, sondern entfaltet nur die schon
vorhandenen Kräfte durch Abstreifung sittlicher Mängel und gute
Gewöhnung. Im zweiten Falle stellen sich die Gegensätze so schroff
und starr zueinander, daß eine wahre Entwicklung, eine mannigfaltige Abstufung überhaupt unmöglich wird; der Weise, der Heilige
ist fertig, sobald er „erleuchtet", „bekehrt" ist; die grundsätzliche
Stellungnahme der Vernunft beendigt alles Schwanken, beseitigt,
da die Grundsätze für alle gleich sind, auch alle Mannigfaltigkeit
der Menschen. Die erste Alternative liegt dem tatsächlichen Menschen
näher; das höchste Gut und Ziel, wie es im Pflichtbewußtsein objektiv
gegeben ist, steht ja über ihm in einer Höhe und Abstraktheit, daß

---

[1] De perf. iust. hom. 43.

[2] Die Wirkung der Taufe tritt mit Unterscheidung der rein mystischen Wirkung
im Kinde und der zugleich moralischen im Erwachsenen besonders scharf hervor
Retr. 1, c. 13, 5: Ideo gratia Dei non solum reatus omnium praeteritorum solvitur
in omnibus, qui baptizantur in Christo, quod fit spiritu regenerationis,
verumetiam in grandibus voluntas ipsa sanatur et praeparatur a
Domino, quod fit spiritu fidei et caritatis.

[3] Zum letzteren vgl. den Rigorismus der Stoa und der Pelagianer.

ihm eine lebendige Aufnahme in die Seele, die sich als Basis
des inneren Lebens gegen das Irdische behaupten könnte, große
Mühe kostet. Augustin freilich versteht es, eine solche Beziehung von höchster
Lebendigkeit zwischen Gott und der Seele aus dem Begriffe des
Guten und Bösen abzuleiten; ihm ist es natürlich, bei den einfachsten
sittlichen Erscheinungen die anschauliche, realistische Sprache der
Bibel und der tiefsten Mystik zu reden. Aber sind diese Wendungen
nicht bloße Vergleiche, sind hier Licht und Leben, Finsternis und Tod
nicht so zu verstehen, wie auch die Weltkinder sprechen von einem
neuen „Leben", das mit einer äußeren Schicksalswendung, einem
künstlerischen Erlebnis für den Menschen anbricht, von einem Lichte,
das ihm durch einen frappanten Beweis, eine überzeugende Belehrung
aufgeht? Die letzten Darlegungen haben gezeigt, daß es nicht so
ist, daß Augustin den hohen Worten, die er wie manche Lebens-
philosophen für das Sittliche gebraucht, nicht nur eine poetische
Wahrheit, sondern eine tiefernste Bedeutung, eine Wirklichkeit geheimnisvoller Art beilegt. Indem er die Versöhnung des Menschen
mit Gott als innerste Neugeburt, als Empfang eines höheren Lebens
bezeichnet, gibt er der Scheidung des Guten und Bösen den vollen
Ernst eines absoluten Gegensatzes. So begreifen wir auch, daß die
Rechtfertigung nach Augustin eine momentane ist, die den Sünder
sofort zum Kinde Gottes macht[1].

Der Begriff des Lebens enthält aber auch, wie kein zweiter,
eine Verbindung der Einheit mit der Vielheit, der Festigkeit und
Sicherheit mit der Wandlung und Anpassung. So kann trotz der
Absolutheit der Bekehrung eine unendlich mannigfaltige Entwicklung
des sittlichen Lebens stattfinden. Wenn wir dem Tode entrissen
sind, so bleiben doch noch Wunden und Krankheiten zurück. Das
Leben ist ein göttlicher Same, der treiben und wachsen soll; wir
haben die „Erstlinge des Geistes" empfangen, die volle Herrschaft
steht noch aus; ein Opfer ist in uns entzündet, das sich nach und
nach zum Holokaust, zum Brandopfer entfaltet[2].

Den übernatürlichen Charakter des Gnadenlebens zeigt vor
allem seine höchste Entwicklungsstufe, die allseitige Verklärung
des Menschen in der Auferstehung. Die wichtigsten Stadien der

---

[1] Epist. 194, 44: In baptismo ... continuo reatus eius aboletur. Sermo
213, 8: Salutari lavacro regenerationis renovabimini: eritis sine ullo peccato ascen-
dentes de illo lavacro.

[2] De div. quaest. 83, q. 67, 6. De pecc. mer. et rem. 2, 9. Epist. 187, 26.

Entwicklung schildert Augustin in drängender Kürze mit den Worten des Psalmes (102, 3 ff): Qui propitius fit omnibus iniquitatibus tuis — das ist die Grundlegung des neuen Lebens in der Taufe; qui sanat omnes languores tuos — die allmähliche Erstarkung und Gesundung des Christen; qui redimit de corruptione vitam tuam — die Auferstehung des Leibes aus der Verwesung; qui coronat te in miseratione et misericordia — die allseitige Beseligung des Menschen im Himmel![1] Charakteristisch ist für Augustin, daß er die Verklärung des Leibes als eine Umwandlung von innen heraus, als ein sieghaftes Durchbrechen des inneren Gnadenlichtes betrachtet. Die Gabe des Heiligen Geistes, die hienieden die Seele mit Frieden, Freiheit und Heiligkeit erfüllt, wird im Endzustande auch den Leib befreien und beseligen[2]. Diese letzte Wirkung der Gnade ist ein Wunder, an dessen Übernatürlichkeit nicht zu zweifeln ist. Zwar hat Augustin in seiner spiritualistischen Periode die Beschaffenheit des Auferstehungsleibes als diejenige hingestellt, welche Adam im Anfange besaß[3]. Aber er nimmt diese Meinung ausdrücklich zurück und lehrt nachher ständig, daß der Leib der ersten Eltern im Vergleich zu dem verklärten Leibe ein corpus animale gewesen ist[4]. Die Auferstehung Christi ist jenes Wunder, jene Bezeugung übernatürlicher Gottesmacht, die den ganzen Glauben des Christen stützt; die Auferstehung unserer längst verwesten Leiber wird in gewissem Sinne ein noch größeres Wunder sein[5]. Die Herrlichkeit der Verklärung gestattet daher einen Rückschluß auf die Würde der Begnadigung. „Sage also Dank und umfasse, was dir geschenkt ist, damit du verdienst zu

---

[1] Sermo 131, 7 f.

[2] De ver. rel. 25: Inde (ex caritate) iam erit consequens, ut post mortem corporalem, quam debemus primo peccato, tempore suo atque ordine suo hoc corpus restituatur pristinae stabilitati, quam non per se habebit sed per animam stabilitam in Deo.... Corpus enim per ipsam vigebit et ipsa per incommutabilem veritatem, qui Filius Dei unicus est; atque ita et corpus per ipsum Filium Dei vigebit, quia omnia per ipsum. Dono etiam eius, quod animae datur, i. e. Sancto Spiritu, non solum anima, cui datur, salva et pacata et sancta fit sed ipsum etiam corpus vivificabitur.

[3] Vgl. die vorige Anmerkung.

[4] Retr. 1, c. 13, 4: Huic ergo pristinae stabilitati restituetur hoc corpus in resurrectione mortuorum. Sed habebit amplius, ut nec alimentis corporalibus sustentetur, sed ad sufficientiam vivificetur solo spiritu, cum resurrexit „in spiritum vivificantem", qua causa etiam spiritale erit. Illud autem, quod primum fuit, quamvis non moriturum, nisi homo peccasset, tamen animale factum est „in animam viventem". Weiteres zur Unterscheidung De Civ. Dei 13, c. 23 24.

[5] Sermo 169, 12. Sermo 130, 4. Epist. 102, 5.

genießen, wozu du berufen bist. Sei nicht Adam gleich, und du wirst
nicht mehr (bloßer) Mensch sein.... ‚Leget die Lüge ab und sprechet
die Wahrheit', damit dieses sterbliche Fleisch, das ihr von Adam
habt, d u r c h d i e v o r a n g e h e n d e N e u h e i t d e s G e i s t e s a u c h
s e i n e r s e i t s d i e E r n e u e r u n g u n d U m w a n d l u n g i n d e r
A u f e r s t e h u n g verdiene, und so der ganze Mensch v e r g ö t t -
l i c h t der ewigen und unwandelbaren Wahrheit anhange." [1]

Den Gegensatz der mystischen Verborgenheit des Gnadenlebens
zur dereinstigen glänzenden Offenbarung schildert Augustin sinnig
durch den Vergleich mit einem B a u m e , der zur W i n t e r z e i t
scheinbar abgestorben dasteht. „Die guten Christen kennen selbst
ihren Reichtum nicht; sie werden ihn aber einmal erfahren. Die
Wurzel ist lebendig; aber zur Winterzeit ist auch der grüne Baum
dem dürren gleich. Im Winter sind beide, der vertrocknete und der
lebendige Baum entblößt vom Schmucke der Blätter, beraubt der
Pracht der Früchte. Aber der Sommer wird kommen und die Bäume
kenntlich machen; der lebendige Stamm wird Blätter treiben und
sich mit Früchten beladen, der dürre wird auch im Sommer leer
bleiben wie im Winter. Daher wird für jenen die Scheuer bereitet,
an diesen aber wird die Axt gelegt, daß er abgehauen und ins Feuer
geworfen werde. So ist unser Sommer die Ankunft Christi; ja u n s e r
W i n t e r i s t d i e V e r b o r g e n h e i t C h r i s t i, u n s e r S o m m e r
d i e O f f e n b a r u n g C h r i s t i. So gibt den guten Bäumen, den
Gläubigen, der Apostel die Tröstung: ‚Ihr seid zwar tot, aber e u e r
L e b e n i s t v e r b o r g e n m i t C h r i s t u s i n G o t t' (Kol 3, 3).
Gewiß, ihr seid tot; aber nur dem Scheine nach tot, in der Wurzel
lebendig. Achtet daher, wie er auf die kommende Zeit des Sommers
hinweist und spricht: ‚Wenn aber Christus, euer Leben, erscheinen
wird, dann werdet auch ihr mit ihm erscheinen in Herrlichkeit.'" [2]

VI. Die übernatürliche Gottähnlichkeit als Wirkung der Rechtfertigung.

Die Betrachtung der f o r m e l l e n Seite der Heilsvermittlung hat
uns gezeigt, daß dieselbe nicht bloß ethische Erneuerung oder Lösung
der Sündenschuld, sondern Mitteilung eines höheren Lebens ist. Lassen
wir uns jetzt von Augustin den I n h a l t dieses Lebens in seiner
übernatürlichen Würde schildern. Der Charakter des Lebens wird
bestimmt nicht von dem Stoffe, sondern von dem Lebensprinzip;

---

[1] Sermo 166, 4.   [2] Sermo 36, 4.

nun ist aber das Prinzip des in der Taufe und Rechtfertigung mitgeteilten Lebens d e r H e i l i g e G e i s t, die dritte Person in der
Gottheit, und zwar so, daß er nicht nur als allgegenwärtiger und
allschaffender Geist die Gnade s p e n d e t, sondern in dieser Gnade
und kraft derselben d e r S e e l e i n b e s o n d e r e r A r t i n n e w o h n t. —
Anknüpfend an Jo 7, 39 sagt Augustin: „Etwas anderes ist das
Wasser des Sakraments, etwas anderes das Wasser, das den Heiligen
Geist bedeutet. Das Wasser des Sakraments ist sichtbar; das Wasser
des Geistes unsichtbar. Jenes wäscht den Leib ab und bezeichnet
das, was in der Seele vorgeht; d u r c h d i e s e n G e i s t w i r d d i e
S e e l e s e l b s t g e r e i n i g t u n d g e s ä t t i g t.“ [1] Der Heilige Geist
ist das aus Gnade verliehene Pfand des Heiles, das wir vom Erlöser
empfangen, das Unterpfand der überschwenglichen Herrlichkeit, die
uns im Himmel erwartet. Der Geistesbesitz hienieden ist innerlich
dem ewigen Gottesbesitz g l e i c h; „es wird uns ein Angeld (arrha) von
der verheißenen Sache gegeben, so daß, wenn diese uns zufällt, die
Gabe vollgemacht, nicht (wie bei einem Pfande) eingetauscht wird“ [2].

Der Heilige Geist ist als Gott allgegenwärtig; wie kann man
also von ihm sagen, e r w o h n e n i c h t i n a l l e n S e e l e n? Er ist
überall zugegen „durch seine machtvoll ordnende Gegenwart (or-
dinante praesentia)“, er ist nur in den Frommen „durch seine heiligmachende Gnade (sanctificante gratia)“ [3]. Wegen seiner Einfachheit
und Unveränderlichkeit ist Gott mit seinem Wesen überall ganz und
in gleicher Weise. Mit der „Gnade seiner Einwohnung aber ist er
nicht überall“; als besondere Wohnung Gottes nennt ja die Heilige
Schrift sowohl einzelne Menschen wie die ganze Gemeinde der Heiligen, vor allem die himmlische Gemeinde [4]. Wie das allgegenwärtige
Sonnenlicht nur in geöffnete und lichtfähige Augen dringt, so wohnt
(habitat) Gottes Geist nur in denen, die ihn aufnehmen, die ihn
‚fassen‘ und ‚haben‘. Er wohnt auch in diesen nicht in gleicher
Weise, sondern mehr oder weniger, je nach dem Maße, wie die einzelnen ihn fassen; er teilt nach den Bedürfnissen verschiedene G a b e n

---

[1] In Io. Ep. 6, 11. De Trin. 15, 33 35. Anderswo wird das Bild des Feuers
auf die Geistesumwandlung des Begnadigten angewandt: De spir. et litt. 5. Siehe
oben S. 124, A. 2.

[2] Sermo 156, 16 f. De Trin. 4, 1.

[3] De div. quaest. ad Simpl. 1, 5. Dazu kommt noch die A n b a h n u n g
der gnadenvollen Einwohnung: Spiritus, ubi vult, spirat: sed ... aliter adiuvat
nondum inhabitans, aliter inhabitans. Nam nondum inhabitans adiuvat, ut sint
fideles, inhabitans adiuvat iam fideles.

[4] Epist. 187, 16.

aus, ohne selbst geteilt zu werden [1]. Der Aufbau des Menschen zum
Tempel Gottes beginnt mit der Taufe, wo wir von der Sünde zur
Gerechtigkeit übergehen, mit Christus von den Toten zum Leben
erstehen [2]. Wie sich das natürliche Beisichsein des Menschengeistes
im Erkennen und Wollen äußert, so gibt sich auch die Einwohnung
des Heiligen Geistes naturgemäß in einer höheren Richtung des
Geisteslebens kund. „Wenn wir durch unsern Geist kennen, was in
uns ist, so lernen wir durch den Empfang des Geistes Gottes kennen,
was in Gott geschieht, freilich nicht alles, da wir ihn nicht ganz
empfangen haben." [3] Das sicherste Kennzeichen des Geistesbesitzes,
das Atmen gleichsam des neuen Lebens, ist die Liebe, deren Vorrang und ewige Geltung der Apostel Paulus so kräftig hervorhebt.
Daher möge jeder sein Herz prüfen, ob er aus tiefstem Grunde und
aufrichtiger Liebe sprechen kann: Abba, Vater, damit er wisse, ob
er in Gottes Geist lebt [4]. Der letzte Grund, weshalb der Heilige
Geist so wesentlich liebeschaffend ist, liegt in dem Geheimnisse der
göttlichen Dreifaltigkeit; der Heilige Geist ist die persönliche Liebe,
die aus dem Vater und dem Sohne in unaussprechlicher Weise hervorgeht. „Dieser Gott, der Heilige Geist, der aus Gott hervorgeht,
entzündet den Menschen, dem er geschenkt wird, zur Liebe Gottes
und des Nächsten; und er selbst ist die Liebe. Der Mensch
hat nicht, woher er Gott liebe, es sei denn aus Gott." [5]

Aber sind die erwähnten Tugenden, diese Zeichen und Früchte
des Geistes, nicht unmöglich in den vor dem Vernunftgebrauch getauften Kindern? Und „wir sagen doch, daß auch in ihnen
der Heilige Geist wohnt, obschon sie es nicht wissen.
Denn so kennen sie ihn nicht, obschon er in ihnen ist, wie sie auch
ihren Geist nicht kennen, dessen Vernunft, solange sie nicht gebraucht wird, wie ein Funke unter der Asche schläft, um
mit dem Fortschritte des Alters aufgeweckt zu werden
(velut quaedam scintilla sopita est, excitanda aetatis accessu). . . .
Man sagt also, daß er auch in solchen wohnt, weil er in ihnen geheimnisvoll bewirkt, daß sie sein Tempel sind, und es vollendet,
wenn sie fortschreiten und im Fortschritt verharren." [6] Ähnlich ist
es mit den wenig gereiften Christen erwachsenen Alters; auch sie
erkennen ihre Würde nur unvollkommen, bleiben aber Tempel des
Heiligen Geistes, wenn sie die kirchliche regula fidei festhalten und

---

[1] Epist. 187, 17 20.   [2] Epist. 187, 30 f.   [3] In Io. Ev. tr. 32, 5.
[4] Sermo 156, 16. Vgl. De Trin. 15, 31 f; In Io. Ep. 7, 6.
[5] De Trin. 15, 31. Epist. 187, 16 29.   [6] Epist. 187, 26.

nach derselben leben [1]. Anderseits gibt es weltliche Weise, die Gott tiefer erkennen, aber ihm nicht die Ehre geben. „So können jene (die Kinder) ohne ihr Wissen denselben besitzen, den diese erkennen, ohne ihn zu besitzen. Am glücklichsten aber sind diejenigen, f ü r die Gott besitzen und Gott kennen eins ist. Das ist die vollste, wahrste, seligste Kenntnis." [2]

Durch die geheimnisvolle Mitteilung des Geistes Gottes werden die Begnadigten im wahren Sinne Kin der Gottes [3]. Sie werden damit auch Brüder Christi, Glieder Christi, ein Leib mit ihm [4]. Weil diese Beseelung und Einpflanzung in der Taufe vor sich geht, heißt letztere das Sakrament der Wiedergeburt; eine geistliche Geburt ist es, „nicht aus dem Willen des Mannes, nicht aus dem Willen des Fleisches, sondern aus Gott" [5]. Wie der Getaufte innerlich des Lebens Christi teilhaft geworden, so empfängt er auch als Nahrung des Lebens das Sakrament des Leibes Christi, das uns immer vollkommener ihm einverleibt: „Wir w e r d e n, was wir empfangen." [6] Dasselbe Sakrament ist anderseits ein Sinnbild und Mittel der Einheit mit der Kirche, mit dem weltumfassenden Leibe Christi, die jeder aufrecht halten muß, der den Geist Christi bewahren will [7].

Die Mitteilung der Gotteskindschaft ist eine so wunderbare, erhabene Auszeichnung, daß sie uns unglaublich erscheinen würde,

---

[1] Epist. 187, 29.

[2] Epist. 187, 21. Retr. 1, c. 26, 35. Eine schöne Zusammenfassung der letzten Gedanken siehe De spir. et litt. 5: Nos autem dicimus humanam voluntatem sic divinitus adiuvari ad faciendam iustitiam, ut praeter quod creatus est homo cum libero arbitrio voluntatis, praeterque doctrinam, qua ei praecipitur, quemadmodum vivere debeat, accipiat S p i r i t u m s a n c t u m, quo fiat in animo eius delectatio dilectioque summi illius atque incommutabilis boni, quod Deus est, etiamnunc, cum adhuc per f i d e m ambulatur, nondum per speciem; ut hac sibi a r r h a data gratuiti muneris inardescat inhaerere Creatori atque inflammetur accedere ad participationem illius veri luminis, ut ex illo ei bene sit, unde habet, ut sit.

[3] Siehe oben S. 122 f. — De pecc. mer. et rem. 1, 10: Hac enim gratia baptizatos quoque parvulos suo inserit corpori; vgl. oben S. 118 f. Ebd. 1, 11: Nempe legimus iustificari in Christo, qui credunt in eum, propter occultam com-municationem et inspirationem gratiae spiritalis, qua, quisquis haeret Domino, unus spiritus est.

[4] In Io. Ev. 2, 14.   [5] Epist. 140, 9.

[6] Sermo 57, 7. Vgl. De pecc. mer. et rem. 1, 27; Op. imp. c. Iul. 3, 38.

[7] In Io. Ev. tr. 26, 13: Vis ergo et tu vivere de Spiritu Christi? In corpore esto Christi.... Unum panis, inquit, unum corpus multi sumus. O sacramentum pietatis, o signum unitatis, o vinculum caritatis; qui vult vivere, habet ubi vivat, habet unde vivat.

wenn sie nicht Licht empfinge von dem Geheimnis der Menschwerdung. Der Sohn Gottes kam und wurde Menschensohn, um uns
zu Gotteskindern zu machen; das Geheimnis dieser Wechselbeziehung
(huius vicissitudinis sacramentum) ist der Kern der christlichen Erlösungslehre [1]. Als Nikodemus nicht verstand, wie ein Mensch wiedergeboren werden könne, wies der Herr auf das Wunder seiner
Menschwerdung hin: „Niemand steigt zum Himmel auf als der,
welcher herabgestiegen ist vom Himmel. Das ist das Werk der
Geistesgeburt, daß aus irdischen Menschen himmlische werden; das
können sie aber nicht erreichen, wenn sie nicht meine Glieder werden,
so daß derselbe aufsteigt, der herabgestiegen ist.... Damit wird
der Glaube an das Leichtere aus dem Glauben an das Schwerere
abgeleitet. Denn wenn das göttliche Wesen, das viel weiter entfernt
und unvergleichlich erhaben ist, unsertwegen die menschliche Wesenheit bis zur Einheit der Person annehmen konnte, ... wieviel leichter
ist es zu glauben, daß heilige und gläubige Menschen mit dem Menschen Christus zu einem Christus werden, und daß so, da sie in
Gnadenverbindung mit ihm emporsteigen, ein Christus zum Himmel
emporsteigt, derselbe, der vom Himmel herabgestiegen ist!" [2]

Die Wechselbeziehung zwischen der Inkarnation und der Rechtfertigung ist jedoch keine vollkommene; der Sohn Gottes konnte eine
wahre und eigentliche Menschennatur annehmen; der Mensch kann
aber durch kein Wunder der Allmacht und Gnade zu Gottes Wesenheit erhoben werden. Allerdings sagt die Heilige Schrift einmal
(Ps 81, 6): „Ihr seid Götter und Söhne des Allerhöchsten", und der
hl. Petrus bezeugt, daß wir durch Christus der „göttlichen Natur
teilhaftig" geworden sind (2 Petr 1, 4). Allein diese Teilnahme (participatio) ist keine Wesensgleichheit. Das Wort deificatio, das Augustin bisweilen entsprechend dem geläufigen Ausdruck der griechischen Väter (ϑεοποίησις, ϑέωσις) gebraucht, wird von ihm regelmäßig
jeder pantheisierenden Bedeutung entkleidet. Wenn sich nicht leugnen
läßt, daß die Heilige Schrift Menschen Götter genannt hat, so meint
sie tatsächlich „solche, die, durch seine Gnade vergöttlicht,
nicht aus seinem Wesen geboren sind". Wenn sie den Gerechten die Kindschaft Gottes beilegt, so ist dies „das Werk der

---

[1] Epist. 140, 10 f. Sermo 342, 5: Potestatem, inquit, dedit eis filios Dei
fieri. Iam enim non erant filii et fiunt filii; quia ille, per quem fiunt filii Dei,
iam erat Filius Dei et factus est filius hominis.

[2] De pecc. mer. et rem. 1, 60.

adoptierenden Gnade, nicht der zeugenden Natur" [1]. Bei dem unendlichen Abstande zwischen Gott und den Geschöpfen, bei der Einzigkeit und Unwandelbarkeit des göttlichen Seins, die für Augustin zweifellos feststehen, konnte ihm kein Gedanke kommen an ein reales Einswerden mit Gott, an eine Vermischung mit Elementen des göttlichen Wesens.

Wenn wir nach allem Bisherigen voraussetzen, daß die Annahme zur Kindschaft Gottes nicht mit einer bloßen rechtlichen Erklärung gleichbedeutend ist, so ist die **Adoption** in mehrfacher Hinsicht ein bedeutungsvoller Ausdruck dessen, was die katholische Kirche unter der rechtfertigenden Gnade versteht. Sie weist zunächst auf den **Unterschied der Seinsweise** hin, der zwischen dem mit der Geburt überkommenen Leben und der durch die Adoption begründeten Zuständlichkeit besteht. Wir besaßen eine bestimmte geschöpfliche Wesenheit und haben ein höheres Sein dazu erhalten [2]. Beim Sohne Gottes ist Wesen und Sohnschaft eins; „uns aber hat Gott nicht aus seinem Wesen gezeugt. Denn wir sind Geschöpfe, die er nicht gezeugt, sondern gemacht hat; so hat er uns denn adoptiert, um uns in seiner Weise zu Brüdern Christi zu machen. Diese Weise, in der Gott, nachdem wir von ihm geschaffen und ausgestattet — nicht von ihm geboren — waren, uns durch sein Wort und seine Gnade gezeugt hat, damit wir seine Kinder würden, heißt eben Adoption." [3] Beim Sohne Gottes kann man nur die Menschwerdung und unio hypostatica als Parallele zu dieser doppelten Seinsweise hinstellen. Ein wesentlicher Unterschied bleibt aber hierbei, daß die göttliche Natur Christi bei der Inkarnation keine Änderung erfuhr, während die menschliche Wesenheit durch die Kindesannahme eine reale Bereicherung empfängt [4]. Zweitens liegt

---

[1] En. in ps. 49, 2. Sermo 166, 4: Deus enim Deum te vult facere; non natura, sicut est ille, quem genuit, sed dono suo et adoptione. Vgl. oben S. 126, A. 1.

[2] Epist. 140, 10: Eramus enim aliquid, antequam essemus filii Dei, et accepimus beneficium, ut fieremus, quod non eramus; sicut, qui adoptatur, . . . nondum erat filius eius, a quo adoptatur, iam tamen erat, qui adoptaretur.

[3] C. Faust. Man. 3, 3.

[4] Epist. 140, 10: Descendit ergo ille, ut nos ascenderemus, et manens in natura sua factus est particeps naturae nostrae, ut nos manentes in natura nostra efficeremur participes naturae ipsius. Non tamen sic: nam illum naturae nostrae participatio non fecit deteriorem, nos autem facit naturae illius participatio meliores. Vgl. auch die Stelle Epist. 187, 17 (oben S. 127), wo von den Gaben, die der Heilige Geist in verschiedenem Maße der Seele mitteilt, die Rede ist.

im Begriffe der Adoption auch der Hinweis auf die volle Freiheit und Gratuität, also auf den übernatürlichen Charakter des
Gnadenlebens. Es ist eine „Wohltat" staunenswerter Art, die uns
der himmlische Vater durch die Annahme an Kindesstatt gewährt[1].
Wie unter Menschen die Adoption im Willen liegt, so ist sie auch
bei Gott in „seiner Gnade und seinem erbarmungsvollen Willen"
begründet[2].

Bisher zeigte sich uns die Menschwerdung Christi vor allem als
Grundlage und Gegenbild der Heiligung des natürlichen Menschen; Gott ist Mensch geworden, damit der Mensch vergöttlicht
werde — das ist „das Sakrament der Gegenseitigkeit". Ein eigent-
licher Vergleich zwischen beiden Geheimnissen wurde nicht an-
gestellt; höchstens ein Vergleich der Gottheit Christi und ihres Verhältnisses zum Vater mit der menschlichen Gnadenkindschaft, der
natürlich den wesentlichen Abstand beider offenbarte. Am bedeutungs-
vollsten für die Erkenntnis des Wesens der heiligmachenden Gnade
sind aber jene Stellen, an denen Augustin nicht von der Gottheit,
sondern von der Menschheit Christi ausgeht und ihre einzigartige
Erhebung zur Personeinheit mit Gott als ausdrückliches
Vorbild und Ursprung unserer Rechtfertigung und Heiligung hinstellt. Die Veranlassung zu dieser Parallele hatte Julian gegeben.
In seinem Eifer, alle sittliche Größe und Verworfenheit auf die reine
Freiheit zu gründen und sowohl von der Gnade wie vom natürlichen
Wesen unabhängig zu machen, berief er sich auch auf die Heiligkeit Christi als eine Frucht seiner Willensbetätigung. Darauf fragt
ihn Augustin, ob es für Christus nicht einen Wesensunterschied bedeutet habe, daß er, der Sohn des Menschen, zugleich Sohn Gottes
war. „Und hat vielleicht diese Aufnahme, die Gott und Mensch zu
einer Person machte, für diesen Menschen nichts bedeutet,
was die sittliche Erhabenheit betrifft, die nach deiner
Bemerkung nur vom freien Tun abhängen soll? Oder treibt euch
die Verteidigung des freien Willens gegen die Gnade so kopflos
weiter, daß ihr sagt, der Erlöser habe durch seinen Willen
verdient, eingeborner Sohn Gottes zu sein? ... Er habe
nicht sein edles und großes Wollen aus jener Aufnahme bekommen,
sondern sei durch sein edles und großes Wollen zu dieser Aufnahme
gekommen?" — Dann solltet ihr auch so kühn sein, zu sagen, daß
viele Menschen, wenn sie gewollt hätten, zu derselben Würde wie

---

[1] Epist. 140, 10 11.   [2] C. Faust. Man. 3, 3.

Christus hätten gelangen können, daß es nur ihre sittliche Lauheit und Trägheit verhindert hat, wenn sie sie nicht erreichen[1]. Nun aber ist es anders; die Heiligkeit Christi, obschon sie sich in seinem freien Willen betätigt, wurzelt in seiner wesenhaften Heiligkeit, in jener wunderbaren Einheit mit dem Sohne Gottes, die naturgemäß die höchste Gnadenfülle und Sündenreinheit mit sich führte. Und diese wesenhafte Heiligung, die hypostatische Union, ist erst recht kein sittliches Verdienst des Menschen Christus, sondern eine vollkommene und absolute Gnade Gottes, die diesen Menschen vom ersten Augenblicke an zu jener Würde erhob[2]. Diese einzige, weltgeschichtliche Gnade ist der Quell und das Urbild für die Begnadigung des Menschen; Augustin kennt keinen wichtigeren Zweck des Wunders der Inkarnation als den, dem Menschengeschlechte die Freiheit und Größe der göttlichen Gnade offenbar und anschaulich zu machen[3]. „So möge uns denn in unserem Haupte der Quell der Gnade sichtbar werden, aus dem sie sich nach dem Maße eines jeden durch alle seine Glieder ergießt. D u r c h d i e s e l b e G n a d e wird jeder Mensch mit dem Anfang seines Glaubens Christ, d u r c h d i e j e n e r M e n s c h i n s e i n e m A n f a n g C h r i s t g e w o r d e n i s t ; von demselben Geiste wiedergeboren, von dem jener geboren wurde; durch denselben Geist geschieht in uns die Nachlassung der Sünden, durch den es geschah, daß jener keine Sünde hatte. . . . Für jene Natur war eine so großartige und höchste Erhebung vorherbestimmt, daß eine erhabenere nicht möglich war. . . . Aber wie jener Eine vorherbestimmt war, unser Haupt zu sein, so sind wir Viele vorherbestimmt, seine Glieder zu werden."[4]

---

[1] Op. imp. c. Iul. 4, 84.

[2] Ebd. 1, 138: Neque enim audebis eum dicere praecedentibus operum meritis Filium Dei factum ab initio, i. e. a virginis utero. Qua ergo gratia homo ille ab initio factus est bonus, eadem gratia homines, qui sunt membra eius, ex malis fiunt boni. . . . Ipse homo nunquam ita fuit homo, ut non esset unigenitus Dei filius propter unigenitum Verbum. Neque enim, ut hoc esset, morum suorum de propria voluntate venientium meritis comparavit, sed, sicut verum dixit Ambrosius, quasi de Spiritu natus abstinuit a delicto. De praed. sanct. 30: Numquid metuendum fuit, ne accedente aetate homo ille libero peccaret arbitrio! Aut ideo in illo non libera voluntas erat ac non tanto magis erat, quanto magis peccato servire non poterat? De corr. et gr. 30.

[3] De pecc. mer. et rem. 2, 27.

[4] De praed. sanct. 31. Enchir. 11: Hic omnino granditer et evidenter Dei gratia commendatur. Quid enim natura humana in homine Christo meruit, ut in unitatem personae unici Filii Dei singulariter esset assumta? . . . Unde naturae humanae tanta gloria nullis praecedentibus meritis sine dubitatione g r a t u i t a,

Die wiederholte und starke Betonung dieser Parallele durch Augustin ist für die richtige Erfassung seines Gnadenbegriffs von höchstem Belange. Klarer konnte gegenüber den Pelagianern nicht die Freiheit und Voraussetzungslosigkeit der Gnadenberufung dargetan werden. Dieselbe ergibt sich hier nicht aus dem Mißverhältnis, das zwischen dem schuldbeladenen Menschen und seiner wahren Bestimmung besteht, sondern aus der unendlichen Erhabenheit der gottmenschlichen Würde, die jeden Maßstab und jedes Verdienst der Natur übersteigt. Die Kühnheit, mit der Augustin die Erhebung Christi trotz ihrer Einzigartigkeit mit der Erhebung des Sünders in den Gnadenstand zusammenstellt, bildet ein gewichtiges Argument für die absolute Übernatürlichkeit der Gnade.

Augustin betont aber Julian gegenüber weiter die Tatsache, daß aus der Gnade als einer höheren natura, die sittliche Freiheit und Tätigkeit des Menschen Kraft gewinnt. Die Sündlosigkeit Christi folgt aus seiner Gottmenschheit; aber so, daß auch bei ihm eine geschaffene Gnadenfülle der nächste Grund der sittlichen Fehlerlosigkeit ist. Nur so können wir die Betonung der Identität zwischen seiner und unserer Gnade verstehen; nur so den Hinweis auf die Einheit des Leibes, an dem er das Haupt, wir die Glieder sind. Augustin unterscheidet ausdrücklich die Gnade, die Christus sittlich vollendet und sündlos machte, von jener, die ihn zum Sohne Gottes machte. Er fügt die bedeutungsvolle Bemerkung hinzu, daß die Gnade der sittlichen Heiligkeit dem Menschen Christus „gewissermaßen natürlich" gewesen sei; nicht deshalb, weil er ein normaler, von der Erbsünde unberührter Mensch war, sondern nur deshalb, weil seine Menschheit in die Person des Logos aufgenommen war — ein Zeichen, wie „übernatürlich" ihm jene Gnade erschien! [1]

---

nisi quia magna hic et sola Dei gratia fideliter et sobrie considerantibus evidenter ostenditur, ut intellegant homines per eandem gratiam se iustificari a peccatis, per quam factum est, ut homo Christus nullum habere posset peccatum? Sic et eius matrem angelus nuntiavit, quando ei futurum annuntiavit hunc partum: Ave, inquit, gratia plena. Et paulo post: Invenisti, ait, gratiam apud Deum. Et haec quidem gratia plena et invenisse apud Deum gratiam dicitur, ut Domini sui, imo omnium Domini mater esset. — Hier wird auch die Mutterschaft Mariens als Analogon zu der Gnadenerhebung erwähnt.

[1] Enchir. 12: Profecto modus iste, quo natus est Christus de Spiritu sancto non sicut filius et de Maria virgine sicut filius, insinuat nobis gratiam Dei, qua homo nullis praecedentibus meritis in ipso exordio naturae suae, quo esse coepit, Verbo Dei copularetur in tantam personae unitatem, ut idem ipse esset filius Dei,

VII. Moderne Einwände gegen Augustins Theorie.

Der Anschluß Augustins an die katholische Auffassung von der Gnade als einer mystischen, das Sein und Handeln des Menschen innerlich verklärenden Wirklichkeit hat unserem Lehrer den Vorwurf einer naturhaften Auffassung des religiösen und sittlichen Lebens eingetragen [1]. Der Vorwurf erinnert an die früher erwähnte Ausstellung, Augustin lasse das objektiv Sittliche, die Rangordnung der sittlichen Güter, von dem natürlichen Sein der Dinge abhängig sein. Wir haben in der letzteren Tatsache nicht einen Fehler, sondern einen Vorzug seiner Ethik erblickt; freilich nur unter dem Gesichtspunkte, daß das höchste Gut, von dem alles Sittliche seine absolute Bedeutung empfängt, nicht bloß Natur, sondern lebendige Persönlichkeit, nicht bloßes Sein, sondern vollkommenster, geistiger Akt ist. Gehen wir von diesem Begriffe der Gottheit aus, so finden wir auch die rechte Stellung zu der Frage, ob die subjektive Sittlichkeit, die Güte und Heiligkeit des Menschen allein im bewußten Wollen und Handeln, nicht irgendwie auch in der Natur und Seinsweise begründet ist. In Gott sind Wesen und Tätigkeit völlig identisch; beim Geschöpfe ist das Sein früher als die Tat. Das bewußte Handeln wächst aus vorbewußten, natürlichen Anlagen hervor. Auch vom sittlichen Handeln zeigt sowohl die Beobachtung wie die Moralphilosophie, daß dem formell Sittlichen ein Naturhaftes vorhergeht, bald als Hemmnis und Gegensatz, bald als Untergrund und Wurzel der Sittlichkeit. Augustin tadelt es ausdrücklich an den Pelagianern, daß sie die Naturgrundlage des Freiheitsgebrauchs übersehen und dem Willen eine schrankenlose Aktivität beilegen, die sowohl die lebendige Verbindung mit dem Ich wie die Möglichkeit einer göttlichen Beeinflussung aufhebt. Als „naturhaft" im tadelnswerten Sinne verurteilt er die Gleichstellung eines ungeistigen, neben dem Wollen herlaufenden Faktors mit dem Sittlichen, so z. B. die manichäische Auffassung des Bösen, nicht aber die Verfolgung sittlicher Erscheinungen und Gegensätze in tiefere Seinszusammenhänge, die Annahme entsprechender, geistiger Voraussetzungen. Wenn der heutigen

---

qui filius hominis, et filius hominis, qui filius Dei, ac sic in naturae humanae susceptione fieret quodam modo ipsa gratia illi homini naturalis, quae nullum peccatum posset admittere. Quae gratia propterea per Spiritum Sanctum fuerat significanda, quia ipse proprie sic est Deus, ut dicatur etiam Dei donum.

[1] Scheel, Die Anschauung Augustins über Christi Person und Werk 276.

Wissenschaft von der Seele so manche Vorstellungen, deren Wirklichkeit für die ältere Philosophie feststand, z. B. die Seelenvermögen, die Habitus, bloße Erzeugnisse der Phantasie sind, so steht diese Haltung nicht außer Zusammenhang mit jener Seelentheorie, die auch das substantielle Sein der Seele völlig in Erscheinungen und Akte auflöst. Damit wird nicht etwa der Freiheit ein größerer Raum erobert; gewisse natürliche Schranken der Freiheit sind nun einmal unverkennbar; wo man die geistigen Voraussetzungen zurücktreten läßt, da schieben sich leicht andere, körperliche und äußere Einflüsse, zum Teil bedenklichster Art, ein.

Wenn im Sittlichen aber überhaupt potentielle und habituelle Kräfte neben der Tätigkeit eine Rolle spielen, warum soll die Annahme übernatürlicher Kräfte naturhaft, unethisch sein? Zumal, da es sich hier nicht um unbestimmte, gegen gut und böse indifferente Anlagen, sondern um solche handelt, die, wie sie dem Geiste der Heiligkeit entströmen, auch nur die Tendenz sittlicher Heiligung haben! Belebende Einflüsse dieser Art für den Augenblick der Bekehrung, für die Akte des Glaubens und der Frömmigkeit nimmt jeder christliche Theologe an. Warum sollen diese aktuellen Gnaden nicht zu einer dauernden, der Seele immanenten Lebenskraft höherer Ordnung führen, zu jener mystischen Verklärung des Seins, die die Kirche als habituelle Gnade bezeichnet? Auf eine solche Belebung der Seele deuten die biblischen Ausdrücke von der Wiedergeburt, dem göttlichen Samen im Menschen hin; durch sie empfängt die christliche Sittlichkeit den Charakter einer innerlichen, spontanen Lebensentfaltung. Die heute so verbreitete Abneigung gegen die mystische Gnadenlehre hängt ohne Zweifel zusammen mit der Auffassung der Person Christi. Wir hörten, wie Augustin Julian mit der Frage in die Enge treibt, ob auch die Heiligkeit Christi keinen tieferen Grund in seiner Natur gehabt, ob seine Gottessohnschaft etwa die Folge des sittlichen Heroismus und nicht vielmehr dessen Wurzel gewesen sei [1]. Die Inkarnation ist die „mächtigste Gnade", das grundlegende „Mysterium"; wer sie leugnet, verliert auch für den mystischen Gehalt der Rechtfertigung das Verständnis. Die Zweinaturenlehre des Inkarnationsdogmas begründet und stützt die Theorie der Übernatur für die Gnadenlehre.

Eine andere Ausstellung geht dahin, der Begriff der gratia infusa, der „dinglichen Gnade", dränge bei Augustin Christus selbst

---

in den Hintergrund; die Tätigkeit Gottes im Innern der Seele trete nicht zum historischen Werk Christi in Beziehung, sie ziele an sich nur auf die caritas als das Wesen des Guten [1]. — Die bisherige Darstellung entkräftet diese Anklage. Die caritas, welche Augustin im Auge hat, ist zwar Wesen alles Guten, aber zugleich Gabe des Heiligen Geistes und Teilnahme am Heiligen Geiste. Und dieser Geist ist vom Erlöser verdient und gesandt worden; er wird durch den Glauben an seine Person, durch Verbindung mit seinem Leibe erworben. Die Schrift De natura et gratia verfolgt nur den Zweck, die durch Pelagius drohende „evacuatio crucis Christi" zurückzuweisen, die „Gnade des Erlösers", die uns nicht bloß im Evangelium, sondern auch in der Gabe des Heiligen Geistes zufließt, als notwendig zu verteidigen. Richtet sich aber nicht der Glaube und die Dankbarkeit zu sehr auf „die Hinterlassenschaft Christi", die „dingliche Gnade", statt auf Christus selbst? In keiner Weise; Augustin sagt ausdrücklich, die gläubige Erkenntnis der Gnade habe eine sekundäre Bedeutung gegenüber dem Glauben an Christus. Er kennt viele Christen, die mangelhaft über die Gnade unterrichtet sind und sich doch der Hoffnung auf die Seligkeit erfreuen dürfen. Den Glauben an Christus aber, an den Namen, in dem allein Heil ist, fordert er mit einer oft übertriebenen, buchstäblichen Allgemeinheit. Zugleich stellt er die sittliche Erscheinung Christi, die Vorbildlichkeit seines Lebens und Sterbens als mächtigste Anregung zur Bekehrung und sittlichen Vervollkommnung hin. Die gratia infusa ist in keiner Weise Hindernis des Anschlusses an den persönlichen Christus. Schon dadurch, daß sie sein Verdienst und seine Tat ist, wird Christus hoch über die menschlichen Vorbilder der Sittlichkeit emporgehoben, die nur den moralischen Einfluß des Beispiels entfalten können. Sie ist aber geradezu ein Mittel innerlichster Herzensbeziehung zum Erlöser, insofern sie über Zeit und Ort hinweghebt, den geschichtlich entfernten Heiland mystisch der Seele gegenwärtig macht [2].

---

[1] D o r n e r, Augustinus 207. H a r n a c k, Dogmengeschichte III 76 184, A. 2. S c h e e l, Die Anschauung Augustins über Christi Person und Werk 414 f 426.

[2] In Io. Ev. 3, 13 f 14: Cogitate humilitatem Christi. Sed quis nobis, inquis, eam explicat, nisi tu dicas? Ille intus dicat; melius illud dicit, qui intus habitat, quam qui foris clamat. Ipse vobis ostendat gratiam humilitatis suae, qui coepit habitare in cordibus vestris. Iamvero si in eius humilitate explicanda et eroganda deficimus, maiestatem eius quis loquatur? Vgl. Sermo 26, 12.

Wenn man die Gnade Christi n u r durch die bewußte Tat des
Glaubensanschlusses oder der Herzenshingabe wirken läßt, so läuft
man Gefahr, das Wesen der Gnade nach und nach auf den moralischen oder gefühlsmäßigen Eindruck zu reduzieren, den das Christus-
bild der Evangelien hervorruft. Dieser Eindruck ist aber, wie wir
mit Augustin sagen können, nicht w e s e n t l i c h von dem Eindrucke,
den Paulus und andere Lehrer und Vorbilder der Heiligkeit erwecken, verschieden. Und wie steht es mit denen, die nicht zur
Kenntnis des Evangeliums, des historischen Christus gelangen können,
wie die Kinder, die unbelehrten Heiden? Will man hier nicht die
Erlöserstellung Christi und die Notwendigkeit des Glaubens an ihn,
wie sie Schrift und allgemeinchristliches Bewußtsein fordern, völlig
aufheben, so kommt man zu einem rigoristischen Verdammungs-
urteil über jene Klassen von Menschen. Gerade die mystische
Gnadenlehre, die Annahme einer verborgenen, dem bewußten Glauben
vorangehenden Heilswirkung erleichtert das Festhalten an der Universalität des Erlösungswerkes; sie behauptet dessen Notwendigkeit
für die Rechtfertigung, sie fordert den Glauben an die Person und
das Werk Christi als normalen Weg zum Heile, findet aber, wo diese
Kenntnis durch äußere Hindernisse unmöglich ist, nicht alle Wege
innerer Verbindung zu Christus versperrt. — Natürlich ist diese
Auffassung der Wirksamkeit der Erlösungsgnade wiederum nur
denkbar, wenn das Leben Christi selbst nicht nur Lehre und Beispiel, sondern objektive, mystische Erlösungstat gewesen ist. Nach
dem Dogma ist der Kreuzestod Grund und Quell aller Heilsgnaden,
weil sich in dem Gekreuzigten der Gottmensch geopfert hat. So
hängt die Mystik der Gnade wieder mit der Mystik der Inkarnation
zusammen. — Nur die entschlossene Annahme derselben rettet endlich vor der Frage: Warum soll sich die sittliche Bekehrung des
Menschen notwendig auf den Glauben an Christus gründen, warum
soll Gottes Tätigkeit im Innern der Seele stets an das historische
Werk Christi anknüpfen, wenn Christus bloßer Mensch gewesen
ist? Konsequent ist in letzterem Falle die Religion und Moral der
reinen Vernunft. So zeigte auch Julian, der in rationalistischer
Auffassung des Sittlichen die Tugend der Heiden der christlichen
wesentlich gleichstellte, eine größere Konsequenz als Pelagius, der
die Tugend und das Vorbild des Gekreuzigten aufrecht hielt, nachdem er das Verdienst und die Gnade des Gekreuzigten verworfen
hatte.

Drittes Kapitel.

Die Erbsünde.

§ 1. Einleitendes zur Geschichte des Dogmas.

> „Introduxi te sedandum atque sanandum…
> in sanctorum patrum pacificum hono-
> randumque conventum."
> (C. Iul. Pel. 1, 12.)

Im älteren Rationalismus herrschte vielfach die Vorstellung, das Dogma von der Erbsünde sei wesentlich eine Frucht der Spekulation Augustins, ein trauriges Erbe, das er der Kirche und der gesunden, nach freier Verantwortlichkeit strebenden Sittenlehre hinterlassen habe. Das sorgfältigere Studium der altkirchlichen Lehrentwicklung hat diese Auffassung widerlegt. Dennoch bleibt es wahr, daß Augustins Auftreten gegen die pelagianische Irrlehre den bedeutendsten Markstein in der Entwicklung des Dogmas von der Erbsünde dar- stellt.

Die tragischen Reflexionen, die sich auch heute wohl an diese Tatsache knüpfen, schießen aus zweifachem Grunde über das Ziel hinaus. Zunächst legt man vielfach Augustin selbst eine Anschauung bei, die ihm völlig fremd ist; so z. B. die Ansicht, das Böse bilde nach dem Sündenfalle „die Quintessenz des ganzen menschlichen Wesens"[1]. Sodann übersieht man die Milderungen und Erklärungen, die das System Augustins durch parallele kirchliche Gedankengänge, die schon zu seiner Zeit wirkten, vor allem aber durch die spätere dogmatische Entwicklung erfahren hat.

Schon die jüdische Theologie besaß, wie die neuesten Unter- suchungen zeigen, auf Grund gewisser Stellen und Tatsachen des Alten Testaments eine feste, in etwa systematische Vorstellung von einer aus der Abstammung der Menschen hergeleiteten Sünde[2]. Im Neuen Testamente ist es der hl. Paulus, der den Ausgangspunkt für die Entwicklung des Dogmas bildet. Das fünfte Kapitel des Römerbriefes statuiert eine geheimnisvolle Einheit des Menschen- geschlechts in Adam, ähnlich derjenigen, durch die alle Getauften

---

[1] Jodl, Geschichte der Ethik I, Stuttgart 1882, 53 f.

[2] Tennant, The sources of the doctrines of the Fall and original Sin, Cambridge 1903. Turmel, Le dogme du péché originel: Revue d'histoire et de littérature religieuse Bd V VI VII, Paris 1900 ff.

mit Christus mystisch verbunden sind; dort sind durch den Ungehorsam des Einen die Vielen zu Sündern geworden, wie hier durch
den Gehorsam des Einen die Vielen zu Gerechten werden. Der mit
Adam anhebende Tod, die durch Christus verbürgte Auferstehung
sind der äußere Ausdruck dieser geistigen Tatsachen. Die fortdauernde Schuld macht sich für die empirische Sittlichkeit geltend
in der Auflehnung der Sinnlichkeit wider den Geist, in einer fühlbaren, dem Gesetze des Guten widerstrebenden Macht des Bösen
(Röm 7). Wir können als paulinische Auffassung bezeichnen, daß
der gefallene Mensch nicht bloß Sünder ist, weil er Sünden begeht,
sondern daß er auch Sünden begeht, weil er Sünder ist[1]. Ginge
man in der protestantischen Theologie nicht durchgehends von einem
zu engen Begriff der Erbsünde aus, von der Vorstellung einer impu-
tierten Tatsünde oder einer positiven Sündenmacht, so würde man
außerdem in andern neutestamentlichen Gedanken, z. B. in der Idee
der Wiedergeburt, des der Natur mangelnden Pneumas usw. bedeutsame Anhaltspunkte für die Begründung des Dogmas anerkennen.

Die Kirchenväter haben ihre Anschauung über die Erbsünde
nicht der jüdischen Spekulation entnommen, sondern auf Grund christlicher Quellen „als Ganzes von neuem deduziert"[2]. Vor allem war
dabei die Theologie des hl. Paulus maßgebend; neben derselben Stellen
des Alten und Neuen Testaments, praktische Gebräuche des Gottesdienstes und jene zugleich mystische und universalgeschichtliche Auffassung des Erlösungswerkes, die in Christus den Erneuerer der
alten Zeit, den zweiten, höheren Mittel- und Quellpunkt des Lebens
erblickt. Aber nur allmählich tritt die Überzeugung von der Sünde
des Geschlechts deutlicher in der christlichen Literatur hervor. Die
Schriften der ersten Zeit waren durchweg sittliche Mahnschreiben
oder apologetische Abhandlungen. Die ersteren dringen auf persönliche Gewissenhaftigkeit und Sittenreinheit, schärfen das Bewußtsein
der sittlichen Freiheit, der neuen Christenwürde; die alte Schuld
war ja für die Getauften vergangen, es galt den Kampf gegen die
andrängenden Reize der Tatsünde. Die Auseinandersetzungen mit
dem Heidentum und der Irrlehre boten ebensowenig Veranlassung,
über die Existenz der Erbsünde nachzudenken. Zuerst mußte der
Glaube an den Gott, der alles gut erschaffen hat, der Glaube an

---

[1] Tennant, The sources of the doctrines of the Fall and original Sin
262—269. Über die zahlreichen modernen Auffassungen der erwähnten paulinischen
Stellen vgl. Clemen, Die christliche Lehre von der Sünde, Göttingen 1897.

[2] Tennant a. a. O. 343.

die Einheit der Welt und der Menschennatur, das Bewußtsein der sittlichen Verantwortung gegen Polytheismus, Dualismus und Fatalismus festgestellt werden. „Man sagt mit Recht, daß der in mannigfachen heidnischen und häretischen Formen herrschende Fatalismus in den ersten Jahrhunderten ebenso ein Hindernis für die genaue Erfassung der Folgen des Sündenfalls war, wie es der herrschende Götzendienst für den Gebrauch der Bilder war." [1]

Dennoch sehen wir, sobald die eigentliche Theologie, die selbständige wissenschaftliche Bemühung um die geoffenbarte Wahrheit beginnt, auch in jenen Jahrhunderten deutliche Ansätze zur Ausgestaltung des Dogmas, Zeichen der fortschreitenden Klärung des Glaubensbewußtseins, die um so bemerkenswerter sind, als sie örtlich wie sachlich von verschiedenen Punkten ausgehen und dann sich begegnen. Es sind die hervorragendsten Theologen der vornicäischen Zeit, denen wir solche Zeugnisse verdanken.

Der hl. Irenäus betont mit Vorliebe den paulinischen Gedanken, daß Christus als höheres Gegenbild zu Adam die ganze Schöpfung wieder unter ihr wahres Haupt zusammenfaßt (ἀνακεφαλαίωσις, recapitulatio Eph 1, 10) [2]. Der menschgewordene Gottessohn „hat die lange Entwicklung der Menschen in sich erneuert und uns auf einmal das Heil erworben, damit wir, was wir in Adam verloren hatten, d. h. nach Gottes Bild und Gleichnis zu sein, in Christo Jesu wieder erlangten" [3]. Was diese verlorene Gottähnlichkeit bedeutet, zeigen uns die gleichgesetzten Ausdrücke „Freundschaft und Verbindung mit Gott", „Leben", „Heil", „Gewand der Heiligkeit", noch deutlicher aber das Wort „Pneuma", das bei Irenäus den übernatürlichen Geistesbesitz zum Unterschiede vom natürlichen Geistesleben bedeutet [4]. Die mystische Einheit, in der wir zu unserem leiblichen Stammvater stehen, ist so stark, daß wir selbst „im ersten Adam Gott beleidigt haben, indem wir sein Gebot übertraten". So sind wir denn „von Anfang an" Schuldner geworden [5], stehen unter der alten Verdammnis, haben die Sünde in uns und sind durch sie des Todes schuldig [3]. Die Möglichkeit einer solchen Kollektiv-

---

[1] H. Newman, On the Development of Christian Doctrine [12] 126.

[2] Tennant a. a. O. 287 ff.

[3] Adv. haer. 3, 18, 1. Auch der Fall und die Verschuldung der Menschheit war „auf einmal" geschehen; ebd. 3, 18, 2.

[4] Ebd. 5, 6, 1; 5, 16, 2; 3, 23, 5.   [5] Ebd. 5, 16, 3.

[6] Ebd. 3, 18, 7: Lex ... oneravit autem hominem, qui habebat peccatum in se, reum mortis ostendens eum.

verschuldung zeigt Irenäus an dem Beispiele eines Gefangenen, dessen Nachkommenschaft gleichfalls im Sklavenstande aufwächst[1]. Statt der Einheit aller im A k t e des Stammvaters tritt dabei in den Vordergrund der Gedanke des Übergangs, der V e r e r b u n g des Schuldzustandes auf dem Wege der Fortpflanzung[2]. Weil die natürliche Geburt dem Menschen ein unvollkommenes, unheiliges Dasein vermittelt, müssen alle, auch „die Kinder und Säuglinge" in Christus wiedergeboren und geheiligt werden[3]. Seltener erwähnt Irenäus die in dem Gegensatze von Geist und Fleisch und in der Schwierigkeit des sittlichen Kampfes hervortretende Schwäche der Menschennatur. Die Erklärung hierfür liegt schon in seiner Stellung zu den Gnostikern, die das Fleisch und die Sinnlichkeit für wesentlich böse hielten.

T e r t u l l i a n hatte gegen dieselbe Irrlehre der Gnosis zu kämpfen; dennoch lenkten ihn seine eingehenden psychologischen Untersuchungen und ein besonderes Interesse für alles Moralische mehr auf die sittliche Verderbnis des Menschen hin, ohne daß er die übernatürliche Seite des Geheimnisses vernachlässigt. Ein Gift, eine Unreinheit und Korruption ist in die menschliche Natur seit der Verführung durch Satan eingedrungen[4]. Dieselbe ist nicht mit den Gnostikern dem Leiblichen und Sinnlichen gleichzustellen. Die drei Seelenteile Platos, von denen zwei der unvernünftigen, sinnlichen Seite angehören, sind an sich gut; sie finden sich sämtlich auch bei Christus, wie seine Gemütserregungen zeigen[5]. Die Verschlechterung der Seele kommt aus der anfänglichen Sünde und dem sich anschließenden Todesurteil[6]. So sind jetzt alle Neugebornen unheilig, ehe sie aus dem Wasser und dem Heiligen Geiste geboren sind; auch die Kinder der Christen werden nur insofern als rein bezeichnet, als sie für die Heiligkeit bestimmt (designati) sind. „Jede Seele zählt und gehört so lange zu Adam, bis sie in Christus neugezählt wird, sie gilt so lange als unrein, bis sie neugezählt wird; und, weil ‚unrein', ist sie Sünderin und überträgt ihre Unehre infolge der Gemeinschaft auch auf das Fleisch." Dieses „Übel der Seele . . . geht vorher infolge eines Mangels des Ursprungs und ist in gewissem Sinne natürlich". Das „in gewissem Sinne" erhält die Bestimmung, daß das Böse eine durch den Verführer veranlaßte Verderbnis der Natur ist, welche die gottgegebenen Kräfte des Menschen nicht aufhebt, sondern nur ver-

---

[1] Adv. haer. 3, 23, 2.   [2] Vgl. auch ebd. 5, 1, 3.   [3] Ebd. 2, 22, 4.
[4] De testim. anim. c. 3.   De anim. c. 16 40.
[5] De anim. c. 16. De resurr. carn. c. 15 34.   [6] De testim. anim. c. 3.

dunkelt, den Zufluß höheren Lichtes in die Seele verhindert. Der volle Lichtglanz strahlt wieder auf bei der Bekehrung zum Glauben; in der Wiedergeburt wird die Seele vom Heiligen Geiste aufgenommen, mit ihm vermählt. Und wie sie vorher ihre Unehre auf das Fleisch übertrug, so folgt jetzt der Leib, wie ein zur Hochzeit mitgegebener Sklave, der Seele in die göttliche Ehe nach[1]. Die Möglichkeit der Vererbung eines geistig-sittlichen Übels ergab sich für Tertullian zwanglos aus der Vorstellung, daß die Menschenseelen nicht durch Erschaffung, sondern durch Zeugung, als Ableger von den Seelen der Eltern (ex traduce) gebildet würden.

Wie der Kleinasiate Irenäus in Gallien, wie Tertullian in Nordafrika, so ist der gelehrte und geistvolle Origenes in Ägypten Zeuge für das kirchliche Bewußtsein einer ererbten Schuld. Seine Äußerungen wiegen um so schwerer, weil er von einer Seelenlehre ausging, die, nicht wie der Traduzianismus des Tertullian, der Idee der Erbsünde entgegenkam, sondern die Selbständigkeit und freie Verantwortung der Einzelseele aufs stärkste betonte. Auch seinen Geist hatte die Härte und Ungleichheit der menschlichen Schicksale und die Macht des Bösen in der Welt stets beschäftigt; aber, indem er sich der Ansicht Platos anschloß, daß die Seelen in einem vorweltlichen, geistigen Dasein persönlich gesündigt und so die Einkleidung in Leiber verschiedener Art verdient hätten, entfernte er sich von dem kirchlichen Gedanken der Erbsünde. Er deutet daher anfänglich die biblische Erzählung vom Falle allegorisch: Adam ist ihm bloßes Vorbild oder symbolischer Ausdruck der allgemeinen Sündhaftigkeit. Bei tieferem Eindringen in den Zusammenhang der Heiligen Schrift überzeugt er sich jedoch von einer realeren Einheit des sündigen Geschlechts. Neben dem Berichte vom Sündenfalle legen ihm die Reinigungsgesetze und andere Stellen des Alten Testamentes immer wieder den Gedanken nahe, daß sich ein unheiliges Element in das Werden des Menschen eingedrängt hat, daß der Mensch „in Ungerechtigkeit erzeugt und in Sünden geboren" wird. Zur Abwaschung dieser sordes peccati, zur Tilgung dieser „alten Sünde" ist die Taufe aus dem Wasser und dem Heiligen Geiste eingesetzt, die Taufe, die nach apostolischer Überlieferung auch den unmündigen Kindern gespendet wird[2]. Aus dem Römerbriefe

---

[1] De anim. c. 39—41.
[2] In Levit. hom. 8, 3 Exc. in Ps. 50, 8. Von dieser pollutio peccati wird In Levit. hom. 12, 4 gesagt: ex concupiscentiae motu conceptis traditur. Origenes ist, wie es scheint, der erste, der die Stellen Job 14, 4 (LXX): „Niemand ist frei

lernen wir, daß das corpus peccati, das uns beschwert, von Adam
herrührt; wir alle waren „in seinen Lenden", sind in ihm dem Urteile und dem Tode verfallen. „Nicht von der Schlange..., nicht
vom Weibe..., sondern durch Adam, von dem alle Sterblichen
stammen, ist die Sünde eingetreten und durch die Sünde der Tod."
Denn Adam hat nicht bloß für seine Person gesündigt, er „vertrat
das Geschlecht" [1]. Die Sünde selbst aber ist im Wesen ein Tod
geistiger Art; sie raubt das höhere, in der Gottverbindung liegende
Leben [2].

Man hat bemerkt, daß bezüglich der Erklärung der Erbschuld
bei Irenäus die moralische und mystische Einheit der Menschen in
Adam im Vordergrunde steht, bei Origenes die reale, physiologische
Einheit, bei Tertullian die Fortpflanzung der Sünde und Schwäche
durch Vererbung [3]. Wichtiger ist wohl das allen drei Kirchen-
schriftstellern Gemeinsame: der Hinweis auf den mit der Ursünde
eingetretenen Verlust, den Mangel jenes pneumatischen, göttlichen
Lebens, das der Seele erst durch die Geisteswirkung der Taufe wieder-
geschenkt wird.

Eine weitere Ausgestaltung, eine Überleitung zu Augustinus
zeigt die Lehre zweier Kirchenväter des 4. Jahrhunderts, des hl. Methodius und des hl. Ambrosius. Der erstere betont gegen die Gno-
stiker, daß das Böse nicht in einem kosmischen Prinzip, sondern in
der Freiheit des Willens seinen Ursprung hat, gegen Origenes, daß
die Leiblichkeit zur anfänglichen Natur des Menschen gehört, und daß
nur ihre Hinfälligkeit der Sünde entstammt. Gott „hat den Menschen
zur Unverweslichkeit geschaffen, ihn zum Bilde seiner eigenen Ewigkeit gemacht" [4]. Dieses Bild war anfänglich ein doppeltes; die höhere
Gottähnlichkeit ist verloren gegangen und erst durch Christus wieder-
erworben [5]. Indem der erste Mensch der Verführung erlag und Gottes
Gebot übertrat, „nahm sogleich infolge jenes Ungehorsams
die Sünde ihren Anfang und zog in ihn ein. Da zuerst entstand die
innere Auflehnung; wir wurden voll von ungehörigen Leidenschaften
und Gedanken, wurden entleert des Hauches Gottes und er-

---

von Unreinheit, nicht einmal das Kind eines Tages", und Ps 50, 7: „Siehe in
Ungerechtigkeit bin ich geboren, und in Sünden empfing mich meine Mutter"
auf die Erbsünde bezog.

[1] Comm. in Rom. 5, 1 ff.   Comm. in Io. 20, 21.
[2] Comm. in Rom. 6, 6.   Hom. in Gen. 13, 2.   Comm. in Io. 20, 21.
[3] Tennant, The sources of the doctrines of the Fall and original Sin 344 f.
[4] De resurr. 1, 36 (Ausgabe von Bonwetsch).   [5] Conviv. 1, 3.

füllt mit sinnlicher Begier, die uns die Schlange einhauchte". So ist auch heute nicht der Leib als solcher schlecht, sondern das in ihm wohnende Gesetz der Sünde, das aus der Sünde stammt und immer wieder „zum Tode der Sünde" hindrängt. Daher sieht der hl. Paulus die Befreiung vom „Leibe dieses Todes" nicht in der Aufhebung der Leiblichkeit, sondern in der Gnade Jesu Christi, in dem innewohnenden Heiligen Geiste, der die Lust des Fleisches durch eine geistige Lust überwindet[1]. Dieser Sieg des höheren Prinzips ist ein momentaner, was das Herrschen der Lust angeht, ein allmählicher, was ihre reizende Macht betrifft[2]. Christus, als Stammvater des übernatürlichen Lebens, ist der vollkommene Antitypus zu Adam; er entsühnt Adam, d. h. die ganze in ihm grundgelegte Menschheit und führt ihn durch seine gottmenschliche Person auf die vollkommenste Weise zur gnadenvollen Verbindung mit Gott zurück.[3] — Obschon Methodius nur zerstreute Beiträge zur Beleuchtung des Dogmas bietet, zeigen sich in seinen Äußerungen überraschende Anklänge an augustinische Gedanken und an viel spätere Formulierungen.

Von besonderem Einflusse auf Augustin war der hl. Ambrosius. Er hat „wohl mehr als irgend ein Vater vor ihm die sündhafte Verfassung des Menschengeschlechts betont, die Sünde mehr als Zustand denn als Akt aufgefaßt"[4]. Alle Menschen waren in Adam; sie sind in ihm zu Grunde gegangen und der Sünde unterworfen worden[5]. Diese Einheit verwirklicht und entfaltet sich nach Art einer Vererbung; niemand gelangt zum Heile, „der unter der Sünde geboren ist, den die Erbschaft des sträflichen Zustandes in die Schuld verstrickt hat"[6]. Wenn Ambrosius anderswo die ererbte Ungerechtigkeit in Gegensatz zur persönlichen Sünde und in Parallele zur Neigung und Gefahr der Sünde (lubricum delinquendi) stellt, so zeigen die zitierten und andere

---

[1] De resurr. 2, 6 8. Ebd. 2, 6 spricht er von „der aus der Übertretung vermittels der Lust in uns eingezogenen Sünde".
[2] Ebd. 1, 41; 2, 3.
[3] Conviv. 3, 4 6. Aus dem Satze (ebd. 3, 4): αὐτὸ τοῦτο Χριστὸν καὶ αὐτὸν (Ἀδάμ) γεγονέναι διὰ τὸ τὸν πρὸ αἰώνων εἰς αὐτὸν ἐγκαταασκῆψαι Λόγον hat man geschlossen, daß nach Methodius der Logos schon in Adam, wie in Christus, gewohnt habe. Allein das πρὸ αἰώνων gehört nicht zum Verbum, sondern zu Λόγον: Der ewige Logos hat sich bei der Inkarnation mit Adam, d. h. mit der ganzen Menschheit verbunden.
[4] Tennant a. a. O. 340.   [5] In Luc. 7, 234 f. In ps. 48, 13.
[6] In ps. 38, 29.

ebenso deutliche Stellen, daß er, wie Augustin, ein doppeltes Moment an der Erbsünde unterscheidet, die Schuld und die Schwäche, die eigentliche und die uneigentliche Sünde [1]. Die Auffassung der habituellen Schuld als Gnadenberaubung ergibt sich bei Ambrosius nicht allein aus der Antithese zwischen Adam und Christus, zwischen Geburt und Wiedergeburt [2]; sie ergibt sich ganz konkret aus der Beziehung, die er dem Lebensbaume im Paradiese zur inneren Begnadigung der ersten Menschen gibt. Jener Baum sinnbildet „das Pfand des ewigen Lebens", „des mit Christus in Gott verborgenen Lebens", welches den Stammeltern durch den Hauch Gottes mitgeteilt war. Seit der Trennung von diesem Lebensbaume wandelt die Menschheit im Schatten des Todes. Nur die Gnade, nicht das eigene Verdienst, ist im stande diesen Tod aufzuheben, die Finsternis wiederum in Licht zu verwandeln [3].

Der hl. Augustinus hatte in seinen ersten Schriften keine Veranlassung, sich näher über die Erbsünde auszusprechen. Die Pelagianer machten ihm später den Vorwurf, er offenbare in seinem Kampfe gegen die Manichäer dieselben Grundsätze wie sie selbst, er halte vor allem eine Sünde ohne Freiheitsgebrauch für undenkbar. Augustin gibt darauf die Antwort, er habe zu allen Zeiten seit seiner Bekehrung geglaubt und gelehrt, daß durch einen Menschen die Sünde in die Welt gekommen ist und durch die Sünde Tod, Elend und Nichtigkeit; er habe stets im Sinne der alten Kirche, niemals in dem der Pelagianer über diese Dinge gedacht, obschon er erst allmählich den vollen Sinn der Heiligen Schriften sich zu eigen gemacht habe [4]. Diese Aussage ist nicht bloß subjektiv wahr; Augustin legt überall dem Sündenfall die von den früheren Vätern

---

[1] Allerdings gehören einige der am deutlichsten für die Erbschuld sprechenden Stellen, auf die sich Tennant, Schwane u. a. berufen, wahrscheinlich unechten Schriften an, so Apol. David altera 41 71. Die Stelle De Cain et Abel 1, 1: Illa penes auctores non stetit culpa beweist nichts; es handelt sich hier um die Nachahmung der elterlichen Sünde durch Kain. Dagegen haben beide Autoren die Stelle In ps. 48, 13 übersehen: Omnes enim sub peccato, omnes Adae illius subiacent prolapsioni. Solus Redemptor eligitur, qui peccato veteri obnoxius esse non possit; ebenso die wichtige Äußerung, die uns Augustin (De pecc. orig. 67) aus dem jetzt verlorenen Werke des Ambrosius De fide resurrectionis mitteilt: Lapsus sum in Adam. de paradiso eiectus in Adam, mortuus in Adam; quem non revocat, nisi me in Adam invenerit, ut in illo culpae obnoxium, morti debitum, ita in Christo iustificatum.
[2] Vgl. die vorige Anmerkung. In Luc. 7, 234 f. Hexaem. 6, 7, 42; 6, 8, 47.
[3] De parad. 29.   [4] C. Iul. Pel. 6, 39.

bezeugte, von den Pelagianern bestrittene Bedeutung eines ver-
hängnisvollen Umschwungs und Falles der ganzen Menschheit bei; er
stellt auch die eigentliche Erbsünde zu keiner Zeit in Abrede. Dafür spricht schon die frühe Stelle (388) über die „alte Sünde", die
ebenso bekannt für den Gläubigen wie geheimnisvoll für den Denker
sei; jene Sünde, die „nach Gottes gerechtem Gesetze den schweren
Druck des Fleisches über uns gebracht hat"[1]. Die scheinbar gegenteiligen, von den Pelagianern zitierten Stellen, in denen die Freiheit
als notwendige Bedingung der Sünde hingestellt wird, erklärt Augustin in seinen Retraktationen aus der Veranlassung jener Äußerungen. Er habe damals den Kampf gegen den Dualismus der
Manichäer zu führen gehabt, die alles Böse aus einem radikalen,
kosmischen Bösen ableiteten; er habe darauf hinweisen müssen, daß
die sittlich böse Entschließung und Handlung in der Tat aus der Freiheit des Geschöpfes hervorgeht. Zugleich weist er aber auf positive Zeugnisse für die Existenz einer auf dem Geschlechte lastenden
Sündenmacht aus jenen früheren Schriften hin[2]. Immerhin hat er
in dieser früheren Zeit w e n i g e r die ererbte Schuld als die aus
dem Falle entstandene Sterblichkeit, Unwissenheit und Schwäche
betont, die ohne den Beistand der Gnade von selbst zu persönlichen
Sünden treibt. Eine bedeutsame Klärung und Festigung seiner Vorstellungen bringen auch in diesem Punkte die Jahre zu Anfang seines
Episkopats. Die Schrift an Bischof Simplizian von Mailand, bei deren
Abfassung er eine höhere Erleuchtung über die absolute Priorität
der Gnade empfing, zeigt auch eine schärfere Betonung der Erbsünde[3]. „Da, wie der Apostel sagt, alle sterben in Adam, von
dem der Ursprung der Beleidigung Gottes auf das ganze Menschengeschlecht weitergeht, so sind nun alle Menschen eine massa peccati,
die vor der göttlichen und höchsten Gerechtigkeit strafwürdig ist[4].

---

[1] De mor. eccl. 40: Sed inter omnia, quae in hac vita possidentur, corpus
homini gravissimum vinculum est iustissimis Dei legibus propter antiquum peccatum, quo nihil est ad praedicandum notius, ad intellegendum secretius.

[2] Retr. 1, c. 9, 5; 1, c. 10, 3; 1, c. 13, 5.

[3] Vgl. De praed. sanct. 8. In dieselbe Zeit fällt wohl die Schrift De continentia mit ihren Stellen für die Erbsünde (18 21).

[4] De div. quaest. ad Simpl. 1, q. 2, 16. Näheres über den Entwicklungsgang siehe bei T u r m e l , Le dogme du péché originel (Revue d'histoire et de
littérature religieuses VI 385 ff). Doch behauptet Turmel zuviel, wenn er S. 395
sagt, Augustin beschränke in De lib. arb. die Folgen der ersten Sünde auf die
ignorantia, difficultas und mortalitas. Augustin geht schon hier (3, 51) von den
später für ihn so wichtigen Stellen Röm 7, 18 19; Gal 5, 17 aus und führt das

Gerade die Erbsünde bildet für Augustin den eigentlichen Hintergrund
der Gnade; weil alle Menschen Sünder sind, ist es ausschließlich
Gottes Erbarmung, die dem Menschen Heil und neues Leben bringen
kann. „Kein Gedanke ist" — von da an und in steigendem Maße —
„dem hl. Augustin geläufiger als der von der massa iustae damnationis oder von der iusta damnationis massa, von der Adam massa,
quae profecto ex uno in condemnationem tota collapsa est. Wie
Petavius mit Recht hervorhebt, hat Augustin als der erste das paulinische φύραμα = conspersio, massa (Röm 9, 21) nicht mehr in
neutraler Bedeutung, sondern ausschließlich im schlimmen Sinne der
durch Adam verworfenen Menschheit aufgefaßt und diese Auffassung
konsequent festgehalten." [1]

§ 2. Die Tatsache der Erbsünde.

> „In causa duorum hominum, quorum per
> unum venumdati sumus sub peccato,
> per alterum redimimur a peccatis,
> ... proprie fides christiana consistit."
> (De pecc. orig. 28.)

Die Leugnung der Erbsünde durch die Pelagianer nötigte Augustin, Wirklichkeit und Möglichkeit derselben im Zusammenhang
mit seiner jetzt gereiften christlichen Welt- und Lebensanschauung
tiefer zu betrachten und apologetisch darzulegen. Wenn man die
Gründe überschaut, auf die er sich für die Tatsache der Erbsünde
beruft, so findet man in ziemlicher Vollständigkeit den späteren
Typus eines dogmatischen Beweises: die nachdrückliche Verwertung
des Schriftwortes und mehr noch des Schriftsinnes, das ehrliche und
angestrengte Bemühen, die Tradition der Kirche in ihren gelehrten
Zeugen wie in ihrem kultischen Wirken zu erfassen und zu deuten,
im Anschluß an beides die Sammlung und apologetische Verwertung
des von der Vernunft und Lebenserfahrung gebotenen Materials.

Wenn wir uns an manchen Einzelheiten seiner Beweisführung,
sei es aus kritischen oder aus ästhetischen Rücksichten, stoßen, so
hängt dies einmal mit der verhältnismäßigen Neuheit des Problems,

---

Nichtkönnen des Guten auf ein Nichtgutsein des Menschen, das „aus der
ersten Verurteilung stammt", zurück. Zur Ergänzung Turmels vergleiche Espenberger, Die Elemente der Erbsünde nach Augustin und der Frühscholastik,
Mainz 1905, 1 ff.

[1] Rottmanner, Der Augustinismus 8 f.

das in so umfassender Perspektive sich keinem kirchlichen Denker
dargeboten hatte, zusammen; zum zweiten erklärt es sich aus der
Besonderheit der geistigen und polemischen Natur Augustins, die
sich bisweilen von ihren großen und ernsten Zielen so hinreißen
läßt, daß sie an kleinen und unhaltbaren Dingen mit übertriebenem
Ernste haftet. Wer sich durch diese Unvollkommenheiten nicht abschrecken läßt, sondern bis zu den tiefsten und leitenden Gedanken
vordringt, wird finden, daß der Standpunkt Augustins trotz mancher
exegetischer Gewaltsamkeiten echtbiblisch und echtchristlich ist,
daß er trotz unvollständiger Kenntnis und individueller Deutung
der Tradition das Bewußtsein der Kirche treu wiedergibt, daß er
trotz anthropologischer Absonderlichkeiten einen tiefen Blick für die
menschliche Natur und die in ihr wirkenden Mächte offenbart.

Aus der Heiligen Schrift ist es besonders das fünfte Kapitel
des Römerbriefes, aus dem Augustin die Tatsache der Erbschuld
ableitet. Den Satz „in quo omnes peccaverunt" faßt er — gram-
matisch unrichtig — als Apposition zu Adam; er klebt aber nicht am
Buchstaben, sondern geht auf den Gedankenzusammenhang des ganzen
Kapitels ein. Als Ergebnis der Untersuchung bezeichnet er mit
Recht, daß der Apostel den leiblichen Tod aus der Sünde herleitet,
mithin die Allgemeinheit des Todes auf eine allgemeine, im Stammvater wurzelnde Sündhaftigkeit zurückführt. Seit der Schrift De
libero arbitrio hat Augustin unzählige Male diesen locus classicus
der Erbsündenlehre bei sich erwogen und in seinen Schriften gegen
Pelagius geltend gemacht [1].

Damit verbindet er eine Reihe anderer paulinischer Stellen, die
den in der Urzeit begründeten Zusammenhang zwischen Tod und
Sünde, sowie den Gegensatz des ersten und zweiten Stammvaters
weiter verfolgen, bald im sakramentalen Leben der Kirche, bald
in den Verheißungen der kommenden Auferstehung. Vor allem ist
es die mystische Erklärung der Taufe, welche Paulus (Röm
6, 3 ff) durchführt, und die verwandten Äußerungen 2 Kor 5, 14 ff;
Eph 2, 3, die Augustin wieder und wieder für die Tatsache der
angebornen Sünde herbeizieht. Jeder, der getauft wird, wird auf
den Tod Christi getauft; er stirbt in der Taufe der Sünde und der

---

[1] Vgl. De lib. arb. 3, 51; De pecc. mer. et rem. 1, 10 ff; De nupt. et conc.
2, 46; Op. imp. c. Iul. 2, 93 106 141 205 usw. Gewisse Schwierigkeiten der
Exegese gibt er zu (De pecc. mer. et rem. 3, 9); sie erschüttern aber seine
dogmatische Interpretation des Textes nicht.

Herrschaft des „Leibes der Sünde" ab, so wie Christus am Kreuze sein Fleisch ertöten ließ, das er in der „Ähnlichkeit des Fleisches der Sünde" (Röm 8, 3) angenommen hatte[1]. Die Stelle 1 Kor 15, 21 f: „Wie in Adam alle sterben, so werden in Christus alle lebendig gemacht werden" bezieht er zunächst auf das leibliche Sterben und Auferstehen; aber da der Stachel des Todes und der Ursprung des Todes die Sünde ist, da die Heilige Schrift Christus ebenso und noch mehr als Lebensfürsten für die Seele wie für den Leib hinstellt, so muß der Gegensatz des ersten und zweiten Adam im Sinne des hl. Paulus unsern Blick auf das geistige Sterben des Geschlechts in der Sünde Adams zurücklenken[2].

Neben diesen historisch-dogmatischen Ausführungen des hl. Paulus steht für Augustin ebenso im Vordergrunde die individuell gefärbte. zugleich aber den allgemeinen Zustand der Menschheit widerspiegelnde Schilderung der sittlichen Unordnung im Menschen Röm 7, sowie deren kurze Zusammenfassung Gal 5, 17: Caro enim concupiscit adversus spiritum, spiritus autem adversus carnem. Nachdem diese Saite einmal angeschlagen war[3], klingt sie immer wieder mit, wo Augustin das Thema der Erbsünde berührt. Daß wir „unter die Sünde verkauft sind", daß im Fleische „nichts Gutes" wohnt, daß „in uns die Sünde wohnt", bald tot und verborgen, bald lebendig und wirksam, daß das „Gesetz der Sünde" dem Gesetze des Geistes widerspricht, uns bezwingt und knechtet. wenn nicht Christus uns befreit: diese Sätze boten für den Nachweis der Erbsünde, speziell für den im Kampfe gegen die pelagianische Freiheitslehre so wichtigen Nachweis ihrer fortwirkenden Macht die willkommenste Handhabe. Schon in der Schrift De continentia (um 395) spielt das malum carnalis concupiscentiae, das vitium carnis, der languor naturae eine bedeutende Rolle[4]; schon hier wird deutlich gesagt, daß dieses „Übel", diese „Schwäche" aus der Schuld erwachsen ist und eine Schuld in sich schließt[5]. Bis zur

---

[1] De pecc. mer. et rem. 1, 58; 1, 44. C. Iul. Pel. 6, 7—24. — Enchir. 10. C. Iul. Pel. 6, 33.

[2] De Gen. ad litt. 10, 29. De pecc. mer. et rem. 3, 19 20. De nupt. et conc. 2, 46. C. Iul. Pel. 6, 10.

[3] Vgl. oben S. 147, A. 4.

[4] De contin. 5, 19.

[5] Ebd. 5, 18: Languorem autem istum culpa meruit, natura non habuit. Quam sane culpam per lavacrum regenerationis Dei gratia fidelibus iam remisit, sed sub eiusdem medici manibus adhuc natura cum suo languore confligit. Ebenso ebd. 5, 21.

pelagianischen Zeit bezieht Augustin die Klage des Apostels auf den Stand des sündigen, nicht wiedergebornen Menschen, in dessen Geistesverfassung sich Paulus zurückversetzt. Diese tatsächlich wohl richtige Exegese stellt er später hinter eine andere Erklärung zurück, die im siebten Kapitel des Römerbriefes den inneren Kampf des Gerechtfertigten, speziell des Apostels selbst, geschildert sieht[1]. Trotzdem bleibt ihm das Kapitel eine wichtige Stütze der Erbsündenlehre; wenn das Gesetz des Fleisches nach der letzteren Auffassung nicht mehr unmittelbarer Ausdruck der Erbsünde ist, so bleibt es doch eine kennzeichnende Nachwirkung derselben, zugleich ein Mittel und Substrat ihrer Fortpflanzung.

In seiner Berufung auf die kirchliche Überlieferung sah sich Augustin dem gewandten Angreifer Julian gegenüber gezwungen, außer den bekannten lateinischen Lehrern, vor allem Cyprian und Ambrosius, die Griechen zu studieren, einen Irenäus, Gregor von Nazianz, Basilius, Johannes Chrysostomus[2]. „Man kann sagen, daß der hl. Augustin das, was man den Traditionsbeweis der Erbsünde nennt, begründet hat."[3] Noch größeres Gewicht als auf die beistimmende Lehre älterer und zeitgenössischer Kirchenlehrer legt Augustin auf die kirchliche Spendung der Taufe an die unmündigen Kinder. Zu der Tatsache, der anerkannten Praxis der Kirche, trat als Erklärung und Stütze hinzu das Wort des Herrn an Nikodemus: „Wenn jemand nicht wiedergeboren wird aus dem Wasser und dem Heiligen Geiste, so kann er ins Himmelreich nicht eingehen" (Jo 3, 5). Aus Respekt vor einer solchen Autorität wagten auch die Pelagianer nicht, die Kindertaufe abzuschaffen; sie halfen sich vielmehr mit der künstlichen Unterscheidung zwischen der vita aeterna und dem regnum coelorum[4]. Augustin entkräftet nicht nur diesen Unterschied; er sucht aus dem Zusammenhang der johanneischen Stelle wie aus der katholischen Idee und Form der Taufe nachzuweisen, daß, wo immer sie gespendet wird, ein sündiger Zustand vorausgehen muß[5]. Schon die „Neugeburt" setzt ein „Gealtertsein" voraus, das Vorhandensein des „alten Menschen", der von Adam stammt und der Sünde absterben muß. Der Hinweis auf die

---

[1] Siehe unten Kap. 4, § 1.　　[2] Vgl. C. Iul. Pel. 1, 5 ff.

[3] Turmel (Le dogme du péché originel [Revue d'histoire et de littérature religieuses VI 425]), der Augustin keineswegs in allem gerecht wird, findet doch, daß seine Beweisführung im ganzen zutreffend ist.

[4] Siehe oben S. 13 20.

[5] De pecc. mer. et rem. 1, 58 ff; 3, 6 f.

eherne Schlange in der erwähnten Unterredung würde nach Augustin
keinen Sinn haben, wenn die Kinder nicht vom Bisse der Schlange
verwundet wären; der Ausspruch, daß alle, die nicht an Christus
glauben, „verloren gehen", würde nicht auf sie passen, wenn sie
von Natur gut und gottgefällig wären. Einen aktuellen Glauben
an den Gekreuzigten können die Unmündigen freilich nicht haben;
aber werden nicht dennoch die getauften Kinder nach kirchlichem
Sprachgebrauch den Gläubigen (fideles) zugezählt? Ohne den Glauben
in irgend einer Form „bleibt über dem Menschen der Zorn Gottes"
(Jo 3, 35); „er bleibt", also ist der Mensch „von Natur ein Kind
des Zornes" (Eph 2, 3)[1]. Aus dem Ritus der Taufe hebt Augustin
gern die Exorzismen hervor; sie zeigen, daß die Herrschaft des
bösen Feindes sich über die Neugebornen ausdehnt. Aber nicht
bloß aus diesen Beschwörungen zieht er seine Schlüsse[2]; der Pate
bei der Taufe widersagt im Namen des Kindes dem Teufel und
bekennt seinen Glauben an die Vergebung der Sünde — das „baptizari in remissionem peccatorum" ist der feststehende
biblische und kirchliche Ausdruck, dessen Gehalt durch die pelagianische Umdeutung völlig entleert wird[3]. Eine weitere Enthüllung des in der Taufe sich vollziehenden Geheimnisses bieten
die erwähnten paulinischen Stellen über das mystische Sterben
und Auferstehen des Täuflings, gleichfalls im Sinne der katholischen, nicht der pelagianischen Auffassung des Sakramentes[4].

Die vernünftige Reflexion ist die letzte Quelle, aus der
Augustin Gründe für die Tatsache der Erbsünde schöpft. Da stellen
sich zunächst dem Denken die zahllosen Leiden, Kämpfe und Drang-
sale des Lebens als finstere Wolke entgegen; ihr Dasein wird nur
verständlich, wenn eine allgemeine Schuld als trennendes und ver-
finsterndes Element in die Schöpfung eingedrungen ist. Die äußeren

---

[1] De pecc. mer. et rem. 1, 28 f. Vgl. Sermo 294, 14: Consuetudine ecclesiae
antiqua, canonica, fundatissima parvuli baptizati fideles vocantur.

[2] Turmel, Le dogme du péché originel (Revue d'histoire et de littérature
religieuses VI 416).

[3] De pecc. mer. et rem. 1, 63. De praed. sanct. 25: In eis, qui nullum
habent omnino peccatum, falsus est baptismus, qui in remissionem traditur peccatorum. — Selbst Cälestius hat widerwillig und sich selbst widersprechend die
Macht dieses Sprachgebrauchs anerkannt, indem er nach Rom schrieb: Infantes
autem debere baptizari in remissionem peccatorum secundum regulam universalis
ecclesiae et secundum evangelii sententiam confitemur, quia Dominus statuit
regnum coelorum nonnisi baptizatis posse conferri (Aug., De pecc. orig. 5).

[4] Vgl. oben S. 149 und unten S. 195.

Elemente bedrohen Existenz und Wohlfahrt des Menschen auf tausend Wegen, die Tierwelt erschreckt und quält ihn, Hunger und vielgestaltige Krankheit zehren an seinem Leibe, menschliche Gewalttat und Niedertracht läßt ihn nicht zur Ruhe kommen [1]. An diesen Leiden haben auch die Kinder, die nichts verschulden, ihren Teil; ein schweres Joch liegt auf den Söhnen Adams vom Tage ihres Ausgangs aus dem Mutterschoße (Sir 40, 1). Die einen kommen blind, andere taub, wieder andere blödsinnig zur Welt; wer kann diese Schwächen mit der Allmacht und Gerechtigkeit Gottes vereinbaren, wenn die Kinder makellose, von keiner Sünde berührte Ebenbilder Gottes sind? [2] Schon die völlige Hilflosigkeit an Leib und Seele, die den Menschen so lange Zeit umfängt, vor allem die dichte Finsternis der Unwissenheit, die seine Seele verschleiert, kann sich Augustin nicht als ursprüngliche Ausstattung des neugebornen Menschen denken [3]. Diese Übel (mala) sind Strafen (poenae); einen andern Charakter können sie gerade bei den Kindern nicht besitzen, die unfähig sind, an ihnen Tugend zu lernen und zu üben; Strafe aber setzt Schuld voraus [4].

Daß Augustin mit diesen Ausführungen keinen eigentlichen Beweis liefert, ist schon oben angedeutet worden. Das Dilemma, von dem er auszugehen scheint, jedes Übel müsse entweder Schuld oder Strafe der Schuld sein, ist unvollständig und als Grundlage einer allseitigen Theodicee nicht zu verwerten. Immerhin konnte das Argument, wenn es aus dem Ganzen der Offenbarung geschöpft wurde, vom Begriffe des christlichen Gottes und seiner Vatergüte

---

[1] De Civ. Dei 22, c. 22, 3.

[2] C. Iul. Pel. 3, 10 ff. Op. imp. c. Iul. 1, 49: Deus igitur tuus in tot et tantis malis, quae parvuli patiuntur, aut iustitiam aut omnipotentiam aut ipsam curam rerum humanarum est perditurus; quodlibet autem istorum dixeris, vide, quid eris!

[3] Daß die Menschen im Paradiese als kleine Kinder zur Welt gekommen wären, will Augustin nicht leugnen. Sie würden aber nach seiner Ansicht rascher und müheloser zur Reife gekommen sein (De pecc. mer. et rem. 1, 68 f). Augustin hatte über die körperliche Natur des ersten Menschen anfangs Gedanken, die den erfahrungsmäßigen Vorstellungen ziemlich fern lagen und ohne Zweifel aus origenistischem Gedankenkreise stammten. Er hat sie später in manchen Punkten, vor allem was den Prozeß der Fortpflanzung angeht, überwunden, ohne jedoch alle Reste derselben abzulegen.

[4] C. Iul. Pel. 3, 9 ff. Op. imp. c. Iul. 6, 36. Ebd. 5, 64: Nemo igitur potest in tot tantisque poenis parvulorum praedicare Deum iustum, negans originale peccatum. Ausführlich dieselben Gedanken Epist. 166, 16 f.

ausging, auf welche die Pelagianer mit Vorliebe sich beriefen, nicht
ohne Wirkung bleiben.

Tiefer ist ein anderes, aus der Weltbetrachtung und Lebenserfahrung gezogenes Argument. Die Pelagianer leiteten alles Böse
aus der persönlichen Freiheit ab, deren Wesen in der unbeschränkten
Wahl des Guten oder Bösen bestehen sollte. Darauf stellt Augustin
die Frage, wie es bei dieser indifferenten, selbstherrlichen Freiheit
komme, daß die Sünde eine allgemeine Erscheinung sei, daß
sittliche Unwissenheit und Lasterhaftigkeit auf Erden so stark überwiegen. „Gibt dir nicht schon die Seltenheit einsichtiger und cha-
rakterfester Menschen, von der du selbst sprichst, eine Lehre, was
du vom Menschengeschlechte zu halten hast . . .? Denn warum erhebt sich nicht die ganze Menschheit oder wenigstens der größte
Teil derselben durch ihr natürliches Streben zum Eifer im Wissen
und zum Starkmut des Charakters, so daß wir uns umgekehrt wundern
dürften über die Seltenheit derer, die vom Willen der Natur abweichen
und abfallen? Warum sinkt sie, wie von einem Schwergewicht
gezogen, die schiefe Ebene hinab in die Tiefe der Roheit und in den
Sumpf der Erschlaffung? Du sagst, die Scheu vor Anstrengung sei
der Grund, weshalb die Menschen der pflichtmäßigen Erkenntnis sich
entziehen. Aber ich wollte, du sagtest mir, w a r u m es dem von
der Natur so trefflich geschaffenen Menschen so ungeheuer schwer
fällt, das natürlich Vorteilhafte und Heilbringende zu lernen, warum
er sich aus Scheu vor Anstrengung heimischer und wohler fühlt,
wenn er im Dunkel des Nichtwissens weiterschlummert!“ [1] Wie
kommt es, daß ein so „erschreckender Abgrund von Unwissenheit
alle Söhne Adams mit seinem finstern Schoße umfängt“, daß die
falsche Liebe zu nichtigen und schädlichen Dingen, aus der quälende
Sorgen, wahnsinnige Leidenschaften, unsagbare Schändlichkeiten
hervorsprudeln, stets wieder die Menschheit bezaubert und verdirbt?
„Gewiß, das ist die Schlechtigkeit der Menschen selbst; aber eine
solche, die jene Verblendung und verkehrte Liebe zur W u r z e l hat,
mit der jeder Sohn Adams geboren wird.“ [2] Wenn wir sehen, daß
jeder Mensch, sobald er zum Gebrauch der Vernunft und Freiheit
kommt, in Sünde fällt, so kann ein unbelastetes, völlig im Gleichgewicht schwebendes Willensvermögen diese Tatsache nicht erklären;
die Sünde tritt in der Tat des Erwachsenen hervor, weil sie irgend-

---

[1] Op. imp. c. Iul. 5, 1.
[2] De Civ. Dei 22, c. 22, 1.

wie im Kinde schon vorhanden war [1]. Am meisten ist es der Widerstreit zwischen Sinnlichkeit und Geist, die Macht der geschlechtlichen Triebe, worauf Augustin sowohl in psychologischen Schilderungen wie in apologetischen Erörterungen gegen die Manichäer und Pelagianer immer wieder zurückkommt. Für sein idealistisches, dem Geistigen zugewandtes Gemüt bleibt es natürlicherweise ein Rätsel, wie in der einen Seele solches Schwanken und Geteiltsein zwischen dem Höchsten und Niedersten möglich ist. In der ergreifenden Schilderung seines eigenen Seelenkampfes vor der Bekehrung nennt er diese Tatsache zuerst ein „monstrum"; aber dann zeigt er, daß sie richtiger als „aegritudo animi" zu erklären ist, als eine Folge der vom Falle Adams stammenden Sünde [2].

Ähnliche Gedanken haben stets bei den christlichen Denkern, die das Dogma der Erbsünde dem Verständnisse nahe zu bringen suchten, Beachtung und Betonung gefunden. Die Last der unfreiwilligen Leiden in Verbindung mit einer Herrschaft der Sünde in der Menschheit, die als Sünde freie Tat ist, als Widerspruch gegen die innerste Tendenz des Denkens und Wollens aber zugleich ein peinliches Verhängnis ist, weist auf einen tiefen Riß und Zwiespalt im Menschen hin. Mag derselbe auch mit dem Zustande reiner Natürlichkeit irgendwie vereinbar sein, er findet seine volle Erklärung doch erst bei Annahme einer Gottentfremdung des ganzen Geschlechtes [3]. Das gilt vor allem, wenn wir dieses erschütternde Bild in das Licht der Offenbarungstatsachen hineinstellen, die uns eine unendlich freigebige und väterliche Vorsehung Gottes bezeugen; daß diese Beleuchtung bei Augustin nie vollständig ausgeschaltet ist, haben wir schon früher bemerkt [4].

---

[1] C. Iul. Pel. 5, 57: Propterea nullus est hominum praeter ipsum (Christum), qui peccatum non fecerit grandioris aetatis accessu, quia nullus est hominum praeter ipsum, qui peccatum non habuerit infantilis aetatis exortu.

[2] Conf. 8, 21 22.

[3] Eingehende Ausführungen hierüber bei J u l. M ü l l e r, Die christl. Lehre von der Sünde II⁶ 321 f; A. W e i ß, Apologie des Christentums II⁴ 145 ff. Vgl. das Bekenntnis H. N e w m a n s: Apologia pro vita sua (1902) 241 f.

[4] Siehe oben S. 105 112. Man könnte sagen, da die Schwierigkeit des Guten, der Kampf gegen ignorantia und cupiditas mit seinen Wechselfällen im Wiedergebornen bleibt, könne darin kein Zeichen der Erbsünde liegen. Allein abgesehen davon, daß dies nur zum Teil wahr ist, bleiben jene Übel auch im Gerechten Zeichen und N a c h w e h e n der Erbsünde; sie bleiben ferner eine beständige Mahnung daran, daß das Christentum eine Religion der Erlösung von der Sünde, eine Religion des Kampfes und Opfers ist. Ja der Kontrast

Für die den Kindern anhaftende Sünde führt Augustin endlich
einen theologischen Kongruenzbeweis aus der Allgemeinheit der
Erlösung. Nach deutlicher Lehre der Offenbarung kommt Heil
und Erlösung für jeden Menschen durch Christus; darum müssen
auch die unmündigen Kinder auf Christus als ihren Heiland
angewiesen sein. Sie sind es aber nur dann, wenn sie der
Heilung einer Sünde, die sie von Adam geerbt haben, bedürfen.
Wir sehen hier, wie die paulinische Antithese Adam—Christus durch
Geltendmachung der im christlichen Bewußtsein hell beleuchteten
Gegenwart auch für die Vergangenheit aufklärend wirkt. Mit
höchster Kraft und Beredsamkeit betont Augustin von seiner ersten
antipelagianischen Schrift bis zur letzten immer wieder den uni-
versellen und ausschließlichen Charakter des Heilsverdienstes Christi.
Wenn die Kirche die Kinder tauft, so zeigt sie, daß sie der
Wohltat des Erlösers bedürfen, daß „sie in ihm belebt, geheilt,
befreit, erlöst, erleuchtet werden, — wovon, wenn nicht von dem
Tode, der Schwäche, der Schuld, der Knechtschaft, der Finsternis
der Sünde?"[1] Wie die Patriarchen der Vorzeit nur durch Christi
Gnade selig geworden sind, so kann auch heute niemand ohne ihn
selig werden und das „ewige Leben" erlangen; Christus ist aber
nicht zu Gesunden, sondern zu Kranken gekommen, er ist gekommen,
zu suchen und selig zu machen, was verloren war[2]. Der Tod
Christi mußte eintreten, weil die Sünde den Geist des Menschen im
Tode gefangen hielt und im sterblichen Fleische herrschte. Ist
beides nicht der Fall bei den Kindern, so ist auch der Tod Christi
für sie nicht notwendig gewesen[3]. Die Pelagianer wollen die Kleinen,
die Jesus zu sich gerufen hat, von ihm und der Kraft seines Blutes
losreißen, jenes Blutes, das „zur Vergebung der Sünden" geflossen
ist. Er ist nach ihnen höchstens der Christus der Kinder, weil
er sie durch die Taufe in sein „Reich" aufnimmt; er ist nicht „ihr
Jesus", „der sein Volk erlöst von seinen Sünden"![4]

---

zwischen der geistigen Begnadigung und der seelisch-leiblichen Bedrängnis des
Kindes Gottes erhöht in etwa den Eindruck jenes Wahrscheinlichkeitsbeweises.

[1] De pecc. mer. et rem. 1, 39; vgl. ebd. 3, 19.

[2] De pecc. orig. 27 34: Quisquis contendit in qualibet aetate naturam non
indigere medico secundo Adam, quia non est vitiata in primo Adam, . . . in ipsa
regula fidei, qua Christiani sumus, gratiae convincitur inimicus.

[3] C. Iul. Pel. 6, 10 13 ff 27.

[4] Op. imp. c. Iul. 2, 108 169 ff 188. — Aus dem Gesagten ergibt sich, wie
unvollständig Turmels Aufzählung ist, wenn er (Revue d'histoire et de littérature religieuses VI 406 ff) sagt, das Arsenal der Beweise Augustins setze sich,

§ 3. Ursprung und Fortpflanzung der Erbsünde.

> „Ex hac concupiscentia carnis ... gene-
> ratione trahitur originalis peccati vin-
> culum sola regeneratione solvendum."
> (Op. imp. c. Iul. 2, 218.)

Erbsünde und Erbverderben haben ihren Ursprung in der persönlichen Sünde Adams, des Stammvaters der Menschheit. In ihm ist
„originaliter et, ut ita dixerim, radicaliter" das ganze Geschlecht verurteilt worden[1]; „aus dem Willen des ersten Menschen, von dem
das Menschengeschlecht seinen Ursprung nahm, entstand die Notwendigkeit des peccatum originale für die Nachkommen"[2]. „Was
in Adam nur der Schuld, nicht der Natur angehörte, das ist für
uns, die Nachkommen, ein der Natur Anhaftendes geworden."[3]
Der Grund hierfür liegt in der Tatsache, daß Adam in gewissem
Sinne die ganze Menschheit in sich faßte; weil alle Menschen in
ihm waren, konnten sie auch in ihm sündigen. „Etwas anderes
sind die einem jeden eigenen Sünden, in denen nur die Täter selbst
sündigen; etwas anderes jene eine, in der alle gesündigt haben, damals, als alle ein Mensch waren."[4] Diese Einheit und Solidarität wird näher gekennzeichnet, wenn es heißt, daß „alle in
seiner Natur vermöge jener eingeschaffenen Kraft, durch

---

abgesehen von dem Zeugnis der Väter, aus vier Hauptargumenten zusammen:
1. dem Texte des hl. Paulus: Per unum hominem peccatum intravit in mundum;
2. dem Texte des hl. Johannes: Nisi quis renatus fuerit ex aqua et Spiritu
Sancto etc.; 3. dem Ritus der Taufe; 4. dem Hinweis auf die Leiden des Lebens.

[1] Enchir. 14.   [2] Op. imp. c. Iul. 4, 103.

[3] Sermo 294, 14: Quod fuit in Adam culpae non naturae, nobis propagatis
factum est iam naturae. Der Ausdruck originale peccatum bedeutet nach
Augustins Sprachgebrauch nicht die Verbindung der Sünde mit der Entstehung
und Geburt des einzelnen Menschen, sondern die Verbindung mit dem Ursprung
des ganzen Geschlechts. De Civ. Dei 16, c. 27: Parvuli non secundum suae vitae
proprietatem, sed secundum communem generis humani originem
omnes in illo uno testamentum Dei dissipaverunt, in quo omnes peccaverunt....
Non immerito parvulum propter originale peccatum, quo primum Dei
dissipatum est testamentum, generatio disperdet, nisi regeneratio liberet. Retr. 1,
c. 15, 6: Cur ergo, inquiunt, parvuli tenentur rei? Respondetur, quia ex eius
origine tenentur, qui non fecit, quod facere potuit, divinum scilicet servare
mandatum. Vgl. Sermo 294, 14 f und die folgende Anmerkung.

[4] De pecc. mer. et rem. 1, 11. De nupt. et conc. 2, 15: Per unius illius
voluntatem malam omnes in eo peccaverunt, quando omnes ille unus fuerunt, de
quo propterea singuli peccatum originale traxerunt. Op. imp. c. Iul. 2, 163.

die er sie zeugen konnte, jener eine waren"[1]. Weil sie aus
ihm sind, waren sie in ihm; weil er die „gemeinsame Natur" in
sich faßte, ist auch sein Fall ein gemeinsamer geworden[2]. Der
Apostel Paulus sagt, um die Erhabenheit des melchisedekischen
Priestertums über das levitische darzutun, Levi habe, „als er noch
in den Lenden seines Vaters (Abraham) war, dem Melchisedech den
Zehnten gegeben" (Hebr 7, 9); so war das ganze Menschengeschlecht
„in lumbis Adam"[3]. Sie waren nicht dort nach der „Eigenheit ihrer
Person und Lebenslage, sondern nach der occultissima ratio se-
minis"[4]. Die Pelagianer verstehen nicht den mächtigen Einfluß des
geschlechtlichen Zusammenhangs, die geheimnisvolle Tragweite jener
„natürlichen Erbfolgerechte", die aus ihm nach jeder Richtung
erwachsen[5]. Je höher die Stellung und Ausstattung des ersten
Menschen war, um so tiefer war sein Fall, um so verhängnisvoller
bestimmte er als natürlicher „Lebensfürst" (princeps generationis)
das Schicksal der ganzen Nachkommenschaft. So kann man also
die Erbsünde eine fremde Sünde nennen, weil sie nicht von uns,
sondern von Adam begangen ist; sie ist aber unsere eigene Sünde,
weil wir gewissermaßen in ihm waren und sie von ihm geerbt haben.
Man kann sagen, sie sei eine notwendige Sünde, weil sie nicht durch
unsere Freiheit entstanden ist; sie ist aber nicht ein bloßes physisches Übel, weil sie im Willen unseres Stammvaters uns zugezogen ist[6].

In der späteren Theologie, besonders in der jansenistischen
Kontroverse, ist die Frage entstanden, ob die einheitliche Verknüpfung

---

[1] De pecc. mer. et rem. 3, 14.

[2] Epist. 186, 21: Quicumque ex illo uno multi in se ipsis futuri erant, tunc
in illo unus erant. Porro illud peccatum solius esset, si ex illo nullus exiisset.
Porro autem, in quo erat natura communis, ab eius vitio est nullus immunis.

[3] Op. imp. c. Iul. 4, 104; 6, 22.   [4] Ebd. 5, 64; 2, 177.

[5] Ebd. 6, 22: Nescitis ..., quid valeant in seriem generationis seminum
nexus, et in creaturis, quas Deus alias ex aliis secundum genus suum nasci
voluit, quanta sint et quam sint ineffabilia quamque etiam nullo penetrentur
sensu, nulla cogitatione comprehendantur naturalia iura propaginis. Etwas
weiter der Gegensatz: non propria voluntate sed naturali propaginis iure. Diese
seminale Einheit ist nicht materialistisch zu denken, sondern dynamisch: Neque
enim semina ipsa, quorum est quantitas corporalis, licet singula sint exigua, ex
quibus singuli quique nascantur, si congesta essent, ex quibus tot homines nati
sunt atque nascuntur et in finem usque nascentur, potuissent lumbis unius hominis
contineri. Vis ergo nescio quae invisibilis et incontrectabilis secretis naturalibus
insita est, ubi iura propaginis naturalia delitescunt. Ebd.

[6] De pecc. mer. et rem. 3, 14. Op. imp. c. Iul. 4, 116.

der menschlichen Schicksale in Adam, wie sie der Erbsünde zu Grunde
liegt, von Augustin als natürliche Folge des Geschlechtszusammenhangs aufgefaßt oder auf ein besonderes (übernatürliches) Dekret
Gottes, eine positive Bevollmächtigung Adams zur Vertretung des
Geschlechtes zurückgeführt werde. Es ist nicht leicht, diese Frage
zu entscheiden. Man beruft sich für die letztere Auffassung auf die
Äußerungen, daß die Fortpflanzung der Sünde und Strafe dem „gerechten Urteilsspruche Gottes" entsprungen und daß durch die Ursünde ein anfänglicher „Bund Gottes" mit den Menschen zerrissen
worden sei. Aber an der ersten Stelle steht das gerechte Urteil
Gottes im Gegensatze zur Schöpfertätigkeit Gottes (trahit natura
vitium non Dei opificio sed iudicio)[1]; es besagt also nur, daß eine
freie Versündigung vorausgegangen ist, ehe die Natur mit einer
Schuld belastet wurde. In der zweiten bezieht sich der „Bund" zunächst auf das Gebot Gottes im Paradiese, das zweifellos einen positiven Charakter hatte; nicht so sicher auf die Art und Weise, wie die
Übertretung des Gebotes eine Sünde der Menschheit werden konnte[2].
Die Jansenisten betonten ihrerseits die zahlreichen Stellen, an denen
Augustin die Überleitung der Erbsünde als eine vollkommen natürliche darstellt. Augustin halte die Fortpflanzung der Ursünde auf
dem Wege der Geschlechtsfolge für etwas Selbstverständliches, nicht
für ein positiv Verhängtes[3]. Auch diese Tatsache ist nicht entscheidend; denn nachdem einmal die Synthese der Menschheit in
Adam, und damit die Solidarität der Schuld, feststand, konnte die
Fortpflanzung der Schuld auf die einzelnen vollkommen natürlich sein,
ohne daß es die erste Begründung zu sein brauchte. Und selbst
wenn Augustin für beides, die Begründung wie die Fortpflanzung,
einen „natürlichen" Zusammenhang lehrte, dürfen wir bei der Elastizität dieses Ausdrucks und bei der einzigartigen, überragenden
Stellung, die er stets dem göttlichen Willen zuerkennt, daraus keinen
sichern Schluß ziehen. Dazu kommen wiederholte Äußerungen, die in
der Existenz der Erbsünde einen besondern „Ratschluß Gottes", das Urteil einer „unerforschlichen Gerechtigkeit" sehen und diese Unerforsch-
lichkeit in Parallele stellen zu dem Geheimnis der Gnadenwahl[4].

---

[1] Ebd. 5, 64.   [2] De Civ. Dei 16, c. 27.   De nupt. et conc. 2, 24.
[3] Vgl. z. B. De Civ. Dei 13, c. 3.
[4] De lib. arb. 3, 55: Ut autem de illo primo coniugio et cum ignorantia et
cum difficultate et cum mortalitate nascamur, quoniam illi, cum peccavissent, et
in errorem et in aerumnam et in mortem praecipitati sunt, rerum moderatori
summo Deo iustissime placuit, ut et in ortu hominis originaliter appareret

Darüber kann kein Zweifel sein: die Verbreitung der univer-
salen Sünde und Krankheit geschieht tatsächlich durch Vererbung,
auf dem natürlichen Wege der Fortpflanzung. Es wurde
erwähnt, daß Augustin das Geheimnis der Fortpflanzung schon im
Gebiete der Natur mit hoher Bewunderung betrachtet. Das Dunkle
und Rätselhafte des organischen Werdens in Verbindung mit der
offenbaren Planmäßigkeit und Weisheit des Prozesses erinnert ihn
an die Mysterien des religiösen Lebens, die gleichfalls diese Mischung
undurchdringlichen Geheimnisses und tiefer Weisheit an sich tragen.
Die Idee der moralischen Einheit des Geschlechts, des höheren
„Lebens" der Gnade, und die ganze überlieferte Auffassung der
Erbsünde nötigten Augustin, diese Parallele in unserer Frage mit
doppelter Aufmerksamkeit zu verfolgen.

Er verweist auf die bekannten, aber darum nicht weniger rätsel-
haften Erscheinungen der physiologischen Vererbung, zunächst, um Analogien für das übersinnliche Gebiet zu gewinnen
und jene flache Verständigkeit, die alles Unbegreifliche für absurd
hält, in die Schranken zu weisen. „Wenn einer sich durch Unmäßigkeit das Podagra zuzieht und auf seine Kinder vererbt, was
häufig vorkommt, kann man dann nicht mit Recht sagen, der Fehler
sei vom Vater auf die Kinder übergegangen? . . . Was also bisweilen
bei Krankheiten des Leibes sich findet, das ist in jener alten und
großen Sünde des einen Stammvaters geschehen, durch welche
die gesamte menschliche Natur fehlerhaft wurde, nach dem klaren
Ausspruche: ‚Durch einen Menschen ist die Sünde in die Welt gekommen usw.' (Röm 5, 12)."[1] Eine mechanistische Vorstellung
dieser Ausbreitung und Weitergabe ist natürlich ausgeschlossen; aber
auch bei leiblichen Schwächen haben wir es ja nicht mit der Teilung
einer schlechten Substanz, sondern mit der Störung und verderblichen Affektion einer an sich guten Natur zu tun. „Wer jemanden
verwundet, schafft nicht Glieder, sondern verletzt sie. Allein die
leiblichen Wunden hindern nur die Glieder, sich gerade und frei zu
bewegen, nicht aber die Kraft, durch welche der Mensch gerecht

---

iustitia punientis et in provectu misericordia liberantis. Op. imp. c. Iul. 3, 33:
Aliter autem iudicavit ipse, quando praevaricatricem naturam, quam noverat in
radice, quamvis nondum pullulasset in germine, secundum inscrutabilem
iustitiam suam cum stirpe damnavit, liberaturus ab hac damnatione, quos vellet,
per gratiam nihilominus inscrutabilem. Vgl. De mor. eccl. 40; De
div. quaest. ad Simpl. 1, 1, 13.
[1] Op. imp. c. Iul. 2, 177. C. Iul. Pel. 6, 55.

ist; die Wunde aber, die wir Sünde nennen, verwundet gerade j e n e s
L e b e n , d u r c h w e l c h e s w i r g e r e c h t l e b t e n. ... So ist denn
durch jene große Sünde des ersten Menschen unsere Natur zum
Schlechteren geändert und nicht bloß selbst sündig, sondern auch
Sünder zeugend geworden. Und doch ist jene Schwäche (languor),
durch welche die Kraft des guten Lebens verloren ging, keineswegs
eine Natur, sondern ein Fehler, wie auch die krankhaften Zustände
im Körper nicht Substanzen oder Naturen, sondern Fehler sind und
trotzdem, wenn nicht immer, so doch meist von den Eltern gleichsam eingezeugt werden und in den Leibern der Kinder hervortreten.“ [1]
Wenn soeben betont wurde, daß das physische und das moralische
Leben verschieden sind, so lehrt doch die Erfahrung, daß sich
nicht selten mit der leiblichen Disposition gewisse sittliche Cha-
rakterbedingungen vererben, so die Anlage zum Mitleid oder zur
Hartherzigkeit, zum Zorn und zur Lüsternheit. Diese angebornen
Eigenschaften treten dann mit dem Erwachen der Vernunft als
Tugenden und Fehler ans Licht [2]. Die eigenartige Stellung Adams
und die Art seines Falles hat nur unbegreiflich t i e f e r auf die Natur
gewirkt, als andere Sünden es vermögen [3]. Der Grundsatz aber
bleibt, daß aus Adam nichts anderes geboren werden konnte, als
was er selbst war ; was der Vater ist, wird auch der Sohn [4]. Das
Gesetz der Erblichkeit gilt von dem ganzen Inhalte der göttlichen
Strafsentenz; wie der seelische, geht der leibliche Tod von den
Stammeltern auf die Nachkommen über, pflanzt sich die Mühsal
der harten Arbeit und die Schmerzlichkeit des Gebärens auf alle
Geschlechter fort [5].

Der Weg, auf dem sich die Erbsünde fortpflanzt, ist d i e n a t ü r-
l i c h e Z e u g u n g i n V e r b i n d u n g m i t d e r G e s c h l e c h t s l u s t:
das ist die gegen die Pelagianer konstant festgehaltene Auffassung

---

[1] De nupt. et conc. 2, 57.

[2] Op. imp. c. Iul. 4, 129 : Cur non, quaeso te, annuimus esse quosdam natura
misericordes, si natura quosdam non negamus excordes? Sunt enim nonnulla
congenita, quae in aetate, qua usus incipit esse rationis, sicut ipsa ratio incipiunt
apparere. Ebd. 5, 22 : Sed pergite adhuc et clamate : Non est malum, naturaliter
esse obliviosum, naturaliter esse obtunsum, naturaliter esse iracundum, naturaliter
esse libidinosum!

[3] De nupt. et conc. 2, 57 : Hoc autem (vulnus) valde tunc maius atque altius
diabolus inflixit, quam sunt ista hominibus nota peccata.

[4] De Civ. Dei 13, c. 3 : Non enim aliud ex eis, quam quod ipsi fuerant,
nasceretur. — Quod est autem parens homo, hoc est et proles homo.

[5] De pecc. mer. et rem. 2, 37.

Augustins. Die geistige Auflehnung Adams gegen Gott war mit un-
ordentlichem Streben nach sinnlichem Genuß verbunden; diese Unordnung hat sich als beschämende Folge und als Krankheit der Natur
mitgeteilt; das Fleisch begehrt wider den Geist und drängt zu neuen
verbotenen Genüssen. Die Eigenwilligkeit und Unbotmäßigkeit des
Triebes zeigt sich vor allem auf dem Gebiete des geschlechtlichen
Lebens; sie raubt auch demjenigen Akte, der an sich gottgewollt
und zur Fortpflanzung des Geschlechtes notwendig ist, die Würde
geistig freier, humaner Betätigung, wie das in allen Menschen
lebende Schamgefühl unwiderleglich bezeugt. Dieselbe Fortpflanzung,
die uns der Natur Adams teilhaft macht, verstrickt uns auch in
seine Schuld; die beschämende Begleiterscheinung der Generation,
die Herrschaft der fleischlichen Sinnlichkeit im Zeugungsakte ist
das Zeichen und Mittel für diese seelische Ansteckung. „Diese Konkupiszenz, dieses Gesetz der Sünde, das in den Gliedern wohnt, . . .
leitet in der Tat die Fessel der Sünde durch die Zeugung auf die
Nachkommen über, bis auch diese durch Wiedergeburt von ihr befreit werden." [1] Die Lust, „aus der und mit der wir geboren
werden", zieht uns hinein in die Gemeinschaft mit der Sünde des
Stammvaters [2].

Eine nähere Untersuchung des Begriffs der concupiscentia bei
Augustin verschieben wir am besten bis zur Behandlung des Wesens
der Erbsünde; es wird allgemein zugestanden, daß Augustin, wo er
von der Fortpflanzung der Erbsünde redet, stets an die eigentlich geschlechtliche Lust denkt, die er anderswo libido nennt. Man spricht
zwar auch in der Mehrzahl von libidines rerum; libido schlechthin
aber bedeutet die Geschlechtslust [3]. Julian selbst, der ein warmer
Fürsprecher der Sinnlichkeit ist, wagt es nur, die voluptas, nicht
die libido zu preisen [4]. Das für Augustin Anstößige liegt in ihrer
Unbotmäßigkeit, nicht in ihrer physischen Wesenheit; „libido" ist
gleich „inobedientia carnis" [5]. Dabei geht er oft — realistisch
und idealistisch zugleich — von dem Äußerlichsten, Physiologischen
aus; schon die mangelnde Beherrschung des Körpers stößt ihn ästhe-
tisch und moralisch ab [6]. Dennoch ist es zuviel gesagt, wenn man

[1] De nupt. et conc. 1, 25. Vgl. ebd. 1, 27.
[2] C. Iul. Pel. 3, 51; 6, 55. Op. imp. c. Iul. 4, 95.
[3] De Civ. Dei 14, c. 16.   [4] De nupt. et conc. 2, 25.
[5] C. Iul. Pel. 5, 9.
[6] De Civ. Dei 14, c. 19 20 23. De nupt. et conc. 1, 24; 2, 17 f. C. duas
epist. Pel. 1, 32. De Gen. ad litt. 9, 18.

Augustin den Vorwurf macht, er hätte folgerichtig jede andere Einschränkung der Herrschaft über unsere Glieder ebenso als „Sünde"
erklären müssen [1]. Augustin faßt die Macht der Geschlechtslust als
Ganzes, jedoch überwiegend als innerlich störende, das geistige Gleichgewicht und die sittliche Selbstherrschaft bedrohende Macht [2]. Sie
bewirkt in viel höherem Maße als andere sinnliche Freuden ein
„Untersinken des Geistes" im Sinnlichen (ipsius mentis quaedam
submersio) [3], eine aktuelle Unmöglichkeit heiliger Gedanken [4], einen
auf den Willen lustvoll und lästig zugleich eindringenden Aufruhr
niederer Gefühle [5].

Auch in dieser ungezügelten, rein natürlichen Daseinsweise ist
die sexuelle Lust nicht notwendig Sünde; sie ist es nicht als Anlage, sie ist es auch nicht als Akt, soweit sie die Ausübung des
legitimen Geschlechtsverhältnisses begleitet. Auf den ersten Punkt
werden wir beim Wesen der Erbsünde zurückkommen; den zweiten
müssen wir hier betonen, wo von der Fortpflanzung der Erbschuld
die Rede ist, da wir der Behauptung begegnen, nach Augustin
finde „die Erzeugung nie ohne sündhafte concupiscentia statt" [6].
Das ist ein Irrtum; Augustin hat die mit dem rechtmäßigen Vollzug der Ehe verbundene Regung der Lust zu keiner Zeit für sündhaft erklärt. Er sagt: „Die Ehe o r d n e t diese Regung, die Enthaltsamkeit schränkt sie ein und zügelt sie, so daß, wie aus der
Sünde die Strafe entstanden ist, so aus der Strafe ein V e r d i e n s t
wird." [7] Die unbotmäßige Lust ist ein Ü b e l, eine S t r a f e, nicht
eine Sünde; daher ist die Reaktion des Gewissens und des sittlichen
Empfindens ihr gegenüber die S c h a m, nicht die moralische Ver-
abscheuung und Verwerfung. Alles, was auf diesem Gebiete Scham
und Erröten hervorruft, „wird nicht der Ehe zugerechnet; denn

---

[1] T u r m e l, Le dogme du péché originel (Revue d'histoire et de littérature
religieuses VII 133, A. 2).

[2] De Civ. Dei 14, c. 16: Haec autem (libido) sibi non solum totum corpus
nec solum extrinsecus, verum etiam intrinsecus vindicat totumque commovet hominem animi simul affectu cum carnis appetitu coniuncto atque permixto, ut ea
voluptas sequatur, qua maior in corporis voluptatibus nulla est: ita ut momento
ipso temporis, quo ad eius pervenitur extremum, paene omnis acies et quasi
vigilia cogitationis obruatur.

[3] C. Iul. Pel. 4, 71. Op. imp. c. Iul. 4, 39.   [4] C. Iul. Pel. 5, 42.

[5] De nupt. et conc. 1, 27. C. duas epist. Pel. 1, 35. Vgl. Bd I, S. 250 f.

[6] S e e b e r g, Dogmengeschichte 272. D o r n e r, Augustinus 139. Die angeführte Stelle De nupt. et conc. 2, 5 14 belegt die Behauptung nicht.

[7] De Gen. ad litt. 9, 18.

gerade ihretwegen ist die Beiwohnung der Gatten nicht bloß erlaubt, sondern nützlich und sittlich gut"[1]. Die Insinuation
Julians, nach Augustin werde die Sünde der erwähnten Lust durch
die religiöse Weihe der Ehe nur frei von Strafe, lehnt dieser ent-
rüstet als Verleumdung ab; „es hat nichts mit Sünde zu tun,
wenn jemand durch das Gut der Treue das Übel der libido gut
gebraucht. Man kann hier auch nicht, wie du meinst, sagen: ‚Laßt
uns das Böse tun, damit das Gute komme', weil die Ehe in keinem
ihrer Teile etwas Böses ist"[2].

Es ist also nicht eine mit der Zeugung verbundene aktuelle
Sünde, die die Schuld weiter vermittelt. Es ist ebensowenig der
habituelle Sündenzustand der Eltern. Auch christliche Eltern,
die von der Erbsünde befreit und der Gnade des Heiligen Geistes
teilhaftig sind, übertragen die Erbschuld auf ihre Kinder. Denn die
Fortpflanzung der Menschheit geschieht nicht nach den Gesetzen
des übernatürlichen Lebens, sondern nach dem Gesetze der irdischen,
fleischlichen Natur; leibliche Empfängnis und Geburt bringen auch
die Sprößlinge getaufter Eltern in den Zusammenhang des in Adam
gefallenen Geschlechts, nicht in die Gnadenverbindung mit Christus.
„Die innerlich neugeschaffenen Eltern zeugen fleischlich aus dem
Rückstande der alten Schöpfung, nicht aus den Erstlingen der neuen
Schöpfung."[3] Eine treffende Analogie zu dieser Tatsache der Heils-
ordnung bietet die Pflanzenwelt in der Fortpflanzung veredelter Ge-
wächse; nicht nur der wilde Oleaster, auch der veredelte Ölbaum
erzeugt durch seine Samen nur wilde Sprößlinge[4].

---

[1] De pecc. orig. 39.

[2] C. Iul. Pel. 4, 49. Vgl. unten § 4. Daß der Vollzug der Ehe, wenn er
nicht wegen ihres Vernunftzwecks, sondern propter delectationem carnis geschieht, nach Augustin lässliche Sünde ist, wurde Bd I, S. 250 321 gezeigt.

[3] De pecc. mer. et rem. 2, 44. Ähnlich C. Iul. Pel. 6, 14: Homo enim, qui
spiritaliter natus carnaliter gignit, utrumque habet semen, et immortale, unde se
gaudeat vivum, et mortale, unde generet mortuum. Sermo 174, 9: Qui Adam
non agnoscit in parvulis natis, nec Christum agnoscere poterit in renatis. Sed
quare, inquiunt, iam baptizatus homo fidelis, iam dimisso peccato, generat eum,
qui est cum primi hominis peccato? Quia carne illum generat, non spiritu. „Quod
natum est de carne, caro est" (Jo 3, 6). Et „si exterior homo noster", ait Apostolus (2 Kor 4, 16), „corrumpitur, sed interior renovatur de die in diem". Ex
eo, quod in te renovatur, non generas parvulum; ex eo, quod in te corrumpitur,
generas parvulum.

[4] De pecc. orig. 45. De nupt. et conc. 1, 21; 2, 58. C. Iul. Pel. 6, 21.
Einen neuen Gesichtspunkt bietet die Stelle En. in ps. 50, 10: Etiam ipsum vinculum mortis cum iniquitate concretum est. . . . Non ergo ideo in iniquitate

Die große Bedeutung, die Augustin der carnalis concupiscentia als Vermittlerin der Sünde beilegt, erhellt charakteristisch daraus, daß er die Freiheit Christi von der Erbschuld meist auf seine wunderbare Empfängnis im Schoße der Jungfrau zurückführt. Schon der hl. Ambrosius hatte den Satz aufgestellt, daß die menschliche Geburt des Herrn dadurch aller sündigen Befleckung entrückt gewesen sei, weil seine Empfängnis ohne den natürlichen Geschlechtsverkehr geschehen ist; Augustin hebt noch schärfer das Fehlen der ungeregelten Geschlechtslust hervor[1]. Weil Christus vom Heiligen Geiste und der Jungfrau Maria, nicht aus der fleischlichen Begierde geboren ist, hat er nur die „Ähnlichkeit des Fleisches der Sünde", nicht das „Fleisch der Sünde" selbst[2]. Auch darin sind der erste und der zweite Adam einander ähnlich: „Der erste ist ohne die Konkupiszenz geschaffen, der zweite ohne sie geboren worden; aber jener war bloß Mensch, dieser Gott und Mensch; darum brauchte jener nicht zu sündigen, dieser konnte nicht sündigen."[3] Die letzte Bemerkung zeigt, daß Augustin den Grund der Sündlosigkeit Christi doch nicht ausschließlich in der übernatürlichen Empfängnis seiner Menschheit gesehen hat. Es lag für ihn nahe, entsprach auch seiner Vorliebe für pointierte Beweismittel, daß er, wenn er die carnalis concupiscentia sonst überall als Leiterin der Erbschuld darstellt, bei Christus gerade die Tatsache hervorhebt, daß er „nicht aus dem

---

concipiuntur homines, et in peccatis in utero a matribus aluntur, quia peccatum est misceri coniugibus, sed quia illud, quod fit, utique fit de carne poenali. Poena enim carnis mors est et utique inest ipsa mortalitas. Unde Apostolus non moriturum corpus dixit sed mortuum: „Corpus quidem mortuum est", inquit, „propter iustitiam" (Röm 8, 10). Quomodo ergo sine vinculo peccati nascitur, quod concipitur et seminatur de corpore mortuo propter peccatum? Opus hoc castum in coniuge non habet culpam, sed origo peccati trahit secum debitam poenam. Non enim maritus, quia maritus est, mortalis non est aut aliunde nisi peccato mortalis est. — Wie schon erwähnt wurde, legt Augustin namentlich in der früheren Zeit besonderes Gewicht auf die Sterblichkeit als Annex der Erbsünde. Wenn hier die mortalitas carnis auch als Überleiterin der Sünde erscheint, so steht das nicht im Widerspruch zu der durchgehenden Theorie, daß die Lust des Fleisches dieselbe Funktion ausübt; denn der Trieb zur Fortpflanzung und die Sterblichkeit der Generationen stehen in engster Beziehung zueinander. De Gen. ad litt. 11, 42: Hoc ergo amisso statu corpus eorum duxit morbidam et mortiferam qualitatem, quae inest etiam pecorum carni, ac per hoc etiam eundem motum, quo fit in pecoribus concumbendi appetitus, ut succedant nascentia morientibus. Vgl. De div. quaest. ad Simpl. q. 1, 11.

[1] De nupt. et conc. 2, 14 15. Epist. 190, 25.

[2] Op. imp. c. Iul. 6, 35.   [3] Ebd. 6, 22. Vgl. auch Epist. 190, 25.

Willen des Mannes und des Fleisches" gezeugt ist. Anderswo lehrt er noch klarer, daß schon die Gottheit Christi jede Schuld für seine Menschheit ausschließen mußte, daß diese erste und höchste „Gnade" der Natur alle weiteren Gnaden und sittlichen Vorzüge bei Christus nach sich zog [1].

Die eingehenden Erörterungen, die Augustin in dem erwähnten Zusammenhange nicht selten über das Ungeordnete des Geschlechtsverkehrs anstellt, haben für unser Gefühl manches Unerquickliche. Er selbst rechtfertigt sie mit der Notwendigkeit, den wahren Glaubensstandpunkt über die Natur des Menschen zu verteidigen; er weist gelegentlich darauf hin, daß dieser peinliche Eindruck des Sexuellen selbst nicht erklärlich sein würde, wenn es auf diesem Gebiete keine Störung gäbe, die die unbefangene Betrachtung des Natürlichen erschwert, und daß anderseits wichtigere Interessen auch einen Apostel Paulus veranlaßt hätten, sich über solche Gefühlseindrücke hinwegzusetzen [2]. Bei Augustin kann man noch auf die Nachwirkung seiner Lebenserfahrung hinweisen, die ihm das „im Fleische wohnende Verderben" so schmerzlich zum Bewußtsein gebracht hatte. Ein Hauptgrund aber für die ausführliche Behandlung dieser Dinge lag in der Taktik der Pelagianer. Sie erhoben gegen die Lehre von der ererbten Schuld den Einwand: „Also ist die Ehe ein Übel, also ist der aus der Ehe gezeugte Mensch kein Werk Gottes." Um diesen Einwand abzuwehren, bemühte sich Augustin, den Unterschied zwischen dem Gute der Ehe und dem „Übel" oder der „Krankheit" der Konkupiszenz möglichst einleuchtend zu machen [3]. Julian hat seine Polemik gegen Augustin, wie es scheint, mit der Diskreditierung seiner Ehelehre bei einflußreichen und frommen Laien eröffnet [4]. Er redet sich später immer mehr in eine Begeisterung für die natürliche Beschaffenheit der Sinnlichkeit hinein und fordert dadurch stets erneuten Widerspruch bei Augustin heraus [5]. Die Häufigkeit desselben

---

[1] Siehe oben S. 132 ff.   [2] De Civ. Dei 14, c. 23.

[3] De nupt. et conc. 2, 2.

[4] De pecc. orig. 38: Sic autem argumentantur dicentes: Ergo malum sunt nuptiae, et non est opus Dei homo, quem generant nuptiae? Quasi nuptiarum bonum sit morbus concupiscentiae, in quo uxores diligunt, qui ignorant Deum, quod Apostolus prohibet (1 Thess 4, 5), ac non potius pudicitia coniugalis, qua in bonos usus ordinate filios procreandi redigitur libido carnalis. Vgl. De nupt. et conc. 1, 1.

[5] In den älteren antipelagianischen Schriften von 412—418 tritt daher die Besprechung der geschlechtlichen Seite der Streitfrage im Vergleich zu den späteren Schriften zurück.

ist kein Beweis, daß Augustin die geistige Seite des großen dogmatischen Problems über der Betonung der sinnlichen zu wenig gewürdigt hätte. Er bemerkt einmal, Julian möge über die libido denken, wie er wolle, er möge sie als eine Kraft und Lebendigkeit der Seele bezeichnen, deren „Blüte" mit zum Paradiese gehörte; wichtiger sei, daß er die Erlösungsbedürftigkeit der ganzen Menschheit nicht antaste und nicht den Kindern ihren Heiland raube [1].

Der hl. Augustin hat ohne Zweifel vielfach die Geschlechtslust in zu ausschließlicher Weise als natürliches Mittel des Übergangs der Sünde hingestellt. Seine Autorität wirkte in diesem Punkte bis zum hohen Mittelalter entscheidend nach; sie ist erst durch den hl. Thomas erschüttert worden, der die natürliche Abstammung von Adam und Eva als alleinige Bedingung, die Betätigung der libido als unwesentliche Begleiterscheinung des Übergangs der Erbschuld hinstellt [2]. Dennoch hat auch Augustin in der letzteren nicht die ausschließliche Vermittlung anerkannt. Der beste Beweis hierfür ist die Stellung, die er zeitlebens zur Frage nach der Entstehung der Seelen eingenommen hat. Den Traduzianismus Tertullians, der von der Körperlichkeit der Seele ausging, lehnte er entschieden ab; im übrigen aber enthielt er sich trotz wiederholten reiflichen Nachdenkens einer entschiedenen Meinungsäußerung. Seine philosophische Anschauung von der Seele hätte den Anschluß an die kreatianische Ansicht gefordert, daß die Seelen der Menschen von Gott aus nichts erschaffen werden; dennoch glaubte er, die andere Möglichkeit, daß sie von den Seelen der Eltern, also schließlich von der Seele Adams abstammen, offen halten zu müssen [3]. Der hierfür maßgebende Grund war ein dogmatischer: er sah nicht ein, wie sich bei der kreatianischen Auffassung die Erbsünde verständlich machen ließ. Die Erbsünde ist kein bloßes „vinculum carnis"; der Mensch ist durch sie nicht bloß dem Fleische, sondern auch dem Geiste nach Adam gleich. Wie könnte überhaupt „eine aus dem Fleische der Sünde überkommene Ansteckung der Seele imputiert werden, wenn diese nicht aus jener ersten sündigen Seele entstanden ist"? [4] Diese Schwierigkeit ist für den Kreatianismus

---

[1] De nupt. et conc. 2, 59 60. Ebd. 2, 45: Die Einheit aller Menschen in Adam und Christus ist die Hauptsache.

[2] S. Thom , In l. 2 sent. 31, q. 1, a. 1 ad 3.

[3] Vgl. Epist. 166 190; De Gen. ad litt. 10, 19 26 39; De anima et eius origine. Turmel, Le dogme du péché originel (Revue d'histoire et de littérature religieuses VII 135 ff).   [4] De Gen. ad litt. 10, 19 26.

keineswegs unlösbar. Wie die Erschaffung der Seelen durchaus in
den Gang der natürlichen Fortpflanzung eingeordnet ist, so ist die
Seele auch von vornherein als Menschenseele, als Bestandteil der leib-
lich-geistigen Menschennatur geschaffen und der großen Einheit des
Menschengeschlechts eingeschaffen. Bei Augustin steht die Erörterung
in etwa unter dem Einflusse origenistischer Prämissen, die den geschaffenen Menschengeist zunächst ohne Beziehung zum Körper denken.
Aber die Ratlosigkeit Augustins ist für uns insofern wertvoll, als
sie zeigt, daß ihm der fleischliche Zusammenhang mit Adam und die
körperliche Fortpflanzung n i c h t als Erklärung der Erbsünde ausreicht. Wir werden finden, daß er das Wesen der Erbsünde in den
Geist verlegt; wir sehen hier, daß er auch die Verbreitung der Erbsünde nicht als bloßes physiologisches Gesetz, sondern als eine Tatsache betrachtet, die den übersinnlichen, geistig-sozialen Zusammenhang der Menschen voraussetzt.

Der Ratschluß Gottes, der das Geschlecht in seinem Stammvater
und in einem übernatürlichen Stamm g u t e zusammenschloß, tritt bei
Augustin nicht so deutlich hervor wie in der späteren Erbsündenlehre der Kirche. Das ungelöste Ringen mit der besprochenen Frage
zeigt jedoch, daß Augustin sich mit der ihm geläufigen Erklärung:
„Wir werden aus und mit der fleischlichen Lust geboren" nicht
völlig beruhigen kann. Die sinnlich-naturhafte Verbindung der
Einzelleben genügt nicht, die große, für das sittliche und ewige
Leben folgenschwere Solidarität aller Menschen zu erklären; jene
sinnliche Unordnung mag ein akzidentelles Symptom des Erbverderbens sein, sie ist nicht ausreichend und auch nicht notwendig,
um die wesentliche Grundlage seiner Ausbreitung zu bilden. Wir
werden diese Grundlage nur erblicken können in der Einheit des
Menschengeschlechts als solcher — in Verbindung mit jenem Ratschlusse Gottes, der das übernatürliche Leben der Menschheit von
Anfang an in engste Beziehung zu jener Geschlechtseinheit gesetzt hat[1].

---

[1] Man könnte sagen, Augustin habe es nicht so schwierig gefunden, die
wirkliche Befleckung der neugeschaffenen Seelen durch die caro peccatrix zu v e r-
s t e h e n, als vielmehr, das Hineinschicken der Seelen in die caro peccatrix mit
der G e r e c h t i g k e i t G o t t e s zu vereinen. (De anima c. 16: quo m e r i t o in
carnem peccatricem, quae nihil peccaverunt, missae sunt, ut illic invenirent p e c-
c a t u m, p r o p t e r q u o d m e r i t o d a m n a r e n t u r. Epist. 190, 24: ut hoc
chirographo ... rectissima ratione demonstrentur obstrictae nec s u a propagine sed
c a r n i s h o c d e b i t o i u s t e a p p a r e a n t o b l i g a t a e). Allein dieses meritum

Eine der Tradition fernliegende Anwendung des Vererbungsprinzips macht Augustin in Form einer M u t m a ß u n g, wenn er im Anschluß an Dt 5, 9: „Reddam peccata parentum in filios" die Ansicht äußert, auch d i e p e r s ö n l i c h e n S ü n d e n d e r E l t e r n g i n g e n a u f d i e K i n d e r ü b e r (Enchir. 13, c. 46. Op. imp. c. Iul. 3, 57; 4, 129). T u r m e l (Le dogme du péché originel: Revue d'histoire et de littérature religieuses VI 420) bemerkt, Augustin habe an eine solche Vererbung in den letzten zehn Jahren seines Lebens geglaubt, während er früher dieselbe in Abrede gestellt habe. Allein jener „Glaube" blieb ein sehr reservierter; nachdem Augustin (Enchir. 13) zuerst die Ansicht als „nicht unwahrscheinlich" bezeichnet hat, macht er bei näherer Betrachtung weitere e i n s c h r ä n k e n d e Bemerkungen (an aliud aliquid de re tanta Scripturis sanctis diligentius perscrutatis atque tractatis valeat vel non valeat reperiri, temere affirmare non audeo). Von den Stellen, die Turmel für die gegenteilige Ansicht aus Augustins früheren Werken anführt (C. Faust. Man. 22, 64. Brevic. collat. 17. En. in ps. 108, 15), beweisen die erste und letzte nichts; sie leugnen die Vererbung nur für solche Nachkommen, die gläubig geworden sind und gerecht leben; hiermit stimmen aber auch die späteren Aussagen überein. — Anderseits hat E s p e n b e r g e r (Die Elemente der Erbsünde nach Augustin 35 f) die fremdartige Idee Augustins zu sehr abgeschwächt. Der Hinweis auf die Stelle Enchir. 23, c. 93, nach der diejenigen eine mitissima poena erleiden, „die außer der Sünde, welche sie vom Ursprung (d. h. von Adam) her ererbt haben, keine weitere hinzugefügt haben", würde bestenfalls nur dann ins Gewicht fallen, wenn man von Augustin ein einheitliches und ausgeglichenes Bild der ganzen Idee erwarten könnte — was er ausdrücklich ablehnt. Die Äußerung Op. imp. c. Iul. 4, 133: Sicut enim quidam parentes aggravant peccatum originale, ita quidam relevant, sed nemo tollit nisi ille, de quo dictum est: Ecce agnus Dei, ecce qui tollit peccata mundi, sucht Espenberger dadurch zu entkräften, daß er zum ersten Satzteil einschaltet: secundum poenales effectus scil.; aber wie läßt sich diese Randglosse rechtfertigen, und wie paßt sie zu dem letzten Satzteile — abgesehen von dem Ausdrucke: r e a t u obligant filios (Enchir. 13, c. 46)? Die Stelle Op. imp. c. Iul. 6, 21 gibt Espenberger nur in ihrem ersten, günstigen Teile wieder. Hier sagt Augustin allerdings, es sei ein wesentlicher Unterschied zwischen der Tragweite der Sünde Adams und der aller späteren Menschen, daher seien heute die Äcker der Gottlosen nicht reicher an Dornen und Disteln als die der Guten, und die Geburtswehen sündhafter Frauen nicht schmerzlicher als die der frommen. Nachher folgt aber die Bemerkung: Quamquam et in hac vita omnipotens et iustus ille, qui dicit: „Reddam peccata parentum in filios" p a r e n t u m r e a t u e t i a m p o s t e r o s i r r e t i r i s a t i s e v i d e n t e r o s t e n d i t et quamvis mitiore nexu tamen haereditarios debitores fieri (ebd.). Immerhin will Augustin keinen eigentlichen „Vergleich" zwischen dieser Erblichkeit und dem Falle im Paradiese und seiner geschlechtlichen Nachwirkung: Absit autem, ut . . . valeant aliquid argumentationes tuae, in quibus peccato illi magno, h. e. praevaricationis primi hominis, peccata consequentium temporum c o m p a r a s et putas, si scelere primi hominis natura generis humani mutata est, etiamnunc parentum scelera naturam debuisse mutare filiorum (ebd.).

damnationis, dieses debitum obligans bildet ja tatsächlich das Wesen, den reatus der Erbsünde, und Augustin sieht sich außer stande, ihn durch die bloße Vereinigung der Seele mit der von Adam stammenden Leiblichkeit zu begründen.

§ 4. Das Wesen der Erbsünde.

„Concupiscentia carnis . . . et peccatum est,
quia inest illi inobedientia contra dominatum mentis, et poena peccati est."
(C. Iul. Pel. 5, 8.)

„Ad peccatum valet mors animae, quam
deseruit vita sua, h. e. Deus eius."
(De nat. et gr. 25.)

I. Einleitendes über den Stand der Frage.

Die wichtige Frage, worin nach Augustin das Wesen der Erbsünde besteht, ist durch die neueren Untersuchungen nicht zum vollen
Austrag gebracht, gegenüber den älteren Darstellungen, denen sich die
meisten katholischen Theologen bis heute anschlossen, nicht einmal
wesentlich gefördert worden. D o r n e r [1] verlegt die „Erbsünde", wenn
man seine Äußerungen in Zusammenhang bringt, in die Konkupiszenz
und unterscheidet von ihr den reatus, der wesentlich mit dem Strafverhängnis, der Schuldhaft unter der Macht des Teufels, identisch
ist. H a r n a c k [2] bemerkt gleichfalls, der Nachdruck falle bei Augustin auf die Konkupiszenz; „sie ist die Begierde nach unten, die
sinnliche Lust, die sich vor allem in der Fleischeslust zeigt". Das
Unwillkürliche des Geschlechtstriebes sei ihm merkwürdig erschienen;
aber statt „nun zu folgern, daß er eben deshalb nicht Sünde sein
könne . . . schließt er vielmehr, daß es eine Sünde gäbe, die der
natura, nämlich der natura vitiata, und nicht der Willenssphäre
angehört. . . . Es wäre nun leicht zu beweisen, daß er an eben
diese Sünde, die Fortpflanzungslust, stets ganz vornehmlich denkt,
wenn er an die Erbsünde denkt". Übereinstimmend hiermit sagt

---

[1] Augustinus 198, A. 2. Der reatus wird (in der Taufe) gehoben, aber
die Sünde selbst schwindet allmählich. „Es ist nicht richtig, daß die concupiscentia gar nicht sündlich sei." Ebd. 139: „Wie nun die Kinder die Sünde
erben, so erben sie natürlich auch die Schuld der Sünde; denn wenn auch den
christlichen Eltern der reatus erlassen ist, so ist doch die Sünde, welche die
Kinder geerbt haben, nicht die der Eltern, sondern gehört den Kindern an, und
der reatus haftet also noch auf der Erbsünde. De pecc. orig. 39: Manet quippe
in prole, ita ut ream faciat, originis vitium. De nupt. et conc. 1, 24: Quapropter
natos non ex bono, quo bonae sunt nuptiae, sed ex malo concupiscentiae, quo bene
quidem utuntur nuptiae, de quo tamen erubescunt et nuptiae, reos diabolus parvulos tenet. Ebd. 134: „So wird von Augustin im Anschluß an ähnliche Auffassungen vor ihm der Begriff der Schuld nach seiner objektiven Seite in den der
Schuldhaft des Teufels verwandelt."

[2] Dogmengeschichte III 191, A. 3.

Seeberg[1], das Wesen der Erbsünde sei „vor allem die concupiscentia mala oder carnalis, die zum Subjekt freilich die Seele hat".
Im Gegensatz hierzu müssen alle genannten Dogmenhistoriker, wenn sie das Wesen der Sünde im allgemeinen, speziell das Wesen der Zustandssünde, nach Augustin bestimmen, als solches die „carentia Dei", „den Mangel des Besitzes Gottes", das „non inhaerere Deo", die Abwendung von Gott und den verkehrten „amor sui" angeben[2].

Am eingehendsten hat Espenberger die Frage behandelt. Auch er findet, daß für Augustin Erbsünde und Begierlichkeit Wechselbegriffe sind; genauer gesagt, ist die „schuldhafte Begierlichkeit" die Erbsünde[3]. Aber worin liegt diese Schuld und wie verbindet sie sich mit der Begierlichkeit? Die Schuld, der reatus, stammt nur aus der Ursünde des Stammvaters — also „von außen"; eine innere organische Verbindung zwischen ihr und der Konkupiszenz besteht nicht[4]. Bei jener Ursünde war die Einbuße der iustitia und der rectitudo voluntatis die Ursache für das Auftreten der Begierlichkeit; da nun jene Gerechtigkeit eine übernatürliche Gnade war, so ist der Mangel der Gnade insofern die Ursache der erbsündlichen Konkupiszenz. „Augustin hätte die Erbsünde deshalb auch mit der privatio gratiae identifizieren können"; er hat es aber nicht getan, weil er den Pelagianern zeigen mußte, daß die Begierlichkeit ein malum sei[5]. Hier werden drei Begriffe: concupiscentia, reatus und privatio iustitiae seu gratiae kombiniert, ohne daß man den inneren Zusammenhang versteht und über das Wesen der Erbsünde klar wird; der Grund liegt darin, daß Espenberger den allgemeinen Begriff des reatus, der fortwirkenden und fortlastenden Sünde, nicht untersucht hat. Derselbe Mangel zeigt sich weit stärker bei Turmel;

---

[1] Dogmengeschichte I 273.

[2] Harnack a. a. O. III 190 unter Berufung auf Dorner, Augustinus 124 ff; Seeberg, Dogmengeschichte 273.

[3] Die Elemente der Erbsünde nach Augustin 53. Die Begierlichkeit definiert er unglücklich als das „ungeordnete Verlangen nach dem Bösen, besonders nach der fleischlichen Lust" (ebd. 53).

[4] Nach verschiedenen referierten Ansichten: „Ihr gemeinsamer Fehler ist es, daß sie die Schuld aus der Begierlichkeit herleiten, während sie in Wirklichkeit nur mit ihr verbunden ist. . . . Wie das Geschoß von außen kommt, sich aber dann mit der Wunde vereinigt (?), so kommt auch die Schuld der Begierlichkeit von außen, von der Ursünde nämlich, und klammert sich dann an diese an" (ebd. 52).

[5] Ebd. 57.

während selbst die zitierten protestantischen Theologen irgendwie
auf den allgemeinen Schuldbegriff Augustins eingehen, vereinfacht
er die Sache, indem er schlechtweg die Konkupiszenz als das Wesen,
ja als das „innerste Wesen" der Erbsünde erklärt [1]. Die Schuld und
ihre Tilgung besteht nach ihm nur in der Anrechnung und Nicht-
Anrechnung der Konkupiszenz [2]. Dementsprechend hören wir weiter,
daß der hl. Anselm, indem er das Wesen der Erbsünde in den Mangel
der Erbgerechtigkeit setzte, ein „adversaire terrible" Augustins geworden ist, dessen Einfluß in Verbindung mit dem des hl. Thomas
von Aquin die spätere Scholastik den Ideen Augustins fast ganz ent-
fremdete. Nachdem Bajus und Jansenius mit ihrem Augustinismus
bei der Häresie gelandet, nachdem anderseits Bellarmin den Weg
gezeigt, wie man Augustin modern zu interpretieren habe, sei die
wirklich augustinische Auffassung der Erbsünde immer mehr zurück-
getreten und jetzt seit langem aus der Kirche verschwunden [3].

Die angeführten Ansichten, speziell der Hinweis auf die böse
Lust als wesentliches Element der Erbsünde, stützen sich ohne Zweifel
auf reichstes Material aus Augustin. Es ist schon erwähnt worden,
wie sich die ungeordnete Sinnlichkeit und ihre moralische Beurteilung
in den Vordergrund der pelagianischen Kämpfe gedrängt hatte.
Der Gesamteindruck dieses Materials ist für die erwähnten dogmen-
historischen Ansichten bestimmend gewesen; an einer scharfen Ana-
lyse der Einzelstellen, die das für uns Wesentliche, den Begriff der
Sünde, deutlich herausarbeitet, hat es meist gefehlt. Und doch ist
eine solche als Gegengewicht zu jenem Gesamteindruck für das
rechte Verständnis Augustins unentbehrlich. Reuter [4] bemerkt mit
Recht, daß sowohl gewisse dominierende Gedanken wie die sprachliche Breite der Darstellung bei Augustin oft wesentliche und maßgebende Gesichtspunkte verdecken; zur Gewinnung des richtigen
Urteils müsse man beides, summarische Lektüre und genaue Erwägung der Einzelheiten, miteinander verbinden. Das gilt nirgend-
wo mehr als bei der Würdigung der antipelagianischen Schriften,

---

[1] Le dogme du péché originel (Revue d'histoire et de littérature religieuses
VII 134 f 514): „Saint Augustin avait placé la nature intime du péché originel
dans la concupiscence, qu'il regardait comme intrinsèquement mauvaise."

[2] Ebd. VII 209: „Toujours mauvaise en elle-même, la concupiscence cesse
de nous être imputée à partir du baptême, à moins que nous ne donnions notre
consentement à ses suggestions."

[3] Ebd. 514 525 530.

[4] Augustinische Studien 25 f.

die in rascher Folge, meist durch gleiche Einwände veranlaßt, entstanden sind und gewisse Lieblingsgedanken mit leidenschaftlicher
Eindringlichkeit verfechten. Man muß scharf zusehen, um bei der
Kraft und rhetorischen Zuspitzung dieser Darlegungen die prinzipiellen Vorhalte und Unterscheidungen, die oft in einem Wort oder
Nebensatze scharf geprägt hervortreten, nach Gebühr zu beachten.
Als bedeutsame methodische Wegweisung sind dabei zweifellos die
feststehenden metaphysischen und ethischen Grundsätze Augustins
in Rechnung zu ziehen.

Eine besondere Quelle von Mißverständnissen bildet die Mehr-
deutigkeit gewisser sprachlicher Ausdrücke. Das für unsere
Frage entscheidende Wort peccatum hat im Neuen Testamente,
bei Augustin und vielfach noch im Kirchenlatein des Mittelalters
einen erheblich weiteren Sprachgebrauch als unser Wort „Sünde“.
So bezeichnet dort peccatum auch das Sündopfer, die Sündenstrafe, die materielle, ungewollte sittliche Unordnung[1], während
Sünde in den modernen Sprachen fast ausschließlich das formell Böse
bedeutet. Innerhalb der letzteren Bedeutung gebrauchen wir heute
das Wort wiederum seltener für den Zustand wie für den Akt der
Sünde — ein Umstand, der für das Verständnis des peccatum originale besonders erschwerend wirkt. Der spezielle Name „Erbsünde“
ist gleichfalls seit dem Mittelalter, vor allem seit Luther und dem
Tridentinum auf bestimmte Begriffsbildungen zugespitzt, bei Katholiken wie bei Protestanten. Es erweckt notwendig falsche Vorstellungen, wenn wir diese „Erbsünde“ einfach dem „peccatum originale“
Augustins gleichstellen; gibt ja jeder zu, daß Augustin bei letzterem
Worte oft mehr an das Erbverderben als an die Erbsünde denkt.
Noch unwissenschaftlicher ist eine solche Gleichstellung bei den
Ausdrücken malum und vitium originis, die Augustin geläufiger
sind als peccatum originale, vor allem in Anwendung auf die concupiscentia. Schon der Sprachgebrauch der klassischen und späteren
weltlichen Latinität verbietet hier die unterschiedslose Verwechslung
mit der Sündenschuld. Außerdem hat Augustin bei der Anwendung
dieser Ausdrücke häufig seine wissenschaftliche Absicht nachdrücklich ausgesprochen.

Die „summarische Lektüre“ Augustins läßt keinen Zweifel darüber, daß die Konkupiszenz und die Erbsünde bei ihm in engster
Verbindung stehen, in gewisser Beziehung zusammenfallen. Wir

---

[1] Contra mendac. 31.

werden daher zur Klärung des Verhältnisses beider vom Begriffe der Konkupiszenz ausgehen müssen [1].

II. Begriff der Konkupiszenz.

Augustin versteht unter Konkupiszenz die ungebundene, sittlich nicht geordnete Lust und Begier zum Geschöpflichen, die eben wegen dieser Regellosigkeit zum Bösen reizt; er sieht sie nicht ausschließlich, aber vorwiegend im sinnlichen Teile der Seele, am speziellsten in der Geschlechtssphäre.

An sich, bemerkt Augustin, könnte concupiscentia im guten Sinne verstanden werden, man könnte von einer concupiscentia beatitudinis sprechen; aber in der Heiligen Schrift findet sich dieser Sprachgebrauch nicht. Wie der Apostel Johannes (I, 2, 16) von der concupiscentia carnis und oculorum im schlimmen Sinne redet, so ist es regelmäßiger und feststehender Brauch der kirchlichen Lehrer geblieben [2].

Wir hörten, daß „concupiscentia carnis" da, wo von der Überleitung der Sünde die Rede ist, offenbar die sexuelle Begierde und Lust (libido) bedeutet. Auch bei der Schilderung des bleibenden Zustandes der Sünde steht die geschlechtliche Sinnlichkeit für Augustin im Vordergrunde; ich erinnere an die wiederholte Phrase: cum qua et ex qua nascimur [3]. Allein, was wir bezüglich der libido bemerkten, gilt auch von der concupiscentia: beide Worte bezeichnen nicht den geschlechtlichen Trieb und Genuß in seiner physiologischen und psychologischen Natur, sondern die Unordnung des Triebes, bzw. ihn selbst in seiner sittlichen Ungeregeltheit. — Alles, was als Wirkliches geschaffen ist und im Menschen besteht, ist gut: „Substanz, Gestalt, Leben, Sinn, Vernunft und alle übrigen Güter, auch des schlechtesten Menschen." [4] Da nun die Sinne bei naturgemäßer Entfaltung und Befriedigung Lust empfinden, so

---

[1] Vgl. z. B. De pecc. mer. et rem. 1, 10: Ille, in quo omnes moriuntur, praeter quod eis, qui praeceptum Domini voluntate transgrediuntur, imitationis exemplum est, occulta etiam tabe carnalis concupiscentiae suae tabificavit in se omnes de sua stirpe venientes. — De pecc. orig. 44: Obesset ista carnis concupiscentia, etiam tantummodo quod inesset, nisi peccatorum remissio sic prodesset etc. . . . Manet quippe in prole, ita ut ream faciat, originis vitium. — C. Iul. Pel. 3, 51: Quid ergo a me quaeris, ubi sit originale malum, cum in te ipso verius tibi loquatur libido, contra quam pugnas, quam tu ipse, quando eam laudas!

[2] Op. imp. c. Iul. 4, 18 67.   [3] Oben S. 162.   [4] C. Iul. Pel. 3, 56.

kann Julian mit Recht sagen, die Lust aller menschlichen Sinne sei etwas Natürliches. Aber der normale, anders ausgedrückt der paradiesische Zustand würde, wie Augustin weiter bemerkt, fordern, daß diese „Lust aller körperlichen Sinne" nicht „der v o l l - k o m m e n e n F ü g s a m k e i t der Seele und des Leibes gegenüber den Rechten der Tugend" Abbruch tue, mit andern Worten, daß „nichts Unerlaubtes begehrt werde" [1]. Ob bei dem Vollzuge der Ehe im Urstande das, was heute Geschlechtslust ist, vorgekommen wäre, will Augustin nicht entscheiden; dieser besondern Art sinnlicher Lust steht er, wie bemerkt, insofern bedenklicher gegenüber als jeder andern, als sie fast notwendig die sittliche Selbstherrschaft des Geistes wenigstens für den Augenblick in Frage stellt. Dennoch will er hieraus, wie er stets betont, keinen Streitpunkt machen, will in der Lust und Begier selbst nicht das „Übel der Konkupiszenz" erblicken. Sie mag tatsächlich im Paradiese vorhanden gewesen sein; jedenfalls hat sie damals nicht ein Moment innerer Unruhe, fortwährenden Kampfes, beschämender Schwäche gebildet, wie es heute auch für den Gerechten der Fall ist. Augustin gibt sich zufrieden, wenn man die Geschlechtslust nicht als vitium oder malum anerkennen will; nur soll man dann zugeben, daß sie selbst infolge der Sünde vitiata, mit Mängeln behaftet ist, daß wenigstens ihr Ungehorsam gegen den Geist ein malum oder vitium ist [2]. Diejenige concupiscentia carnalis hat Augustin im Auge, die „wider den Geist begehrt und gegen die der Geist begehren muß" (Gal 5, 17), jenes Gesetz in den Gliedern, „das dem Gesetze der Vernunft widerstreitet" (Röm 7, 23) [3].

---

[1] Op. imp. c. Iul. 1, 71.

[2] C. Iul. Pel. 5, 62. Si ergo ibi nec serviendum libidini nec adversus eam bellandum fuit: aut non ibi fuit aut non talis, qualis nunc est, fuit. Ebd. 3, 69; 6, 53. — C. duas. epist. Pel. 1, 35: Ad hoc enim, quod agimus, sufficit nobis, quia nunc talis in hominibus non est, qualem in illo felicitatis loco esse potuisse conceditis. Qualis quippe nunc sit, profecto omnium sensus mortalium etsi cum verecundia confitetur, quia et castos etiam nolentes eamque temperantia castigantes inquietudine inordinata importunaque sollicitat et plerumque sese volentibus subtrahit, nolentibus ingerit. — De nupt. et conc. 2, 59: Et si non vult concedere vitium esse libidinem, dicat saltem per illorum hominum inobedientiam ipsam vitiatam esse carnis concupiscentiam. . . . Hanc eius inobedientiam inobedientes illi tunc homines receperunt et in nos propagine transfuderunt. — Op. imp. c. Iul. 6, 22: Aut ergo ipsa vitium est, si nulla fuit ante peccatum, aut ipsa sine dubio est vitiata peccato; et ideo ex illa trahitur originale peccatum. Ebd. 1, 68; 2, 39; 4, 38.

[3] De nupt. et conc. 2, 23. C. Iul. Pel. 4, 73; 5, 55. Op. imp. c. Iul. 2, 42; 4, 27 58 61. — Anderswo hat Augustin die Formel: mala est concupiscentia, quae

Das Spezifische der libido ist nur ihr eigen; aber nicht hierin liegt das malum concupiscentiae, vielmehr in ihrer Widerspenstigkeit gegen die sittliche Vernunft. Diese Widersetzlichkeit zeigt sich auch, obschon nicht so aufdringlich, bei der Sinnlichkeit im allgemeinen. Daher ist es ganz natürlich, daß auch diese, soweit ihr Begehren nicht geregelt ist, unter den Begriff der concupiscentia fällt. Das gilt z. B. von dem Verlangen nach Speise und Trank[1]; es gilt von der Zornmütigkeit, die nach den Platonikern ein eigener Seelenteil über der Sinnlichkeit im niedrigsten Sinne ist ($\vartheta\upsilon\mu\acute{o}\varsigma$ — $\grave{\epsilon}\pi\iota\vartheta\upsilon\mu\acute{\iota}a$). Diese Kräfte wohnten der Seele auch im Paradiese inne, sie waren aber nicht fehlerhaft (vitiosae), weil sie sich nicht stürmisch und ungeordnet gegen den gerechten Willen geltend machten[2]. Ebenso ist die Habsucht zu den „fleischlichen“ Lüsten zu rechnen, die wir abtöten müssen[3]. Ausdrücklich bemerkt Augustin gegen Julian, daß er weit entfernt ist, die concupiscentia carnis auf das Geschlechtliche zu beschränken: „In welchem Sinne des Körpers auch immer das Fleisch wider den Geist begehrt, da zeigt sie sich; und da sie zum Bösen zieht, wenn der Geist nicht noch stärker gegen sie begehrt, so ist es klar, daß sie ein Übel ist.“[4]

Hat Augustin mit dem Worte concupiscentia auch eine rein geistige Unordnung, die dem Willen innewohnende Reizbarkeit zum Bösen, bezeichnen wollen? Nach mehreren Stellen scheint es der Fall zu sein. In der frühen Schrift De continentia untersucht er im Anschluß an 1 Kor 3, 3, welchen Sinn der Ausdruck „nach dem Fleische leben“ habe. Er antwortet, die Wendung bedeute beim Apostel „nach dem Menschen“, nicht „nach Gott“ leben; „den Schöpfer verlassen und zu sich selbst herabsinken“[5]. Die Enthaltsamkeit wendet sich „gegen alle Lüste der Konkupiszenz, die der Lust (an) der Weisheit widersprechen“. Nicht nur die cupiditas corporis, sondern auch die des Geistes hat der Apostel im Sinne, wenn er als „Werke des Fleisches“ neben sinnlichen Vergehungen Feindschaft, Streit und Eifersucht nennt (Gal 5, 19). „Der Geist des Menschen, wenn er dem Geiste Gottes anhängt, begehrt

---

indifferenter utrumque appetit (C. Iul. Pel. 6, 50); concupiscentia carnis indifferenter illicita et licita cupiuntur (Op. imp. c. Iul. 4, 69).

[1] C. Iul. Pel. 4, 71.

[2] De Civ. Dei 14, c, 19. In Io. Ev. 41, 12: Non surgeret ira ista irrationabilis, nisi peccatum esset in membris.... Teneat arcem imperator interior...; frenet iram, coerceat concupiscentiam.

[3] C. Iul. Pel. 6, 41.   [4] Op. imp. c. Iul. 4, 28.   [5] De contin. 11.

wider das Fleisch, d. h. wider sich selbst, aber auch für sich
selbst, damit jene Regungen, die, sei es im Fleische, sei es
in der Seele, nach Menschenart, nicht nach Gottesart sind und
noch aus der erworbenen Schwäche (languor) stammen, durch die
Enthaltsamkeit zur Erwerbung des Heiles eingeschränkt werden." [1]
In den Konfessionen schildert Augustin sein fortwährendes Ringen
mit der Konkupiszenz; bei der concupiscentia carnis erwähnt er
neben der libido die mit dem Geschmacks-, Geruchs- und Gehörssinn
verbundenen Reize und Versuchungen. Die concupiscentia oculorum
schließt neben der Lust am sinnlichen Schauen auch die Neugier
ungeordneten und unnützen Wissensdranges ein [2]. An
der superbia vitae tadelt er die Begier nach Lob und Ehre und die
Selbstgefälligkeit über die eigene Tugend [3].

Noch bedeutsamer sind die Ausführungen über den inneren Zwiespalt, der seiner Bekehrung voranging. Nicht bloß die lange fessel-
los gewesene Sinnlichkeit bäumte sich gegen den Ruf der Gnade
auf; im Willen selbst herrschte Widerspruch, indem er sich gebot
zu wollen und doch nicht wollte; eine Krankheit und Halbheit, indem er nicht ganz dem Zuge zur Wahrheit folgte, sondern durch
schlechte Gewohnheiten sich am Boden festhalten ließ [4]. Der freie
Wille hatte die libido entfesselt und sich durch Dienstbarkeit gegen
sie eine Gewohnheit und schließlich eine „Notwendigkeit" des Sündigens zugezogen. „Der neue Wille aber, der in mir aufgegangen
war, dich zu ehren um deiner selbst willen und an dir mich zu freuen,
o Gott, du einzig wahre Wonne, war noch nicht stark genug, den
früheren, durch Alter erstarkten Willen zu besiegen. So lagen zwei
Willen, ein alter und ein neuer, jener fleischlich, dieser geistlich, bei
mir im Kampfe und zerrütteten durch ihre Zwietracht meine Seele." [5]

In der Civitas Dei wird der Ausdruck „secundum carnem vivere"
von neuem gründlich untersucht und in gleicher Weise bestimmt
wie zwanzig Jahre früher; die Gal 5 genannten opera carnis sind
nicht bloß fleischliche Vergehen, sondern zum Teil „animi vitia a
voluptate carnis aliena" [6]. Augustin macht sich den Einwand, diese

---

[1] Ebd. 28 29. [2] Conf. 10, 54 55.

[3] Conf. 58 64. Hier wird allerdings der Ausdruck concupiscentia nicht
gebraucht.

[4] Conf. 8, 21: Imperat animus, ut velit animus, nec alter est nec facit
tamen. Unde hoc monstrum et quare istud? ... Non igitur monstrum, partim
velle partim nolle, sed aegritudo animi est, quia non totus assurgit, veritate
sublevatus, consuetudine praegravatus.

[5] Conf. 8, 10. [6] De Civ. Dei 14, c. 2.

Sünden hießen vielleicht Werke des Fleisches, weil „bei den schlechten
Sitten das Fleisch die Ursache jedweder Sünde sei", weil alle
Leidenschaften, (cupiditas, timor, laetitia, tristitia) aus dem Körper
stammen. Aber er widerlegt diesen Einwand; nicht nur die Ursache des ersten Falles war eine geistige Sünde, auch heute kommen
zwar „manche Reize zur Sünde aus der Verderbnis des Fleisches",
andere aber gehören dem Geiste an — wir brauchen nur an den
Teufel und die ihn beherrschende vitiositas zu denken [1]. Das „secundum se vivere", das „de se ipso vivere" wird eben beim Menschen
durch die Formel „secundum carnem vivere" umschrieben [2]. Daher
setzt Augustin in einer Predigt die „im Leibe wohnende Sünde",
den languor, der zur Sünde reizt, ganz allgemein den „desideria
peccati", „desideria illicita" gleich [3]. In den Retraktationen bemerkt
er, als freier Wille, als Wille im eigentlichen Sinne könne nur der
von der herrschenden Begierde befreite Wille gelten; andernfalls sei
er selbst eher Begierde (cupiditas) als Wille zu nennen; diese
Begier sei ja überhaupt nicht, wie die Manichäer töricht behaupten,
eine Zugabe fremden Wesens, sondern ein Fehler unseres Wesens [4].

Es bleibt aber bestehen, daß Augustin im Kampfe gegen die
Pelagianer, besonders gegen Julian, durchweg unter concupiscentia
die regellose Sinnlichkeit versteht.

III. Das „Übel" der Konkupiszenz.

Die Konkupiszenz in dem beschriebenen Sinne ist
ein Übel (malum), ein Fehler (vitium), und zwar vom
Standpunkt der sittlichen Idee und der ursprünglichen
sittlichen Ausstattung des Menschen; sie ist aber an
sich, d. h. ohne eine Schuld persönlicher oder ererbter
Art, nicht eigentliche Sünde.

Schon rein sprachlich hat das Wort concupiscentia, wie wir
hörten, einen übeln Beigeschmack; man gebraucht es höchst selten

---

[1] De Civ. Dei 14, c. 3.   [2] Ebd. 14, c. 4.

[3] En. in ps. 118, 3, 1 2. Ebenso sagt Augustin Sermo 155, 1, alle Sünden
entständen ex carnali concupiscentia, d. h. ex illicita delectatione.

[4] Retr. 1, 15, 4. — Es ist bemerkenswert, daß auch Jansenius die Konkupiszenz nach Augustin definiert als „omnes cupiditates animi, quibus homo
ad peccata propellitur et provocatur, sive illa carne sive solo animo peragantur"
(Augustinus II, Lovan. 1640, 188). Ebenso der Augustiner Berti (De theol.
disc. l. 13, c. 5, n. 9): Animadvertendum est concupiscentiam non esse sensitivum
appetitum eiusque vivacitatem sed inordinationem potentiarum animae, unde con-
surgunt motus repugnantes rationi.

von einer edeln Begierde[1]. Nach der vorhin entwickelten Real-
definition ist das sehr begründet; Augustin nennt es eine grobe und
traurige Verirrung von Julian, wenn er die im Menschen herrschende
Lust, die rohe und feine Sinnlichkeit, wie sie tatsächlich beschaffen
ist, als ein physisch und moralisch Gutes, ja Rühmenswertes hinstellt
und das sittlich Schlechte und Bedauerliche durchaus auf die persönliche Sünde, als „Übung der Freiheit", einschränkt. Begreiflicher-
weise beruft sich Augustin hiergegen zunächst auf die Heilige Schrift;
der hl. Paulus sagt: „Ich weiß, daß in mir, das ist in meinem
Fleische, nichts Gutes wohnt" (Röm 7, 18); der hl. Jakobus bemerkt, jeder werde von seiner Lust (concupiscentia) versucht und hingerissen, diese Lust gebäre die Sünde (Jak 1, 13 f) — was aber
der hl. Paulus „nicht gut" nennt, was nach Jakobus die Mutter der
Sünde ist, ist zweifellos etwas Schlechtes[2]. Selbstverständlich und
durch die Definition der concupiscentia ausdrücklich gewahrt ist
dabei, daß nicht die Lebensenergie (vigor animi), überhaupt das
positive Sein schlecht ist, sondern die Unordnung und Willkür jener
Energie, die der Idee des Verhältnisses von Geist und Sinnlichkeit
widerspricht. Weil und sofern aber die Sinnlichkeit, z. B. die Geschlechtslust, diesen Mangel an sich trägt, darf auch sie selbst
schlecht oder böse genannt werden[3].

Julian ging so weit, die concupiscentia, auch die innerlich zum
Bösen reizende und aufstachelnde Lust, dem Heilande zuzuschreiben,
natürlich unter gleichzeitiger Versicherung, er wolle nur die wahre
Menschlichkeit und Lebendigkeit Christi verteidigen[4]. Das widersprach aller christlichen Überlieferung und Überzeugung; es ist
aber für Augustin auch innerlich unglaublich: „Denn wer außer euch
möchte zu beweisen versuchen, das sei kein Fehler, was nach eigenem
Geständnisse zum Fehlerhaften hinstrebt, das sei nichts
Schlechtes, auf dessen Rat die schlechte Tat geschieht, wenn man
zustimmt!"[5] Der hl. Paulus schildert den Kampf zwischen Geist

---

[1] De Civ. Dei 14, c. 7.   [2] C. Iul. Pel. 5, 58 ff.
[3] C. Iul. Pel. 6, 51. Vgl. Bd I, S. 109 f. Das Vieldeutige und Schillernde
des lateinischen malum macht die ganz getreue Übersetzung mancher Stelle
Augustins unmöglich und das richtige Verständnis schwierig. Ja wir können
auch Augustin selbst nicht immer volle Klarheit, Konsequenz und Richtigkeit in
seinem Sprachgebrauch beilegen.
[4] Op. imp. c. Iul. 4, 49 f.
[5] Ebd. 4, 48. Vgl. ebd. 4, 41: Quomodo ergo bonum dicitur (concupiscentia),
quae urget et compellit hominem facere malum, si ei non resistatur?

und Fleisch: das Fleisch „empört sich wider das Gesetz der Vernunft"; — ist nun das, wogegen Geist und Vernunft kämpfen
müssen, etwas Gutes?[1] „Wenn diese Lust ein Übel ist, warum lobt
sie Julian? Wenn sie etwas Gutes ist, warum bekämpft er sie?"[2]
Ebenso ist wenigstens für die geschlechtliche Sinnlichkeit die natürliche Scham, die ihre Regungen begleitet und zu verhüllen sucht,
ein unverkennbares Zeichen, daß sie kein tadelloses und rühmliches
Element unseres seelischen Lebens bildet: Rectius enim accipit nomen
mali quam boni, unde erubescunt et mali et boni![3]

Dieses Übel, die Unordnung und Reizbarkeit der Sinnlichkeit,
ist aber nicht Sünde im eigentlichen Sinne. Denn während diese
absolut zu bekämpfen, schlechthin zu hassen und zu meiden ist,
kann man jenes Übel gebrauchen, und zwar in freier, erlaubter,
tugendhafter Weise. Von der christlichen Selbstbeherrschung der
Ehegatten heißt es: „bene utitur hominis malo", sie nimmt das
Schlechte in den Dienst des Guten, setzt ihm rechte Ziele und
Schranken. Diesen Ausdruck, den Augustin zuerst 395 im Zusammenhang mit der Ehe gebraucht[4], hat er nachher unzählige Male wiederholt, aber auch deutlich im bezeichneten Sinne erklärt. „Wie diejenigen das Fleisch selbst, obschon es der Verwesung unterworfen
ist, dennoch gut gebrauchen, welche seine Glieder zu guten Werken
verwerten . . ., wie diejenigen den Tod, obschon er die Strafe der
ersten Sünde ist, gut gebrauchen, die ihn für die Brüder, für den
Glauben . . . geduldig leiden, so gebrauchen die gläubigen Eheleute
auch jenes Gesetz der Sünde gut."[5] Anderswo bemerkt er gegen
Julian, die gute Verwertung einer Sache beweise nicht, daß sie selbst
eine gute Sache sei. Der Weise „bedient sich des Unklugen als
seines Dieners" (Spr 10, 5: LXX); ist darum ein Unkluger gut und
wertvoll? Der hl. Paulus gestattet, die Welt zu gebrauchen (1 Kor
7, 31); und doch mahnt uns Johannes, die Welt, in ihr auch die
Fleischeslust, nicht zu lieben — das Gute ist aber doch wohl liebens-
würdig![6] Diese Vergleiche zeigen, daß das malum in der Verbindung

---

[1] C. Iul. Pel. 4, 72.

[2] Ebd. 3, 44. Op. imp. c. Iul. 4, 67; 1, 71: Si ei consentis, malum agnosce
peccando; si ei resistis, malum agnosce pugnando.

[3] De nupt. et conc. 2, 36.

[4] De contin. 27: Continentia . . . moderans et quodam modo limitans in coniugibus carnis concupiscentiam et eius inquietum atque inordinatum motum certis
quodam modo finibus ordinans bene utitur hominis malo. Vgl. De nupt. et conc.
2, 36; C. Iul. Pel. 6, 55 61; 4, 49.

[5] De pecc. mer. et rem. 2, 45.   [6] C. Iul. Pel. 5, 60.

„malo bene uti“ nicht die Sünde, sondern das Schlechte und Mangelhafte im weiteren Sinne bedeutet [1]. Sehr bezeichnend ist der Vergleich mit einer Krankheit und die direkte Gleichstellung mit der
Neigung zum Trunk, die nach der Bekehrung und vollen Sündenvergebung im Menschen zurückbleibt; auch sie ist nicht Sünde, aber
ein sittliches Übel [2]. Formell endlich unterscheidet Augustin moralische Fehlerhaftigkeit und Sünde, wenn er auf Julians Einwurf,
nur das Übermaß, die freie Ausschreitung der libido sei anzuklagen,
die Antwort gibt: Gewiß, nur ein solcher Exzeß ist Sünde, aber
auch der innere Antrieb dazu ist ein Fehler (excessus proinde
libidinis in peccato est, sed etiam impulsus in vitio) [3].

Aber hat nicht Augustin häufig das malum der bösen Lust auch
als peccatum bezeichnet? Gewiß; aber wo er die Konkupiszenz allein
im Auge hat, gibt er zu diesem, dem hl. Paulus entlehnten Ausdruck
die Erklärung, daß sie Sünde genannt wird, weil sie durch die
Sünde entstanden ist und zur Sünde verlockt. Das tritt
zunächst in seiner Frühzeit hervor. Wie wir unter „Zunge“ nicht
bloß das körperliche Werkzeug der Sprache, sondern auch die Sprache
selbst verstehen, so „nennen wir Sünde nicht bloß die eigentliche
Sünde, die mit freiem Wissen und Willen begangen wird, sondern
auch das, was als Strafe hierfür mit Notwendigkeit folgt“ [4]. Wenn
hier die aktuelle Versündigung das Vergleichsobjekt bildet, so
anderswo auch die Zustandssünde. Die böse Lust bleibt im Gerechtfertigten zurück; sie „ist“ aber bei ihm nicht mehr Sünde, sondern
sie wird „modo quodam loquendi“ Sünde genannt, „weil sie
durch die Sünde entstanden ist und, falls sie die Oberhand
gewinnt, Sünde wirkt“. So nennen wir die Schrift eines Menschen
seine „Hand“, weil sie von der Hand herrührt, und bezeichnen die

---

[1] Vgl. oben S. 163 f und De Civ. Dei 13, c. 5. Weniger klar sind De pecc.
mer. et rem. 1, 57; C. Iul. Pel. 3, 45.

[2] C. Iul. Pel. 6, 55: Ego tanquam valetudinem malam ex origine vitiata
ingenitam esse homini dico vitium, quo caro concupiscit adversus spiritum, et hoc
malo bene uti pudica coniugia, cum eo utuntur generandi causa.... Nam et
vinolentiae consuetudini utique malae. quam sibi homines fecerunt, non nascendo
traxerunt, resistunt post baptisma, ne eos ad mala solita pertrahat; et tamen
malo resistitur....

[3] Op. imp. c. Iul. 4, 41. Wir sprechen auch heute vielfach von sittlichen
Übeln, die nicht Sünde sind, wir beklagen als sittliche Belastung gewisse körperliche Defekte oder soziale Übelstände, wie Wohnungsnot, rohe Umgebung usw.

[4] De lib. arb. 3, 54.

Kälte als „faul", weil sie faul macht[1]. Die Konkupiszenz heißt
„Gesetz der Sünde" — diesen Ausdruck gebraucht Augustin häufiger
als den Ausdruck peccatum —, „weil sie die Sünde anrät und so-
zusagen befiehlt"; „sie heißt Sünde, weil sie durch die Sünde entstanden ist und zu sündigen strebt"[2]. Demnach verdient
die böse Begierde die Bezeichnung „Sünde" als Sündenfolge und
Sündenwurzel.

An einigen Stellen, und zwar solchen, wo die böse Lust im
Gerechtfertigten gemeint ist, scheint Augustin noch eine dritte Bedeutung des peccatum zuzulassen. Julian hatte behauptet, wenn
die Lust eine Strafe der Sünde bilde, so sei sie nicht böse, sondern
gut; die Bestrafung der Sünde entspreche ja ganz der sittlichen Idee.
Zur Widerlegung dieses Sophismas erinnert Augustin an die Verblendung des Volkes Israel (caecitas cordis), die in der Heiligen
Schrift wiederholt als Strafe seiner Sünden hingestellt wird; diese
Eigenschaft sei aber gewiß nichts sittlich Gutes. Er bemerkt weiter,
in ähnlicher Weise sei die böse Lust sowohl Sünde als Sündenstrafe und Sündenwurzel, und zwar sei sie „Sünde, weil in ihr
ein Ungehorsam gegen die Herrschaft des Geistes liegt"[3]. Wie ist
das zu verstehen? Vorhin hat uns Augustin gesagt, sie heiße
nur Sünde; auch eine Reihe anderer Stellen, die wir kennen lernen
werden, bezeugt aufs klarste, daß die Lust im Gerechtfertigten keine
Sünde ist, daß durch die Taufe alle Sünde hinweggenommen ist.
Die Antwort lautet: Augustin versteht hier unter Sünde das objektiv Verkehrte, das materiell der sittlichen Ordnung Widersprechende. Bei der persönlichen Tatsünde unterscheiden wir den
Willen des Bösen und das äußere böse Werk, den Geist und die
Verkörperung der Sünde. Mord, Trunkenheit, Unkeuschheit sind als

---

[1] De nupt. et conc. 1, 25. Sermo 155, 1 zu Röm 7, 20: Hoc enim peccati
nomine appellat, unde oriuntur cuncta peccata, i. e. ex carnali concupiscentia.
C. Iul. Pel. 6, 73: Peccati autem nomine, quod in illo habitabat, ipsam nuncupabat
concupiscentiam, quia peccato facta est et, si consentientem traxerit atque illexerit,
concipit paritque peccatum.

[2] Op. imp. c. Iul. 1, 71. — Ebd. 2, 71: Aliud est peccatum, aliud concupiscentia peccati, cui non consentit, qui per gratiam Dei non peccat; quamvis
et ipsa concupiscentia peccati vocatur peccatum, quia peccato facta est. Ähnlich
Retr. 1, 15, 2.

[3] C. Iul. Pel. 5, 8: Ita concupiscentia carnis, adversus quam bonus concupiscit
spiritus, et peccatum est, quia inest illi inobedientia contra dominatum mentis, et
poena peccati est, quia reddita est meritis inobedientis, et causa peccati est, defectione consentientis vel contagione nascentis.

Handlungen sündhaft; es kann aber vorkommen, daß sie wegen Geistesstörung oder sonstiger entschuldbarer Unwissenheit trotzdem nicht formelle, wahre Sünden sind. Ähnlich ist es mit der bösen Lust. Es ist „gegen die rechte Ordnung, daß das Fleisch wider den Geist begehrt"; es liegt darin eine Schwachheit (infirmitas), ja eine objektive Ungerechtigkeit (iniquitas). Diese iniquitas ist nicht gleichbedeutend mit jener, die in der Taufe erlassen und aufgehoben wird. Von einer persönlichen Tatsünde, deren materielles Sein mit dem Momente völlig aufgehört hat, bleibt nach Tilgung der Schuld nichts zurück; von der Erbsünde, deren formelles Element in der Taufe genau so vollkommen getilgt ist, bleibt die materielle Unordnung[1]. In demselben Sinn legt Augustin anderswo der Konkupiszenz eine iniquitas bei[2]. Aber gerade weil er sie auch im Gerechtfertigten findet, dem jede wirkliche iniquitas genommen ist, kann sie nicht eigentliche Sünde sein. Die letztere liegt im Geiste und Willen, diese im „Fleische". Jene ist in der Taufe getilgt, die Gerechtigkeit ist an ihre Stelle getreten; nur, weil die der sittlichen Idee entsprechende Ordnung im niederen Seelenteil nicht durchgeführt ist, ist die Gerechtigkeit noch nicht „erfüllt"[3].

Beides, die sachliche Unordnung und die Freiheit von formeller Sündhaftigkeit, wird bestätigt durch die Art und Weise, wie Augustin dem Einwande begegnet, die Sinnlichkeit sei doch im Tiere ebenso und noch mehr lebendig wie im Menschen, ohne irgendwie sündhaft zu sein. Dieser Einwand verkennt die rechte sittliche Auffassung des Menschen und seiner Vollkommenheit. Die christliche Anschauung wahrt einerseits die Einheit des Menschen; sie drückt nicht, wie die manichäische, die Sinnlichkeit zu einem Fremden und Äußerlichen herab, für das wir gar nicht verantwortlich

---

[1] So C. Iul. Pel. 2, 12. War die persönliche Sünde nicht bloße Tatsünde, sondern ein Zustand, ein Hang zur Sünde, so bleibt auch von ihr die materielle iniquitas, wie das S. 181 186 angeführte Beispiel des Trunksüchtigen zeigt.

[2] C. Iul. Pel. 5, 16: Si prudenter hic saperes, profecto esse iniquitatem videres, qua pars inferior hominis repugnat superiori atque meliori. Der Gesichtspunkt ist wieder der, daß man die Lust nicht darum feiern dürfe, weil sie Strafe, Rächerin der Sünde sei. Ebd. 6, 62: Neque enim nulla est iniquitas, cum in uno homine vel superiora inferioribus turpiter serviunt vel inferiora superioribus contumaciter reluctantur, etiamsi vincere non sinantur.

[3] In Io. Ev. tr. 41, 10 11: Numquid, quia deleta est tota iniquitas, nulla remansit infirmitas? ... Ex hac parte sentit (Paulus) captivitatem, ubi non est impleta iustitia; nam ubi condelectatur legi Dei, non captivus sed legis amicus est et ideo liber, quod amicus.

sind. Sie hält anderseits den Pelagianern gegenüber die Würde
des Menschen aufrecht; sie verkündet die Gesetzgebung des Geistes
und die Harmonie des Innenlebens als sittliche Maxime und Aufgabe. Der hl. Ambrosius hatte im Anschluß an Plato von guten
und schlechten Seelenrossen gesprochen. Augustin bemerkt dazu,
das seien nicht Rosse, die wir ausspannen und von uns trennen
können; ihre Widerspenstigkeit sei unsere Schwachheit[1]. „Dasjenige, dessen Widerstand wir in uns fühlen, ist entweder eine fremde
Natur, die wir ausscheiden, oder unsere Natur, die wir
heilen müssen. Wollen wir sagen, es gelte eine fremde Wesenheit auszuscheiden, so begünstigen wir die Manichäer. Bekennen
wir demnach, daß unsere Natur der Heilung bedarf, damit wir den
Manichäern und den Pelagianern zugleich ausweichen!"[2] Daß diese
Heilung sich auf eine sittliche Schwachheit, nicht auf eine wirkliche
Sünde bezieht, zeigt der Ausspruch: Die Heiligen, die mit Paulus
klagen: „Nicht das Gute, das ich will, tue ich, sondern das Böse,
das ich nicht will, tue ich", „sehen ein, welch ein großes Gut es
ist, auch im Fleische nicht zu begehren, was sie im Geiste verwerfen — das wollen sie, tun es aber nicht — und ebenso, daß es
ein Übel ist, auch nur dem Fleische nach, trotz Widerspruchs des
Geistes, solches zu begehren — das wollen sie nicht, tun es aber —;
zwar ohne jegliche Strafbarkeit (sine ulla quidem con-
demnatione) — denn da die Schuld dieser Sünde durch die Wider-
geburt getilgt ist, so streben sie mit dem Geiste entgegen, so daß
sie nicht ausführen, was sie mit dem Fleische begehren, — aber
doch nicht ohne irgend ein eigenes Übel; ist es doch,
geistig wie leiblich, nicht eine fremde, eingedrungene,
sondern ihre eigene Natur" (sed non sine suo aliquo malo,
quia non eis aliena commixta, sed eorum natura est et in mente
et in carne)[3].

---

[1] C. Iul. Pel. 2, 12.

[2] Ebd. 6, 57. Vgl. ebd. 6, 74. Ähnlich In Io. Ev. tr. 41, 11. C. Iul. Pel.
3, 43. De contin. 19. En. in ps. 118, sermo 3, 1.

[3] Op. imp. c. Iul. Pel. 5, 59. Bisweilen bezeichnet Augustin auch die
ignorantia oder caecitas in demselben Sinne wie die concupiscentia als ein
Element der Erbsünde, als ein malum, das poena peccati, causa peccati und in
etwa peccatum ist. C. Iul. Pel. 5, 8; 6, 50. Er bemerkt aber an der letzt-
genannten Stelle: Ex hoc autem concupiscentia prior est quam ignorantia, quia
ignorantia sine concupiscentia minus peccat; concupiscentia vero sine ignorantia
gravius peccat. Et nescire malum non semper est malum; concupiscere autem
malum semper est malum.

IV. Der reatus concupiscentiae als eigentliche Erbsünde.

Im natürlichen, von Adam abstammenden Menschen haftet an der Konkupiszenz eine Schuld (reatus); dieselbe wird in der Taufe und Rechtfertigung völlig erlassen und getilgt, mit ihr die eigentliche Erbsünde.

Es ist ein dem hl. Augustin sehr geläufiger Gedanke, daß die Konkupiszenz, wie sie die Erbsünde überleitet, so auch mit dem Wesen der Erbsünde ein Ganzes bildet. Aber die Gnade der Rechtfertigung, die für das Kind ausschließlich durch die Taufe vermittelt wird, nimmt jegliche Schuld (reatus) hinweg; was zurückbleibt, ist nicht „mehr" wirkliche Sünde, peccatum originale. Augustin drückt dies mit Vorliebe in der Formel aus: während die Konkupiszenz oder die lex peccati bleibt, wird ihre Schuld aufgehoben (manente ipsa reatus eius solvitur)[1]. Bisweilen prägt er die Formel noch schärfer: Manet actu, praeterit reatu[2]. Zur Illustration dieser Sentenz weist er darauf hin, daß, wie Julian zugeben muß, bei der persönlichen Sünde die Tat oft schnell vorübergeht, die Schuld zurückbleibt — ein Akt des Götzendienstes, ein Ehebruch behält seine Schuld, nachdem er ins Nichts gesunken —; so könne auch umgekehrt von der bösen Lust die Schuld genommen werden, der Akt bleiben[3]. Julian unterließ nicht, diese Umkehrung als unzulässig zu kennzeichnen: wohl könne ein vergangener Akt Schuld hinterlassen, aber unmöglich könne bei Fortdauer des Aktes die Schuld vergehen! Natürlich nicht, entgegnet Augustin, wenn es sich handelt um eine freie, fortgesetzte Sündentat; wohl aber, wenn es sich um eine materielle, aus der Tatsünde entsprungene, sittliche Unordnung handelt, wie es die aus der Sünde erwachsene

---

[1] De pecc. mer. et rem. 2, 45. De nupt. et conc. 1, 25 (reatus non valet) 28 (reatus solvitur) 29 (reatus remittitur, aufertur, praeterit). C. Iul. Pel. 6, 12 (dimittitur, aufertur) 51 (solvitur, remittitur, vacuatur) 60 (praeterit) 62 (homo a reatu liberatur). Epist. 194, 44 (reatus aboletur).

[2] De nupt. et conc. 1, 29. C. Iul. Pel. 6, 60.

[3] De pecc. mer. et rem. 2, 46: Sicut enim facta et dicta et cogitata iniqua, quantum ad ipsos motus animi et corporis pertinet, iam praeterierunt et non sunt, eis tamen praeteritis et non tum existentibus reatus eorum manet, nisi peccatorum remissione solvatur: sic contra in hac non iam praeterita sed adhuc manente lege concupiscentiae reatus eius solvitur et non erit, cum fit in baptismo plena remissio peccatorum. De nupt. et conc. 1, 29.

Konkupiszenz ist[1]. So entsteht aus freier Sündentat auch heute noch die böse Gewohnheit; der Sünder ist „schuld" an dieser Gewohnheit, trägt ihre sittliche Verantwortung; wenn er sich bekehrt, wird die Schuld hinweggenommen, die Wirklichkeit und Wirkung der Gewohnheit aber bleibt und läßt sich nur allmählich beseitigen[2]. Daher sagt Augustin von der bösen Lust (oder dem Gesetze der Sünde), sie vergehe der Schuld nach und bleibe der Wirkung nach; niemals aber gebraucht er diesen Ausdruck von der Sünde selbst[3].

Wir finden eine andere, auf den ersten Blick noch befremdlichere Einkleidung desselben Gedankens, und zwar ebenfalls aus der Mitte des pelagianischen Kampfes. „Diese fleischliche Begierde wird in den Wiedergebornen zwar nicht mehr zur Sünde angerechnet, aber sie haftet nur infolge der Sünde der Natur an; sie ist gleichsam die Tochter der Sünde und, wenn man ihr zu schimpflichen Dingen zustimmt, auch die Mutter vieler Sünden. Jeder Sprößling, der aus ihr geboren wird, ist in die Erbsünde verstrickt, falls er nicht wiedergeboren wird in demjenigen, den die Jungfrau ohne jene Begier empfangen hat."[4] Auf die Frage, wie die Konkupiszenz im Wiedergebornen bleiben könne, da ihm doch alle Sünde erlassen sei, antwortet Augustin: Die Konkupiszenz wird in der Taufe erlassen, „nicht so, daß sie nicht da ist, sondern so,

---

[1] C. Iul. Pel. 6, 61. Vgl. ebd. 2, 3: Nec ullius reatum remanere peccati..., quamvis infirmitas restet.

[2] C. Iul. Pel. 2, 5: Quod si attente sine pervicacia considerare voluisses, profecto in ipsa etiam vi consuetudinis invenires, quomodo concupiscentia remittatur in reatu et maneat in actu. Neque enim nihil in homine agitur, quando concupiscentiarum suarum, etiam quibus non consentit, stimulis inquietatur. Diese letzte Bemerkung zeigt, daß der Ausdruck „actu" von Augustin nicht im scholastischen Sinne der Wirklichkeit, sondern vorzugsweise im Sinne des Wirkens, Tätigseins, Treibens, hier also der bösen Antriebe der Lust, genommen wird. Genau so De nupt. et conc. 1, 29 f: Sic itaque fieri contrario potest, ut etiam illud maneat actu, praetereat reatu. Agit enim aliquid concupiscentia carnis, et quando ei non exhibetur vel cordis assensus. C. Iul. Pel. 6, 60: Actu enim manet, non quidem abstrahendo et illiciendo mentem eiusque consensu concipiendo et pariendo peccata, sed mala, quibus mens resistat, desideria commovendo. Ipse quippe motus actus est eius, quamvis mente non consentiente desit effectus. Vgl. Sermo 154, 10.

[3] Im letzteren Sinne hat Luther Augustin aufgefaßt und dementsprechend augustinische Stellen, die er früher richtig zitierte, später tendenziös geändert, indem er statt concupiscentia peccatum setzte. Vgl. Denifle, Luther und Luthertum I[2] 482 ff 488 ff.

[4] De nupt. et conc. 1, 27.

daß sie nicht zur Sünde angerechnet wird. Sie bleibt, obschon ihr Reat gelöst ist, bis alle unsere Schwäche durch fortschreitende Erneuerung des inneren Menschen geheilt wird an jenem Tage, wo der äußere Mensch die Unverweslichkeit anzieht."[1] Man hat aus diesen Äußerungen schließen wollen, Augustin glaube an eine Sünde, die nach ihrem formellen Wesen in der Seele des Getauften bleibt und nur durch äußerliche Nichtanrechnung erlassen wird; oder er hege die Meinung, eine an sich materielle, sinnliche Unordnung werde vor der Taufe in gleich äußerlicher Weise als Erbsünde angerechnet. Eine solche Imputationslehre hat Luther tatsächlich aufgestellt, dessen Denken von einem tiefen, nominalistischen Zuge beherrscht wurde. Wer die noëtischen und metaphysischen Grundsätze Augustins kennt, wird dieselbe bei Augustin a priori für unmöglich halten: niemand steht so fest in der Anerkennung einer objektiven, für das Sein und Sollen gültigen Ideenwelt und Wahrheit wie Augustin. Wenn die böse Lust im Getauften nicht Sünde ist, wenn sie für ihn auch an den zitierten Stellen nur „Schwachheit", „Tochter und Mutter der Sünde" ist, dann kann dieselbe Lust auch vor der Taufe nicht wahrhaft als Sünde vor Gott gelten.

Es läßt sich aber die Falschheit jener Voraussetzung auch exakt erweisen. Zunächst ist ein Zweifel darüber, ob mit der Taufe die Erbsünde völlig getilgt sei[2], wissenschaftlich unmöglich. In den stärksten, oftmals wiederholten Wendungen betont Augustin die wahre und volle Reinigung von allem, was Sünde nicht bloß genannt wird, sondern ist. In der Taufe empfängt der Mensch die „volle Nachlassung aller Sünden", so daß, wenn er sogleich stirbt, nichts ihn fesselt und schuldig macht[3]. „Er ist frei von jeder Sünde, wenn auch nicht von jedem Übel (omni enim peccato caret, non omni malo)."[4] „In der christlichen Taufe empfangen wir eine vollkommene Erneuerung und vollkommene Heilung von denjenigen Übeln, durch die wir schuldig waren, nicht von denen, mit denen wir zu kämpfen haben, um nicht schuldig zu werden."[5] Die in der Taufe erteilte Vergebung der Sünden ist „für alle (Sünden) eine wahre, für keine eine falsche"[6]. „Wie in

---

[1] Ebd. 1, 28.
[2] So Dorner, Augustinus 198 f; Harnack, Dogmengeschichte III 187.
[3] De pecc. mer. et rem. 2, 46. Vgl. C. Iul. Pel. 2, 3.
[4] Ebd. 6, 49; vgl. ebd. 6, 52.   [5] Ebd. 6, 55; vgl. ebd. 2, 8.
[6] Op. imp. c. Iul. 1, 57; 2, 225.

dem wahren Fleische Christi ein wahrer Tod stattgefunden hat, so
findet auch (bei der Taufe) von w a h r e n S ü n d e n eine w a h r e
N a c h l a s s u n g statt (ut . . . quomodo in illius vera carne vera
mors fuit, sic fiat in veris peccatis vera remissio)." [1]
Auch die andere Voraussetzung, ein natürliches Übel, das nicht
Sünde ist, werde vor der Taufe von Gott als Sünde „angerechnet",
ist indirekt schon mit diesen Äußerungen widerlegt; soll ja in der
Taufe eine Nachlassung w a h r e r Sünde stattfinden. Wenn wir
demnach Augustin nicht eines elementaren Mangels an Logik be-
schuldigen wollen, so muß vor der Rechtfertigung mit der Kon-
kupiszenz etwas v e r b u n d e n gewesen sein, das n i c h t s i e s e l b s t
ist, kraft dessen sie zur wahren Sünde wurde. Betrachten wir die
Stellen genauer, wo von dem Anrechnen und Nicht-Anrechnen die
Rede ist, so zeigt sich, daß dieses Etwas identisch ist mit dem, was
Augustin anderswo r e a t u s nennt [2]. „Da diejenigen, welche in
Christus wiedergeboren werden, die Nachlassung d u r c h a u s a l l e r
S ü n d e n empfangen, so m u ß s e l b s t v e r s t ä n d l i c h (utique necesse
est) a u c h d i e S c h u l d (r e a t u s) d i e s e r n o c h b l e i b e n d e n
K o n k u p i s z e n z n a c h g e l a s s e n w e r d e n, damit letztere, wie
ich sagte, n i c h t z u r S ü n d e a n g e r e c h n e t w e r d e." [3] Es zeigt
sich ferner, wie schon dieses Zitat klar macht, daß d e r r e a t u s
bei Augustin m i t d e m W e s e n d e r S ü n d e, die auf dem persönlichen Sünder und dem Erbsünder lastet, i d e n t i s c h i s t. Denn
es heißt sogleich weiter, wie nach dem Akte des Ehebruchs der
Reat und damit die Sünde bleibe, so werde in der Taufe der Reat
und damit die Sünde hinweggenommen; denn es sei gleichbedeutend:
die Sünde nicht haben und der Sünde nicht schuldig sein. (Hoc
est enim non h a b e r e peccatum: reum non esse peccati [4].) An
einen gleichfalls bereits zitierten Satz, der die Freiheit des Täuflings von aller S ü n d e, nicht von allem Übel betont, schließt
Augustin die „Erläuterung": „Von aller S c h u l d aller Übel ist
er frei, nicht von allen Übeln." [5] Da anderseits, wie schon bemerkt,

---

[1] C. Iul. Pel. 6, 7. Vgl. auch oben S. 185, A. 1 die Ausdrücke für die volle
Wegnahme. Andere Stellen bei D e n i f l e, Luther und Luthertum 480 492.
[2] Vgl. De nupt. et conc. 1, 28 (oben S. 187).
[3] Ebd. 1, 29.   [4] Ebd.
[5] C. Iul. Pel. 6, 49: Omni enim p e c c a t o caret, non omni malo. Quod
planius ita dicitur: Omni r e a t u omnium malorum caret, non omnibus malis.
Ähnlich ebd. 5, 59: . . . existimans te posse destruere o r i g i n a l e p e c c a t u m,
quod non destruit nisi Salvator, quem parvulis invidetis. Destruit autem s o l-
v e n d o, quod r e i sunt, non negando.

der Reat in engster Verbindung mit der Konkupiszenz steht, so
kann Augustin an der Hauptstelle das Resultat seiner Ausführung
prägnant so aussprechen: Im Nichterlösten „ist das Gesetz der
Sünde so, daß es auch zur Sünde angerechnet wird, das heißt so,
daß auch sein Reat bei ihm ist, der den Menschen der ewigen
Strafe schuldig macht". Die „concupiscentia cum reatu"
macht nach Augustin das Ganze der Erbsünde aus; das Formelle in diesem Ganzen, dasjenige, wodurch das vitium originale
zum peccatum originale wird und mit dessen Wegfall jede wirkliche
Sünde völlig schwindet, ist der reatus[1].

So liegt die Erbsünde nicht wesentlich in der carnalis concupiscentia. Das zeigt auch die Haltung Augustins gegenüber einer
falschen Deutung, die Julian den eben zitierten Stellen gab. Julian
meinte, nach Augustin werde die ungeordnete Sinnlichkeit selbst
von „ihrer Schuld", im Sinne einer ihr wesentlichen Unsittlichkeit
befreit und geheiligt. Eine solche Auffassung weist Augustin zurück;
was an der fleischlichen Lust selbst schlecht ist, das bleibt auch
nach der Taufe; die Schuld aber kommt zwar durch jene Lust in
die Seele, sie eignet aber nicht der Lust, sondern dem Menschen,
der Person; und diese Schuld wird in der Taufe vollkommen
beseitigt[2].

Das Mißverständnis Julians, dem Augustin in dieser Weise widerspricht, ist vielleicht der Anlaß gewesen, weshalb Augustin die Ausdrücke „concupiscentia in peccatum imputatur", „manet actu, praeterit
reatu" in den späteren Schriften (Opus imperfectum, Enchiridion,
Retractationes) gar nicht, jedenfalls höchst selten gebraucht. Statt

---

[1] De nupt. et conc. 1, 37: Haec itaque remissio peccatorum quamdiu non fit
in prole, sic ibi est lex ista peccati, ut etiam in peccatum imputetur
i. e. ut etiam reatus eius cum illa sit, qui teneat aeterni supplicii debi-
torem.... Hoc autem, quod in parente regenerato tanquam in oleae semine sine
ullo reatu, quia remissum est, tegitur, profecto in prole nondum regenerata
velut in oleastro cum reatu habetur, donec etiam illic eadem gratia remittatur.

[2] C. Iul. Pel. 6, 51: Sic argumentaris, homo acutissime, tanquam ipsam
concupiscentiam dixerim per baptismum reatu liberari, quoniam dixi „reatu suo
iam soluto" (De nupt. 1, 28), velut „suo" dixerim, quo ipsa rea est eoque soluto
illa permaneat absoluta. Quod utique si sensissem, profecto eam malam esse
non dicerem sed fuisse.... Nos autem, qui eam malam dicimus et manere
tamen in baptizatis, quamvis reatus eius, non quo ipsa erat rea — neque enim aliqua persona est —, sed quo reum hominem originaliter faciebat, fuerit remissus atque vacuatus, absit ut dicamus sanctificari,
cum qua necesse habent regenerati...tanquam cum hoste confligere. Vgl. ebd. 2, 12.

dessen bevorzugt er, wie es scheint, den Gegensatz zwischen reatus
und infirmitas; die Schuld vergeht, die Schwäche bleibt[1].

Wie eingangs dieses Kapitels bemerkt wurde, hat sich der
Sprachgebrauch des Wortes Sünde heute gegenüber dem paulinischen
und augustinischen geändert; speziell unterscheiden wir schärfer die
formelle Sünde von den Versuchungen und Folgen der Sünde, die
Erbsünde vom Erbverderben. Um so weniger dürfen wir heute als
Augustins Begriff der Erbsünde schlechtweg die Konkupiszenz oder
gar die geschlechtliche Lust hinstellen, nachdem schon Augustin
klar ausgesprochen hat, daß er nur die concupiscentia cum suo
reatu der Erbsünde gleichstellt[2].

V. Das Wesen des reatus: Der Mangel des göttlichen Lebens.

Die formelle Schuld der Erbsünde liegt im Geiste,
und zwar nicht in einer positiven Neigung und Liebe
zum Bösen oder Sinnlichen, sondern in dem aus dem
Abfall des Stammvaters für ihn wie für die Menschheit
naturgemäß resultierenden Verluste der geistigen
Lebensverbindung mit Gott, in dem bleibenden Ab-
gewendetsein der Seele von Gott, das zugleich eine
Preisgabe an die geschöpfliche Nichtigkeit ist. Dieser
Zustand steht als „Tod" der Seele dem „Leben" des Wiedergebornen gegenüber; er ist in demselben (wahren) Sinne
Sünde und Ungerechtigkeit, wie das „Leben" des getauften Kindes Heiligkeit und Gerechtigkeit ist.

Der Nachweis dieser These ist in allem Wesentlichen schon
durch die oben S. 84 ff gegebenen Ausführungen über die habituelle
Sünde und Schuld im allgemeinen erbracht. Der reatus besteht ja,
wie wir hörten, in dem „Haben der Sünde" (S. 188); die Erbschuld
ist nicht der aktuellen Sünde gleichzustellen — in dieser Beziehung
ist das Kind unschuldig (innocens)[3] —; ihr Wesen ist aus dem

---

[1] Op. imp. c. Iul. 5, 19: Quae (natura) nunc, si quemadmodum regeneratione
et remissione peccatorum sanetur a reatu, sic ab omni esset infirmitate
iam sana, non contra carnem spiritus concupisceret, ut non operaremur nisi licitum.
Retr. 1, 15, 2 (C. Iul. Pel. 2, 3).

[2] Ganz unaugustinisch ist z. B. die Wendung Dorners (Augustinus 139):
„Der reatus haftet also noch auf der Erbsünde"; seine Zitate sprechen natürlich
vom vitium originis, vom malum concupiscentiae, nicht von der Erbsünde.

[3] C. Iul. Pel. 3, 52: Definiri hominem, undecunque nascatur, ... et inno-
centem esse per nullum proprium et reum per originale peccatum.

Begriff der nach dem Akte bleibenden Sündhaftigkeit abzuleiten. Es wäre nun bei der Festigkeit der Grundanschauungen Augustins schon a priori unglaubhaft, daß er hier eine begriffsmäßige Lücke gelassen hätte. Zudem sind die früher verwerteten Stellen überwiegend solche, die nicht bloß den Habitus persönlicher Sünden, sondern zugleich die Erbsünde im Auge haben. Es bleibt also nur die Aufgabe, jenen Nachweis unter dem besondern Gesichtspunkte, den uns seine Erbsündenlehre bietet, zu vervollständigen. Wir hörten, daß die Schuld (reatus) zwar mit der fleischlichen Konkupiszenz verbunden, aber nicht in ihr gelegen ist; was in ihr Übles ist, bleibt auch nach der Taufe, nach der Tilgung der Schuld. Die Schuld haftet an der Person des Menschen (S. 189), mit andern Worten am Geiste des Menschen. „Ich bin Ich im Fleische, ich bin Ich im Geiste; aber ich bin mehr Ich im Geiste als im Fleische.... Und weil das Ich mehr im Geiste liegt, heißt es: ‚Jetzt aber wirke nicht ich die Sünde.‘ Was bedeutet das ‚Jetzt aber‘? Nachdem ich erlöst bin, der früher unter die Sünde verkauft war; nachdem ich die Gnade des Heilandes empfangen habe, so daß ich dem Geiste nach mich am Gesetze Gottes erfreue.“ So war auch bei der Tatsünde der Geist das herrschende und leitende Prinzip, der Träger der eigentlichen Sünde [1].

Diese Geistsünde besteht nicht, wie bei der aktuellen Übertretung, in einer freien Hingabe des Willens, auch nicht in einer aus dem freien Entschlusse hervorwachsenden positiven Willensrichtung und Freude am sündigen Genuß. Diese Seite der Erbsünde, die aktuelle oder habituelle Kausalität des Willens, gehört nur Adam an; ohne sie kann keine Sünde entstehen, ohne sie kann aber die Sünde bleiben [2]. „Denn wer wollte, daß die Sünde bleibe, die er nicht ohne sein Wollen getan hat? Und doch bleibt gegen den Willen des Sünders die Sünde, die durch seinen Willen geschehen ist.“ [3] Nichts anderes als eine Schuld, wie sie nach der

---

[1] Sermo 154, 11. Vgl. Sermo 154, 14. In Io. Ev. tr. 41, 10.

[2] Op. imp. c. Iul. 4, 96: Peccatum Adae, ... cum dicitur et in ipsis (infantibus) sine voluntate non esse, ad illius voluntatem refertur, qua factum est, ut esset, ... non qua factum est, ut maneret.... Si autem hoc dicis esse, quod manere, non contendo verbis sed plane dico, quantum attinet ad manendum, sine voluntate esse posse omne peccatum.

[3] Ebd. Auch Retr. 1, 15, 2 lehrt Augustin, daß der Satz „peccatum nusquam esse nisi in voluntate“ bezüglich der Erbsünde nur gilt 1. bezüglich der Tat Adams, 2. bezüglich der persönlichen Sünde der Nachkommen Adams, quo consentitur peccati concupiscentiae.

persönlichen Sünde des Menschen o h n e   s e i n   Z u t u n in ihm bleibt,
schreiben wir den Kindern zu, wenn wir von der Erbsünde reden.
Diese habituelle Sünde = Schuld wird nicht durch bloße Ablegung
der positiven Willensrichtung, mit andern Worten durch Reue oder
Widerwillen gegen das Böse, überwunden; sie bleibt, bis sie ver-
ziehen, von G o t t getilgt wird [1].

Man wende nicht ein, eine solche Schuld sei doch mehr Strafe
der Sünde als eigentliche Sünde. Soweit hierbei nicht der Sprachgebrauch eine Rolle spielt, erwidere ich mit Augustin, daß sie S t r a f e
u n d   S ü n d e   z u g l e i c h   i s t. Augustin betont diesen Grundsatz gerade dem Einwande gegenüber, wahre Sünde sei unmöglich ohne
Freiheitsgebrauch. In einem seiner frühesten Werke hatte Augustin
freilich die Sünde im letzteren Sinne definiert; in den Retraktationen
bemerkt er, er habe damals nur an die Sünde gedacht, „die bloß
Sünde, nicht a u c h Strafe der Sünde ist". Er erwähnt dann die
Erbsünde, die ohne den freien Willen in den Kindern existiert, und
sagt am Schlusse, der Geist der Wiedergeburt beseitige diese Schuld
in a l l e n Täuflingen, er heile und versittliche den W i l l e n nur in
den Erwachsenen [2]. So schließe sich Sünde und Notwendigkeit nicht
vollkommen aus: „Wer freiwillig die Sünde beging, h a t die Sünde
unfreiwillig; wer freiwillig unkeusch war, ist unfreiwillig s c h u l d i g." [3]

Der Reat der Sünde liegt jenseits der empirischen Wirklichkeit
und der psychologischen Fortwirkung der Sünde; er ist beim persönlichen Sünder nicht mit den fühlbaren Gewissensbissen und der bleibenden Leidenschaft noch auch beim Erbsünder mit der Konkupiszenz identisch. Er liegt aber ebensowenig in der reinen Gedanken-
welt oder in der übermenschlichen sittlichen Weltordnung; er liegt
in der Seele des Sünders [4]. Julian vermag diese tiefste Seite der
Sünde nicht zu verstehen; er bleibt stets an der sinnlichen Außen-
seite der heftig umstrittenen Konkupiszenz kleben, obschon Augustin
durch seine Betonung der Wirkungen der T a u f e ihn auf das eigentliche Wesen der Erbsünde hingewiesen hatte. „Diese Schuld, die
nur durch die Wiedergeburt erlassen wird, wurde n i c h t   e m p-
f u n d e n, solange sie in u n s war; so wird auch ihre Hinwegnahme
durch den G l a u b e n   f ü r   w a h r   gehalten, nicht im F l e i s c h e

---

[1] Ebd. Siehe auch oben S. 78 ff und besonders S. 90 ff.
[2] Retr. 1, c. 13, 5.
[3] Op. imp. c. Iul. 4, 103; 2, 190. De perf. iust. 9: Quia vero peccavit
voluntas, secuta est peccantem peccatum h a b e n d i dura necessitas.
[4] Siehe oben S. 86 ff 89.

oder im Geiste gefühlt."[1] Sie liegt in jener innersten Beziehung der Seele zu Gott, ihrem Urquell und Endziele, die die
Heilige Schrift im Auge hat, wenn sie von dem Leben und dem
Tode der Seele spricht. Die „Herrschaft des Todes" und die Herrschaft des reatus peccati ist gleichbedeutend; sie besteht darin, daß
der Mensch unfähig ist, zum „ewigen Leben" zu gelangen; sie wird
aufgehoben durch die „Gnade" des Erlösers[2]. Die Fessel dieser
Schuld ist nichts anderes als die „Kluft, die den Menschen
von seinem Schöpfer scheidet"[3]. Um eine vom Willen un-
abhängige Sünde als möglich nachzuweisen, hatte Augustin auf die
leiblichen Folgen gewisser Sünden hingewiesen, z. B. auf den Tod
als Folge der Tötung; mit diesem Vergleiche „sagen wir nicht,
der leibliche Tod habe die Bedeutung einer Sünde — in ihm liegt
nur eine Strafe, und niemand sündigt durch leibliches Sterben —
aber wohl bedeutet Sünde den Tod der Seele, einer Seele,
die von ihrem Leben, d. h. von ihrem Gott, verlassen
ist"[4]. Wie die Tatsünde Abfall vom höchsten Gute ist, so ist ihre
Wirkung die Beraubung des höchsten Gutes, der „Mangel des
Guten", der Gegensatz der im sittlichen „Leben" liegenden „Hinwendung" und „Erfüllung" mit dem Guten[5]. Es ist dieselbe
Definition des Wesens der Sündhaftigkeit, die wir in allen lehr-
haften, nicht polemischen Schriften Augustins finden: die habituelle
Sünde ist der Tod der Seele für das höchste, in Gott wurzelnde
Dasein, ein Gottverlassensein; eine Zurückwerfung des Ich zur

---

[1] C. Iul. Pel. 6, 12: Reatus autem ille, qui sola regeneratione dimittitur,
quemadmodum, cum inesset, non sentiebatur, ita eius ablatio fide creditur, non
carne vel mente sentitur. Vgl. Op. imp. c. Iul. 2, 97.

[2] De pecc. mer. et rem. 1, 13.

[3] Ebd. 1, 70: Ipsa vero (concupiscentia) soluto reatus vinculo, quo per
illam diabolus animam retinebat, et interclusione destructa, qua hominem a suo Creatore separabat, maneat in certamine. Vgl. ebd. 2, 38:
Nos enim ipsius gratia facti erimus filii Dei, ille semper natura erat filius Dei;
nos aliquando conversi adhaerebimus impares Deo, ille nunquam aversus manet aequalis Dei. Ebd. 2, 45: Plena et perfecta fit remissio peccatorum,
omnibus inimicitiis interfectis, quibus separabamur a Deo.

[4] De nat. et gr. 25. Vorher der synonyme Ausdruck: deserti luce iustitiae.
Beides wird ebd. dem reatus peccati gleichgestellt.

[5] C. Iul. Pel. 1, 45: Intellegat ideo esse arborem malam voluntatem malam;
quia defectus est a summo bono, ubi bonum creatum bono creante privatur,
ut sit in eo radix mali nihil aliud quam indigentia boni. Arbor
autem bona ideo est voluntas bona, quia per ipsam convertitur homo ad summum et incommutabile bonum et impletur bono, ut faciat fructum bonum.

Nichtigkeit, eine Preisgabe des Ich an sich selbst, die zugleich eine innere Entzweiung und Preisgabe an die niederen Mächte ist[1]. Und da das Leben, zu dem wir berufen sind, ein übernatürliches ist, die Kindschaft Gottes, so kann man auch sagen, die Seelenverfassung, die uns unwürdig und schuldig erscheinen läßt, liege darin, daß wir „nur mehr Geschöpfe", endliche Menschen sind[2].

Daß diese Gottentfremdung und Verarmung der Seele vom augustinischen Standpunkt nicht bloße Negation, sondern Privation ist, leuchtet ein; mag man nun an seinen gehobenen Begriff von der menschlichen Natur oder an seine Vorstellung von der ursprünglichen Ausstattung des Menschen im Paradiese sich erinnern. Daß sie eine iniquitas, eine objektive Sündhaftigkeit ist, so, wie es die reinen Zustandssünden sind, bietet gleichfalls dem Verständnis keine Schwierigkeit. Begreiflich wird auch, wie ein solcher Zustand, der wesentlich Verlust der für die ganze Menschheit bestimmten höheren Lebensgüter ist, sich vererben konnte[3]. Nur das ist einzigartig und geheimnisvoll, daß dieser der sittlichen Bestimmung widersprechende Zustand eine wirkliche Schuld vor Gott bedeutet, obschon seine Ursache nicht im eigenen Willen, sondern in dem des Stammvaters liegt. Dieses Geheimnis findet aber seine Beleuchtung und seine Parallele in der Ordnung der Erlösung: „wie durch den Ungehorsam des Einen die Vielen zu Sündern geworden sind, so werden auch durch den Gehorsam des Einen die Vielen zu

---

[1] De Civ. Dei 13, c. 2: mors animae, cum eam deserit Deus. Ebd. 13, c. 24, 6: anima peccato mortua = carens quadam vita sua, h. e. Dei Spiritu. Ebd. 14, c. 13, 1: Defecit homo ... inclinatus ad se ipsum; relicto Deo ... esse in semetipso. Ebd. 14, c. 15, 1: ut, qui sua superbia sibi placuerat, Dei iustitia sibi donaretur, ... mortuus spiritu volens et corpore moriturus invitus. Ebd. 21, c. 12: Quanto enim magis homo fruebatur Deo, tanto maiore impietate dereliquit Deum et factus est malo dignus aeterno, qui hoc in se peremit bonum, quod esse posset aeternum. Vgl. De Trin. 4, 5 16; De ver. rel. 21; De Gen. ad litt. 11, 42. Siehe auch oben S. 90 ff 177.

[2] De div. quaest. 83, q. 67, 4: Ipse homo, cum iam signaculo imaginis propter peccatum amisso remansit tantummodo creatura, et „ipsa itaque creatura", i. e. et ipsa, quae nondum vocatur filiorum forma perfecta sed tantum vocatur creatura, liberabitur a servitute interitus. Sermo 166, 2: Homo enim Adam et non filius hominis; Christus autem filius hominis et Deus.... Psalmus illos admonebat et plangebat, qui nolentes exuere Adam et induere Christum non novi homines sed tantum homines esse cupiebant. Vgl. Sermo 151, 5.

[3] Dabei ist aber zu bemerken, daß der rechtliche Vergleich der Urgnade mit einem für das ganze Geschlecht bestimmten Stammgute sich meines Wissens nicht bei Augustin findet.

Gerechten" (Röm 5, 19). Augustin führt diesen Gegensatz den Pe-
lagianern gegenüber mit großem Nachdrucke aus, besonders unter
Anwendung auf die Unmündigen, denen die Taufe, wie Schrift und
Überlieferung lehren, eine wahre und doch nicht selbstgewollte
Gerechtigkeit mitteilt. Diese Gegenüberstellung ist offenbar von
höchstem Werte für die Aufklärung des Wesens der Erbschuld.

Die Darlegungen lehnen sich an jene paulinischen Stellen an,
in denen gesagt wird, daß der Mensch in der auf den Tod Christi
gespendeten Taufe der Sünde abstirbt, um für Gott zu leben
(Röm 5, 3 ff) — was auch von den getauften Kindern gelten müsse —;
und an die andere, daß, wenn einer für alle gestorben ist, folglich
alle gestorben sind (2 Kor 5, 14) — dieses Gestorbensein bezieht Augustin auf den Sündentod[1]. Worin aber liegt dieser Tod,
der auch die ungetauften Kinder beherrscht, wenn nicht darin, daß
sie nicht „Christus als ihr Leben besitzen"[2], nicht seines ein-
wohnenden Heiligen Geistes sich erfreuen?[3] Wir sagen nicht, die
Taufe sei bloß wegen der fleischlichen Unordnung da, sondern, diese
geistliche Neugeburt sei von Gott gestiftet, weil wir durch die natürliche Geburt mit dem „alten Tode" angesteckt sind[4]. Wie die Sünde
und Ungerechtigkeit, so wird auch die Gnade und Gerechtigkeit nicht
durch bloße Nachahmung, sondern durch eine Art von Geburt übertragen[5]. Christus ist das Gegenbild zu Adam (forma e contrario);
„weil er Gegenbild ist, so sind ohne Zweifel auch die Kinder, wie
sie, wiedergeboren, zur Gerechtigkeit Christi übergehen, obschon sie
noch keine Gerechtigkeit üben können, ebenso mit der Erbschaft
der Sünde aus Adam geboren, obschon sie noch keine Sünde tun
können"[6]. Die Menschen, die geboren werden, ziehen Adam an; die
wiedergeboren werden, ziehen Christus an; damit empfangen erstere
„die Schuld der Sünde", letztere die „Gerechtigkeit und das Leben
Christi"[7].

Wie es zwischen Leben und Tod keine Mittelstufe gibt, wie der
Tod einfach die Abwesenheit des Lebens in einem Organismus ist,
der für dieses Leben bestimmt und von diesem Leben erfüllt war,

---

[1] C. Iul. Pel. 6, 7 ff. Die letzte Deutung ist sehr anfechtbar. Richtiger
ist die Berufung auf Kol 2, 13: cum essetis mortui in delictis; ebd. 6, 8 und
Op. imp. c. Iul. 5, 9: ideo in morte Christi baptizari, ut moriantur peccato, qui
mortui fuerant in peccato.

[2] C. Iul. Pel. 6, 27.   [3] De pecc. mer. et rem. 2, 45.
[4] Op. imp. c. Iul. 1, 106.   [5] Ebd. 1, 57; 2, 146.
[6] Ebd. 2, 190; vgl. ebd. 2, 101; 5, 64.   [7] Ebd. 2, 191; 6, 22.

so scheint also nach Augustin der reatus peccati originalis wesentlich nichts anderes zu sein als der aus der Ursünde entstandene
und naturgemäß fortgepflanzte Verlust des Gnadenlebens, das die
Seele in der Verbindung mit Gott besaß. — Es ist in etwa erklärlich,
daß die Schilderung der Konkupiszenz, die in den antipelagianischen
Schriften einen so breiten Raum einnimmt, manche Augustinus-
forscher verführt hat, Konkupiszenz und Erbsünde gleichzustellen;
dennoch hätte bei genauerer Exegese der Einzelstellen und bei konsequenter Vergleichung der von Augustin stets festgehaltenen Prinzipien die wichtige Ergänzung, die wir im obigen geboten haben,
und die der Anschauung Augustins einen wesentlich andern, tieferen
Charakter gibt, sich aufdrängen müssen.

Der größte Schüler Augustins, Thomas von Aquin, ist zu
demselben Resultate gekommen, wie es sich durch unsere Untersuchung ergeben hat; nach seiner Auffassung, die er für augustinisch
hält, ist die Erbsünde „nichts anderes als die Konkupiszenz, verbunden mit dem Mangel der Urgerechtigkeit, und zwar so, daß der
Mangel der Urgerechtigkeit gleichsam das Formelle, die Konkupiszenz
gleichsam das Materielle bei der Erbsünde ist, wie auch bei der
Tatsünde die Abwendung vom unwandelbaren Gute das Formelle,
die Hinwendung zum wandelbaren Gute das Materielle ist" [1]. Vielleicht fällt es für manche noch mehr ins Gewicht, daß auch Jansenius, der das Studium des hl. Augustin zur besondern Lebens-
aufgabe gemacht hatte und sich im Eifer, den echten Augustin
gegen scholastische Verwässerung zu verteidigen, zu häretischen Aufstellungen forttreiben ließ, bezüglich der Definition der Erbsünde
ausdrücklich Verwahrung einlegt, daß Augustin die böse Lust als
die Erbsünde angesehen habe; dabei betont Jansenius den moralischen
Einfluß der bösen Lust in viel zu weitgehendem Maße. Er schreibt:
„Quando docet Augustinus libidinem vel concupiscentiam esse peccatum originale, sic accipit illa, ut simul involvant reatum,
quo anima coram Deo rea est; qui reatus per peccati remissionem
tollitur, quamvis ipsa concupiscentia maneat. Ex quo fit, ut reatum
illum ipse consideret velut id, quod formale est in peccato
originali, concupiscentiam illam velut materiale." Er geht dann
weiter zur Untersuchung des Wesens des reatus über. Derselbe ist
nach Augustin nicht, wie Vasquez gemeint hatte, ein bloßer reatus
poenae, die Anrechnung der inneren Unordnung zur Strafe auf

---

[1] De malo q. 4, a. 2 c. Vgl. S. theol. 1, 2, q. 82, a. 3.

Grund des Geschlechtszusammenhangs mit Adam; der reatus ist vielmehr das, was die Scholastiker später reatus c u l p a e oder macula peccati nannten, das „p e c c a t u m   h a b i t u a l e", „p e r   q u o d   m e n s   a   D e o   a v e r s a   e s t" [1]. Auch der Systematiker der strengen Augustinerschule des 17. und 18. Jahrhunderts, B e r t i, der wiederholt des Jansenismus angeklagt, aber von Benedikt XIV. freigesprochen wurde, definiert die Erbsünde folgendermaßen: „Peccatum originale nihil est aliud quam c o n c u p i s c e n t i a   c u m   r e a t u sive vitium ex morbida qualitate contractum ab anima, cui inest r e a t u s   c u l p a e   s e u   p r i v a t i o   o r i g i n a l i s   i u s t i t i a e, adeo ut concupiscentia sit originariae culpae q u a s i   m a t e r i a, reatus vero sit illud, quod appellant theologi f o r m a l e   p e c c a t i." [2]   Ein scharfer Gegner des Jansenismus, der ihm vor allem Augustins Autorität streitig macht, der Jesuit J. B. F a u r e (1702—1778), zitiert des Jansenius Definition von der Erbsünde und findet nichts gegen sie einzuwenden. In diesem Punkte, sagt er, steht Jansenius sogar der Ausdrucksweise nach im Einklang mit dem hl. Thomas. Faure beanstandet lediglich — doch nicht als häretisch, sondern nur als unrichtig — die Art der Verknüpfung, welche nach Jansenius zwischen concupiscentia und reatus bestehen soll [3].

Ein Rückblick auf die eingangs unseres Kapitels dargelegten Anschauungen der früheren Väter läßt diese Gestaltung der Theorie Augustins als eine natürliche, wenn auch durch persönliche und zeitgeschichtliche Momente bestimmte erscheinen. Überall fanden wir dort die Idee, daß der sündige Zustand der Kinder Adams durch den Verlust des Pneumas, des göttlichen Lebenshauches, bewirkt ist. Der andere Gedanke, daß auch die Natur des Menschen ihrer Harmonie beraubt, durch Krankheit geschwächt ist, erhält allerdings durch Augustin eine verstärkte Betonung und Ausgestaltung. Alles, was wir oben (Kap. 2) über das Verhältnis von Natur und Gnade und den innigen Zusammenhang beider vernommen haben, macht es verständlich, daß die Erbsünde als Trennung des Geistes von Gott auch eine tiefe Unordnung der Natur, den Aufruhr des Fleisches wider den Geist in sich schließt.

---

[1] J a n s e n i u s, Augustinus II 188—199.
[2] B e r t i, De theol. disc. l. 13, c. 5, n. 9. Ich habe die Stellungnahme des Jansenius und Berti erst nach meiner selbständigen Untersuchung der Ansicht Augustins kennen gelernt.
[3] F a u r e, Enchiridion S. Aug. notis et assertionibus theol. illustratum (nov. ed.), Neapol. 1847, 62 ff. — Über den letzterwähnten Punkt siehe unter VI.

Für die Entwicklung des kirchlichen D o g m a s von hohem
Interesse ist die Stellung, welche die S y n o d e n des 5. und 6. Jahrhunderts, die unter dem Einflusse der Person oder der Lehre
Augustins standen, zur Frage nach dem Wesen der Erbsünde ein-
nahmen. Das zweite Konzil von M i l e v e betont nur die Tatsache
der von Adam ererbten Sünde und die wahre Nachlassung derselben
in der Taufe. Das zweite Konzil von O r a n g e folgt in seinen Be-
schlüssen den antipelagianischen Schriften Augustins in fast wört-
lichen Auszügen; dennoch nimmt es von den zahllosen Äußerungen
über die concupiscentia carnis keine einzige auf, sondern gibt bezüglich des Wesens der Erbsünde nur die Bestimmung, sie sei „d e r
T o d d e r S e e l e" (can. 2: peccatum, quod mors est animae, per
unum hominem in omne genus humanum transiisse). So tritt das
Persönliche, das der dogmatischen Theorie Augustins anhaftet, und
das in der theologischen Wissenschaft durch Jahrhunderte mächtig
fortwirkt, in den offiziellen Kundgebungen der Kirche gegenüber
dem Einheitlichen und Feststehenden zurück.

VI. Die Verbindung zwischen concupiscentia und reatus.

A u f d i e F r a g e, wie sich reatus und concupiscentia
im Erbsünder nach Augustin zueinander verhalten,
lautet nach einigen Stellen die Antwort, die böse Lust
sei Wirkung und Folge der Schuld, nach andern zahl-
reicheren und deutlicheren, sie sei ihre Wurzel und
nächste Ursache. Diese Auffassungen treffen in gewissem Sinne zusammen, wenn zwischen beiden Elementen der Erbsünde ein ähnliches Korrelatverhältnis
besteht wie zwischen Tat und innerer Gesinnung, zwischen Leib und Seele.

K l e u t g e n gibt in seiner Theologie der Vorzeit eine kurze Erklärung des Wesens der Erbsünde nach Augustin und kommt zu
dem Ergebnis: „Die Erbsünde besteht in der Begierlichkeit, sofern
diese mit dem reatus, d. h. mit einer, Schuld in sich schließenden
Sündhaftigkeit verbunden ist." Er nennt diesen reatus die „habituelle
Sünde", ohne tiefer auf sein eigentliches Wesen einzugehen. Dagegen stellt er die weitere, berechtigte Frage, wie wir uns die
V e r b i n d u n g des reatus mit der Begierlichkeit zu denken haben.
Nach Abweisung der Auffassung des Jansenius, auf die wir sogleich
zurückkommen, antwortet er „mit der gewöhnlichen Lehre der

katholischen Theologen", die Begierlichkeit sei offenbar Ursache des-
jenigen reatus, den die von ihr veranlaßten persönlichen Sünden
herbeiführen; — eine Beziehung, die mit der Erbsünde nichts zu
tun hat. Hinsichtlich der letzteren glaubt er, der reatus sei umgekehrt die Ursache der Begierlichkeit, und beruft sich dafür
auf die gleiche Art der Verbindung beider Elemente in der Sünde
Adams. „Nun erinnere man sich, daß der hl. Augustin die Freiheit
von ungeregelten Trieben im ersten Menschen von der Gnade des
Heiligen Geistes herleitet und die Entstehung dieser Begierlichkeit
dem Verluste dieser Gnade zuschreibt. So muß also nach ihm der
Mangel, aber wohl zu merken, der selbstverschuldete Mangel der
göttlichen Gnade jene Ursache der Begierlichkeit sein, die als der
tiefere Grund, weshalb die mit der Begierlichkeit geborenen Menschen
Sünder sind, somit als das Wesen der Erbsünde anzusehen ist." [1]
  Nach dieser Auffassung besteht in der Seele des Erbsünders eine
innere Abhängigkeit der ungeordneten Lust von der geistigen Gottentfremdung, von dem Mangel der Gnade; der reatus der bösen Lust
ist „ihr reatus", insofern er ihre Ursache und Wurzel ist. — Nicht
ohne Berechtigung weist Kleutgen auf die Sünde der Stammeltern
hin; die Empörung des Geistes gegen Gottes Gesetz war hier, wie
Augustin überall betont, das Erste und Ursächliche, die Auflehnung
des Fleisches gegen den Geist war Auswirkung und Strafe der Sünde.
Wir können noch weitere Gründe ins Feld führen. Augustin stellt
die genannte innere Ordnung und Abhängigkeit auch da auf, wo er
den Ursprung des Bösen allgemein untersucht. Der Wille, der
vom höchsten Gute abfällt, ist „das erste Übel der vernünftigen
Kreatur, die erste privatio boni"; aus ihm ergeben sich dann —
auch gegen den Willen des Sünders — Unwissenheit und Begierlichkeit [2]. Dieses sittliche Gesetz tritt bei den heutigen Sünden insofern hervor, als „aus dem verkehrten Willen die verkehrte Sinnlichkeit entsteht", aus ihrer Befriedigung die böse Gewohnheit, aus
deren Einwurzelung die Notwendigkeit der Sünde, ähnlich wie sich
die Glieder einer Kette aneinanderreihen [3]. — Ja an einer Stelle
scheint Augustin ausdrücklich zu lehren, die dem Geiste anhaftende

<hr />

[1] Kleutgen, Theologie der Vorzeit II [2] 657. Die andere Begründung,
nach Augustin könne die Begierlichkeit nur deshalb Sünde genannt werden, weil
sie aus der Sünde ihren Ursprung habe und, wenn sie siege, die Sünde erzeuge
(S. 656 f), beweist nichts; denn Augustin gebraucht diesen Ausdruck nur von der
Begierlichkeit im Gerechtfertigten.
[2] Enchir. 8 (c. 24).   [3] Conf. 8, 10.

Schuld sei auch beim **Erbsünder Ursache** der Unordnung und
Schwäche im niederen Seelenteile. Nachdem er die Wirkung der
Taufe als „Erneuerung und Umgestaltung des Geistes nach dem
Bilde Gottes" beschrieben hat, bemerkt er, diese Erneuerung bedeute
zwar eine momentane Tilgung aller Sünde, führe aber nur allmählich zur Überwindung der sittlichen Schwäche. „Denn wie es
etwas anderes ist, vom **Fieber** frei zu sein, etwas anderes, von
der durch das Fieber entstandenen **Schwäche** zu genesen, und
wie es etwas anderes ist, ein eingedrungenes **Geschoß** aus dem
Körper zu entfernen, etwas anderes, die durch dasselbe entstandene
Wunde durch die folgende Heilung zu beseitigen, so besteht auch
die erste Heilung darin, die **Ursache der Schwäche** (causam
languoris) zu entfernen, was durch den **Nachlaß aller Sünden**
geschieht, die zweite darin, die Schwäche selbst zu heilen, was
durch allmähliches Fortschreiten in der Erneuerung jenes Bildes geschieht." [1]

Dennoch ist der Beweis nicht völlig überzeugend. Was zunächst
die innere Priorität der Geistessünde gegenüber der sinnlichen Un-
ordnung betrifft, so gilt dieselbe wohl für den ersten Schritt zum
Bösen, nicht aber für das weitere Hinabsinken; die einmal entfesselte
Lust wird zur Verführerin und Tyrannin, die den Geist immer tiefer
in die Sünde verstrickt. Diese ursächliche Macht der bösen Lust,
ihre Fruchtbarkeit an neuen Sünden, hat Augustin sowohl aus seiner
Erfahrung wie auf Grund der Lehre der Heiligen Schrift und der
Vernunft bekanntlich so stark betont wie kein anderer Kirchenlehrer.
Alles, was wir über die Konkupiszenz und ihre „Schlechtigkeit" aus
seinen antipelagianischen Schriften hören, zeigt uns sein Urteil, daß
dieselbe nach der einen Seite die „Tochter der Sünde", nach der
andern aber die „Mutter der Sünde" ist. Jene philosophische Begründung, nach der sich die Unordnung der niederen Seelenkräfte
aus der Gottentfremdung des Geistes ergibt, kann für die **Entstehung** der Sünde völlig zu Recht bestehen und sich doch für die
Fortpflanzung und Fortdauer der Sünde umkehren. Die
Störung der Menschennatur wäre nicht eingetreten ohne die Abwendung des Geistes von Gott; nun aber ist sie selbst die Fessel
geworden, die den Geist von Gott fernhält und in der Sünde festhält.

---

[1] De Trin. 14, 23. Wie schon der Ausdruck „aller Sünden" anzeigt, denkt
Augustin hier nicht an die Erbsünde allein; aber da er sie vorher erwähnt hat
(n. 21), läßt sich der doppelte Vergleich auch auf sie anwenden, zumal der Ausdruck languor gerade die Folgen der Erbsünde bezeichnet.

Diese Betrachtungsweise ist, was die Fortpflanzung der Erbsünde angeht, ohne Zweifel die Meinung Augustins. Die Konkupiszenz, und zwar im Sinne der ungeordneten Geschlechtslust, ist ihm die werkzeugliche Ursache für den Übergang der Erbsünde auf alle Nachkommen Adams[1]. Die Sünde Adams hat im Geiste begonnen, im Fleische geendigt; nun bleibt, was aus dem Fleische geboren ist, auch im sittlichen Sinne Fleisch, der Sünde unterworfen. Was aber für die Fortpflanzung der Sünde feststeht, scheint auch für die Fortdauer der Sünde das Naheliegende zu sein. Wie die Konkupiszenz der Eltern die Erbsünde auf das Kind überträgt, so ist es die Konkupiszenz im Kinde, welche den reatus trägt und formell verursacht. Diese zweite Ansicht hat Jansenius mit großem Nachdrucke als augustinisch verfochten: Die Konkupiszenz ist im Erbsünder die Wurzel und nächste Ursache der Schuld[2].

Es läßt sich nicht leugnen, daß sich diese Auffassung beim Lesen mancher Stellen aufdrängt. Zunächst wird der Einfluß der Lust, die im Erbsünder schlummert, in engste Parallele gestellt zu ihrem Einflusse bei der Zeugung; weil der „Mensch mit diesem Übel und aus ihm gezeugt wird, muß er durch die Wiedergeburt von der Verstrickung dieses Übels (ab eius mali nexu) gelöst werden"[3]. Hier ist die aktive Verstrickung in die Schuld gemeint, die von der bösen Lust im Kinde ausgeht; den Zeugenden, so heißt es anderswo, macht sie nicht schuldig, weil er wiedergeboren ist, den Gezeugten hält sie in der Schuld fest (reum tenet nascentem), bis auch er wiedergeboren wird[4]. Den erwachsenen Christen hält die Konkupiszenz nur in der Schuld gefangen, wenn er sich wieder mit freiem Willen ihr ergibt; den Nichtgetauften „hielt sie infolge seines Ursprungs in der Schuld fest" auch ohne seinen Willen[5]. Mit dem „reum tenere" wechselt das „reum facere": „Es bleibt im Sprößling das Erbübel, so daß es ihn schuldig macht", auch wenn er von christlichen Eltern stammt[6].

---

[1] Siehe oben S. 161 ff.

[2] Kleutgen (Theologie der Vorzeit II 656) stellt die Auffassung des Jansenius nicht ganz richtig dar; kurz und richtig hat sie Faure (Enchiridion 62 f). Vgl. Jansenius, Augustinus II 199.

[3] C. Iul. Pel. 3, 51.   [4] Ebd. 5, 59.

[5] De pecc. mer. et rem. 2, 4. Vgl. ebd. 1, 70: soluto reatus vinculo, quo per illam (concupiscentiam) diabolus animam retinebat.

[6] De pecc. orig. 44. Umgekehrt nach der Taufe: Inest in membris, sed reum te non facit.

Die ausführlichste und schroffste Durchführung des Gedankens findet sich in einer Diskussion mit Julian. Augustin sagt über die Konkupiszenz, abgesehen von den Sünden, die aus ihr hervorgehen: „Ein solches und so großes Übel, wie würde es nicht schon d a d u r c h , d a ß es i n u n s ist, im T o d e festhalten und zum letzten Tode hinziehen, wenn nicht auch s e i n e F e s s e l gelöst würde in der allgemeinen Sündenvergebung der Taufe?"[1] Die Fessel des Todes (vinculum mortis) ist die Schuld (reatus), wie der ganze Zusammenhang klar macht; jenes Übel der bösen Lust „würde nicht nur in uns sein, sondern uns auch schwer schaden (non tantum inesset, verum et graviter obesset), wenn nicht der R e a t , in den es uns verstrickt hatte, durch die Vergebung der Sünden gelöst worden wäre"[2]. Der seelische Tod ist durch das Verdienst des Todes Christi und durch die Mitteilung seines Geistes völlig überwunden. Der reatus, durch den die böse Lust die Seele fesselte und vom Reiche Gottes trennte, ist gehoben[3]. Die menschliche Natur leidet an einer inneren Disharmonie, an einer hartnäckigen Unbotmäßigkeit des Niederen gegen das Höhere, die objektiv, auch ohne daß sie den Sieg über die Freiheit erringt, eine „Ungerechtigkeit" und „Unreinheit" darstellt, weil sie eben kein bloßes Leiden (von außen), sondern eine Störung und Schwäche des Handelns selbst ist. Daher hält sie den Menschen in der Verschuldung, die Adam über das Geschlecht gebracht hat, fest, bis der Mensch „von ihrer Schuld befreit ist"[4].

Stellen von dieser ausgeprägten Schärfe, die der Konkupiszenz eine direkte Verursachung der Schuld beilegen, finden sich in der zweiten, erheblich späteren Schrift gegen Julian, soviel ich sehe, nicht mehr. Augustin begnügt sich hier damit, die ungeordnete Lust als ein malum im weiteren Sinne darzutun, und drückt ihre Beziehung zur Schuld nur unbestimmt durch den Ausdruck „reatus eius" aus[5]. Darf man daraus schließen, daß jener Gedankengang damals dem heiligen Lehrer nicht mehr vollkommen genügte?

---

[1] C. Iul. Pel. 6, 48.

[2] Ebd. 6, 47. Dasselbe Wortspiel — noch gehäuft — zu demselben Gedanken De pecc. orig. 44: O b e s s e t ista carnis concupiscentia, etiam tantummodo quod i n e s s e t , nisi peccatorum remissio sic p r o d e s s e t , ut ... renato inesse quidem sed non obesse possit. Kürzer En. in ps. 118, sermo 3, 2.

[3] C. Iul. Pel. 6, 48 49 55 63. [4] Ebd. 6, 62 63.

[5] Op. imp. c. Iul. 1, 71: Peccatum dicitur, quia peccato facta est appetitque peccare. Reatus eius regeneratione solutus est, conflictus eius ad agonem relictus est. Ebd. 5, 59.

Die vorhin für die Kleutgensche Auffassung geltend gemachten
Gründe sind durch sie jedenfalls nicht völlig entkräftet. Dazu kommt
ein anderes Bedenken. Wir haben gehört, daß dem hl. Augustin
der Kreatianismus beständig deshalb Schwierigkeiten gemacht hat,
weil er nicht einsah, wie bei der unmittelbaren Schöpfung der
Seele der Übergang der Erbschuld denkbar sei. Läge die Begründung einfach darin, daß die in der Leiblichkeit wurzelnde Konkupiszenz wegen ihres störenden Einflusses auf die Seele mit
innerer Kausalität den Menschen „schuldig macht", ihm die „Fessel
des Todes" überwirft, so bestände jene Schwierigkeit nicht. Augustin glaubt aber einen Zusammenhang geistiger Art mit Adam
fordern zu müssen, damit Gott gerechterweise seine Nachkommen
an der Schuld teilnehmen lassen könne. Auch mitten in den
zitierten schroffen Äußerungen über die Konkupiszenz bemerkt er,
das vinculum mortis, d. h. die schuldhafte Gottesferne des Geistes
„knüpfe sich an beim ersten Adam und werde nur gelöst im
zweiten Adam".

Gibt es keine andere zulässige Deutung des Ausdrucks „reatus
eius"? Läßt sich nicht eine Vermittlung der beiden genannten Auffassungen, die das Verhältnis von Ursache und Wirkung rein gegen-
sätzlich fassen, wahrscheinlich machen? [1]

Das Verhältnis der wesentlichen Sündhaftigkeit (reatus) und
der ohne sie bleibenden Störung der moralischen Kräfte läßt sich
denken in der Form einer Wechselwirkung von Formal- und
Materialursache, wie sie in der Sphäre des Handelns zwischen Gesinnung und Tat, in der Sphäre des Lebens zwischen Geist und
Körper besteht.

---

[1] Man könnte, von dem Schema Ursache-Wirkung ganz absehend, vermuten,
Augustin denke bei der Schuld der Konkupiszenz, dem „reatus eius", an den
obersten Teil, die geistige Spitze der Konkupiszenz; dann müßte man freilich
letztere in dem oben S. 176 ff erwähnten weiteren Sinne nehmen. Allein diese
Deutung ist unmöglich. Denn 1. ist jener weitere Begriff überhaupt seltener; ge-
rade an unsern Stellen denkt Augustin meist sogar an die geschlechtliche
Lust. 2. Wo er geistige Begierden als Konkupiszenz bezeichnet, da hat er ein
Begehren im Auge, das gegen die in der Tiefe des Geistes vorhandene sittliche
Richtung aufstrebt; der reatus liegt aber rein intelligibel in der Tiefe des
Geistes selbst, ihn unsittlich machend. 3. Augustin sagt ausdrücklich, bei
der Rechtfertigung werde nicht die Konkupiszenz „von ihrer Schuld" befreit,
sondern der Mensch von seiner Schuld (siehe oben S. 189); bei der vor-
geschlagenen Auslegung, wo der Reat zu ihr als Teil gehört, würde man eher
sagen, sie werde von ihrem Reate befreit.

Die Sittlichkeit oder Unsittlichkeit des Menschen hängt wesentlich von seiner Willensrichtung, von seiner inneren Gesinnung ab.
Diese bewirkt als causa efficiens das äußere Handeln, sie bildet
auch als Tendenz zum höchsten Gute die causa formalis, Wesen
und Kern der Moralität. Und doch kann man mit demselben
Rechte sagen, der Gegenstand und Inhalt des Wirkens
und Schaffens verursache und bestimme die Sittlichkeit des
Wollens; der Wille zum Ehebruch, zur Trunkenheit z. B. ist böse,
weil Ehebruch und Trunkenheit objektive Gegensätze des Sittlichen sind.

Demgemäß würde bei der Erbsünde das Wesentliche liegen zunächst in dem geistigen Abfalle Adams, weiterhin in der fortdauernden Abkehr des Menschengeistes von Gott (reatus), woraus sich
dann die Konkupiszenz als Wirkung ergibt; auch im Erbsünder ist
die Abwesenheit göttlicher, übernatürlicher Lebenskraft der Grund der
Übermacht niederer Begierden. Umgekehrt ist aber die Stärke
und Widersetzlichkeit des niederen Begehrens — als Gegensatz
gegen die sittliche Idee des Menschen, als objektive „iniquitas" —
auch genügend, den Geist, der seiner Natur nach für das ganze
Seelenleben verantwortlich ist, des göttlichen Lebens unwürdig erscheinen zu lassen. Wir können den Vergleich noch weiter durch-
führend. Hat der Wille bei der persönlichen Sünde z. B. einer unlautern
Begierde die Zügel schießen lassen, so bleibt der nun seinem Drange
folgende Sinnenrausch auch dann sündhaft und „hält den Geist in
der Sünde fest", wenn er nicht mehr aktuell vom überlegten
Wollen geleitet ist. Die formelle Sünde hört erst auf, wenn der
Wille seine Tat verabscheut und nach Kräften zurücknimmt; dann
allerdings könnte man von der etwa fortglühenden sinnlichen Er-
regung sagen: transit reatu, remanet actu [1].

---

[1] An diese Auffassung erinnert die wiederholte Parallele der Konkupiszenz
mit der vinolentia und andern schlechten Gewöhnungen sowie die Äußerung C. Iul.
Pel. 6, 62: Neque enim nulla est iniquitas, cum in uno homine vel superiora inferioribus turpiter serviant vel inferiora superioribus contumaciter reluctantur. —
Dieselbe Anspielung auf eine objektive sittliche Unordnung in der Konkupiszenz,
die sich zum Reate ähnlich verhält wie eine leibliche Tat zur Sünde des Geistes,
findet sich C. Iul. Pel. 5, 8, wo zugleich diese Beziehung von der Wirksamkeit
der concupiscentia als causa efficiens unterschieden wird: Ita concupiscentia
carnis, adversus quam bonus concupiscit spiritus et peccatum est, quia inest
illi inobedientia contra dominatum mentis; et poena peccati est,
quia reddita est meritis inobedientiae; et causa peccati est defectione consentientis
vel contagione nascentis.

Ein ähnliches Gegen- und Ineinander zweier Arten von Ursächlichkeit finden wir im Verhältnis von Seele und Leib. Die menschliche Seele ist Ursache des Leibes, insofern sie ihn bildet, aus indifferentem Stoffe die spezifisch menschliche Leiblichkeit gestaltet und das Wesen des Ganzen dauernd bestimmt. Aber das Leibliche ist auch Ursache des Geistigen; die leibliche Zeugung ist Veranlassung für die Entstehung der Seele, der unversehrte leibliche Bestand ist Grundlage der fortdauernden Existenz der Seele im Leibe und ihrer geistigen Betätigung. Dieser Vergleich entspricht, wie der erste, anerkannten Grundgedanken Augustins. Nur müssen wir uns dabei den negativen Charakter des Bösen und des Übels gegenwärtig halten [1].

Was Augustin vielleicht nie klar in seinen Gedanken zusammengefaßt hat, was aber immerhin die verständlichste Deutung seiner wechselnden Äußerungen ist, das hat Thomas von Aquin in begrifflicher Schärfe formuliert: In der Erbsünde ist das Formelle die Abwesenheit der ursprünglichen Gerechtigkeit, jener von Gott der Menschheit verliehenen Gnadenausstattung, die die Seele in ihrem Wesen (essentia) und ihrem geistigen Willen mit Gott, dem unwandelbaren Gute, verband. Das Materielle ist die concupiscentia, die Unordnung der unter dem Willen stehenden Seelenkräfte, vor allem der Sinnlichkeit, ihr ungebundener, naturhafter Drang zu den geschaffenen Gütern. Beide entsprechen sich in dem Sein, der habituellen Verfassung des Erbsünders, nach derselben Weise, wie die Abwendung vom sittlichen Endziele und die Hinwendung zum Geschöpfe bei der persönlichen Sündentat. Das Formelle ist das Wesentliche; es bleibt das logisch Erste und Wurzelhafte auch im Erbsünder. Die Erbsünde wohnt zunächst in der Substanz der Seele, erst in zweiter Linie in der Konkupiszenz. Das Fehlen der iustitia originalis im Geiste hat zur Folge, daß die niederen Kräfte sich selbst überlassen sind, „ihrem natürlichen Ungestüm folgen" [2].

---

[1] So heißt es De pecc. mer. et rem. 2, 45: Haec autem lex peccati, quod etiam peccatum appellat Apostolus, ... non sic manet in membris eorum, qui ex aqua et spiritu renati sunt, tanquam non sit eius facta remissio, ubi omnino plena et perfecta fit remissio peccatorum, omnibus inimicitiis interfectis, quibus separabamur a Deo; sed manet in vetustate carnis tanquam superatum et peremtum, si non illicitis consensionibus quodammodo reviviscat.

[2] De malo q. 4, a. 2 4. S. theol. 1, 2, q. 82, a. 1 3 4 ad 1; q. 83, a. 2. An der ersten Stelle De malo q. 4, a. 2 ad 2 10 zeigt Thomas auch, daß das

Nachdem später die Reformatoren die Macht der Konkupiszenz
weit stärker als Augustin betont, der Erbsünde einen zerstörenden
Einfluß auf die Natur der Seele zugeschrieben hatten, nachdem
Jansenius gleichfalls die Übernatürlichkeit der iustitia originalis und
die Freiheit des unter der Konkupiszenz stehenden Willens geleugnet hatte, betonte die Kirche und ihre Theologie mit besonderem
Nachdruck, daß das Wesen der Erbsünde in dem Verluste der
ursprünglichen „Heiligkeit und Gerechtigkeit" besteht. Die Konkupiszenz trat in der Spekulation über die Erbsünde um so mehr
zurück, je mehr die Spekulation den tatsächlichen Zustand des
Menschen einschließlich des mangelnden Gleichgewichts zwischen
Fleisch und Geist als den status naturae purae hinstellte.

Es wurde schon bemerkt, daß sich der Begriff der Menschennatur verschieden fassen läßt: einmal im Sinne des einfachen Vor-
handenseins der konstitutiven Kräfte, wo dann Vernunft und
Wille bloße Potenzen, tabula rasa, sind, die sinnlichen Vermögen
sich „secundum suum impetum" betätigen; sodann aber im Sinne
einer entwickelten Daseinsweise der geistigen Potenzen, wo
sie durch ihre naturgemäßen Objekte, Wahrheit und Güte, bestimmt,
zur Beherrschung der sinnlichen Vermögen befähigt sind. Man
braucht dabei nicht einmal an die integritas im Sinne der paradiesischen Vollkommenheit zu denken, sondern an eine normale
Verfassung, wie sie der natürlich entwickelte sittliche Charakter
einschließt.

Legt man diesen letzteren Begriff der natura zu Grunde, wie
es Augustin geläufig ist, so erscheint die tatsächliche Verfassung des
Menschen, vor allem die Macht der Konkupiszenz, als ein schweres
Problem, als eine Störung und Verderbtheit der Natur. Im Hinblick
auf die Schöpfergüte Gottes, die den Menschen sonst so hoch gestellt, findet es die Vernunft mindestens wahrscheinlich, daß die
jetzige Lage des Menschen nicht die „natürliche", ursprüngliche ist;
im Hinblick auf die Gnadenratschlüsse Gottes, die den Menschen
zur innigsten Lebensgemeinschaft mit Gott berufen, erkennt die
gläubige Vernunft mit moralischer Sicherheit in dieser verhängnis-
vollen Störung des sittlich-seelischen Lebens das Werk und den
dunkeln Schatten einer Ursünde, die das Menschengeschlecht aus
seiner Gottverbindung losgerissen hat, die auch nach der Versöhnung

---

„peccatum originale non eadem ratione dicitur peccatum, qua et actuale", und
daß eine Sünde der Natur leichter durch bloße Privation zustande kommen kann
als eine Sünde der Person.

als Reiz zum Bösen und als ernste Mahnung zur Demut und Wachsamkeit zurückbleibt.

Für die theoretische Betrachtung und für manche Einzelfälle der sittlichen Entwicklung erscheint die scholastische Auffassung der Erbsünde einfacher und richtiger. Für die großen Zusammenhänge und sozialen Tatsachen möchte man zugleich engeren Anschluß suchen an augustinische Gedanken und Warnungen. Die Erforschung der sozialen Natur des Menschen führt von selbst über den Kreis der wirtschaftlichen Interessen hinaus in die Tiefen des Geschlechtszusammenhangs, zu der Frage, ob nicht auch das seelische und sittliche Wesen des Einzelnen stärker, als oberflächliche Beobachtung glaubt, durch die Gesamtheit bestimmt ist. Auf die Perioden der Aufklärung, die das Unsittliche durch Appell an die gesunde Vernunft und moralische Kraft des Individuums besiegen wollen, folgen regelmäßig Zeitalter pessimistischer Ethik, die in der Anzweiflung individueller Freiheit, in der Annahme körperlicher und sozialer Belastung des Einzelnen viel weiter gehen als Augustin. Vor allem zeigt die Sinnlichkeit des Menschen, die so deutlich mit der Ausbreitung des Geschlechts und zugleich mit der Herrschaft der Sünde im Zusammenhang steht, eine Neigung zur Entartung, zur wilden Maßlosigkeit, die mit der Gewalt einer Epidemie um sich greift und das gesellschaftliche Leben in der Wurzel zu vergiften droht. Auch der nichtchristliche Ethiker fragt sich angesichts solcher Erscheinungen, wie es möglich ist, daß die menschliche Natur mit ihren edeln Anlagen, mit ihren hohen Wünschen und Vorbildern, mit ihren inneren und äußeren Antrieben zur Sittenreinheit, dennoch so oft und so kläglich ihrer Würde und Bestimmung untreu wird. Fast ebenso rätselhaft wie die Macht der Sinnlichkeit ist der Einfluß der Sophistik, die zu ihrem Schutze aufgeboten wird, und all die andere geistige Schwäche und Verblendung, in der die Menschheit den Irrtümern gottloser Denkrichtung erliegt, — alles das, was Augustin ignorantia oder caecitas mentis nennt. Bei so traurigen Gesamterscheinungen steigt auch dem natürlichen Denken die Ahnung einer tiefliegenden Verderbnis des Menschengeschlechts auf, einer Verderbnis, die nicht durch natürliche Mittel zu besiegen ist, sondern des ebenso weit und tief wirkenden Gegengewichts der Erlösung bedarf [1].

---

[1] S c h e e b e n (Dogmatik II 651) macht in ähnlichem Sinne folgende Bemerkung gegen „die ganz abstrakte Theorie, wonach der g a n z e Inhalt der Erbsünde in dem Mangel der heiligmachenden Gnade bestände", zu Gunsten

Viertes Kapitel.

Die sittliche Unfreiheit des gefallenen Menschen.

„Ignorantia igitur et infirmitas vitia sunt,
quae impediunt voluntatem, ne movea-
tur ad faciendum opus bonum."
(De pecc. mer. et rem. 2, 26.)

„Nec liberum (arbitrium) in bono erit,
quod liberator non liberaverit."
(C. duas epist. Pel. 1, 6.)

I. Einleitendes.

Das Wesen eines Dinges äußert sich in seinen Wirkungen; die
Tatsache der Erbsünde hat Folgen für die sittliche Betätigung des
Menschen. Die Trennung der Seele von Gott bedeutet nicht allein
— vor allem nicht für Augustin — eine metaphysische oder
mystische Herabsetzung ihres Seins; Gott ist der moralische Halt der
Seele, der Quell ihrer sittlichen Lebenskraft. Mit dem Riß, der sich
zwischen der Seele und dem sittlichen Ideal aufgetan hat, ist in ihr
alle Harmonie des Lebens aufgehoben, jede sittliche Bindung ge-
lockert. Die wiederholten Vergleiche des sündigen Zustandes mit
der „Knechtschaft", „Finsternis" und „Krankheit" haben uns schon

Augustins: „1. Zunächst fand Augustin in der Konkupiszenz, und zwar zumeist in
der sinnlich-fleischlichen, ein handgreiflich bestehendes und nach dem ausdrücklichen Bericht der Heiligen Schrift zugleich mit und noch vor der Verhängung
des Todes infolge der ersten Sünde entstandenes Übel, welches im Gegensatz zum
Tode, der bloß Strafe ist, als eine grobe Unordnung in der Natur den Inhalt einer
Schuld und somit eine Ungerechtigkeit der Natur darstellt; dasselbe war ihm aber
gleichwohl ebenso, wie der leibliche Tod, die äußere Erscheinung des geistigen
Todes, welcher zugleich und an erster Stelle Sünde und Strafe ist. 2. In der Konkupiszenz fand er ferner ein Übel, welches sichtlich zur allgemeinen Beschaffenheit
der Natur gehört, durch die Fortpflanzug der Natur sich mit fortpflanzt, überdies
gerade im Akte der Fortpflanzung selbst betätigt, und an welchem folglich ein durch
die Fortpflanzung vermittelter Zustand der Sündhaftigkeit besonders anschaulich sich darstellt. 3. Weiterhin stellte sich ihm in der Konkupiszenz die
Erbsünde als ein Analogon der aktuellen Sünde dar, indem er sie mit ihren
unwillkürlichen Akten zusammenfaßte und so ihr selbst einen actus zuschrieb,
der dem Gesetze des Geistes Gottes widerstrebe, und eben damit erschien die
Erbsünde als der konträre Gegensatz der ursprünglichen Gerechtigkeit. 4. Endlich
erschien ihm, wie dem Apostel, die Erbsünde in der Konkupiszenz als eine im
Fleische unordentliche Regungen erzeugende und den Geist zur Sünde drängende
Macht, oder als Prinzip neuer materieller und formeller Sünden, als was er sie
gegenüber den Pelagianern vorzüglich zu betonen hatte."

auf diese Folgen der Erbsünde hingewiesen; die enge Beziehung zwischen dem reatus peccati und der concupiscentia hat es völlig klargemacht, wie energisch und praktisch Augustin das Wesen der Erbsünde auffaßt.

Über die wirkliche Tragweite nun, die Augustin der Sünde für die sittliche Freiheit des Menschen beilegt, gehen die Ansichten ebenso auseinander, wie über ihr Wesen selbst. Zunächst spielt das bereits erwähnte Mißverständnis hinsichtlich der Willensfreiheit hinein; man deutet Stellen, die in irgend einem Sinne von der Unfähigkeit reden, sittlich Gutes und dem Heile Dienliches zu tun, auf den Verlust jeglicher Wahlfreiheit. Aber auch, wo diese Verwechslung nicht Platz greift, bleiben Unklarheiten und Kontroversen genug. Man streitet, ob ungeordnete Regungen und Handlungen, die psychologisch unfrei sind, weil sie aus bloßer sinnlicher Vorstellung und Begierde oder aus einem überraschten, seiner selbst nicht mächtigen Wollen hervorgehen, nach Augustin dem Sünder zur Schuld angerechnet werden. Man fragt, ob nicht die Abwendung des Willens von Gott, dem höchsten und einzigen Zielgute, von selbst allem Handeln des Menschen den Charakter der Sünde aufdrückt, selbst dann, wenn es als moralische Einzelhandlung richtig geordnet ist. Jene Abwendung und Trennung zeigt sich am klarsten, wo nicht nur die Liebe zu Gott fehlt, wie beim Sünder im allgemeinen, sondern auch die Kenntnis Gottes, der wahre Glaube, wie beim Heiden.

Die Gegensätze auf diesem Gebiete bilden ein Hauptthema der Dogmengeschichte und Theologie des 16. und 17. Jahrhunderts. Die Irrlehren behaupteten unter Berufung auf Augustin die Unfähigkeit des gefallenen Menschen zur Sittlichkeit; die katholische Kirche hielt an der Fähigkeit des Menschen zur natürlichen Sittlichkeit fest und nahm nur eine Schwächung der natürlichen Freiheit an, daneben allerdings eine völlige Ohnmacht, die Gnade Gottes aus eigener Kraft wiederzuerwerben. Nach Luther bleibt die Erbsünde auch nach der Taufe wesentlich bestehen, mit ihr, da sie die sittliche Freiheit zerstört hat, die Notwendigkeit des Sündigens. Alles Handeln ist Sünde, insofern es dem Fleische, der verdorbenen Natur, entquillt; es wird aber zugleich gut und heilig, sobald sich der Mensch durch den Glauben unter das Verdienst Christi stellt. Nachdem das Tridentinum klar ausgesprochen hatte, daß im Wiedergebornen die Konkupiszenz nicht wirkliche Sünde, vielmehr die ganze Erbsünde durch die Taufe getilgt ist, schränkten Bajus und Jansenius den Zustand der totalen Sündhaftigkeit auf das Leben des

Nichtgetauften ein. Solange der Mensch nicht die Gnade und Gottesliebe vom Heiligen Geiste empfangen hat, geht aus der Wurzel der
Erbsünde nur Sündhaftes hervor. Auch das unfreie Böse ist für ihn
schuldhaft; zum Sündigen gehört überhaupt nicht wesentlich die Freiheit (Bajus), — oder wenn sie es tut, so liegt die freie Verschuldung
für den Erbsünder in der Sündentat Adams (Jansenius). Nach diesen
Grundsätzen gestaltet sich das Urteil über die heidnische Sittlichkeit
vernichtend; die Tugenden der Ungläubigen sind nur Schein, Äußerlichkeit und Heuchelei; sie sind Erzeugnisse verkehrter Begierde,
daher wirkliche Sünden und Gegenstand der Strafe — nach Luther
und Melanchthon wie nach Bajus und Jansenius. Gegenüber so
schroffen Verdikten zeigen die Ansichten hervorragender nachtriden-
tinischer Theologen der katholischen Kirche, etwa eines Molina, Ri-
palda, eine auffallende Weitherzigkeit und Milde. Augustin wird in
diesen Kämpfen von beiden Parteien angerufen. Daß der Wortlaut
seiner Schriften vielfach mehr den Leugnern der sittlichen Freiheit
günstig ist, bezeugt schon die Tatsache, daß sich unter den verurteilten Thesen des Bajus und Quesnel solche finden, die fast
wörtlich den Schriften Augustins entstammen. Eine unparteiische
Untersuchung der Frage muß sich vor allem die geschichtliche
Stellung Augustins zum Pelagianismus sowie die charakteristische
Art seiner Behandlung der Ethik gegenwärtig halten [1].

Vernehmen wir zuerst in einigen kurzen Sätzen den Klang der
Sprache Augustins über die sittliche Knechtschaft des gefallenen
Menschen. „Durch das Wollen des Bösen hat der Mensch das
Können des Guten verloren.“ [2] „Der freie Wille hat in seiner
Knechtschaft nur Kraft zur Sünde; zur Gerechtigkeit hat er
keine Kraft, es sei denn, er werde von Gott befreit und unterstützt.“ [3] „Der Mensch ist so mit Freiheit des Willens erschaffen
worden, daß er nicht zu sündigen brauchte, wenn er nicht wollte;
aber nicht so, daß er ungestraft sündigen durfte, wenn er es wollte.

---

[1] Vgl. Ernst, Die Werke und Tugenden der Ungläubigen nach St Augustin.
Der erste Teil handelt über die häretischen Auffassungen und bietet Näheres über
die Differenzen zwischen Bajus und Jansenius. Zu den Untersuchungen von Ernst
bietet vom allgemeineren Standpunkt wertvolle Ergänzungen Scheeben, Dogmatik III 920—1005.

[2] Sermo 30, 3.

[3] C. duas epist. Pel. 3, 24; vgl. ebd. 2, 9. Auch der bekannten Stelle ebd.
1, 5: Libertas quidem periit per peccatum, sed illa, quae in paradiso fuit ... folgt
als Erklärung: Nec liberum in bono erit, quod liberator non liberavit, sed in
malo liberum habet arbitrium (ebd. 1, 6).

Wie also können wir uns wundern, wenn infolge der Verfehlung, d. h. durch die Änderung und Verkehrung der ursprünglichen Recht- heit mit der Strafe, auch die Folge eintrat, daß er nicht mehr recht handeln konnte!" [1]

An den zahlreichen Stellen dieser Art scheint Augustin dem gefallenen Menschen nicht nur die Gnade und Kindschaft Gottes, nicht nur die volle Harmonie und Selbstherrschaft der Seele, sondern ausdrücklich auch die einfache Potenz zum sittlich Guten ab- zusprechen. Anderseits treten der buchstäblichen Auffassung, ab- gesehen von allgemeinen Ideen seiner Sittenlehre, deutliche Aussagen Augustins auch aus den letzten Jahren entgegen. Wir müssen da- her, ohne die Wucht jener Sätze abschwächen zu wollen, durch sorgsame Vergleichung und Kritik den wirklichen Gedankenkern herauszuschälen suchen.

Wählen wir als Beispiel die zuletzt zitierte Stelle. Die Not- wendigkeit des Sündigens erscheint hier als Folge und Strafe der Sünde, der Mangel der Rechtheit (rectitudo) im Handeln als Fortsetzung desselben Mangels im Sein. Der Mensch kann nicht gut handeln, weil er nicht gut ist; das peccatum facere ist Er- scheinung des peccatum habere, der bleibenden, habituellen Schuld. Diese Gedankenverbindung entspricht der pelagianischen Antithese. Julian hatte gerade vorher die Freiheit des Menschen gefeiert. Er definierte sie als die unverlierbare Macht, zwischen gut und böse zu wählen; als die Freiheit des Willens, auch nach der „Probe" des Bösen sich selbst wieder zum Guten zu wenden, nach dem Falle in die Sünde sich selbst wieder zur Gerechtigkeit zu er- heben [2]. Wir haben gesehen, mit wie triftigen, aus den Tiefen des Lebens wie der christlichen Weltanschauung geschöpften Gründen Augustin diese Freiheitslehre zurückweist [3]. Wir könnten also zu- nächst sagen: Die necessitas peccandi fällt mit der necessitas ha- bendi peccatum zusammen. Die Gnade ist deshalb zu allem Guten

---

[1] Op. imp. c. Iul. 6, 12: Cum libero enim sic est creatus arbitrio, ut posset non peccare, si nollet; non ut, si vellet, impune peccaret. Quid ergo mirum, si delinquendo, hoc est rectitudinem suam, in qua factus erat, depravatione mutando cum supplicio secutum est non posse recta agere?

[2] C. Iul. Pel. 6, 10 f.

[3] Siehe oben S. 79 ff. An unserer Stelle (Op. imp. c. Iul. 6, 12) sagt Augustin: Posses isto modo dicere male fuisse hominem cum oculis creatum, quia cum eos exstinxerit, fit in illo, ut non possit videre ... aut male fuisse totum corpus hominis conditum, quia in potestate habet, ut ipse se necet, nec habet in potestate, ut se ipse resuscitet.

14 *

notwendig, weil nur sie den Willen heilt und rechtfertigt. Gerade
der Ausdruck, die Sünde könne auch S t r a f e der Sünde sein, bezieht
sich bei Augustin häufig auf die Erbsünde. „Es gibt bestimmt eine
Sünde ohne den Willen, d. h. es bleibt die Sünde (ohne den
Willen).“ Die Sünde ist nicht entstanden ohne freies Wollen Adams;
sie bleibt jedoch als notwendige Sünde in seinen Nachkommen [1].
Man muß drei Dinge unterscheiden: die Sünde, die Sündenstrafe
und das, was Sünde u n d Strafe ist; die Sünde als solche ist freies
Tun, die Strafe als solche ist bloßes Leiden, die Sünde, die zugleich Strafe ist, ist eine Handlung oder Verfassung, die zwar
jetzt notwendig, aber die Folge eines früheren Mißbrauchs der Freiheit ist. Zu der letzten Klasse gehört die Erbsünde [2].

Die Erbsünde ist aber nicht die einzige Sünde dieser Art. Aus
der ruhenden Notwendigkeit, die ihr innewohnt, geht eine treibende,
aktive Notwendigkeit hervor [3]. Sie wird durch keinen Geringeren
bezeugt als durch den hl. Paulus, wenn er klagt: „N i c h t , w a s i c h
w i l l , d a s G u t e , t u e i c h , s o n d e r n , w a s i c h n i c h t w i l l , d a s
B ö s e , t u e i c h .“ Hier ist offenbar von einem Bösen die Rede, das
im Handeln des Menschen liegt [4]. Es gibt Tatsünden, die, wie es
scheint, nicht der Wahlfreiheit entstammen, sondern ohne und gegen
den Willen geschehen. Sie stehen im Zusammenhang mit der erb-
lichen Verschuldung und Verschlechterung des Menschen, speziell
mit dem im Fleische wohnenden „Gesetze der Sünde“, der bösen
Lust und Unwissenheit. Die latente, schon dem Kinde innewohnende
Sünde äußert sich nach und nach in dem Einflusse, den Sinnlichkeit
und Torheit in jedem heranwachsenden Menschen zu entfalten beginnen [5].

---

[1] Op. imp. c. Iul. 4, 100 103.

[2] Ebd. 1, 47 104 105; 2, 38.

[3] Ebd. 1, 47: Habent autem tria ista genera etiam species suas, de quibus
nunc longum est disputare.... Sed p e r t i n e t originale peccatum a d h o c g e n u s
tertium, ubi sic peccatum est, ut ipsum sit et poena peccati, quod inest quidem
nascentibus, sed in eis crescentibus incipit apparere, quando est i n s i p i e n t i b u s
necessaria sapientia et mala c o n c u p i s c e n t i b u s continentia; origo tamen etiam
huius peccati descendit a voluntate peccantis.

[4] Ebd. 6, 12: Si autem non credis liberum arbitrium, quo r e c t e a g e r e
potuit et debuit, peccati malitia defecisse, illum saltem attende, qui dicit: „Non,
quod volo, hoc ago, sed quod odi, illud facio“; quem vos non vultis vitiata origine
sed praevalente mala consuetudine laborare; ac sic etiam vos fatemini liberum
arbitrium male se utendo posse deficere.

[5] Vgl. vorhin Anmerkung 3 und 4.

II. Die Macht der bösen Lust.

Die erwähnte Schilderung des Zwiespaltes zwischen Geist und Fleisch im siebten Kapitel des Römerbriefes ist von Augustin zu verschiedenen Zeiten verschieden gedeutet worden. In seinen früheren Schriften, etwa bis zum Jahre 412, erscheint ihm in der Person des Paulus der unerlöste, sündige Mensch. Nachher veranlaßte ihn zunächst die Exegese anderer Lehrer, speziell des hl. Ambrosius, sodann das eigene, vertiefte Studium, die gegenteilige Erklärung vorzuziehen, nach welcher Paulus Röm 7, 14 von seinem gegenwärtigen Zustande redet[1]; er läßt aber die frühere Deutung als möglich und probabel bestehen.

---

[1] In der Expositio quarundam propositionum ex epist. ad Rom. (394) und in den Libri ad Simplicianum (etwa 397) hat Augustin, wie er in den Retraktationen bemerkt, Röm 7, 14 ff auf den „homo sub lege positus, nondum sub gratia" bezogen, „viel später" aber, angeregt durch gewisse tractatores der Heiligen Schrift, die andere Auffassung gewonnen, die er in den Schriften gegen die Pelagianer näher begründet (Retr. 1, c. 23, 1; 2, c. 1, 1). Jener erste exegetische Versuch zum Römerbriefe unterscheidet einen vierfachen Zustand des Menschen nach dem Sündenfalle: ante legem sequimur concupiscentiam carnis; sub lege trahimur ab ea; sub gratia nec sequimur eam nec trahimur ab ea; in pace nulla est concupiscentia carnis (n. 13—18). Genau dieselbe Abstufung findet sich schon in der zwischen 389 und 396 verfaßten Schrift De div. quaest. 83, q. 66, 3. Die Schilderung des begnadigten Menschen, der noch gegen die böse Begierde zu kämpfen hat, soll nach diesen Schriften erst Röm 7, 25 beginnen. Die höchste Stufe, die des verklärten Menschen, wird Röm 8, 11 in Aussicht gestellt. Diese Erklärung bleibt in Geltung De div. quaest. ad Simplicianum 1, 1. Das erste deutliche Auftreten der zweiten Auslegung findet sich De pecc. mer. et rem. 2, 17, dann De spir. et litt. 26, 59 (beide aus dem Jahre 412); De nat. et gr. 61 67. Daneben geht Augustin gelegentlich auf die frühere, von den Pelagianern festgehaltene Erklärung zurück: De nat. et gr. 58; De gest. Pel. 21; Sermo 155, 5. Eine populäre Darlegung der Frage findet sich Sermo 154, eine genauere Erklärung der neuen Auffassung De nupt. et conc. 1, 30 ff (419), die beste und eingehendste Contra duas epist. Pel. 1, 13 ff (420). An dieser letzten Stelle erwähnt er die pelagianische Behauptung, Paulus spreche Röm Kap. 7 überhaupt aus der Person eines andern, eines Nichtgerechtfertigten. Augustin bemerkt dagegen, von Vers 7 an beginne Paulus wahrscheinlich von sich selbst zu reden; dann beziehe sich Vers 9: „Ego autem vivebam aliquando sine lege" auf die prima infantia ante rationales annos; das folgende: „adveniente mandato peccatum revixit" auf den herangewachsenen Menschen, der praecepti capax sed non efficax sei (n. 14). Dagegen beginne mit Vers 14: „Scimus enim, quia lex spiritualis est" die Beschreibung des neuen Lebens unter der Gnade. Augustin verhehlt sich nicht die Schwierigkeit, die sich aus den weiteren Ausdrücken „ego autem carnalis sum, venumdatus sub peccato, captivantem me in lege peccati" ergibt; er glaubt aber diese Schwierigkeit durch den Hinweis auf die der caro anhaftende Reizbarkeit zur Sünde

Nach der einen oder andern Erklärung bezeugt ihm die Stelle eine gewisse Unvermeidlichkeit und Notwendigkeit des Sündigens. Im ersten Falle beruht dieselbe auf der Herrschaft der bösen Lust im Menschen, auf der Übermacht, die sie dem Geiste gegenüber besitzt; im zweiten Falle auf dem bloßen Vorhandensein der Lust und der bleibenden Kampfesstellung, in der sie zu dem neuen Leben der Gnade steht.

Es fragt sich nun, wie diese Notwendigkeit zu verstehen ist. Die weitest gehende Auffassung würde sein, daß die Regungen der ungeordneten Sinnlichkeit als solche zur Sünde angerechnet werden. Wir hätten dann unfreie, ohne Zutun des Geistes entstandene sittliche Vergehungen. Man kann sich dafür berufen auf zahlreiche Äußerungen, in denen Augustin das Wort des Apostels: „Ich tue das Böse, das ich nicht will", auf die unvermeidlichen Regungen der bösen Lust bezieht, über die auch der Gerechte nur sehr allmählich — und vollkommen erst im Zustande der Verklärung — Herr wird [1]. Allein gerade diese Äußerungen geben uns, nach ihrem Zusammenhang betrachtet, die volle Gewißheit, daß das Schlechte, das in unwillkürlichen Gefühlen und Strebungen liegt, nicht mit Sünde gleichbedeutend ist. Es verhält sich hier ähnlich wie mit der Konkupiszenz als solcher; in der habituellen wie in der aktuellen Lust haben wir ein „Übel", eine Sündenfolge und Sündengefahr vor uns,

---

zu lösen (n. 18—21). Das Ausschlaggebende für ihn war 1. der Vers: „nunc autem iam non ego operor illud", der auf eine Scheidung zwischen dem geistigen Ich und der Sünde hinweise; 2. der Satz: „condelector legi Deum secundum interiorem hominem", in dem eine innerliche Lust und Liebe zum Guten ausgesprochen werde, die nur aus der Gnade erklärlich sei (n. 22). Die letzte Stufe der Entwicklung, die volle Besiegung des Bösen im Verklärungszustande sieht Augustin auch hier Röm 8, 11 angekündigt. — In den Büchern gegen Julian hält Augustin diese Erklärung aufrecht, läßt sich aber bisweilen auch auf die gegnerische ein, nach welcher Röm Kap. 7 die Macht der „bösen Gewohnheit" schildert (C. Iul. Pel. 6, 70 ff. Op. imp. c. Iul. 3, 112. 4, 103; 6, 17). Wichtig ist die Bemerkung Op. imp. c. Iul. 1, 99: Si autem, sicut melius sensit Ambrosius, hoc etiam de se ipso dicit Apostolus etc. Das stimmt ganz überein mit dem Urteile der Retraktationen 2, c. 1: longe postea etiam spiritalis hominis — et hoc probabilius — esse posse illa verba cognovi.

[1] De nupt. et conc. 1, 30: Ut tamen nec ipsa sint desideria, velle debemus, etiamsi in corpore mortis huius id obtinere non possumus. Hinc enim et alio loco idem Apostolus loquens velut ex suae personae introductione nos instruit dicens: „Non enim, quod volo, hoc ago, sed, quod odi, illud facio" id est concupisco; quia et hoc nollet facere, ut esset omni ex parte perfectus. C. duas epist. Pel. 1, 18: Facere ergo se dixit et operari non affectu consentiendi et implendi sed ipso motu concupiscendi.

die wir nur im uneigentlichen Sinne Sünde nennen können. Dieser Überzeugung gibt Augustin nicht bloß in der früheren Zeit, bei Bekämpfung des Manichäismus und seiner Sündenlehre, Ausdruck[1]; er hält auch später, bei Abwehr des extremen pelagianischen Indeterminismus, an ihr fest. Gewisse Schrifterklärer beziehen die Stelle 1 Jo 1, 8: „Wenn wir sagen, wir hätten keine Sünde, so betrügen wir uns selbst", auf die Tatsache der bösen Lust, die doch nur uneigentlich Sünde ist. Augustin erinnert hiergegen an die Bitte des Vaterunsers: „Vergib uns unsere Schulden" und bemerkt, ein solches Gebot wäre nicht nötig, wenn wir niemals den Begierden jener „Sünde" zustimmten[2]. „Was heißt: nach dem Fleische wandeln? Den fleischlichen Begierden zustimmen. Was heißt: nach dem Geiste wandeln? In der Vernunft vom Geiste unterstützt werden und den Begierden des Fleisches nicht gehorchen. So also wird in uns das Gesetz erfüllt, die Gerechtigkeit Gottes erfüllt. ... Es bleibt der Kampf mit dem Fleische; denn die Schuld ist getilgt, die Schwäche ist geblieben. Es wohnt in uns, es regt sich lockend die Lust unerlaubter Begier; kämpfe, widerstehe, versage deine Zustimmung; so wird erfüllt: ‚Gehe nicht deinen Begierden nach'! Auch wenn sie bisweilen sich einschleichen, wenn sie das Auge, das Ohr, die Zunge, den flüchtigen Gedanken hinreißen, wir brauchen nicht an unserem Heile zu verzweifeln. Dazu beten wir ja täglich: Vergib uns unsere Schulden!"[3] Der Kampf gegen die bösen Begierden, die uns „reizen und schmeicheln, aufstacheln und erbittern", hört hienieden nie völlig auf; er schadet uns nicht, wenn wir wirklich kämpfen, er nützt uns zum Triumphe[4]. Gegen Julian bemerkt Augustin, der Grund, weshalb auch der Getaufte stets nötig habe, im Vaterunser um Nachlassung der Sünden zu flehen, liege darin,

---

[1] Propos. ex epist. ad Rom. 13—18: Non enim in ipso desiderio pravo sed iu nostra consensione peccamus. De contin. 5: Nunc autem, quamdiu concupiscit caro adversus spiritum et spiritus adversus carnem, sat est nobis non consentire malis, quae sentimus in nobis. C. Secund. Man. 11 ff. De Gen. ad litt. 10, 21.

[2] De perf. iust. hom. 44.

[3] Sermo 155, 9. Ähnliche Schilderungen mit Beispielen Sermo 30, 7; 57, 11; 154, 8 ff. En. in ps. 118, sermo 3, 2: Nec nobis deinceps languor iste obesset, quamvis inesset, si desideriis eius illicitis nullis unquam obedientiam praeberemus.... Sed quoniam tentatio est vita humana super terram, etiamsi a criminibus longe simus, non tamen deest, ubi desideriis peccati vel facto vel dicto vel cogitatu obediamus, quando adversus maiora vigilantibus quaedam incautis minuta subrepunt.

[4] Sermo 128, 11 ff.

daß auch der wacker Kämpfende bisweilen zur B e i s t i m m u n g sich hinreißen läßt [1]. Die böse Lust schadet nur dann, wenn man ihrem Triebe „zustimmt oder nachgibt" (consentitur aut ceditur); dagegen ist es sittlich gut, ihr zu widerstehen [2]. Während die böse Lust uneigentlich Sünde, Strafe und Quelle der Sünde ist, „wird diejenige Sünde, durch die man der Sünde der Konkupiszenz zustimmt, nur durch den Willen begangen". Daher hält Augustin das frühere Wort aufrecht: „Nur durch den Willen sündigt man." [3]

Hat aber Augustin bei diesen Äußerungen auch den Menschen, der sich im Stande der Sünde befindet, im Auge? Vorwiegend denkt er ohne Zweifel an die Stellung des Christen, des Begnadigten, zur sinnlichen Lust. Wenn nun im Erbsünder die habituelle Konkupiszenz mit einer Schuld verbunden ist, sollte sich dann nicht bei ihm auch an das aktuelle Aufflackern derselben von selbst eine wirkliche Sünde heften? Wir haben gesehen, daß die habituelle Lust im Erbsünder nicht in sich, sondern infolge der geistigen Verkehrtheit, der Abwendung und Trennung der Seele von Gott, Sünde ist. Die richtige Analogie fordert also, daß auch bei der persönlichen Tatsünde zu der sinnlichen Lebensregung und Unordnung ein geistiges Moment, die aktuelle Abweichung des Willens vom Sittengesetz hinzutritt. Diese Voraussetzung wird durch tatsächliche Äußerungen Augustins vollauf bestätigt. Von Bedeutung ist schon die Zurückweisung der pelagianischen Ausflucht, das Bedürfnis der Kindertaufe erkläre sich aus persönlichen Sünden, welche die Kinder in ihrem ersten Lebensstadium begangen hätten. Augustin hält es nicht für der Mühe wert, diese Behauptung zu bekämpfen; „e i n e Sünde des eigenen Lebens kann nur durch den eigenen Willen begangen werden". Ein schlechter Willensgebrauch ist aber in diesem zarten Alter nicht möglich, wie „die so große Unkenntnis der Dinge, die volle Un e m p f ä n g l i c h k e i t f ü r ein Gebot, die Unfähigkeit, das natürliche oder geschriebene Gesetz zu verstehen und zu befolgen, die Unmöglichkeit v e r - nünftiger Erwägung des Für und W i d e r" aufs deutlichste bezeugt [4]. Auch im Kindesalter regen sich, wie Augustin weiter bemerkt, ungeordnete Triebe, Eigensinn und Zorn; wenn sie trotz des innewohnenden reatus peccati nicht als propria peccata gelten,

---

[1] Op. imp. c. Iul. 1, 101; vgl. 2, 226.
[2] Ebd. 4, 25 41. De Civ. Dei 1, c. 25.   [3] Retr. 1, c. 15, 2.
[4] De pecc. mer. et rem. 1, 65. — De spir. et litt. 7: Homini Deus dedit liberum arbitrium, sine quo nec male nec bene vivitur.

so muß ein gleiches von den Erscheinungen der Konkupiszenz im Erwachsenen gesagt werden.

Es ist keineswegs seine Auffassung, daß die Menschen im Sündenstande „gleichsam willenlos, durch den Zwang des Fleisches zur Sünde genötigt werden; sondern, wenn sie schon in dem Alter sind, daß sie die persönliche Urteilskraft der Vernunft gebrauchen, werden sie durch ihren Willen in der Sünde zurückgehalten und stürzen sich durch ihren Willen von Sünde zu Sünde. Denn auch der Verführer in ihnen strebt nur dahin, daß sie die Sünde mit Willen tun."[1] „Die böse Lust gebiert nicht, wenn sie nicht empfangen hat; sie empfängt nicht, wenn sie nicht erst den Willen verführt, d. h. zur Beistimmung in die böse Tat gebracht hat."[2] Der hl. Paulus sieht es als eine Strafe für den Hochmut und die Gottvergessenheit der Heiden an, daß Gott sie „den Begierden ihres Herzens übergeben hat". Julian deutet dies im Sinne einer reinen Zulassung, nicht einer Bestrafung; die Heiden seien schon aus sich von allerlei bösen Begierden entflammt gewesen. Allein, so entgegnet Augustin, es muß doch etwas mehr geschehen sein, wenn sie nun den Begierden „übergeben" werden! „Ist es denn notwendig, daß, wenn jemand böse Begierden des Herzens hat, er ihnen auch zustimmt, das Böse zu begehen? Etwas anderes ist es, böse Begierden im Herzen zu haben, etwas anderes, ihnen übergeben zu werden — nämlich so, daß man durch Zustimmung von ihnen beherrscht wird. . . . Sonst wäre ja umsonst gesagt: ‚Du sollst deinen Begierden nicht folgen', wenn jeder schon schuldig wäre, weil er ihren Tumult und ihr Hindrängen zum Bösen fühlt, ohne daß er ihnen folgt!"[3]

Der Unterschied des Sünders von dem Gerechtfertigten liegt darin, daß der letztere dem Zuge der bösen Lust widersteht, der erstere ihm gehorcht[4]. Die Tatsache, daß die habituelle Sünde keine fortgesetzte Zustimmung des Willens erfordert, beweist nichts für

---

[1] C. duas epist. Pel. 1, 7.

[2] C. Iul. Pel. 6, 47. Daß von Ungetauften die Rede ist, zeigt der weitere Satz: Dimissis itaque in baptismo peccatis omnibus, i. e. omnibus concupiscentiae foetibus etc.

[3] C. Iul. Pel. 5, 11: Der Abschluß (n. 12) lautet: Cum ergo dicitur homo tradi desideriis suis, inde fit reus, quia desertus a Deo cedit eis atque consentit, vincitur, capitur, trahitur, possidetur. „A quo enim quis devictus est, huic et servus addictus est", et fit ei peccatum consequens praecedentis poena peccati.

[4] Ebd. 6, 49.

unsere Frage; die Sünde kann zwar ohne Zutun des Menschen
bleiben, sie kann aber nicht ohne seinen Willen entstehen[1].
Jede neue Versündigung muß daher dem Willen entstammen.

So macht auch den Sünder nicht die bloße Sinnlichkeit schuldig,
sondern die Zustimmung des Willens. Aber es fragt sich, ob diese
Zustimmung nicht eine notwendige ist, da in ihm die böse
Lust herrscht, der Wille aber gefesselt und geknechtet ist. Hat
uns nicht Augustin gesagt, daß der geknechtete Wille des Sünders
nur mehr „Kraft zur Sünde hat", daß er nicht mehr „recht handeln
kann"? Auf die allgemeine Begründung dieses Urteils werden wir
zurückkommen; was die Stellung zur Konkupiszenz angeht, so lehrt
Augustin nicht die völlige Ohnmacht des Willens, sondern die
Möglichkeit des Widerstandes. Wenn es nach Augustin eine „Notwendigkeit der Sünde" gibt, so liegt sie nicht darin, daß der Wille
den sinnlichen Begierden gegenüber unfrei und kraftlos wäre. Beschränken wir den Begriff des Sittlichen auf den Kampf mit der
Konkupiszenz, so besitzt der Mensch im Stande der Sünde nicht bloß
„Kraft zum Bösen", sondern auch die Fähigkeit, „recht zu handeln".

Das ergibt sich bei genauerem Zusehen schon aus den paulinischen Stellen, die Augustin als Beweis für die Macht der bösen
Lust und für die Unvermeidlichkeit der Sünde anführt. Das Wort:
„Ich tue nicht das Gute, das ich will, sondern das Böse, das ich
nicht will", lautet ungünstig für das Tun, aber günstig für das
Wollen. Ist nun das Wollen nicht auch ein Tun; hat die Sittlichkeit nicht im Willen ihre innerste Grundlage und eigentliche
Heimat? Ein unkräftiges Wollen, das nicht zur Tat gelangt, verdient gewiß kein volles Lob; aber insofern es auf die Tat hinzielt,
nimmt es doch an ihrer Güte teil, insofern es sich vom Bösen
abwendet, kann es unmöglich selbst böse sein. So heißt es denn
in dem erwähnten Kommentar zum Römerbriefe: „Vor der Gnade
besitzen wir nicht die Freiheit, daß wir nicht sündigen, sondern nur
die, daß wir nicht sündigen wollen. Die Gnade aber bewirkt, daß
wir nicht nur recht handeln wollen, sondern es auch können."[2] Die
öfter erwähnte Schrift an Simplizian, die für die Gnadenlehre
Augustins so bedeutsam ist, bestätigt diese Erklärung. Der gefallene

---

[1] Op. imp. c. Iul. 4, 102 103: Et non potest esse sine voluntate peccatum,
quia non fit nisi voluntate; et potest esse sine voluntate peccatum, quia manet
etiam sine voluntate, quod factum est voluntate.

[2] Propos. ex epist. ad Rom. 13—18.

Mensch ist zu schwach, zu sehr von der Lust angefochten, um
das Gute durchzuführen; aber er ist wohl im stande, ja es fällt
ihm verhältnismäßig leicht, das Gute und dem Sittengesetz Entsprechende zu wollen[1]. Auch in seinen spätesten Schriften behauptet Augustin nicht, daß der Sünder stets den Antrieben der
bösen Lust gehorcht; im Gegenteil, der Sünder kämpft oft gegen
die Reize des Bösen, aber so, daß der Kampf vielfach mit einer
Niederlage endigt: „indem er gemäß dem Gesetze leben will,
wird er besiegt"[2].

Damit ist schon der Einwand widerlegt, Augustin beziehe die
erwähnten paulinischen Stellen in der späteren Zeit auf den Zustand
des begnadigten Menschen; er scheine somit seine frühere Auffassung, daß auch der Sünder Gutes wollen könne, zurückzunehmen.
Augustin hat, wie wir hörten, die ältere Auffassung nie als unzulässig bezeichnet; er hält sie später nur für weniger wahrscheinlich. Außerdem ist er zu der neuen Erklärung nicht durch die Stelle,
die vom Wollen des Guten und Nichtwollen des Bösen handelt, bekehrt worden, sondern durch die weiteren Sätze: „Wenn ich das
tue, was ich nicht will, so wirke nicht mehr ich es, sondern
die mir innewohnende Sünde ... denn ich erfreue mich am
Gesetze nach dem inneren Menschen." Hier stellt der Sprechende
sein Ich als ein gereinigtes, befreites der bösen Lust entgegen; hier
legt er ihm eine innere Freude am Guten und Göttlichen bei, die nur
der Abglanz der caritas sein kann. Diese „Lust am Guten, die dem
Schlechten nicht aus Furcht vor der Strafe, sondern aus Liebe
zur Gerechtigkeit widersteht", ist für Augustin das Zeichen des
neuen Lebens der Gnade. Aber wer nicht die ganze Sittlichkeit mit
dieser, aus innerster Seele hervordringenden freudigen Sympathie
bejaht, kann doch durch andere, unvollkommenere Affekte des Willens
sich dem Guten zuneigen und gegen das Böse streiten. Augustin
faßt diese weniger innerlichen und allseitigen Affekte meist unter
dem Namen der Furcht zusammen; amor und timor sind ihm der
Ausdruck der herrschenden Seelenzustände des Kindes und des
Knechtes. Wir wissen aber, daß er die Furcht nicht absolut verwirft, daß er Formen und Äußerungen derselben kennt, die als

[1] De div. quaest. ad Simpl. 1, 1, 12 f.
[2] Enchir. 31. De nat. et gr. 58. C. Iul. Pel. 6, 73. Op. imp. c. Iul. 6, 15:
Qualem libertatem voluntatis habere possunt, qui nondum de potestate eruti tene-
brarum dominante iniquitate nec certare coeperunt aut, si certare voluerunt,
nondum liberatae voluntatis servitute vincuntur?

Übergang zur Liebe heilsam sind und von Gott selbst hervor-
gerufen werden[1].

Daß die böse Lust, auch in ihrer stärksten und elementarsten
Form im gefallenen Menschen nicht allmächtig ist, nicht absolut
gebietet, bestätigt die Wirklichkeit. Nicht alle Heiden sind Sklaven
niedriger Sinnenlust gewesen; manche römische Helden haben ebenso
der unlautern Begierde wie der Habsucht widerstanden[2]. Auch die
Sodomiten hätten „durch die höhere Natur des Geistes" die Fleischeslust zügeln können; eine wirkliche Heilung, ein voller Sieg über
dieselbe ist allerdings nur durch die Gnade möglich[3]. Die ethischen
Schriften mancher Heiden, z. B. des Cicero, zeigen edeln Abscheu
wider ein Leben der Wollust und Weichlichkeit; sie enthalten, was
die Beurteilung der Geschlechtslust angeht, eine „honestior philosophia", als die Julians ist[4]. Die geschriebenen Gedanken sind doch
wohl die Äußerung der inneren Überzeugung und Stimmung jener
Männer; diese kann somit nicht schlechtweg unsittlich gewesen sein[5].

Die Erkenntnis, daß sich aus der bösen Lust eine necessitas
peccandi nur im relativen, nicht im absoluten Sinne ergibt, wird
endlich bestätigt durch eine bei Augustin fast regelmäßige Parallele.
Er vergleicht die allgemein-menschliche Schwäche der Konkupiszenz
mit der sündhaften Gewohnheit, die bei einzelnen aus wiederholten persönlichen Sünden folgt. In der Disputation mit dem Manichäer Fortunatus (392) weist er die Behauptung einer wesenhaften Sünde mit der Bemerkung zurück, der Wille sei an sich von
Gott völlig frei geschaffen, habe sich aber infolge der Sünde eine
necessitas zugezogen, die der Macht der bösen Gewohnheit ähnlich
ist. „Wenn wir etwas mit Freiheit getan haben und die verderb-
liche Süßigkeit und Lust der Tat unsere Seele beherrscht, so wird

---

[1] C. duas epist. Pel. 1, 22: Et quia non video, quomodo diceret homo sub
lege: „Condelector legi Dei secundum interiorem hominem", cum ipsa delectatio
boni, qua etiam non consentit ad malum non timore poenae sed etiam amore
iustitiae — hoc est enim condelectari — nonnisi gratiae deputanda sit. — C. Iul.
Pel. 6, 71. De nupt. et conc. 1, 33 f. Op. imp. c. Iul. 3, 112: Nemo nisi per gratiam
Christi ad bonum, quod vult, agendum et ad malum, quod odit, non agendum
potest habere liberum voluntatis arbitrium, non, ut voluntas eius ad bonum sicut
ad malum captiva rapiatur, sed ut a captivitate liberata ad liberatorem suum
liberali suavitate amoris, non servili amaritudine timoris attrahatur.
[2] De Civ. Dei 5, c. 12 15.   [3] C. Iul. Pel. 3, 39.   [4] Ebd. 4, 72.
[5] De nupt. et conc. 1, 32: Multum enim boni facit, qui facit, quod scriptum
est: „Post concupiscentias tuas non eas!"

sie durch ihre eigene Gewohnheit so gefesselt, daß sie nachher nicht
überwinden kann, was sie sich selbst durch Sündigen geschaffen
hat" — er erinnert an die Gewohnheit leichtsinnigen Schwörens [1].
Dennoch, so heißt es weiter, ist dies nicht Sache der bloßen Natur,
sondern Sache des Willens, der seine ganze Richtung mit Hilfe der
Gnade ändern kann. Es ist klar, daß das hier angeführte Beispiel
nicht auf eine absolute Herrschaft des Bösen und Unfähigkeit des
Guten hinweist. Häufig wiederholt Augustin denselben Vergleich
gegenüber Julian, der das siebte Kapitel des Römerbriefes direkt auf
einen typischen, unter der Last der Gewohnheit seufzenden Sünder
bezog. Julian muß zugeben, daß in einem solchen Menschen die
Freiheit zum Guten geschwächt und geteilt ist (vitiata, non integra).
Augustin benutzt geschickt dies Geständnis gegen die extreme, äqui-
libristische Freiheitslehre Julians. Er selbst deutet das „Non quod
volo bonum" usw. auf die universelle, der Natur anhaftende
Schwächung und Störung, läßt aber keineswegs erkennen, daß die
Unfreiheit und Nötigung hier eine andere ist als bei der eingewurzelten
bösen Gewohnheit. Er macht die tiefer in die Einheit des Problems
führende Bemerkung, daß die persönlichen Vergehungen eine so be-
klagenswerte Macht, den Menschen dauernd zu knechten, gar nicht
entfalten könnten, wenn sie nicht in der aus dem ursprünglichen
Falle herrührenden Unordnung einen **fruchtbaren Boden** fänden [2].
Die Gewohnheit ist nach dem bekannten Worte eine zweite Natur;
so ist die Gewohnheitssünde das treffende Bild der Natursünde. Bei
beiden ist nicht alles Gute im Menschen erstorben; der Wille zum
Guten regt sich und versucht, die Last abzuschütteln, aber das
Vollbringen übersteigt seine Kraft. So ist „**zugleich vorhanden
der Wille der Gerechtigkeit und die Notwendigkeit der
Sünde**" [3]. Die Menschheit ist voll von Sünden, die nicht nur Sünden,
sondern auch Strafen vergangener Sünden sind. „Warum glaubt ihr
also nicht, daß jene unaussprechlich verhängnisvolle Sünde des ersten
Menschen wenigstens denselben Einfluß auf die Verschlechterung
der ganzen Menschennatur gehabt hat, den jetzt im einzelnen
Menschen die ‚zweite Natur' besitzt — an diese gelehrte Umschreibung
für Gewohnheit hast du mich ja erinnern zu müssen geglaubt!" [4]
Bei dieser Gelegenheit zeigt Augustin auch, wie dieser **scheinbare Widerspruch** zu erklären ist, das Wollen und Nichtkönnen

---

[1] C. Fortun. Man. 2, 22.   [2] Op. imp. c. Iul. 6, 12 13 17.
[3] Ebd. 4, 103.   [4] Ebd. 1, 105.

des Guten, die Notwendigkeit einer Sünde, die doch nicht Sünde wäre, wenn der Wille nicht beistimmte. Julian träumt sich einen Willen, der seine Richtung unabänderlich festhält. Der wirkliche Wille des Menschen ist anders; er hebt gut und kräftig an, aber er ändert sich, hört auf, schlägt ins Gegenteil um[1]. Im einzelnen Falle widersteht er der Versuchung; aber das Leben ist lang, die Reize von außen und die schlimmen Begierden im Innern sind zahllos und mannigfaltig, der Versucher ist schlau und verschlagen. Daher ist es — für das Ganze der Sittlichkeit — unmöglich, im Kampfe aufrecht zu bleiben und die Sünde zu meiden[2]. „Ihr stolzen und aufgeblasenen Menschen, vertrauet nicht auf eure Kraft; unterwerfet euch Gott und betet, daß ihr euern Willen vom Frevel (crimine) zurückhaltet und nicht in Versuchung fallet. Und glaubet nicht, daß ihr nicht in Versuchung hineingeratet, wenn ihr die fleischliche Lust durch tapfern Willen von irgend einem schlechten Werke zurückhaltet. Ihr kennet nicht die Umtriebe des Versuchers; ihr werdet in eine größere Versuchung geraten, falls ihr dies eurem Willen ohne Beistand Gottes zuschreibt.“[3] Gott muß uns nahetreten, „um unsern Geist zu erleuchten, die böse Lust zu besiegen, die Beschwerde zu überstehen. Und dies Ganze geschieht recht, wenn es um seinetwillen geschieht, d. h. wenn er selbstlos geliebt wird; diese Liebe aber kommt uns nur von ihm. Andernfalls, wenn der Mensch sich selbst wohlgefällt und auf seine Kraft vertraut, so daß er den Gelüsten seines Stolzes überlassen wird, so wird dieses Übel um so schlimmer, je mehr ihm die andern Begierden weichen, und je mehr er sie — anscheinend ruhmvoll — diesem einen zuliebe unterdrückt.“[4] Der Wille ist eben so von sittlichen Gefahren umgeben, daß er trotz gewisser Bemühungen und zeitweiliger Erfolge notwendig wankt und stürzt, wenn er nicht einen festen Halt, ein einheitliches, ruhendes Zentrum des Strebens, eine Quelle höherer Süßigkeit und Kraft in Gott gefunden hat[5].

---

[1] Op. imp. c. Iul. 4, 103.

[2] De corr. et gr. 38: Si in tanta infirmitate vitae huius . . . ipsis relinqueretur voluntas sua . . ., inter tot et tantas tentationes infirmitate sua voluntas ipsa succumberet.

[3] Op. imp. c. Iul. 3, 109.   [4] C. Iul. Pel. 5, 9.

[5] Propos. ex epist. ad Rom. 13—18: Venit ergo gratia, quae donet peccata praeterita et conantem adiuvet et tribuat caritatem iustitiae et auferat metum. Quod cum fit, tametsi desideria quaedam carnis, dum in hac vita sumus, adversus spiritum nostrum pugnant, ut eum ducant in peccatum, non tamen his desideriis

Die Rechtfertigung gibt dem Menschen diese innere Belebung und Festigung; der Wille, im Innersten zu Gott gewandt, von seiner Liebe und Gnade erfüllt, hat das Joch der bösen Lust gebrochen, eine sichere Zuflucht erreicht, auf die er sich beim Andrang der Versuchung zurückzieht. Diese „Freiheit" und „Macht" gilt aber einstweilen nur für das Wesentliche der Sittlichkeit, für die Rettung des geistigen Ich. Weil auch im Getauften die Konkupiszenz bleibt, dauert in den Außenwerken der Seele der Kampf fort; unbeschadet der Gnade und Gottverbindung des Geistes drängen sich ins Handeln zahlreiche Schwächen und Sünden. Die Klage des hl. Paulus, daß er das Gute wolle, aber nicht vollbringe, bezieht sich wahrscheinlich auf diese sittliche Lage des Gerechten. Wenn sie beweist, daß auch neben dem guten Willen des Gotteskindes hienieden eine gewisse Unmöglichkeit des Guten besteht, so läßt sie anderseits deutlich erkennen, daß diese Unmöglichkeit nicht für das Einzelne, sondern für das Ganze gilt. Pelagius glaubt, die Willensfreiheit schließe die Möglichkeit absoluter Sündlosigkeit ein. Augustin ist der gegenteiligen Ansicht. Bei der bleibenden Schwäche unseres Erkennens und Wollens sind wir „nicht in allem siegreich", nicht im stande, „das ganze Gesetz" vollkommen zu erfüllen [1]. Die possibilitas non peccandi ist nach dem Sündenfalle eine beschränkte auch für den Gerechten [2]. „Es gibt kleine, läßliche Sünden, die wir überhaupt nicht meiden können." [3] „Nicht nur kann der Mensch nach

---

consentiens spiritus, quoniam est fixus in gratia et caritate Dei, desinit peccare. Vgl. die schöne Schilderung Sermo 153, 9 10: Si posueris spem in ipso spiritu. quo homo es, iterum spiritus tuus in carnem relabitur, quia non dedisti eum illi, a quo suspendatur.... Quamdiu blanditur iniquitas et dulcis est iniquitas, amara est veritas. „In tua suavitate doce me", ut suavis sit veritas, dulcedine tua contemnatur iniquitas! — Enchir. 31: Deinde cum per legem cognitio fuerit facta peccati, si nondum divinus adiuvat Spiritus, secundum legem volens vivere vincitur et sciens peccat.... Si autem respexerit Deus, ut ad implenda, quae mandat ipse, adiuvare credatur et agi homo coeperit Spiritu Dei, concupiscitur adversus carnem fortiore robore caritatis, ut, quamvis adhuc sit, quod homini repugnet ex homine, ... ex fide tamen iustus vivat.

[1] De pecc. mer. et rem. 2, 3 ff 17 ff.

[2] De nat. et gr. 58: Ecce homo, quod vult, bonum non agit, sed, quod non vult, malum hoc agit; velle illi adiacet, perficere autem bonum non adiacet. Ubi est possibilitas, quae inseparabiliter insita probatur esse naturae? Quemlibet enim in se transfiguret, si de se ipso ista non dicit Apostolus, hominem certe in se transfigurat. Ab isto (Pelagio) autem ipsa humana natura inseparabilem nihil peccandi possibilitatem habere defenditur.

[3] Sermo 278, 12.

der Taufe sündigen, sondern, weil er auch bei redlichem Kampfe gegen die Lust des Fleisches bisweilen von ihr zur Einwilligung gebracht wird und gewisse, wenn auch läßliche Sünden begeht, hat er immer Grund zu sagen: Vergib uns unsere Schuld!"[1] Die Ursache liegt auch diesmal darin, daß, wenn eine Versuchung und böse Neigung überwunden ist, gleich eine andere sich erhebt, daß, wenn wir gegen eine größere Anfechtung auf der Hut sind, eine kleinere uns überrascht, daß sogar mit der Übung guter Werke sich Anlässe zu Verfehlungen verbinden[2].

Es ist klar, daß diese Notwendigkeit der läßlichen Sünde keine physische, die reale Wahlfreiheit aufhebende ist. Weder der Trieb und Zug der Sinnlichkeit noch der Einfluß äußerer Motive übt einen Druck auf den Willen des Begnadeten aus, der die Möglichkeit des Andershandelns ausschließt. Die Seele des Gerechten trägt ja als stärkstes Motiv die Liebe zu Gott in sich und bleibt ihr in der läßlichen Sünde treu; mit ihrer Kraft könnte sie gewiß dem oft so geringfügigen zeitlichen Reize widerstehen, wenn sie wollte. Aber die Macht, die sie der einzelnen Versuchung gegenüber besitzt, versagt gegenüber dem Ganzen, der Unzahl möglicher Verfehlungen. Der Mensch kann das Böse meiden, insofern keine kausale Nötigung vorliegt; aber er wird nicht alles Böse meiden, weil Schwäche und Wandelbarkeit zu tief in seinem Wesen liegen. Dieser formelle Begriff der necessitas gilt zweifellos für so manche Stellen Augustins, die das Wort: Quod nolo, facio auf den Gerechten beziehen; wir dürfen ihn daher auch auf die andern Stellen anwenden, die das paulinische Wort auf den Zustand des Sünders beziehen. Sachlich ergibt sich dabei der wichtige Unterschied, daß dem von Gott getrennten, der höheren Zielstrebigkeit entbehrenden Menschen nicht bloß die läßliche, sondern auch die schwere Sünde moralisch unvermeidlich ist.

Bei Augustins Denkweise ist es leicht erklärlich, daß sein Urteil über die Macht der bösen Lust, seine Klage über die sittliche Knechtschaft des gefallenen Menschen in solcher Weise durch den

---

[1] Op. imp. c. Iul. 1, 101.

[2] Sermo 156, 9. En. in ps. 118, sermo 3, 2. De perf. iust. hom. 18. De cataclysmo 1: Non contra unum dimicabis, multi enim contra te exient adversarii. Pugnabis enim cum vitiis et, ut beatus martyr Cyprianus ait, si depresseris avaritiam, exsurget libido, quod et si libidinem superabis, succedit ambitio; et si ambitio a te fuerit devicta, ira, zelus, aemulatio, invidentia, superbia, ebriositas cum ceteris suis pestiferis sociis in unum contra te dimicantium constituent castra.

Blick aufs Ganze bestimmt ist. Er gibt zugleich nähere Erläuterungen seiner Lehre, die das Rätselhafte und scheinbar Widersprechende, das in der Idee einer notwendigen Sünde liegt, überraschend erhellen. Wir hörten, daß sich das Wollen und Nichtwollen des Guten insofern in derselben Seele findet, als der Wille einen anfänglichen Wunsch und Entschluß nachher preisgibt [1]. Der Wille des Menschen besitzt Freiheit und Selbstmacht, aber doch zunächst nur für den gegenwärtigen Augenblick; die Zukunft, auch seine eigene zukünftige Richtung, liegt nicht in seiner Gewalt. Zwar blickt er über den Moment hinaus zu künftigen, ja zu ewigen Zielen und Gesichtspunkten; er vermag das Viele zur Einheit zusammenzuschließen, dem Augenblick ewige Bedeutung zu geben. Das alles liegt aber mehr in der Idee und Intention als in der realen Wirklichkeit. Das Sein des endlichen Wesens ist im Flusse begriffen; sein Eigenstes ist der Wechsel, die Veränderlichkeit. Die guten Vorsätze werden vom Strome der Zeit fortgespült, wenn das zeitliche Wesen nicht im Felsengrunde der Gottheit verankert wird [2].

Die Willensfreiheit ist auch nicht reine Indifferenz, nicht souveräne Beherrschung der inneren Gedanken- und Gemütswelt. Der Wille bedarf der Beweggründe, er ist abhängig von der Schönheit und Anziehungskraft der Vorstellungen, die ihn umschweben. Zwar vermag er durch „den Vorrang seiner Geistnatur" die niedere Lust zurückzuweisen, durch die sittlichen Ideen und Gesetze den Eindruck irdischer Vorteile abzuschwächen. Aber solange sein innerstes Wesen nicht der sittlichen Idee gleichförmig geworden, solange das höchste Gut nur gebietend und drohend über ihm steht, nicht als Gut persönlicher Liebe in ihn eingezogen ist, wird die Wagschale der Entschließung immer wieder von dem fühlbaren Gewicht der Leidenschaft und Selbstsucht nach unten gezogen. Der natürliche

---

[1] Siehe oben S. 222.

[2] En. in ps. 89, 3 f: Unde dictum est: „Ego sum, qui sum" et: „Qui est, misit me ad vos"; et „mutabis eos et mutabuntur, tu autem idem ipse es et anni tui non deficient". Ecce, quae aeterna facta est nobis refugium; ut in ea mansuri ad eam de hac temporis mutabilitate fugiamus. Sed quoniam, cum hic sumus, in magnis et multis tentationibus vivimus, quibus ne avertamur ab isto refugio metuendum est, intueamur, quid consequenter oratio poscat hominis Dei: „Ne avertas hominem in humilitatem"; id est, ne a tuis aeternis et sublimibus homo aversus temporalia concupiscat sapiatque terrena. Et hoc a Deo petit, quod Deus ipse praecepit; simili omnino sententia, qua in oratione dicimus: „Ne nos inferas in tentationem." . . . Sine cuius adiutorio per arbitrium voluntatis tentationes huius vitae superare non possumus.

Mensch, der auf sich selbst zurückgesunken ist, des „robur caritatis",
des ewigen Lebens entbehrt, trägt nicht den notwendigen Halt in
sich, um den mannigfaltigen Formen des Unsittlichen zu widerstehen, die niedere Lust durch eine höhere Lust zu besiegen [1].

III. Die Macht der Unwissenheit und Verblendung.

Eine zweite Folge der Erbsünde, die nach Augustin eine Notwendigkeit des Sündigens einzuschließen scheint, ist die Unwissenheit (ignorantia). Auch hier trennen sich in der Erklärung mancher
Stellen die extrem augustinische, dem Determinismus zuneigende
Richtung und die Mehrzahl der katholischen Theologen, die, als
eifrige Verteidiger der Willensfreiheit, dem großen Kirchenlehrer die
Annahme einer unfreiwilligen Sünde nicht zutrauen. Während erstere
behaupten, Augustin kenne Handlungen, die, obschon aus reiner Unkenntnis des Gesetzes (ignorantia legis invincibilis) hervorgegangen,
formelle Sünden sind, sagen die letzteren, Augustin lege jenen
Handlungen nur eine objektive Sündhaftigkeit bei, oder er habe eine
Unkenntnis im Auge, die durch Nachlässigkeit oder Leidenschaft verschuldet ist, eine Blindheit und Stumpfheit des Geistes, die nach
allgemeinem Urteil, wie sie aus der Sünde entstanden ist, so auch
in sich sündhaft und Quelle der Sünde ist.

Volle Klarheit über diesen Streitpunkt zu schaffen, ist noch
schwerer als die Lösung der vorigen Frage, wie weit der Einfluß
der Sinnlichkeit und bösen Lust reicht. Wohl die eingehendste und
wichtigste Stelle findet sich in der Schrift De libero arbitrio (zwischen
388 und 395). Gegen Ende des Werkes fragt er, ob nicht vor
dem Wollen eine Ursache des Wollens existiere, die dasselbe determiniert; er antwortet: „Welches auch immer diese Ursache des
Willens ist, falls ihr nicht widerstanden werden kann, so ist das
Nachgeben ohne Sünde; kann ihr aber widerstanden werden, so
möge man ihr nicht nachgeben, und es geschieht keine Sünde. Aber
vielleicht täuscht sie den Unvorsichtigen? Nun, so sei er vorsichtig,

---

[1] De pecc. mer. et rem. 2, 27: Ideo quisque nostrum bonum opus suscipere,
agere, implere nunc scit nunc nescit, nunc delectatur nunc non delectatur, ut no-
verit non suae facultatis sed divini muneris esse, vel quod scit vel quod delectatur,
ac sic ab elatione vanitatis sanetur et sciat, quam vere non de terra ista sed
spiritualiter dictum sit: „Dominus dabit suavitatem et terra nostra dabit fructum
suum" (Ps 87, 13). Tanto autem magis delectat opus bonum, quanto magis di-
ligitur Deus, summum atque incommutabile bonum et auctor qualiumcumque
bonorum omnium.

daß er nicht getäuscht wird! Oder ihre täuschende Macht ist so
groß, daß man sich gar nicht gegen sie vorsehen kann? Wenn das
der Fall ist, so sind es keine Sünden; denn w e r s ü n d i g t i n d e m,
w a s a u f k e i n e W e i s e v e r h ü t e t w e r d e n k a n n? Es geschieht
aber die Sünde.   Nun, so kann sie auch verhütet werden." [1]

An diese ganz klare Darlegung schließt sich die, wie es scheint,
gegensätzliche Bemerkung: „Und doch werden auch Taten der U n-
w i s s e n h e i t mißbilligt und für tadelnswert erklärt; denn der Apostel
sagt: ‚Ich habe Barmherzigkeit erlangt, weil ich unwissend gehandelt
habe‘ (1 Tim 1, 13), und der Prophet: ‚Der Sünden meiner Jugend
und meiner Unwissenheiten gedenke nicht‘ (Ps 24, 7)." Als Parallele
erwähnt Augustin die Sünden der Schwachheit und „Notwendigkeit"
von seiten der Konkupiszenz.   Man hat geglaubt, er nehme damit
den vorher ausgesprochenen Grundsatz für ein bestimmtes Gebiet
zurück; man hat, weil vorher von physischer Notwendigkeit die Rede
war (quod nullo modo caveri potest), geschlossen, er wolle jetzt
(durch das Et tamen) für gewisse Sünden sogar eine solche Notwendigkeit zugeben.   Allein nicht jede Anknüpfung dieser Art ist ein
Widerruf.   Augustin zieht freilich mit der Wendung Et tamen eine
andere Seite des Problems hervor; er gibt aber seine klar formu-
lierte These nicht preis.   Er zeigt im Folgenden, daß die Unwissenheit, die unsern Geist in sittlichen Fragen umnebelt und täuscht,
ebenso wie die böse Lust nicht dem ursprünglichen Willen des Menschen angehört, sondern als Strafe und Nachwirkung des Falles
zu betrachten ist.   Ob die tadelnswerten Handlungen (facta im-
probanda et corrigenda), die aus ihr hervorgehen, mit oder ohne
Schuld des Willens geschehen, läßt sich nach dem Texte nicht entscheiden [2].   Nachdem er eine „nescio quae necessitas" erwähnt hat,
die uns durch die carnalis concupiscentia auferlegt wird, weist er die
Beschwerde über die Unbesiegbarkeit der Sünde mit der Allgemeinheit der helfenden Gnade zurück.   Er schließt dann mit der Tröstung:
„Es wird dir nicht zur Schuld angerechnet, daß d u g e g e n d e i n e n
W i l l e n u n w i s s e n d b i s t, sondern d a ß d u z u e r f o r s c h e n
v e r s ä u m s t, w a s d u n i c h t w e i ß t; noch auch, daß du die verwundeten Glieder nicht verbindest, sondern daß du den, der sie heilen
will, verachtest." [3]   Daran schließt sich die ganz formelle Erklärung:
‚Das, was einer unwissentlich nicht recht tut, und das, was er recht
wollend nicht tun kann, wird insofern Sünde g e n a n n t, als es in

---

[1] De lib. arb. 3. 50.   [2] Ebd. 3, 51 52.   [3] Ebd. 3, 53.

jener Sünde des freien Willens seinen Ursprung hat." Es folgt
der schon bekannte Vergleich von dem eigentlichen und uneigentlichen Gebrauch des Wortes Zunge (Sprache) [1] und die Anwendung:
„So nennen wir Sünde nicht bloß diejenige, welche Sünde im eigentlichen Sinne heißt — denn sie wird mit freiem Willen und
mit Wissen begangen —, sondern auch die, welche zur Strafe
aus jener mit Notwendigkeit folgt." [2] An dieser Entscheidung hält
Augustin bis zum Schluß des Werkes fest [3].

Diese Stellen, die wahrscheinlich den letzten Jahren seines
Priestertums angehören, sind von um so größerer Bedeutung, weil
sie in einer ziemlich schroffen Schilderung der Folgen der Erbsünde vorkommen, die für diese Zeit bemerkenswert ist; Augustin
verwertet hier schon alle wichtigen Stellen der Heiligen Schrift über
die „unfreie Sünde", die er später anzuführen pflegt. Dazu kommt,
daß er bei späteren Rückblicken auf dieses Buch nichts an jenen
Äußerungen auszusetzen hat. Außer den Retraktationen enthält
einen solchen Rückblick die Schrift De natura et gratia; hier entgegnet Augustin dem Pelagius, wenn er (Pelagius) dasselbe dächte,
was die Schrift De libero arbitrio ausführt, so würde bezüglich der
zur Sünde erforderlichen Freiheit keine Meinungsverschiedenheit
zwischen ihnen sein [4].

In der für die Gnadenlehre so bedeutungsvollen Schrift an
Simplizian findet Augustin die Bedeutung des Gesetzes im Anschluß an Paulus darin, daß es die bisher latente und unbewußte
Sünde zum Bewußtsein bringt. Die Konkupiszenz ist vor dem Gesetze „Sünde", objektive sittliche Unordnung; sie ist aber noch

---

[1] Siehe oben S. 181.   [2] De lib. arb. 3, 54.

[3] Vgl. ebd. 3, 64: Non enim, quod naturaliter nescit et naturaliter non potest,
hoc animae deputatur ad reatum, sed quod scire non studuit etc. Wenn hier
der Zusammenhang etwas, aber unwesentlich, anders ist, so stimmt völlig überein
3, 58: Hanc enim ignorantiam et difficultatem studiosis et benevolis evincendam
ad coronam gloriae valere praestaret; neglegentibus autem et peccata sua de
infirmitate defendere volentibus non ipsam ignorantiam difficultatemque
pro crimine obiceret, sed, quia in eis potius permanere quam studio quaerendi
atque discendi et humilitate confitendi atque orandi ad veritatem ac facilitatem
pervenire voluerunt, iusto supplicio vindicaret.

[4] De nat. et gr. 80 81. Es handle sich nicht um „die Unmöglichkeit der
Gerechtigkeit", sondern um die Gnade und ihre Bedeutung. Bezüglich der causa
voluntatis bekennt sich Augustin zu der alten Behauptung: Potest ergo ei causae,
quaecumque illa est, resisti, potest plane. Nam in hoc adiutorium postulamus:
„Ne nos inferas in tentationem"; quod adiutorium non posceremus, si resisti nullo
modo posse crederemus.

nicht „Übertretung" (praevaricatio), nicht „Schuld" (reatus)[1].
Zur letzteren, zur vollen Erscheinungsform der Sünde, gehört eben
notwendig die Erkenntnis eines entgegenstehenden Gesetzes. Den
Grundsatz, daß Schuld und Strafe nur berechtigt sind, wo der Wille
die Macht besaß, die Sünde zu vermeiden, spricht Augustin auch in
der etwas späteren Schrift Contra Faustum (400) aus; die sittliche
Tragweite der Unwissenheit und Schwäche erwähnt er dabei als ein
Problem, dessen Lösung Gott zu überlassen sei[2].

Ehe wir die zum Teil schwierigen Äußerungen aus der wissen-
schaftlichen Polemik gegen die Pelagianer besprechen, die meist
schon durch ihre Kürze Zweifel hervorrufen, verlohnt es sich, einige
populäre Ausführungen aus Predigten derselben Zeit zu vernehmen.
In diesen Äußerungen hat Augustin, wie klar hervortritt, wenn er
von sittlicher Unwissenheit, von Unkenntnis des Gesetzes usw. redet,
eine unehrliche, durchaus schuldbare Selbstverblendung im Auge.
Zur Erklärung des paulinischen Wortes: „Ich kannte die Begierde
nicht, solange nicht das Gesetz sagte: Du sollst nicht begehren",
schildert er einen Menschen, der sich „ganz seinen fleischlichen Lüsten
als Sklave hingibt", den bedenklichsten Genüssen in Bordellen und
Trinkgelagen nachjagt. Er redet sich ein, das alles sei ja juristisch
und gesellschaftlich erlaubt, er zeige sich dadurch als „starker Mann",
werde ein Held in den Augen der Menge. „Er glaubt nicht nur,
das sei keine Sünde; er hält es für eine Gottesgabe, mindestens für
ein köstliches, süßes und erlaubtes Gut." Da hört dieser „Glückliche", der „seiner Lust folgte, wohin sie ihn zog", das Gebot: „Du
sollst nicht begehren", und erkennt, daß sein Treiben Sünde ist. „Er,
der vorher seine Schlechtigkeit nicht kannte, ist belehrt worden,
und wird nun um so schlimmer besiegt; er fängt jetzt an, nicht

---

[1] De div. quaest. ad Simpl. 1, q. 1, 2—5. Dieselbe Unterscheidung Enchir. 22,
wo ignorantia und infirmitas zunächst als „mala" und als „causae peccati" bezeichnet werden. Dann heißt es, die Sünde in der Unwissenheit sei peccatum, aber
nicht praevaricatio. Übrigens wird n. 21 erwähnt, daß oft auch durch lasterhafte
Gewöhnung das Erkennen der Sünde — schuldbar — abgestumpft werde.

[2] C. Faust. Man. 22, 78: Sive autem iniquitas sive iustitia, nisi esset in
voluntate, non esset in potestate. Porro si in potestate non esset, nullum praemium,
nulla poena iusta esset; quod nemo sapit, nisi qui desipit. Ignorantia vero et infirmitas, ut vel nesciat homo, quid velle debeat, vel non omne, quod voluerit,
possit, ex occulto poenarum ordine venit et illa inscrutabilibus iudiciis Dei, apud
quem non est iniquitas. — In Epist. 47, 4 6 gibt Augustin kasuistische Entscheidungen über das peccatum ignorantiae, die sich, wie es scheint, widersprechen.
Unklar ist auch De gest. Pel. 42.

bloß Sünder, sondern auch Übertreter zu sein"[1]. Angesichts der
groben und zügellosen Vergehen dieses Menschen und der faden-
scheinigen Entschuldigungen, die er vorbringt, können wir nicht
zweifeln, daß Augustin hier an eine Unwissenheit denkt, die nicht
wirkliche Unkenntnis, sondern schuldbares Verkennen und Über-
hören der Gewissensstimme ist.

Das Moment der Freiwilligkeit bei derartigen Selbsttäuschungen
hebt Augustin noch deutlicher hervor in einer Erklärung des
35. Psalmes. Manche Menschen, so führt er aus, „haben nicht die
zum guten Leben erforderliche Einsicht; nicht, weil sie nicht
k ö n n e n , sondern weil sie nicht w o l l e n . Denn es ist etwas
anderes, wenn jemand sich bemüht, eine Sache zu verstehen, und es
wegen der Schwäche des Fleisches nicht vermag, ... etwas anderes,
wenn das menschliche Herz sein eigener schlimmster Feind ist und
über das, was ihm bei gutem Willen zu erkennen möglich wäre, in
Unwissenheit bleibt, nicht, weil es schwer ist, sondern weil der Wille
dagegen ist. Dies geschieht aber, wenn man seine Sünden liebt und
die Gebote Gottes haßt. Denn das Wort Gottes ist dein Feind, wenn
du Freund deiner Ungerechtigkeit bist; wirst du aber Feind deiner
Ungerechtigkeit, so ist das Wort Gottes dein Freund und Feind deiner
Ungerechtigkeit". Augustin nennt alsdann dogmatische Wahrheiten,
die wir nur allmählich und mit Mühe einsehen; daran schließt er die
Frage: „Siehst du aber auch das Folgende nur mit Mühe ein: ‚Was
du nicht willst, das man dir tut, das tue keinem andern'?... Wenn
du das nicht einsehen willst, so wird es d e i n e m W i l l e n zur Last
gelegt!" Es gibt nämlich Menschen, „die anscheinend sich bemühen, ihre Ungerechtigkeit zu erforschen und tatsächlich s i c h
f ü r c h t e n , s i e z u f i n d e n , weil es, wenn sie sie fänden, heißen
würde: Verlasset sie!"[2]

Eine solche persönlich schuldbare Unwissenheit hat Augustin
wohl meist im Auge, wo er als Umschreibung für sie den Ausdruck „B l i n d h e i t d e s H e r z e n s " gebraucht. So tut er es

---

[1] Sermo 153, 6.

[2] En. in ps. 35, 1 3. Augustin schildert in seinen Konfessionen dieses trübe
Zwielicht des moralischen Denkens, diese Scheu vor der Wahrheit aus seiner
Lebenserfahrung. — Das oft zitierte Psalmwort: „Delicta quis intelligit" erklärt
Augustin in den Predigten über den Psalm nur sehr kurz, aber doch in dem
Sinne einer ignorantia vincibilis. En. 1 in ps. 18, 13: „Delicta quis intelligit",
quae i p s u m o c u l u m c l a u d u n t , cui suavis est veritas, cui desiderabilia et
dulcia sunt iudicia Dei; et sicut tenebrae oculos, ita d e l i c t a m e n t e m c l a u -
d u n t n e c l u c e m s i n u n t v i d e r e n e c s e ! Ähnlich En. 2 in ps. 18, 13.

gegenüber der Behauptung Julians, eine Sündenstrafe könne nicht zugleich Sünde sein. Augustin weist zur Abwehr (unter Berufung auf Röm Kap. 11) auf die Verblendung des Judenvolkes hin, das seinem Herrn und Messias den Glauben verweigerte und ihn ans Kreuz schlug. Eine derartige Unwissenheit sei in sich Sünde des Unglaubens, sei ferner Strafe unsittlicher, stolzer Gesinnung, sei endlich Anlaß zu neuer Sünde, die „im Irren des blinden Herzens begangen wird" (caeci cordis errore committitur) [1]. Er erinnert an ähnliche biblische Ereignisse und Drohungen (Jos 11, 20. 2 Chr 25, 20. 2 Thess 2, 10), um zu zeigen, daß es eine „Verkehrtheit des Herzens gibt, in der man nicht auf die Wahrheit hört und dadurch sündigt, in der so die Sünde selbst zur Strafe einer früheren Sünde wird" [2].

---

[1] C. Iul. Pel. 5, 8. — De perf. iust. hom. 1: In tantum enim (natura) sana non est, in quantum id, quod faciendum est, aut caecitate non videt aut infirmitate non implet.

[2] C. Iul. Pel. 5, 12. Als eine caecitas cordis, die Sünde und Strafe zugleich ist, beschreibt Augustin die ignorantia auch Op. imp. c. Iul. 1, 47 in interessanter Weise. Er knüpft aber gerade an jenen Ausdruck den Schluß, diese Unwissenheit sei nicht freiwillig; denn „wer möchte freiwillig blind am Herzen sein, wo niemand auch nur freiwillig am Körper blind ist!" Wird damit nicht die Beteiligung und Schuld des Willens an der Unkenntnis direkt geleugnet? — Nach den vorhin zitierten Stellen kann kein Zweifel darüber sein, daß nach Augustin viele Sünder innerlich „blind sein wollen". Es ist freilich kein schlechthiniges Wollen, kein Wollen des an sich Guten und Wünschenswerten, kein Wollen aus der Natur und tiefsten Gesinnung des Willens heraus. Wie schon die klassische Stelle „Quod nolo malum, hoc ago" zeigt, ist der Sünder in sich geteilt; dem tatsächlichen bösen Wollen widerspricht ein habituelles Anderswollen, eine velleitas des Guten. Und je mehr die Sünde in den Schäden und Hemmungen, die sie dem Geiste auflegt, ihren Widerspruch zu der höheren Natur des Menschen offenbart, um so mehr bildet sie — trotz weiterer schuldbarer Anhänglichkeit des Willens — in gewissem Sinne einen Gegensatz gegen den Willen. Würde zu einer wirklichen Sünde gefordert, daß in ihr der ganze Wille sich so zum Bösen kehrt, wie er im Guten sich zu Gott kehrt, so gäbe es nach Augustin überhaupt keine Sünde; denn der Wille, als Kraft der gottgeschaffenen Natur, kann seine radikale Tendenz auf das Gute nicht völlig abwerfen. Das muß man beachten, wenn man die Stellen von einem „unfreiwilligen Überwältigtwerden durch die Sünde" im Gegensatz zur freien Liebe der Gerechtigkeit recht verstehen will. Dieselben deuten nicht auf eine wirkliche Unfreiheit, sondern auf den Widerspruch zu dem besseren Ich des Sünders. Op. imp. c. Iul. 3, 122: Necessitatem porro si eam dicis, qua quisque invitus opprimitur, iustitiae nulla est, quia nemo est iustus invitus, sed gratia Dei ex nolente volentem facit. Si autem nullus peccaret invitus, non esset scriptum: „Signasti peccata mea in saeculo et annotasti, si quid invitus admisi" (Job 14, 17). Op. imp. c. Iul. 3, 112: Nemo nisi per gratiam Christi ad

Eine Reihe anderer Texte, die sich an die Darlegung der Erbsünde anschließen, enthalten gleichfalls keine Nötigung, eine auf
unverschuldeter Unwissenheit beruhende wirkliche Sündhaftigkeit
anzunehmen. Augustin sagt von der geistigen Umnachtung des neugebornen Kindes, sie sei zwar ein Übel, das einer Art von Reinigung bedürfe, sie sei aber kein „proprium peccatum", weil sie nicht
durch eigene Nachlässigkeit verursacht ist. Von den a u s Unwissenheit geschehenden Sünden bemerkt er sodann unter Hinweis auf
Ps 24, 7, sie seien Sünden, aber weniger verdammlich als die
Sünden der Wissenden [1]. Da gerade vorher (n. 65) die Bedingungen
der persönlichen Sünde ausdrücklich formuliert worden sind, unter
andern auch die Kenntnis und das Innewerden des Gesetzes, so
müssen wir wohl annehmen, daß hier die Unwissenheit in demselben
Sinne, d. h. als schuldbare Unkenntnis verstanden ist, wie in den
vorhin zitierten Äußerungen. Im Getauften, heißt es anderswo, sind
die „Übel" der bösen Lust und der Unwissenheit; jede „Schuld"
aber ist durch die Taufe von ihm genommen. Wie die Lust, so gebiert auch die Unwissenheit „unzählige Sünden". Zu diesen von
Nichtwissenden begangenen Sünden rechnet Augustin das „anima-
lische Denken", das Paulus an den törichten Christen in Korinth
tadelt, ihre Verständnislosigkeit für das, was des Geistes Gottes ist,
ihre Eifersucht und Rechthaberei — also Verirrungen des Herzens,
die offenbar moralische Fehler sind, wenn sie auch aus angeborner
Schwäche und Beschränktheit des Geistes Nahrung ziehen [1]. Auch
die eingehend weitergeführte Parallele zwischen der Unwissenheit
und der Konkupiszenz bestätigt (nach dem unter I. Gesagten) diese
Erklärung; zumal Augustin die Konkupiszenz hier wegen ihres un-

---

bonum, quod vult, agendum et ad malum, quod odit, non agendum potest habere
liberum voluntatis arbitrium; non ut voluntas eius a d b o n u m s i c u t a d m a l u m
c a p t i v a r a p i a t u r, sed ut a captivitate liberata ad liberatorem suum l i b e-
r a l i s u a v i t a t e a m o r i s, non servili amaritudine timoris attrahatur. Die
spätere Moral drückt diesen Gedanken so aus: Das sittlich Gute muß positiv,
direkt gewollt werden; es genügt nicht, das Gute vorauszusehen und gleichgültig
oder widerwillig in den Kauf zu nehmen. Zum Bösen aber reicht das indirekte
Wollen aus; es ist nicht notwendig, daß man die sittliche Verwerflichkeit oder
die vorausgeschaute Schädigung positiv liebt und beabsichtigt.

[1] De pecc. mer. et rem. 1, 67: Etsi enim damnabiliora peccata sunt, quae
ab scientibus committuntur, tamen, si ignorantiae peccata nulla essent, hoc non
legeremus, quod commemoravi: Delicta iuventutis meae et ignorantiae meae ne
memineris.

[2] C. Iul. Pel. 6, 49.

mittelbar praktischen, zur Tat hindrängenden Charakters nicht milder, sondern strenger beurteilt als die Unwissenheit[1].

Dagegen stoßen wir auch auf Darlegungen, bei denen unser Urteil völlig im Schwanken bleibt oder zu der Überzeugung hinneigt, daß Augustin eine formelle Sündhaftigkeit des Handelns bei unüberwindlichem Irrtum annimmt[2]. Es gibt infolge sittlicher Unwissenheit eine „Notwendigkeit des Sündigens". „Denn es ist notwendig, daß derjenige sündigt, der aus Unwissenheit über seine Pflicht das Gegenteil der Pflicht tut. Bezüglich solcher Sünden wird Gott angefleht, wo es heißt: Der Sünden meiner Jugend und Unwissenheit gedenke nicht! Wenn der gerechte Gott diese Art von Vergehen nicht anrechnete (imputaret), würde der gläubige Mensch nicht beten, daß sie ihm nachgelassen (dimitti) würden."[3] Augustin behandelt an dieser Stelle die Sünden der Unwissenheit und Leidenschaft gleichmäßig. Da er bei letzteren stets eine Beteiligung des Willens fordert, außerdem beiden Gattungen die von Julian zugegebene Macht der bösen Gewohnheit an die Seite stellt, so können wir hier immerhin an eine moralische Notwendigkeit denken, bei der die Freiheit nicht aufgehoben, sondern eine indirekte Mitschuld des Willens vorausgesetzt ist[4]. — Bezeichnender und schärfer schreibt Augustin in seinem Briefe an den späteren Papst Sixtus (418), nachdem er die Erbsünde und die durch den Willen des Menschen verursachte persönliche Sünde (cetera vitia, cum in seipso unusquisque perdite viveret) unterschieden hat: „Aber weder von dem durch den Ursprung überkommenen noch von demjenigen Schlechten, das

---

[1] Ebd. 6, 50. De nat. et gr. 19 sagt Augustin, die ignorantia sei nicht bloß culpanda, wenn sie auf (intellektueller) Nachlässigkeit beruhe, sondern auch, wenn sie trotz intellektuellen Strebens bleibe. Sie muß eben nicht bloß durch Studium, sondern auch durch Gebet bekämpft werden, da die sittliche Weisheit von Gott kommt.

[2] Portalié (S. Augustin 2406), der zu dem Resultate kommt, Augustin denke stets an eine freiwillige, schuldbare Unwissenheit, hat diese schwierigsten Stellen nicht berücksichtigt.

[3] Op. imp. c. Iul. 1, 105 (vgl. 106).

[4] Vgl. ebd. 6, 17: Cum enim quis ignorat, quid facere debeat, et ideo facit, quod facere non debeat, non ei fuit liberum abstinere, unde abstinendum esse non noverat. Itemque ille, qui, ut dicitis, non origine sed consuetudine premitur, ut exclamet: „Non, quod volo, facio bonum, sed quod nolo malum, hoc ago". quomodo ei liberum est abstinere ab eo malo, quod non vult et facit, odit et agit? ... Porro, si etiam peccata ideo ista non essent, quia non ab eis liberum est abstinere, non diceretur: „Delicta iuventutis meae et ignorantiae meae ne memineris" (Ps 24, 7).

jeder im eigenen Leben, sei es durch Nicht-Einsehen sei es durch
Nicht-Einsehen-Wollen ansammelt, oder gar infolge der Kenntnis
des Gesetzes zur bewußten Übertretung steigert, wird irgend jemand
befreit und gerechtfertigt außer durch die Gnade Gottes." [1] Hier
ist nach dem Zusammenhang von formeller Sünde die Rede; es
wird dabei neben der verschuldeten (gewollten) Unwissenheit auch
die einfache, schlechthinige Unwissenheit als Grund der Sünde bezeichnet [2].

Um diese Lehre mit der sonstigen Auffassung Augustins zu ver-
söhnen und in sich verständlich zu machen, weisen katholische Erklärer darauf hin, daß Augustin die erwähnte Schuldbarkeit der Irr-
tumssünde stets nur im Zusammenhang mit der Erbsünde und der
freien Verschuldung Adams behauptet [3]. Weil der Zustand der Unwissenheit und sinnlichen Schwäche, so sagen sie, aus dieser ersten
Freiheitstat stammt und ein Moment der Erbsünde bildet, erscheint
auch diejenige böse Handlung des Menschen, die aus jenen Fehlern
notwendig hervorgeht, als in causa gewollt und schuldbar, solange
die Erbsünde mit ihrem reatus in der Seele ist [4]. Sie erscheint ihm
in diesem Zusammenhang als formelle Sünde so, wie die Erbsünde selbst eine solche ist; es haftet ihr eine Schuld an, die „erlassen", von der der Mensch „befreit und gerechtfertigt" werden
muß; aber es ist keine neue Schuld, sondern nur die in ihr lebende
erbsündliche Schuld. Eine persönliche und neue Schuld kennt Augustin
nur bei freier Verschuldung [5].

Diese Erklärung hat manches für sich, wenn sie auch nicht zur
Gewißheit erhoben werden kann [6]. Denn Augustin betont an den
angeführten Stellen nachdrücklich den Zusammenhang mit der

---

[1] Epist. 194, 30.

[2] De spir. et litt. 64 wird gesagt, auch der Gerechte sündige vielfach durch
Dinge, in denen er Gott zu gefallen glaubt; er sehe aber später auf Grund
der Schrift oder eines einleuchtenden Grundes ein, daß es Gott nicht gefalle und
„bete dann reumütig um Verzeihung".

[3] Ernst, Die Werke u. Tugenden der Ungläubigen nach St Augustin 204 f.

[4] Daß Augustin auch rein sinnliche Begehrungen hierher rechnet (Ernst
a. a. O. 206, A. 27), halte ich für irrig. Siehe oben S. 214 f.

[5] Diese Unterscheidung ist an sich weder gesucht noch bloß auf das Gebiet
der Erbsünde beschränkt. Wer z. B. ein umfassendes sündhaftes Unternehmen
will und durchführt, sündigt in den einzelnen sachlichen und zeitlichen Momenten
seines Arbeitens formell, ohne daß eine neue Sündhaftigkeit zu der ersten des
Entschlusses hinzuzutreten braucht.

[6] Das gibt Ernst a. a. O. 204, A. 23 zu.

Ursünde; er gibt den einzelnen „Unwissenheiten" einen allgemeinen
Hintergrund, indem er die Unkenntnis des alttestamentlichen und
neutestamentlichen Gesetzes als Folge der Sünde hinstellt und bemerkt, Gottes gerechtes Gericht schone auch die nicht, welche „nicht
gehört haben" [1]. Es handelt sich eben um eine Zustandssünde, die
ihrem Wesen nach, wie wir hörten, in einer Privation, in der Trennung
der Seele von Gott besteht und sich weiter in verkehrten Akten
geistiger Blindheit und Schwäche äußert. Soweit letztere nicht auf
persönlicher Willensentscheidung beruhen, machen sie den Menschen
nicht schlechter, als er ist; sie offenbaren aber seine innere Unordnung und gestalten sie lebendig aus. An der wichtigsten Stelle
bemerkt Augustin sogar, wenn jene Unwissenheit des Gesetzes oder
des Glaubens „entschuldigte", wenn sie eine „gerechte" Ausrede
wäre, so würde der Sünder ja sich selbst „rechtfertigen" und
befreien können; das sei aber das bloße Werk der Gnade. Darum
dürfe die Gnade im Sünder nichts Gerechtes schon vorfinden,
wenn sie nicht überflüssig werden solle [2].

Es ist klar, daß diese Begründung einer Sünde, die als Strafe
der ersten Sünde des Momentes der Freiwilligkeit entbehrt, weit ab-
führt von der konkreten moralischen Prüfung der einzelnen Handlung,
daß sie überleitet zu einer Auffassung, die alles Einzelne aus der
Gesamtpersönlichkeit, alles Handeln aus der bleibenden Zuständlichkeit des Menschen beurteilt. Die einzelnen Sünden der Unwissenheit und Schwäche erscheinen als Momente der Erbschuld, deren
Fortdauer notwendig ist insofern, als sie nicht durch Selbstrechtferti-
gung, sondern nur durch die rechtfertigende Gnade gehoben werden
kann. Unter diesem Gesichtspunkte empfängt dann nicht nur das
gesetzwidrige, sondern alles Handeln des gefallenen Menschen, auch
das gesetzmäßige, den Charakter der Sünde: „Die Gnade findet nichts
Gerechtes in dem, den sie befreit, nicht den Willen, nicht die Tat,
nicht einmal die Entschuldigung." [3] Auch an zwei andern Stellen,

---

[1] Epist. 194, 27. Hier heißt es auch: Quia et ipsa ignorantia in eis, qui
intellegere noluerunt, sine dubitatione peccatum est, in eis autem, qui non potuerunt, poena peccati. Ergo in utrisque non est iusta excusatio sed iusta damnatio.

[2] Epist. 194, 29.

[3] Ebd. Die eigene Hervorhebung der peccata ignorantiae et infirmitatis
verliert damit doch nicht jede Bedeutung; diese beiden Übel sind eben an sich
und naturgemäß Manifestationen der Erbsünde, Strafen der Natur, die den Menschen
beschämen und demütigen, während das sittlich gute Handeln des Sünders und
Heiden nach Augustin aus der noch gebliebenen Kraft der Natur hervorgeht, an
sich gar kein Übel, sondern nur durch Privation eines Höheren „Sünde" ist.

die die Sünden der Unwissenheit schroff und deterministisch zu be-
urteilen scheinen, finden wir diesen merkwürdigen Übergang von der
Sache zur Person, vom Einzelnen zum Allgemeinen, vom sittlichen
Handeln zum Glauben und zur religiösen Grundgesinnung[1].

[1] C. duas. epist. Pel. 1, 7: Non itaque, sicut dicunt nos quidam dicere ...,
„omnes in peccatum veluti inviti carnis suae necessitate coguntur", sed, si iam
in ea aetate sunt, ut propriae mentis utantur arbitrio, et in peccato sua voluntate
retinentur et a peccato in peccatum sua voluntate praecipitantur. Neque enim
agit in eis, qui suadet et decipit, nisi ut peccatum voluntate committant vel
ignorantia veritatis vel delectatione iniquitatis vel utroque malo
et caecitatis et infirmitatis. Sed haec voluntas, quae libera est in malis,
quia delectatur malis, ideo libera in bonis non est, quia liberata non est. Nec
potest homo boni aliquid velle, nisi adiuvetur ab eo, qui malum non
potest velle, hoc est, gratia Dei per I. Chr. Dominum nostrum: „omne enim, quod
non est ex fide, peccatum est" (Rom 14, 23). Ac per hoc bona voluntas, quae se
abstrahit a peccato, fidelis est; quia „iustus ex fide vivit" (Rom 1, 17). Ad fidem
autem pertinet credere in Christum. Et nemo potest credere in eum, hoc est ad
eum, nisi fuerit illi datum. Nemo igitur potest habere voluntatem iustam, nisi
nullis praecedentibus meritis acceperit veram, hoc est gratuitam desuper gratiam.
Hier ist offenbar 1. die ignorantia veritatis et delectatio iniquitatis nicht als Einschränkung des bewußten freien Handelns gedacht, nicht auf jene partikulären
Trübungen der Willensfreiheit zu beziehen, von denen wir bisher sprachen; Augustin
sagt ja, daß alle Sünden auf dem Wege der ignorantia und delectatio sich vollziehen. Beide erscheinen nicht so sehr als Reizmittel und Trübungen, denn als
Formen der sündhaften Willensbetätigung. Darum wird 2. die Unfreiheit des
Sünders nicht aus ihnen, sondern aus einem tiefer liegenden Grunde abgeleitet,
aus einem Grunde, der das ganze Handeln des Sünders, sogar das gute, sündhaft
macht: dem Mangel der Gnade und des Glaubens — De gr. et lib. arb. 4 f sagt
Augustin, die unzähligen Mahnungen Gottes, die mit „Nolite" eingeleitet sind, seien
ein Beweis für die menschliche Willensfreiheit. „Nemo ergo Deum causetur in
corde suo, sed sibi imputet quisque, cum peccat." Aber auch der Sünder, welcher
jene Mahnungen Gottes nicht kennt, bleibt nicht ohne Strafe; nur ist seine
Strafe leichter. Auch er wird im ewigen Feuer brennen, wenn er „deshalb nicht
geglaubt hat", weil er nichts vom Glauben gehört hat; aber er wird „milder
brennen". Die angeführte Stelle des hl. Paulus (Röm 2, 12) bezieht sich auf die
Heiden, die das jüdische Gesetz nicht kannten; nach demselben Kapitel des
Römerbriefes haben sie aber durch das Naturgesetz sittliche Belehrung empfangen.
Augustin läßt es unklar, welches Gesetz er selbst meint; daß er aber an eine selbstverschuldete Unwissenheit denkt, kann man vielleicht schließen aus der Bemerkung,
der menschliche Wille müsse sich der Unkenntnis entziehen im Hinblick auf das
Wort: Nolite esse sicut equus et mulus, quibus non est intellectus (Ps 31, 9).
Auf alle Fälle ist bezeichnend, daß er von den Einzelfällen moralischer Irrung
und Verblendung auf den Grundmangel des „non credere", des „ignorare Deum"
übergeht; mögen jene Sünder sich über manches entschuldigen können, eine
generelle excusatio, die sie aus der Sünde selbst heraushebt, haben sie nicht, weil
sie nicht im Glauben gerechtfertigt sind. Dieselbe Verquickung der Unwissenheit

Damit tritt die ganze Streitfrage in eine andere Beleuchtung und in einen weiteren Zusammenhang; so tief und schwer dieses neue Problem sich vor uns auftut, so hebt und löst es doch die besondere Schwierigkeit, mit der wir uns hier beschäftigen. Wir fragten uns bisher, ob nach Augustin eine unfreiwillige Gesetzesübertretung formelle Sünde sein könne, Sünde im Gegensatz zu dem Guten der Gesetzesbefolgung; wir faßten dabei die Freiheit im empirischen Sinne der Wahlfreiheit, das Gesetz im Sinne der moralischen Vorschrift. Wenn wir jetzt hören, daß alles Wollen und Handeln des Menschen im Stande der Sünde böse ist, auch dasjenige, das wir im ersteren Sinne gut nennen, so verliert jene Frage offenbar ihre Schärfe und Bedeutung; es handelt sich nunmehr um eine tiefer liegende, ich möchte sagen, apriorische Freiheit, um eine umfassendere, transzendente ignorantia und cupiditas.

Überschauen wir das ganze Material zu der bisherigen Frage, die vor allem für den Psychologen und Moralphilosophen von Interesse ist, so können wir mit großer Wahrscheinlichkeit das Fazit ziehen: Von den Werken, die der Mensch in der Knechtschaft der Sünde begeht, sind nach Augustin die Regungen ungeordneter Sinnlichkeit und die aus Unwissenheit hervorgehenden Verletzungen des moralischen Gesetzes nicht Sünde (im Sinne der Schuld und imputabeln Handlung), solange der freie Wille in keiner Weise beteiligt ist. Die Schwankungen und abweichenden Äußerungen erklären sich aus dem Hineinspielen eines andern, prinzipiellen Gedankens, der mit der genannten moralischen Streitfrage zunächst nichts zu tun hat.

Bei dieser Sachlage ist es verständlich, daß der an sich schon schwierige Stoff, der unsere Aufmerksamkeit in Anspruch nahm, in der Theologie nach Augustin viele Dunkelheiten und gegensätzliche Meinungen aufweist. Im früheren Mittelalter sind die Ansichten über die Sündhaftigkeit der moralischen Unwissenheit und ihrer Folgen keineswegs geklärt. Erst die großen Scholastiker, vor allem wieder Thomas von Aquin, bringen Licht und Stetigkeit in die Doktrin; sie erheben die Auffassung, daß eine persönliche Sünde nie ohne irgend welche Schuld des freien Willens, und letztere nie ohne irgend welche Erkenntnis des Gesetzes möglich ist, zur

---

als moralischer Sündenwurzel mit dem Unglauben als religiöser Grundsünde siehe C. Iul. Pel. 5, 8: Caecitas cordis, quam solus removet illuminator Deus, et peccatum est, quo in Deum non creditur, et poena peccati, qua cor superbum digna animadversione punitur, et causa peccati, cum mali aliquid caeci cordis errore committitur.

bewußten und festen Gesamtüberzeugung der Theologie. Die Welle
eines extremen Augustinismus, die sich in Luther, Bajus und Jansenius gegen die Scholastik erhob, griff, wie schon eingangs bemerkt
wurde, auch diesen Grundsatz an. Das Tridentinum definierte gegen
Luther, daß das liberum arbitrium nach dem Sündenfalle nicht
vernichtet sei, und daß es in der Macht des Menschen liege, seine
Wege schlecht zu machen (sess. 6, can. 5 6). Pius V. und seine
Nachfolger verwarfen die Sätze des Bajus, daß schon die naturhaften
Regungen der bösen Lust wahre Sünden seien, und daß sittliche Freiheit und Verantwortung mit innerer Nötigung des Willens vereinbar
sei [1]. Gegen Jansenius und jansenistische Theologen richtete sich die
Verurteilung der Ansicht, daß im gefallenen Zustande die völlig
unwissentliche Verletzung des Naturgesetzes schwere Sünde sein
könne, da die zur Sünde erforderliche Freiheit in der Tat Adams
liege — eine Ansicht, die sich noch am leichtesten mit augustinischen
Formeln decken konnte [2]. Neuere protestantische Theologen bekennen sich zu einem ähnlichen Standpunkte: es gibt eine wahre
Sündhaftigkeit des Handelns ohne jede Widersetzlichkeit gegen das
subjektive, tatsächlich irrende Gewissen, eine tragische Folge des
sündhaften Zustandes der Natur oder Person [3].

Wenn die katholische Theologie die aktuelle Sünde durchaus
von dem persönlichen Gewissen des Menschen, somit auch von der
Möglichkeit, einen tatsächlichen Irrtum über die Pflicht als solchen
zu erkennen und zu überwinden, abhängig macht, so darf sie

---

[1] Propos. Baii 39 50 51 66 67 (Denzinger, Enchiridion ¹⁰ 1039 ff).

[2] Propos. Corn. Iansen. damn. ab. Innoc. X 1653, prop. 3 (ebd. 1094). Propos.
damn. ab Alex. VIII. 1690, prop. 1 2 (ebd. 1291 f).

[3] Jul. Müller, Die christl. Lehre von der Sünde I ⁶ 275 f: „Der Unterschied zwischen der im Augenblicke des Entschlusses unüberwindlichen
und der überwindlichen Unwissenheit kann zwar den Grad der Verschuldung
bedingen, aber nicht über Sein oder Nichtsein der Schuld entscheiden. In jenem
Gebiet des Äußerlichen, Zufälligen, Veränderlichen irgendwie ein Nichtwissender
oder Irrender zu sein, gereicht dem Menschen nicht zum Vorwurf; die wesentliche
Wahrheit, die im Gewissen sich kundgibt, und ihr Verhältnis zu dem einzelnen
Handeln nicht zu wissen, ist eben selbst die Folge einer sündhaften Störung und
Zerrüttung seines inneren Lebens. Läge ihm von dem Zeitpunkte an, wo er die
Stimme des Gewissens zuerst vernimmt, in jedem Augenblicke seines Lebens nichts
mehr am Herzen als genau zu wissen, was diese Stimme ihm sagt, und ihr unbedingt zu gehorchen, so würden Unwissenheitssünden, die auf ignorantia iuris
beruhen, eben nicht vorkommen. Das sittliche Bewußtsein würde sich dann zu
solcher Stärke, Klarheit und Bestimmtheit in ihm entwickeln, daß es ihm auch
für den einzelnen Fall niemals an der richtigen Weisung fehlen könnte."

anderseits nicht übersehen, daß das Gebiet der schuldbaren Unwissenheit praktisch ein viel weiteres und verhängnisvolleres ist,
als es sich einer oberflächlichen Beobachtung oder rein logischen
Auffassung darstellt. Die Tatsache eines gewollten Nichtwissens
und Irrens erscheint dem abstrakten, arglosen Denken des Theo-
retikers so widersprechend, daß er zu leicht geneigt ist, wenn er
die Menschen sicher und unbefangen sündigen sieht, auf eine volle
Unkenntnis im Sinne der bona fides zu schließen. Wer die Winkel-
züge und Irrgänge des von Selbstsucht und Leidenschaft erregten
Denkens tiefer durchschaut, sieht aber, wie sehr verbreitet eine
freiwillige Selbsttäuschung und Selbstverblendung ist, die das Ge-
wissensurteil fast völlig verdeckt und den lebhaften Eindruck der
Sünde unmöglich macht, ohne doch einen wirklichen Grund der
Entschuldigung und Rechtfertigung zu bilden. Wie der Eitle, der
Selbstsüchtige, der Unverträgliche in kleinen Dingen sein fehler-
haftes Handeln mit Gründen des Rechtes, der pflichtmäßigen Selbstachtung verteidigt, so berufen sich auch die extremsten und
fanatischsten Umstürzler in den großen Gegensätzen der Welt- und
Lebensauffassung auf ihre ehrliche Überzeugung und humane Absicht. Neben einer Schwäche und Kurzsichtigkeit des Denkens, die
wir als bloße Folge der Sünde beklagen und bedauern, gibt es
eine geheime Feigheit und Unehrlichkeit, einen stillen Trotz und
Eigensinn des Denkens, speziell der sittlichen Selbstbeurteilung,
die wir als wirkliche Sünde und Quelle der Sünde verurteilen müssen,
und die um so schwerer zu besiegen ist, je mehr sie sich durch
Gewohnheit befestigt hat.

Das ist der berechtigte Grundgedanke der Klage Augustins
über jene ignorantia und caecitas cordis, die Sünde und Strafe
der Sünde ist, die eine gewisse Notwendigkeit weiterer Verirrung
mit sich bringt, wenn wir nicht zum Lichte des Glaubens und
der Gnade unsere Zuflucht nehmen. Je mehr der Glaube und der
Einfluß der christlichen Lebensordnung in weiteren Kreisen schwindet,
um so mehr dehnt sich diese Verfinsterung des Gewissens auf die
tiefsten Lebensfragen aus, um so bestechender und kühner werden
die Entschuldigungen aller möglichen Verkehrtheiten.

Allein wie verhält es sich bei Augustin mit jener ersten und
tiefsten Geistessünde des Abfalls vom höchsten Gute, mit der allgemeinen Notwendigkeit des Sündigens, die, wie es scheint, aus
ihr hervorgeht?

IV. Die „Notwendigkeit der Sünde" und die Freiheit des Willens.

Auf die Sünde, die freie Willenstat ist, folgt eine Sünde, die unabhängig vom Willen besteht, eine Sünde, die Strafe der Schuld ist, ohne aufhört, Schuld zu sein. Diese Tatsache gründet sich für Augustin nicht nur auf die Existenz der habituellen Schlechtigkeit des Sünders, den reatus, der sich an die sündhafte Tat anschließt. Sie bezieht sich auch auf die Werke und Früchte, die aus dem gottentfremdeten Sein und Leben hervorgehen. Augustin hat diese Überzeugung besonders durch die Lektüre des hl. Paulus gewonnen. Die Heiden haben nach dem ersten Kapitel des Römerbriefes dem Gott, den sie erkannten, die Ehre und den schuldigen Dank verweigert. Daraus folgte die Verfinsterung ihres Geistes und Herzens, der Wahn, aus sich selbst weise zu sein; weiter die Vertauschung der Herrlichkeit Gottes mit den Bildern der sterblichen Menschen und der Tiere. Zur Strafe für diese Entartung gab Gott sie den unreinen Begierden ihres Herzens, den unnatürlichen Lastern preis. Diese Stufen des Abfalls und Niedergangs sind alle — von der ersten abgesehen — Strafen; sie sind aber zugleich Sünden[1]. „Siehe da, wie oft er straft, und was für Sünden diese Strafe gebiert und sprossen läßt!" So mußte der, welcher die sittliche Norm übertreten hatte, vom Lichte der Wahrheit verlassen, blind werden und in dieser Blindheit anstoßen, weiter straucheln und fallen[2]. Aber vielleicht wirft Pelagius ein, Gott zwinge nicht hierzu, sondern er verlasse nur solche, die verdienen, verlassen zu werden. Wenn er so spricht, sagt er ganz die Wahrheit; denn was sollen Menschen, die, wie bemerkt, vom Lichte der Gerechtigkeit verlassen und dadurch verfinstert sind, anderes hervorbringen als alle erwähnten Werke der Finsternis —, bis ihnen gesagt wird und sie es befolgen: ‚Stehe auf, der du schläfst, und erhebe dich von den Toten, und Christus wird dich erleuchten!' (Eph 5, 14). . . . Die Seele nämlich, die von ihrem Leben, d. h. von ihrem Gott verlassen ist, muß notwendig

---

[1] De nat. et gr. 24: Ista fecerunt ex peccati poena, qua obscuratum est insipiens cor eorum. Et propter haec tamen, quia licet poenalia etiam ipsa peccata sunt, adiungit et dicit: ‚Propterea tradidit illos Deus in desideria cordis eorum in immunditiam."

[2] Ebd.

tote Werke tun, bis sie durch die Gnade Christi wieder zum Leben kommt." [1]

Die Notwendigkeit des Sündigens liegt nach dieser Äußerung nicht in einem physischen Zwange, auch nicht in momentaner Unwissenheit oder Überwältigung durch die Leidenschaft, auch nicht in der moralischen Unmöglichkeit, einer Reihe von Versuchungen jedesmal Widerstand zu leisten. Sie liegt vielmehr in der bleibenden Verfassung des Sünders, in der grundsätzlichen Verwandtschaft und Folgerichtigkeit, welche zwischen der zuständlichen Beschaffenheit des Geistes und seiner sittlichen Betätigung bestehen muß. Jene sündhafte Verfassung des Geistes ist kein reales, gottwidriges Prinzip, keine positive Sündenmacht, sondern der Ausschluß und Mangel des göttlichen Lichtlebens. Die natürliche, mit geistiger Erkenntnis und Freiheit ausgestattete Seele hat sich der höheren Weisheit und innersten Lebensverbindung mit Gott, die zur natürlichen Geistesanlage hinzukamen, beraubt. Aus einer so verfinsterten und erstorbenen Seele können nur Werke der Finsternis und des Todes geboren werden.

Eine weitere Hauptstütze dieser Lehre bildet für Augustin das Wort des Evangeliums, daß ein guter Baum nicht schlechte, ein schlechter Baum nicht gute Früchte bringen kann. In seiner Disputation mit dem Manichäer Fortunatus (392) hatte Augustin das Hauptgewicht darauf gelegt, seinen Gegner zu überzeugen, daß mit dem schlechten Baume nicht eine böse, gottwidrige Natur gemeint sein könne. Wäre dies der Fall, so würden die bösen Werke nicht als Sünden angerechnet werden dürfen. Die beiden Bäume bezeichnen nicht entgegengesetzte Naturen, sondern gegensätzliche Willensrichtungen (non naturas, sed voluntates). Je nachdem der Wille durch die Gnade erleuchtet und Gott zugewandt ist oder durch seine eigene oder Adams Sünde schlecht geworden ist, werden auch seine Werke notwendig gut oder schlecht sein. Der Wille braucht aber nicht in dieser Verfassung zu bleiben; spricht ja der Heiland selbst die Mahnung aus: „Machet den Baum gut oder machet den Baum schlecht!" (Mt 12, 33.) [2] Mit diesem

---

[1] Ebd. 25. Ähnlich C. Iul. Pel. 5, 12: Cum ergo dicitur homo tradi desideriis suis, inde fit reus, quia desertus a Deo cedit eis atque consentit, vincitur, capitur, trahitur, possidetur. A quo enim quis devictus est, huic et servus addictus est (2 Petr 2, 19), et fit ei peccatum consequens praecedentis poena peccati.

[2] Dieses Wort steht also, wie ausdrücklich bemerkt sei, an einer andern Stelle als das vorher besprochene (Mt 7, 18).

Worte erkennt uns Christus das Vermögen zu, den ganzen Stand der Seele zu ändern und so die Macht zum Guten wiederzugewinnen[1].

In dieser Stelle wird die Mitwirkung der Gnade bei der Bekehrung des Sünders zwar erwähnt, aber nicht besonders betont. Das letztere wurde notwendig, als Pelagius die geschöpfliche Willensfreiheit überspannte und ihr die gleiche Fruchtbarkeit (radix fructifera) zum Guten wie zum Bösen zuschrieb. Augustin beruft sich nun von neuem auf die Stelle vom guten und schlechten Baume. Der Baum bezeichnet „den Menschen, der guten oder schlechten Willens ist"; hiermit deckt sich der Gegensatz der cupiditas als Wurzel alles Bösen (1 Tim 6, 10) und der caritas als Wurzel des Guten. Die Früchte dieser entgegengesetzten Wurzeln und Bäume tragen ebenso verschiedenen, gegensätzlichen Charakter. Den Baum schlecht zu machen, dazu ist der Mensch selbst im stande, indem er vom höchsten Gute abfällt; doch schafft dieser Abfall keine böse Natur, sondern verschlechtert nur die in sich gute Natur des Menschen. „Es macht aber der Mensch den Baum gut, wenn er die Gnade Gottes annimmt. Denn er macht sich aus einem Schlechten zu einem Guten nicht durch sich selbst, sondern aus dem, durch den und in dem, der allzeit gut ist."[2]

Die exegetische Deutung des Baumes bleibt also in der pelagianischen Zeit dieselbe: der Baum bedeutet den guten oder schlechten Willen oder den Menschen, insofern er guten und schlechten Willens ist. Die Natur des Menschen, das Willensvermögen selbst, kurz alles, was Gott geschaffen hat, ist mit dem Bilde nicht gemeint; es liegt jenseits und unterhalb des sittlichen Gegensatzes. Augustin vergleicht dieses letztere mit dem Erdboden, der gute und schlechte Bäume, Weinreben und Disteln trägt[3]. Das Gesetz der natürlichen Homogenität bezieht sich nur auf die Pflanze und ihre Frucht, nicht auf die Erde und die Pflanzen. So gilt das Gesetz der sittlichen Homogenität nur für die Gesinnung und Richtung des Willens und die aus ihr entspringenden Werke. Eine solche Richtung des Willens konnte aber eintreten nicht bloß durch eigenen Entschluß, sondern

---

[1] C. Fortunat. Man. 2, 22.

[2] De grat. Chr. 19 20. Vgl. ebd. 21: Illa ergo possibilitas non, ut iste opinatur, una eademque radix est bonorum vel malorum. Aliud est enim caritas radix bonorum, aliud cupiditas radix malorum, tantumque inter se differunt, quantum virtus et vitium. Sed plane illa possibilitas utriusque radicis est capax.

[3] Enchir. 4.

auch durch die freie Tat des Stammvaters, durch jene Ursünde, die das höhere, aus Gott stammende Leben in der Seele zerstörte und den Zug des Willens nach unten lenkte [1].

Es ist zur Widerlegung des Jansenismus von katholischer Seite behauptet worden, man müsse den guten und schlechten Baum bei Augustin auf das aktuelle Wollen des Menschen beziehen; die gute und schlechte Frucht wäre dann das äußere Werk als Erzeugnis dieses Wollens. Danach hätte Augustin nur die Lehre aufgestellt, daß sowohl die guten als die bösen Werke, wenn sie sittlich gewürdigt sein sollen, die Beteiligung des innern Menschen, den guten oder bösen Willensentschluß voraussetzen [2].

Eine solche Abschwächung der Äußerungen Augustins ist ganz unmöglich. Augustin stellt den Gegensatz des guten und schlechten Baumes dem der caritas und cupiditas gleich; nun wissen wir aber, wie sehr er beide als dauernde, das Seelenleben in seinen Tiefen beherrschende Mächte denkt. Er sagt, die beiden Bäume unterschieden sich wie Tugend und Untugend [3]; er nennt als guten Baum nicht nur den guten Willen, sondern auch den „homo bonae voluntatis" [4]. Das Wesen des guten Baumes fällt mit der habituellen Gnade zusammen, während zum Fruchtbringen eine weitere, die helfende Gnade erforderlich ist [5]. Ist es schon an sich unnatürlich, den Baum im biblischen Vergleiche für eine ebenso momentane und wechselnde Größe zu halten wie die Frucht des Baumes, so verbietet sich eine solche Deutung erst recht in der augustinischen Anwendung des Vergleiches. Der ganze Gegensatz von Erbsünde und Gnade, in den Augustin das Wort des Herrn einfügt, weist nur auf die habituelle Willensverfassung [6].

Das eine freilich ist richtig: Augustin denkt sich diese Willensverfassung nie als ruhende Qualität, als bloße Würde und Unwürdigkeit, Schönheit und Häßlichkeit; sie ist ihm durchaus Triebkraft, „Wurzel" gleichartiger Taten. Noch mehr: er setzt den Habitus in

---

[1] De nupt. et conc. 2, 48.   C. Iul. Pel. 1, 45.   Op. imp. c. Iul. 5, 21.

[2] Faure, Enchiridion 39.   [3] De grat. Chr. 21.   [4] Ebd. 19.

[5] Ebd. 20: Facit autem homo arborem bonam, quando Dei accipit gratiam. Non enim ex se malo bonum per se ipsum facit, sed ex illo et per illum et in illo, qui semper est bonus; nec tantum, ut arbor sit bona, sed etiam, ut faciat fructus bonos, eadem gratia necessarium est, ut adiuvetur, sine qua boni aliquid facere non potest.

[6] Vgl. besonders den Passus C. Iul. Pel. 4, 22—32, aus dem Faure a. a. O. eine gänzlich mißverstandene Stelle anführt. Vgl. Ernst, Die Werke und Tugenden der Ungläubigen nach St Augustin 83 f.

so enge Beziehung zum Akte, er faßt die Gesinnung so unmittelbar praktisch, daß er die vielfachen Hemmungen, die sich in dem komplizierten und wechselnden Menschenwesen so oft zwischen Gesinnung und Tat drängen, nicht gebührend berücksichtigt. Nur so wird es ihm möglich, die These, daß der gute Baum nur gute, der schlechte Baum nur schlechte Früchte bringen kann, mit der ihm eigenen Strenge durchzuführen.

Nach dieser These bleibt für den Sünder die dem Willen natürliche possibilitas und libertas auf das Gebiet des Bösen eingeschränkt. Jene natürliche Kraft, die Fruchtbarkeit des Erdbodens, ist nicht aufgehoben; aber sie macht sich nur mehr geltend in dem üppig wuchernden und blühenden Unkraut, das sich mit seiner „schlechten Wurzel" in ihm festgesetzt hat. „Kein Wille ist frei, den der Befreier (Christus) nicht freigemacht hat. Aber wohl besitzt auch derjenige freien Willen im Bösen, dem entweder der Verführer heimlich oder offen die Lust am Bösen eingesät oder er (der Mensch) selbst diese Lust eingeredet hat. . . . So werden sie, wenn sie in dem Alter sind, daß sie ihre persönliche Selbstherrschaft üben können, durch eigenen Willen in der Sünde zurückgehalten und stürzen sich durch eigenen Willen von einer Sünde in die andere." [1] „Wir sagen nicht, daß durch die Sünde Adams die Willensfreiheit (liberum arbitrium) aus der menschlichen Natur geschwunden sei; aber, daß sie in den dem Teufel unterworfenen Menschen zum Sündigen Kraft habe, zum guten und gottgefälligen Leben aber keine Kraft habe, wenn nicht der menschliche Wille selbst durch Gottes Gnade befreit und zu jedem guten Werke, Worte und Gedanken unterstützt wird." [2] Der Apostel sagt (Röm 6, 20): „Als ihr Knechte waret der Sünde, waret ihr frei von der Gerechtigkeit"; wer kann also leugnen, „daß die Angeredeten einen freien Willen im Bösen (in malis) besaßen, da sie frei von der Gerechtigkeit waren"; wer möchte aber behaupten, „daß sie einen freien Willen im Guten (in bonis) besaßen, da sie Knechte der Sünde waren"? [3] Der gefallene Mensch überlegt und faßt freie Entschlüsse, aber sein Wählen geht nie aus dem Kreise des Bösen hinaus, weil er das wahre Gute aus dem Auge verloren hat, weil er nur wählt und wechselt mit den Begierden nach Scheingütern [4].

---

[1] C. duas epist. Pel. 1, 7 (siehe oben S. 236, A. 1).
[2] C. duas epist. Pel. 2, 9. Vgl. ebd. 3, 11.   [3] Op. imp. c. Iul. 1, 99.
[4] C. duas epist. Pel. 3, 11: Faciunt ista sub lege positi, quos littera occidit, terrenam felicitatem vel cupiditate adipiscendi vel timore amittendi; et ideo non

Die Schärfe und Allgemeinheit dieser These vermag aber Augustin selbst nicht völlig festzuhalten. Die Logik und Geschlossenheit der Idee wird erschüttert durch die Lücken und Widersprüche der Wirklichkeit. Augustin deutet, wie wir hörten, den guten Baum auf die Liebe zu Gott; er beruft sich, um seine Fruchtbarkeit zu beweisen, auf das Wort des Apostels, daß der Gottliebende aus Gott geboren ist und nicht mehr sündigen kann (1 Jo 3, 9). Was bedeutet dieses Nichtkönnen? „Wenn der (gerechte) Mensch sündigt, so sündigt er nicht gemäß der Liebe, sondern gemäß der Lust, nach der er nicht aus Gott geboren ist." [1] Also, er kann nicht sündigen, insofern er die Liebe hat; er kann es wohl, insofern sein Willensvermögen (possibilitas) für beide Lebenswurzeln, Liebe und Lust, empfänglich ist. Julian hatte aus Anlaß der behaupteten necessitas Augustin den Vorwurf gemacht, er falle nicht nur in den Wahn der Manichäer zurück, da er eine Notwendigkeit der Sünde lehre, sondern er erneuere auch den verderblichen Irrtum des Jovinian, daß der Getaufte und Wiedergeborne notwendig Gutes tue, also nicht mehr sündigen könne. Augustin bemerkt gegen diese Anklage, er stehe der Irrlehre Jovinians viel ferner als Pelagius; betone er ja unaufhörlich, daß auch der Gerechte Grund habe, zu beten: Vergib uns unsere Schulden! „Der Mensch kann vom Gebrauch der Vernunft an sündigen und nicht sündigen"; das erste tut er durch seinen persönlichen Willen, sei es auf eigene oder fremde Verführung hin oder unter der Knechtschaft der Sünde; das zweite tut er nur mit Gottes Beistand. „Wir wissen aber, daß manche den Beistand des Geistes Gottes, um zu wollen, was Gottes ist, schon vor der Taufe empfangen haben, wie Cornelius; daß andere ihn aber nicht einmal nach der Taufe empfangen haben, wie Simon Magus." [2]

Dürfen wir auf Grund dieser Geständnisse nicht schließen: Der gute Baum „muß" nur so lange gute Früchte bringen, als er gut bleibt; er kann aber — da der Baum eben ein freier Wille ist — in jedem Augenblicke schlecht werden; ebenso „muß" auch der schlechte Baum schlechte Früchte bringen, solange er schlecht ist;

---

vere faciunt, quoniam carnalis cupiditas, qua peccatum commutatur potius vel augetur, cupiditate alia non sanatur. — De corr. et gr. 42: Arbitrium inquam liberum sed non liberatum. liberum iustitiae, peccati autem servum, quo volvuntur per diversas noxias cupiditates, alii magis, alii minus; sed omnes mali et pro ipsa diversitate diversis suppliciis iudicandi.

[1] De grat. Chr. 1, 22.   [2] Op. imp. c. Iul. 1, 98.

es steht aber in seiner Freiheit, diesen Zustand zu ändern?[1] Diesen
Schluß verbietet uns der soeben angeklungene Grundton der antipelagianischen Schriften, ja der ganzen Gnaden- und Erlösungslehre
Augustins. Das Geschöpf, so würde er antworten, kann sich töten,
aber nicht beleben, kann fallen, aber nicht wiederaufstehen. — Anders
steht es mit folgender Analogie: Der gute Baum kann schlechte
Früchte bringen, auch so lange er gut ist; dann nämlich, wenn
der Mensch nicht „gemäß der Liebe zu Gott" handelt, wenn er jene
Sünden begeht, deren auch der Gerechte sich täglich schuldig bekennen muß. Entsprechend ist nun auch die Notwendigkeit schlechter
Früchte beim schlechten Baume zu verstehen. Der Sünder bringt
schlechte Frucht, wenn er „gemäß der bösen Lust", die in ihm ist,
handelt; er tut es nicht, wenn er handelt gemäß der guten Anlage und Richtung der gottgeschaffenen Natur. — Diese Analogie
ist zunächst formell berechtigt, durch den Wortlaut und den strengen
Parallelismus des Herrnwortes vom guten und schlechten Baume.
Dürfen wir dort die Unmöglichkeit durch eine hinzugedachte Bedingung einschränken, so wird es uns hier gleichfalls gestattet
sein. Aber auch sachlich findet unsere Folgerung eine Stütze in
Äußerungen Augustins. So erkennt er (im Jahre 412) an, daß im
Todsünder „die Kraft der Natur, das Gesetzmäßige zu erfassen
und zu tun", nicht völlig erloschen ist; er zieht ausdrücklich die
Parallele, daß, wie dem Gerechten die läßliche Sünde als Inkonse-
quenz anhaftet, so beim Sünder, ja beim verworfensten Menschen
sittlich gute Werke als glückliche Inkonsequenzen, als Abweichungen
von seinem prinzipiellen Standpunkte vorkommen[2]. Die Werke
mancher Ungläubigen, z. B. ihre Almosen an Notleidende, sind gut;
aber sie sind nicht eigentlich ihre Früchte, weil der schlechte
Baum ihrer Grundgesinnung unfähig ist zu solchen Taten; sie sind
eher Früchte und Werke Gottes, der auch in den Schlechten
Gutes wirkt[3].

---

[1] So scheint das Müssen im Anschluß an Mt 12, 33 in der Schrift C. Fortunat. Man. 2, 22 erklärt zu werden; doch wird auch hier nachher die Notwendigkeit der Gnade zur Bekehrung hervorgehoben.

[2] De spir. et litt. 48: Nam et ipsi homines erant et vis illa naturae inerat
eis, qua legitimum aliquid anima rationalis et sentit et facit.... Sicut enim non
impediunt a vita aeterna iustum quaedam peccata venialia, sine quibus haec vita
non ducitur, sic ad salutem aeternam nihil prosunt impio aliqua bona opera, sine
quibus difficillime vita cuiuslibet pessimi hominis invenitur.

[3] C. Iul. Pel. 4, 22: Ac per hoc nec eius fructus iste dicendus est; „arbor
enim mala bonos fructus non fecit"; sed potius bonum opus est illius, qui etiam

Mehr und mehr betont jedoch Augustin die Macht und Logik des Prinzips; mehr und mehr den Unterschied der Stellung des Menschen zum Guten und derjenigen zum Bösen. Schon im Naturleben ist die edle Frucht nicht so selbstverständliche Folge der edeln Art des Baumes, wie die geringwertige Frucht Wirkung des schlechten Baumes ist; Erkrankung, Verletzung und ungünstige Witterung können dort das Wachsen und Reifen der Frucht hindern, während der Wildling selbst unter den günstigsten Verhältnissen keine edle Frucht bringt. In ähnlicher Weise betont Augustin für das sittliche Leben, daß dem Gerechten ein doppeltes Wirken, das gute und schlechte, möglich ist, weil neben der Wurzel der Gottesliebe auch die ungeordnete Lust in ihm fortlebt. Umgekehrt kann er dem Sünder ein Handeln „secundum caritatem" nicht zugestehen, da er diese Wurzel höheren Lebens nicht in sich trägt, sondern erst bei der Rechtfertigung empfängt. Hieraus ergibt sich dann die schroffe Anschauung, daß der Sünder mit Notwendigkeit in den Kreis des Bösen gebannt ist.

Werden wir aber mit dieser Theorie nicht zu einer Fassung der Lehre Augustins gedrängt, die sich genau deckt mit der später von der Kirche verurteilten Lehre des Bajus? Stimmen beide nicht darin überein, daß alles, was der Sünder tut, Sünde ist, daß auch im notwendigen Tun verdammliche Sünde liegen kann, daß der Gegensatz zur Freiheit nicht die innere Notwendigkeit, sondern nur die äußere Gewalt ist?[1] Stehen wir hier nicht vor einer Anschauung, die weiter greift als Augustins Lehre von der Erbsünde und Erlösungsbedürftigkeit; vor einer Theorie, die mit furchtbarer Rücksichtslosigkeit jede Sittlichkeit außerhalb des Gnadenlebens unmöglich macht, ja die von Augustin sonst so hoch gestellte Geistigkeit und Freiheit der Seele in Frage stellt? Haben nicht jene Modernen recht, die Augustin schlechtweg zu den Vertretern des Determinismus, des Determinismus in seiner düstersten, pessimistischen Form, rechnen?

Darauf ist zu antworten: 1. Augustin ist zu keiner Zeit, auch wenn wir die allerungünstigste Auffassung seiner Lehre

---

per malos bene facit. Ebd. 32: Ex quo colligitur etiam ipsa bona opera, quae faciunt infideles, non ipsorum esse, sed illius, qui bene utitur malis. Vgl. unten Kap. 5, § 1, II.

[1] Propp. Baii 35: Omne, quod agit peccator vel servus peccati, peccatum est. Ebd. 66: Sola violentia repugnat libertati hominis naturali. Ebd. 67: Homo peccat, etiam damnabiliter, in eo, quod necessario facit.

adoptieren wollen, Determinist gewesen im Sinne der Leugnung der Willensfreiheit. Zur Willensfreiheit gehört, wie früher bemerkt wurde, jene Indifferenz und Selbstherrschaft des Willens, kraft deren er sowohl in der Wahl seiner Ziele und Mittel wie in der Verfügung über seine inneren Akte nicht zu einer Form der Entschließung determiniert ist, sondern nach beiden Seiten, zu diesem oder jenem Objekte, zum Handeln oder Nichthandeln sich entscheiden kann. Nicht gehört dazu eine wurzelhafte und absolute Indifferenz des Willens, eine Leugnung aller Kausalität für das Gebiet des Wollens. Der Wille ist wesentlich auf das höchste und allgemeinste Gut hingeordnet, er trägt als tiefsten Zug seines Wesens die Sehnsucht nach Güte, Seligkeit und Vollkommenheit in sich; aber dieses Endziel ist so universell, diese innere Triebkraft so geistig anpassungsfähig, daß die Kausalität des Willens eine andere bleibt als die der beschränkten und eindeutigen Naturkraft, daß sie — bei normaler, bewußter Tätigkeit — stets über ihrem Gegenstande und der auslösenden Kraft der Motive steht, sich selbst die Bewegung und Richtung verleiht.

Augustin legt seinem liberum arbitrium deutlich diesen Sinn bei, wie wir früher gesehen haben. Er hält diesen Begriff der Freiheit auch in der späteren Zeit aufrecht, wo er den Pelagianern gegenüber eine gewisse Notwendigkeit der Sünde für den gefallenen Menschen behauptet: auch das liberum arbitrium des Sünders ist geistige Selbstbestimmung, wirkliche Wahlfreiheit. Alle Stellen sprechen hierfür, in denen er vom Sünder sagt, er habe Wahlfreiheit in malis, er stürze sich mit eigenem Willen durch wechselnde, entgegengesetzte Begierden, von einer Sünde zur andern [1]. „Der Wille ist in uns immer frei, aber nicht immer gut." [2] Die Sünde erfolgt weder durch logische Notwendigkeit noch durch physische Ursächlichkeit noch durch die psychologische Macht der Sinnlichkeit; im andern Falle wäre sie keine Sünde [3]. Der Kreis der wählbaren Gegenstände ist nur eingeengt auf das Gebiet der Sünde; innerhalb desselben herrscht selbsttätige, innerlich bestimmte Bewegung. Und in wie viel tausend Formen kann bei dem Reichtum der Schöpfung, bei der Beweglichkeit und Unersättlichkeit der Phantasie die böse Lust Befriedigung suchen!

Es liegt eine augenscheinliche Verwechslung des Fragepunktes vor, wenn man Augustin wegen seiner schroffen ethisch-religiösen

---

[1] Siehe oben S. 244.   [2] De gr. et lib. arb. 31.
[3] Siehe oben S. 216 f.

Äußerungen den Anhängern des philosophischen Determinismus zuzählt. Wohl kein Verteidiger der Freiheit hat je behauptet, der Mensch müsse als freies Wesen alles wollen können, auch solche Gegenstände, von denen er keine Vorstellung oder für die er kein Verständnis und Interesse hat. Alle bedeutenden Vertreter der Freiheit geben zu, nicht bloß daß die Vernunft dem Willen die Vorstellungen darbietet, sondern auch daß der Inhalt dieser Vorstellungen in irgend einer Beziehung zu dem natürlichen Grundinteresse des Willens stehen muß. Je beschränkter das Gesichtsfeld des Intellektes ist, um so mehr wird die Freiheit — auch bei sonst normaler Geistesbeschaffenheit — eingeschränkt. Der Wilde „kann nicht" wollen, was der Kulturmensch für erstrebenswert hält, der Bauer nicht, was der Gelehrte und Dichter als schön und groß erkennt, weil unzählige Begriffe und Ziele des höheren Geisteslebens dem niederen fernliegen. Ja selbst wenn die Begriffe hier wie dort vorhanden sind, fehlt oft der gemeinsame Boden lebendiger, geistiger Teilnahme; der Geldmacher und der idealistische Denker, der entschlossene Weltmensch und der beschauliche Mönch, sie wählen „notwendig" verschieden, weil und solange ihre herrschende Liebe oder Leidenschaft entgegengesetzt ist. Nun ist nach Augustin im Sünder der Blick für das Himmlische, das Verständnis für die höchste Bedeutung alles Seins und Handelns wesentlich getrübt; jedenfalls hat sein Streben und Fühlen den Charakter der caritas, der sittlichen Verehrung des höchsten Gutes eingebüßt, ist zu irdischer, sündhafter Begierde herabgesunken. Wie natürlich also, daß die Kraft seines Denkens und Wollens sich nur mehr in Handlungen entfaltet, die diesem Grundstreben entsprechen, sich nur mehr Gütern zuwendet, die diesem selbstischen Ziele dienen! Dabei bleibt die Möglichkeit der Wahl, die Selbstmacht der Entschließung unangetastet.

2. Wir können und müssen über diese ungünstigste Deutung hinausgehen; wir dürfen behaupten, daß sich die Willensfreiheit im Stande der Sünde nach Augustin nicht nur im Kreise des sittlich Bösen, der eigentlichen Sünde bewegt. Alle Erklärer Augustins geben zu, daß das natürliche Erkennen und Wollen des gefallenen Menschen nach ihm ausreicht, wertvolle und glänzende Leistungen irdischer Kultur zu erzeugen, ja sittliche Werke und Gesinnungen zu pflegen, welche die philosophische Moral als tugendhaft bezeichnet. Diese Tatsache wird sich uns im nächsten Kapitel, bei der Betrachtung der Sittlichkeit der Heidenwelt, von einer breiteren Grundlage aus darstellen, als die antipelagianische Polemik sie bietet. Wenn

Augustin die guten Werke der Heiden nicht als vollwertige Sittlichkeit anerkennt, sie vielmehr unter gewissen Gesichtspunkten als
Sünde bezeichnet, so leugnet er doch nicht ihr tatsächliches Vorhandensein und ihre Setzung durch den freien Willen. Schon die
bisherige Darlegung führt darauf, daß die Geringwertung des natürlichen Handelns und Schaffens auf dem Mangel des höheren Lebens
beruht, das unsere einzige wahre Bestimmung ist; jene freien und
an sich edeln Bestrebungen erscheinen Augustin deshalb als Formen
der cupiditas, weil ihnen der höchste Abschluß, der belebende Anschluß an Gott fehlt, wie ihn die caritas verleiht. Von diesem Standpunkte aus müssen wir sagen: Augustins liberum arbitrium ist trotz
seiner „necessitas peccandi" nicht bloß vom Standpunkte des Psychologen, sondern auch vom Standpunkte des Ethikers w a h r e u n d
w i r k l i c h e F r e i h e i t, w e n n E t h i k d i e p h i l o s o p h i s c h e u n d
d i e s s e i t i g e M o r a l b e z e i c h n e t. Nicht bloß zur Befriedigung
niedriger Leidenschaft oder geistiger Unordnung, sondern auch zu
allen kulturellen und moralischen Aufgaben, die heute den ausschließlichen oder überwiegenden Inhalt der weltlichen Ethik bilden, besitzt
der Sünder Augustins ungehemmte Willenskraft und freies Wahl-
vermögen; dabei ist seine Freiheit psychologisch viel ernster gemeint
als die der modernen Ethiker. Daß der gefallene Mensch nicht
a l l e n Forderungen dieser natürlichen Moral gerecht wird, daß er dann
und wann der Leidenschaft und Verblendung erliegt [1], hindert seine
grundsätzliche Unabhängigkeit und Freiheit nicht; oder welche
Ethik hätte die Macht voller Sündlosigkeit als Bedingung der Freiheit aufgestellt! So steht die Moral Augustins in der Anerkennung
der Freiheit sachlich hinter keiner weltlichen Ethik zurück. Wenn sie
denselben Freiheitsgebrauch, den diese für sittlich gut hält, als
Sünde bezeichnet, so steckt sie eben das Ziel der Sittlichkeit höher,
so faßt sie ihre Beweggründe absoluter und zentraler. Die natürliche Geisteskraft des Menschen reicht zur Verwirklichung der sittlichen Diesseitszwecke aus, weil sie diesen Zwecken ebenbürtig, ja
überlegen ist; sie reicht nicht aus zur Verwirklichung d e r Sittlichkeit, des höchsten moralischen Gesetzes, weil sie hier dem Göttlichen gegenübersteht, an dem sie nur durch Gnade „teilnimmt",
dessen Verlust sie nicht selbst wiedergutmachen kann.

Aber bleibt nicht bei Augustin die Härte und Unzuträglichkeit,
daß nicht nur die einmal begangene Sünde notwendig als habitus

---

[1] Siehe oben S. 221 f.

fortdauert, sondern unter ihrer Herrschaft auch das fernere Handeln, sei es in dieser, sei es in jener Form, den Charakter der Sünde erhält? Zur Entlastung und Rechtfertigung Augustins genügt es doch nicht, daß manches, was er für Sünde hält, nach unserer Überzeugung natürlich gut ist! Augustin schließt sonst aus der Existenz göttlicher Gebote auf die Freiheit des menschlichen Willens [1]; werden aber bei der erwähnten Anschauung mit der Freiheit zum Guten nicht auch die Gebote Gottes bedeutungslos? Oder wenn die Einzelgebote des irdischen Verhaltens erfüllbar sind, bleibt nicht das höchste „Du sollst", das Gebot der Liebe, in dem allein wahre Gesetzeserfüllung liegt, unmöglich?

3. Dieser Frage gegenüber können wir schließlich auf eine große Zahl von Texten hinweisen, die die Notwendigkeit zur Sünde nur als eine bedingte anerkennen. Der Sünder muß weitere Sünden begehen, so lange er im Zustande der Gottesferne, der Beschränkung auf seine geschöpfliche Kraft verharrt; er kann sich über diese Notwendigkeit erheben, sobald er im Gefühl seiner Schwäche nach höherer Hilfe verlangt, Gott um Gnade und Beistand bittet. Diese Möglichkeit wird, wie es scheint, zugleich als eine für alle Menschen geltende hingestellt. Julian hatte Augustin vorgeworfen, er sei Determinist und damit auch Gegner jenes Sittengesetzes, das allein auf der Freiheit beruht. Augustin bestreitet diesen Vorwurf; er lege dem Willen die Kraft bei, sich vom Bösen abzuwenden und Gutes zu tun, freilich nur dem von Gott unterstützten, nicht dem selbstherrlichen, aufgeblähten Willen. „Gott befiehlt das, was möglich ist; aber er verleiht denen, die es tun können und tun, auch das Tun; und er mahnt die, welche es nicht können, durch sein Gebot, von ihm zu erbitten, daß sie es können" (eos, qui non possunt, imperando admonet a se poscere, ut possint) [2]. Auf die Erinnerung an das früher von Augustin energisch betonte Bibelwort: „Machet den Baum gut und seine Frucht gut", entgegnet er in demselben Werke: „Die Heilige Schrift wendet sich durchgehends an den Willen des Menschen, damit er durch die Mahnung empfinde, was er nicht hat oder nicht kann, und es in seiner Bedürftigkeit von dem fordere, von dem alles Gute kommt." [3] Die bloße Erkenntnis der Pflicht darf uns nicht zu stolzer Selbstgerechtigkeit verleiten, anderseits

---

[1] De gr. et lib. arb. 4.
[2] Op. imp. c. Iul. 3, 115 f. Vgl. ebd. 1, 98 (siehe oben S. 245).
[3] Op. imp. c. Iul. 1, 93.

die necessitas peccandi nicht sorglos und zügellos machen; „sondern,
daß uns diese Notwendigkeit nicht s c h a d e, das verleiht uns jener,
zu dem wir sprechen: Von meinen Nöten (necessitatibus) errette
mich!" [1] Die Gebote wenden sich ohne Zweifel an den freien Willen;
dennoch bleibt der tatsächliche Gehorsam eine Gabe Gottes. Aus
diesem Grunde sagt der Heiland: Wachet und betet; das Wachen
allein nützt nichts, wenn der Herr nicht dem, der zugleich betet,
den Sieg verleiht. Darum sage niemand: Ich will zwar das Gebot
halten, werde aber von der bösen Lust besiegt: „K ä m p f e n d soll
er b e t e n, daß er nicht in Versuchung falle, d. h. daß er nicht von
ihr verlockt und hingerissen werde." [2] Die früher gegen die Manichäer aufgestellte Definition der Sünde als freier Tat gilt zunächst
von der Sünde, die nur Sünde und nicht Strafe ist. Im andern
Falle, wenn die Sünde auch Strafe ist: „Was vermag denn der Wille
unter der Herrschaft der bösen Lust anderes, a l s d a ß e r, w e n n
e r d e m ü t i g (pia) i s t, um H i l f e b i t t e t?" [3] Das Gebot, aufrecht den Weg des Guten zu wandeln, behält trotz aller Wunden
der Erbsünde seinen Sinn, „damit der Mensch, wenn er sein Nichtkönnen erkennt, die Arznei des inneren Menschen zur Heilung vom
Hinken der Sünde nachsuche, d. i. die G n a d e G o t t e s durch
Jesus Christus, unsern Herrn" [4]. Der aus dem Licht und Leben
Gottes Gesunkene stürzt und fällt weiter hinab; er „hört die Stimme
des Gesetzes nur, um g e m a h n t z u w e r d e n, daß er die G n a d e
d e s H e i l a n d e s a n r u f e" [5]. Der Mensch, der unter die Räuber
gefallen und halbtot geschlagen ist, „kann nicht in derselben Weise
zum Gipfel der Gerechtigkeit emporsteigen, wie er von ihm herabsinken konnte; er bedarf sogar noch, wenn er schon in der Herberge
ist, der Heilung. G o t t b e f i e h l t a l s o n i c h t s U n m ö g l i c h e s;
s o n d e r n d u r c h d e n B e f e h l m a h n t e r d i c h, z u t u n, was
d u k a n n s t, u n d z u e r b i t t e n, w a s d u n i c h t k a n n s t." [6]

---

[1] Op. imp. c. Iul. 1, 106.

[2] De gr. et lib. arb. 8 9. — Ebd. 31: Ad hoc enim valet, quod scriptum
est: „Si volueris, conservabis mandata", ut homo, qui voluerit et n o n p o t u e r i t,
nondum s e p l e n e v e l l e c o g n o s c a t e t o r e t, ut habeat tantam voluntatem,
quanta sufficit ad implenda mandata. Ebd. 37: Praecepto admonitum est liberum
arbitrium, ut quaereret Dei donum.

[3] Retr. 1, 15, 4. — De perf. iust. hom. 15: Si autem n o n p o t e s t v i t a r i
(peccatum), praeterita voluntas hoc fecit; et tamen v i t a r i p o t e s t, non quando
voluntas s u p e r b a l a u d a t u r, sed quando h u m i l i s a d i u v a t u r.

[4] Ebd. 6.   [5] De nat. et gr. 24.   [6] Ebd. 50.

die necessitas peccandi nicht sorglos und zügellos machen; „sondern,
daß uns diese Notwendigkeit nicht schade, das verleiht uns jener,
zu dem wir sprechen: Von meinen Nöten (necessitatibus) errette
mich!" [1] Die Gebote wenden sich ohne Zweifel an den freien Willen;
dennoch bleibt der tatsächliche Gehorsam eine Gabe Gottes. Aus
diesem Grunde sagt der Heiland: Wachet und betet; das Wachen
allein nützt nichts, wenn der Herr nicht dem, der zugleich betet,
den Sieg verleiht. Darum sage niemand: Ich will zwar das Gebot
halten, werde aber von der bösen Lust besiegt: „Kämpfend soll
er beten, daß er nicht in Versuchung falle, d. h. daß er nicht von
ihr verlockt und hingerissen werde." [2] Die früher gegen die Manichäer aufgestellte Definition der Sünde als freier Tat gilt zunächst
von der Sünde, die nur Sünde und nicht Strafe ist. Im andern
Falle, wenn die Sünde auch Strafe ist: „Was vermag denn der Wille
unter der Herrschaft der bösen Lust anderes, als daß er, wenn
er demütig (pia) ist, um Hilfe bittet?" [3] Das Gebot, aufrecht den Weg des Guten zu wandeln, behält trotz aller Wunden
der Erbsünde seinen Sinn, „damit der Mensch, wenn er sein Nichtkönnen erkennt, die Arznei des inneren Menschen zur Heilung vom
Hinken der Sünde nachsuche, d. i. die Gnade Gottes durch
Jesus Christus, unsern Herrn" [4]. Der aus dem Licht und Leben
Gottes Gesunkene stürzt und fällt weiter hinab; er „hört die Stimme
des Gesetzes nur, um gemahnt zu werden, daß er die Gnade
des Heilandes anrufe" [5]. Der Mensch, der unter die Räuber
gefallen und halbtot geschlagen ist, „kann nicht in derselben Weise
zum Gipfel der Gerechtigkeit emporsteigen, wie er von ihm herabsinken konnte; er bedarf sogar noch, wenn er schon in der Herberge
ist, der Heilung. Gott befiehlt also nichts Unmögliches;
sondern durch den Befehl mahnt er dich, zu tun, was
du kannst, und zu erbitten, was du nicht kannst." [6]

---

[1] Op. imp. c. Iul. 1, 106.

[2] De gr. et lib. arb. 8 9. — Ebd. 31: Ad hoc enim valet, quod scriptum
est: „Si volueris, conservabis mandata", ut homo, qui voluerit et non potuerit,
nondum se plene velle cognoscat et oret, ut habeat tantam voluntatem,
quanta sufficit ad implenda mandata. Ebd. 37: Praecepto admonitum est liberum
arbitrium, ut quaereret Dei donum.

[3] Retr. 1, 15, 4. — De perf. iust. hom. 15: Si autem non potest vitari
(peccatum), praeterita voluntas hoc fecit; et tamen vitari potest, non quando
voluntas superba laudatur, sed quando humilis adiuvatur.

[4] Ebd. 6.   [5] De nat. et gr. 24.   [6] Ebd. 50.

Augustin hatte in seinem Werke über den freien Willen die Schwierigkeit des Guten im gefallenen Zustande nicht verkannt, zugleich aber den Satz aufgestellt, keine nötigende Ursache dürfe auf den Willen wirken, wo von Sünde die Rede sein solle [1]. Diesen Satz gibt er nicht preis, als Pelagius ihn für seine Theorie der Freiheit anruft. „Man kann jeder Ursache, welche sie auch sein mag, widerstehen; darüber ist kein Zweifel. Denn dazu **beten** wir ja um Hilfe: ‚Führe uns nicht in Versuchung‘; eine Hilfe, die wir nicht fordern würden, wenn wir den Widerstand für unmöglich hielten. **Gewiß, die Sünde kann vermieden werden, aber mit Hilfe dessen, der sich nicht täuschen kann.**... Daß das Böse nicht eintritt, wollen wir erwirken durch die Bitte: Führe uns nicht in Versuchung; daß es schnell geheilt wird, durch die Bitte: Vergib uns unsere Schuld! **Mag es also erst drohen oder schon in uns sein, es kann gemieden werden!“** [2]

In dieser Ausführung denkt Augustin vorwiegend an die Unmöglichkeit für den **Gerechten**, alle läßlichen Sünden zu meiden. Aber der ältere Text, den er verteidigt, zeigt diese Beschränkung nicht, und die Fortsetzung desselben, die er auch jetzt wieder heranzieht, schließt ausdrücklich die Lage des unerlösten Erbsünders ein. Gerade den Menschen, die sich beklagen „über die Sünden der Unwissenheit und Schwäche, die auf die Nachkommen des ersten Menschen übergegangen sind“, antwortet er jetzt von neuem, diese Klage gälte nur, wenn ein Sieg über Irrtum und Lust nicht möglich wäre. „Da aber **überall derjenige gegenwärtig ist,** der in vielfacher Weise durch die ihm dienende Kreatur die **Abgewendeten ruft,** die Glaubenden lehrt, die Hoffenden tröstet, die Liebenden ermuntert, die Strebenden unterstützt, **die Flehenden erhört,** so wird dir **nicht zur Schuld angerechnet,** daß du wider Willen nicht weißt, sondern daß du zu erforschen **versäumst,** was du nicht weißt; noch auch, daß du die verwundeten Glieder nicht verbindest, sondern daß du den, der zu heilen bereit ist, **verachtest.“** [3]

---

[1] De lib. arb. 3, 50.

[2] De nat. et gr. 80 (geschr. 415). Vgl. auch De lib. arb. 3, 65: „ut ex ipsa difficultate admoneatur eundem implorare adiutorem perfectionis suae, quem inchoationis sentit auctorem.“

[3] De nat. et gr. 81; vgl. De lib. arb. 3, 53. Die Ausgaben lesen: „quod vulnerata membra non **colligis**“, was keinen Sinn gibt. Richtig ist jedenfalls „**colligas**“; der Ausdruck vulnera colligare, fracta membra colligare ist häufig. (Vgl. bei Augustin., En. in ps. 146, 8.)

Als die beiden Hauptformen, in denen die Sünde ihre Herrschaft
ausübt, werden auch hier ignorantia und cupiditas genannt. Wie
sie ihren Ursprung in einer ersten Sünde des Stolzes haben, so
dauert auch ihre Macht nur so lange fort, als die superbia, die stolze
Selbstgenügsamkeit des Sünders, dauert. Warum „kann" kein Mensch
hienieden ohne Sünde sein? „Ich könnte leicht und rasch antworten:
Weil die Menschen nicht wollen!" Aber warum wollen sie nicht?
Weil sie töricht oder durch falsche Lust verführt sind; den Bann
dieser beiden Hindernisse zu brechen, dazu muß die Gnade helfen
mit ihrem Lichte und ihrer Süßigkeit. „Daß ihnen aber die
Gnade nicht hilft, dafür liegt wiederum der Grund in
ihnen selbst, nicht in Gott, mögen sie nun wegen der Sünde
ihres Stolzes zur Verdammnis bestimmt sein oder ihren Stolz selbst
durch Gericht und Belehrung überwinden, wenn es Kinder der Barmherzigkeit sind. ... Für keine menschliche Schuld darfst
du also den Grund in Gott suchen. Denn aller menschlichen Sünden Ursache ist der Stolz. Um ihn zu brechen
und hinwegzunehmen, ist das Heilmittel vom Himmel gekommen;
zu dem aus Stolz aufgeblähten Menschen ist der aus Barmherzigkeit
erniedrigte Gott herabgestiegen, indem er seine Gnade klar und offen
darbot in jenem Menschen, den er durch eine so einzigartige Liebe
vor allen auszeichnete und mit sich verband." [1]

Die Bemerkung des hl. Johannes, die Juden hätten nicht
glauben können, da die Propheten ihren Unglauben vorausgesagt
(Jo 12, 39), hat die Frage wachgerufen: Wenn sie nicht glauben
konnten, wie war denn ihr Verhalten Sünde? Und wenn es Sünde
gewesen, „so konnten sie doch glauben und haben es nicht getan!" [2]

---

[1] De pecc. mer. et rem. 2, 26 27. Vgl. ebd. 33: Ab illo illius adiutorium
deprecamur ad faciendam perficiendamque iustitiam. ... Extolli quippe in superbiam, propriae voluntatis est hominum, non operis Dei; neque enim ad hoc eos
compellit aut adiuvat Deus. Praecedit ergo in voluntate hominis appetitus quidam propriae potestatis, ut fiat inobediens per
superbiam. Auch in diesen Stellen geht nach dem Zusammenhang Augustin
aus von der Unmöglichkeit der totalen Sündlosigkeit (des Gerechten). Aber er
bleibt dabei nicht stehen, sondern gibt den Grund an, aus dem überhaupt
die necessitas peccandi sich herleitet. Ganz dasselbe zeigt sich in vielen Wendungen seiner Predigten; die Macht der Leidenschaft, der Druck der Sünde wird
verhängnisvoll für den, der auf sich vertraut; er verliert seine Gewalt, sobald
man mit dem Apostel ruft: „Ich unglücklicher Mensch", und zu Gott seine Zuflucht
nimmt. Sermo 145, 5; 153, 7 9.

[2] In Io. Ev. tr. 53, 5.

Sie konnten es nicht, sagt Augustin, „weil sie nicht wollten"; das hat der Prophet vorausgesehen, und weil er es richtig vorhergesehen hatte, konnte es nicht anders eintreffen. Daß aber Gott ihnen nicht die Gnade gab, jenen sündhaften Willen abzulegen, hatte seinen Grund in ihrem Stolze, „weil sie ihre Gerechtigkeit aufstellen wollten". „Darum also konnten sie nicht glauben; nicht als ob die Menschen sich nicht zum Bessern umwandeln könnten, aber so lange sie jene Gesinnung haben, können sie nicht glauben."[1]

Diese zahlreichen und einheitlich gefärbten Stellen, die sich bis in die letzten Werke Augustins hinziehen, dürfen bei der Würdigung seiner Freiheitslehre nicht übersehen werden. Wollten wir sie allein ins Auge fassen, so könnten wir sagen: Augustin bekennt sich zur Freiheit des Willens als allgemeiner Tatsache nicht bloß im Sinne der Psychologie, nicht bloß im Sinne der Diesseitsethik, sondern auch im Sinne einer übernatürlichen, von dem christlichen Ideal bestimmten Sittlichkeit; mit andern Worten, er lehrt die Universalität der hinreichenden Gnade zum Heile. So hält es denn Ernst in der Tat für einen der unzweifelhaftesten Lehrpunkte des hl. Kirchenvaters, „daß die Erlösungsgnade von seiten Gottes allen Menschen angeboten wird"[2]. — Allein die angeführten Äußerungen beziehen sich meist auf Christen oder doch auf Menschen, denen die Botschaft des Evangeliums zugegangen ist. Unter den Geboten, die dem Sünder seine Ohnmacht zeigen und die Bitte um Gnade nahelegen, sind ebenfalls durchweg die geoffenbarten Sittenlehren verstanden. Daher ist mit den erwähnten Aussagen wenigstens für das Los der Heiden nichts Sicheres ausgemacht. Und weiterhin sind die Stellen, an denen Augustin die gefallene Menschheit als massa damnata ansieht, aus der Gott mit unerforschlicher Freiheit nur eine Anzahl zum Heile aussondert, so zahlreich, daß die Annahme der allgemeinen gratia sufficiens durch Augustin andern, und wohl den meisten neueren Forschern, zweifelhaft oder unhaltbar erscheint[3].

---

[1] Ebd. 53, 9 10.

[2] Ernst, Die Werke und Tugenden der Ungläubigen nach St Augustin 200. Ähnlich Portalié, St Augustin 2400 f.

[3] Bardenhewer, Patrologie[2], Freiburg 1901, 470: „Seit etwa 442 scheint Augustinus nicht mehr zugegeben zu haben, daß Gott allen Menschen zu ihrem Heile genügende Gnaden darbiete." — Schwane, Dogmengeschichte II[2] 552: „Er neigt in der Tat überall in seinen antipelagianischen Schriften dazu hin, die Heiligung des Menschen und das sittlich Gute in der Menschenwelt vorherrschend

Letztere stützen sich dabei allerdings vielfach auf Äußerungen, die nur die Partikularität der Prädestination und der gratia efficax, d. h. jener Gnade, die tatsächlich den Sieg über das Böse und die menschliche Gebrechlichkeit davonträgt, behaupten. Es ist — vom allgemein katholischen Standpunkte — klar, daß diese Gnade nicht allen Menschen zu teil wird; damit ist jedoch der Glaube an die Universalität der hinreichenden Gnade wohl vereinbar. Man kann auch von Augustin nicht verlangen, daß er dem letzteren Glauben da Ausdruck gibt, wo sich sein ganzes Interesse auf den Nachweis der Freiheit, Souveränität und Allmacht des göttlichen Heilswillens konzentriert. Angesichts der verschiedenartigen Stimmung und Richtung der beiden Gedankengänge, die bei Augustin unleugbar vorhanden sind, und der inneren Schwierigkeiten, die ihre Ausgleichung erschweren, werden wir uns in dieser letzten Frage am besten mit einem „Non liquet" bescheiden [1].

I. Gegen die Anerkennung der eigentlichen Willensfreiheit im gefallenen Menschen führt man seit Bajus und Jansenius eine Reihe von Stellen an, in denen Augustin die Freiheit auf eine Stufe stellt mit der I n n e r l i c h k e i t und S p o n - t a n e i t ä t d e s W o l l e n s, wie sie auch bei notwendigen Affekten, und bei diesen oft am stärksten, vorhanden ist. So nennt Augustin 1. den Willen deshalb „f r e i im Bösen", weil er „F r e u d e h a t am Bösen" (quia delectatur malis. C. duas epist. Pel. 1, 7). Er sagt 2., das dem Menschen „angeborene und ganz unverlierkare liberum arbitrium sei j e n e s, d u r c h w e l c h e s w i r a l l e s e l i g w e r d e n w o l l e n" (Op. imp. c. Iul. 4, 93; 6, 12. De nat. et gr. 54). Das Streben nach Seligkeit ist aber nicht wahlfrei, sondern notwendig. Er bemerkt 3., die necessitas ad peccandum sei ebensowenig ein Hindernis der Freiheit wie die s e l i g e N o t - w e n d i g k e i t G o t t e s, das Gute zu wollen, oder wie die Notwendigkeit der Engel und Heiligen, im Guten zu beharren (Op. imp. c. Iul. 1, 100 103; 5, 58; 6, 19).

Zu diesen Einwänden ist zu bemerken, daß Augustin, wie die katholischen Theologen stets zugegeben haben, das Wort Freiheit in verschiedenem Sinne gebraucht; auch die spätere Theologie selbst gebraucht es in verschiedener Bedeutung. So ist die Innerlichkeit alles seelischen Strebens in der Tat ein Vorzug gegenüber dem äußerlichen mechanischen Zwange; um so mehr gilt dies von der Spontaneität des geistigen Strebens, des Wollens. Der Gradmesser dieser Innerlichkeit ist die Freude und Lust, mit der ein Akt aus der Potenz hervorgeht. Im Gegensatz zur aufgezwungenen Tätigkeit wird demnach das lustvolle Streben und Handeln mit Recht als ein freies bezeichnet. Wenn aber Augustin auch da, wo seine Gegner offenbar die libertas indifferentiae im Auge haben, auf das dem Willen angeborene Streben nach Seligkeit hinweist, so muß dies auf den ersten Blick

---

auf die wirksame Gnade Gottes allein zurückzuführen und den freien Willen beiseite liegen zu lassen. . . . Die hinreichende Gnade für alle tritt in diesem Gedankengange zurück.

[1] Vgl. noch die allgemeinen Gesichtspunkte A t z b e r g e r s in der Fortsetzung der Dogmatik Scheebens (Bd IV, §§ 315 und 316).

befremden. Das Fremdartige schwindet, wenn wir uns erinnern, wie Julian den Indeterminismus überspannt hat, wie er das voluntarium und naturale in unpsychologischer Weise als ausschließende Gegensätze behandelt. „Istae duae definitiones tam contrariae sibi sunt, quam contrarium est necessitas et voluntas, quarum confirmatio ex mutua negatione generatur" (Op. imp. c. Iul. 4, 93). Nach ihm ist der Wille pure, voraussetzungslose Wahlfreiheit ohne jeden natürlichen Kern und Grundzug. Es war also vollkommen berechtigt, wenn Augustin diesem Gegner zeigt, daß Freiheit und Notwendigkeit nicht in solchem Gegensatze zueinander stehen, daß beide in demselben Willen einträchtig zusammenwohnen. Auf Grund der Notwendigkeit, das Gute und die Seligkeit zu wollen, und im Rahmen dieser Notwendigkeit erhebt sich die Freiheit der selbstbestimmten Wahl. Entsprechend kann auch im Sünder die Freiheit des Wählens einen weiten Spielraum behalten, nachdem der Seligkeitsdrang sich auf ein verkehrtes Ziel festgesetzt hat, und diese allgemeine Willensrichtung nicht mehr der Wahl unterliegt, nur mehr libertas im Sinne der voluntas und delectatio ist. Ähnlich verhält es sich mit der beata necessitas des göttlichen Wollens. Gewiß unterscheidet die ausgebildete Metaphysik und Theologie sorgfältiger den notwendigen und den freien Inhalt des Wollens Gottes. Aber das, was Augustin eigentlich gegen Julian behauptet, ist nicht die formelle Gleichheit beider, sondern nur ihre sachliche Vereinbarkeit, ja ihre unzertrennliche, natürliche Vereinigung. Auch in Gott hindert die wesenhafte, absolut notwendige Selbstliebe und Selbstbehauptung keineswegs die Freiheit seiner schaffenden Macht. Und wie die Seligen, indem sie das höchste Gut und die Sittlichkeit mit notwendiger Liebe umfassen, innerhalb des sittlich Guten sich frei betätigen, so wird die Verkehrung und sittliche Lebensberaubung der Verdammten eine grundsätzliche und notwendige sein, ohne daß ihre Willensfreiheit aufgehoben ist. Dieses letztere Beispiel, den Zustand der Verdammten, hat übrigens Augustin, soviel ich weiß, niemals herangezogen, um die necessitas peccandi des Sünders zu illustrieren.

Die Berufung auf die beata necessitas Gottes und der Seligen ist auch darum keine Instanz gegen die richtige Auffassung der Freiheit, weil Augustin fast an allen Stellen, wo er sie erwähnt, die falsche Behauptung Julians im Auge hat, die Freiheit müsse, um wahre Freiheit zu sein, die Wahl zwischen G u t u n d B ö s e einschließen. Julian faßt sein „variare motus" im Sinne des willkürlichen Übergangs vom Guten zum Bösen und umgekehrt. Dieser Irrtum, in dem sowohl das sittliche Ideal wie die sittliche Kraft des Willens falsch bestimmt wird, zeigt sich sofort in seiner Haltlosigkeit, wenn Augustin fragt, ob Gott und die Heiligen, bei denen die Sünde ausgeschlossen ist — sei es durch ihr Wesen, sei es durch ihre Begnadigung —, nicht auch den Vorzug der Freiheit besitzen.

II. Eine im Jansenistenstreit von beiden Seiten über Gebühr und zum Teil mit haarspaltender Dialektik behandelte Stelle ist die Äußerung in der Expositio Epistolae ad Galatas 49 (geschrieben zwischen 393 und 396): Q u o d e n i m a m - p l i u s n o s d e l e c t a t , s e c u n d u m i d o p e r e m u r n e c e s s e e s t. Die Jansenisten behaupteten, die hier erwähnte delectatio sei die unmittelbare, primitive, von dem Sinnenreize oder von der Gnade ausgehende Lust, die den Willen vor der Entscheidung beeinflußt; unter Betonung des „necesse est" folgerten sie dann aus dem Satze, daß der Wille seine Wahl nicht mit innerer Freiheit, sondern nach dem Übergewicht der auf ihn wirkenden delectatio coelestis oder terrestris treffe. Die katholischen Theologen deuteten jene delectatio als die freie Hinneigung des ganzen Menschen, als die jedem Wollen immanente Lust und Freude am

Gegenstande; die „größere" Lust ist dann die in der Entschließung selbst sich äußernde Vorliebe für den einen Gegenstand. — Es ist zweifellos, daß Augustin in konsequenter und charakteristischer Weise den Begriff des Wollens mit dem der Liebe und Lust verwebt; die innerste und elementarste Stimmung des Willens ist „Liebe"; jede nüchterne Entschließung, z. B. die Unterwerfung unter das siebte Gebot, ist „Freude" an der Gerechtigkeit. Nach dem nächsten Zusammenhang der Stelle ist in der Tat nicht so sehr die Rede von den Reizen und Motiven, die auf den Willen wirken, als von der Lenkung und Beherrschung des äußeren Handelns durch die — so oder so gestimmte — Innerlichkeit: „Regnant autem ista bona, si tantum delectant, ut ipsa teneant animum in tentationibus, ne in peccati consensionem ruat. Quod enim amplius nos delectat, secundum id operemur necesse est; ut verbi gratia occurrit forma speciosae feminae et movet ad delectationem fornicationis; sed si plus delectat pulchritudo illa intima et sincera species castitatis per gratiam, quae est in fide Christi, secundum hanc v i v i m u s et secundum hanc o p e r a m u r; ut non regnante in nobis peccato ad obediendum desideriis eius, sed regnante iustitia per caritatem cum magna delectatione f a c i a - m u s, quidquid in ea Deo placere cognoscimus." Daß mit der freien und ernsten Entschließung des Menschen stets das äußere Handeln übereinstimmt, ist eine Tatsache, die mit der Willensfreiheit an sich nichts zu tun hat. Für die Existenz der Freiheit im Streite der himmlischen und irdischen Motive hat sich Augustin vorher (n. 46) ausdrücklich ausgesprochen, wenn auch nur in kurzen und all-gemeinen Wendungen. Der Nachdruck seiner Erörterung liegt eben hier nicht auf der Frage der Willensfreiheit im Sinne des Determinismus oder Indeterminismus, sondern auf der Betonung der Wahrheit, daß alles Streben und Wollen überhaupt M o t i v e v o r a u s s e t z t, daß es sich in der Form von Liebe und Haß, Lust und Unlust vollzieht, und daß infolgedessen im Menschen, wenn er auf die Dauer über die „temporalis cupiditas" siegreich bleiben soll, d i e h ö h e r e L u s t u n d N e i g u n g d e r c a r i t a s s p i r i t a l i s P l a t z g r e i f e n m u ß (n. 46).

Fünftes Kapitel.
Das sittliche Handeln außerhalb des Christentums und der Kirche.
§ 1. Die natürlichen Tugenden der Heiden.

> „Si neque hanc eis terrenam gloriam . . .
> concederet, non redderetur merces bonis
> artibus eorum i. e. virtutibus."
> (De Civ. Dei 5, c. 15.)
> „Neque enim est vera virtus, nisi quae ad
> eum finem tendit, ubi est bonum ho-
> minis, quo melius non est."
> (Ebd. 5, c. 12, 4.)

Die vorangehende Untersuchung tritt in deutlichere und auch geschichtlich interessantere Beleuchtung, wenn wir fragen, wie Augustin über die Möglichkeit und Tatsächlichkeit des sittlich Guten außerhalb der Kirche, vor allem in der Heidenwelt, gedacht hat. Manche werden diese Frage für überflüssig halten angesichts des so oft gelesenen Spruches unseres Kirchenlehrers, daß die Tugenden der Heiden glänzende Laster seien. Gegenüber der Sicherheit und Hartnäckigkeit solcher Zitate ist es zunächst von Wert, zu konstatieren, daß Augustin den Satz in dieser Fassung nie ausgesprochen hat. Bei der Wichtigkeit des Gegenstandes und der peinlichen Sorgfalt, mit der die kritische Wissenschaft sonst schon viel kleinere Fragen behandelt, sollte kein gewissenhafter Schriftsteller so weit gehen, den schroffen Satz schlechtweg als Lehre Augustins anzuführen. Nicht bloß hat das deutsche Wort „Laster" einen schlimmeren Sinn als das lateinische vitium; der Ausdruck splendida vitia findet sich überhaupt nicht bei Augustin [1]. — Damit ist freilich sachlich noch wenig ausgemacht; ohne Zweifel hat Augustin durch seine wirkliche Lehre zu der geschärften Formulierung Anlaß gegeben. Immerhin spielen auch hierbei so zahlreiche Rücksichten, so tiefgehende und ernste Gedanken mit, daß sich nur bei umsichtiger und völlig leidenschaftsloser Untersuchung ein gerechtes Verständnis seiner Lehre gewinnen läßt. Aus der Theorie Augustins spielt hinein seine Auffassung der Erbsünde, der Gnade, des Glaubens, der Liebe, der Kirche und des Sakraments; aus seiner Persönlichkeit die lebendige und genaue Kenntnis der damaligen Heidenwelt, sein bis zum innersten Kerne christlich durchtränktes Gemütsleben und endlich seine polemische Stellung zu den Irrlehren des Pelagianismus und Donatismus, die seiner tiefsten Überzeugung nach das Übernatürliche und Überwältigende des Christentums, die Herrschaft der Gnade und der Kirche, dem Weltgeiste auslieferten.

Der katholische Theologe kann diese Untersuchung um so unbefangener vornehmen, als seit dem Tridentinum und vor allem seit den kirchlichen Erklärungen gegen Bajus und Jansenius die Möglichkeit natürlich guter Werke und Gesinnungen für die Heidenwelt allgemeine kirchliche Lehre ist. Er kann sich auch berufen auf das

---

[1] In neuerer Zeit hat Willmann (Geschichte des Idealismus II² 310, A. 1) und besonders nachdrücklich Denifle (Luther und Luthertum I² 2, 857 ff (gegenüber Leibniz, Kolde, Seeberg, Prantl, v. Oettingen, Harnack) diese Tatsache hervorgehoben. Denifle vermutet, das Schlagwort sei in dieser Fassung durch zwei Stellen Augustins veranlaßt: C. Iul. Pel. 4, 20, wo Augustin sagt, es gebe Fehler (vitia), die den Tugenden nicht entgegengesetzt, sondern quadam specie fallente den Tugenden ähnlich seien, und Retr. 1, c. 3, 2, wo er die frühere Äußerung mißbilligt: philosophos non vera pietate praeditos virtutis luce fulsisse.

Zeugnis der voraugustinischen, besonders der griechischen Väter und
auf die Lehre der ganzen Scholastik. Daß Augustin und die übrigen
antipelagianischen Väter in diesem Punkte eine gewisse Sonderstellung einnehmen, hat man stets gewußt und anerkannt[1]. Ob
diese Sonderstellung mehr ist als ein durch Zeitbedürfnisse und persönliche Momente veranlaßtes Akzentuieren gemeinchristlicher Gedanken, muß die nähere Untersuchung lehren[2].

Um ein richtiges Bild der Denkweise Augustins zu gewinnen,
empfiehlt es sich zunächst, den Gedankengang seiner beiden um-
fassendsten Erläuterungen zusammenhängend wiederzugeben.

I. Die sittlichen Vorzüge der alten Römer nach der Civitas Dei.

Im 5. Buche der Civitas Dei (geschrieben 413—415) fragt Augustin im Anschluß an den Gedanken, daß die Vorsehung Gottes
die Schicksale der Völker regiert und speziell die Entwicklung des
römischen Reiches überwacht und emporgeführt hat, durch welches
moralische Verhalten die Römer einen solchen Beistand Gottes
veranlaßt hätten. Die alten Römer, antwortet er, zeichneten sich
aus durch die Kraft, mit der sie niedere, materielle Begierden
durch die stärkere Begierde nach Freiheit, Macht und Ruhm über-
wanden. In dieser Gesinnung haben sie „vieles Wunderbare, nach
Menschenurteil Lob- und Ruhmwürdige getan"[3]. Nach einem Ausspruche Sallusts war das Streben nach jenen Gütern, und besonders
die Ruhmbegierde, allen Römern, den tüchtigen wie den feigen, gemeinsam. Aber der Gute strebt danach „auf dem wahren Wege",
auf dem Wege der virtus, der Feige und Schwächling auf dem
krummen Wege der Bestechung und Täuschung, der Korruption der
Sitten und öffentlichen Meinung. Nach dem Urteil desselben Schriftstellers hat Julius Cäsar sich dadurch als echten Römer erwiesen,
daß er auf dem Wege der virtus Ruhm und Ehre anstrebte[4]. Doch
fällt er ein noch ehrenvolleres Urteil über den jüngeren Cato, wenn
er von ihm sagt, der Ruhm sei ihm um so mehr gefolgt, je weniger

---

[1] Scheeben, Dogmatik III 947 ff 977 981.

[2] Manche dogmatische Werke schwächen durch Einzelzitate, die nicht einmal
die zeitliche Aufeinanderfolge der Schriften Augustins berücksichtigen, die wirkliche Lehre Augustins in ebenso unhaltbarer Weise ab, wie umgekehrt protestantische Schriftsteller sie übertreiben und vergröbern. Lehrreich ist dagegen neben
Ernst, Die Werke und Tugenden der Ungläubigen nach St Augustin, die Darstellung von Scheeben, Dogmatik III, §§ 296 297 298.

[3] De Civ. Dei 5, c. 12, 1.   [4] Ebd. 5, c. 12, 3.

er ihn begehrte. Die Tugend Catos ist also nicht auf das Lob der Menschen ausgegangen; sie ist zufrieden gewesen mit dem Zeugnis des eigenen Gewissens. In der Tat soll die Tugend nicht dem Ruhme, sondern nur dem höchsten Gute dienen. So würde denn Cato weit über Cäsar stehen, wenn er nicht — nach andern Zeugnissen — durch die Tat mit sich selbst in Widerspruch geraten wäre[1]. Übrigens gab es auch im ursprünglichen Rom immer nur wenige Männer, die durch „egregia virtus" ausgezeichnet und „pro suo modo boni" waren[2]. In ihrer Ruhmsucht standen das persönliche und das patriotische Moment in eigenartiger Wechselbeziehung. Jene Männer opferten sich für das Wohl und den Glanz des Vaterlandes; sie wußten aber zugleich, daß so auch ihr persönlicher Ruhm fester und dauernder begründet wurde[3].

Der Christ verurteilt die Ruhmbegierde, wenigstens dann, wenn sie stärker ist wie die „Hochschätzung der Gerechtigkeit", „die Liebe zur Wahrheit", die „Furcht und Liebe Gottes". Der wahrhaft große und sittliche Mensch muß bereit sein, Verachtung und Schande zu tragen, wie die christlichen Märtyrer es waren. Auch sie haben unermeßlichen Ruhm in der Kirche Gottes geerntet; aber sie „haben nicht in ihm als dem Endzweck ihrer Tugend geruht"; sie haben ihn Gott zu Füßen gelegt und andere Menschen durch Hinweis auf diesen Ruhm in der Begeisterung für Gott gestärkt. Sie übertreffen an Zahl, aber auch „an wahrer virtus, weil an wahrer pietas" die Scävola, Curtius und Decius[4]. Die wahre „pietas" erweist nur dem einen Gotte Anbetung und sittliche Hingabe; sie allein empfängt als Lohn der Sittlichkeit das ewige Leben im himmlischen Gottesstaate. Was sie gewollt hat, das findet sie; Ziel und Lohn stehen völlig im Einklang. Nicht anders verhielt es sich schließlich mit den Tugenden jener großen Römer. Sie haben „durch ihre guten Künste, d. h. durch ihre Tugenden" die Ehre und Größe Roms fördern und „auf dem wahren Wege" das Ziel irdischen Ruhmes erreichen wollen. Was sie gesucht und ernst erstrebt haben, das haben sie erlangt; Gottes Vorsehung hat auch hier Ziel und Lohn in Einklang gesetzt[5].

Aber nicht dieser Gesichtspunkt allein tritt in der Lenkung der römischen Geschicke hervor. Gott wollte auch, daß die Christen „eifrig und ernst auf jene Beispiele hinschauen und erkennen sollten,

---

[1] Ebd. 5, c. 12, 4.   [2] Ebd. 5, c. 12, 5.   [3] Ebd. 5, c. 13 14.
[4] Ebd. 5, c. 14.   [5] Ebd. 5, c. 15.

welche Liebe sie dem höheren Vaterlande um des ewigen Lebens
willen schulden, wenn schon das irdische Vaterland von seinen
Bürgern des menschlichen Ruhmes wegen so sehr geliebt worden
ist"[1]. Die Taten eines Brutus, Torquatus, Camillus, Mucius, Curtius,
Decius, M. Pulvillus, Regulus, Valerius, Cincinnatus, Fabricius sind
wohl geeignet, die christlichen Märtyrer und Aszeten vor selbst-
gefälligem Stolze zu bewahren und die lauen Christen zu beschämen.
„Durch jenes Reich, so weit und alt, so herrlich und ruhmreich,
durch die Tugenden großer Männer, ist also einerseits ihrem
Streben der Lohn, den sie suchten, zu teil geworden und sind anderseits uns Vorbilder wichtiger Unterweisung vor Augen gestellt
worden."[2] Vom Diesseitsstandpunkte war ihr Leben ein „würdiges":
daher ziemte es sich, daß die Juden, die ihren übernatürlichen Beruf
durch große Fehler (magnis vitiis) verwirkt, ihren Heiland selbst
getötet hatten, dem römischen Volke mit seinen, wenn auch unvoll-
kommenen Tugenden (qualibuscumque virtutibus) zur Beute geworden
sind[3]. Die Begierde nach Ruhm ist schon an sich edler und der
Sittlichkeit verwandter als nackte, brutale Herrschsucht. Gibt es
ja auch auf Erden einen Ruhm, der in der Anerkennung sittlicher
Vorzüge (bona morum) durch gute Menschen besteht, — während
der Machthunger zu allen, auch den schändlichsten Mitteln greift[4].

Das eine aber muß unter uns feststehen, daß niemand wahre
Tugend haben kann ohne wahre pietas, d. h. ohne die rechte
Verehrung des wahren Gottes. Zu letzterer gehört es, die Tugend,
auch die höchste, jener „Gnade Gottes zuzuschreiben", die den
Wollenden, Glaubenden, Bittenden geschenkt wird, und ferner, die
Vollendung der Gerechtigkeit erst im Jenseits zu erwarten. Aber
ist es auch keine virtus vera, die „dem menschlichen Ruhme dient",
so bleibt es doch für die irdische Gesellschaft von hohem Werte,
daß in ihr wenigstens „die Tugend selbst" (virtus vel ipsa)
geübt wird[5]. Cicero hat einmal die epikureische Moral treffend gekennzeichnet; er stellt die Lust (voluptas) als üppige Frau auf
königlichem Throne dar; die Tugenden stehen als ihre Dienerinnen
umher. Das Gemälde wird nicht viel erbaulicher, wenn man die
weltliche Ehre (gloria) in den Mittelpunkt der Sittlichkeit stellt;
sie ist zwar keine weichliche Herrscherin, aber dennoch eine eitle,

---

[1] De Civ. Dei 5, c. 16.
[2] Ebd. 5, c. 18, 3. Die Tugenden jener Männer sind den unsrigen „utcum-
que similes".
[3] Ebd.   [4] Ebd. 5, c. 19.   [5] Ebd.

windige und unbeständige; auch unter ihrem Zepter ist keine
„solide" und feste Tugend möglich. Selbst wenn jemand das Lob
der Menschen verachtet, aber „sich selbst weise erscheint
und wohlgefällt", ist sein Standpunkt nicht wesentlich besser; auch
dann ist es ein Mensch, in dessen Wohlgefallen er sich sonnt. Wer
jedoch in wahrer Ehrfurcht, d. h. glaubend, hoffend, liebend sich
Gott hingibt, der „sucht überhaupt weniger sich selbst, als der
Wahrheit zu gefallen", der „denkt mehr an das, worin er sich
selbst mißfällt", als an das, worin er sich gefällt, und schreibt auch
letzteres der Barmherzigkeit Gottes zu[1]. — Das sind die Gedanken,
wie sie sich Augustin dargeboten haben. An sich freilich „ist es
ein Wagnis und übersteigt gar sehr unsere Kräfte, die verborgenen Eigenschaften der Menschen beurteilen und in ein-
leuchtender Prüfung über die Verdienste der Staaten zu Gericht
sitzen zu wollen"[2].

Bevor wir die charakteristischen Linien dieser Darstellung
schärfer herausheben, vergleichen wir einen ähnlichen Passus aus dem
fast gleichzeitig geschriebenen Briefe an Marcellin, in dem Augustin
selbst die entwickelten Gedanken kurz zusammenfaßt. „Das (römische)
Gemeinwesen haben die ältesten Römer durch ihre Tugenden
gegründet und gehoben, obwohl sie nicht jene wahre Verehrung
(pietas) des wahren Gottes besaßen, die sie durch heilbringende
Frömmigkeit hätte zum ewigen Staate führen können. Sie beobach-
teten eine Rechtschaffenheit von ihrer Art (quandam sui generis
probitatem), wie sie zur Grundlegung, Förderung und Erhaltung des
irdischen Staates ausreichend war. So nämlich hat Gott zeigen
wollen, wieviel die bürgerlichen Tugenden auch ohne
wahre Religion wert sind, damit man einsehe, daß, wenn
diese hinzutritt, die Menschen Bürger eines andern Staates
werden, dessen König die Wahrheit, dessen Gesetz die Liebe,
dessen Maß die Ewigkeit ist."[3]

In diesen Ausführungen tritt trotz des scharfen Unterschiedes,
den Augustin zwischen christlicher und heidnischer Tugend macht,
die Tatsache klar hervor, daß er der letzteren einen moralischen
Wert zuerkennt. Es sind nicht bloß „große Männer", die „Wunder-

---

[1] Ebd. 5, c. 20.   [2] Ebd. 5, c. 21.

[3] Epist. 138, 17: Deus enim sic ostendit in opulentissimo et praeclaro im-
perio Romanorum, quantum valerent civiles etiam sine vera religione virtutes,
ut intellegeretur hac addita fieri homines cives alterius civitatis, cuius rex veritas,
cuius lex caritas, cuius modus aeternitas.

bares" geleistet haben; wir schauen an ihnen „bona morum", ein
„würdiges Leben", „Rechtschaffenheit", „ausgezeichnete Tugenden".
Wenn ihnen die „virtus vera" abgesprochen werden muß, so zeigt
der Gegensatz „virtus vel ipsa", daß das „wahr" hier im emphatischen
Sinne — als echt, vollkommen — gemeint ist. Das Ziel der römischen Tugend, die gloria, ist freilich kein ausreichendes und voll-
gültiges. Aber auch bei ihm kann ein sittlicher Zug, die Rücksicht
auf das Urteil der guten Menschen, durchdringen; insofern ist ja
das Streben nach Ruhm der nur physisch wirkenden Herrschsucht
überlegen. Daß Augustin die virtutes der Römer als solche nicht
für Fehler hält, zeigt sich weiter darin, daß er die vitia der Juden
zu ihnen in Gegensatz stellt. Letztere ziehen Strafen Gottes herab;
die Tugenden der Römer hat Gott belohnt, in seiner Gerechtigkeit belohnt und dadurch gezeigt, wieviel sie wert sind. Noch
mehr; Gott stellt der christlichen Tugend die heidnischen Helden
als Muster vor; ihre Tugenden sind nachahmungswürdig, den christlichen irgendwie ähnlich — wie könnten sie also wertlos und schlecht
sein! Reichte die Sittenstrenge, Treue, Vaterlandsliebe der Römer
nicht aus für das Himmelreich, so würde sie doch ausgereicht
haben, wenn die wahre Religion „hinzugetreten wäre"! Also handelt
es sich nicht um Umwandlung eines Bösen zum Guten, sondern um
die Vermehrung und Erhöhung eines Guten[1].

Freilich — soviel sehen wir schon hier — eine solche Vermehrung dürfte nicht bloß eine äußerliche sein. So scharf Augustin
die Anbetung des wahren Gottes als ein Neues und Charakteristisches
an der christlichen Tugend hervorhebt, so deutlich zeigt er, daß
diese Vermehrung der Pflichten das Innerste aller Sittlichkeit berührt, ihren Geist verändert und vervollkommnet. Die
sachliche Art und Leistung der Tugend mag hier wie dort überein-
stimmen; das Ziel der Tugend, von dem ihre innere „Wahrheit"
abhängt, ist verschieden. Das verhältnismäßig beste der im Heidentum mächtigen Ziele, der Ruhm (des Einzelnen und des Volkes), ist
1) ein unzuverlässiger, häufig gefälschter Maßstab des Guten,
eine schwankende Grundlage des Charakters. Der Christ hat als
Ziel und Leitstern der Sittlichkeit die veritas der unwandelbaren Gottheit. Der Ruhm ist 2) zwar ein erlaubtes Hilfsmotiv des Sittlichen,

---

[1] Vgl. die schöne Ansprache an den guten Genius Roms De Civ. Dei 2, c. 29,
in der es heißt: Si quid in te laudabile naturaliter eminet, nonnisi
vera pietate purgatur atque perficitur. Die christliche Moral ist
Reinigung und Vervollkommnung der natürlichen.

aber bei seinem beschränkten Werte nicht ein Gut, in dem wir
ruhen, dem die Tugend „dienen" darf. Mehr als den Ruhm
müssen wir die iustitia und veritas lieben; in ihnen lieben wir ein
Gut, das von keinem andern übertroffen wird. Darum ist 3) auch
der Selbstruhm des eigenen Gewissens nicht Ziel- und
Ruhepunkt der Tugend, weil auch er ein subjektiver und endlicher
Wert ist. Anders verhält es sich mit der im Gewissen erfaßten
Wahrheit, die als objektive Macht über uns steht, uns gebietet
und zurechtweist (cuius rex veritas). 4) Diese Macht erfüllt aber
nur dann das Innere des Menschen mit Liebe und Ehrerbietung
(cuius lex caritas; vera pietas), wenn die dilectio iustitiae et veritatis übergeht in den timor und amor Dei. Nur Gott gegenüber entwickelt sich der vertrauensvolle Glaube an ein unvergäng-
liches, gemeinsames Heil; nur ihm gegenüber wird alles Geschöpfliche, auch die Tugend selbst, als Gnade empfunden und so die
Demut in der Größe festgehalten. 5) Die Beziehung des Sittlichen
auf das Endliche und Geschichtliche im heidnischen Tugendhelden
findet ihre naturgemäße Sanktion in dem geschichtlichen Aufblühen und Siege der Nation und ihrer Führer, also in einer zeitlichen Belohnung. Nur da, wo das wahrhaft Ewige ins Gewissen
und Streben des Menschen eingegangen ist, läßt sich als Lohn das
„ewige Leben" erhoffen (cuius modus aeternitas).

In der ganzen Stelle ist von den spezifisch christlichen Lehren,
von den sakramentalen Bedingungen des Heils nicht die Rede. Daß
die Heiden Christus nicht kennen, daß sie die Frucht seines Todes
sich nicht angeeignet, die Taufe nicht empfangen haben, wird ganz
übergangen. Anderseits fehlt auch die Frage, ob nicht manche
Heiden trotz der Mängel und Unvollkommenheiten ihrer Tugend auf
besondern Wegen zur Teilnahme an der Civitas Dei gelangt sind.
Beides ist nicht zu verwundern, da Augustin in diesem Buche nicht
die Absicht hat, die heidnische und die christliche Sittlichkeit zu
vergleichen, sondern die politische Blüte und Machtentfaltung Roms
im Lichte des christlichen Vorsehungsglaubens zu erklären.

II. Heidnische und christliche Tugend nach den Kampfschriften
gegen Julian.

Im Kampfe mit den Pelagianern, besonders mit Julian, wurde
das Verhältnis der christlichen und heidnischen Sittlichkeit ex pro-
fesso Gegenstand der Erörterung. Wir wissen, daß es sich in diesem

Kampfe handelte um Sein oder Nichtsein der übernatürlichen Heils-
ordnung, um die Notwendigkeit der Gnade und Sündenvergebung,
um die Bedeutung des Glaubens, des Gebetes und der Sakramente.
Augustin hatte in dem Werke De nuptiis et concupiscentia (419—420)
seinen Leitsatz, daß alles Gute eine Gabe Gottes sei, auch auf die
eheliche Keuschheit angewandt. Dabei stieß ihm die Frage auf, ob
diese Wahrheit auch gelte von der Keuschheit der Gottlosen und
Ungläubigen (impii, infideles). „Sündigen sie vielleicht dadurch, daß
sie ein Geschenk Gottes schlecht gebrauchen, indem sie es nicht
beziehen auf die Ehre dessen, von dem sie es empfangen
haben? Oder sind diese Dinge, wenn die Ungläubigen sie üben,
überhaupt nicht als Gaben Gottes anzusehen nach jenem Worte
des Apostels: „Alles, was nicht aus dem Glauben hervorgeht, ist
Sünde"? Die Antwort scheint zunächst von dieser Alternative
abzuschweifen, indem sie neue, empirische Gesichtspunkte einmischt.
Es ist keine „wahre", sondern nur eine scheinbare Keuschheit, in
Wahrheit aber Sünde, wenn Menschen ohne Glauben, ohne Beziehung auf den wahren Gott die eheliche Treue wahren, „mögen
sie es tun, um den Menschen zu gefallen — sei es, sich selbst
oder andern —, oder um in den Dingen, die sie verkehrterweise
begehren, menschliche Beschwerden zu vermeiden, oder
um den Dämonen zu dienen", d. h. den heidnischen Göttern [1].
    Bei näherer Betrachtung der natürlichen Einrichtung der Ehe
ergibt sich aber, daß sowohl die Ehe wie die Ausübung der Ehe zum
Zwecke der Fortpflanzung und in gegenseitiger Treue etwas Gutes
ist. Die Ungläubigen verwandeln dieses Gute in Sünde,
„weil sie es ungläubig gebrauchen" [2]. Die christlichen Eltern
wollen nicht bloß Kinder der Welt, sondern Kinder Gottes, Glieder
Christi zeugen; die ungläubigen Eltern dagegen rühmen sich ihrer
ungläubigen Nachkommenschaft. Wahre Tugend liegt in der Seele;
wenn nun nach Ps 72, 27 die Seele, die sich von Gott entfernt,
Gott die Ehe und Treue bricht (fornicatur abs te), wie kann in
einem Gottlosen wahre Keuschheit sein? [3]
    In dieser und in andern gleichzeitigen Schriften Augustins be-
gegnet uns die Berufung auf das Wort des hl. Paulus Röm 14, 23:

---

[1] De nupt. et conc. 1, 4.
[2] Ebd. 1, 5: Hoc tam evidens bonum, cum infideles habent, quia infideliter
utuntur, in malum peccatumque convertunt.
[3] Dieselbe Anwendung der Psalmstelle: De coni. adult. 1, 20; C. Iul. Pel.
4, 14 27.

Omne, quod non est ex fide, peccatum est, das in seiner
Bekämpfung des pelagianischen Moralismus eine bedeutende Rolle
spielt[1]. Der hl. Paulus spricht an der Stelle tatsächlich nicht vom
Glauben im dogmatisch-religiösen Sinne, sondern von der sittlichen
Überzeugung, vom Urteile des Gewissens über Erlaubtheit oder Un-
erlaubtheit (des Essens gewisser Speisen). Wir gewahren, wie
Augustin, ohne diesen Zusammenhang in Abrede zu stellen, das
Wort fides *(πίστις)* nachdrücklich auch auf die Tugend des Glaubens
bezieht und damit der Stelle einen Sinn gibt, den weder die frühere
Patristik noch die spätere Exegese in ihr gefunden hat.

Wie wir aus Augustins Antwort sehen, hat Julian die eben
zitierte Äußerung kritisiert und dabei, neben der Keuschheit, auch
andere Tugenden der Heiden ins Feld geführt. Augustin entgegnet
ihm, wenn man solche Tugenden anerkenne, müsse man sie auch
als Gaben Gottes bezeichnen, und zwar in höherem Maße als physische
und äußere Vorzüge[2]. Aber „wahre" Tugend setzt voraus, daß der
Mensch gerecht ist; der „Gerechte aber lebt aus dem Glauben"
(Röm 1, 17). Kein Christ wird einen infidelis und impius, mag er
auch Fabricius, Fabius, Scipio oder Regulus heißen, einen Gerechten
nennen. Nicht einmal die Neupythagoreer und Neuplatoniker, die
in ihrem hohen philosophischen Schwung erkannten, daß der Seele
die wahre Tugend von „der Form" der göttlichen Wesenheit ein-
geprägt wird, besaßen — als Nichtchristen — wahre Gerechtigkeit.
Denn „von dem, was sie in der Erkenntnis erreichten, sind sie durch
Stolz wieder abgewichen": sie haben Gott erkannt, aber weder ihn
als Gott verherrlicht, noch ihm gedankt; sich für weise erklärend,
sind sie Toren geworden; die Demut des wahrhaft Gerechten (Christus)
haben sie geringgeschätzt. Wie könnte aber ein Tor ein Gerechter
sein? Wie könnte einer, der Gott nicht die Ehre gibt, gerecht
heißen? Wenn wahre Gerechtigkeit möglich ist durch die Natur,
den Willen, die Philosophie, so wäre ja „Christus umsonst gestorben"! Dann bedürfte es Christi auch nicht zur Erlangung des
Reiches Gottes; denn das Reich Gottes ist Gerechtigkeit und
Friede (Röm 14, 17); und Gott wäre ungerecht, wenn er einen
an sich Gerechten von diesem Reiche ausschlösse[3].

Julian hatte sich auf die Mäßigkeit und Selbstzucht der Wett-
kämpfer berufen. Augustin bemerkt, dieser Vergleich enthalte doch

---

[1] So in demselben Jahre 417 in der Schrift De gest. Pel. 34.
[2] C. Iul. Pel. 4, 16.   [3] Ebd. 4, 17.

eine grobe Beleidigung der von Julian gepriesenen Fabier und Sci-
pionen. Die Heilige Schrift vergleicht zwar auch den Eifer im
Dienste Gottes mit der Mühe des Wettkämpfers, mit der Klugheit
des Weltkindes, aber so, daß sie zugleich den Unterschied der
Z i e l e hervorhebt. Während bei jenen Menschen die eine Begierde
durch eine andere überwunden wird, „haben wir Christen w a h r e
Tugenden, weil das, um dessen willen wir handeln, wahr, d. h.
unserer Natur zum Heile und wahren Glücke entsprechend ist" [1].

Die Philosophen haben mit Recht die Tugend als „animi habitus
naturae modo atque rationi consentaneus" definiert. Es fragt sich
nur, „was sich geziemt f ü r d i e z u b e f r e i e n d e und beseligende
N a t u r". Wer gibt uns dieses h ö c h s t e G u t, diese Freiheit, Seligkeit, Unsterblichkeit außer Christus dem Gekreuzigten? Daher
lebt der Gerechte aus dem Glauben, aus dem Glauben an Christus.
Und eine Tugend, die für jene Seligkeit nichts nützt, ist keine
wahre Tugend. Julian hat unrecht, wenn er meint, um die vier
Kardinaltugenden als wahre Tugenden zu erkennen, brauche man
„bloß auf das hinzuschauen, was (quod) getan wird, ohne den Grund
zu erforschen, warum (cur) es getan wird". Julian hatte ausdrücklich
bemerkt, die vernünftige Seele sei der Ursprung aller Tugenden, d. h.
jener Affekte, „durch welche wir entweder in fruchtbringender oder
in unfruchtbarer Weise gut sind". D a s W e s e n d e r T u g e n d e n
s e i i n a l l e n M e n s c h e n g l e i c h, aber ihre Zielbestimmung sei
verschieden; „nach dem Gutdünken des Willens, dessen Wink sie
dienen, r i c h t e n s i e s i c h e n t w e d e r a u f d a s E w i g e o d e r a u f
d a s Z e i t l i c h e". Der Unterschied der Tugenden hier und dort
liegt „nicht in ihrem Sein, nicht in ihrem Tun, sondern in ihrem
Verdienste". „Sie können ihren Namen und ihre Art nicht verlieren, aber sie werden, was den erstrebten Lohn angeht, bald
durch die Größe desselben bereichert, bald durch seine Geringfügig-
keit enttäuscht." [2] Die Konsequenz dieser Anschauung würde sein,

---

[1] C. Iul. Pel. 4, 18.

[2] Ebd. 4, 19: Cunctarum, inquis, origo virtutum in rationabili animo sita est,
et affectus omnes, per quos aut f r u c t u o s e aut s t e r i l i t e r boni sumus, in
subiecto sunt mentis nostrae, prudentia, iustitia, temperantia, fortitudo. Horum
igitur affectuum vis cum sit in omnibus naturaliter, inquis, non tamen ad unum
finem in omnibus properat, sed pro iudicio voluntatis, cuius nutui serviunt, aut
a d a e t e r n a aut a d t e m p o r a l i a diriguntur. Quod cum fit, non in eo, quod
s u n t, non in eo, quod a g u n t, sed in eo solo variant, quod m e r e n t u r. Nec
nominis sui igitur, inquis, possunt nec generis sustinere dispendium, sed solius,
quod appetiverunt, praemii aut amplitudine ditantur aut exilitate frustrantur.

daß auch die Entsagung eines Geizhalses und die Tapferkeit eines Catilina, also Vorzüge, die durch einen schlechten Zweck „entstellt und geschändet sind", wahre und echte (germanae) Tugenden wären. Ihr einziger Mangel läge darin, daß sie nur zeitlichen, nicht ewigen Lohn ernten.

Allein, wie Standhaftigkeit und Hartnäckigkeit, Klugheit und Schlauheit verschieden sind[1], so „muß man überhaupt die Tugenden von den Fehlern nach ihren Zwecken, nicht nach ihren Verrichtungen unterscheiden. Verrichtung ist das, was geschehen muß; Zweck ist das, wegen dessen es geschehen muß". Der Mensch sündigt, auch wenn er Erlaubtes und Gutes ohne die rechte Zweckbeziehung tut[2]. Die wahre Tugend „dient" nicht der sinnlichen Lust oder dem zeitlichen Vorteil, wie Julian im Einklang mit Epikur annimmt; sie ist auch nicht so geartet, „daß sie keinem dienen wollte". Sie dient dem, der alles, auch die Tugend, dem Menschen schenkt; sie hat direkt oder indirekt Gott zum Ziele[3]. „Es ist gut, dem Notleidenden, besonders dem unschuldigen, zu helfen; aber wenn der, welcher es tut, dabei mehr den Ruhm bei den Menschen als bei Gott liebt, so tut er das Gute nicht in guter Weise; er tut es, da er es nicht aus gutem Willen tut, nicht als ein Guter. Denn ferne sei es, daß ein Wille gut sei oder genannt werde, der sich bei andern oder in sich selbst und nicht in Gott rühmt. Deshalb kann auch jene Frucht nicht als die seinige bezeichnet werden, denn ‚ein schlechter Baum bringt nicht gute Früchte'; das gute Werk ist vielmehr dessen, der auch durch die Bösen gut handelt." Julian hatte von Tugenden gesprochen, durch welche wir „in unfruchtbarer Weise gut (steriliter boni) sind"; das ist ein innerer Widerspruch, denn Güte und Unfruchtbarkeit sind Gegensätze; das wird auch widerlegt durch das Wort Christi: Jeder gute Baum bringt gute Früchte[4].

---

[1] Ebd. 4, 20.

[2] Ebd. 4, 21: Noveris itaque non officiis, sed finibus a vitiis discernendas esse virtutes. Officium est autem, quod faciendum est, finis vero, propter quod faciendum est. Cum itaque facit homo aliquid, ubi peccare non videtur, si non propter hoc facit, propter quod facere debet, peccare convincitur.... Quidquid autem boni fit ab homine et non propter hoc fit, propter quod fieri debere vera sapientia praecipit, etsi officio videatur bonum, ipso non recto fine peccatum est. Vgl. ebd. 4, 26: Non actibus, sed finibus pensantur officia.

[3] Ebd.: Absit autem, ut virtutes verae cuiquam serviant, nisi illi vel propter illum, cui dicimus: Deus virtutum, converte nos!

[4] Ebd. 4, 22.

Julian hatte sich auf Röm 2 berufen, wo Paulus das natürliche
Gewissen und Rechthandeln der „Heiden" anerkennt. Allein hier
ist wahrscheinlich von bekehrten Heiden die Rede, oder der Sinn
ist, daß die Heiden zwar manche Werke des Gesetzes nach ihrem
Gewissen in der Weise erfüllt haben, daß „sie andern nicht taten,
was sie selbst nicht leiden wollten", dabei aber doch „sündigten,
weil sie — als Menschen ohne Glauben — dieses Handeln nicht
zu dem Ziele hinordneten, zu dem sie es hinordnen mußten".
Denn, mag man auch mit Julian die Stelle Röm 14, 23: „Omne,
quod non est ex fide, peccatum est", als nicht beweiskräftig ablehnen, die andere Stelle bleibt bestehen: „Sine fide impossibile est
placere Deo" (Hebr 11, 6); der hier geforderte Glaube aber ist der
Glaube an Christus[1]. Daher ist auch ein Fabricius nicht „gut", sondern nur weniger böse als Catilina[2]. Jene gefeierten Römer haben
ja mit ihrer Vaterlandsliebe den heidnischen Göttern oder dem
menschlichen Ruhme gedient, sie haben nicht den Glauben an Gott
im Herzen gehabt[3].

Den spöttischen Einwurf Julians, wenn die Keuschheit der Heiden
keine Keuschheit sei, so müsse man auch sagen, ihr Leib sei kein
Leib und das Getreide auf ihren Äckern sei kein Getreide, widerlegt
Augustin mit der Bemerkung, daß der menschliche Leib und die
Früchte des Ackers Gaben und Schöpfungen Gottes sind, während
die Sittlichkeit Tat des Menschen ist und ihren Wert aus der inneren
Gesinnung, aus der Stellung der Seele zu Gott schöpft[4]. „Allein der
Heide sündigt doch nicht, wenn er einen Nackten kleidet!"
Das Werk der Barmherzigkeit ist an sich (per se ipsum factum)
nicht sündhaft, sondern gut (opus bonum). Aber „über ein solches
Werk sich nicht im Herrn rühmen", wie es beim Ungläubigen der

---

[1] C. Iul. Pel. 4, 24: „De cibis enim Apostolus loquebatur." Verum, cum
dixisset: „Qui autem discernit, si manducaverit, damnatus est, quia non ex fide",
hanc peccati speciem, de qua agebat, generali voluit probare sententia mox
inferens: „Omne enim, quod non est ex fide, peccatum est." Sed, ut hoc tibi de
cibis tantum intellegendum esse concedam, quid de alio dicturus es testimonio,
quod identidem posui, nec inde aliquid disputasti, quia non invenisti, quomodo
in tuam posses detorquere sententiam, quod ad Hebraeos scriptum est: „Sine fide
enim impossibile est placere Deo" (Hebr 11, 6)? Nempe, ut hoc diceretur, de
tota vita hominis agebatur, in qua iustus ex fide vivit: et tamen, cum sine
fide impossibile sit placere Deo, tibi virtutes sine fide sic placent, ut eas veras
praedices eisque bonos esse homines, et rursus, quasi te poenituerit laudis
illarum, steriles pronuntiare non dubites.
[2] Ebd. 4, 25.   [3] Ebd. 4, 26.   [4] Ebd. 4, 27.

Fall ist, das ist ohne Zweifel Sünde: „Infidelis facit opera bona non bene; miseretur infideliter."[1] Weil sein Wollen nicht gut, sondern „töricht und schädlich ist", darum sind die guten Werke nicht in Wahrheit Früchte seines Willens, sie gehören nicht eigentlich ihm selbst[2].

Die letzte und interessanteste Ausflucht Julians lautet: „Ich nannte diejenigen Menschen in unfruchtbarer Weise gut, die, weil sie das Gute nicht wegen Gott (propter Deum) tun, von ihm nicht das ewige Leben erlangen." Allein, so fragt Augustin, wird Gott denn gute Menschen in den ewigen Tod schicken? Und sagt nicht das Evangelium, der ganze Leib sei dunkel, wenn das Auge verkehrt sei? Dieses Auge ist die Absicht des Handelns; und gut ist nur „die Absicht des guten Glaubens, d. h. des durch die Liebe wirkenden Glaubens". Darauf folgt der sehr bedeutsame Schluß der ganzen Debatte: „Oder, da du ja zugibst, daß die Werke der Ungläubigen, die dir als ihr Gutes (eorum bona) erscheinen, sie dennoch nicht zum ewigen Heile und Reiche hinführen, so wisse, meine Meinung ist: Dasjenige Gute der Menschen, dasjenige gute Wollen und Wirken, wodurch allein der Mensch zum ewigen Geschenke und Reiche Gottes geführt wird, wird niemand zu teil ohne die Gnade Gottes, die durch den einen Mittler zwischen Gott und den Menschen verliehen wird. Alles übrige, das unter den Menschen irgendwie lobwürdig erscheint, möge dir demnach als wahre Tugend, als gutes Werk, als frei von jeder Sünde erscheinen. Was mich angeht, so weiß ich, daß es nicht ein guter Wille wirkt; denn ein ungläubiger und gottwidriger (impia) Wille ist nicht gut. Mögen solche Willen bei dir gute Bäume heißen, es genügt, daß sie bei Gott unfruchtbar und insofern nicht gut sind. Mögen sie unter den Menschen fruchtbar sein, unter denen sie auch nach deiner Lehre und Lobeserhebung — meinetwegen auch nach deiner Pflanzung — gut sind: wenn ich nur das eine trotz deines Widerstrebens durchsetze: daß die Liebe zur Welt, durch die man Freund dieser Welt ist, nicht von Gott ist, daß die Liebe, die sich an den Geschöpfen ohne Liebe zum Schöpfer ergötzen will, nicht von Gott ist; daß aber die Liebe zu Gott, durch die man zu Gott hingelangt, von keinem andern ist als von Gott dem Vater, durch Jesus Christus mit dem Heiligen Geiste! Durch diese Liebe

---

[1] Ebd. 4, 30 31.   [2] Ebd. 4, 32.

zum Schöpfer gebraucht man die Geschöpfe gut. Ohne diese Liebe zum Schöpfer gebraucht man kein Geschöpf gut. Diese Liebe ist also notwendig auch dazu, daß die eheliche Keuschheit ein selig-machendes Gut (bonum beatificum) sei" [1]. Als leitende und entscheidende These tritt, wie besonders der Anfang und Schluß der ganzen Erörterung zeigen, der Grundgedanke Augustins im pelagianischen Kampfe hervor, daß alles Gute von Gott kommt, daß der menschliche Wille ohne Gott nichts wahrhaft Gutes leistet. Mögen wir nun über das sittlich Gute in seinen irdischen Formen streiten: das Gute ist nur Gott selbst, sein Besitz in der himmlischen Seligkeit und die zu ihm hinführende Liebe zu Gott. Das eine also muß wenigstens unerschütterlich feststehen, daß dieses Gute ein Geschenk Gottes ist. Es ist ein Geschenk, das wir Christus, dem einzigen Mittler, verdanken; er hat unsern Tod in Leben verwandelt, die Sünde hinweggenommen, den Geist der Liebe gegeben, das Reich der Vollkommenheit verheißen. Die Ver-bindung mit ihm ist der Glaube; im Glauben wurzeln Liebe und sittliches Leben. Ein anderes Ziel des Menschen gibt es in Wirklich-keit nicht; ebensowenig einen andern Weg zum Ziele. Nicht darauf kommt es an, was der menschlichen Natur als solcher angemessen ist, sondern darauf, was der erlösungsbedürftigen, für den Himmel bestimmten Natur (liberandae ac beatificandae naturae) angemessen ist. Und da es zwischen Gut und Böse im wirklichen Leben kein

---

[1] C. Iul. Pel. 4, 33. In der Schrift De patientia zeigt Augustin, daß die Ausdauer und Kraft zur Ertragung von Schmerzen und Beschwerden nur dann wahre Tugend ist, wenn der Grund, weshalb man leidet, ein guter ist: Cum ergo videris quemquam patienter aliquid pati, noli continuo laudare patientiam, quam non ostendit nisi causa patiendi. Quando illa bona est, tunc ista vera est (5). Die Bereitwilligkeit der Schlechten, für verbrecherische Ziele oder für die bloße temporalis vita zu leiden. mahnt uns doppelt zur Opferwilligkeit für die bona vita, die durch Opfer und Leiden in die vita aeterna übergeht (6). Die patientia ist comes sapientiae, nicht famula concupiscentiae (4). Wie der moralische Beweggrund hie und da verschieden ist, so auch die Wirkursache: die verkehrte Ausdauer wurzelt in menschlicher Leidenschaft und Härte des Willens, die gute in der Liebe zum übermenschlichen Gute, die nur Gott eingießt (14 15) — dabei wird dem Begriffe Gott auch der decor iustitiae und die vita aeterna gleich-gestellt (13). Der Reflex dieser doppelten Art der Verursachung im Bewußtsein ist auf der einen Seite der Stolz, der sich seiner Tugend rühmt, auf der andern die Demut, die den Gnadenbeistand Gottes dankbar preist. In ähnlicher Weise unterscheidet Augustin Op. imp. c. Iul. 1, 83 den Starkmut heidnischer und christ-licher Helden; nur die fortitudo der letzteren ist pia, weil sie durch die caritas motiviert ist und sich von der gratia abhängig weiß.

Mittleres gibt, so ist alles Handeln, was jenem Endziele nicht entspricht, böse.

Aber doch nur, insofern es jenem Endziele nicht entspricht! Die guten Handlungen sind ohne den Glauben „an sich" gut; sie werden durch den Mangel der religiösen Zielbestimmung in Sünde „verwandelt" (oben S. 266). Der Ungläubige tut „das Gute", er übt gute Werke, aber nicht als „ein Guter" (269). Er erfüllt das Gesetz, aber er ordnet diese Erfüllung nicht auf die Ehre Gottes hin (270). Seine Tugenden sind nicht wahr im Sinne echter und vollkommener Tugenden (virtutis germanae, 269), nicht wahr in dem Sinne, daß sie den Menschen gut machen (270, A. 1). Augustin leugnet strenggenommen nur, daß es gute Menschen gibt, die trotzdem „steril" sind für ihre himmlische Bestimmung, nicht, daß es gute Werke gibt, die für den Himmel unfruchtbar sind [1].

Bedeutsam und, soviel ich sehe, bisher für unsere Frage nicht verwertet ist die auf den ersten Blick befremdende Behauptung, die wirklich guten Werke der Ungläubigen gehörten nicht ihnen, sondern Gott an, „der auch durch schlechte Menschen gut handelt" (n. 22 32). Den menschlichen Urhebern „gehören" sie darum nicht, weil ein schlechter Baum unmöglich gute Früchte bringen kann. Die Werke sind also nach Augustin wirklich gut; so gut, daß sie zu dem anders gearteten Menschen gar nicht passen, sondern Gott, dem Schöpfer des Menschen, beigelegt werden müssen! Nun stammen sie aber offenbar nicht so von Gott wie reine Naturgaben; sie sind zweifellos freie Taten des Menschen, gehen aus seinem „natürlichen Mitleide" (n. 31), aus seinem Gewissen, dem ins Herz geschriebenen Gesetze (n. 25), hervor. Sie sind also moralische Lebenserscheinungen und müssen als solche gut genannt werden. Böse ist immer nur, daß der Wille nicht das wahre, sondern ein verkehrtes Endziel im Auge hat. Auch in dem wichtigen Schlußpassus bestreitet Augustin

---

[1] In Epist. 164, 4 (aus dem Jahre 415) rühmt sogar Augustin das in gewissem Sinne „lobwürdige Leben" vieler Heiden und nennt eine Reihe von Tugenden (parcimonia, continentia, castitas, sobrietas, mortis contemptus, fides), in welchen sie das sittliche Gefühl erfreuen und „mit Recht zur Nachahmung vorgestellt werden". Das alles wird aber, wenn es nicht auf den religiösen Endzweck, sondern auf Ruhm und Eitelkeit hingeordnet wird, leer und unfruchtbar gemacht (quae quidem omnia, quando non referuntur ad finem rectae veraeque pietatis sed ad fastum inanem humanae laudis et gloriae, etiam ipsa inanescunt quodammodo steriliaque redduntur). Hier zeigt sich klar, daß in den Werken und Tugenden an sich eine Güte steckt, die durch verkehrte Zielbestimmung ihrer Fruchtbarkeit beraubt wird.

zunächst wieder den Gedanken, die guten Werke der Heiden seien
„ihr Gut" und doch nicht für sie heilbringend. Er läßt sodann
die Qualität der Werke auf sich beruhen und wiederholt nur seine
Behauptung, der ungläubige Wille, der hinter ihnen steht, sei nicht
gut; auch hierbei will er Julian nicht verbieten, von einer irdischen
Fruchtbarkeit und humanen Gutheit zu sprechen. Er konzentriert
schließlich den Kampf auch bezüglich des Willenslebens auf den
Gegensatz des amor Dei und amor mundi und fordert nur unerbittlich das Zugeständnis, daß die Liebe zu Gott und die von
ihr abhängige seligmachende Sittlichkeit eine übernatürliche,
durch die Gnade verliehene Gesinnung ist.

        Charakteristisch ist hier wie anderswo, daß Augustin den
Mangel des Glaubens nicht als ein äußerliches, zufälliges Hindernis der echten Sittlichkeit ansieht, auch nicht als unerklärliches
Verhängnis auf den Heiden lasten läßt, sondern ethisch zu erklären
und zu begründen sucht. Der Frage, warum es „ohne Glauben unmöglich ist, Gott zu gefallen", nimmt er ihre Schärfe dadurch, daß
er, ähnlich wie in der Civitas Dei, die fides mit der pietas (im
weitesten Sinne) gleichsetzt und im Glauben die einzige Form erblickt, das Sittliche als übermenschliche, verehrungswürdige und
absolute Macht anzuerkennen. Was er am Unglauben und seinem
Gutestun tadelt, ist immer das Streben, den Menschen zu gefallen,
sich in sich selbst zu rühmen, irdische Vorteile in der Tugend zu
suchen; mit anderer Wendung: die Untreue der Seele gegen Gott,
ihr Undank gegen den Schöpfer, die Torheit des Dämonenkultes usw.
Diese Auffassung mag uns, was die Beurteilung der Personen angeht, hart und unbillig erscheinen; sie ist von hohem Interesse und
von versöhnender Wirkung für die grundsätzliche Frage, weshalb
Augustin die Tugend ohne Glauben für wertlos hält [1].

---

[1] Auch C. Iul. Pel. 4, 24, wo Julian ihm vorhält, Paulus spreche Röm 14, 23
von der fides (= Gewissenhaftigkeit) bezüglich der Speisen, antwortet Augustin:
„Hanc peccati speciem, de qua agebat, generali voluit probari sententia,
mox inferens: Omne enim, quod non est ex fide, peccatum est." Er scheint nur
den Gegensatz zwischen spezieller und allgemeiner Gewissenhaftigkeit zu merken,
den Unterschied zwischen der Pflichttreue im Speisegenuß und in der ganzen
Lebensführung (siehe oben S. 270, A. 1); er übersieht, daß das Wort fides im Nach-
satze auch formell einen andern Sinn, den des dogmatischen Glaubens, bekommt.
Eine ganz tiefe Anfassung des Problems wird ihm freilich auch hier wieder näher
kommen. Denn die Verallgemeinerung und Erweiterung des Gewissens-
inhaltes auf das „ganze Leben" bewirkt sofort auch jene Vertiefung bis zum Ein-
schluß des religiösen Lebens, wodurch Gewissenhaftigkeit zur Gläubigkeit wird.

Werfen wir noch einen Rückblick auf den Gegensatz zwischen Julian und Augustin, der die ganze Darlegung durchzieht, und auf die Interessen der Ethik, die bei ihrem Streite in Frage kommen, so werden wir sagen: 1) Augustin hatte recht, neben und über den Pflichtleistungen (officia) die Z w e c k e (fines) zu betonen, neben dem „Was" das „Warum" und „Wozu". Gleiche Leistungen und Werke sind sittlich wesentlich verschieden, wenn Ziel und Absicht hier gut, dort böse sind. Er durfte auch, um diese Wahrheit klarzumachen, auf Fälle hinweisen, wo äußere Tapferkeit wie bei Catilina im Dienste sündhafter Bestrebungen stand. Aber er hätte andere Fälle berücksichtigen müssen, in denen irdische Ziele nicht religiös geheiligt, aber doch sittlich untadelig, sittlich e r l a u b t sind. 2) Gegenüber einer solchen Kritik würde Augustin bemerkt haben, in der Ordnung der Zwecke hänge alles vom höchsten Z w e c k e ab; wie die Tapferkeit des Catilina durch seine revolutionäre Gesinnung entwertet werde, so verliere die Vaterlandsliebe eines Fabricius dadurch ihren Wert, daß sie auf ein falsches sittliches Endziel bezogen werde. Julian selbst behaupte ja, die Tugend der Christen unterscheide sich von der heidnischen dadurch, daß sie auf „das Ewige", diese aber auf „das Zeitliche" gerichtet werde. — Es ist richtig, daß das sittliche Endziel mit seiner verpflichtenden und heiligenden Kraft durch alle niederen Ordnungen hindurchwirkt und das innerste Wesen jeglicher Tugend mitbestimmt. Es war unethisch von Julian gedacht, daß er nur den Lohn, nicht das Sein und Wirken der Tugend vom Endziele abhängig machte. Es war eine Herabsetzung der Sittlichkeit im allgemeinen, eine Verkennung des Wesens der christlichen Tugend, daß er das Sittliche nicht in die Beziehung zu Gott, sondern in die seelische Kraftbetätigung und irdische Zweckmäßigkeit verlegte. — Allein es fragt sich, ob das wahre und absolute Ziel der Sittlichkeit nur durch den geoffenbarten Glauben erkennbar ist. Augustin selbst verneint diese Frage, so oft er das Gewissen, die „ewigen Regeln der Gerechtigkeit", in die natürliche Vernunft des Menschen hineinlegt. Er verneint es auch hier, wenn er den Pythagoreern und Platonikern die Erkenntnis des ewigen und unveränderlichen Wesens zuschreibt. Der Grund, weshalb ihre Tugend dennoch unwahr ist, liegt ihm erstens in dem Stolze, mit dem sie Gott den schuldigen Dank verweigern, zweitens in der Unmöglichkeit, durch die bloße Natur erlöst und gerechtfertigt zu werden. Aber der erste Grund ist anfechtbar, was die Allgemeinheit der Tatsache angeht; der zweite hat es zunächst nicht mit der Güte der Werke und Tugenden zu tun, sondern mit der totalen Aufhebung der Sünde, mit der Heiligkeit der Person. 3) Gerade dies, so würde Augustin weiter sagen, will ich meinem Gegner zum Bewußtsein bringen, daß die persönliche Heiligkeit, die Liebe des Willens zum höchsten Gute, den Wert alles sittlichen Wirkens ausmacht, daß nur der gute Mensch gut handeln kann. Alles Einzelne ist Erscheinung und Auswirkung der Person; wo das Auge finster ist, bleibt der ganze Leib im Dunkeln; wo die Seele gottlos ist, sind all ihre Bestrebungen und Eigenschaften unsittlich. — Der Mangel der vollen Gerechtigkeit, die Augustin als sittliches „Leben", als Leben aus Gott und in Gott bestimmt, geht allerdings in etwa von der Person auf alle Werke und Eigenschaften der Person über, nämlich als Negation der höchsten Beseelung, deren diese Werke fähig sind. Jener Mangel bedeutet aber nicht die Aufhebung aller sittlichen Güte und Leistungsfähigkeit. Das gibt Augustin selbst zu, zunächst dadurch, daß er gute Werke im Ungläubigen, gute Früchte am schlechten Baume anerkennt. Wenn er sie nicht als ein dem Sünder Eigenes, sondern als Wirkung Gottes gelten läßt, so zeigt dies um so deutlicher, daß im Sünder faktisch noch göttliche Einflüsse walten und wirken, daß die Vergiftung durch das Böse keine radikale ist. Er gesteht es ferner auch dadurch, daß er durchweg, wo er von guten Werken der Heiden spricht, ihnen vorwirft, sie dächten dabei im Gegensatz zu den Christen nicht an die Ehre Gottes, sondern suchten Ruhm bei den Menschen oder sich selbst. Diese Behauptung ist, auf die einzelnen Handlungen bezogen, offenbar Konstruktion. Christen und Heiden vollziehen tausend Handlungen, ohne dabei an Gottes Ehre oder an eiteln Selbstruhm zu denken. Ihre Gedanken haften an den konkreten Aufgaben des Berufs, ihr Wille ist von sittlichen Rücksichten, wenngleich nicht von aktuellen religiösen Erwägungen bestimmt. Auch in einem Menschen, der sich schwer gegen eine Tugend verfehlt, somit die sittliche Weihe und Lebendigkeit der Person eingebüßt hat, kann das Pflichtbewußtsein partiell weiter wirken. Wir merken in dieser Frage bei Augustin jenen gewaltsamen, idealistischen Zug zur Einheit, der ihm bisweilen den Blick für das Mannigfaltige, Zerstreute und Widersprechende des wirklichen Lebens trübt [1].

---

[1] Vgl. hierzu S c h e e b e n, Dogmatik III 976. Vom natürlichen Menschen heißt es im allgemeinen De Civ. Dei 21, c. 16, der sittliche Kampf bleibe ohne Gnade entweder erfolglos, da das Gesetz den Widerstand verschärfe, oder er setze an

4) Augustin war endlich im Rechte, wenn er die Notwendigkeit der Gnade für das Gesamthandeln des Menschen betonte. Diesen übernatürlichen, von Christus verdienten Beistand fordert die erhabene Bestimmung des Menschen im Jenseits und das Bedürfnis der inneren Wiedergeburt nach dem Sündenfalle. Nur von diesem neuen Lebensprinzip aus teilt sich dem Baume eine neue Fruchtbarkeit an wahrhaft guten, verdienstlichen Werken mit [1]. Tief und schön war sein Hinweis darauf, daß der himmlische Lohn zur Sittlichkeit nicht als äußere Gabe und Krönung hinzukommt, sondern daß er die Entfaltung der hienieden grundgelegten sittlichen Güte ist. Er kennt keine sterile Heiligkeit, keinen Riß zwischen Gerechtigkeit und himmlischer Herrlichkeit; „das Reich Gottes ist Gerechtigkeit und Friede und Freude" (n. 17). — Man möchte nur fragen, ob Gott nicht auch den Heiden die Gnade Christi irgendwie vermittelt und dadurch ihre Erhebung vom Falle und die Erreichung des ewigen Zieles ermöglicht habe, oder aus welchem Grunde sie der Gnade fernbleiben. Abgesehen von der Bemerkung gegen die Neuplatoniker, sie hätten Gott nicht die Ehre gegeben und die Demut Christi verachtet, streift Augustin diese Frage an unserer Stelle nicht. Nur in der Einleitung macht er, ohne sich binden zu wollen, die Bemerkung, es sei erträglicher, Tugenden überhaupt bei den Heiden zuzugeben, als dieselben ihrem bloßen Willen zuzuschreiben. In jenem Falle bleibe wenigstens die Tugend ein Geschenk Gottes, „mögen auch sie selbst nichts davon wissen, bis sie, falls sie der Zahl der Vorherbestimmten angehören, jenen Geist empfangen, der aus Gott ist, um zu wissen, was von Gott ihnen geschenkt ist" (1 Kor 2, 12) [2].

---

die Stelle offener Sünden eine Art von Tugend, die wegen ihrer Selbstgefälligkeit versteckte Sünde ist. „Nonnumquam sane apertissima vitia aliis vitiis vincuntur occultis, quae putantur esse virtutes, in quibus regnat superbia et quaedam sibi placendi altitudo ruinosa. Tunc itaque victa vitia deputanda sunt, cum Dei amore vincuntur; quem nisi Deus ipse non donat, nec aliter nisi per Mediatorem Dei et hominum Iesum Christum."

[1] De pecc. mer. et rem. 1, 31 ist die Rede von Heiden, die mäßig und keusch sind und sich zu den „übrigen Tugenden" zu erheben bemühen; damit „verdienen" sie noch nicht die Gnade, die allein vom ewigen Tode erretten kann.

[2] C. Iul. Pel. 4, 16. Weiteres über diese Frage siehe unten § 2. Eine wichtige Stelle von allgemeinem Charakter findet sich noch De Civ. Dei 19, c. 25: Solange der Geist des Menschen nur über den Leib und seine Neigungen herrscht, er selbst aber nicht Gott, sondern den bösen Geistern dient, vermag er auch jene Herrschaft nicht „recht" auszuüben. „Proinde virtutes, quas sibi habere videtur, per quas

III. Die stoische und neuplatonische Tugend.

An die Betrachtung der beiden Hauptstellen über die Tugenden der Heiden schließen sich zunächst eine Reihe von Äußerungen über die Tugend der Philosophen an. Augustin weist in den sittlichen Vorstellungen und Lehren aller antiken Denker, wie sie Varro aufzählt, den doppelten Grundfehler auf, daß sie das Ziel des sittlichen Handelns, die höchste Vollkommenheit und Seligkeit, ins Diesseits, in die Welt der Unvollkommenheit und des Leidens verlegen, und ferner, daß sie dieses Ziel aus sich selbst erreichen wollen [1]. Augustin bemerkt, daß die beiden Richtungen der Ethik, die vor dem Auftreten des Evangeliums am mächtigsten waren, die Stoiker und die Epikureer, nach dem Berichte der Apostelgeschichte zuerst bei der Predigt des hl. Paulus in Athen mit dem christlichen Gedanken in Berührung und Konflikt getreten seien. Augustin stellt ihre Lebensanschauung gern in frappanten Gegensatz zu der paulinischen, die ihm — gerade unter den angeführten Gesichtspunkten — die lebendigste Ausprägung der christlichen ist. „Der Epikureer sagte: Mir ist es gut, im Fleische mich zu erfreuen. Der Stoiker sagte: Mir ist es gut, in meinem Geiste mich zu erfreuen. Der Apostel sagte: Mir ist es gut, Gott anzuhangen!“ Der erste lebt secundum carnem, der zweite secundum animam, der dritte secundum Deum [2]. „Sprich, Epikureer, was macht dich selig? ,Das Vergnügen des Leibes.‘ Sprich, Stoiker! ,Die Tugendkraft der Seele.‘ Sprich, Christ! ,Die Gabe Gottes‘.“ [3] Daß die epikureische Zielbestimmung keine wahre Tugend zuläßt, bedarf nach Augustin keines Beweises; sie verkennt von vornherein den selbständigen Wert des Sittlichen. Die Stoiker betonen diese Selbständigkeit, ja sie überspannen sie. Ihre vier Tugenden sind etwas Großes und Lobwürdiges; sie haben recht, sich an ihnen zu erfreuen, sie möglichst

---

imperat corpori et vitiis ad quodlibet adipiscendum vel tenendum, nisi ad Deum retulerit, etiam ipsae vitia sunt potius quam virtutes. Nam licet a quibusdam tunc verae et honestae putentur virtutes, cum ad se ipsas referuntur nec propter aliud expetuntur, etiam tunc inflatae ac superbae sunt, et ideo non virtutes sed vitia iudicanda sunt. Sicut enim non est a carne, sed super carnem, quod carnem facit vivere, sic non est ab homine sed super hominem, quod hominem facit vivere beate.“

[1] De Civ. Dei 19, c. 4, 1: Hic beati esse et a se ipsis beati fieri mira vanitate voluerunt. Vgl. ebd. 19, c. 4, 4.

[2] Sermo 156, 7.　　[3] Sermo 150, 8.

zu preisen [1]. Aber die Tugend als Kraft der Seele macht uns nicht glückselig; sie weist selbst auf einen tieferen Lebensquell als das dürstende, hilfsbedürftige Ich zurück [2]. Daher ist es Torheit, sich selbst weise zu dünken, d. h. die Tugend auf sich selbst zurückzuführen, sich selbst genügen zu wollen [3]. „Du suchtest Tugendkraft; sprich: Du, o Herr, bist meine Kraft! Du suchtest seliges Leben; sprich: Selig der Mensch, den du belehrest, o Herr!" [4] — Eine Tugend, die Augustin als große und preiswürdige Eigenschaft bezeichnet, wird dem Philosophen, den er anredet, zuerkannt; er „besitzt" sie, Gott „hat sie ihm gegeben". Der Fehler des Stoikers ist, daß er sie nachträglich durch seinen autonomen Tugenddünkel „entleert", ihrer Fruchtbarkeit beraubt [5]. Statt durch wahre pietas den Mittel- und Höhepunkt zu suchen, von dem alle Sittlichkeit abzuleiten ist (unde omnia recte vivendi duci oportet officia), wollen sich diese Philosophen das vollkommene und selige Leben selbst zurechtschmieden (fabricare); sie wollen es nicht erbitten (impetrare), sondern schaffen (patrare); sie vertrauen auf sich selbst, nicht auf Gott [6].

Die höchste Stufe in der philosophischen Erkenntnis der Welt und des Lebens haben die P l a t o n i k e r erreicht, wenigstens jene, die, auf die tiefsten Ideen ihres Meisters eingehend, sich über die spezifisch antike Auffassung der Sittlichkeit erheben und Gott als Ziel des sittlichen Handelns und Quell der Seligkeit anerkennen. In der Idee des höchsten Gutes, von dem alle Pflichten des rechten Lebens ausgehen, stimmen sie mit den Christen überein; warum nun, so müssen wir fragen, soll ihr sittliches Handeln nicht im wahren Sinne gut sein? Sie sagen nicht mit den Stoikern, daß die Seligkeit der Tugend immanent und, wie diese, reine Tat des Menschen ist; sie hoffen „durch ihre Teilnahme an Gott selig zu werden" [7], sie gestehen ein, daß die echte Tugend wie ein Siegelabdruck der

---

[1] Sermo 150, 9: Magna res, laudabilis res; lauda, Stoice, quantum potes; sed dic, u n d e h a b e s? Non virtus animi tui te facit b e a t u m, sed qui tibi virtutem dedit, qui tibi velle inspiravit et posse donavit.

[2] Sermo 150, 9: Virtus te delectat; bona res delectat; scio, scitis; sed virtutem tibi manare non potes. Siccus es; tibi ostendero fontem vitae.

[3] Ebd.: Quid est enim „dicentes se esse sapientes" nisi a s e h a b e r e, s i b i s u f f i c e r e?

[4] Ebd.   [5] Siehe oben S. 273, A. 1.

[6] Epist. 155, 2 4 6. Der ganze Brief ist eine schöne Widerlegung des stoischen Jugendideals; er gehört wohl in das Jahr 414. Vgl. die Äußerung Senecas über die Autonomie der Tugend oben S. 40.

[7] De Civ. Dei 8, c. 1.

höchsten Wesenheit ist. Liegt darin nicht jene vera pietas, die
Augustin in der Tugend des Stoikers und in der Rechtschaffenheit des
antiken Helden vermißt?

Für die Gesamtheit des sittlichen Lebens streitet Augustin auch
ihnen den Charakter wahrer Gerechtigkeit ab. Die Gründe dafür
sind folgende: 1) Die Platoniker haben zwar Gott erkannt, aber
ihm nicht gedankt, ihn nicht verherrlicht. Wie die Stoiker, haben
auch sie sich durch Hochmut verführen lassen, das, was sie von
Gott empfangen, praktisch sich selbst zuzuschreiben [1]. 2) Auch
theoretisch bezeichnen sie meist nur die höchste, mystische Tugend,
die selige Vereinigung mit Gott, als Gabe der Gottheit, und wollen
die dazu erforderliche Vorbereitung, das, was wir sittliche Reinheit
nennen, durch eigene Kraft erlangen. Die Seligkeit ist Gnade, der
Weg zur Seligkeit ist selbsteigene menschliche Tat [2]. 3) Durch diese
praktische und theoretische Selbstüberhebung haben sie verdient, dem
Wahne des Götzendienstes anheimzufallen; „indem sie sagten, sie
seien weise, sind sie Toren geworden". Die Beteiligung am Götzen-
dienste aber muß ihr eigenes Gewissen als Unehrlichkeit und Feigheit
verurteilen. Überall macht Augustin den Neuplatonikern den Vorwurf
der Preisgabe ihrer Überzeugung zu Gunsten des herrschenden Heidentums [3]. 4) Obschon sie die Schwierigkeit der vernunftmäßigen Erkenntnis Gottes eingestehen, verachten sie den Glauben, die notwendige und heilsame Vorstufe der Einsicht; den Glauben, der den
Kindern und Einfältigen die Wahrheit und Liebe Gottes nahebringen
muß [4]. Auch darin zeigt sich der Stolz und Aristokratismus der
Antike. 5) Wenn sie die ewige Weisheit Gottes, also den göttlichen
Logos, erkennen, so weigern sie sich doch, die Menschheit Christi
als dessen persönliche Offenbarung und als Weg zu Gott anzuerkennen.
Seine demütige Heiligkeit, seine Erscheinung in Armut und Leiden
stößt sie ab. Auch die Kirche, in der sie die Erfüllung ihrer tiefsten
Ahnungen erblicken müßten, weckt in ihnen Neid und Mißgunst [5].
6) Dadurch berauben sie sich auch objektiv des Zuganges zur Gnade
Christi, zu jener Kraft der Versöhnung und Heiligung, die nicht

---

[1] Sermo 68, 5. Sermo 141, 2. Sermo 241, 3.

[2] De Trin. 4, 20. De Civ. Dei 8, c. 1; 10, c. 1 2 29. Vgl. unten S. 281, A. 1

[3] En. in ps. 8, 6. Sermo 141, 3. De Civ. Dei 8, c. 12; 6, c. 10; 10, c. 1 27.
Epist. 164, 4.

[4] En. in ps. 8, 6. De Civ. Dei 10, c. 28.

[5] De pecc. orig. 32. C. Iul. Pel. 4, 17. Sermo 141, 4. De Civ. Dei 10
c. 24, 2; c. 27. Conf. 7, 27. De ver. relig. 6 7.

aus der Natur und Gelehrsamkeit, sondern nur aus dem Werke der Erlösung hervorgeht [1].

Auch den Platonikern fehlt daher die wahre p i e t a s, welche die a l l s e i t i g e Abhängigkeit des Menschen vom höchsten Sein und Gut lebendig zum Ausdruck bringt und den von Gott gebotenen Heilsweg

---

[1] C. Iul. Pel. 4, 17. Epist. 155, 2 4. De Civ. Dei 10, c. 27. — E r n s t (Die Werke und Tugenden der Ungläubigen nach St Augustin 53) sagt demnach nicht ganz richtig, daß die Platoniker Jesum verkennen, sei nach Augustin der einzige Defekt ihrer Tugendbestrebungen. Später (S. 190 ff) gibt er selbst auch andere Mängel an. Die zu Nr 2 angeführte Stelle De Trin. 4, 20 lautet sehr bestimmt: „Sunt autem quidam, qui se putant ad contemplandum Deum et inhaerendum Deo v i r t u t e p r o p r i a p o s s e p u r g a r i; quos ipsa superbia maxime maculat.... Hinc enim p u r g a t i o n e m s i b i i s t i v i r t u t e p r o p r i a p o l l i c e n t u r, quia nonnulli eorum potuerunt aciem mentis ultra omnem creaturam transmittere et lucem incommutabilis veritatis quantulacunque ex parte contingere, quod Christianos multos ex fide interim sola viventes nondum potuisse derident." Damit stimmt überein Conf. 7, 27, wo Augustin als die Lehre des hl. Paulus im Gegensatz zur platonischen hinstellt, „ut qui videt, non sic glorietur, quasi non acceperit, non solum id, q u o d videt, sed etiam, u t videt". Man behauptet anderseits, die Neuplatoniker hätten die Tugend, die sittliche Annäherung an Gott als Werk göttlicher Gnade bezeichnet. Nach De Civ. Dei 10, c. 29 soll Porphyrius Zeugnis für die Gnade ablegen, wenn er sagt, es sei wenigen gewährt worden (concessum esse), „durch die Kraft der Intelligenz" zu Gott zu gelangen; ebenso, wenn er sagt, den einsichtsvoll Lebenden würden die Mängel dieser Weisheit „nach diesem Leben durch Gottes Vorsehung und Gnade ergänzt". Allein die erste Äußerung, der bloße Gebrauch des Wortes concessum, beweist nicht die Annahme dessen, was wir Gnade nennen. Und will man das Wort derart betonen, so läßt sich die Äußerung auf die Momente ekstatischer Schauung beziehen, die nach neuplatonischer Anschauung eine Antizipation des Jenseits sind. Die zweite Stelle redet ausdrücklich von dieser jenseitigen Vollendung des Geisteslebens. Dementsprechend ist oben im Texte zugegeben, daß die Neuplatoniker „die höchste, mystische Tugend und die selige Vereinigung mit Gott" als ein Werk der Gnade angesehen haben. Auch die Äußerung Augustins C. Iul. Pel. 4, 17: Veras virtutes non esse dicebant, nisi quae menti quodammodo imprimuntur a forma illius aeternae immutabilisque substantiae, quod est Deus", denkt vielleicht an jene höchste, mystische Erhebung der Seele. Oder, was wahrscheinlicher ist, sie bezieht sich zwar auf alle Tugenden, hat aber die Herkunft der sittlichen I d e e n, nicht die Ü b u n g der Tugend im Auge. — Demnach unterscheiden sich die Neuplatoniker allerdings von der Stoa dadurch, daß sie die Glückseligkeit, die Vollendung des Menschen, nicht bloß inhaltlich, sondern auch ursächlich transzendent und religiös faßten. Die eigentliche Sittlichkeit aber, die Vorbereitung und Reinigung der Seele für jenes Ziel, haben sie mit jenen der bloßen menschlichen Willenskraft zugeschrieben. Diese Scheidung ist nicht so fremdartig, wie es auf den ersten Blick scheinen möchte. Hat doch auch K a n t trotz seiner völlig autonomen Sittenlehre und seiner Abweisung der Gnade die Hilfe der Gottheit angerufen für die menschliche Glückseligkeit und die sittliche Vollendung des Weltganzen.

sucht und findet [1]. Der Mangel der wahren Gerechtigkeit ist aber —
gerade bei ihnen — nicht so zu verstehen, als ob ihr Streben und
Wirken ausnahmslos verurteilt werde. Ihre Tugend ist als Ganzes
ungenügend, weil nicht der wahren Bestimmung des Menschen entsprechend; manche Einzelleistungen und Ansätze zur zielgemäßen
Vollkommenheit sind löblich und gut. Augustin nennt so oft die
Platoniker als philosophi nobilissimi, weil sie kräftig die Würde
des Geistes gegenüber dem Sinnlichen betonen, weil sie sich zum
einen, überweltlichen Gott erheben und in der Hingabe des Geistes
an Gott die wahre Seligkeit des Menschen erblicken. Er sieht, was
speziell die Moral angeht, in dem platonisch gehaltenen Hortensius
des Cicero eine honestior philosophia, die von der Wahrheit selbst
(ab ipsa veritate) ausgegangen sein könnte [2]; er gesteht, daß Plato in
wahrer und ernster Weise (vere et graviter) über die sinnlichen
Leidenschaften gesprochen, besser und richtiger als Julian das Elend
des gefallenen Menschen erkannt hat [3]. Nun ist aber nach Augustin
das Streben nach Wahrheit, die Erhebung über die sinnlich-vergäng-
liche Welt zur Gottheit der Grundzug des sittlichen Strebens. Es
steckt in dieser intellektuellen Bemühung auch sittlicher Ernst;
eine „edle“, „ehrbare“ Sittenlehre aufzustellen, ist nicht möglich
ohne entsprechende Mitwirkung des Gemütes und Willens. Augustin
spricht Gott Dank dafür aus, daß er ihm selbst in seiner jugend-
lichen Verwirrung durch solche Schriften eine gewisse Klärung und
Wegweisung hat zu teil werden lassen [4]. Sollten also die Urheber
und Förderer dieser Philosophie nicht schon als solche sittliche Anerkennung verdienen? Und wenn manche von ihnen nach den Grundsätzen ihrer Philosophie zu leben suchten, wenn sie die Begierden
abtöteten und nach der „puritas casti amoris Dei“, die ihr Ideal war,
seufzten [5], ist das nicht nach allen Grundsätzen Augustins gut zu
nennen? Daher richtet sich auch sein Tadel regelmäßig darauf, daß
sie von der Höhe, der sie sich genähert, wieder zurückwichen
(recesserunt), daß sie das durch ihren Wissensdrang Gefundene durch
ihren Dünkel wieder verloren (perdiderunt) und so sich schließlich
unfähig machten, zu der früheren Höhe wieder empor zu steigen

---

[1] Von den Athenern, die dem unbekannten Gott einen Altar errichtet hatten,
sagt Augustin, sie hätten den einen wahren Gott „ignoranter et inutiliter“ verehrt, während er in der Kirche „sapienter, salubriter, pie“ verehrt werde (Contra
Crescon. 1, 34).

[2] Epist. 130, 10.   [3] C. Iul. Pel. 5, 72 76 ff.   [4] Conf. 3, 8; 7, 12.
[5] De Civ. Dei 10, c. 1, 1.

(revolare) [1]. Als wesentlichen Mangel der Weisheit der Neuplatoniker bezeichnet Augustin wiederholt den Umstand, daß sie den einzigen, gottgewiesenen Weg zu dem ersehnten Wahrheits- und Seligkeitsziele nicht erkannte oder verschmähte [2]. Aber dieser Mangel trifft doch mehr das sittliche Gesamtwirken und seinen Erfolg, als die Sittlichkeit in ihrer Tendenz und in einzelnen Bestrebungen. Das Streben nach dem Ziele geht psychologisch der Wahl des Weges voraus, besitzt auch sittlich an sich den Vorrang. Mag dasselbe durch schuldbare Irrgänge praktisch unwirksam werden, in seiner Existenz, in seinem ersten Hoffen und Suchen verrät es sittlichen Ernst. Sind nicht tatsächlich manche Neuplatoniker, wie Augustin selbst, durch den idealen Zug, der ihrer Philosophie zu Grunde lag, auf den rechten Weg der christlichen Weisheit hingeführt worden? Augustin setzt voraus, daß schon die vorchristlichen Schüler Platos eine ähnliche Gesinnung und Empfänglichkeit besessen haben; manche von ihnen würden das Evangelium, wenn es ihnen nahegetreten wäre, gläubig umfaßt haben — eine Gesinnung, die ohne Zweifel sittlich lobenswert ist [3].

Augustin kommt gelegentlich auf die Bekehrung des Polemon durch den Platoniker Xenokrates (396—314 v. Chr.) zu sprechen; eine Rede dieses Philosophen über die Mäßigkeit hat die plötzliche Besserung des dem Trunke ergebenen Mannes bewirkt und ihn für die Akademie gewonnen. Durch diese Wandlung wurde Polemon zwar nicht „Gott wohlgefällig" (Deo acquisitus), aber doch von der Herrschaft der Üppigkeit befreit. Diese Besserung nun

---

[1] C. Iul. Pel. 4, 17. Sermo 141, 2. De ver. rel. 7.

[2] Conf. 7, 27.

[3] De ver. rel. 7: Itaque si hanc vitam illi viri nobiscum rursum agere potuissent, viderent profecto, cuius auctoritate facilius consuleretur hominibus, et paucis mutatis verbis atque sententiis Christiani fierent, sicut plerique recentiorum nostrorumque temporum Platonici fecerunt. Ähnlich in dem 410 geschriebenen Briefe an Dioscorus Epist. 118, 21. — Die Platoniker übertreffen die Stoiker wesentlich darin, daß ihr sittliches Ziel nicht die geschöpfliche Tugend, sondern die Gottheit ist. Die oben S. 278 zitierte strenge Beurteilung der stoischen Tugend ist mithin nicht beweiskräftig gegen die platonische, sofern sie ihren Grundsätzen treu bleibt; denn die letztere will „ex Deo beate vivere". Dagegen bleibt der praktische Vorwurf des Götzendienstes. Derselbe ist sogar hier um so gravierender, als eine bessere Einsicht vorhanden ist. Er hindert die Anerkennung der wahren Tugend des Gesamtcharakters, nicht die Anerkennung mancher sittlicher Vorzüge. Ein treffendes Beispiel solcher, aus Lob und Tadel gemischter Anerkennung ist die Kennzeichnung des Scipio Nasica De Civ. Dei 2, c. 5.

(quod melius in eo factum est) schreibt Augustin der göttlichen Hilfe zu. Denn wenn die Vorzüge des Körpers von Gott, dem Schöpfer und Vollender der Natur, stammen, um wie viel mehr die „Güter der Seele"? Wenn Gott uns dem Leibe nach schön macht, wie kann man denken, „daß einer der Seele nach keusch werde durch einen Menschen" (Weish 8, 21)? „Wenn also Polemon, nachdem er aus einem ausschweifenden ein enthaltsamer Mann geworden war, in der Weise erkannt hätte, wessen Gabe dies war, daß er ihn mit Abwerfung des heidnischen Aberglaubens fromm verehrte, so würde er nicht bloß enthaltsam, sondern auch wahrhaft weise und heilbringend fromm gewesen sein; und dies hätte ihm verholfen nicht bloß zur Ehrbarkeit dieses Lebens (ad praesentis vitae honestatem), sondern auch zur Unsterblichkeit des zukünftigen." In diesem Urteil finden wir die Gedanken Augustins über den Wert der natürlichen Charaktertugenden und ihre Ergänzung durch die vera pietas, die zugleich höchste sittliche Weisheit und heilbringende Gottesnähe ist, kurz beisammen [1].

IV. Die natürliche Sittlichkeitsanlage im Juden und Heiden.

Die Philosophie kann zur Klärung und Festigung sittlicher Gedanken beitragen; sie hat aber ebenso häufig die Wirkung, den Geist des Menschen stolz zu machen und die schlichten Wahrheiten, die das natürliche, allgemeinmenschliche Bewußtsein lehrt, zu trüben.

Das Gewissen ist ein tieferer und reinerer Quell sittlicher Erkenntnis als die abstrakte Spekulation. Es steht in engerer

---

[1] In den Bekenntnissen (Conf. 6, 12) erzählt Augustin, der junge Alypius sei von seiner verderblichen Theaterwut plötzlich dadurch geheilt worden, daß er einem Vortrage Augustins, der diesen Fehler zufällig und ohne Beziehung auf Alypius in sarkastischer Weise rügte, beigewohnt habe. Der „edle" Jüngling habe darauf sich aufgerafft und „mit tapferer Enthaltsamkeit" den Zirkusspielen entsagt. Die ganze Bekehrung aber hat die göttliche Barmherzigkeit gewirkt, schon damals, lange vor seiner Taufe. Zunächst schloß sich Alypius seinem Freunde Augustin auch in der manichäischen Verirrung an, indem er die Enthaltsamkeit der Manichäer für eine echte und gesunde hielt. Die letztere war eine oberflächliche und gefälschte Tugend, die jedoch durch ihren Schein edle Seelen, welche die Tiefe der echten Tugend noch nicht erfaßten, anzuziehen vermochte. — Einem hochbetagten Jugendfreunde, der innerlich gläubig geworden, aber nicht bereit war, sich taufen zu lassen, schreibt Augustin im Anschluß an ein ernstes Wort desselben: „Quod si veraciter dixisti, sicut de te dubitare non debeo, iam profecto sic vivis, ut sis dignus, baptismo salutari remissionem praeteritorum accipere peccatorum" (Epist. 258, 5).

Verbindung mit sittlichen Wandel; es ist eine Tatsache von universaler Bedeutung; es bietet uns daher geeignetere Handhaben, die
sittliche Befähigung aller Menschen festzustellen. Wir wissen, wie
tief nach Augustin die Grundsätze des Sittengesetzes im Wesen
der menschlichen Vernunft begründet sind; wir wissen, daß auch
nach dem Sündenfalle die Vernunft zwar geschwächt, aber nicht erloschen ist. Augustin betont mit großem Nachdruck, daß das Gewissen auch in den Heiden seine Tätigkeit entfaltet und in ver-
pflichtender Weise auf die sittliche Bestimmung des Menschen hinweist. In einer frühen Schrift deutet er die Stelle von dem Licht,
das jeden Menschen erleuchtet, der in die Welt kommt, auf die göttliche Erleuchtung, die den Menschen antreibt, sich zum Glauben und
zur Erfüllung der Gebote zu bekehren und fügt hinzu: „Das
können aber alle Menschen, wenn sie wollen, weil jenes Licht
jeglichen Menschen erleuchtet, der in diese Welt kommt."[1] Wir
hörten, wie sich Augustin auf die Allgegenwart Gottes beruft,
um dem Sünder, der seine Schwäche und Unwissenheit vorschützt,
die Nähe des erleuchtenden und stärkenden Beistandes Gottes klar
zu machen[2]. Er verbindet diesen Gedanken mit jener johanneischen
Stelle vom göttlichen Worte und Lichte. Dasselbe „Licht der Gerechtigkeit" leuchtet im Orient und Okzident; die Ungläubigen haben
nur nicht die Augen des Herzens, es zu sehen[3]. Wie die Sonne
mit ihrer Wärme an alle Ort dringt, so kann sich kein Sterblicher
entschuldigen mit dem Todesschatten, der ihn umfängt; denn „die
Glut des Wortes (Logos) hat auch diesen Schatten durchdrungen"[4].
Da die Majestät des Schöpfers überall zugegen ist, so gibt es keinen
vernünftigen Menschen, mag er noch so verkehrt sein, in dessen
Gewissen Gott nicht redet[5].

---

[1] De Gen. c. Manich. 1, 6. In der späteren Genesiserklärung wird von der
geistigen Kreatur gesagt, daß sie informiter, d. h. stulte ac misere lebt, solange
sie sich nicht dem Lichte der ewigen Weisheit, ihrem Prinzip, zuwendet. „Quod
principium manens in se incommutabiliter nullo modo cessat occulta in-
spiratione vocationis loqui ei creaturae, cui principium est, ut con-
vertatur ad id, ex quo est, quod aliter formata ac perfecta esse non possit."
De Gen. ad litt. 1, 10. Vgl. Sermo 142, 3 4.

[2] S. 253.   [3] In Io. Ev. tr. 35, 4.

[4] In Ps. 18, en. 1, 7: Non permisit ullum mortalium excusare se de umbra
mortis; et ipsam enim penetravit Verbi calor.

[5] Sermo Domini in monte 2, 32: Nam quando illi valent intellegere, nullam
esse animam quamvis perversam, quae tamen ullo modo ratiocinari
potest, in cuius conscientia non loquatur Deus? Quis enim scripsit in

In den Erörterungen des Werkes De Trinitate über die Seele
als Bild Gottes wird auch von den Wirkungen des Sündenfalls gesprochen. Die Seele erinnert sich des Falles nicht, aber sie erinnert
sich ihres Gottes; denn in ihm „leben wir, bewegen wir uns und
sind wir". Und „sie wird ermahnt, sich zu Gott wieder hinzuwenden
als zu dem Lichte, von dem sie selbst in ihrer Abwendung noch
in etwa getroffen wurde. Denn daher stammt es, daß auch die
Gottlosen der Ewigkeit gedenken und vieles in den
Sitten der Menschen mit Recht tadeln oder loben. Denn
nach welchen Regeln beurteilen sie dies, wenn nicht nach jenen, in
denen sie schauen, wie jeder leben muß, auch wenn sie
selbst nicht danach leben?"[1]

Ist mit dieser Tatsache, daß alle Menschen, auch die Heiden,
das Sittengesetz erkennen, schon die Möglichkeit und Wirklichkeit
des rechten Handelns ausgesprochen? Offenbar nach augustinischer
Anschauung nicht im Sinne einer totalen Erfüllung des Gesetzes;
denn im Anschluß an Röm 7 leugnet er ja überall, daß die Erkenntnis des Gesetzes für den natürlichen Menschen schon die Kraft
einschließt, es zu erfüllen. Das Gesetz soll vielmehr zunächst die
Erfahrung der Ohnmacht, hierdurch aber das Verlangen nach höherer
Stärkung wachrufen. Allein, wenn das Ebenbild Gottes von Augustin
niemals in den Verstand allein, sondern zugleich in den Willen gelegt wird — die ganze Psychologie des Werkes De Trinitate bezeugt
diese Anschauung —, so ist schon a priori anzunehmen, daß die
Erbsünde für das Ebenbild Gottes auch nach der praktischen Seite
zwar eine Trübung und Schwächung, aber nicht eine Zerstörung
herbeigeführt hat. Damit stimmen jene Stellen überein, die ausdrücklich das Bleiben der Gottebenbildlichkeit im gefallenen Menschen
anerkennen[2]. Der Apostel sagt (Gal 5, 17), das Fleisch begehre
wider den Geist und der Geist wider das Fleisch; ist dieser Widerstand des Geistes gegen die böse Lust nicht etwas Gutes? Noch
deutlicher spricht Paulus (Röm 7, 18) von einem „Wollen" des
Guten, das auch da vorhanden ist, wo das „Vollbringen" fehlt. Augustin hat lange Zeit diese paulinische Darlegung vom gefallenen

---

cordibus hominum naturalem legem nisi Deus? De qua lege Apostolus ait: Cum
enim gentes etc. (Rom 2, 14).

[1] De Trin. 14, 21. Moses hat recht daran getan, die weisen Ratschläge
des Jethro anzuhören; er wußte eben, daß aus jeder Seele, die einen rechten
Rat erteilt, nicht der Mensch, sondern Gott redet. De doctr. chr. prolog. 7.

[2] Siehe oben S. 114 ff.

Menschen verstanden: „Sicher nämlich ist das Wollen (des Guten) in unserer Macht, denn ‚es liegt bei uns‘; daß aber das Vollbringen des Guten nicht in unserer Macht steht, gehört zur Schuld der Erbsünde.... Jene Worte sind Worte des Menschen, der noch unter dem Gesetze, nicht unter der Gnade steht." [1] Er hat in der pelagianischen Zeit diese Erklärung für seine Person aufgegeben, sie aber nie als unwahr und unmöglich bezeichnet; er hält sachlich insoweit an ihr fest, als sie dem Sünder irgend ein Wollen des Guten zuerkennt. Auch der von Gott getrennte Mensch fühlt die Sünde als Druck, er haßt das Böse, das er tut [2]; er hat „einen unkräftigen Willen, das Gute zu tun" [3]. Was er ihm nicht zuerkennt, das ist die innere Freude am Guten, die „Süßigkeit der Liebe", wie sie der Apostel an einzelnen Stellen des genannten Kapitels ausspricht [4].

Wo immer aber eine ehrliche Neigung und Richtung des Willens auf das sittlich Gute vorhanden ist, mag sie noch so keimhaft und gebrechlich sein, kann nach Augustins Grundsatz, daß die Sittlichkeit wesentlich im Willen liegt, über den moralischen Charakter dieser Neigung kein Zweifel sein. Die Tatsache, daß Augustin die der Gnade vorangehenden Strebungen des Willens zum Guten unter dem Begriffe der Furcht zusammenfaßt und in einen gewissen Gegensatz zur Liebe stellt, entkräftet diese Folgerung nicht [5]. Er stellt einmal zwei Heiden, die zur Taufe kommen, in Vergleich; der eine hat völlig lasterhaft gelebt, der andere „nur wenig gesündigt". Der letztere soll diesen Vorzug der Leitung Gottes zuschreiben, die ihn schützte und der Gnade entgegenführte. Vielleicht hat ihn der Mangel der Gelegenheit vor dem Gedanken an Ehebruch behütet; auch für diesen äußeren Schutz soll er Gott danken. „Vielleicht war der böse Ratgeber, der Ort und die Gelegenheit vorhanden; daß du nicht einwilligtest, davon habe ich dich abgeschreckt (ut non consentires, ego terrui). Erkenne also die Gnade dessen, dem du auch das, was du nicht getan hast, zu verdanken hast." [6] Die innere Furcht des Heiden vor dem Ehebruch wird hier also als Werk Gottes, als sittlich gut anerkannt. Der verschiedene sittliche Charakter der Furcht wird anschaulich illustriert durch die schon erwähnte Predigt, in der Augustin von der epikureischen und

---

[1] Ad Simpl. 1, q. 1.   [2] Op. imp. c. Iul. 1, 99 ; 6, 17.
[3] Ebd. 3, 110.   [4] Siehe oben S. 213 f.   [5] Siehe oben S. 218 ff.
[6] Sermo 99, 6.

stoischen Ethik zur christlichen aufsteigt. Die irdische, selbstbewußte philosophische Tugend „nützt nichts" für das wahre Heil;
in uns und mit uns muß die Gnade wirken. „Die vom Geiste Gottes
getrieben werden, sind Kinder Gottes (Röm 8, 14); also nicht vom
Buchstaben, sondern vom Geiste; nicht vom Gesetze, das befiehlt, droht, verheißt, sondern vom Geiste, der ermuntert, erleuchtet, hilft. ‚Wir wissen‘, sagt der Apostel,
‚daß denen, die Gott lieben, alles zum Besten gereicht.‘" [1] Es
gibt auch im Christentum Irrlehrer, die den Beistand Gottes nur
zum leichteren Vollbringen des Guten für nötig halten; so wie
man mit Segeln besser zu Schiffe fährt als mit bloßen Rudern.
Nicht so ist es mit dem Leben der Kinder Gottes, als ob sie ohne
den Geist Gottes, durch ihren eigenen Geist, weniger vermöchten:
„ohne mich könnt ihr nichts tun"! Aber vielleicht sagt ihr: Das
Gesetz reicht für uns aus. Es reicht nicht aus; denn das Gesetz
gibt Furcht; das Leben der Kinder Gottes aber ist Liebe, und
diese Liebe kommt vom Geiste Gottes. „Also wandeln wir nicht
in Furcht, sondern in Liebe, damit wir nicht Knechte, sondern Kinder
seien. Denn wer noch deshalb gut handelt, weil er Strafe fürchtet,
liebt Gott nicht, ist noch nicht unter den Kindern Gottes. Aber möge
er wenigstens die Strafe fürchten! Die Furcht ist Magd,
die Liebe ist Freie; ja ich möchte sagen, die Furcht ist die Magd
der Liebe. Auf daß der Teufel nicht dein Herz besitze, möge die
Magd schon vorangehen in deinem Herzen und der kommenden
Herrin den Platz bewahren. Handle nur immer aus Furcht vor
der Strafe, wenn du es noch nicht kannst aus Liebe zur Gerechtigkeit!" [2] — Hier zeigt sich klar, wie Augustin die entscheidende,
das Heil bewirkende Sittlichkeit durchaus nach dem übernatürlichen, vom Heiligen Geiste verliehenen Leben beurteilt, wie er
aber vor demselben ein Handeln aus dem menschlichen Geiste
heraus, ein Handeln gemäß dem „gebietenden, drohenden
und verheißenden Gesetze" als gut anerkennt. Das letztere
darf sich freilich nie auf sich selbst versteifen, nie als absolut und
endgültig hinstellen.

---

[1] Sermo 156, 11. Der Antithese: „non lege praecipiente, minante, promittente,
sed Spiritu exhortante, illuminante, adiuvante" stellt sich anderswo die noch kräf-
tigere zur Seite: „non sub lege terrente, convincente, puniente, sed sub gratia
delectante, sanante, liberante" (De pecc. orig. 29).

[2] Ebd. 156, 14. Vgl. Bd I, S. 188 ff.

Mit der letzteren Bemerkung löst sich eine andere bedeutsame Antinomie der augustinischen Ethik. Augustinus wirft es heidnischen Philosophen so oft vor, daß sie ein irdisches, eudämonistisches Ziel an die Spitze der sittlichen Wertordnung stellen, und leugnet aus diesem Grunde die Echtheit ihrer Tugend. Er fordert von den Gottesgläubigen, Philosophen wie Christen, daß sie in ihrem Streben und Lieben bei Gott stehen bleiben, nicht den Dienst Gottes als Mittel zu irdischen Erfolgen oder zu feiner Selbstvergötterung mißbrauchen. Das Gegenteil würde alle Sittlichkeit entwerten; zeitliche Furcht und Hoffnung sind nur andere Formen der Begierde; eine Begierde durch die andere besiegen, heißt aber nicht in Wahrheit Gutes tun [1].

Aber wie steht es dann mit der Sittlichkeit des Volkes Israel? Sieht nicht Augustin das Charakteristische des alttestamentlichen Gesetzes darin, daß es durch irdische Hoffnung und Furcht zum Guten antreibt? Und doch ist ihm dieses Volk das auserwählte; die Israeliten sind Kinder Gottes, wenn auch in anderem Sinne wie wir [2]; sie „verehrten Gott in frommer Weise (pie), obschon wegen irdischer, gegenwärtiger Dinge" [3].

In dem Charakter des Alten Testamentes ist, wie Augustin bemerkt, die pädagogische Absicht herrschend; eine geschichtliche Pädagogik für das ganze Volk, eine persönliche für den Einzelnen. Das Volk Israel in seiner harten, sinnlichen Herzensverfassung bedurfte jener Drohungen und Verheißungen zur moralischen Reinhaltung; daneben sollte unter der Hülle solcher Verheißungen die messianische Zukunft, das geistige Gottesreich, vorgebildet werden. Ebenso mußte der einzelne Israelit gegenüber den Lockungen des Heidentums wissen, daß der Gott Israels auch der Herr der irdischen Schicksale ist; er mußte gewöhnt werden, im Streben nach Erdengut auf den wahren Gott hinzuschauen, um allmählich seinen Blick über das Irdische zur Vereinigung mit Gott zu erheben [4]. Jenes irdische Hoffen und Fürchten als solches „heilt" die erbsündliche Begier nicht und bewirkt insofern kein wahres Guthandeln; es wächst auf demselben Boden, ist eine andere Form der

---

[1] C. duas epist. Pel. 3, 11 (S. 290, A. 1), C. Iul. Pel. 5, 9. Viele Stellen bei Ernst, Die Werke und Tugenden der Ungläubigen nach St Augustin 179 ff.
[2] In ps. 81, 1.
[3] In ps. 72, 6.
[4] De Civ. Dei 10, c. 14. C. duas epist. Pel. 3, 10 13.

cupiditas [1]. Aber verkehrt war dieses Streben doch nur dann,
wenn das Irdische positiv als Höchstes erstrebt wurde (neglecto
creatore); und davor warnte das Alte Testament selbst mit seinem
ernsten Glauben und Kultus. Es wollte dem Sittengesetze in den
zeitlichen Hoffnungen Stützen, nicht Leitsterne geben; es ließ auch
durch zeitweilige Prüfungen und Heimsuchungen das Gebrechliche
dieser Stützen empfinden und die Ahnung auftauchen, daß der
nationale Gott und Geber des Zeitlichen zugleich der Gott des Alls,
der Geber des ewigen Heiles ist [2]. Solange diese Idee und Hoffnung
nicht in den Herzen der Israeliten Wurzel gefaßt hatte und aus ihr
neutestamentliche Gesinnung erwachsen war, wurde die Erbsünde
und ihre Begier nicht „geheilt". Aber die Verehrung Gottes, der
Gehorsam gegen sein Gesetz blieb dennoch pflichtmäßig und gut;
„pie Deum colebant". Die Erwartung des irdischen Segens führte
nicht zu dessen Vergötterung [3]. Soweit sie überhaupt Einfluß übte,
gab sie freilich der Sittlichkeit keinen festen Halt; beim Seiten-
blick auf das Glück der Gottlosen wankte oft die Frömmigkeit
der Israeliten; die Lobgesänge verstummten auf ihren Lippen, solange sie sich von diesen Schicksalsrätseln verwirren ließen. Es ist
vor allem der 72. Psalm, der uns dieses Schwanken und Ringen anschaulich schildert [4]. Er zeigt aber zugleich, wie aus Erfahrungen
solcher Art eine bessere Erkenntnis, sittliche Reue und Beschämung,
die volle Hingabe an Gott hervorgeht. „Was habe ich im Himmel

---

[1] C. duas epist. Pel. 3, 11: Verum haec plane magna distantia est, quod
faciunt ista sub lege positi, quos littera occidit, terrenam felicitatem vel cupiditate
adipiscendi vel timore amittendi et ideo non vere faciunt, quoniam carnalis
cupiditas, qua peccatum commutatur potius vel augetur, cupiditate alia non
sanatur. Hi ad Vetus Testamentum pertinent, quod in servitutem generat, quia
facit eos carnalis timor et cupiditas servos, non evangelica spes et caritas liberos.

[2] Epist. 140, 4 f 13.

[3] En. in ps. 79, 14: Vetus Testamentum habens promissa terrena, hoc videtur suadere, ne gratis colatur Deus, sed, quia aliquid dat in terra, ideo dili-
gatur.... Quare autem amas ea, nisi quia pulchra sunt? Possunt esse tam
pulchra, quam ille, a quo facta sunt?... Interroga creaturam; si a se ipsa est,
remane in illa; si autem ab ipso est, non ob aliud est perniciosa ama-
tori, nisi praeponitur creatori.... Mortui eramus, quando terrenis
rebus inhiabamus.... „Vivificabis nos": innovabis nos, vitam interioris
hominis dabis nobis; „et nomen tuum invocabimus": i. e. te diligemus.

[4] Das „Defecerunt hymni David filii Iesse" am Schluß des 71. Psalms
zog Augustin zur Überschrift des 72. Psalms. In Vers 2 f des letzteren hieß es
nach seiner Lesart: „Mei autem pene commoti sunt pedes; paulo minus effusi sunt
gressus mei. Quia zelavi in peccatoribus, pacem peccatorum intuens."

und was suche ich auf Erden? Du bist meines Herzens Gott und
mein Teil in Ewigkeit!"¹

Nicht alles Streben nach dem Guten ist also deswegen nichtig
und wertlos, weil das Herz, in dem es wurzelt, noch nicht von lauterer Liebe zu Gott beherrscht ist, sondern anderer Motive und An-
ziehungen bedarf. Gott hat durch seine Gesetzgebung im Alten
Testament und ihre Sanktion selbst an diese Motive appelliert, sie
pädagogisch verwertet. Um so mehr bildet die auf das Jenseits
gerichtete Furcht und Hoffnung einen erlaubten Beweggrund des
Handelns.

In der Schrift De spiritu et littera finden wir eine ausdrückliche Parallele zwischen jüdischer und heidnischer Sittlichkeit, die
zugleich als lehrreicher und ergänzender Abschluß des bisher Gesagten

---

¹ En. in ps. 72, 6: Synagoga ergo, i. e. qui Deum ibi pie colebant, sed
tamen propter terrenas res,...ideo melior erat gentibus, quod quamvis praesentia
bona et temporalia tamen ab uno Deo quaerebat, qui est creator omnium et spiritualium et corporalium.... Hic sensus est psalmi, deficientis populi et nu-
tantis; dum considerat bona terrena, propter quae serviebat Deo, abundare his,
qui non servirent Deo, nutat et prope labitur et cum hymnis illis deficit, quia
in talibus cordibus hymni deficiebant. Quid est, in talibus cordibus hymni deficiebant? Quia iam talia cogitabant, Deum non laudabant.... Postea vero
populus ille intellexit, quid eum admoneret Deus quaerere, cum ista temporalia
subtraheret servis suis et donaret ea inimicis suis, blasphemis, impiis; admonitus
intellexit, quia prae omnibus, quae dat Deus et bonis et malis et aliquando aufert
et bonis et malis, prae omnibus servat aliquid bonis.... Quid illis
servat? Se ipsum.... Audi recordantem et poenitentem, qui erraverat,
putando Deum non bonum, qui dat bona terrena malis et aufert illa a servis suis.
Intellexit enim, quid Deus servaret servis suis, et recogitans seque castigans
erupit hoc modo: „Quam bonus Deus Israel!" Sed quibus? „Rectis corde!"
n. 32: Quoniam ecce, vide, quomodo illum amavit; fecit cor castum: Deus
cordis mei et pars mea Deus in saecula! (V. 26.) Factum est cor castum,
gratis iam amatur Deus.... Qui aliud praemium petit a Deo et propterea
vult servire Deo, carius facit, quod vult accipere, quam ipsum, a quo vult accipere. Quid ergo, nullum praemium Dei? Nullum praeter ipsum! Dieselben
Gedanken mit noch deutlicherem Hinweise auf die mit der beschriebenen Sinnes-
änderung verbundene Begnadigung En. in ps 35, 13, De Civ. Dei 10, c. 25 und
Epist. 140, 13: Hinc ille psalmus LXXII inducit hominem poenitentem, quod
aliquando corde non recto Deo pro hac mercede servierit, qua cum pollere
atque excellere impios videret, turbatus coeperat cogitare, quod Deus
humana non curet. Et cum ab ista cogitatione eum sanctorum ad Deum pertinen-
tium revocaret auctoritas, suscepit atque intendit agnoscere tam grande
secretum, quod ei laboranti non patefactum est (V. 16), donec intraret in
sanctuarium Dei et intelligeret in novissima (V. 17), h. e. donec accepto
Spiritu sancto disceret desiderare potiora.

dient. Das Gesetz, das durch seinen Buchstaben „tötet“, aber nicht
„rechtfertigt“, ist, wie Augustin bemerkt, nicht bloß das Zeremonial-
gesetz, sondern auch und vor allem das Moralgesetz des Alten Testamentes, das mit dem Naturgesetz zusammenfällt [1]. Die Erfüllung des
Gesetzes bei den Juden rechtfertigte nicht, sondern konnte insofern
neue Schuld enthalten, als sie 1. aus einer Furcht geschah, die den
Wunsch der Sünde nicht austrieb, oder 2. mit pharisäischem Selbstruhm verbunden war [2]. Dagegen brachte die Übertretung des Gesetzes
dem Menschen seine Schwäche zum Bewußtsein und trieb ihn an,
in der Gnade Heilung zu suchen. Der „schwache Wille“ zum Guten [3]
ist ja kein schlechter Wille; die Erfüllung des Gesetzes ist nicht ein
Indifferentes oder bloß physisch Gutes, sondern gehört an sich zu dem
Guten, das den guten Menschen eigen ist (quae proprie sunt
bona bonorum) [4]. Die Gesetzestreue wurde daher auch von Gott mit
zeitlichem Segen belohnt [5]. Aber der Sieg über die Sünde, die ganze
und freudige Erfüllung der Gebote geschieht nur durch das neue
Gesetz des Glaubens und der Liebe, das der Heilige Geist in die
Herzen schreibt [6]. — Wie sind gegenüber diesem Stande der Juden
die Heiden gestellt? Sind sie vielleicht gar im Vorteile, da sie
nach den Worten Pauli in „natürlicher Weise das tun, was des
Gesetzes ist“?

Nehmen wir an, Paulus rede an dieser Stelle von den unbekehrten Heiden, die noch „nicht den wahren Gott wahrhaft und
gerecht verehren“, so denkt er bei jenem „Tun“ offenbar an Werke
derselben, „die wir nach der Regel der Gerechtigkeit nicht
nur nicht tadeln können, sondern mit Fug und Recht
loben“. Von solchen Werken haben wir durch Hörensagen und Erfahrung Kenntnis; „freilich, wenn sie auf ihren Zweck hin untersucht
werden, so gibt es kaum solche, welche das Lob und den Anspruch
der Gerechtigkeit, wie er sein soll, verdienen“. Aber es bleibt doch
wahr, daß „in der menschlichen Seele das Bild Gottes nicht bis
zu dem Grade von dem Schmutz irdischer Neigungen verwischt ist,
daß nicht gleichsam die äußersten Linien in ihm geblieben sind.
Daher können wir mit Recht sagen, daß sie auch in der Gottentfremdung (impietate) ihres Lebens manches vom Gesetze tut und
richtig würdigt“. Dadurch wird der Vorrang des Neuen Testamentes

---

[1] De spir. et litt. 7 23 24.
[2] Ebd. 13 14. Vgl. C. duas epist. Pel. 3, 9.
[3] De spir. et litt. 15.   [4] Ebd. 18.   [5] Ebd. 41.
[6] Ebd. 22 29 ff.

nicht beeinträchtigt. „Denn hier wird durch Erneuerung das ins
Herz geschrieben, was dort nicht völlig durchs Alter zerstört war.
Wie nämlich durch das Neue Testament das Bild Gottes in der
Seele der Glaubenden erneuert wird, das die Gottentfremdung nicht
gänzlich vernichtet hatte — blieb ja die wesentliche Vernünftigkeit
der Menschenseele zurück —, so wird auch das Gesetz Gottes
durch die Gnade neu geschrieben, das die Ungerechtigkeit nicht
völlig zerstört hatte." Diese Erneuerung hatte das Gesetz der
Tafeln den Juden nicht geben können. Im natürlichen Gesetze
standen ohnehin die Juden den Heiden gleich; sie besaßen „jene
Kraft der Natur, durch welche die vernünftige Seele
manches Gesetzmäßige (legitimum) erkennt und tut".
„Aber die fromme Gesinnung (pietas), die in ein anderes Leben,
ein seliges und ewiges Leben, hinüberführt" und „die
Seelen umwandelt", kann nur durch göttliche Erleuchtung und
durch die Gnade des Erlösers vermittelt werden. Wenn die Heiden
dieser Gnade fern bleiben, nützt ihnen das Gute, das sie tun, im
ewigen Gerichte nichts, es sei denn zur Milderung ihrer Strafe.
„Denn wie den Gerechten nicht vom ewigen Leben ausschließen
gewisse läßliche Sünden, ohne die dieses Leben nicht zu führen ist,
so nützen dem Gottentfremdeten zum ewigen Heile nichts gewisse
gute Werke, ohne die das Leben auch des schlechtesten
Menschen kaum denkbar ist." [1]
In dieser Stelle finden wir den sittlichen Charakter der natürlichen Pflichterfüllung im Heidentum bestätigt. Es handelt sich um
ein inneres Erkennen und Würdigen (sentire, sapere) und um ein
Handeln „gemäß der Regel der Gerechtigkeit"; um eine Wirkung
des ins Herz geschriebenen Gesetzes, in der die vorhandene Ebenbildlichkeit mit Gott sich geltend macht [2]. Dieses Handeln verdient
nicht nur nicht Tadel, sondern zweifellos (merito recteque) Lob; es ist
also nicht indifferent, sondern gut. Die beigefügte Klausel, daß sich
„kaum" Handlungen fänden, die auch der Zweckbeziehung nach völlig

---

[1] Ebd. 48: Sicut enim non impediunt a vita aeterna iustum quaedam peccata venialia, sine quibus haec vita non ducitur, sic ad salutem aeternam nihil
prosunt impio aliqua bona opera, sine quibus difficillime vita cuiuslibet pessimi
hominis invenitur.

[2] Man könnte sogar in den Ausdrücken, die von dem Bilde Gottes handeln,
einen bloß graduellen Unterschied zwischen den guten Werken des Sünders und
des Gerechten herauslesen. Aber der Gegensatz der „pietas, quae in aliam vitam
transfert beatam et aeternam", zu der „vis naturae rationalis" zeigt die spezifische
Verschiedenheit.

der Forderung der Gerechtigkeit entsprechen, hat wohl jene oberste
Zweckbeziehung im Auge, in der sich der ganze Mensch rückhalt-
los dem höchsten Gute unterwirft. Das Fehlen dieser Gesinnung
(der pietas) setzt Augustin überall voraus, wo er von impietas vitae
und eigentlich heidnischem Leben redet. Sobald jene pietas in den
Menschen einzieht, versetzt sie die Seele „in ein höheres, ewiges
Leben" und macht sie gerecht nicht bloß der äußeren Leistung und dem
Urteil der Menschen nach, sondern in der Tiefe ihres Wesens, vor
dem Richter der Ewigkeit. In diesem Sinne, als Frucht und Förderung ewigen Lebens, nützen die guten Werke dem Gottlosen nichts.
Sie nützen aber dennoch, und zwar nicht allein, um irdischen
Lohn und Segen zu erlangen, wie Augustin sonst wohl ausführt,
sondern auch für das Jenseits. Sie bilden das Gegenstück zu den
läßlichen Sünden des Gerechten; sie nützen so, wie diese schaden.
Sie heben den ganzen Daseinsstand, die Verdammnis der Gottesferne, nicht auf, aber sie machen ihn „erträglicher", so wie die läßliche Sünde das ewige Leben nicht raubt, jedoch in seiner Fülle und
Schönheit trübt. Die läßliche Verfehlung ist nicht Sünde wie die
Todsünde, Abfall von Gott, Zerstörung des sittlichen Lebens; aber
sie ist und bleibt Sünde, sie widerspricht der Pflicht des sittlichen
Fortschritts, sie fällt aus der Art und Richtung des höheren
Lebens heraus. So ist das gute Handeln des Ungläubigen nicht
gut im Sinne der „salus aeterna", nicht gut im Sinne der „lex convertens animas"; es ist dennoch moralisch gut, es fällt
als Äußerung der natürlichen sittlichen Anlage aus
der habituellen Richtung des bösen Willens heraus.
Dieses Gute ist im Leben der Ungläubigen nicht selten. Schon
der Vergleich mit der läßlichen Sünde des Gerechten legt diesen
Schluß nahe; wir wissen, daß Augustin allen Christen das täg-
liche Gebet um Sündenvergebung ans Herz legt. Ebenso deutlich
spricht dafür die Bemerkung, daß selbst der schlechteste Mensch
schwerlich (difficillime) alles Gute dieser Art aus seinem Handeln
fernhält; um wie viel mehr dürfen wir jenen Menschen, die Augustin
wegen ihrer Sittenstrenge lobt, die gleiche Fähigkeit, ja einen gewissen Reichtum an solchen Werken zuerkennen!

V. Würdigung der Auffassung Augustins.

Im unmittelbaren Anschluß an die letzten Worte gebraucht Augustin den liebgewonnenen Vergleich, daß in dem einen Gottesreiche,
dessen Herrscherin die Liebe ist, die Seligen sich wie ein Stern vom

andern im Glanze unterscheiden. Eine ähnliche Verschiedenheit und Abstufung herrscht im Reiche der Finsternis; in derselben Verdammnis ergeht es dem einen Sünder erträglicher als dem andern [1]. Das Bild vom Lichte und seiner verschiedenen Herrschaft und Schattierung erinnert uns an den objektiven Aufbau, den metaphysischen Hintergrund der Ethik Augustins. Die Seinsfülle und Herrlichkeit Gottes steht als absolutes und einziges Endziel an der Spitze aller Güter menschlichen Strebens. Nur wer sich diesem allumfassenden Gute in subjektiv umfassender Weise, d. h. mit seinem ganzen Sein und Wollen, ergeben hat, ist wahrhaft gut, ist als Person gut, der Finsternis und dem Tode der Sünde entrissen. Aber wie der Glanz der Sonne die Verschiedenheit und Vielheit der farbigen Körper nicht absorbiert, sondern deutlicher hervorhebt, so bleiben unter der Herrschaft der Liebe zu Gott die sittlichen Einzelzwecke, die geschöpflichen Pflichten und Werke in ihrem Eigenwerte bestehen. Ja, wie der aus der Höhle zum Tageslichte Hervorschreitende nicht überall gleich bestrahlt, sondern an dem einen Gliede hell, an dem andern dunkel ist, „so sagen wir auch: je nachdem einer von der Erleuchtung heiliger Liebe ergriffen ist, in einem Akte mehr, in einem weniger, in einem gar nicht, so besitzt er auch die e i n e T u g e n d, die andere n i c h t, die eine m e h r, die andere w e n i g e r" [2]. Alle Aufgaben und Bestrebungen, alle Werke und Tugenden, die nicht auf das Ganze und Höchste gerichtet sind, mögen sie in sich noch so gut sein, können den Menschen nicht sittlich gut machen, wohl aber nehmen sie an seiner Gutheit in charakteristischer Form und Lebendigkeit teil. Wo n u r diese Aufgaben verletzt werden und die Beziehung auf Gott gewahrt bleibt, da ergibt sich jene Trübung und Verdeckung des Seelenlichtes, die wir läßliche Sünde nennen. Wo n u r diese Aufgaben erfüllt werden — „aus jenem Lichte heraus, in dem die Seele sich selbst Gesetze gibt", aus den natürlichen Grundsätzen des Denkens —, da können wir von Tugenden, von partieller und fortschreitender Erhellung des Innern reden; aber solange nicht die „illustratio piae caritatis" hinzutritt, bleibt alles Gute seines absoluten Abschlusses und Wertes beraubt, bleibt der innerste Mensch unverändert, unverklärt. Es sind gleichsam indirekte, diffuse Strahlen, die durch dunkle Wolkenhüllen dringen, oder reflektierte Strahlen von andern Weltkörpern, die im sittlichen Bewußtsein und Leben des Ungläubigen, des Weltkindes wirken. Der wärmende, neubelebende

---

[1] De spir. et litt. 48.   [2] Epist. 167, 14. Siehe Bd I, S. 214 f.

Sonnenglanz ergießt sich erst in die Seele, wenn der Glaube uns das
höchste Gut in seiner lebendigen Wahrheit, als den persönlichen
Gott offenbart.

Überschauen wir das ganze behandelte Material, so werden
wir bezüglich der Tugenden der Heiden das Resultat ziehen, daß
Augustin ihren sittlichen Wert in dem bezeichneten relativen Sinne
deutlich anerkennt. Jene Tugenden entspringen der vernünftigen,
gottebenbildlichen Natur, sie entsprechen dem göttlichen Gesetze;
sie stehen der Sünde so gegenüber, wie die Belohnung der Strafe
gegenübersteht; sie sind „an sich Tugenden", „gute Werke"; ihr
positiv sittlicher Charakter hebt sich derart von der Sündhaftigkeit
des unbekehrten Zustandes ab, daß sie weniger dem Menschen
als dem Göttlichen, das im Menschen wirkt, zuzuschreiben sind.
Der einzige Fehler ist, daß das gute Werk nicht dem rechten Zwecke
dient, daß die bürgerliche Tugend nicht die religiöse Weihe empfängt,
daß die tätige Sittlichkeit ihrer höchsten Bestimmung, Würde und
Kraftquelle vergißt und sich dadurch eitel und arm macht. Wir
haben früher gesehen, daß Augustin alle objektiven Güter der
Schöpfung und Kultur in ihrer inneren Bedeutung anerkennt, was er markant ausspricht durch die Forderung, sie
nicht zu vergöttern, sondern dem Dienste und der Verherrlichung
Gottes einzuordnen; einem heiligen Gott läßt sich ja nur innerlich
Gutes darbringen und weihen! So können wir auch jetzt sagen: Die
subjektive Tätigkeit des natürlichen Menschen, die sittlichen Werke
und Tugenden des Ungläubigen erscheinen ihm nicht wertlos oder
böse, sondern innerlich gut und lobenswert; so gut und lobenswert,
daß sie dem höchsten Gute, ihrem letzten Ursprung und Ziele, nicht
fremd bleiben dürfen, so gut und bedeutungsvoll, daß sowohl ihre innere Tendenz wie die Ehre Gottes ihre
Einordnung in die christliche Religion und Heiligkeit
fordern, und die Verweigerung dieser Einordnung den wesentlichen Mangel der heidnischen Sittlichkeit bildet.

Anderseits ist zuzugeben, daß Augustin mindestens ebenso häufig
seinen Blick auf diesem Mangel allein ruhen läßt, daß er — vor allem
bei Schilderung der Erbsünde und ihrer Folgen — von dem bösen
Zustande sofort auf die totale Sündhaftigkeit des Handelns schließt
und dem Willen ohne den Beistand der Gnade nur die Freiheit
im Sündigen zugesteht. Die Nacht der Sünde ist nach solchen
Äußerungen durch keine nachleuchtende Dämmerung, durch keine
himmlischen Gestirne erhellt; was sich noch an Leitsternen des

Strebens und Handelns vorfindet, das sind entweder schweifende Irrlichter der Begierde oder es ist das trübe, künstliche Lämpchen, das die eingebildete Tugend sich selbst anzündet. Der Nachdruck, mit dem Augustin solche Gedanken betont, erklärt sich zunächst aus seiner Individualität als Mensch und Denker. Ihm bleiben die Gesetze des Denkens und Handelns nicht lange als abstrakte Normen vor dem Geistesauge stehen, sie schließen sich unwillkürlich zur lebendigen Einheit des Gottesbegriffs zusammen. Darum muß Gewissenhaftigkeit und Pflichttreue, wenn sie echt sein will, zur Ehrfurcht vor Gott, zur Liebe des höchsten Gutes fortschreiten.

Ferner: Das einmal geschaute und gewählte Ziel soll und will die ganze Sittlichkeit beherrschen, als bleibender, klarer Gedanke durch alle irdischen Arbeiten und Werke hindurchgehen. Diese Einheit und Sammlung des Seelenlebens ist Augustin so natürlich, daß ihm das Stehenbleiben bei niedern Zwecken, bei der natürlichen Schönheit der Keuschheit, der Tapferkeit usw., wie Halbheit und Unwahrhaftigkeit vorkommt. Er erkennt diese natürliche Schönheitswelt und ihre Bedeutung für menschliches Handeln an; aber bei der Energie seines religiösen Schauens und Fühlens ergeht es ihm wie einem, der seine Blicke von sonniger, schneeiger Gebirgslandschaft zur näheren Umgebung wendet: das an sich Schöne und Bedeutsame erscheint trübe, dunkel und schwankend.

Außer diesen persönlichen Gründen wirken Momente sachlicher Art, zumal solche, die den zeitgenössischen Gegensätzen entstammen. Der Pelagianismus wies in manchen Punkten auf die Ethik der Stoa zurück; in letzterer fand Augustin den Begriff einer Tugend, die vom Guten ins Böse umschlägt, am reinsten verkörpert. Den Geist der Stoiker hatte das Absolute und Göttliche, das in der sittlichen Norm und Pflicht liegt, dazu verführt, die menschliche Pflichterfüllung und Tugend selbst als absolut und göttlich hinzustellen. Indem er die Tugend des Weisen für völlig autonom und selbstgenügend ansah, raubte er ihr jene höhere, übermenschliche Beziehung, aus der die gebietende und heiligende Macht der Sittlichkeit stammt; ganz ähnlich, wie er die Seligkeit des Menschen herabzog und entwertete, indem er sie in die irdische Gewissensruhe und Sicherheit des Tugendhelden verlegte. Und wollte man milde urteilen und sagen, trotz solcher prinzipieller Anmaßung und Unwahrheit habe das mannigfaltige Einzelwirken seinen sittlichen Wert behalten können, so sträubte sich die stoische Ethik selbst gegen diese Entschuldigung. Sie behauptete ja, es gebe nur e i n e Tugend, die

Weisheit; wer sie besitze, habe alle Tugenden, wer sie in einem
Punkte verletze, sei durchaus töricht und unweise [1]. Unter Sittlichkeit im eigentlichen Sinne verstand sie ausschließlich die prinzipielle
Stellungnahme für oder wider das Ganze der Moral. Das mußte
Augustin reizen, den Gegner in dieser selbstgewählten Position anzugreifen, zu zeigen, daß in der stoischen Ethik gerade der Grundzug der Sittlichkeit gefälscht, und damit nach ihrer eigenen Voraussetzung auch alles besondere Handeln unweise und sündhaft geworden
sei, weil das „an sich Gute nicht in guter Weise geschehe". So
drängte das Streben nach Einheitlichkeit den Kampf der Meinungen
auf einen Punkt zusammen, auf den Gegensatz der religiösen oder
irreligiösen Moral, der theistischen oder monistischen Begründung
des Lebens [2].

Den Neuplatonikern gestand Augustin zu, daß sie das Ziel und
Gesetz der Sittlichkeit in seiner übermenschlichen Größe erkannten,
einem jenseits des Menschen und der Welt thronenden Absoluten
gleichstellten. Aber die volle Hingabe des Ich, wie sie in der
liebenden Verehrung (pietas, caritas) des Christen liegt, ist nicht
möglich gegenüber der Ureinheit und Ideenwelt Plotins; vor allem
nicht eine freie Dankbarkeit des Geschöpfes gegenüber der freien Huld
und Gnade der Gottheit. Somit bleibt der Grundzug und Geist
der Sittlichkeit auch in diesem System von dem der christlichen verschieden. Was aber die praktische Betätigung im Irdischen angeht,
so ist dieses Gebiet nach den Neuplatonikern von der Sphäre des Göttlichen, der beschaulichen Vollkommenheit durch eine Kluft getrennt,

---

[1] Epist. 167, 12.

[2] Den Gedanken, daß in der Vergötterung der menschlichen Sittlichkeit eine
in gewissem Sinne hohe und bestechende Auffassung liegt, die aber doch innerlich
unwahr und heidnisch ist, spricht Augustin gut aus De spir. et litt. 18: Pietas
est vera sapientia; pietatem dico, quam Graeci ϑεοσέβειαν vocant; ipsa quippe
commendata est, cum dictum est homini, quod in libro Iob legitur: „Ecce, pietas
est sapientia" (Iob 28, 28). Θεοσέβεια porro, si ad verbi originem latine expressam
interpretaretur, Dei cultus dici poterat, qui in hoc maxime constitutus est, ut
anima ei non sit ingrata. Unde et in ipso verissimo et singulari sacrificio
„Domino Deo nostro agere gratias" admonemur. Erit autem ingrata, si quod
illi ex Deo est, sibi tribuerit praecipueque iustitiam, cuius
operibus velut propriis et velut a semetipsa sibimet partis non vulgariter
tamquam ex divitiis aut membrorum forma aut eloquentia ceterisque sive externis
sive internis, sive corporis sive animi bonis, quae habere etiam scelerati solent,
sed tamquam de iis, quae proprie sunt bona bonorum, quasi
sapienter inflatur. Quo vitio repulsi a divinae stabilitate substantiae etiam
magni quidam viri ad idololatriae dedecus defluxerunt.

von der Unreinheit des Sinnlichen berührt, somit einer vollkommenen Versittlichung durch Licht und Gnade von oben kaum fähig. Daher auch die Unterscheidung, daß zwar die höchste Vollendung des Menschen aus göttlicher Begnadigung stammt, die moralische Entwicklung und Vorbereitung auf dieselbe aber allein vom Menschen abhängt.

Im Pelagianismus wirken sowohl stoische als neuplatonische Irrtümer nach und bilden auf dem Hintergrunde christlicher Ideen ein widerspruchsvolles System, dem Augustins besondere Polemik galt. Mit dem Menschen wird die Tugend von Gott „emanzipiert"; in ihrer Entstehung wie in ihrem Wachstum bis zur vollen Sündlosigkeit ist sie alleiniges Werk des Menschen. Diese Unterbindung der religiösen Kraftquelle des Sittlichen hat auch eine Unterbrechung der religiösen Zielbestimmung zur Folge: „die Tugenden können sich nach Belieben auf das Ewige oder auf das Zeitliche hinordnen". Tugenden von solcher Doppelart sollen dennoch nicht innerlich, sondern nur dem Lohne nach verschieden sein [1]. Diese Gleichstellung zeitlicher und ewiger Zwecke mag in der stoischen Ethik, der Göttliches und Menschliches schließlich zusammenfällt, zulässig sein; für ein christliches Bekenntnis ist sie durchaus unzulässig. Eine Tugend, die ihr eigentliches Ziel im Zeitlichen erblickt, die nicht irgendwie Dienst und Verherrlichung Gottes sein will, ist nicht mehr Tugend, sondern Sünde. Wer von solchen Grundsätzen aus, wie Julian, die Tugenden der Heiden auf Grund ihrer nächsten Ziele und Leistungen verherrlicht, als dem „Sein" und der „Gattung" nach den christlichen gleichwertig erklärt, der fordert als Protest die Anklage heraus, daß er das Wesen der Sittlichkeit verkennt, daß er das Böse gut nennt. Bei derartiger Auffassung des Sittlichen wird die ganze christliche Überwelt, Gnade, Gottesbesitz und Seligkeit, zur fremdartigen, unorganischen Zutat zur Tugendgesinnung. Auch Christus ist dann nicht mehr Urheber und schöpferisches Prinzip der Heiligkeit — die vorchristlichen Frommen sind ganz von ihm unabhängig —; er bleibt nur Höhepunkt und Belohner der Heiligkeit [2].

---

[1] Siehe oben S. 268, A. 2.

[2] Op. imp. c. Iul. 2, 188: Iulianus: Qui Adam forma dicitur futuri, id est Christi, verum forma a contrario, ut sicut ille peccati ita hic iustitiae forma credatur. Sed sicut incarnatio Christi iustitiae fuit forma non prima, sed maxima; quia et, antequam Verbum caro fieret, ex ea fide, quae in Deum erat, et in Prophetis et in multis aliis sanctis fulsere virtutes, veniente autem temporum

§ 2. Die Möglichkeit des Heils außerhalb des Christentums.

> „Ab exordio generis humani, quicum-
> que in eum crediderunt eumque utcumque
> intellexerunt et secundum eius praecepta
> pie et iuste vixerunt, ... per eum procul
> dubio salvi facti sunt." (Epist. 102, 12.)

I. Die Wirksamkeit der Erlösungsgnade im Judentum und Heidentum.

Es ist für Augustin ein Fundamentalsatz der christlichen Glaubenslehre, daß die Erreichung des ewigen Heiles nach dem Sündenfalle durchaus von dem Erlösungswerke des Gottmenschen abhängig ist. Ohne die Gnade Christi, ohne Verbindung mit seiner erneuernden, übernatürlichen Heilskraft, ohne Zugehörigkeit zu seinem Leibe, seinem Reiche, kann niemand zum ewigen Leben, zur Anschauung Gottes gelangen.

Aber die Tat der Erlösung hat schon gleich mit der Verheißung des Erlösers im Paradiese zu wirken begonnen; die Kirche Christi reicht in gewissem Sinne in diese Urzeit der Menschheit zurück. Name und Form des Gottesreiches, Werkzeuge und Sinnbilder der Gnade sind nicht so wesentlich wie die Sache selbst. So ist denn auch heute mit der Tatsache des öffentlichen Christentums und der katholischen Kirche als der allein wahren Heilsanstalt die Frage nach dem Umfang der geistigen Wirksamkeit des Erlösers nicht erledigt.

„Die Sache selbst, die heute christliche Religion genannt wird, bestand schon bei den Alten und fehlte niemals seit Beginn der Menschheit, bis Christus selbst im Fleische erschien, und von da an die wahre Religion, die schon vorhanden war, den Namen der christlichen empfing."[1] „Alle Gerechten seit dem Anfang der Welt hatten Christus zu ihrem Haupte. Denn sie glaubten an sein künftiges Erscheinen, wie wir an seine wirkliche Ankunft; und in dem Glauben an ihn sind auch sie geheilt worden wie wir. So sollte er das Haupt der ganzen Stadt Jerusalem sein, das Haupt aller Gläubigen vom Anfang bis zum Ende,

---

plenitudine e x a c t a in Christo i u s t i t i a e n o r m a resplenduit, et, qui praedictus fuerat pater futuri saeculi, tam praecedentium sanctorum quam etiam sequentium r e m u n e r a t o r eminuit. Vgl. De pecc. orig. 30; C. duas epist. Pel. 1, 39.

[1] Retr. 1, c. 13, 3.

zugleich auch der Legionen und Heere der Engel, auf daß eine Stadt werde unter einem Könige, ein Staat unter einem Kaiser, glücklich in immerwährendem Frieden und Heile, Gott lobend ohne Ende, selig ohne Ende." [1]

Diese Auffassung des Christentums und seiner Gnadenwirksamkeit ermöglicht dem eifrigen Apologeten die Beantwortung der peinlichen, von heidnischen Römern aufgeworfenen Frage, weshalb Christus so spät erschienen sei, und was alle früheren Generationen verschuldet hätten, daß sie ihn nicht kennen lernten. Der betreffende, in den Jahren 408—409 geschriebene Brief an Deogratias ist für das Folgende zu wichtig, als daß wir nicht kurz den Gedankengang und die Hauptstellen mitteilen sollten. Augustin retorquiert zunächst den Einwand der Gegner. Auch deren Religion hat ihre geschichtlichen Urheber und späteren Reformatoren. Ist sie deshalb ohne Heilsbedeutung? Wenn ja, so mögen die Römer ihre Religion fahren lassen. Wenn nein, so müssen sie, um nicht die älteren Generationen vom Heile auszuschließen, annehmen, daß sich derselbe Gottesdienst zu verschiedenen Zeiten in verschiedene Formen kleiden kann, daß eine Entwicklung der wahren Religion möglich ist. Wie es in der Sprache weniger auf die Töne und Worte als auf die Wahrheit der Gedanken ankommt, so liegt auch in der Religion wenig daran, ob diese oder jene Formen der Verehrung bestehen, „wenn nur das, was verehrt wird, heilig ist"; mit dem Unterschiede jedoch, daß die Sprache ein Werk der Menschen ist, die Mittel des Heils vom Willen Gottes geboten werden. „Dieser Wille aber hat der Gerechtigkeit und Frömmigkeit der Sterblichen niemals zur Heilswirkung gefehlt" (quae omnino nunquam defuit ad salutem iustitiae pietatique mortalium) [2].

Derselbe Sohn Gottes, die unwandelbare Weisheit, durch welche alles geschaffen wurde, ist für die vernünftigen Seelen der Quell der Seligkeit; er regiert und lenkt sie, wie die äußere Schöpfung, in zeitlicher und örtlicher Verschiedenheit, aber nach weisen, dem menschlichen Urteil überlegenen Ratschlüssen. Derselbe Sohn Gottes war Mittelpunkt der Religion vor dem Auftreten des Volkes Israel, des besondern Typus seiner Ankunft, wie in und nach dem mosaischen

---

[1] En. in ps. 36, sermo 3, 4. — Sermo 4 de Iacob et Esau 11: Ecclesiam autem accipite, fratres, non in his solis, qui post Domini adventum et nativitatem esse coeperunt sancti; sed omnes, quotquot fuerunt, sancti ad ipsam ecclesiam pertinent.

[2] Epist. 102, 10 13.

Kultus [1]. „Daher sind vom Ursprung der Menschheit an alle, die
an ihn geglaubt und ihn irgendwie erkannt und nach seinen Geboten fromm und gerecht gelebt haben, wann immer und wo
immer sie existierten, durch ihn ohne Zweifel gerettet
worden. Denn wie wir an ihn glauben als an den beim Vater
Bleibenden und im Fleische Gekommenen, so glaubten die Alten an
ihn als an den beim Vater Bleibenden, der im Fleische kommen
sollte." [2] Diese Verschiedenheit hindert nicht, daß der Glaube einer
und das Heil eines ist; ebensowenig die Verschiedenheit der Opfer
und Heilsmittel (sacra et sacramenta). Was die tatsächliche Fest-
setzung angeht, so kommt Gott die Wahl, uns der Gehorsam zu.
Das eine sehen wir klar, daß „dieselbe wahre Religion anfangs
verborgener, später offener, anfangs von einer geringeren,
später von einer größeren Zahl verkündet und geübt wird" [3].
Augustin stellt die Vermutung auf, Gott habe vorausgesehen, daß
Christus bei einer früheren Ankunft größeren Widerspruch gefunden
haben würde als bei seinem tatsächlichen Kommen [4]; er fährt aber
fort: „Und doch, vom Anfang des Menschengeschlechtes an hat
Gott nicht aufgehört, sich prophetisch anzukündigen, bald dunkler,
bald klarer, wie es ihm nach den Zeiten angemessen erschien; es
hat ebensowenig an Menschen gefehlt, die an ihn glaubten,
von Adam bis Moses, im Volke Israel, das in besonders geheimnisvoller Weise ein prophetisches war, und in andern Völkern,
ehe er im Fleische gekommen ist. Denn wenn in den heiligen
Büchern der Hebräer einige schon von den Zeiten Abrahams an
erwähnt werden, die weder zu dessen leiblichen Nachkommen, noch
zum Volke Israel, noch zu den Proselyten der israelitischen Volks-
gemeinschaft gehörten und gleichwohl dieses Heilsgeheimnisses (sacramentum) teilhaft waren, warum sollen wir nicht glauben,
daß auch in den übrigen Heidenvölkern nah und fern
andere dieser Art gewesen sind, obschon wir sie bei jenen
Autoritäten nicht genannt finden? So hat das Heil dieser Religion,
die allein wahr ist und das wahre Heil wahrhaftig verheißt, niemals einem Menschen gefehlt, der seiner würdig war;
und wem es gefehlt hat, der ist nicht würdig gewesen." [5]

---

[1] Epist. 102, 11 13.   [2] Epist. 102, 12.   [3] Ebd.
[4] Epist. 102, 14.
[5] Epist. 102, 15: Ita salus religionis huius, per quam solam veram salus
vera veraciter promittitur, nulli unquam defuit, qui dignus fuit, et cui defuit,
dignus non fuit.

Diese universalistische Auffassung des Christentums ist in ihren Hauptgedanken, wie Reuter bemerkt [1], nicht eine augenblicklich aufgestellte Hypothese, sondern eine feste, dauernde Grundansicht Augustins geblieben. In den letzten Jahren seines Lebens kommt er wiederholt auf unsern Brief und speziell auf den letzterwähnten Satz zu sprechen; er nimmt inhaltlich nichts von ihm zurück, fügt aber hinzu, die „Würdigkeit" zum Empfang des Heiles sei nicht zu verstehen als Werk des natürlichen Willens, sondern sei selbst schon ein Geschenk Gottes, der die ganze Heilsbereitung lenkt und von Ewigkeit vorherbestimmt [2].

Sehen wir jetzt näher zu, wie sich Augustin die Vermittlung des Heiles Christi in der vorchristlichen Zeit denkt, zunächst bei den Juden. Das jüdische Gesetz ist göttlichen Ursprungs, aber äußerlich, bildlich, propädeutisch; es ist heilsam, um den trotzigen Sinn des Volkes zu brechen, seine unvollkommene Denkart auf die Gnade vorzubereiten, nicht fähig, die Gnade selbst zu verleihen. Diejenigen, welche in buchstäblicher Weise, aus Furcht vor zeitlicher Strafe das Gesetz erfüllen, „gehören zum Alten Testamente, das zur Knechtschaft gebiert". „Die aber unter der Gnade stehen, die der Heilige Geist belebt, handeln aus dem Glauben, der in der Liebe wirksam ist, ... indem sie vor allem an den Mittler glauben, durch den sie, wie sie überzeugt sind, den Geist der Gnade erhalten, um Gutes zu tun und Verzeihung ihrer Fehler finden. Diese gehören zum Neuen Testamente, sind Söhne der Verheißung, wiedergeboren von Gott als Vater und von der Freien als Mutter. Dieser Art waren alle alten Gerechten und Moses selbst, der Mittler des Alten, ein Erbe des Neuen Testamentes; denn aus einem und demselben Glauben, durch den wir leben, lebten auch sie, indem sie die Menschwerdung, das Leiden und die Auferstehung Christi als zukünftig glaubten, die wir als geschehen glauben; bis auf Johannes den Täufer, der gleichsam die Grenzscheide des Alten Bundes bildet und den Mittler selbst nicht in irgend einem Schatten des Zukünftigen oder einer allegorischen Bezeichnung oder irgendwelcher prophetischen Vorverkündigung als Kommenden anzeigte, vielmehr mit dem Finger auf ihn weisend

---

[1] Reuter, Augustinische Studien 91.

[2] De praed. sanct. 19. Retr. 2, c. 31. Die Ausstellungen, die Kolb (Menschliche Freiheit und göttliches Vorauswissen nach Augustin 85 ff) an dieser späteren Interpretation macht, betreffen nur die Notwendigkeit und Priorität der Gnade, nicht die zeitliche und räumliche Ausdehnung ihres Wirkens.

sprach: ‚Sehet das Lamm Gottes, das die Sünde der Welt hinwegnimmt!‘ “ [1]

Warum heißt aber das mosaische Gesetz das alte, wenn schon
Abraham zum neuen gehörte? [2] Das „alt und neu“, so lautet die
e r s t e Antwort, bezieht sich nicht auf die Einsetzung und Entstehung (institutio), sondern auf die Enthüllung und Offenbarung
(revelatio). Beide Gesetze bestanden nebeneinander seit dem Sündenfalle; das eine, das den menschlichen Stolz durch Forderungen, die
der sündhafte Mensch nicht zu erfüllen vermag, überführt, ihn
schuldig und hilfsbedürftig macht, und das andere, das als Gnade
dem hilfsbedürftigen entgegenkommt, ihm „Gerechtigkeit aus Gott“
anbietet. Das erste war verborgen, solange die menschliche Natur
allein jene Selbstüberführung vollzog; es wurde offenbar, als das Gesetz des Alten Bundes hinzutrat und dem selbstgerechten Menschen
seine Ohnmacht zum Bewußtsein brachte. Das zweite war verborgen
im ganzen Alten Bunde, es wurde erst enthüllt im Evangelium. So
ist der Promulgation nach jenes Gesetz das ältere, dieses das neue [3]. —
Ein z w e i t e r Grund ist folgender: „Das Alte Testament gehört zum
a l t e n M e n s c h e n, mit dem der Mensch notwendig anhebt; das Neue
aber zum n e u e n M e n s c h e n, zu dem der Mensch vom Alten übergehen soll.“ [4] Als sinnliche, dem Irdischen zugewandte Wesen beginnen wir unser Leben; wir dürfen uns dabei trösten mit der Erinnerung, daß Gott einen Bund solcher Art mit dem Volke Israel geschlossen hat. Das himmlische Leben ist immer ein n e u e s, höheres
Leben. In einzelnen Menschen war es zu allen Zeiten vorhanden;
es wuchs auf dem alten Leben empor und setzte sich im Kampfe
mit ihm durch. Als L e b e n s g a n z e s, als äußere Erscheinung
ist es erst hervorgetreten im neuen Jerusalem, der Kirche [5].

---

[1] C. duas epist. Pel. 3, 11. Vgl. Epist. 187, 34.

[2] Ebenso Adam, Abel, Seth und „viele andere“; Epist. 164, 6.

[3] C. duas epist. Pel. 3, 13: Per Moysen quippe r e v e l a t u m est Testamentum
Vetus, per quem data est lex sancta et iusta et bona (Rom 7, 12), per quam
fieret non abolitio, sed cognitio peccati; qua c o n v i n c e r e n t u r superbi suam
iustitiam volentes constituere, quasi divino adiutorio non egentes, et rei facti litterae
confugerent ad gratiae spiritum, non sua iustitia iustificandi sed Dei, h. e. quae
illis esset ex Deo.... Erat autem o c c u l t a ista lex ab initio, cum homines in-
iquos n a t u r a i p s a c o n v i n c e r e t, aliis facientes, quod sibi fieri noluissent.
Vgl. De pecc. orig. 29.   [4] C. duas epist. Pel. 3, 13.

[5] Ebd.: Quae (mater nostra in coelis) prius tamquam sterilis apparebat,
quando p e r s p i c u o s f i l i o s non habebat; nunc autem v i d e m u s, quod de illa
prophetatum est: Laetare sterilis, quae non paris, ... quia multi filii desertae etc.

Wir sehen, wie Augustin das Gesetz Israels und das Naturgesetz zusammenrückt und beide dem n e u e n G e s e t z e gegenüberstellt. Jene gleichen sich darin, daß sie an den Menschen Forderungen stellen, die er, sei es wegen ihrer Zahl, sei es wegen ihrer Höhe, durch seinen Willen nicht erfüllen kann. Das Gesetz Christi ist anderer Art; es bildet die Erfüllung des alten Gesetzes, indem es seine Verheißungen verwirklicht und seinen Forderungen den Geist der Gnade als schaffendes, helfendes Prinzip zur Seite stellt. Der Manichäer Faustus hatte geglaubt, die geistige Auffassung des Naturgesetzes, wie sie die Bergpredigt an bekannten Beispielen zeigt, sei die von Christus in Anspruch genommene „Erfüllung" des Gesetzes. Augustin erklärt diese Deutung für unrichtig; auch die Gerechten des Alten Bundes haben gewußt, daß, wie der Totschlag, so auch die innere Rachsucht Sünde ist; auch sie hätten nicht gerecht heißen können, wenn sie durch lüsterne Blicke und Begierden die Ehe gebrochen hätten [1]. Alle oder fast alle Mahnungen der Bergpredigt finden sich schon im Alten Testamente [2]. Nicht durch Zusätze und Erläuterungen wird das alte Gesetz im neuen erfüllt, sondern dadurch, daß das, was dort Gesetz, Forderung, Sollen ist, im selbstvertrauenden Willen aber keine Verwirklichung findet, hier im demütig Glaubenden durch Gnade und Liebe zur lebendigen Wirklichkeit wird. Auch in den Büchern des Alten Testamentes stehen die „erhabenen Gebote" des Naturgesetzes; aber „das Endziel, worauf sie zu beziehen sind, war verhüllt": „die Liebe zu Gott" und „das Reich Gottes", die Christus durch S e n d u n g d e s H e i l i g e n G e i s t e s feierlich promulgiert hat. Dennoch haben die Heiligen des Alten Bundes nach diesem Ziele g e l e b t, indem sie auf die künftige Enthüllung hinschauten [3].

---

[1] C. Faust. Man. 19, 20 f.   [2] Ebd. 19, 28.

[3] Ebd. 19, 27: Ait non se venisse legem solvere, sed adimplere; scilicet ut non quasi semiplena istis verbis integraretur, sed ut, quod littera iubente propter superborum praesumptionem non poterat, suadente gratia propter humilium confessionem impleretur, opere factorum, non adiectione verborum. Fides enim, sicut Apostolus ait, per dilectionem operatur. Unde idem dicit: Qui enim diligit alterum, legem implevit. I s t a m c a r i t a t e m q u i a v e n i e n s C h r i s t u s p e r S p i r i ţ u m s a n c t u m, q u e m p r o m i s s u m m i s i t, i n m a n i f e s t a t i o n e d o n a-v i t, q u a s o l a c a r i t a t e i u s t i t i a l e g i s p o s s i t i m p l e r i, propterea dixit: Non veni solvere legem, sed adimplere. H o c e s t N o v u m T e s t a m e n t u m, quo huic dilectioni hereditas regni coelorum promittitur, quod in figuris Veteris Testamenti pro temporum diversitate tegebatur. Ebd. 19, 30: Quia revera, sicut omnia ista p r a e c e p t a s u b l i m i a nec in illis libris veteribus desunt,

Gegen die Pelagianer entwickelt und bekräftigt Augustin diese Grundsätze. Es gab im Alten Bunde Gerechte und Heilige; ihre Heiligkeit stammt aus der Gnade Christi, nicht aus der „Natur" oder dem „Gesetze". Diese Gnade Christi ist nicht bloß Beispiel und Lehre, ist nicht erweitertes Gesetz; das Gebot der Liebe, das spezifisch christliche, steht bereits im Alten Testamente. Die Gnade ist eine erlösende Kraft, die innerlich die Seelen gerecht macht[1]. Diese Gerechtigkeit von oben war vor der Ankunft Christi verborgen und auf eine geringere Zahl von Menschen beschränkt, wie der von Gedeon erbetene Tau sich anfangs nur auf das Vlies ergoß. Sie ist jetzt offenbar, durch weithin dringende Predigt dem Erdkreise zugänglich, wie bei dem zweiten Gebete Gedeons der Tau die Tenne rings um das Vlies erfüllte[2].

Stets werden aber neben den Patriarchen und Heiligen Israels auch Männer aus heidnischen Nationen als Beispiele der verborgenen Gnadenwirksamkeit und Heiligung angeführt; so Job[3], Melchisedech[4], die Bewohner Ninives[5], der Hauptmann Cornelius[6]. Die Buhlerin Rahab in Jericho ist durch Gottes Barmherzigkeit zum Reiche Gottes übergegangen[7]. Der Centurio, der zum Heilande schickte, war stark im Glauben, er trug bereits Jesus im Herzen[8]. Die kumäische Sibylle ist den Bürgern der himmlischen Gottesstadt zuzurechnen[9]. Der Weg zur Befreiung der Seelen war vor Christus außerhalb Israels spärlicher bekannt, aber nie völlig verborgen; Israel war bevorzugt als theokratisches Gemeinwesen (quodammodo sacrata respublica)[10]. Es gab nur ein Volk Gottes; aber „Menschen, die nicht durch irdische, sondern himmlische Gemeinschaft zu den echten Israeliten, den Bürgern des höheren Vaterlandes, gehörten, gab es

ita illic finis, quo referantur, occultus est; quamvis secundum eum viverent sancti, qui futuram eius revelationem videbant et pro temporum proprietate vel prophetice tegebant vel prophetice tectum sapientes intellegebant. Ebd. 19, 31: Denique, quod non temere dixerim, nescio, utrum quisquam in illis libris inveniat nomen regni coelorum, quod tam crebro nominat Dominus.

¹ Epist. 177, 10 ff. De perf. iust. hom. 42 44. ² Epist. 177, 14. Sermo 131, 9.   ³ De perf. iust. hom. 42. ⁴ Epist. 177, 12.   ⁵ Epist. 164, 2. ⁶ De bapt. 4, 28. In Levit. 3, 84.   ⁷ Contra mendac. 34. ⁸ Sermo 62, 1.   ⁹ De Civ. Dei 18, c. 23. ¹⁰ Ebd. 10, c. 32, 2. Vgl. ebd. 3, c. 1: Die Welt verehrte falsche Götter excepto uno populo hebraeo et quibusdam extra ipsum populum, ubicumque gratia divina digni occultissimo et iustissimo Dei iudicio fuerunt.

auch in andern Völkern", solche, „die gemäß Gott lebten und ihm gefielen". Als providentieller Beweis dafür ist vor allem Job anzusehen [1]. Man muß überhaupt unterscheiden die geschichtliche Führung der Menschheit, nach der eine Nation zur Vorbereitung des Heilandes auserwählt und in der Fülle der Zeiten die Menschheit als Ganzes berufen wurde, und anderseits die geheimen Wege der Vorsehung, auf denen die Einzelnen nach der Gelegenheit ihrer Zeit erleuchtet werden: „aliud enim est, quod divina providentia quasi privatim cum singulis agit, aliud, quod generi universo tamquam publice consulit" [2]. Jene innere Geschichte der Seelen und ihrer gnadenvollen Erlebnisse ist nur Gott und ihnen selbst bekannt [3]. Denn der Heilige Geist bindet seine Tätigkeit nicht an sichtbare Schranken; „er weht, wo er will" [4].

II. Die Art des rechtfertigenden Glaubens in den vor- und außerchristlichen Gerechten.

Das eine Heil wurde, wie wir bereits hörten, vermittelt durch den einen Glauben: „ohne Glauben ist es unmöglich, Gott zu gefallen". Von welcher Art ist dieser Glaube, und wie wurde er möglich für diejenigen, die der geschichtlichen Erscheinung Christi und der Predigt des Heiles fernstanden? „Ad fidem pertinet credere in Christum", so hörten wir früher [5]; wie ist diese Forderung zu verstehen, wenn die Heilsmöglichkeit der Heiden nicht illusorisch werden soll?

An vielen Stellen fordert Augustin den ausdrücklichen Glauben, die fides explicita an Christus, den menschgewordenen Gott und Mittler, ja an seinen Tod und seine Auferstehung. Die Lehre von dem doppelten Stammvater der Menschheit, von Adam, dem Urheber des Falles, und Christus, dem Urheber der Gnade und Gerechtigkeit, so bemerkt er, hat dogmatischen Charakter. Mit Hilfe der Stelle Apg 4, 12 („Es ist kein anderer Name gegeben" usw.) und der andern Apg 17, 31, die Augustin liest: „In illo definivit fidem omnibus, suscitans illum a mortuis", folgert er

---

[1] Ebd. 18, c. 47.　　[2] De div. quaest. 83, q. 44. Vgl. ebd. q. 68, 6.

[3] De ver. rel. 46: Quoniam igitur divina providentia non solum singulis hominibus quasi privatim, sed universo generi humano tamquam publice consulit, quid cum singulis agatur, Deus, qui agit, atque ipsi, cum quibus agitur, sciunt. Quid autem agatur cum genere humano, per historiam commendari voluit et per prophetiam.

[4] De pecc. orig. 28.　　[5] Siehe oben S. 236, A. 1. (C. duas epist. Pel. 1, 7.)

weiter: „Daher zweifelt die christliche Wahrheit nicht daran, daß
ohne diesen Glauben, d. h. ohne Glauben an den einen Mittler
zwischen Gott und den Menschen, den Menschen Christus Jesus,
ohne Glauben an seine Auferstehung, die ‚Gott allen festgesetzt hat‘
und die ohne seine Menschwerdung und seinen Tod nicht wahrhaft
geglaubt werden kann, also ohne Glauben an die Menschwerdung,
den Tod und die Auferstehung Christi auch die alten Gerechten
nicht von ihren Sünden gereinigt und durch Gottes Gnade gerechtfertigt werden konnten." [1] Wie der Ausgangspunkt dieser Stelle
die objektive Universalität der Heilsstellung Christi ist, so
zeigt auch der weitere Text, daß diese Wahrheit die Hauptsache
ist.   Es soll Pelagius widerlegt werden, der sagt, die Menschen
seien gleicherweise gerecht geworden 1. aus ihrer Natur, 2. unter
dem Gesetze und 3. unter der Gnade; die Patriarchen hätten der
Mittlerschaft Christi nicht bedurft.   Diese Mittlerschaft steht aber
nach der Heiligen Schrift unerschütterlich fest [2].   Augustin schließt
jedoch sogleich weiter: Ihr Haupt und Mittler wäre Christus nicht
gewesen, „wenn sie nicht an seine Auferstehung durch seine Gnade
geglaubt hätten.   Und wie hätte dies geschehen können, wenn sie
nicht gewußt, daß er im Fleische kommen werde, wenn sie nicht
aus diesem Glauben gerecht und fromm gelebt hätten?" [3]   So ist
denn den alten Gerechten nicht bloß die Gottheit, sondern auch
die Menschheit Christi offenbart worden.   Hierauf deutet der Herr
selbst hin, wenn er sagt, Abraham habe seinen Tag zu schauen verlangt und sich gefreut.   Allerdings könnte dieser Ausspruch auf das
unwandelbare Licht des Logos bezogen werden, dessen Schauung
auch manchen Philosophen als höchstes Ideal vorschwebte.   Aber
wie soll der Schwur auf die Lende bei Abraham gedeutet werden,
wenn seine Erwartung nicht auf die Menschwerdung gerichtet war? [4]
Die unmündigen Kinder im Alten Testament konnten diesen Glauben
nicht erwecken; ihnen mußte die Beschneidung, das signaculum
iustitiae fidei, als Mittel zur Rechtfertigung dienen.   In der Beschneidung selbst aber, die am achten Tage vollzogen wurde, lag
wiederum eine Weissagung der Auferstehung des Herrn, die am
achten Tage, am Tage nach dem Sabbate geschah [5].

    Man sieht hier das Bemühen, die inhaltlichen Forderungen, die
Augustin bezüglich des vorchristlichen Glaubens aufstellt, an das

---

[1] De pecc. orig. 28.   [2] Ebd. 30 31.   [3] Ebd. 31.   [4] Ebd. 32.
[5] Ebd. 36.

vorher festgestellte Dogma heranzurücken. Man merkt aber an seiner eigenen Darlegung, daß es Schlußfolgerungen sind, die um so unsicherer werden, je mehr sie ins einzelne gehen. Eine sachliche Kritik müßte zunächst aussetzen, daß Augustin schon in die Stelle Apg 17, 31 (auch nach seiner Lesart) zuviel hineinlegt; die Auferstehung Christi wird hier gar nicht als Inhalt, vielmehr als Bestätigung des Glaubens erwähnt. Daher beschränkt er denn auch seine Lehre, wo er zum zweitenmal das Dogma gegen Pelagius feststellt, auf die These, „daß zu jeder Zeit die menschliche Natur, die durch den ersten Adam gesunken ist, des zweiten Adam als Arztes bedurft hat" [1].

Die Schrift De natura et gratia ist, wie früher bemerkt, ausdrücklich der Verteidigung dieses Grundsatzes gewidmet. Auch hier schließt sich für Augustin an denselben die Folgerung — und sie scheint ihm fast selbstverständlich —, daß zu allen Zeiten der Glaube an „das Blut Christi", an das „sacramentum divinitatis et humanitatis Christi", an die Auferstehung [2], an „den Namen Christi" [3] zum Heile notwendig gewesen sei. Das Nichthören und Nichtkennen des Erlösungswerkes genügt, um in der Verdammnis zu bleiben, auch wenn man an Gott den Schöpfer glaubt und durch Rechtleben seinen Willen erfüllt [4]. Der Grund für letzteres ist: Sonst würde ja die gefallene Natur „sich selbst genügen" zur Vollendung der Gerechtigkeit und zum ewigen Leben. Wenn natürliche Gotteserkenntnis und Willensanstrengung das Heil schaffen könnten, so müßte man mit dem Apostel — unter Vertauschung der Worte lex und natura — sagen: Si per naturam (n. 10: per naturalem legem et voluntatis arbitrium) iustitia, ergo Christus gratis mortuus est! [5] Dann würde die Schuld, die uns Gottes Licht und Leben raubt, durch bloßen Willen der Schuldigen hinweggenommen werden können [6]. Nun ist aber Christus nicht umsonst gestorben: seine Gnade war notwendig als Heilung und Sühne unserer Sünde: daher kann niemand gerettet werden „nisi per fidem et sacramentum sanguinis Christi" [7].

---

[1] Ebd. 34: Quapropter quisquis humanam contendit in qualibet aetate naturam non indigere medico secundo Adam, quia non est vitiata in primo Adam, non in aliqua quaestione, in qua dubitari vel errari salva fide potest, sed in ipsa regula fidei, qua Christiani sumus, gratiae convincitur inimicus.

[2] De nat. et gr. 2.   [3] Ebd. 10.   [4] Ebd. 2 4 10.

[5] Ebd. 2.   [6] Ebd. 3 6.

[7] Ebd. 2. Das bloße sacramentum genügt denen, „qui per aetatem audire non possunt" (n. 4). — Die fides incarnationis wird auch verlangt Epist. 157, 14;

Die regula fidei, die Augustin betont, verlangt als Gegengewicht und Heilung der Ursünde die u n i v e r s e l l e E r l ö s u n g s t a t C h r i s t i und die Aneignung derselben durch den Menschen in innerer Sündentilgung und Begnadigung. Wenn diese Aneignung bei den Kindern eine unbewußte, mystische ist, wird sie dann nicht auch bei Erwachsenen, die den geschichtlichen Erlöser nicht kennen, ohne bewußten Anschluß an denselben stattfinden können? Augustin sieht in der Geistesgnade, welche die Kinder empfangen, einen keimhaften Glauben [1]; kann nicht auch bei jenen Erwachsenen mit einer inneren Erneuerung, die der Heilige Geist bewirkt, eine Gesinnung verbunden sein, die Glaube im weiteren Sinne ist und den Keim der vollen Erkenntnis und Gottschauung in sich schließt? Gegen die Donatisten hatte Augustin diese mystische Verbindung aller Begnadigten mit Christus, die zentrale Wirksamkeit Christi im kirchlichen Priestertum nachdrücklich betont: „Immer rechtfertigt Christus den Gottlosen, indem er ihn aus einem Gottlosen zum Christen macht, immer empfängt man von Christus den Glauben, immer ist Christus der Ursprung der Wiedergebornen und das Haupt der Kirche." [2] Auch im pelagianischen Streite legt er großes Gewicht auf diesen mystisch-realen Zusammenhang, betrachtet ihn sogar in etwa als Kern des dogmatischen Gegensatzes: wie sich die Sünde nicht durch Nachahmung, sondern durch reale Vererbung fortgepflanzt hat, so werden auch „in Christus die an ihn Glaubenden gerechtfertigt durch die verborgene Mitteilung und Einhauchung der Geistesgnade,‘ wer d u r c h s i e dem Herrn anhängt (haeret Domino), ist e i n Geist (mit ihm), obschon seine Heiligen ihn auch nachahmen" [3]. Weil und insofern Christus uns objektiv und real erlöst hat, kann Christus den hingebenden Glauben an seine Person fordern, und wird uns dieser

---

De Civ. Dei 18, c. 47; ebenso, aber mit genau derselben Tendenz wie De nat. et gr.: Op. imp. c. Iul. 2, 188; De perf. iust. hom. 42 44 Die Väter glaubten (tatsächlich) an Christum „de Virgine nasciturum, passurum, resurrecturum, in coelum ascensurum" (In Io. Ev. tr. 45, 9. Ähnlich C. duas epist. Pel. 3, 11; De nupt. et conc. 2, 24; De Trin. 4, 27). Die Prädestinierten führt Gott heute zum „Hören des Evangeliums"; denn ohnedies würden sie den zum Heile notwendigen Glauben an Jesus Christus nicht gewinnen (De corr. et gr. 11 13). Daß die Heiden, die ohne ihre Schuld das Evangelium nicht gehört haben, verloren gehen, setzt Augustin voraus Epist. 164, 12 f; er widerlegt hier allerdings zunächst die Annahme, daß sie noch i m J e n s e i t s die Heilspredigt hören und sich bekehren könnten.

[1] Siehe oben S. 118 f 129 und De pecc. mer. et rem. 1, 25 35 62.
[2] C. litt. Petil. 1, 8.   [3] De pecc. mer. et rem. 1, 11.

Glaube zur Gerechtigkeit angerechnet. Und diese ganze mittlerische Stellung Christi fußt darauf, daß er göttlichen Wesens, Sanctus sanctorum war [1]. Da nun das Erlösungswerk, dem alle Heiligung entströmt, sich faktisch durch die Menschwerdung und die einzelnen Phasen des Lebens Christi, vor allem den Tod und die Auferstehung, vollzogen hat, so war es möglich, daß Augustin, wenn er das Ergreifen der Erlösung im Alten Testament im Auge hatte, diese Heilstatsachen mehr als objektive Vermittlung denn als subjektiven Inhalt des Glaubens in seine Forderung einbegriffen hat [2].

Eine solche mildernde Deutung ist nicht bei allen Stellen möglich, wenn wir uns an ihren klaren Wortlaut erinnern; bei andern aber drängt sie sich bald direkt, bald indirekt förmlich auf. Oder sollen wir auch die Behauptung, daß die Gerechten der Vorzeit so an die künftige Geburt aus der Jungfrau glaubten, wie wir an die geschehene, im strengen Sinne auffassen? [3] Und die andere, daß Melchisedech die Einsicht besaß, in seiner Opfergabe das künftige Abendmahl Christi zu schauen? [4] Ferner die Angabe, daß die Israeliten den Glauben an den Tag der Auferstehung Christi bekannten, wenn sie am achten Tage ihre Kinder beschnitten? [5] Hier werden doch offenbar rein tatsächliche Verhältnisse durch lebhafte Darstellung in die Subjektivität hineingedeutet, um die Beziehung deutlich zu machen. Augustin sagt sogar generell von den alttestamentlichen Einrichtungen, die verschiedenen Zeichen hätten denselben Glauben wie heute enthalten; der Glaube sei geblieben, indem die Zeichen sich änderten. Als Beispiel führt er an, daß den Juden der wasserspendende Fels in der Wüste dasselbe gewesen sei, was uns das Sakrament des Altares ist, und der erquickende Quell aus dem Felsen dasselbe, was uns das Blut Christi ist [6]. Hier ist die Identität des

---

[1] Ebd. 18: Quisquis ergo ausus fuerit dicere: Iustifico te, consequens est, ut dicat etiam: Crede in me. Quod nemo sanctorum recte dicere potuit nisi Sanctus sanctorum: „Credite in Deum et in me credite" (Io 14, 1); ut quia ipse iustificat impium, „credenti in eum, qui iustificat impium, deputetur fides ad iustitiam" (Rom 4, 5).

[2] In Epist. 137, 12 wird als Inhalt der Lehre Christi die Hinzuführung des Sünders zu Gott bezeichnet — und Gott ist niemand fern; als Beistand Christi folgt sodann: „quod sine gratia fidei, quae ab illo est, nemo potest vincere concupiscentias suas".

[3] Siehe oben S. 309, A. 7.

[4] Epist. 177, 12.

[5] De pecc. orig. 36. De nupt. et conc. 2, 24. Epist. 157, 14.

[6] In Io. Ev. tr. 45, 9.

Glaubens im Sinne ausdrücklicher gläubiger Erkenntnis doch völlig
unannehmbar.

Sodann betont Augustin häufig, daß der Glaube an Christus in
vorchristlicher Zeit verhüllt, verschleiert war; er bemerkt
dabei, daß diese Verhüllung und Dunkelheit innerhalb des Alten
Testamentes eine verschiedene, allmählich abnehmende gewesen ist [1].
Die Erkenntnis eines Johannes des Täufers war vollkommener als
die vorchristliche; bei der letzteren genügt ihm „irgend eine"
schattenhafte oder allegorische Vorstellung des Erlösers [2]. Würden
wir aber die von Augustin gelegentlich an den Glauben der
Alten gestellten Anforderungen zusammenfassen, so hätten wir
nichts weniger als das vollständige Symbolum des urchristlichen
Glaubens!

Immerhin dürfen wir nicht annehmen, für Erwachsene sei nach
Augustin ein sakramentaler Zusammenhang mit Christus, eine Teilnahme an seiner Gnade ohne jede seelische Betätigung und freie
Entgegennahme möglich. Das Bleiben und Übergehen der Sünde
kann ohne positive, persönliche Tätigkeit geschehen, weil sie selbst
Negation, bloße Abwesenheit des göttlichen Lebens ist. Der Übergang des Verdienstes Christi auf die einzelnen Menschen bedarf eines
positiven Aktes, einer inneren Erneuerung, weil dieses Verdienst selbst
positive Gabe, Mitteilung göttlichen Lebens ist. Der Zusammenhang
der Sünde kann von unten her bewirkt werden, durch fleischliche Geburt; die Gemeinsamkeit der Gnade stammt von oben, aus dem Geiste
Gottes. Darum ist für den, der zum natürlichen Geistesleben erwacht ist, die Geburt zum ewigen Leben nur durch freie Hingabe
des Geistes möglich. Es fragt sich nur, ob das, was Augustin als
Glauben bezeichnet, was er gerade in unserem Zusammenhange gern
„den Geist des Glaubens" nennt [3], nicht formell einen weiteren Sinn
zuläßt als den zuerst bezeichneten.

Wir wissen, daß nach Augustins Grundanschauung der Glaube
die Erziehung und Durchgangsstufe zur Erkenntnis Gottes, der
geschichtliche Inhalt des Glaubens aber die symbolische, jedoch
wirkungskräftige Vorbereitung und Verbürgung der ewigen Gottes-

---

[1] Enchir. 31. De pecc. mer. et rem. 1, 13. Epist. 157, 14; 187, 34; 102, 12.

[2] C. duas epist. Pel. 3, 11: Qui (Iohannes) mediatorem ipsum non aliqua
umbra futuri vel allegorica significatione vel ulla prophetica
praenuntiatione venturum esse significans, sed digito demonstrans ait: Ecce
Agnus Dei.

[3] Epist. 157, 14; 187, 34. De pecc. orig. 29. Op. imp. c. Iul. 1, 124.

gemeinschaft ist [1]. Der „Glaube" entspricht der Zeitlichkeit, die „Wahrheit" der Ewigkeit. Nach der Wahrheit verlangt unser tiefstes Wesen; nach ihr hat auch die edelste Philosophie des Altertums ausgeschaut. Damit unser Glaube, der naturgemäß an zeitlichen Bürgschaften und Bildern hängt, nicht in Dissonanz trete zu jener Ewigkeit der Wahrheit, ist der Logos, die ewige Wahrheit selbst, Mensch geworden; er hat unsern Glauben aufgenommen (excipere), um durch sein zeitliches Wesen und Wirken uns zu seiner Ewigkeit hinüberzuführen [2]. So ist der Glaube an ihn die Läuterung und Vorbereitung für die Anschauung Gottes, der Weg zum Vater [3]. Sein „Fleisch", sein menschliches Leben, wird dem Glauben dargereicht; das „Wort", durch welches alles gemacht ist, wird dem im Glauben gereinigten Geiste für die ewige Anschauung vorbehalten [4]. — Überall ist das Wesentliche, die religiöse Bestimmung der Seele, für Augustin die Erkenntnis der Gottheit, nicht die geschichtliche Seite der Religion. Auch das sittliche und mystische „Leben" der Seele besteht, wie wir unzähligemal hörten, in der Verbindung mit der Licht- und Lebensfülle Gottes, wie umgekehrt die Sünde in der Gottesferne; der adäquate Ausdruck dieses Lebens ist die caritas, die Liebe zur göttlichen Wahrheit, Schönheit, Heiligkeit. Diese höchste Wahrheit und Güte ist überall gegenwärtig; das Verbum Dei durchdringt mit seinem Lichte und seiner Glut, wie die Sonne, alles Dunkel [5]. Sollte die willige Aufnahme dieses Lichtes, wenn sie mit jener Demut und Dankbarkeit verbunden ist, die Augustin als edelste Eigenschaft der Tugend auch vom Heiden fordert, nicht als „Geist des Glaubens" anzusehen sein?

Das ewige Wort des Vaters ist in jener Zeit, die ihm angemessen erschien, Mensch geworden, um uns durch Lehre und Beistand für das ewige Heil zu befähigen. Als Lehrer hat er alle früheren heilsamen Erkenntnisse, sowohl die von Propheten wie die von Philosophen und Dichtern gelehrten, durch seine Autorität bestätigt „wegen derjenigen, die sie nicht in der innersten Wahrheit selbst erkennen und unterscheiden konnten. Diese Wahrheit aber war, auch ehe sie menschliche Natur annahm, allen gegenwärtig (aderat), die ihrer teilhaft werden konnten". Ein Hauptnutzen der Menschwerdung des Wortes lag darin, daß die zahlreichen nach Gott dürstenden Seelen

---

[1] Siehe Bd I, S. 125 f 173. Oben S. 93 ff.   [2] De Trin. 4, 24.
[3] Ebd. 4, 25.   [4] Ebd. 4, 26.
[5] Siehe oben S. 285. (En. 1 in ps. 18, 7.)

(divinitatis avidi), die bisher auf dem Umwege des abgöttischen Dämonenkultes nach ihm strebten, erkennen sollten, Gott sei dem
Herzen der Frommen so nahe (tam proximum esse), daß er sogar
sich würdigte, einen Menschen zu sich zu erheben und mit ihm eins
zu werden. Diese Lehre ist heute so durchgedrungen, daß jeder Einfältige, jedes arme Weib an die Unsterblichkeit und das künftige
Leben bei Gott glaubt. Der Beistand aber, den Christus bringen
wollte, liegt in der Gnade des Glaubens, die er uns erworben
hat und durch die er uns über die sündhaften Begierden den Sieg
verleiht [1].

So wird denn von den Bewohnern Ninives einfach gesagt, sie
hätten ihr Heil gefunden, indem sie an Gott (in Deum) glaubten [2];
die Predigt des Jonas, die sie zum Glauben veranlaßte, hat ja auch
keine andere Erlösung verkündet, soviel wir wissen, als die allgemeine Erbarmung und Verzeihung des Allmächtigen. Von Rahab
bemerkt Augustin, sie habe zunächst durch Mut und Gastfreundschaft
ein ehrenvolles Beispiel gegeben, dann aber auch an „den Gott"
der Israeliten geglaubt. Auf Grund dessen „würde ihr Tod kostbar
gewesen sein in den Augen des Herrn", wenn ihre Mitbürger sie
wegen ihrer Tat getötet hätten [3]. Ausdrücklich lehrt Augustin im
Anschluß an die Stelle 1 Petr 3, 18—20, Christus sei den Zeitgenossen Noes, die dort erwähnt werden, vielleicht nur dem Geiste
nach, d. h. durch Einwirkung seiner Gottheit, erkennbar geworden, wie er überhaupt vor seiner Menschwerdung die, welche
er berief, häufig in Gesichten angesprochen oder sonst, wie er wollte,
geistig erleuchtet habe, damit sie „zu ihrem Heile gläubig
wurden" [4]. Der Heilige Geist, der mit dem Sohne verbunden ist,
wohnte schon vor der Inkarnation in allen heiligen Menschen, ohne
jene sichtbare Vermittlung wie am Pfingstfeste oder bei der kirchlichen Handauflegung. In derselben Weise war der Sohn Gottes
damals noch nicht „verherrlicht", noch nicht „in die Welt gekommen"; als Gottes Wort und Weisheit aber waltete und offenbarte
er sich zu allen Zeiten [5].

Wir hörten vorhin, daß Augustin an einer Stelle den Glauben
an den Namen Christi zur Rechtfertigung fordert. Den Sinn dieser
Forderung zeigt uns eine interessante Bemerkung über den Unglauben

---

[1] Epist. 137, 12 (geschrieben 412).   [2] Epist. 164, 2.
[3] Contra mendac. 34.   [4] Epist. 164, 17 f. Vgl. De Trin. 4, 26.
[5] De div. quaest. 83, q. 62. Vgl. oben S. 301 f die Stellen aus Epist. 102.

der jüdischen Zeitgenossen Christi. „Diejenigen, welche so stolz gesinnt sind, daß sie ihrer Willenskraft das Höchste zutrauen und die
Notwendigkeit des göttlichen Beistandes zum guten Leben leugnen,
können nicht an Christus glauben. Denn die Silben des Namens
Christi und die Sakramente Christi nützen nichts, wo
man dem Glauben an Christus sich widersetzt. Glauben an
Christus aber heißt: glauben ‚an den, der den Sünder gerecht macht‘ (Röm 4, 5); glauben an den Mittler, ohne dessen
Dazwischenkunft wir nicht mit Gott ausgesöhnt werden; glauben an
den Heiland, der gekommen ist, zu suchen und selig zu machen, was
verloren war; glauben an den, der gesagt hat: ‚Ohne mich könnt
ihr nichts tun‘ (Jo 15, 5). Wer also, Gottes Gerechtigkeit,
durch die der Sünder gerecht wird, nicht kennend, seine
eigene aufstellen will, durch die er als Stolzer überführt wird,
der kann nicht an ihn glauben.“ [1]

Wie wird hier alles Äußere und Zufällige, das man im Namen
Christi finden könnte, abgestreift, wie wird der Buchstabe erweicht
und durchleuchtet, um den Geist, den sittlich-religiösen Grundgedanken
herauszuheben! Obschon die andern Prädikate Christi, die für den
Glauben pflichtmäßig sind, nicht ausgeschlossen werden — das ist
hier um so weniger zu erwarten, als Augustin von Hörern und Augen-
zeugen des Lebens Christi spricht —, so wird doch als das Charakteristische der fides Christi dem Unglauben gegenüber die Anerkennung des erlösenden Gottes, jenes Gottes, der allein die
Sünde von uns nehmen und uns Gerechtigkeit schenken kann, hingestellt. — Der heidnische Philosoph erkennt Gott als Urheber der
Welt, der Jude als einzigen Herrn und Gesetzgeber, der Christ als
den „Vater Christi, durch den er die Sünde der Welt hinwegnimmt“.
Dieser Gott hat seinen Gnadenratschluß enthüllt in der Fülle der
Zeiten; er hat ihn aber „occulte, latenter, privatim“, von Anbeginn
der Welt an, „denen er wollte und wie er wollte“, offenbart [2].

---

[1] In Io. Ev. tr. 53, 10. Vgl. ebd. 106, 4, wo der heidnischen (natürlichen)
Vernunft, die Gott als Weltschöpfer erkennt, und dem jüdischen Gesetz, das den
Monotheismus von allem Abgöttischen rein erhält, der christliche Glaube entgegengestellt wird, der Gott ergreift ‚in hoc, quod Pater est huius Christi, per
quem tollit peccatum mundi“. Siehe auch oben S. 311, A. 1.

[2] Vgl. die vorige Anmerkung. De spir. et litt. 22 wird die lex fidei der
lex operum entgegengestellt; die letztere macht sich im heidnischen Tugendstolz
wie in der jüdischen Gesetzlichkeit geltend; sie verkennt Gottes Gerechtigkeit
und will ihre eigene Gerechtigkeit aufstellen. Der Sünder, der sein Elend erkennt
und beginnt, auf Gott zu vertrauen, ist in höherem Maße Kind des Glaubens als

Diese weitere und mildere Fassung des Glaubensbegriffs zeigt
sich auch in der Behandlung der Bekehrungsgeschichte des Haupt-
manns Cornelius. In einer seiner letzten Schriften sagt Augustin,
die Sendung des Petrus zu dem römischen Hauptmann sei ein Zeichen
dafür, daß Cornelius „ohne Glauben an Christus nicht hätte selig
werden können". Anderseits könne man jedoch mit einem gewissen
Rechte sagen, er habe es durch seine Tugend verdient, zum Glauben
zu gelangen, da seine Gebete und Almosen schon vor dem Glauben
an Christus Gott wohlgefällig waren. Aber schon damals hat er
nach Augustin „nicht ohne irgend einen Glauben" gebetet
und Barmherzigkeit geübt. „Denn wie konnte er (im Gebete)
den anrufen, an den er nicht zuvor geglaubt hatte?"
Alles aber, was er Gutes getan, sei es vor, in oder nach dem
Glauben, muß ganz auf Gott zurückgeführt werden [1]. Was wir unter
der aliqua fides zu verstehen haben, wird an einer andern Stelle
deutlicher. „Der Mensch beginnt, die Gnade zu empfangen, wenn
er beginnt, Gott zu glauben, angetrieben zum Glauben sei es
durch innere oder durch äußere Mahnung. Aber je nach den
Perioden der Zeiten oder der Feier der Sakramente wird die
Gnade voller und offenkundiger eingegossen. Denn auch

der Gerechte, der seine Tugend sich selbst zuschreibt. Der Schluß ist: „Wir
werden nicht gerechtfertigt durch die Gebote des guten Lebens, außer durch den
Glauben an Jesus Christus; das heißt: nicht durch das Gesetz der Werke, sondern
des Glaubens, nicht durch den Buchstaben, sondern durch den Geist, nicht durch
das Verdienst unserer Taten, sondern durch die freigewährte Gnade." — De pat. 18
liegt derselbe Gedanke der Forderung des Glaubens an Christus zu Grunde. Auch
die Alten sind durch den Glauben an den Erlöser gerechtfertigt worden: ipsi
quippe audierunt, ipsi scripserunt, longe antequam Christus venisset in carne
Miserebor, cui misertus ero etc. (Exod. 33, 19).... Ipsorum etiam vox est, longe
antequam Christus venisset in carne: Deus meus, misericordia eius
praeveniet me! (Ps 58, 11.)

[1] De praed. sanct. 12: Et quod dixi: „per fidem", non ex vobis, sed Dei
donum est etiam fides. ... Solet enim dici: Ideo credere meruit, quia vir bonus
erat, et antequam crederet. Quod de Cornelio dici potest, cuius acceptae sunt
eleemosynae et exauditae orationes, antequam credidisset in Christum; nec tamen
sine aliqua fide donabat et orabat. Nam quomodo invocabat, in quem non
crediderat? Sed si posset sine fide Christi esse salvus, non ad eum aedificandum
mitteretur architectus apostolus Petrus; quamvis „nisi Dominus aedificaverit
domum, in vanum laboraverunt aedificantes eam". Et dicitur nobis: „Fides est
a nobis, cetera a Domino ad opera iustitiae pertinentia"; quasi ad aedificium non
pertineat fides, quasi ad aedificium, inquam, non pertineat fundamentum.... Quidquid igitur, et antequam in Christum crederet, et cum crederet et cum credidisset,
bene operatus est Cornelius, totum Deo dandum est, ne forte quis extollatur.

die Katechumenen glauben; und Cornelius glaubte Gott, als er durch Almosen und Gebete sich würdig erwies, daß ihm ein Engel gesandt wurde; er würde aber in keiner Weise so gehandelt haben, wenn er nicht vorher geglaubt hätte; und er würde nicht geglaubt haben, wenn er nicht durch geheimes Schauen des Geistes oder der Seele oder durch deutlichere sinnlich-körperliche Mahnungen berufen worden wäre. Aber in manchen ist die Gnade des Glaubens nicht so groß, daß sie hinreicht zur Erlangung des Himmelreichs; wie bei den Katechumenen, wie bei Cornelius, bevor er der Kirche durch Teilnahme an den Sakramenten einverleibt wurde. In manchen aber ist sie so groß, daß dieselben schon zum Leibe Christi und zum heiligen Tempel Gottes gerechnet werden. Denn der Tempel Gottes ist heilig, sagt der Apostel, und der seid ihr! Und der Herr selbst: Wenn einer nicht wiedergeboren wird aus dem Wasser und dem Heiligen Geiste, so kann er ins Himmelreich nicht eingehen. Es gibt also gewisse Anfänge des Glaubens, ähnlich der Empfängnis; man muß aber nicht bloß empfangen, sondern auch geboren werden, um zum ewigen Leben zu gelangen.“ [1]

In beiden Stellen ist zweifellos ein Unterschied gemacht zwischen dem Glauben an Gott, den Cornelius schon besaß, und dem Glauben an Christus, den er durch Petrus empfing. Der erste genügte, seine Werke gottwohlgefällig zu machen; konnte er auch hinreichen, ihn selbst gerecht und von der Sünde frei zu machen? Auf den ersten Blick scheint diese Frage an beiden Stellen verneint zu werden. Und doch ist die bejahende Antwort die wahrscheinlichere. Das Nichthinreichen der anfänglichen fides bezieht sich auf die objektive Pflicht des Glaubens an den geschichtlichen Christus, die mit dem Augenblicke eine subjektive, persönliche wurde, als die Predigt des Petrus diesen Glauben ermöglichte. Dafür spricht 1. der Umstand, daß an der zweiten Stelle noch direkter und ausdrücklicher als die fides Christi die Teilnahme am Sakramente, die Einverleibung in die Gemeinschaft der Kirche als heilsnotwendig hingestellt wird; das gleiche geschieht, so oft Augustin sonst die Frage näher berührt[2].

---

[1] De div. quaest. ad Simpl. 1, 2, 2: Fiunt ergo inchoationes quaedam fidei conceptionibus similes; non tamen solum concipi, sed etiam nasci opus est, ut ad vitam perveniatur aeternam.

[2] De bapt. 1, 10: Neque enim et Cornelii gentilis hominis orationes non sunt exauditae aut eleemosynae non sunt acceptae; imo et angelum ad se mitti et missum meruit intueri, per quem posset utique sine hominis alicuius accessu cuncta necessaria discere. Sed quoniam, quidquid boni in orationibus et

Nun ist es aber ganz sicher, daß Augustin die Notwendigkeit des
Sakraments (der Taufe) und des Anschlusses an die Kirche in jenem
moralischen Sinne versteht; der Mangel des äußeren Sakraments
hindert die Rechtfertigung nicht absolut, sondern nur, wenn er mit
„Verachtung" verbunden ist[1].

2. Die Beschreibung der Glaubensgnade und ihrer Vermittlung
in den Quaest. ad Simpl. ist eine solche, daß man sie weder auf eine
natürliche Erleuchtung, noch auf die bloße aktuelle Gnade beziehen
kann. Die motio und vocatio wird auf innere oder äußere Ver-
anstaltungen Gottes zurückgeführt, wie sie sonst zur Anbahnung des
rechtfertigenden Glaubens von Augustin angenommen werden. Auch
das Bild der Empfängnis und Geburt hat wenig Sinn, wenn
der „Anfang des Glaubens", die „unvollkommenere Gnade" nicht in
ihrer Art und Lebendigkeit der vollen Glaubensgnade gleich wäre; es
paßt aber vortrefflich, wenn dort die unsichtbare Begnadigung, hier die
sichtbare und allseitige Zugehörigkeit zum Gnadenreiche gemeint ist.

3. So wird es auch verständlich, daß Augustin nicht bloß von
guten Werken, sondern auch von der persönlichen „Reinheit" des
Cornelius spricht. In jenem Tuche mit reinen und unreinen Tieren,
das dem Petrus gezeigt wurde, gehörte Cornelius nicht, wie die
Heiden, zur unreinen, sondern zur reinen Speise[2]. — Nach dieser
Erklärung haben wir also ein bestimmtes Zeugnis, daß es für
Augustin einen „Glauben an Gott" gibt, der bei schuldloser Un-
kenntnis Christi den Sünder rechtfertigt[3].

Erinnern wir uns zugleich einzelner früherer Äußerungen! Die
„wahre Verehrung des wahren Gottes" hätte die Römer zum ewigen
Gottesstaate führen können (S. 263). Der Heide Polemon würde,

---

eleemosynis habebat, prodesse illi non poterat, nisi per vinculum
christianae societatis et pacis incorporaretur ecclesiae, iubetur
mittere ad Petrum et per illum discit Christum; per illum etiam baptizatus christiano populo consortio quoque communionis adiungitur, cui
sola bonorum operum similitudine iungebatur. Perniciose quippe contem-
neret bonum, quod nondum habebat, superbiens ex illo, quod habebat. Vgl. Quaest.
in Num. 4, 9. Sermo 148, 7 8.

[1] Siehe unten S. 325 ff.

[2] Sermo 148, 7: Huius eleemosynae acceptae mundaverant eum ad
quemdam modum; restabat, ut tamquam cibus mundus incorporaretur ecclesiae, h. e. corpori Domini. Vgl. ebd. 8.

[3] Wer dieser Erklärung nicht beistimmt, müßte an allen genannten Stellen
ein um so sichereres Argument dafür anerkennen, daß der Heide nach Augustin
im Stande der Ungnade natürlich gute Werke üben kann.

wenn er die Tugend auf Gott zurückgeführt und ihn fromm ver-
ehrt hätte, eine „heilbringende" Sittlichkeit und das unsterbliche
Leben erworben haben (S. 284). Was der heidnischen Tugend fehlt,
das ist die pietas, die „Gott anzuhangen" als höchstes Lebens-
ziel, aber auch als gnädiges Geschenk der Gottheit anerkennt
(S. 278 293). Als wir die natürliche Sittlichkeit der Heiden nach
Augustin untersuchten, trat uns überall diese vera pietas als
Krönung der Tugenden, als edelste Blüte und Weihe des sittlichen
Lebens entgegen. Jetzt, wo wir von oben herabsteigen, wo wir,
vom vollen Begriff des christlichen Glaubens ausgehend, die Grenze
nach der Natur hin zu bestimmen suchen, werden wir wieder auf
den Begriff des Glaubens an Gott, den Schöpfer, Erlöser und Heilig-
macher, geführt, der mit jener pietas identisch ist. Dabei verdient noch einmal bemerkt zu werden, daß schon das Wort fides
für Augustin diese Verbindung begünstigt [1]. Die fides gibt dem
Leben die rechte sittliche Zielbestimmung; die letztere muß auf
das ewige Leben, nicht das irdische, gehen; sie muß jenes Leben
von Gott, nicht von irdischen oder abergläubischen Mächten erhoffen.
Das ist fides, das ist pietas. Aus diesem Grunde sind ante fidem die
an sich guten Werke doch nicht gut. Ändere die fides, lenke die
fides auf das rechte Ziel, gehe den rechten Weg; „glaube
an den, der den Ungerechten gerecht macht, damit deine
guten Werke gute Werke sein können" [2]. Die Apostel haben „meist
zuerst den Glauben anbefohlen und dann die sittlichen Lehren angeschlossen, weil auch im Menschen selbst, wenn der Glaube nicht
vorangeht, das gute Leben nicht folgen kann. Denn, was immer
der Mensch als Sittlich-Gutes tut (veluti recte fecerit), das darf nicht
sittlich gut (rectum) genannt werden, wenn es nicht auf die pietas
gegen Gott bezogen wird" [3]. „Solange die Seele in der Ungerechtigkeit lebt, ist diese ihr Tod; wenn sie aber gerecht wird, wird sie
eines andern Lebens teilhaftig, das nicht sie selbst ist; indem sie
sich nämlich zu Gott erhebt und Gott anhängt, wird sie aus
ihm gerecht. Denn es ist gesagt: ‚Wer an den glaubt, der
den Sünder gerecht macht, dem wird der Glaube zur Gerechtigkeit angerechnet'" [4]. Die, welche die zeitliche Liebe ablegen,

---

[1] Vgl. oben S. 274.
[2] En. in ps. 31, sermo 2, 4—6.
[3] De fide et oper. 11. Heidnische Philosophen sind „philosophi non vera
pietate praediti". Retr. 1, 3, 2.
[4] In Io. Ev. tr. 19, 11.

sich zum Glauben an Gott und zur Haltung seiner Gebote
wenden — und dies ist allen Menschen durch das Licht Gottes möglich —, erhalten ein reines und erleuchtetes Herz[1].

Der Glaube an das geschichtliche Erlösungswerk wurde den
Menschen vor Christus durch die Propheten und den Gottesdienst
Israels oder durch innere Gesichte und Erleuchtungen nahe gebracht.
Die Formen, in denen Gott diese letztere Offenbarung vollzog,
sind so frei und mannigfach, daß wir darüber kein Urteil haben;
Gott enthüllte seinen Ratschluß „wem er wollte, wie er wollte".
Augustin hält es sogar für möglich, daß heidnische Seher, von den
bösen Geistern belehrt, die Menschwerdung Christi vorhersagten;
„Gott bewirkt auch durch Nichtwissende, daß die Wahrheit überall
widerhallt, den Gläubigen zum Beistande, den Gottlosen zum Zeugnisse"[2]. Überhaupt aber steht die ganze Welt Gott zum Dienste
bereit, die Irrenden zu berufen, die Glaubenden zu belehren, die
Bittenden zu erhören[3]. Leichter und natürlicher ist diese Berufung
und Belehrung, wenn wir die fides in dem besprochenen weiteren
Sinne — der pietas erga Deum iustificantem — auffassen.

Das alttestamentliche Gesetz hatte nach dem hl. Paulus den
Zweck, den gefallenen Menschen seiner Schwäche und Verderbtheit
zu überführen (convincere) und dadurch zur Gnade der Erlösung zu
lenken, damit, wo die Sünde übergroß geworden, die Gnade noch
größer würde[4]. Dieselbe Wirkung, wenn auch nicht so offenbar
und eindringlich, übte beim Heiden das Naturgesetz[5]. Der stolze
Nacken derer, die sich zuviel beilegten, sich mit ihrer Freiheit
brüsteten, wurde durch die Erfahrung der Sünde gebeugt; in dieser
Demütigung sollten auch die Heiden empfänglich werden für den
Glauben, der ihnen „Kräfte der Gesetzeserfüllung" verheißt[6]. Solange die Philosophen trotz allen Jammers des Lebens, trotz aller
inneren Bürde und Not nicht von der Anmaßung lassen, selbst Schöpfer

---

[1] De Gen. c. Man. 1, 6: Illud autem lumen non irrationabilium avium oculos
pascit sed pura corda eorum, qui Deo credunt et ab amore visibilium rerum
et temporalium se ad eius praecepta servanda convertunt. Quod omnes homines
possunt, si velint, quia illud lumen omnem hominem illuminat venientem in hunc
mundum. — De catech. rud. 31: Et rursus omnes homines et omnes spiritus
humiliter Dei gloriam quaerentes non suam et eum pietate sectantes ad unam
pertinent societatem.

[2] De Trin. 4, 23. De Civ. Dei 18, c. 47.

[3] De nat. et gr. 81. Siehe oben S. 253.   [4] De pecc. orig. 29.

[5] C. duas epist. Pel. 3, 13 (siehe oben S. 304, A. 3). Epist. 177, 14 f.

[6] Sermo 156, 4.

ihrer sittlichen Größe und Seligkeit sein zu wollen, können sie Gottes nicht innewerden (Deum sentire), da er ihrem Stolze widersteht. Wollten sie diesen Stolz ablegen und der wahren pietas ihr Herz erschließen, so „würden auch sie die Gnade Christi verdienen" [1]. Sie haben Großes gefunden, insofern sie von Gott unterstützt wurden; sie haben geirrt, soweit menschliche Hindernisse dazwischen traten, zumeist aber deshalb, „weil die göttliche Vorsehung ihrem Stolze entgegentrat" [2]. Die Demut führt im Evangelium heidnische Hilfeflehende zum Herrn; sie zeigen einen Glauben, daß wir annehmen müssen, Christus wohne bereits in ihren Herzen [3]. Die Täler füllen sich mit Wasser, die Höhen bleiben leer [4]. Die Sehnsucht nach Heilung ist die erste Bedingung derselben; „Gott heilt jeden Schwachen, aber er heilt ihn nicht gegen seinen Willen" [5]. Die wahre Gutheit der Seele ist die Erfüllung mit Gott; eine Vorstufe dazu ist die Sehnsucht nach Gott [6].

Selbst die fides in menschlichen Dingen, die Gewissenhaftigkeit, mit der die Heiden z. B. dem Vaterlande dienen, ist eine Vorbereitung auf die Gnade und den Glauben, wenn in ihr eine lautere, nicht durch Hochmut vergiftete Absicht herrscht. Der irdische Staat, der Babylon heißt, hat seine Liebhaber und treuen Diener; sie kennen nichts Höheres als seinen Frieden, für den sie rastlos arbeiten. „Alle, die in ihm treu (fideliter) schalten, wenn sie dabei nicht Stolz und flüchtige Größe und gehässige Prahlerei suchen, sondern die wahre Treue (vera fides) bewähren, sogut und solange und soweit sie können, insofern sie das Irdische, ihren Begriff des Staates, im Auge haben, solche läßt Gott nicht in Babel untergehen; solche hat er zu Bürgern Jerusalems vorherbestimmt. Gott sieht ihre Gefangenschaft an und zeigt ihnen einen andern Staat, nach dem sie in Wahrheit schmachten, für den sie alles daransetzen

---

[1] Epist. 155, 2 4. Vgl. De Civ. Dei 10, c. 27.

[2] Ebd. 2, c. 7. — Die Magna mater Deum hat den trefflichen Scipio Nasica durch ihren Kult und den öffentlichen Lobspruch des Senates berückt, daß er, sich im Ernste als vir optimus betrachtend, die wahre pietas et religio nicht suchte (ebd. 2, c. 5). Sermo 150, 10: Hanc volunt omnes . . . veritatem et vitam, sed ad tam magnam possessionem qua itur? Instruxerunt sibi vias erroris philosophi. . . . Latuit eos via, quia Deus superbis resistit.

[3] In Ps. 38, en. 1, 18. Sermo 62, 1.   [4] Sermo 77, 12.

[5] En. in ps. 102, 6.

[6] De Civ. Dei 12, c. 9, 1: Nisi ille, qui bonam naturam ex nihilo sui capacem fecerat, ex se ipso faceret implendo meliorem, prius faciens excitando avidiorem. Vgl. oben S. 314 den Ausdruck „divinitatis avidi", von Heiden gebraucht.

müssen. ... Darum sagt der Herr Jesus Christus: „Wer im Kleinen treu ist, wird auch im Großen treu sein."[1]

So ist die menschliche Selbstüberhebung der wahre Grund der menschlichen Schuld und Verwerfung. Daher liegt auch in der Überwindung und Heilung des Stolzes die Grundidee und -absicht der Menschwerdung, der wichtigsten Heilstatsache. „Zu dem im Stolze sich überhebenden Menschen kam der aus Erbarmung sich erniedrigende Gott und stellte das Wesen der Gnade klar und offenbar dar in demjenigen Menschen, den er in so großer Liebe vor seinen Brüdern bevorzugte und an sich zog. ... Dies wird uns also besonders nahe gelegt, dies wird, soweit ich urteilen kann, besonders gelehrt und gelernt in dem Reichtum der Weisheit und Wissenschaft, der in Christus verborgen ist."[2]

Es läßt sich nicht leugnen: Diese Zeugnisse für eine weitere und freiere Auffassung des zum Heile notwendigen Glaubens können die

---

[1] En. in ps. 136, 2. Diese wortspielartige Annäherung der Begriffe von „Treue" und „Glauben" zeigt sich auch De Civ. Dei 5, c. 18, 2: (Si Regulus ad hostes reversus est), qui cruciatus non sunt pro fide illius patriae contemnendi, ad cuius beatitudinem fides ipsa perducit? Aut quid retribuetur Domino pro omnibus, quae retribuit, si pro fide, quae illi debetur, talia fuerit homo passus, qualia pro fide, quam perniciosissimis inimicis debebat, passus est Regulus! — Zu bemerken ist noch die Äußerung De Civ. Dei 8, c. 4: ubi (Plato) finem omnium actionum ... esse cognoverit vel crediderit. — C. Iul. Pel. 4, 78 Videntur autem non frustra christianae fidei propinquasse, qui vitam istam fallaciae miseriaeque plenissimam non opinati sunt nisi divino iudicio contigisse. ... Quanto ergo te melius veritatique vicinius de hominum generatione senserunt, quos Cicero in extremis partibus Hortensii dialogi ... commemorat! — De div. quaest. 83, q. 68, 5: Für Pharao war die Erkenntnis dessen, was Joseph dem Lande Gutes getan, eine vocatio seitens Gottes; der Ungehorsam gegen diese Berufung entzog ihm die weitere Gnade.

[2] De pecc. mer. et rem. 2, 27. In höchst beredter und eindringlicher Weise legt diese Wahrheit ein an die heidnischen Bewohner der Stadt Madaura gerichteter Brief dar. Hier findet sich freilich der schroffe Satz: „Nec quisquam erit homo nostrorum temporum, qui se in illo iudicio de sua possit infidelitate defendere, cum Christum cantet et iustus ad aequitatem et periurus ad fraudem et rex ad imperium et miles ad pugnam etc." (Epist. 232, 4). Dabei ist zu beachten, daß die Madaurenser selbst dem hl. Augustin „in Domino aeternam salutem" gewünscht hatten, nach diesem Gruße also entweder an der Schwelle der Kirche standen oder mit dem Heiligen Scherz trieben. Zudem hält er ihnen in wirkungsvoller Art alle Gründe vor, die sie — inmitten einer christlichen Gemeinde — zum Glauben an Christus führen mußten; er tut dies mit „unaussprechlichem Zittern des Herzens", weil er überzeugt ist, daß seine Mahnung, wenn sie nicht fruchtet, zur Erhöhung ihrer Schuld gereichen wird (Epist. 232, 3).

zahlreichen Äußerungen, die mit Bestimmtheit einen volleren und konkreteren Inhalt des Glaubens auch für die Heiden verlangen, nicht wirkungslos machen. Wir haben es hier, wie es scheint, mit zwei unausgeglichenen Gedankenreihen zu tun, von denen die eine in der objektiven Tatsächlichkeit und dem vollen Lehrinhalt des Christentums wurzelt, die andere von gewissen Grundideen philosophischer und sittlicher Art, die aber zugleich eine tiefe christliche Wahrheit haben, ausgeht. Augustin selbst ist von der Schwierigkeit und Dunkelheit der ganzen Frage tief durchdrungen [1]. Er unterläßt es auch nicht, die regula fidei, das zweifellose Dogma der allgemeinen Erlösungsbedürftigkeit der Menschheit und Mittlerstellung Christi, von seinen persönlichen Gedanken strengerer oder milderer Art zu unterscheiden [2].

§ 3. Der Mangel des Sakraments und der Zugehörigkeit zur Kirche.

"Ita Deus docuit aliud esse signum salutis, aliud ipsam salutem; aliud formam pietatis, aliud virtutem pietatis."
(Sermo 8 [ed. M. Dénis], 2.)

I. Die Notwendigkeit des Sakraments. Die Begierdetaufe.

"Da Christus nicht umsonst gestorben ist, so kann jegliche menschliche Natur nur gerechtfertigt und vom gerechten Zorne Gottes,

---

[1] Siehe oben S. 263 307. Zu der Bemerkung Christi: "Ich habe einen solchen Glauben in Israel nicht gefunden", bemerkt er: Possumus non metiri fidem hominum sicut homines; ille, qui interiora cernebat, ille, quem nemo fallebat, perhibuit testimonium cordi hominis audiens verba humilitatis, pronuntians sententiam sanitatis (Sermo 62, 3).

[2] In der späteren Theologie treten die beiden Richtungen in der Frage hervor, welche Wahrheiten necessitate medii in dem zur Rechtfertigung erforderlichen Glauben erfaßt werden müssen. Eine mildere Ansicht hält den Glauben an Gott und die ewige Vollendung des Menschen in Gott für hinreichend; eine strengere fordert zudem den ausdrücklichen Glauben an die Menschwerdung und Trinität. Eine dritte Theorie nimmt den Gedanken der Erlösung im allgemeinen — abgesehen von der Menschwerdung — in den Begriff Gottes als des Schöpfers und Vollenders hinein, steht also zwischen jenen beiden in der Mitte. Es ist kein Zufall, daß die mittelalterlichen Theologen, die wie Hugo von St Viktor und Bonaventura diese dritte Auffassung näher begründen, sich ganz in augustinischen Gedanken und vielfach auch Worten bewegen. Vgl. meinen Aufsatz im "Katholik", Jahrg. 1900, I 267 307 ff: Die außerordentlichen Heilswege für die gefallene Menschheit und der Begriff des Glaubens.

d. h. von der Strafe erlöst werden durch den Glauben **und das Sakrament des Blutes Christi.**" [1]

Außer dem Glauben ist zur Heilswirkung erforderlich das Sakrament; und beide sind eng verwachsen mit dem Wesen und Zweck der Kirche.

Christus war Lehrer des Glaubens; nicht nur, indem er die religiöse und sittliche Wahrheit mit der Autorität des Gottgesandten verkündete, sondern auch dadurch, daß er selbst die zeitlich-sichtbare Erscheinung der göttlichen Wahrheit war. Die autoritative geschichtliche Darbietung und Verkörperung der Wahrheit setzt sich nach seiner Himmelfahrt in der Kirche als göttlich geleiteter Lehranstalt fort.

In der Erscheinung und dem Werke Christi liegt aber vor allem der Quell der Erlösung und Heiligung, ein weltgeschichtliches **Sakrament.** Christus ist Mittler zwischen Gott und den Menschen; er umfaßt in seiner Person alle Kräfte der sittlichen Sühnung und Heiligung, der Befreiung und Belebung für das gefallene Menschengeschlecht. Seine äußere Demut und Unterwerfung, Erbarmung und Geduld sind Zeichen und Ausdruck eines unsichtbaren, unermeßlichen Gnadengeheimnisses, der persönlichen Einigung der Gottheit mit der Menschheit Christi; in Kraft dieser Urgnade ist das Leben und Leiden des Herrn sühne- und gnadenkräftig. So muß auch der Glaube an Christus zum demütigen Eingeständnis der Schuld und Schwäche, zur rückhaltlosen Hingabe an die Gnade, zur Unterwerfung unter die sichtbaren Zeichen der Erlösung führen.

Auch nach seiner priesterlichen Gnadenspendung lebt Christus fort in der Kirche. Durch seine Gottmenschheit und Erlöserstellung ist er das Haupt einer neuen Menschheit, des weltumfassenden Leibes der Kirche, dem alle Getauften eingegliedert werden. Wie sich die Erwerbung der Gnade in Christus nicht rein geistig, sondern durch leibliche Hinopferung vollzog, so geschieht auch ihre Fortpflanzung in der Kirche zwar durch die Kraft des ihr innewohnenden Heiligen Geistes, aber vermittelst sinnbildlicher Handlungen, die der menschlich-leiblichen Einkleidung des Logos entsprechen und zugleich die Kirche als soziale Einheit darstellen. Von diesen „wenigen und leichten, an Bedeutung erhabenen, im Vollzuge lauteren" sakramentalen Zeichen [2] stehen die Taufe und das Sakrament des Leibes des Herrn am meisten in Beziehung zu den Gütern des Glaubens und des

---

[1] De nat. et gr. 2.   [2] Epist. 54, 1. De doctr. chr. 3, 13.

Friedens, auf denen die Einheit der Kirche beruht. Da es sich für uns um die Möglichkeit des sittlich Guten und der Heilswirkung außerhalb der Kirche handelt, so beschäftigt uns wesentlich nur die Frage, in welcher Weise das Sakrament der Taufe und die Gemeinschaft mit der sichtbaren Kirche ersetzt werden kann [1].

Die deutlichen Aussprüche des Herrn und die allgemeine Überlieferung der Kirche lassen über die Gnadenwirkung der Taufe, ihre grundlegende Bedeutung für alles sakramentale und kirchliche Leben und die hieraus sich ergebende strenge Pflicht, das Sakrament zu empfangen, keinen Zweifel. Anderseits bietet sowohl die Heilige Schrift wie die kirchliche Überlieferung Anhaltspunkte für die Frage, ob die Taufe aus dem Wasser und dem Heiligen Geiste die einzige Form des Anschlusses an Christus ist. Augustinus behandelt diese Frage in seinem an die Donatisten gerichteten Werke über die Taufe. Er hegt keinen Zweifel, daß ein „Katechumene, der von Liebe zu Gott entflammt ist", besser ist als ein Getaufter, der schlecht lebt;

---

[1] Den Zusammenhang der Sakramente und der Kirche mit der Idee der Erlösung schildert folgende Stelle (De pecc. mer. et rem. 1, 39): Unde commodius esse arbitror acervatim cogere, quae occurrere potuerint vel quae sufficere videbuntur, quibus appareat Dominum Iesum Christum non aliam ob causam in carne venisse ac forma servi accepta factum obedientem usque ad mortem crucis, nisi ut hac dispensatione misericordissimae gratiae omnes, quibus tamquam membris in suo corpore constitutis caput est ad capessendum regnum coelorum, vivificaret, salvos faceret, liberaret, redimeret, illuminaret, qui prius fuissent in peccatorum morte, languore, servitute, captivitate, tenebris constituti sub potestate diaboli principis peccatorum, ac sic fieret mediator Dei et hominum, per quem post inimicitias impietatis nostrae illius gratiae pace finitas reconciliaremur Deo in aeternam vitam, ab aeterna morte, quae talibus impendebat, erepti. Hoc enim cum abundantius apparuerit, consequens erit, ut ad istam Christi dispensationem, quae per eius humilitatem facta est, pertinere non possint, qui vita, salute, liberatione, redemptione, illuminatione non indigent. Et quoniam ad hanc pertinet baptismus, quo Christo consepeliuntur, ut incorporentur illi membra eius, h. e. fideles eius, profecto nec baptismus est necessarius eis, qui illo remissionis et reconciliationis beneficio, quae fit per mediatorem, non opus habent. Porro, quia parvulos baptizandos esse concedunt, qui contra auctoritatem universae Ecclesiae procul dubio per Dominum et apostolos traditam venire non possunt, concedant oportet eos egere illis beneficiis mediatoris, ut abluti per sacramentum caritatemque fidelium ac sic incorporati Christi corpori, quod est Ecclesia, reconcilientur Deo, ut in illo vivi, ut salvi, ut liberati, ut redempti, ut illuminati fiant; unde nisi a morte, vitiis, reatu, subiectione, tenebris peccatorum? Quae quoniam nulla in ea aetate per suam vitam propriam commiserunt, restat originale peccatum.

so war Cornelius, „der vor der Taufe vom Heiligen Geiste erfüllt wurde", gewiß besser als der getaufte Zauberer Simon. Anderseits, wenn Cornelius nach Empfang des Heiligen Geistes die Taufe abgelehnt hätte, so „würde er der Verachtung eines so großen Sakramentes schuldig geworden sein". „Dem guten Katechumenen fehlt die Taufe zur Erreichung des Himmelreichs, dem schlechten Getauften fehlt die wahre Bekehrung."[1] Wie das Martyrium nach der Lehre des hl. Cyprian ein außerordentlicher Weg der Rechtfertigung ist, so bilden auch „Glaube und Umkehr des Herzens" (fides conversioque cordis) einen Ersatz der Taufe, wenn letzere unmöglich ist, wie das Beispiel des Schächers am Kreuze zeigt. Der Fall des Cornelius belehrt uns, daß auch „beim größten Fortschritt des inneren Menschen", nach einer durch pietas des Herzens erworbenen Geisteserleuchtung und Sittlichkeit, niemand die Weihe des Taufsakramentes verschmähen darf. Auf den hohen Wert und die Pflichtmäßigkeit desselben hat Christus hingedeutet, als er sich selbst demütig von Johannes taufen ließ[2]. Es ist schwer, diesen Wert und die Wirkung des Sakramentes in Worten klarzumachen. Es gibt eine Wirkung des Sakramentes an sich (sacramentum per se ipsum), die auch beim unbußfertigen Täufling eintritt, aber keine Heiligung (salus) einschließt; es gibt eine Wirkung, die zugleich Heiligung ist, durch bloße äußere Spendung, wenn, wie beim Kinde, eine innere pietas noch nicht möglich ist; es gibt eine Wirkung, und zwar mit voller Gnadenkraft (perfecta salus), wenn das Sakrament in Notfällen „körperlich fehlt, aber in der Frömmigkeit des Geistes vorhanden ist (per pietatem spiritalem adfuit)", wie beim Schächer[3]. Also sind das Sakrament der Taufe und die Bekehrung des Herzens zwei verschiedene Dinge; wir dürfen beim Urteil über die Menschen aus dem

---

[1] De bapt. 4, 28.

[2] Ebd. 4, 29: Usque adeo nemo debet in quolibet provectu interioris hominis, si forte ante baptismum usque ad spiritalem intellectum pio corde profecerit, contemnere sacramentum, quod ministrorum opere corporaliter adhibetur, sed per hoc Deus hominis consecrationem spiritaliter operatur. Christus selbst hat die Taufe des Johannes als Vorbild der christlichen Taufe empfangen wollen, weil er voraussah „quorundam non defuturum tumorem, qui, cum intellectu veritatis et probabilibus moribus ita profecissent, ut multis baptizatis vita atque doctrina se praeponere minime dubitarent, supervacaneum sibi esse crederent baptizari, quando ad illum mentis habitum se pervenisse sentirent, ad quem multi baptizati adhuc ascendere conarentur".

[3] Ebd. 4, 30. Die sanctificatio sacramenti trat ein, weil nicht „der Wille, sie zu empfangen", fehlte, sondern nur die äußere Möglichkeit.

Fehlen des einen nicht auf den Mangel des andern schließen. Gott kann hier wie dort ersetzen, was der Mensch nicht verschuldet hat; „wenn aber eines von beiden fehlt infolge des Willens, so verwickelt sich der Mensch in Schuld. Und zwar kann die Taufe da sein, wo die Bekehrung des Herzens fehlt; die Bekehrung des Herzens aber kann wohl da sein, wo die Taufe nicht empfangen wird, nicht jedoch, wo sie verachtet wird." [1]

Mehr unter dem Gesichtspunkte der Mitteilung des Heiligen Geistes behandelt Augustin dieselbe Frage in einer früheren Schrift. Die Beispiele des Cornelius und des reuigen Schächers belegen die Tatsache einer Geistesmitteilung vor der Taufe bzw. ohne die Taufe; auch der Schächer hätte Jesum nicht als Herrn anrufen und der Verheißung des Paradieses würdig werden können „außer im Heiligen Geiste". Diese Tatsache hat aber eine umfassendere, religionsgeschichtliche Bedeutung. Schon David betete, daß der Heilige Geist nicht von ihm genommen werde, Elisabeth und Zacharias wie andere israelitische Fromme waren „vom Heiligen Geiste erfüllt"; in allen Propheten redete die göttliche Weisheit. So müssen wir schließen, daß vor der offenbaren und sichtbaren Ankunft des Heiligen Geistes (am Pfingstfeste) alle heiligen Menschen ihn unsichtbar (latenter) besessen haben. „Daß aber Gott einiges verborgen, anderes sichtbar durch die sichtbare Kreatur wirkt, gehört zum Walten der Vorsehung, nach dem alle göttlichen Taten in herrlicher, nach Ort und Zeit geregelter Ordnung und Mannigfaltigkeit sich vollziehen, während die Gottheit selbst weder vom Raum bestimmt wird noch räumlich wandert, weder in der Zeit fortdauert noch zeitlich sich verändert." Der Sohn und der Heilige Geist haben als göttliche Personen stets auf die Menschheit gewirkt; durch die Menschwerdung des Sohnes, durch die Herabkunft des Heiligen Geistes hat sich die Fülle ihrer Gnade offenbarer (manifestius) und reichlicher (largius) ergossen [2].

In dieser Stelle wird die Begnadigung auf die ewige Wesenheit des Logos und Pneumas zurückgeführt, das Sichtbare und Äußerliche in religionsphilosophischer Art als Manifestation göttlicher Wirksamkeit gewürdigt. Dabei ist jedoch die Abhängigkeit des Gnadenwirkens von der geschichtlichen Erscheinung und Tat des Logos und der sie fortsetzenden sakramentalen Tätigkeit nicht übersehen. Vom Schächer heißt es, „durch die unbeschreibliche Macht und

---

[1] Ebd. 4, 32.　　[2] De div. quaest. 83, q. 62.

Gerechtigkeit des gebietenden Gottes sei ihm auf seinen Glauben hin die Taufe angerechnet und als im freien Geiste empfangen angesehen worden, da er sie in seinem gekreuzigten Leibe nicht empfangen konnte" [1].

Die Beziehung auf das geschichtliche Heilswerk bleibt also gewahrt; sie erscheint nur nicht derart an sichtbare und äußere Formen gebunden, daß die physische Ohnmacht, die Fesselung des Leibes, die Rechtfertigung da unmöglich macht, wo der freie Geist den Anschluß an jenes Heilswerk sucht [2].

Wie hier Freiheit und Notwendigkeit gegenübergestellt sind, so anderswo der göttliche Ursprung der Sündenvergebung und Heiligung und die Tätigkeit der menschlichen Priester und Mittler. Gott hat diese Vermittlung aus weisen Absichten gewollt; eine absolute Abhängigkeit aber darf auch sie nicht begründen. „Wer Sünden nachläßt durch einen Menschen, der vermag es auch ohne den Menschen"; dasselbe gilt von der Erteilung des Heiligen Geistes. In der Apostelgeschichte „mußte Gott zunächst zeigen, daß er durch Menschen wirkt; sodann aber, daß er durch sich selbst wirkt, damit die Menschen nicht, wie Simon glaubten, es sei Menschenwerk, nicht Gotteswerk" [3]. So war auch im Alten Bunde gesagt worden: „Ich, der Herr, bin es, der heiligt"; und doch war zugleich dem Moses das Amt der Heiligung übertragen. „Wie also heiligt Moses und wie der Herr? Moses tut es nicht anstatt des Herrn, sondern Moses in sichtbaren Zeichen (sacramentis) durch seinen Dienst, der Herr aber in unsichtbarer Gnade durch den Heiligen Geist; im letzteren liegt die ganze Frucht auch der sichtbaren Sakramente." Und wie Moses selbst nicht durch Weihe eines andern, sondern unmittelbar durch Gott geheiligt wurde, so ist es bei Johannes dem Täufer, so beim Schächer geschehen; diese unmittelbare

---

[1] De div. quaest. 83, q. 62: Deputatum est etiam baptisma credenti latroni et pro accepto habitum in animo libero, quod in corpore crucifixo accipi non poterat.

[2] Sermo 8, 2 (ed. M. Dénis): Fieri potest, ut aliquis habeat baptismum Christi et non habeat fidem vel dilectionem Christi; habeat sanctitatis sacramentum nec computetur in sorte sanctorum.... Sicut desertor militiae caret legitima societate, non caret regio charactere. n. 3: Contra autem (scriptura testatur) Cornelium . . . meruisse accipere Spiritum sanctum, antequam acciperent baptismi sacramentum. Ita Deus docuit aliud esse signum salutis, aliud ipsam salutem; aliud formam pietatis, aliud virtutem pietatis.

[3] Sermo 99, 10. 11.

Wirksamkeit Gottes geht auch heute neben der sakramentalen her, ohne die letztere zu entwerten[1].

Augustin kennt demnach als Ersatz der sakramentalen Taufe neben der Bluttaufe die sog. Begierdetaufe; er beschreibt sie als innerliche Umkehr und Hinwendung des Herzens zu Gott (vera conversio cordis), als pietas, als fides et dilectio Christi. Weil diese Gesinnung kindliche Ehrfurcht ist, schließt sie bei allen, die mit dem Evangelium bekannt werden, wie Cornelius und den Katechumenen, den Willen ein, die Taufe zu empfangen; bei den übrigen schließt sie mindestens die Verachtung der Taufe aus, ja man kann auch hier von einem Empfange „im freien Geiste", „per spiritalem pietatem" reden.

Liegt in dieser Wechselbeziehung einer geistigen und einer sakramentalen Vermittlung der Gnade kein Widerspruch? Wir können dieses von protestantischer Seite bisweilen erhobene Bedenken hier nicht im einzelnen beleuchten; es gründet sich hauptsächlich auf die von Luther überkommene Vorstellung eines Glaubens, der seinen Inhalt schaffen muß, eines Glaubens, der die individuelle Heilsgewißheit ohne objektiven Grund, auf seine eigene Existenz hin, für wahr hält. Nach Augustin setzt der gläubige Anschluß an Christus voraus, daß Christus die objektive Erlösung und Gnade darbietet[2], universell für die Menschheit in seinem geschichtlichen Heilswerke, individuell für jeden einzelnen in der kirchlichen Heilsvermittlung. Diese objektive Erlösung und Begnadigung wird im Glauben ergriffen und angeeignet. Die Gottheit, von der Christus Verzeihung und Gnade für alle erwirkt, ist aber wesentlich über die Zeit erhaben; auch der menschliche Geist kann sich über die Zeit erheben, das Zukünftige im Wunsche heranziehen. Daher konnte das Erlösungswerk Christi heilbringend wirken, ehe Christus im Fleische erschien; daher kann das Sakrament Christi Gnade mitteilen, ehe es sichtbar gespendet wird. Jener vorausschauende Glaube an Christus war

---

[1] Quaest. in Levit. 3, q. 84: Proinde colligitur invisibilem sanctificationem quibusdam affuisse atque profuisse sine visibilibus sacramentis, quae pro temporum diversitate mutata sunt, ut alia tunc fuerint et alia modo sint, visibilem vero sanctificationem, quae fieret per visibilia sacramenta, sine ista invisibili posse adesse, non posse prodesse. Nec tamen ideo sacramentum visibile contemnendum est; nam contemptor eius invisibiliter sanctificari nullo modo potest. Hinc est, quod Cornelius et, qui cum eo erant, cum iam invisibiliter infuso sancto Spiritu sanctificati apparerent, baptizati sunt tamen, nec superflua iudicata est visibilis sanctificatio, quam invisibilis iam praecesserat.

[2] Siehe oben S. 310 f.

nicht gebunden an „die Silben des Namens", er kleidete sich in die allgemeinere Form des Glaubens an den erlösenden Gott[1]; so macht auch die Wirksamkeit des Sakraments sich geltend in jener Herzensstimmung, die das Sakrament „nicht verachtet", sondern nach seiner Gnade verlangt.

II. Häresie und Schisma als Abfall von der kirchlichen Einheit.

Wie urteilt Augustin über die sittliche Verfassung und Heilsmöglichkeit derjenigen, die durch die Taufe Christen und Glieder der Kirche geworden sind, aber nicht mehr im Glauben und in der Gemeinschaft der Kirche stehen, der Häretiker und Schismatiker? Augustin teilt nicht bloß den Glauben eines Cyprian und anderer altchristlicher Lehrer an die Einzigkeit und Notwendigkeit der Kirche; er hat diesen Glauben im Kampfe mit den Donatisten aufs nachdrücklichste begründet. Dennoch glaubt Reuter es bestreiten zu müssen, daß die Bezeichnung „alleinseligmachende Kirche" zur korrekten Charakteristik der Eigentümlichkeit des augustinischen Kirchenbegriffs diene. „Denn die Kirche ist von ihm nicht als die die Seligkeit zu höchst bewirkende gedacht, sondern selbst da, wo seine Doktrin der vulgärkatholischen sich nähert, als dienstbares Werkzeug." Nicht die Kirche, sondern die gratia Christi sei die Zentralidee des augustinischen Denkens[2]. Das ist ohne Zweifel richtig; eine andere Vorstellung von der alleinseligmachenden Kirche haben aber auch die „vulgärkatholischen" Lehrer nicht gehabt. Auch ihnen ist die Kirche nur insofern der einzige Weg zur Seligkeit, als sie den Menschen die von Christus „bewirkte" Gnade, von der die Seligkeit abhängt, vermittelt. Aber nun hat Augustin auch „den ganz allgemeinen Satz ausgesprochen[3], daß die Beschaffenheit der äußerlichen signa der verschiedenen Kultussysteme der Völker durchaus irrelevant sei im Vergleich mit der einen wesentlichen gratia Christi, auf die allein es ankomme, — daß die so oder anders geartete Formgestalt jener die Mitteilung der gratia in keiner Weise beeinträchtige"[4]. Wir haben diese Stellen in reichlicher Auswahl kennen gelernt[5]; wir müssen aber den von Reuter gezogenen Schluß, jener eine Satz sei ausreichend, das katholische Dogma von der Kirche, das Augustin anderswo so kräftig ausspricht, zu

---

[1] Siehe oben S. 315.   [2] Reuter, Augustinische Studien 97 105.
[3] Epist. 102, § 12, Ende und sonst.
[4] Reuter a. a. O. 96 f.
[5] Die Äußerung aus Epist. 102, 12 siehe oben S. 302.

erschüttern, gänzlich ablehnen. Denn 1) spricht Augustin an der erwähnten Stelle von der Wirksamkeit der Gnade in der vorchristlichen Zeit, von der Gleichgültigkeit der Zukunft oder Gegenwart bezüglich der Kraft der gratia Christi. Die Kirche als „katholisch-apostolische Kirche" hat sich aber nie die Einzigkeit in dem Sinne beigelegt, daß sie auch vor Christus, d. h. ehe sie bestand, alleinseligmachend sein wollte. 2) Augustin fordert in dem erwähnten Briefe, obschon er die Verschiedenheit der signa et sacramenta zugibt, nichtsdestoweniger von allen, die gerettet werden wollen, den einen Glauben an Christus, den Erlöser. Wenn er für die vorchristliche Zeit eine unbestimmte und unvollkommene Form dieses Glaubens zuläßt, so folgt daraus nicht ohne weiteres, daß, nachdem die gratia Christi offenbar geworden und von der Kirche allein lauter verkündet wird, dieser blasse und unvollkommene Glaube noch weiter zum Heile genügt. 3) Selbst die sittlich-religiöse Grundstimmung, in der Augustin die allgemeinste Voraussetzung der Begnadigung erblickt, enthält nach seiner Auffassung und Erklärung eine psychologische Überleitung und Verpflichtung zum Eintritt in die sichtbare Kirche. An der von Reuter zitierten Stelle heißt es: „Was zu jeder Zeit für die eine und gleiche Erlösung der Gläubigen und Frommen nötig ist, darüber wollen wir Gott den Ratschluß anheimstellen, für uns aber den Gehorsam festhalten."[1] Nun ist aber durch Gottes „Ratschluß" die sichtbare Kirche zur Trägerin der fortwirkenden Erlösungsgnade bestimmt; daher sind wir durch den „Gehorsam" verpflichtet, uns dieser Kirche anzuschließen. Die Weigerung würde Ungehorsam gegen Gott, Undank gegen den Erlöser sein; sie würde den Mangel jener pietas zeigen, die der Wurzelboden aller Gläubigkeit und Heiligkeit ist.

Die Häretiker und Schismatiker, von denen die ersteren den Glauben und die Einheit der Kirche, die letzteren nur die Einheit der Kirche verletzen[2], sind vor den Heiden und Juden bevorzugt durch ihre Kenntnis Jesu Christi und seiner Lehren und durch den Empfang der Taufe; ihre Verantwortung ist dennoch größer, insofern sie sich der erkannten Wahrheit und Gnade nicht fromm und demütig unterwerfen, sondern ihr bewußt widerstreiten[3].

Der Gehorsam, von dem Augustin redet, bezieht sich nicht nur auf den positiven Ratschluß Gottes, der uns zum Eintritt in die Kirche verpflichtet. Die Kirche ist ein Gedanke höchster göttlicher

---

[1] Epist. 102, 12.   [2] Contra Crescon. 2, 4.   [3] De bapt. 6, 86 87.

Weisheit und Liebe, der schon durch seine innere Schönheit und Zweckmäßigkeit einleuchtet und der Idee des Erlösungswerkes ihren kongruenten Abschluß gibt. Der Glaube an Christus bedarf einer Autorität; die Wahrheit, die uns das ewige Wort gebracht hat, ist eine einheitliche, ein geistiges Brot, das alle ernährt, ein geistiges Band, das alle zu einem Reiche der Wahrheit verbindet[1]. Die Gnade Christi, wie sie durch seine Menschheit und sein leibliches Sterben erworben wurde, ist fortdauernd mit dem „Leibe Christi" verbunden. Der Heilige Geist, der Inbegriff dieser Gnaden, wohnt in der Kirche, und nur in ihr, als seinem Organe[2]. Das neue Leben und die Herrschaft Christi soll sich ausgestalten nicht bloß in den einzelnen Seelen, sondern in der großen Menschheitsfamilie, in einem Reiche, dessen Gesetz die Liebe ist, einem Gottesstaat, der die civitas coelestis auf Erden abbildet und grundlegt.

Cornelius hätte von dem Engel über alles zum Heile Notwendige Belehrung erhalten können; er mußte aber zu Petrus schicken, um den Glauben an Christus zu erlangen und „der Kirche durch das Band der christlichen Gemeinschaft und des Friedens einverleibt zu werden"[3]. Den getrennten Christen, die fragen: „Was wollt ihr uns noch geben, da wir doch die Taufe haben?", antwortet Augustin: „O sakrilegische Eitelkeit, so die Kirche Christi, die sie nicht haben, geringzuschätzen, daß sie nichts zu gewinnen glauben, wenn sie mit ihrer Gemeinschaft verbunden werden! ... Du wirst die Einheit empfangen, die du nicht hast; den Frieden empfangen, den du nicht hast. Oder wenn dir das nichts gilt, so kämpfe nur als Fahnenflüchtiger gegen deinen Feldherrn, der selbst sagt: ‚Wer nicht mit mir sammelt, der zerstreut.' Kämpfe gegen seinen Apostel, der da spricht: ‚Ertraget einander in der Liebe, indem ihr bewahret die Einheit des Geistes im Bande der Liebe' (Eph 4, 3)."

Die göttliche Einsetzung der sichtbaren Kirche und der Wert der in ihr hinterlegten Güter machen es für Augustin selbstverständlich, daß Häresie und Schisma zu den schwersten Sünden gehören, der Gnade und des Heiles unwürdig machen. In seinen gelehrten Schriften wie in den Briefen macht er es den von der Kirche getrennten Christen wieder und wieder zur strengen Pflicht,

---

[1] Siehe Bd I, S. 170 174.

[2] Epist. 185, 50: Non quaerant Spiritum sanctum nisi in Christi corpore. . . . Proinde ecclesia catholica sola corpus est Christi, cuius ille caput est, Salvator corporis nostri.

[3] De bapt. 1, 10.

in ihren Schoß zurückzukehren. Damit ist noch nicht ausgesprochen, daß es für die Irrgläubigen eine Möglichkeit persönlicher Heilswirkung nicht gibt. In derselben Weise stellt er ja den Heiden Christus als einzigen Mittler, den Glauben und die Taufe als einzigen Weg der Erneuerung und Sündenvergebung dar; und doch glaubt er an eine geistige Rechtfertigung und Gottesgemeinschaft gewisser Auserwählter aus dem Heidentum. Was bei letzteren, solange sie der Offenbarung fernstehen, als Ersatz der vollen Wahrheit und des Sakramentes gilt, das kommt nicht mehr in Betracht, sobald sie der Offenbarungsanstalt nahe treten und sie fragen, was offenbarte Wahrheit ist. Die christliche Religion ist von Anfang an nicht etwas Individuelles und rein Geistiges gewesen, das nur zwischen Gott und der Seele besteht, sondern eine objektive Wahrheit, ein einheitlicher Organismus von Lehren, Kräften und Einrichtungen, in den jeder einzelne sich einfügen, nach seinem Vermögen sich geistig und sittlich einleben muß. Die Vertreter und Lehrer dieser Religion haben zunächst die Pflicht, ihre Wahrheiten und Normen so, wie sie objektiv sind, der Erkenntnis darzubieten, nicht die Aufgabe, zu untersuchen, „was Gott privatim mit den einzelnen tut", falls sie durch irgendwelche Hindernisse dieser Erkenntnis fern bleiben. Wie wäre sonst eine kraftvolle Behauptung und Verbreitung, ein sieghaftes Durchdringen der Wahrheit möglich? Sie stellen ja auch sittliche Verirrungen, wie Polyandrie und ähnliche heidnische Laster, absolut als verdammliche Sünden hin, ohne die Reflexion daran zu knüpfen, wie weit solche Unsitten durch heidnische Unwissenheit entschuldigt sein mögen. Und Augustin fühlt sich durchaus als Herold dieser objektiven christlichen Wahrheit und Sittlichkeit; er verhandelt mit den Häretikern und Schismatikern als offizieller Vertreter jener Kirche, die die christliche Wahrheit und Sittlichkeit unverletzt bewahren und allen Völkern vermitteln soll. Auch die Einzelpersonen, die sich in Briefen an ihn wenden, zeigen bereits durch ihre Zweifel und Fragen, daß die volle Unschuld des Nichtwissens bei ihnen gebrochen ist; sie zeigen, indem sie den katholischen Bischof und Lehrer um Rat fragen, daß das „private Verhandeln" Gottes mit ihrer Seele zu einem Stachel geworden ist, der sie zu der „öffentlichen" Organisation der christlichen Wahrheit und Gnade hintreibt.

Der sachliche Vorzug der akatholischen Christen vor den Heiden, der in der Erkenntnis des Erlösungsdogmas und im Besitz gewisser Sakramente liegt, konnte dabei nicht übersehen werden. Dazu kam bei Augustin ein mächtiger innerlicher Zug, der alle Erscheinungen der Religion zu den allgemeinsten Grundsätzen des sittlichen Lebens in Beziehung setzt.

Der erste Gesichtspunkt war den Donatisten gegenüber zu betonen, welche die Sakramentenspendung der Häretiker für nichtig erklärten. Augustin spricht aus Anlaß dieser Streitfrage den Grundsatz aus, man dürfe nicht über dem Tadel des Verwerflichen das Gute und Christliche in der Irrlehre übersehen, man dürfe nicht, „über menschliche Fehler mehr als gerecht erzürnt, den göttlichen Dingen das allergeringste Unrecht tun"; da wir sehen, daß der Apostel Paulus den Namen Gottes sogar da, wo er ihn auf einem Altar der Heiden fand, nicht bekämpft, sondern bestätigt hat[1]. Mit den Irrgläubigen verbindet uns nicht bloß der eine Gott, sondern auch der eine (christliche) Glaube und die eine Taufe, wenn auch alles dies bei ihnen nicht „pie et salubriter" gewahrt und geübt wird[2]. Die eine katholische Kirche reicht mit manchen Lehren und Gnadenmitteln in den Bezirk der getrennten Gemeinschaften hinüber und teilt ihnen eine gewisse Fruchtbarkeit mit. Ein beliebter Vergleich Augustins für diesen Gedanken ist das Verhältnis Abrahams zu seiner Gattin Sara und zu den Nebenfrauen, den Mägden Saras. Wie Sara durch diese Nebenfrauen dem Abraham Kinder gebar, so erzeugt auch die Kirche dem Herrn Kinder nicht bloß durch ihren Schoß, sondern auch durch den Schoß der häretischen Gemeinschaften, aber kraft ihrer eigenen Sakramente. Von diesen Kindern sind die einen hochmütig, streiten mit den Brüdern und bleiben der rechtmäßigen Mutter fern; sie sind Ismael zu vergleichen, der verjagt und des Erbes beraubt wird. Andere sind friedlich gesinnt und lieben die rechtmäßige Mutter, obschon sie nicht unmittelbar von ihr geboren sind; sie sind ähnlich den von Mägden stammenden Söhnen Jakobs, die einen Teil des Erbes erhalten. Diejenigen aber, die im Schoße der katholischen Kirche geboren werden und die Gnade durch ein schlechtes Leben verscherzen, sind dem Esau gleich, der, obschon Zwillingsbruder Jakobs, doch der Erbschaft verlustig geht[3]. Mit den an zweiter Stelle Genannten scheint Augustin gutgläubige Anhänger fremder Gemeinschaften zu bezeichnen. Sie lieben die rechtmäßige Mutter, obschon sie nicht ihre Kinder sind; das kann heißen, sie sind geistig mit ihr verbunden, obschon äußerlich von

---

[1] Contra Crescon. 1, 35.　　[2] Ebd. 1, 34.
[3] De bapt. 1, 14.

ihr getrennt, und haben darum Anteil an der Seligkeit [1]. Es sind „gute, geistliche Menschen", die durch schlechte, bewußt häretische unterrichtet und getauft worden sind [2]. So müßte ein Mensch in äußerster Not mit Recht die Taufe auch von einem Schismatiker sich spenden lassen; er würde dann „im Geiste den katholischen Frieden bewahren", im Herzen katholisch sein [3].

Die Häretiker und Schismatiker im eigentlichen Sinne, denen auch die Iudaei carnales beizuzählen sind, haben keinen Anteil an der Erbschaft der himmlischen Seligkeit. Dennoch empfangen auch sie gewisse Geschenke vom Vater, wie Ismael Geschenke von Abraham erhielt. Hierzu rechnet Augustin die sittlichen Vorzüge, die sie besitzen; speziell den Starkmut, mit dem sie für den Namen Christi leiden. Das ist offenbar eine gute Eigenschaft, die wir trotz des Mangels des wahren Glaubens anerkennen müssen [4]. Die von der Herde Christi getrennten Schäflein (die Donatisten) berauben sich vieler Segnungen, irren auf den Bergen umher, ohne Schutz vor Löwen und Wölfen; aber sie finden „bisweilen dort auch Weide, nicht von der Härte des Berges, sondern vom Regen Gottes; auch sie haben ja die Schriften, haben gewisse Sakramente" [5]. Wer in den Tempeln der Häretiker Erhörung für seine Gebete findet, verdankt dies nicht dem Verdienste des Ortes, sondern „dem Verdienste seines Verlangens, seiner Gemütsrichtung". Die Bitten der Heiden, Juden und Häretiker erhört Gott nicht selten, „sei es zur Strafe für ihre Schlechtigkeit (wenn sie Schädliches erbitten) oder zum Troste ihres Elendes oder zur Mahnung, das ewige Heil zu suchen" [6].

Für die Würdigung des Urteils Augustins über die Irrlehre selbst und ihre Schuldbarkeit ist zu berücksichtigen, daß er vielfach den Abfall von der katholischen Kirche oder eine Parteiung, die in ihrem Denken wie in ihren Kampfmitteln gleich blind und fanatisch war, im Auge hatte. „Die katholische Kirche allein ist der Leib Christi, dessen Haupt er selbst ist, der Erlöser seines Leibes. Außer diesem Leibe macht der Heilige Geist keinen lebendig; weil, wie der Apostel selbst sagt, die Liebe Gottes in unsere Herzen ausgegossen ist durch den Heiligen Geist, der uns gegeben ist. Derjenige ist aber nicht teilhaft der göttlichen Liebe, der ein Feind

---

[1] Oder denkt Augustin nur an solche, die ihre Friedensliebe durch Rückkehr zur katholischen Kirche beweisen?
[2] De bapt. 1, 25.   [3] Ebd. 1, 3. Vgl. ebd. 4, 23.
[4] De pat. 24 25.   [5] Sermo 46, 17.   [6] De unit. eccl. 49.

der Einheit ist. Also haben den Heiligen Geist nicht die, welche
außerhalb der Kirche sind. Von ihnen ist ja auch gesagt: ‚Die sich
selbst absondern, die Fleischlichen, haben den Geist nicht' (Jud 19)."[1]
Von besonderer Bedeutung sind in diesem Punkte die formellen Äußerungen Augustins über den Begriff des Häretikers. „Diejenigen, welche
ihre Meinung, mag sie noch so falsch und verkehrt sein, nicht mit
hartnäckiger Gereiztheit verteidigen, zumal wenn sie dieselbe nicht
durch eigene hochmütige Verwegenheit aufgestellt, sondern von Eltern,
die bereits verführt und dem Irrtum anheimgefallen waren, empfangen
haben, die vielmehr mit gewissenhafter Sorgfalt die Wahrheit suchen,
bereit, sich belehren zu lassen, wenn sie sie finden, solche sind
keineswegs unter die Häretiker zu rechnen."[2]
    Nicht minder wichtig ist die Begründung, die Augustin regel-
mäßig für die sittliche Schuldbarkeit und die ewigen Folgen der
Trennung von der Kirche angibt. Fehlt den Heiden der Glaube an
den Namen Christi, d. h. an den Gott, der gerecht und selig macht,
so fehlt den auf den Namen Christi Getauften, die sich von der
Kirche trennen, die Liebe (caritas). Die katholische Kirche ist nicht
die einzige, die sich zum Glauben an Christus bekennt, aber sie ist die
einzige, „in der der Glaube mit der Liebe bewahrt wird"[3]. „Was
haben wir weniger als ihr?" hatten die Donatisten gefragt. „Nur das
eine", antwortet Augustin, „was derjenige weniger hat, der die Liebe
nicht hat!"[4] Die caritas ist der feste Felsen, auf dem die Einheit der
Kirche ruht[5]. Wenn jene Aufrührer ihr Vermögen opfern und ihren
Leib zum Verbrennen hingeben, so nützt es ihnen nichts nach den
Worten des hl. Paulus, weil sie die Liebe nicht haben (1 Kor 13, 3),
weil sie sich „nicht einander in Liebe ertragen und sich nicht bemühen,
die Einheit des Geistes zu wahren im Bande des Friedens" (Eph 4, 2)[6].

---

[1] Epist. 185, 50. Vgl. Epist. 185, 46: Sed multo magis isti eum non ac
ceperunt, ubi a corporis compage divisi, quod solum corpus vivificat Spiritus
sanctus, extra ecclesiam et contra ecclesiam sacramenta tenuerunt et tamquam
civili bello nostris contra nos erectis signis armisque pugna-
verunt. Veniant, fiat pax in virtute Ierusalem, quae virtus caritas est!
    [2] Epist. 43, 1. Ähnlich De util. cred. 1, wo Augustin einen „sehr großen"
Unterschied anerkennt zwischen dem haereticus und dem homo haereticis credens;
„quandoquidem haereticus est, ut mea fert opinio, qui alicuius temporalis com-
modi et maxime gloriae principatusque sui gratia falsas ac novas opiniones vel
gignit vel sequitur; ille autem, qui huiusmodi hominibus credit, homo est imagi-
natione quadam veritatis ac pietatis illusus.
    [3] Contra Crescon. 1, 34.   [4] De bapt. 1, 22.   [5] Ebd. 1, 26.
    [6] Ebd. 1, 12. Epist. 173, 6.

So ist es schließlich wieder ein Mangel der sittlichen Gesinnung, und zwar derjenigen Tugend, die alle Sittlichkeit weiht und krönt, der nach Augustin die Schuld und Verdammnis der Trennung begründet. Darum macht es auch keinen wesentlichen Unterschied, ob jemand durch diesen Mangel der Liebe oder durch einen andern, wie ihn der unsittlich lebende Katholik zeigt, verloren geht. „Was macht es aus, wenn einer die Liebe nicht hat, ob er, vom Winde der Versuchung gefaßt, nach draußen wegfliegt, oder ob er jetzt drinnen bleibt beim Weizen des Herrn, um beim letzten Worfeln ausgeschieden zu werden!"[1] Auch die schlechten Katholiken sind in ihrer irdischen, fleischlichen Gesinnung Spreu, die der Sturmwind des Gerichtes hinwegfegt. Ja von der Kirche, die ohne Makel und Runzel ist, sind sie auch jetzt schon ausgeschieden[2]. Sie scheinen nur „innerhalb der Kirche zu sein", sind aber tatsächlich draußen, fern jener Kirche, die die glorreiche Braut Christi ist[3].

Da Augustin anderswo die Kirche als die äußerlich organisierte katholische Kirche auffaßt, müssen wir bei Stellen der letzteren Art an eine Kirche im geistigen Sinne denken, die sich von jener insofern unterscheidet, als sie einen kleineren Kreis im Rahmen der sichtbaren Gemeinschaft umfaßt, zugleich aber diesen Rahmen durch Aufnahme der nichtkatholischen Gerechten überschreitet. Wir denken dabei zurück an die weitere Fassung der Kirche als des von Anbeginn bestehenden Gottesreiches, das in seinem Wesen und seinem Geiste nur dem Auge Gottes erkennbar ist. Die geschichtliche, äußere Kirche ist Manifestation und soziale Verkörperung dieser inneren Gemeinschaft, und zwar die einzig legitime und gottgewollte. Mit dieser Unterscheidung steht im Einklang, was Augustin sagt über die Wirkung der Exkommunikation, wenn diese von der gesetzmäßigen kirchlichen Obrigkeit, aber gegen die innere Wahrheit und Würdigkeit vollzogen wird. Wenn gute Christen ein solches Unrecht erleiden, wenn sie es für den Frieden der Kirche geduldig tragen, ohne an schismatische oder häretische Neuerungen zu denken, so geben sie den Menschen eine Lehre, mit wie lauterer Gesinnung und Liebe man Gott dem Herrn dienen muß. Solche Fälle sind nicht unmöglich, sie sind nicht einmal selten in stark bewegten Zeiten; die dadurch Geprüften und als treue und standhafte Katholiken Erfundenen „krönt der Vater im Verborgenen, der im Verborgenen sieht"[4]. Sie

---

[1] De bapt. 1, 22.   [2] Ebd. 1, 26.   [3] Ebd. 4, 4.
[4] De ver. rel. 6.

sind nur scheinbar aus der Kirche entfernt, weil sie den Felsen der Einheit, die Liebe, nicht preisgegeben haben [1].

Diese Unterscheidung der sichtbaren und unsichtbaren Kirche enthält ebenfalls keinen Widerspruch. Legen wir den Vergleich zwischen Leib und Seele zu Grunde, so ist der Zustand abgestorbener Glieder auf die Stellung unsittlicher Katholiken zu übertragen. Das Vorhandensein wahrer Glieder der Gemeinschaft der Heiligen außerhalb der sichtbaren Kirche läßt sich allerdings nicht durch eine biologische Analogie veranschaulichen, sondern nur auf Grund der Erwägung, daß der Heilige Geist, der den Leib der Kirche beseelt, als göttlicher Geist nicht an die Schranken dieses Leibes gebunden ist, sondern über denselben, ähnlich wie das Licht über seinen Lichtkörper, hinausstrahlt [2]. Auch die starke Betonung der Notwendigkeit des sichtbaren Gottesreiches steht zu den freieren, universalistischen Äußerungen nicht im Widerspruch, wenn wir die Notwendigkeit des Gebotes (necessitas praecepti), die naturgemäß eine Belehrung voraussetzt, nicht sofort gleichstellen mit der unbedingten, auf innerer Ordnung beruhenden Notwendigkeit. Die Wichtigkeit, Größe, Weisheit und Segensmacht der tatsächlich von Gott gewollten sichtbaren Kirche bleibt auch bei Annahme jener unsichtbaren Gemeinschaft vollkommen gewahrt [3].

---

[1] De bapt. 1, 26: Spiritales autem sive ad hoc ipsum pio studio proficientes non eunt foras; quia, et cum aliqua vel perversitate vel necessitate hominum videntur expelli, ibi magis probantur, quam si intus permaneant, cum adversus ecclesiam nullatenus eriguntur, sed in solida unitatis petra fortissimo caritatis robore radicantur.

[2] Vgl. En. in ps. 18, sermo 1, 7: Die Lichtfülle des im Fleische erschienenen Logos verbreitet sich über die ganze Menschheit.

[3] Daß übrigens Augustin in der Bestimmung und Anwendung der gekennzeichneten Begriffe öfter schwankt und wechselt, soll nicht geleugnet werden. Reuter, dem die oben angedeutete Vermittlung fremd geblieben ist, macht noch auf die Einmischung eines dritten heterogenen Elements, des prädestinatianischen, neben dem der Kirche und der inneren Gerechtigkeit aufmerksam. In der Tat verwirrt es die theologischen Begriffe und Grenzlinien, wenn Augustin sagt, daß Gottlose und Heiden, die nach göttlicher Vorherbestimmung später Christen und Heilige werden, vor Gott zu den „Schafen Christi" (In Io. Ev. tr. 45, 12), zu den „Kindern Gottes" (Epist. 187, 37) gerechnet werden und in gewissem Sinne besser seien als „viele und gute Katholiken", die nicht prädestiniert sind (De bapt. 4, 4). Aber der prädestinatianische Gedanke an sich fordert diese Aufstellungen nicht; wie er auch nicht fordert, daß „das bereits übergeschichtlich bereitete Heil d i r e k t den Erwählten mitgeteilt wird", nicht durch „irgendwelche geschichtliche Vermittlungen" (R e u t e r, Augustinische Studien 94). Überhaupt

Ernst bemerkt bezüglich des Gegensatzes der caritas und cupiditas, von von denen Augustin im Ungläubigen nur die letztere findet, folgendes: „Man möchte vielleicht einwenden, auch der im Stande der Sünde befindliche Gläubige sei ein schlechter Baum, welcher folglich nach dieser Lehre, bei konsequenter Durchführung derselben nichts tun könne denn sündigen. Wir bemerken dagegen, daß nach augustinischer Lehre, wie im Gerechten neben der Wurzel der caritas auch die Wurzel der cupiditas, so auch im gläubigen Sünder neben der Wurzel der bösen cupiditas, welche für den Augenblick in ihm herrschend geworden, noch die Wurzel des Glaubens, der in Liebe sich auswirkt, fortbesteht, auf Grund welcher auch der Sünder noch Gutes wirken kann; im gläubigen Sünder ist außer der cupiditas noch ein anderer Same, das „semen Dei, et secundum hoc semen quisque non peccat" (Op. imp. 4, 135), so daß derselbe keineswegs ein d u r c h a u s schlechter Baum zu nennen ist. Anders der Ungläubige; dieser kann mit Fug und Recht ein durchaus schlechter Baum genannt werden, in ihm herrscht n u r die cupiditas. Wenn es daher auch ein beim hl. Augustin durchgängig gültiger Satz ist: „Nemo malus facit bonum" (Sermo 61, c. 1, n. 2), so ist es doch f a l s c h, wenn S u a r e z (De grat. l. 1, c. 7, n. 7) meint, Augustin rede von allen Sündern und deren Werken in d e r s e l b e n Weise wie von den Ungläubigen" (S. 176).

Dieser Ausführung können wir nicht zustimmen. Zunächst hat die von Ernst angeführte Stelle einen andern Sinn als den genannten. In der Auseinandersetzung mit Julian ist die Rede von einem doppelten semen, aber nicht von dem der cupiditas und caritas, sondern von dem semen mortale, carnale und dem semen immortale, d. h. von der leiblichen Abstammung und der übernatürlichen Geburt aus Gott. Augustin zitiert das Wort des Apostels Johannes: „Jeder, der aus Gott geboren ist, sündigt nicht, weil sein Same in ihm bleibt" (1 Jo 3, 9), und sagt weiter: „Secundum hoc semen quisque non peccat; quia, et si peccat ut homo, habet tamen alterum semen, secundum quod semen non potest peccare, q u i a e x D e o n a t u s e s t. Secundum hoc semen filii non procreantur in maledicto" (Op. imp. c. Iul. 4, 135). Hier ist das semen ganz klar der Geburt aus Gott gleichgestellt; nun wird aber auch Ernst nicht behaupten, daß ein gläubiger Todsünder nach Augustin „aus Gott geboren ist". Das „peccare ut homo" bedeutet menschliche Schwächen im Sinne der läßlichen Sünde, die den Gnadenstand nicht aufheben. Augustin bemerkt: Secundum hoc semen n o n p o t e s t peccare, d. h. es besteht ein innerer, vitaler Widerspruch zwischen diesem Samen und der schweren Sünde. Auch dies gilt nicht von der Gesinnung eines Menschen, der den Glauben bewahrt, aber sich bereits der schweren Sünde ergeben hat.

Nicht weniger sprechen die allgemeinen Gesichtspunkte der augustinischen Lehre gegen die Erklärung Ernsts. Der Gegensatz des guten und schlechten Baumes bezeichnet, wie Ernst selbst zugibt, zunächst den der caritas und cupiditas, nicht den des Glaubens und Unglaubens [1]. „Der schlechte Baum ist der schlechte

---

wird Reuter durch seinen Scharfsinn in Aufdeckung von Widersprüchen in der vorliegenden Frage entschieden zu weit geführt. Dazu kommt an einer Hauptstelle das Mißgeschick, daß er in der Äußerung Augustins „cum" statt „cur" liest und dadurch den Sinn des ganzen Passus verfehlt (a. a. O. 70: Quid autem dici potest, cum [lies cur] perseverantia usque in finem non donetur in Christo, cui donatur pati pro Christo. De dono pers. 2).

[1] Vgl. oben S. 241 ff.

Wille"; und schlecht wird der Wille durch den „Abfall vom höchsten Gute" und die dadurch entstehende Trennung von Gott[1]. Die Herrschaft der cupiditas und der Abfall vom höchsten Gute treffen aber bei der Todsünde des Gläubigen im eigentlichen Sinne zu. — Wir hörten, daß nach Augustin die Erbsünde eine necessitas peccandi mit sich bringt, da sie der Seele die Freiheit zum Guten, die sittliche Lebendigkeit geraubt hat[2]. Den Grund hierfür leitet Augustin aus der Natur jeder (schweren) Sünde als Beraubung des göttlichen Lebens her. — Der Satz: Nemo malus facit bonum, ist in der Tat durchaus augustinisch; aber weder in der zitierten Predigt noch an einer andern Stelle wird er auf die Schlechtigkeit des Ungläubigen eingeschränkt.

Auch an denjenigen Stellen, wo Augustin den Satz: „Omne, quod non est ex fide, peccatum est", betont, weist er nicht undeutlich darauf hin, daß der Mangel der caritas der tiefste Grund der dominierenden Sündhaftigkeit ist. Den Werken des Ungläubigen fehlt die rechte Zielbestimmung, „ipso non recto fine peccata sunt". Ihnen fehlt die Liebe, die von Gott kommt und zu Gott führt; „ohne diese Liebe aber benutzt keiner die Geschöpfe gut". Wer die guten Werke „nicht in der Intention des guten Glaubens, d. h. des Glaubens, der durch die Liebe wirksam ist, tut, dessen ganzer Leib ist finster"[3]. Wie sehr Augustin mit dem Satze: Omne, quod non ex fide etc. die fides per dilectionem operans im Auge hat, zeigt sich auf Schritt und Tritt. „Quid autem boni faceremus nisi diligeremus? Aut quomodo bonum non facimus, si diligamus? Etsi enim Dei mandatum videtur aliquando non a diligentibus, sed a timentibus fieri, tamen, ubi non est dilectio, nullum bonum opus imputatur nec recte bonum opus vocatur; quia ‚omne, quod non est ex fide, peccatum est' et fides per dilectionem operatur. Ac per hoc gratiam Dei, qua caritas Dei diffunditur in cordibus nostris per Spiritum sanctum, qui datus est nobis, sic confiteatur, qui vult veraciter confiteri, ut omnino nihil boni sine illa, quod ad pietatem pertinet veramque iustitiam, fieri posse non dubitet."[4] — „Erat ablaturus timorem carnalem, spiritalem autem caritatem daturus, qua sola Lex impleri potest. Plenitudo enim legis caritas; ut, quoniam fides impetrat Spiritum sanctum, per quem caritas Dei diffusa est in cordibus operantium iustitiam, nullo modo quisquam ante gratiam fidei de bonis operibus glorietur."[5] — „Faciunt ista sub lege positi, quos littera occidit, terrenam felicitatem vel cupiditate adipiscendi vel timore amittendi, et ideo non vere faciunt.... Sub gratia vero positi, quos vivificat Spiritus, ex fide ista faciunt, quae per dilectionem operatur in spe bonorum non carnalium."[6] — „Forte dicturus es: Misericors voluntas bona est. Recte istud diceretur, si, quemadmodum fides Christi, id est fides, quae per dilectionem operatur, semper est bona, ita misericordia semper esset bona."[7]

Wie die natürliche Tugend „nicht immer gut ist", sondern nur, wenn sie durch die caritas auf Gott bezogen wird, so scheint an der letzten Stelle auch der Glaube, der durch die Liebe wirksam ist, allein als schlechthin gut bezeichnet zu werden. Nur der letztere macht den Menschen gut; diejenigen, welche glauben,

---

[1] C. Iul. Pel. 1, 45.   [2] Siehe oben S. 236 240.
[3] Siehe oben S. 269 271.   [4] De grat. Chr. 27.
[5] Expos. epist. ad Gal. 44.   [6] C. duas epist. Pel. 3, 11.
[7] C. Iul. Pel. 4, 31. Vgl. C. duas epist. Pel. 3, 14: Ipsa enim est non reproba fides, quae per dilectionem operatur.

aber nicht in der Liebe wirken, sind böse, für Gott tot. „Qui autem vel non credunt vel sicut daemones credunt, trementes et male viventes, Filium Dei confitentes et caritatem non habentes, mortui potius deputandi sunt." [1] Der Glaube ohne die Liebe verdient kein Lob vom Herrn; er ist ein toter Glaube, ein Glaube, wie ihn die Dämonen hatten [2]. Die Schismatiker haben den rechten Glauben; aber weil ihnen die Liebe fehlt, bringt ihnen alles gute Handeln keinen wahren Nutzen [3].

Ernst führt später eine ganze Reihe von Stellen an, die besagen, daß die böse Lust nur dann in richtiger Weise überwunden wird, wenn die Liebe im Menschen ist und durch sie der Heilige Geist in ihm wohnt [4]. Letzteres ist keineswegs der Fall beim gläubigen Todsünder. Ein Mittelding zwischen dem Guten und Bösen kennt aber Augustin nicht. Soweit wir berechtigt sind, ein solches Mittlere durch Unterscheidung des natürlich und übernatürlich Guten vorauszusetzen, haben wir das gleiche auch bei der Beurteilung der heidnischen Tugenden nachgewiesen. Ein Unterschied in der Bedeutung des Glaubens und der Liebe für die Sittlichkeit, eine Bevorzugung des gläubigen Sünders vor dem Heiden tritt prinzipiell nicht hervor.

Ein Unterschied besteht freilich insofern, als Augustin die Unfähigkeit des gläubigen Sünders, Gutes zu wirken, nicht so häufig und ausdrücklich betont wie die des Ungläubigen. Der Grund liegt wohl einerseits in der Fassung des von ihm immer wieder angerufenen Satzes: Omne, quod non est ex fide, peccatum est. Er liegt zweitens darin, daß der Glaube, obschon er als solcher nicht die rechte Lebensverbindung mit Gott herstellt, doch seinem Wesen wie seiner Entstehung nach die Seele in eine Beziehung zu Gott setzt, die naturgemäß zur Liebe überleitet. Das Nichtkönnen des Guten ist hier insofern überwunden, als es dem Besitzer der fides möglich ist, die caritas und damit das Können zu erflehen und zu erwirken (impetrare).

Sechstes Kapitel.

Der Kampf und Sieg des Guten in der Entwicklung des Getauften.

> „Ista vestis belli magis solet esse quam pacis, ubi adhuc expugnatur concupiscentia, non ubi erit plena sine ... hoste iustitia."
>
> (De perf. iust. hom. 27.)

I. Einleitende und übersichtliche Bemerkungen.

Die Vergebung der Sünde und die positive Rechtfertigung und Heiligung stehen nach Augustin, wie wir hörten, in unlöslichem Zusammenhange. Nachlaß der Sünde heißt nicht bloß

---

[1] In Io. Ev. tr. 22, 7.   [2] De fide et op. 30.   Sermo 158, 6; 168, 2.
[3] De bapt. 1, 12.   C. Crescon. 1, 34.   Vgl. De patient. 23.
[4] S. 180 f.

Freisprechung von ihrer Verantwortung und Strafe, sondern Tilgung ihres inneren Wesens; und das Wesen der Sündenschuld ist die Abwendung und Trennung des Geistes von Gott, ihrem einzigen Ziel und Lebensquell. Ist aber die Sünde im tiefsten Grunde Negation, Armut und Tod, so muß ihre Aufhebung notwendig Position, tiefinnerste Bereicherung und Belebung sein.

Eine ebenso innige und natürliche Verbindung besteht zwischen dem Vorgang der Rechtfertigung und der Liebe zu Gott. Der Geist der Gnade, der uns umschafft, ist auch der Geist der Liebe, der unser Denken und Handeln auf Gott hinordnet. Eine Seele, die sich in Glaube und Liebe völlig dem höchsten Gute zugewandt hat, ist gerechtfertigt; und umgekehrt: eine Seele, die in der Taufe gerechtfertigt wird, empfängt vom Heiligen Geiste den Glauben und die Liebe, wenigstens dem Keime nach.

Eine dritte naturgemäße, jedoch nicht so feste Verbindung besteht zwischen der Gnade der Rechtfertigung und dem Sakramente. Auch sie erleidet, was die sittliche Gesinnung des Menschen angeht, keine Ausnahme: niemand liebt Gott wahrhaft und empfängt seine Verzeihung und Gnade, der nicht bereit ist, sich unter die demütigen und heilvollen Zeichen der Gnade zu beugen; und niemand gebraucht diese Zeichen „in heilbringender Weise", der nicht der Sünde entsagt und Gott zu lieben beginnt. Aber der reale Vollzug des Sakramentes, insofern er von äußeren Umständen abhängt, ist weder unerläßliche Bedingung noch unfehlbare Bürgschaft des Gnadenempfangs.

Wir hörten weiter, daß sich die sittliche Erneuerung des gefallenen Menschen nach Augustin wesentlich in einem Augenblick vollzieht, daß sie aber dennoch eine Entwicklung und Steigerung zuläßt und fordert. Eben weil die Rechtfertigung nicht eine bloße Amnestie und Nichtanrechnung der Sünde, sondern eine positive Gnadengabe ist, weil ferner diese Gabe zugleich eine Aufgabe enthält, die Forderung neuen Liebens und Schaffens, schließt sich an den Moment der Wiedergeburt eine Lebensentwicklung von unabsehbarer Tragweite und Fülle. Jeder sittliche Quietismus ist durch sie in der Wurzel ausgeschlossen. Ein Glaube, der sich des in Christus erworbenen Heiles getröstet, ohne sich in der Liebe der Heiligkeit Christi anzuschließen und ihr eifernd nachzustreben, hat nach Augustin keinen Wert für die Heilswirkung. Daß der Gnadenstand ein Verhältnis zu Gott ist, „welches sich unter Schwachheit und Sünde ebenso behauptet wie mitten im Elend und im

Tode" [1], diese Auffassung ist Augustin ferngeblieben; damit hat er nicht „wider seinen Willen das Religiöse dem moralisch Guten untergeordnet", sondern nur — ganz im Einklang mit seinem Willen und seiner tiefsten Erkenntnis — die unzertrennliche Einheit des Religiösen und Moralischen ausgesprochen. Niemand erfreut sich des Kindesverhältnisses zu Gott, der ihn nicht liebt und seine Gebote hält; niemand wahrt und behält die iustificatio, der den amor iustitiae in sich durch die Sünde ertötet hat.

Und die Sünde ist für den Getauften nicht eine reine Möglichkeit, die er durch die Kraft des freien Willens ebenso leicht meiden wie verwirklichen kann; sie ist keine fremdartige, von außen drohende Versuchung, der er nur durch freventliche Willkür, wie die Stammeltern im Paradiese, erliegt; sie ist eine innerliche und bleibende Gefahr auch für das Christenleben. Die Gnade des Paradieses war ein höheres Prinzip, das vom Zentrum der Seele aus Licht und Harmonie über alle Teile des Menschenwesens verbreitete; nachdem die Empörung des Menschen jene Harmonie gelöst, die Natur und ihr Kräftespiel verwirrt hat, bringt die Gnade des Erlösers nicht mit einem Schlage die erste Herrlichkeit zurück. Sie beginnt damit, die Sünde aus dem Geiste zu verbannen, im Zentrum des Lebens wieder den Funken des Göttlichen zu entfachen, um dann allmählich unter Mitarbeit des Willens die ganze Natur mit Licht und Feuer zu durchglühen. „Paulatim recipitur, quod semel amissum est" [2]; was der Augenblick zerstört hat, das kann nur die allmähliche, mühevolle Besserung wiederbringen. Der aufrührerische Trieb, die Zerfahrenheit und Blindheit des Denkens, die Schwäche des Willens setzen der himmlischen Richtung des neuen Lebens zähe Hemmnisse entgegen. Nehmen wir hinzu das innere Entwicklungsbedürfnis der Gnade, die keimhafte, unvollkommene Art, wie sie zuerst einwurzelt, die unendliche Steigerungsfähigkeit, die sie als göttliche Bildungskraft besitzt, so haben wir einen doppelten Gesichtspunkt für den sittlichen Fortschritt des Christen.

Eine kurze Übersicht der wichtigsten Gedanken Augustins bietet uns die Schrift De perfectione iustitiae hominis, geschrieben 415. Sie bekämpft pelagianische Thesen aus dem Kreise des Cälestius, welche auf Grund der Willensfreiheit die Möglichkeit absoluter Sündlosigkeit für den Menschen behaupteten. Augustin wendet sich zunächst gegen die Behauptung, das sittliche Prinzip,

---

[1] Harnack, Dogmengeschichte III 81.   [2] Sermo 278, 3.

die Tatsache des moralischen Gesetzes verbiete schlechthin, eine
Notwendigkeit der Sünde im Sinne Augustins anzunehmen. Diese
Notwendigkeit ist keine absolute, sondern eine bedingte; sie treibt
den Willen an, in der Gnade Gottes die Kraft, die er bei sich vermißt, zu suchen (1—4 15). Auch wenn er sie gefunden und Gerechtigkeit erlangt hat, ist diese Gerechtigkeit keine vollkommene:
„Tunc erit plena iustitia, quando plena sanitas; tunc plena sanitas,
quando plena caritas; tunc autem plena caritas, quando videbimus
eum, sicuti est (8). Dasselbe gilt von der sittlichen Freiheit; sie
ist nicht vollkommen, solange nicht die ganze Schwäche der Natur
geheilt und jener Zustand des Willens erreicht ist, der mit der
geistigen Selbstherrschaft die „freiwillige und selige Notwendigkeit,
gut zu leben", verbindet (9). Die Liebe ist auf Erden nicht vollkommen, weil ihrem neuen Gesetze das alte Gesetz der bösen Begierde entgegensteht; daher bedarf der Mensch trotz der Neugeburt aus dem Heiligen Geiste einer Erneuerung „von Tag zu
Tag" (2 Kor 4, 16), durch welche die ungeordnete Sinnlichkeit bekämpft und die Liebe im Glauben und Hoffen genährt wird (11 16).
Die Mahnungen der Heiligen Schrift, gerecht und vollkommen zu
sein, machen uns zur Pflicht, jene Vollkommenheit der Liebe anzustreben, die unser ganzes Wesen in Gott befestigt und verklärt (currere ad perfectionem). Auch der Apostel Paulus sieht in
diesem beständigen, tatkräftigen Streben, in diesem Wettlauf um
den Siegeskranz seine Vollkommenheit (Phil 3, 12). Solange das
Fleisch wider den Geist begehrt, lieben wir Gott nicht im vollen
Sinne „aus ganzer Seele"; so lange dringt auch in den Genuß
erlaubter Freuden bisweilen sinnliche Unordnung, in die höheren
Geschäfte sinnlicher Überdruß ein (18 19). Wenn die Gegner darauf
hinweisen, daß die Gebote Gottes leicht und süß seien, so ist dies
wahr für den, der die Liebe und Gnade besitzt, nicht aber für die
natürliche Willensfreiheit; ja auch für den Gottliebenden kommen
Stunden, wo er sich durch das Drückende der Pflicht mühsam in
Gebet und Seufzen zur Freudigkeit durchringt (21 22). Die Gegner
erinnern an das Wort Jobs: Vias eius custodivi et non declinavi
a mandatis eius (Jb 23, 11); aber „den Weg des Herrn hält auch
derjenige ein, der nicht so abweicht, daß er sie verläßt,
sondern auf ihnen laufend fortschreitet, mag er auch bisweilen
aus Schwäche anstoßen und wanken; er schreitet fort durch
Verminderung der Sünden, bis er dahin gelangt, wo er ohne Sünde
ist" (27). Er ist gerecht, insofern die Sünde — als böse Lust —

nicht in ihm h e r r s c h t, obschon sie in ihm i s t; sofern sie ihn
nicht besiegt und unterdrückt, obschon sie ihn anfaßt und bedrängt
(29). Er ist frei von schweren Sünden (crimina), nicht frei von
allen Sünden (peccata; 24 29 38). Das Tun des Guten (facere
bonum), nicht das Vollbringen (perficere bonum) eignet ihm, solange
die Lust etwas anderes will als er selbst (28). Mit dem Apostel
Johannes freut er sich, daß er durch die Gnade aus Gott geboren ist;
er weiß aber auch, daß er noch Sünden an sich hat (1 Jo 1, 8),
weil die „Überbleibsel der alten Schwäche" in ihm leben und nur
ganz allmählich schwinden (39). Von Christus allein steht geschrieben,
daß er ohne Sünde gewesen ist. Die Überzeugung einzelner Lehrer,
daß auch andere Menschen solche Vollkommenheit besessen haben,
will Augustin nicht tadeln, wagt sie aber auch nicht zu verteidigen.
Das eine steht für jeden Christen fest, daß eine solche Reinheit und
Höhe der Tugend nicht der bloßen Willenskraft, sondern der Hilfe
der Gnade zuzuschreiben sein würde (44)[1].

II. Die allmähliche Heilung der bösen Lust durch die Liebe.

Minuitur cupiditas caritate crescente[2]; das ist der
kurze Inhalt der Gedanken, die Augustin in zahllosen, bald mystisch, bald praktisch gefärbten Schilderungen und Mahnungen aus-

---

[1] Eine kurze Zusammenfassung derselben Gedanken über den Kampf und
allmählichen Umschwung im inneren Leben des Erdenpilgers siehe De Trin. 14, 23;
öfter auch in Anlehnung an Ps 102, 3—5: Qui propitius fit omnibus iniquitatibus
tuis (Taufe), qui sanat omnes languores tuos (Heilung der bösen Lust durch
Glaube und Liebe), qui redimit de corruptione vitam tuam (Auferstehung des
Fleisches), qui coronat te in misericordia et miserationibus (das letzte Gericht),
qui satiat in bonis desiderium tuum (die himmlische Seligkeit). De spir. et litt. 59.
— Ein „Widerspruch", wie ihn R e u t e r (Augustinische Studien 407) in den
Aussagen Augustins findet, nach denen er bald eine Vollkommenheit des Christen
im Diesseits leugnet, bald ihre Möglichkeit zugibt, existiert nicht. Denn Reuter
selbst macht darauf aufmerksam, daß der Name Vollkommenheit sowohl absolute
Sündlosigkeit wie Freiheit von schwerer Sünde bedeuten kann. Bezüglich der
ersteren weist Augustin die Pelagianer i m m e r darauf hin, daß dieselbe nicht etwas
Leichtes und Gewöhnliches, sondern eine große und staunenswerte Seltenheit ist,
und daß sie, wo sie vorkommt, nur durch göttliche Gnade zu stande kommt. Auf
die Tatsachenfrage legt er nur sekundäres Gewicht; er ist bezüglich derselben bald
zu Konzessionen bereit, bald verhält er sich ablehnend. Auch hierin wird man
richtiger von einer Entwicklung als von einem Widerspruch reden. P o r t a l i é
(S. Augustinus 2386) läßt die schroffere, ablehnende Stellungnahme besonders mit
dem Jahre 415 einsetzen.   [2] Enchir. 32.

führt. Betrachten wir zunächst das Negative, die Minderung der bösen Lust.

Mit Vorliebe bezieht sich Augustin auf das Wort des hl. Paulus: „Non regnet peccatum in vestro mortali corpore ad obediendum desideriis eius" (Rom 6, 12). Schon in seinem ersten Erklärungsversuch zum Römerbrief betont er das Nichtherrschen; das Vorhandensein böser Begierden ist mit unserer Abstammung von Adam gegeben und wird erst nach der Aufhebung der mortalitas wegfallen [1]. Unter deutlicherer Kennzeichnung der Lust als Erbsünde schreibt er später: „Gegen diese Sünde kämpfen die in der Gnade Stehenden, nicht so, daß sie aufhört, in ihrem Körper zu sein, solange er sterblich ist, sondern so, daß sie aufhört zu herrschen. Und sie herrscht nicht, wenn man ihren Begierden, d. h. denjenigen, die sich gemäß dem Fleische gegen den Geist erheben, nicht gehorcht." [2] Unter diesem Gehorchen versteht er den vollen Konsens, der gegebenen Falles zur Tat voranschreitet. Der Apostel „sagt nicht: Non sit, sondern: Non regnet. Solange die Sünde mit Notwendigkeit in deinen Gliedern ist, werde ihr wenigstens die Herrschaft genommen, werde nicht vollführt, was sie befiehlt! Es steigt Zorn in dir auf; überlasse dem Zorne nicht die Zunge zum Verwünschen, biete ihm nicht die Hand und den Fuß zum Schlagen! Es würde sich jener unvernünftige Zorn nicht erheben, wenn die Sünde nicht in den Gliedern wäre; aber nimm ihm die Herrschaft, nimm ihm die Waffen, mit denen er gegen dich kämpft; er wird lernen, sich nicht mehr zu erheben, wenn er keine Waffen mehr findet. Gebt eure Glieder nicht als Waffen der Ungerechtigkeit an die Sünde hin; sonst werdet ihr ganz gefangen und könnt nicht mehr sagen: ‚Dem Geiste nach diene ich dem Gesetze Gottes.'... Der innere Herrscher halte seine Burg in Besitz, weil er unter dem Schirm des höheren Gebieters auf Posten steht; er zügle den Zorn, halte die Begierde in Schranken! Freilich, er trägt noch in sich, was gezügelt, gebunden, in Schranken gehalten werden muß. Was wünschte sonst jener Gerechte (Paulus), der mit dem Geiste dem Gesetze Gottes diente, als daß überhaupt nichts bleibe zur Zügelung? So muß jeder nach Vollkommenheit Strebende sich bemühen, die

---

[1] Propp. ex epist. ad Rom. 13—18.

[2] De Gen. ad litt. 10, 21. Weiter: Proinde Apostolus numquid ait: Non sit peccatum in vestro corpore? — sciebat quippe inesse peccati delectationem, quam peccatum vocat, depravata scilicet ex prima transgressione natura —; sed: „Non", inquit, „regnet peccatum in vestro mortali corpore."

Begierde, der er die Glieder zum Gehorsam versagt, in täglichem Fortschritt zu vermindern [1].

In jener Unbotmäßigkeit der Lust liegt ein Hindernis der vollen Geistesfreiheit, ein Nachwirken der Sündenknechtschaft, das erst im Sonnenglanze der Verklärung völlig überwunden wird. „Ex parte libertas, ex parte servitus; nondum tota, nondum pura, nondum plena libertas, quia nondum aeternitas." [2]

Diese innere Spannung hindert auch die Kraft und V o l l - k o m m e n h e i t (perfectio) des sittlichen Handelns; es ist ein un- fertiges Tun (facere), kein durchdringendes, vollendetes (perficere). Wie die Begierde tätig ist, aber ihr Ziel nicht erreicht, so setzt umgekehrt der Geist zwar seinen Willen durch, aber ohne vollen Gehorsam zu finden [3]. Unzählige Stellen deuten das paulinische: „Velle adiacet mihi, perficere autem bonum non invenio" (Rom 7, 18) in diesem Sinne. „Er sagt nicht ‚facere', sondern ‚perficere'. Du tust ja ohne Zweifel etwas. Die böse Lust empört sich, du stimmst nicht zu; das Weib eines andern zieht dich an, du willigst nicht ein, wendest deine Gedanken ab, ziehst dich zurück in das stille Gemach deines Geistes. Draußen hörst du die Lust lärmen; du sprichst ihr das Urteil und hältst dein Gewissen rein. . . . ‚Ich erfreue mich am Gesetze Gottes nach dem inneren Menschen!' Was soll der Aufruhr im Fleische? Was raunst und rätst du mir, Schwätzerin, unruhig von törichten, zeitlichen, flüchtigen, eiteln, schädlichen Ver- gnügungen! . . . Ich, ich, das heißt mein Geist, stimmt nicht zu; das Fleisch ist der Unruhestifter. Wer so in seinem Innern handelt, tut der nichts? Er tut Vieles, Großes, aber er tut es nicht zu Ende. . . . Denn jenes Fleisch ist mein Fleisch; es ist nicht von einem andern Wesen, nicht von einem andern Prinzip, als ob z. B. die Seele aus Gott, das Fleisch aus dem Geschlechte der Fin- sternis wäre." Daher gilt das Wort des Apostels: Quod nolo, malum, hoc ago, auch von diesen Regungen der bösen Lust, die mein höheres Ich nicht will, die mein niederes trotzdem hervortreibt [4]. Der „höhere Teil" meines Wesens ist zur Einsicht der sittlichen Werte gelangt, aber der „schwerfälligere und fleischliche" will nicht so rasch folgen [5]. Die Standhaftigkeit und sittliche Richtung des Willens

---

[1] In Io. Ev. tr. 41, 12. Umgekehrt wächst die Begier durch Nachgiebigkeit: Sequendo eas vires eis addis; dando eis vires quomodo vincis, quando contra te inimicos nutris viribus tuis!

[2] Ebd. 41, 10. Vgl. Sermo 155, 1.   [3] Sermo 151, 7.

[4] Sermo 154, 12 f. Vgl. Sermo 152, 2.   [5] De lib. arb. 3, 65.

ist etwas „Großes" gegenüber der Willfährigkeit und Gebrechlichkeit des Sünders; sie ist etwas „Unvollkommenes" im Vergleich zu der einheitlichen, ungebrochenen Tugend des Heiligen [1].

Die Unordnung des natürlichen Denkens und Strebens ist eine Krankheit oder Verwundung der Natur. Ist zwar der Tod der Sünde mit einem Schlage überwunden, so dauert die Heilung der Schwäche das ganze Leben hindurch. Das Geschoß ist aus der Wunde entfernt; die Vernarbung vollzieht sich langsam [2]. Der Ruf: „Sana me, Domine", ist das beständige Gebet des nach Vollendung strebenden Christen. Manche verkennen die Schwäche ihrer „armen und verwundeten Natur". Sie sagen: „Es genügt mir, daß ich in der Taufe die Verzeihung aller Sünden gefunden habe.... Gewiß ist das wahr. Die Sünden sind alle im Sakramente der Taufe vernichtet, alle ohne Ausnahme, Worte, Werke, Gedanken. Da ist dir auf dem Wege Öl und Wein eingegossen worden — ihr erinnert euch, Geliebteste, wie der auf dem Wege von Räubern halbtot Zurückgelassene erquickt wurde, als er Öl und Wein für seine Wunden empfing. Er hat für seine Irrung Nachsicht gefunden; und doch wird seine Schwäche noch geheilt in der Herberge. Diese Herberge bedeutet die Kirche. Sie ist eine Herberge, weil wir nur während dieses Lebens in ihr weilen; wir werden ein Haus bekommen, das wir niemals verlassen, wenn wir geheilt ins Himmelreich gelangen. Lassen wir uns also gern in der Herberge pflegen; rühmen wir uns nicht der Gesundheit, solange wir noch gebrechlich sind." [3] „Die Gesundheit des Herzens wird erst vollkommen sein, wenn auch die verheißene Wiederherstellung des Leibes erfüllt sein wird." [4] Mit diesem Parallelismus steht im Einklang, daß auch die Trost- und Heilmittel, die der Seele in der Herberge der Kirche gereicht

---

[1] C. duas epist. Pel. 1, 19: Imperfectum est autem bonum, quando concupiscit, etiamsi concupiscentiae non consentit ad malum. — De nupt. et conc. 1, 32: Nec malum perficitur, quia non eis obeditur, nec bonum, quia sunt; sed fit ex aliqua parte bonum, quia concupiscentiae malae non consentitur, et ex aliqua parte remanet malum, quia vel concupiscitur.... Multum enim boni facit, qui facit, quod scriptum est: „Post concupiscentias tuas non eas"; sed non perficit, quia non implet, quod scriptum est: „Non concupisces." Ad hoc ergo dixit lex: Non concupisces, ut nos in hoc morbo invenientes iacere medicinam gratiae quaereremus et in eo praecepto sciremus, et quo debeamus in hac mortalitate proficiendo conari et quo possit a nobis in illa immortalitate beatissima perveniri; nisi enim quandoque perficiendum esset, nunquam iubendum esset. Vgl. De contin. 20; C. Iul. Pel. 3, 62.

[2] De Trin. 14, 23.   [3] Sermo 131, 6. In Io. Ev. tr. 41, 13.

[4] En. in ps. 146, 8.

werden, vielfach an äußere Segnungen und körperliche Zeichen gebunden sind. Die Gnade heilt nicht bloß innerlich; sie fördert und schützt die Genesung durch sakramentale Handlungen, die für diese Zeitlichkeit bestimmt sind, die aber wie Binden abfallen, wenn die volle Heilung erreicht ist[1]. Aus dieser habituellen Schwäche werden jene aktuellen Schwachheitssünden „geboren", die nicht als crimina, sondern als läßliche, durch Gebet und Almosen abzutragende Fehler anzusehen sind[2].

Der zur Sünde reizenden Macht steht im Innern das höhere Prinzip der G n a d e, das vom Heiligen Geiste mitgeteilte Leben entgegen. Wir haben den alten Menschen ausgezogen und den neuen Menschen angezogen, der nach Gott geschaffen ist in Gerechtigkeit und Heiligkeit der Wahrheit; wir bleiben in dieser „N e u - h e i t d e s L e b e n s", soweit wir „geistig denken und urteilen" (spiritaliter sapere) und entsprechende Sitten bewahren (congruos mores agere). Wir sind Kinder Gottes geworden; damit haben wir aufgehört, Kinder des Teufels zu sein, wir bleiben jedoch Kinder der Welt und Zeitlichkeit (filii saeculi)[3]. Neben dem großen Neuen, das in uns eingezogen, tragen wir die Überreste des Alten (reliquiae vetustatis). Es sind nur die „E r s t l i n g e d e s G e i s t e s", die wir erhalten haben; das volle und eigentliche H e i l ist uns der Hoffnung, nicht der Sache nach gegeben (in spe, non in re)[4]. Wir sind Tempel des Heiligen Geistes; der Bau des Heiligtums ist in Angriff genommen, noch nicht vollendet[5].

Daher ist es unrecht von den Manichäern, von allen Christen eine reife und vollkommene Tugend zu erwarten: „Mit jenem hochheiligen Bade b e g i n n t die Erneuerung des neuen Menschen, um sich im Fortschritt zu vollenden (ut proficiendo perficiatur), bei den einen schneller, bei den andern langsamer. Tatsächlich zeigt sich bei vielen ein solcher Fortschritt ins neue Leben, wenn wir nicht mit feindseligen, sondern mit gründlich prüfenden Blicken zuschauen."[6] Darum wird vom Bischof den Täuflingen diese Pflicht, die „heilige Glut nicht erkalten zu lassen" und stets im Eifer zu wachsen, leb-

---

[1] Ebd. [2] C. duas epist. Pel. 1, 28.
[3] De pecc. mer. et rem. 2, 9 10. C. duas epist. Pel. 3, 4 5.
[4] De pecc. mer. et rem. 2, 10. Bei dem Ausdruck primitiae spiritus denkt Augustin nicht bloß an die Anfänge des übernatürlichen, vom Heiligen Geiste geschenkten Lebens, sondern auch daran, daß zunächst die feinste, geistigste Seite unserer Seele dieses Lebens teilhaft geworden ist. Vgl. Conf. 9, 24; 13, 14.
[5] Epist. 187, 27. [6] De mor. eccl. 80.

haft eingeschärft. „Das Schiff ist ausgerüstet, geölt, mit Segeln bespannt, ins Meer gelassen; nun bedarf es der Steuerung, bis es in den ersehnten Hafen gelangt."[1] Statt des Vergleiches mit der Fahrt findet sich auch in diesem Zusammenhang das bekannte Bild von der W a n d e r u n g zum sittlichen Ziele. Wir haben einen engen Weg zu gehen; wir bleiben bisweilen hängen und verletzen uns am Dorngesträuch der irdischen Sorgen; niemals aber dürfen wir verdrießlich sagen: „Es genügt mir, ich bin gerecht!" Wer so spricht, hält ein auf dem Wege. Rufen wir in solchen Augenblicken zum Herrn: „Du bist mein Retter, hilf mir!" Lassen wir uns nicht von der U n g e d u l d übermannen; denken wir, daß, was uns lang erscheint, vor Gott ist wie die Stunden einer Nachtwache. Das Beispiel der Israeliten in der Wüste, das Beispiel der Gattin Lots zeigt uns, daß wir bei Prüfungen und Enttäuschungen nicht zurückschauen, sondern unverzagt voranschreiten müssen. „Fasse ein Herz, bleibe nicht töricht am Wege liegen!"[2] Dieselbe Warnung vor Ungeduld und Überdruß, wie vor einer Hast und Überstürzung, die in Wahrheit Aufenthalt und Rückschritt ist, schließt Augustin an die Erklärung des 83. Psalms[3]. Die sittliche Gefahr, die in der Herabstimmung des Eifers nach dem ersten, freudigen Anstiege liegt, weiß er als echter Seelenkenner treffend zu schildern. Er zeigt zugleich, warum uns Gott das Ziel erst nach beharrlichem, immer neu sich aufraffendem Streben schenken will. „Ihr Verlangen wird hinausgezogen, damit es w ä c h s t; es wächst, damit es f a s s e n kann. Gott will deinem Verlangen nichts Geringes geben; und du bedarfst keiner geringen Schulung, um ein so großes Gut zu fassen. Denn nichts Geschaffenes, sondern sich selbst, den Schöpfer des Alls, will er dir geben. So gib dir Mühe, einen Gott aufnehmen zu können; harre aus im Streben nach dem, was du immerdar besitzen wirst."[4] Wenn Paulus alles vergißt, was hinter ihm liegt, und nur vorwärts schaut, so muß auch unser Wahlspruch der stete Fortschritt sein[5].

Das tiefste und treffendste Bild entnimmt unser Lehrer auch hier dem o r g a n i s c h e n W a c h s t u m. Er erinnert die Katechu-

---

[1] De cataclysmo ad catechum. 1.   [2] En. in ps. 69, 8 9.

[3] En. in ps. 83, 3: Reprobati sunt in populo Israel, qui festinaverunt; assidue affectus iste reprehenditur in Scriptura festinantium. . . . Nam hoc festinare est, non attendere, quod promisit Deus, quia longe est, et respicere ad id, quod proximum est, unde iam liberatus es.

[4] Ebd.   [5] Ebd. 83, 4.

menen an das heidnische Leben, das hinter ihnen liegt, und an das neue Leben, das sie in der Taufe empfangen sollen. Die Größe, die diesem Leben trotz seiner Verborgenheit innewohnt, die hehren Geheimnisse, die es nähren und fördern, müssen ihnen hohe Selbstachtung einflößen[1]. Der ausgestreute Same darf nicht „auf dem Wege" schlechten Verkehrs zertreten werden, nicht in der Härte und Oberflächlichkeit eines „steinigen" Gewissens vertrocknen, nicht in den „Dornen" verderblicher Leidenschaften ersticken; er muß unter dem Beistande Gottes reiche und vielfältige Frucht tragen[2]. Gott besitzt sein Leben in ewiger, allumfassender Gegenwart; wir beginnen das Leben in Gott wie das Kind in zarter Anfangsform und zeitlicher Entwicklung, wir schreiten von der Milch der Einfalt zur kräftigen Speise der Weisheit voran[3]. „Eure Kindheit sei Unschuld, euer Knabenalter Ehrfurcht, euer Jünglingsalter Ausdauer, eure Männlichkeit Kraft, euer Alter Verdienst, euer Greisentum ergraute und weise Einsicht." Diese sechs Stufen der sittlichen Entwicklung haben den Vorzug, daß sie sich nicht ausschließen, sondern zusammenschließen. „Obwohl sie nicht zugleich kommen, so bleiben sie doch gleichzeitig und einträchtig in der frommen und gerechtfertigten Seele. Und sie leiten dich hinüber zu einer siebten Stufe, der immerwährenden Ruhe und dem Frieden"[4]; einer Ruhe, die Leben, Heil und Wonne ist, das Schauen des Lichtes im Lichte des Eingeborenen, der unvergänglichen Wahrheit[5].

Die Anfänger sind, wie Paulus 1 Kor 3, 1 ff ausführt, gleichsam Kinder; in gewissem Sinne fleischlich (carnales), nicht geistlich (spiritales). Allein der Apostel will nicht, daß sie so bleiben; indem er sich zu ihrer Schwäche herabneigt, sucht er sie zu sich emporzuheben und zum „vollkommenen Manne" heranzubilden[6]. Den Vergleich mit der Muttersorge, den Paulus anderswo zieht, weiß Augustin zart und lebendig durchzuführen[7]. Das Ziel des Wachstums

---

[1] Sermo 216, 2: Nolite vos despicere, quia nondum apparuit, quod eritis. Sermo 216, 3: Non sitis viles vobis, quos cunctorum Creator et vester tam caros aestimat, ut vobis quotidie Unigeniti sui pretiosissimum sanguinem fundat.

[2] Sermo 216, 3.   [3] Sermo 216, 7.   [4] Sermo 216, 8.

[5] Sermo 216, 9. Vgl. De ver. rel. 48 49.

[6] Sermo 23, 3. De div. quaest. ad Simpl. 1, 1, 7. Quaest. in Heptateuch. 1, 50.

[7] Sermo 23, 3: Mater parvulum amat nutrire, sed eum non amat parvulum remanere. In sinu tenet, manibus fovet, blanditiis consolatur, lacte nutrit. Omnia parvulo facit; sed optat, ut crescat, ne semper talia faciat. Videte Apostolum; melius enim illum intuemur, qui se etiam matrem non dedignatus est dicere, ubi ait: „Factus sum parvulus in medio vestrum tanquam nutrix fovens filios suos."

ist die männliche Vollkraft, die dem Höchsten zustrebt und
es trotz aller Schwierigkeiten festhält [1]. Wie der Körper, so besitzt auch die Seele in dieser Vollreife ein Knochengerüst, das
nicht durch Qualen und Verfolgungen zu brechen ist, die sittliche
Festigkeit und Tapferkeit. Die Martyrer besaßen sie, die, äußerlich oft schwach und traurig, innerlich jubelten über ihre Trübsale.
Die Christen, die einer solchen Kraft noch entbehren, sollen dennoch nicht zagen; nur dürfen sie ihre Unvollkommenheit nicht
lieben, müssen voranschreiten, so gut sie können, täglich zunehmen,
täglich wachsen — in Verbindung mit dem Leibe des Herrn, mit
der Gemeinschaft der Kirche [2]. Auch anfänglicher und zeitweiliger
Stillstand darf sie nicht kleinmütig machen; es gibt im Leben scheinbare Ruhepausen, die tatsächlich nur eine Sammlung der Kräfte zu
fröhlicherem Wachstum sind [3].

Das wirkliche Kindesalter des Menschen ist im ersten Stadium
keiner Sittlichkeit fähig; die Natur mit ihren Gesetzen und Trieben
herrscht allein (infantia). Wenn das Geistesleben erwacht, beschäftigt es sich zunächst mit sinnlichen Eindrücken und folgt sinnlichen Trieben, ohne noch für moralische Begriffe und Belehrungen
empfänglich zu sein. Erst mit der Erkenntnis des Sittengesetzes
beginnt das Gute und Böse, zugleich aber der Kampf zwischen dem
Guten und Bösen. Bei glücklicher Entwicklung folgt dem „nihil
sapere“ das „vana sapere“, diesem das „recta sapere“ [4]. Aber schon
die Natur des Kindes ist zum Bösen geneigt; schon in den ersten
Spielen und Strebungen zeigen sich Unordnungen der Selbstsucht,
die ein Vorspiel der verkehrten Leidenschaften der Erwachsenen
sind; zumal, wenn sie, wie in der damaligen weltlichen Erziehung,
nicht bekämpft, nicht einem höheren Zweck dienstbar gemacht, sondern offen gelobt und gereizt werden. Augustinus schaut dabei auf
die Fehler seiner eigenen Jugend mit einem reuigen Bedauern zurück, das uns vielfach übertrieben erscheint. Seine späteren Äußerungen über diese Seite des kindlichen Wesens stehen außerdem

---

Apostolus vero germano et pio caritatis affectu et nutricis personam suscipit dicendo: „fovet“ et matris addendo: „filios suos“.

[1] En. in ps. 26, sermo 2, 23.   [2] En. in ps. 138, 20 21.

[3] De lib. arb. 3, 65: Si enim arboris novellum et rude virgultum nullo
modo recte sterile dicimus, quamvis aliquot aestates sine fructibus traiiciat, donec
opportuno tempore expromat feracitatem suam, cur non auctor animae debita
pietate laudetur, si ei tale tribuat exordium, ut studendo ac proficiendo ad frugem
sapientiae iustitiaeque perveniat?

[4] C. Iul. Pel. 5, 18. Enchir. 31.

unter dem Einflusse der Tendenz, die Tatsache der Erbsünde möglichst auch empirisch zu beweisen. — Da die Konkupiszenz als versuchende Macht auch nach der Taufe bleibt, so würde die Unterlassung frühzeitigen erziehlichen Einschreitens den unausbleiblichen, ernsten Kampf der spätern Lebensjahre bedenklich erschweren. Ein wirklicher Sieg über das Böse, der nicht einen Fehler durch einen andern, etwa die Sinnlichkeit durch stolze, selbstgefällige Enthaltsamkeit überwinden will, ist nur zu erringen durch den Glauben an Christus und die Liebe zu Gott. Und wenige gibt es, die in gradliniger Entwicklung, ohne irgend einen Fall in schwere Sünden, zur sittlichen Vollkommenheit emporsteigen; solche traurige Erfahrung der Sünde leitet dann durch Reue und Demut um so sicherer zur echten, gottvertrauenden Festigkeit des Charakters [1].

Der Fortschritt des übernatürlichen Lebens ist wie der Anfang desselben vom Willen abhängig, aber von jenem Willen, der sich ständig von Gottes Lebenskraft und Gnade abhängig weiß [2]. Der lebendige Glaube hat sich Gottes Gerechtigkeit zu eigen gemacht; die Seele hat dadurch ein Leben gewonnen, das nicht ihr eigen, nicht ihr natürlicher Besitz ist. Ein Körper, der an sich kalt ist, wird erwärmt, wenn er dem Feuer genähert wird; das Auge, das in sich dunkel ist, wird hell, wenn es sich den himmlischen Lichtern zuwendet [3]. Diese Abhängigkeit des Geschöpfes von Gott, diese Durchdringung göttlichen und menschlichen Geisteslebens beherrscht den ganzen Fortschritt im Guten; denn „nicht so darf sich der Mensch zu Gott kehren, als ob er, von ihm gerecht gemacht, hinweggehen könne, sondern so, daß er durch ihn beständig gerecht wird";

---

[1] De Civ. Dei 21, c. 16. Die Erwachsenen und im Christentum Befestigten werden ermahnt, durch gutes Beispiel den Fortschritt der Neophyten zu unterstützen: In illis est vita novata, quae in vobis debet esse firmata; et qui iam fideles estis, non eis exempla, quibus pereant, sed quibus proficiant, praebeatis. Intendunt enim vos modo nati, quomodo vivatis olim nati. Hoc faciunt etiam, qui secundum Adam nascuntur; prius parvuli sunt, post, mores maiorum cum sentire coeperint, quid imitentur attendunt.... Attendit modo natus nescio quem fidelem ebriosum; timeo, ne dicat sibi: Quare ille fidelis est et tantum bibit?... Respondetur ei: Iam fidelis es, noli facere; baptizatus es, renatus es, mutata est spes, mutentur mores. Et ille: Quare ille et ille fideles sunt? (Sermo 228, 1.)

[2] In Ep. Io. tr. 3, 1: Nullus secundum carnem crescit, quando vult, sicut nullus, quando vult, nascitur. Ubi autem nativitas in voluntate est, et crementum in voluntate est. Nemo ex aqua et Spiritu sancto nascitur nisi volens. Ergo, si vult, crescit; si vult, decrescit. Quid est crescere? Proficere. Quid est decrescere? Deficere.

[3] Vgl. die schöne Ausführung In Io. Ev. tr. 19, 11.

Mausbach, Ethik des hl. Augustinus. II.   23

und dieses Gehen und Weggehen bezieht sich nicht auf den Raum, sondern auf den Willen [1]. Falsch ist auch der aus stoischer Vorstellung entlehnte Gedanke, diese Geistesverbindung sei ein inhaltlich und zeitlich Abgeschlossenes, Absolutes. Obschon jeder Gerechte „aus dem Glauben lebt" und Gott über alles liebt, so wächst die illustratio piae caritatis doch in tausendfachen Graden der Helligkeit und Glut, je nachdem der Mensch vollkommener oder unvollkommener in den Sonnenglanz der Gnade und Liebe eintritt [2].

Wie der Ausdruck der göttlichen Heiligkeit das Gesetz Gottes ist, so zeigt sich auch der innere Prozeß der Vergeistigung und Heiligung des Menschen darin, daß er immer mehr „dem Gesetze ähnlich wird", immer mehr die Pflicht mit Einsicht und Lust ergreift und erfüllt, so daß die Sittlichkeit nicht mehr als Last, sondern als innere Lebenskraft empfunden wird [3]. Die göttliche Erleuchtung ist eben nicht so wie die materielle, die nur von außen und vorübergehend das Auge zum Sehen befähigt, sie gibt dem Auge mit dem Lichte auch eine erhöhte Sehkraft und innere Gesundheit, sie bildet den Geist in seinen Tiefen fortschreitend zur Ähnlichkeit mit dem Geiste Gottes. Das ist der Sinn der Einwohnung des Heiligen Geistes, die nach dem Zeugnisse der Schrift in verschiedenen Graden und Abstufungen vorkommt [4]. Das so entsprungene Leben, ein Hineinwachsen in Gott, kennt kein Altern und Verwelken, keinen Untergang; nicht einmal insofern, als müßte es wie ein erhaltenes Pfand schließlich gegen ein wertvolleres umgetauscht werden; es ist der homogene Anfang des ewigen Lebens [5]. Das

---

[1] De Gen. ad litt. 8, 25 ff. Siehe oben S. 46.

[2] Epist. 167, 13 ff. Epist. 118, 15. Siehe oben S. 123 f; Bd I, S. 114.

[3] Propp. ex epist. ad Rom. 41. Quod autem ait: „Scimus, quia lex spiritalis est, ego autem carnalis sum", satis ostendit non posse impleri legem nisi ab spiritalibus, quales facit gratia Dei. Similis enim quisque factus ipsi legi, facile implet, quod praecipit, nec erit sub illa, sed cum illa. — De div. quaest. ad Simpl. 1, 1, 7: Spiritali enim legi quanto fit quisque similior, i. e. quanto magis et ipse in spiritalem surgit affectum, tanto magis eam implet, quia tanto magis ea delectatur, iam non sub eius onere afflictus, sed eius lumine vegetatus: „Quia praeceptum Domini lucidum est et illuminans oculos et lex Domini immaculata convertens animas (Ps 18, 8 9). — Das „neue Gesetz" ist nicht auf Tafeln geschrieben, sondern ins Herz des Christen. De spir. et litt. 36: Quid sunt ergo leges Dei ab ipso Deo scriptae in cordibus nisi ipsa praesentia Spiritus sancti, qui est digitus Dei, quo praesente diffunditur caritas in cordibus nostris, quae plenitudo legis est et praecepti finis.

[4] Epist. 187, 17.

[5] Sermo 156, 16: Si nata est (caritas), latendo crescit, crescendo perficietur, perfecta permanebit. Non enim perfecta vergit in senium et a senectute veniet

gilt von der Gnade des Heiligen Geistes und der Liebe, nicht in gleichem Sinne vom Glauben und Hoffen; letztere haben einen zeitlichen, vergänglichen Charakter. Und solange die Liebe auf den Glauben, nicht auf das Schauen gegründet ist, ist auch ihre Gottverähnlichung nicht vollkommen und fleckenlos; das Wesen Gottes bleibt uns noch verhüllt, und das eigene Wesen ist so mannigfach affizierbar, daß ein Erfüllen der „ganzen Gerechtigkeit", eine Liebe „aus ganzem Herzen" nicht möglich ist. Die „diesem Leben entsprechende Gerechtigkeit" besteht in dem Festhalten des Gnadenstandes und in dem demütigen und sehnsüchtigen Bekenntnisse, daß die vollkommene Gerechtigkeit im Jenseits liegt[1].

III. Der Fortschritt des Glaubens zur Einsicht.

Der wesentliche, von Augustin meist betonte Fortschritt im Christenleben vollzieht sich in der Sphäre des Wollens und Strebens; er liegt in dem wachsenden Siege der Liebe zu Gott über die böse Lust. Neben der letzteren gibt es aber eine zweite Wunde der Natur, die nach der Taufe nicht völlig vernarbt ist: die Schwäche der sittlich-religiösen Erkenntnis (ignorantia); zu ihrer Heilung ist der Glaube da, und auch sein Werk erreicht nicht in wenigen Tagen seine Vollendung. Die Natur des Glaubens ist eine andere wie die der Liebe; er ist von vornherein nur für die Zeit der Pilgerschaft bestimmt. So zeigt denn auch die Entwicklung des Glaubens einen zweifachen Charakter: einmal schlägt der Glaube selbst immer tiefere Wurzeln in der Seele des Christen, sodann aber geht er in steigendem Maße in religiöse Erkenntnis über: „Crede, ut intellegas."[2]

Der Glaube als Gesinnung, als Pietät gegenüber der Autorität Gottes und der höheren Wahrheit, soll stets wachsen und erstarken; nachdem er im Herzen aufgesproßt ist, muß er „begossen, genährt, befestigt werden". Manche sind vom Irrtum aufgestanden, sie stehen im Glauben; aber sie stehen noch nicht unerschüttert, sie müssen noch beten: „Ich glaube, Herr; hilf meinem Unglauben!"[3] Wenn der einfältige Christ an der regula fidei festhält und nach ihr seinen

---

ad mortem; ad hoc perficietur, ut aeterna permaneat. Vorher: Nec pignus, sed arrha dicendus est (Spiritus sanctus). Pignus enim quando ponitur, cum fuerit res ipsa reddita, pignus aufertur. Arrha autem de ipsa re datur, quae danda promittitur.

[1] De spir. et litt. 63—65.   [2] Sermo 43, 4.   [3] Sermo 43, 8 9.

Wandel einrichtet, so befindet er sich auf dem Wege zu höherer
Erkenntnis. Er muß sich hüten, seine fleischlichen Gedanken eigen-
sinnig zu verteidigen und zu „dogmatisieren"; so darf er hoffen,
durch die Ehrfurcht seines Glaubens droben die Klarheit des Erkennens zu finden, wenn er vor Erlangung des besseren Verständnisses aus dem Leben scheidet[1]. Das gilt vor allem bezüglich der
Mysterien im strengen Sinne; „die verborgenen Geheimnisse des
Reiches Gottes verlangen zuerst Glauben, um dann zur Einsicht zu
führen. Der Glaube ist die Leiter zur Erkenntnis; die
Erkenntnis ist der Lohn des Glaubens. Das sagt deutlich
der Prophet allen, die voreilig und in verkehrter Ordnung nach Einsicht verlangen und den Glauben gering schätzen. ‚Wenn ihr nicht
glaubet, werdet ihr nicht einsehen' (Is 7, 9)"[2].

Die Erkenntnis der Wahrheit ist nicht nur ein Lohn des Glaubens,
der von selbst, nach höherer Gesetzlichkeit, eintritt; sie ist ein
schönes Ziel, dem der Christ bewußt zustreben soll. Augustin sagt
in seiner ersten Schrift, so fest sein Entschluß stehe, nie von der
Autorität Christi zu weichen, so habe er doch einen unwiderstehlichen
Drang, die Wahrheit nicht nur im Glauben, sondern auch in der
Einsicht zu erfassen[3]. Einige Jahre später schreibt er, zwei Arten
von Christen schienen ihm preiswürdig: die einen, die eine religiöse
Vernunfterkenntnis bereits besitzen — sie sind wahrhaft selig (bea-
tissimi) zu nennen —; die andern, die nach einer solchen mit größtem
Eifer und in rechter Weise (studiosissime et rectissime) streben[4].
Wer dieses Verlangen nicht hat, „weiß gar nicht, wozu der
Glaube uns nützen will. Denn der rechte Glaube ist nicht ohne
Hoffnung und Liebe; das Hoffen und Lieben geht aber auf das
Schauen der göttlichen Wahrheit"[5]. Je mehr er in die Tiefen der
Offenbarung eindringt, um so mehr vermeidet es Augustin, die Selig-
keit der irdischen Erkenntnis auf eine Stufe mit der himmlischen zu

---

[1] Epist. 187, 29.　[2] Sermo 126, 1.

[3] C. Acad. 3, 43: Mihi autem certum est, nusquam prorsus a Christi auctoritate discedere; non enim reperio valentiorem. Quod autem subtilissima ratione
persequendum est — ita enim iam sum affectus, ut, quid sit verum, non credendo
solum, sed etiam intellegendo apprehendere impatienter desiderem — apud Pla-
tonicos me interim, quod sacris nostris non repugnet, reperturum esse confido.

[4] De util. cred. 25.

[5] Epist. 120, 8: Si autem nec cupit (intellegere) et ea, quae intellegenda
sunt, credenda tantummodo existimat, cui rei fides prosit, ignorat. Nam pia fides
sine spe et caritate esse non vult. Sic igitur homo fidelis debet credere, quod
nondum videt, ut visionem et speret et amet.

stellen¹; um so mehr schränkt er auch die früher ausgesprochene
Ansicht ein, der Platonismus, der von ähnlichem Durste nach Wahrheit erfüllt war, sei ein zuverlässiger Führer zur religiösen Er-
kenntnis². Aber den Gedanken, daß der Glaube die Vorstufe des
religiösen Wissens ist und daß aus dem Glauben ein mächtiger Drang
nach lichtvoller Erkenntnis hervorwehen muß, soweit die Geisteskraft
ausreicht, hat er nie aufgegeben. In den Konfessionen beschreibt
er, wie er zuerst den wahren Gott lebendig erkannte und in Liebe
und Schrecken vor seiner Größe zurückbebte; in jenem Augenblick
glaubte er die Stimme zu vernehmen: „Ich bin die Speise der
Starken; wachse, und du wirst mich genießen" (cibus sum grandium;
cresce, et manducabis me)³. Wenn er später in der Predigt sagt,
der vom Glauben erfüllte Geist werde einmal des Verständnisses
fähig, so weiß er, daß diese Worte auch für seine Zuhörer festlich
und freudig klingen und alle Gemüter erheben und erheitern⁴.

Eine längere, durch drei Predigten sich hinziehende Erklärung
schließt er an die Verheißung des Herrn: „Ich habe euch noch vieles
zu sagen, aber ihr könnt es jetzt nicht tragen; wenn aber
der Geist der Wahrheit kommt, so wird er euch alle Wahrheit lehren" (Jo 16, 12 13). Eine gewisse anfängliche Erkenntnis,
so führt er aus, ist in allen Christen, die glauben und den Heiligen
Geist besitzen. Um sie zu mehren, sollen sie in der Liebe wachsen,
sollen, „im Geiste erglühend und das Geistliche hochschätzend", sich
würdig machen, durch innerliches Sehen und Hören Gottes Licht und
Wort zu verstehen. „Denn es wird nicht geliebt, was man gar
nicht kennt. Wenn man aber liebt, was man zu irgend einem Teile
begreift, so bewirkt die Liebe selbst, daß man es besser und voller
erkennt."⁵ Der Apostel Paulus hat den Korinthern erst Milch, nicht
Brot gereicht, weil ihre unreife, fleischliche Gesinnung nur die einfachsten Lehren verstehen konnte. So finden sich stets Unterschiede
in der Reife und Aufnahmefähigkeit der Geister, in der Größe und
„Lebendigkeit" der Erkenntnis. Es gibt ein Wachstum im Geiste

¹ Retr. 1, c. 14, 2. ² Siehe Bd I, S. 169 174. ³ Conf. 7, 16.
⁴ Sermo 126, 8: In his enim, quae supra diximus hortantes ad fidem, ut
animus imbutus fide sit intellectus capax, ea, quae dicta sunt, festiva, laeta, facilia
sonuerunt, exhilaraverunt mentes vestras.
⁵ In Io. Ev. tr. 96, 4. Ebd. 97, 1: Ipse ergo Spiritus sanctus et nunc docet
fideles, quanta quisque potest, capere spiritalia, et eorum pectora desiderio maiore
succendit, si quisque in ea caritate proficiat, qua et diligat
cognita et cognoscenda desideret.

selbst, d. h. im inneren Menschen, nicht bloß in dem Sinne, daß
man von der Milch zur Speise übergeht, sondern auch so, daß man
von der Speise selbst eine größere Menge aufnimmt. Dieses Wachstum vollzieht sich nicht räumlich und materiell, sondern im licht-
vollen Gedanken, denn jene Speise ist „gedankliches Licht"; und
um dieses Wachstum sollen wir beten [1]. Die Irrlehrer und falschen
Mystiker mißbrauchen das angeführte Wort des Heilandes; sie
führen Lehren und Gebräuche ein, die das Licht nicht vertragen,
unter dem Vorgeben, das seien die Geheimlehren, die die Apostel
erst später hätten tragen können. Sie würzen ihr vergiftetes Brot
mit dem Reiz des Modernen und Geheimnisvollen [2]. Aber nicht
jegliche neue Einkleidung der christlichen Lehre ist verdächtig;
der Apostel selbst warnt nicht vor allen, sondern nur vor „profanen
Wortneuerungen" (2 Tim 2, 16); es gibt Worte, wie das „Homo-
usion", die einen wirklichen Fortschritt der christlichen Lehre bedeuten [3].

Wie ist es aber mit der Unterscheidung elementarer und höherer,
kindlicher und gereifter Glaubenserkenntnis? Begründet sie etwa
den Unterschied einer exoterischen und esoterischen Lehre?
Das Christentum enthält Lehren, die zu den Elementen des Glaubens
gehören, darum allen gepredigt werden, z. B. die Bedeutung des
Todes Christi; sie werden von den Anfängern mehr äußerlich, nach
der geschichtlichen Tatsache, von den Reiferen auch innerlich, nach
ihren tieferen religiösen und sittlichen Gründen verstanden [4]. Hier
ist dasselbe den einen Milch, den andern feste Speise; hier hören
und glauben beide das gleiche, aber sie verstehen es in ungleichem
Maße [5]. Der Apostel Paulus macht jedoch anderswo einen äußeren

---

[1] In Io. Ev. tr. 97, 1: In ipsa ergo mente, h. e. in interiore homine quodammodo crescitur, non solum ut ad cibum a lacte transeatur, verum etiam ut amplius atque amplius cibus ipse sumatur. Non autem crescitur spatiosa mole, sed
intellegentia luminosa, quia et ipse cibus intelligibilis lux est.

[2] Ebd. 97, 2 3.   [3] Ebd. 97, 4.

[4] Als die elementare Auffassung des Todes Christi bezeichnet er die moralische Vorbildlichkeit: ut nobis usque ad mortem pro veritate certantibus imitandum
praeberetur exemplum. Bei dieser Auffassung erkläre es sich, daß die Korinther
sich nicht nur in Christus rühmten, sondern auch in Paulus, Apollon usw. Das
wäre nicht möglich gewesen, wenn sie — als geistliche Christen — gewußt
hätten, „quemadmodum Christus crucifixus factus sit nobis sapientia a Deo et
iustitia et sanctificatio et redemptio, ut quemadmodum scriptum est, qui gloriatur,
in Domino glorietur" (n. 3).

[5] Ebd. 98, 2.

und sachlichen Unterschied zwischen einfachen und schwierigeren
Lehren, er spricht von einer nachträglichen Ergänzung und Vollendung der Katechese (Hebr 5, 12 ff. Kol 2, 5. 1 Thess 3, 10). Als
„Fundament", als erste Grundlage der Heilserkenntnis nennt er
eine Reihe von Einzellehren, die wir zusammenfassen können als
moralische Vorschriften, das Symbolum und das Gebet
des Herrn [1]. Die höhere Belehrung, die er später nachholt, bezieht sich vor allem auf die Gottheit Christi und die unsichtbare,
ewige Seite des Heilswerkes. Zur Zeit Augustins gehörte in diesen
Kreis die letzte Begründung des Guten und Bösen, die Abwehr des
Dualismus und der Bibelkritik der Manichäer, die Widerlegung des
Neuplatonismus. Ein solcher Fortschritt in die Tiefen der Religion
ist wünschenswert; wir dürfen, ja wir sollen „mehr" verlangen als
die einfache Katechese, aber nichts „gegen" dieselbe [2]. Das Brot
der Starken und die Milch der Schwachen widersprechen sich
nicht; wie ja auch die Nahrung der Mutter in der Form der Milch
in das Kind übergeht, wie unsere geistige Mutter, die göttliche
Weisheit, gleichsam zur Milch geworden ist, als sie im Fleische
erschien. Die Gläubigen sollen nicht so an die Milch der Menschheit Christi gewöhnt werden, daß sie dauernd dem Verständnisse der
Gottheit fern bleiben; sie sollen auch nicht so der Milch ent-
wöhnt werden, daß sie jemals von dem Menschen Christus lassen
könnten. Daher ist der Vergleich mit der Milch und dem Brote
unvollkommen; der Fortschritt der Erkenntnis wird treffender
(Hebr 6, 1) gekennzeichnet durch das Fortschreiten eines Baues,
bei dem sich Stein zu Stein fügt, ohne daß das Fundament verlassen wird [3].

---

[1] Ebd. 98, 5.

[2] Ebd. 98, 7: Prorsus admonitio beatissimi Apostoli de vestris cordibus non
recedat: „Si quis vobis evangelizaverit praeter quod accepistis, anathema sit" (Gal
1, 9). Non ait: plus, quam accepistis; sed: praeter quod accepistis. Nam
si illud diceret, sibi ipse praeiudicaret, qui cupiebat venire ad Thessalonicenses,
ut suppleret, quae illorum fidei defuerunt. Sed, qui supplet, quod minus erat,
addit, non, quod inerat, tollit; qui autem praetergreditur fidei regulam, non ac-
cedit in via, sed recedit de via.

[3] Ebd. 98, 6: In hoc quippe non convenit huic rei similitudo materni lactis
et solidi cibi, sed potius fundamenti; quia et puer, quando ablactatur et ab alimentis infantiae iam recedat, inter solidos cibos non repetit ubera, quae sugebat,
Christus autem crucifixus et lac sugentibus et cibus est proficientibus. Vgl. In
Epist. Io. tr. 3, 1. De spir. et litt. 41. In Io. Ev. tr. 22, 2: Gradus pietatis est
fides, fidei fructus intellectus.

Die ganze zeitliche Darbietung und sichtbare Vermittlung des Heiles ist, wie wir früher hörten [1], Weg und Vorbereitung für das Ewige und Wahre, die Gottschauung. Die Weisen in der Kirche sollen den Einfältigen helfen, daß sie auch zu dieser „Erkenntnis der geistigen und ewigen Dinge" vordringen, indem sie, „durch den Glauben an das geschichtliche Heilswerk genährt", die Gebote befolgen, in ihrer Erfüllung sich reinigen, in der Liebe sich befestigen und so Männer werden, die die Breite, Länge, Höhe und Tiefe des Glaubens erfassen können [2]. Hienieden ist alles, auch unser religiöses Denken und Handeln, geteilt und unvollkommen — daher der Fortschritt von der Prophetie zur Wirklichkeit, daher die Mannigfaltigkeit der Worte und Bilder —; wenn aber kommt, was vollkommen ist, wird alles Stückwerk hinfällig, dann „zeigt sich das, was in Annahme des Fleisches dem Fleische erschien, in seiner Wesenheit den Liebenden" [3].

In einer allegorisch-mystischen Erklärung des Schöpfungsberichts deutet Augustin die Fische und Vögel in eigentümlicher Weise auf die Sakramente und die Worte der Predigt, die das Meer und den Luftraum dieser unruhigen Zeitlichkeit beleben. Er fügt hinzu, wenn der Sündenfall uns nicht von Gott ins Zeitliche hinabgeworfen hätte, „wäre es nicht nötig gewesen, daß deine Diener mystische Taten und Worte körperlich und sinnlich vollzögen"; er fordert von jedem, der fortschreiten will, daß er, durch die körperlichen Sakramente geweiht, „geistlich lebendig werde in einer andern Seinsstufe und nach dem Worte der ‚Einweihung' zur ‚Vollendung' emporschaue" [4]. — Zu dem Psalmverse: „Sanat contritos corde et alligat contritiones eorum", bemerkt Augustin: „Er verbindet deine Wunden, damit du zur vollsten Kraft gelangen kannst, wo alles Gebrochene und Verbundene gefestigt ist. Was sind diese Binden? Die zeitlichen Sakramente. Heilende Binden sind sie unserer Krankheit, die zeitlichen Heiligungsmittel, in denen wir Trost haben. Alles,

---

[1] Siehe Bd I, S. 173 f. Oben 312 f.

[2] En. in ps. 8, 5: Consulitur autem, cum illi quoque noudum capaces cognitionis rerum spiritualium atque aeternarum nutriuntur fide temporalis historiae, quae pro salute nostra post patriarchas et prophetas ab excellentissima Dei Virtute atque Sapientia etiam suscepti hominis sacramento administrata est, in qua salus est omni credenti: ut auctoritate commotus praeceptis inserviat, quibus purgatus unusquisque et in caritate radicatus atque fundatus possit currere cum sanctis, non iam parvulus in lacte, sed iuvenis in cibo, comprehendere latitudinem, longitudinem, altitudinem et profundum (Eph 3, 18).

[3] De spir. et litt. 41.   [4] Conf. 13, 28 (vgl. 34).

was wir zu euch reden, alles, was klingt und vorübergeht, alles, was zeitlich sich in der Kirche vollzieht, es sind Binden für unsere Verletzungen. Wie der Arzt nach voller Genesung die Binde abnimmt, so werden wir in jenem himmlischen Jerusalem, wo wir den Engeln gleich sind, nicht mehr empfangen, was uns hier gereicht wird. Oder wird dort etwa das Evangelium verlesen, damit unser Glaube fest bleibt? Oder muß uns noch die Hand vom Vorsteher aufgelegt werden? Alles das sind Binden eines Bruches, sie werden fallen mit Vollendung der Gesundheit. Wir würden aber zur letzteren nicht kommen, wenn diese Bindung nicht stattfände."[1] Das zentrale Sakrament, der Mittelpunkt der Heilsgeschichte und Heilsvermittlung, ist die Menschheit Christi[2]. Die Macht, Herablassung und Heiligkeit Gottes, die in der Menschwerdung Gottes wirkt, verteilt sich gleichsam auf den ganzen Kultus der Kirche, hebt und reinigt die Seelen tiefer und eindringlicher als alle gelehrten Erörterungen[3].

Was aber vor allem das Geistesauge reinigt und schärft, das ist wiederum die Liebe, die durch die Gnade in uns ausgegossen ist und sich in der Übung aller Sittlichkeit wirksam erweist. Wie der Heilige Geist vom Sohne ausgeht, so führt er durch die Liebe zum Sohne, d. h. zur Weisheit Gottes, zurück. Die himmlische Weisheit ist nämlich derart, daß sie nicht durch einseitige Verstandestätigkeit, sondern nur durch Hingabe des ganzen Menschen gewonnen werden kann[4]. Die Sicherheit und Klarheit in den tiefsten Fragen des Seins und Lebens ist nicht bloße Sache der Vernunft, sie fordert eine Anpassung und Vorbereitung des ganzen Wesens für die geistige Wahrheit[5]. „Selig sind, die ein reines Herz haben;

---

[1] En. in ps. 146, 8. Vgl. In Io. Ev. tr. 22, 2. De bapt. 5, 38.

[2] Suscepti hominis sacramentum. De mor. eccl. 12. En. in ps. 8, 5.

[3] De ordine 2, 27: Doceat enim oportet et factis potestatem suam et humilitate clementiam et praeceptione naturam; quae omnia sacris, quibus initiamur, secretius firmiusque traduntur, in quibus bonorum vita facillime non disputationum ambagibus, sed mysteriorum auctoritate purgatur.

[4] De mor. eccl. 31: Facit enim hoc simplex et pura caritas Dei, quae maxime spectatur in moribus, de qua multa iam diximus; quae inspirata Spiritu sancto perducit ad Filium, i. e. ad Sapientiam Dei, per quam Pater ipse cognoscitur. Nam si sapientia et veritas non totis animi viribus concupiscatur, inveniri nullo pacto potest. At si ita quaeratur, ut dignum est, subtrahere sese atque abscondere a suis dilectoribus non potest. . . . Amore petitur, amore quaeritur, amore pulsatur, amore revelatur.

[5] C. Acad. 2, 8: Nam ipsum verum non videbis, nisi in philosophiam totus intraveris. Vgl. Portalié, S. Augustin 2332 ff.

sie werden Gott anschauen." [1] Wem Staub ins Auge kommt, der vermag das Licht nicht zu sehen; so bewirken irdische Leidenschaften, Habsucht, Selbstsucht und Sinnlichkeit die Unfähigkeit des Denkens, das lauterste Licht, den geistigen Gott und seine Ratschlüsse, richtig zu erfassen [2]. Jene Sekten, die in ihren Konventikeln unlautere Dinge üben, müssen somit der geistigen Finsternis anheimfallen [3]. Die Gläubigen, die über innere Schwäche und Dunkelheit klagen, mögen lernen, daß, wie für ein krankes Auge scharfe Salben nötig sind, so ein blöder Geist durch sittliche Strenge Sehkraft gewinnt. „Also Brüder, wenn ihr vielleicht innerlich derartiges erfahren habt, wenn ihr euer Herz emporrichten wolltet, um das Wort Gottes zu schauen, und von seinem Lichte geblendet ins Alltägliche zurückgesunken seid, so bittet den Arzt, daß er beißende Salben anwende, die Vorschriften der Gerechtigkeit.... Hüte dich vor Lüge, Meineid, Ehebruch, Diebstahl, Betrug! Du hast dich vielleicht an solche Sünden gewöhnt; du kannst dich nur mit Schmerz von der Gewohnheit losreißen; das ist es, was beißt, aber auch heilt. Ich sage es dir offen, aus Besorgnis für mich und dich: wenn du dich nicht heilen lässest, wenn du dich nicht bemühst, durch Genesung deiner Augen zum Schauen des Lichtes fähig zu werden, so wirst du die Finsternis liebgewinnen und aus Liebe zur Finsternis im Finstern bleiben." [4] Eine besondere Bürgschaft, höhere Erleuchtung von Gott zu erhalten, liegt in der neidlosen Bemühung, dem Nächsten, dem weniger Unterrichteten nützliche, heilbringende Wahrheiten mitzuteilen [5].

Mit der Natur des Glaubens hängt es zusammen, daß für Augustin vor allem der Satz gilt: „Sapientia pietatis est fructus." [6] Die Ehrfurcht vor einer dem subjektiven Gutdünken überlegenen Wahrheitsmacht macht uns erst würdig, in ihre Geheimnisse einzudringen [7]. Aber die pietas ist speziell im Sinne der Frömmigkeit,

---

[1] De div. quaest. 83, q. 68, 3.
[2] Sermo 261, 4 ff.   [3] In Io. Ev. tr. 97, 2.
[4] Ebd. 18, 11. Diejenigen, die nur glauben und gerecht leben, aber keine höhere Einsicht haben, sind hienieden nicht selig zu nennen. Ihre jenseitige Seligkeit aber wird von der Höhe ihrer Sittlichkeit abhängen (De ord. 2, 26).
[5] De ver. relig. 51: Haec enim lex est divinae providentiae, ut nemo a superioribus adiuvetur ad cognoscendam et percipiendam gratiam Dei, qui non ad eandem puro affectu inferiores adiuverit.
[6] De Gen. ad litt. 11, 30. Vgl. In Io. Ev. tr. 8, 6: Sit primo pietas in credente, et erit fructus in intellegente. Epist. 140, 48: Tanto fructuosius cogitabis, quanto magis pie cogitaveris.
[7] De mor. eccl. 1.

des Gebetsgeistes, die ständige Bedingung und Begleiterin echter Weisheit. Die Seele schreitet im geistlichen Verständnisse fort „nicht durch eigene Kraft, sondern durch die Gabe und Hilfe Gottes"; daher muß sie Gott anflehen: „Da mihi intellectum, ut discam mandata tua!"[1] Diejenigen, welche glauben, sollen „durch Gebet und Forschen und gutes Leben danach streben, einzusehen, d. h., was sie im Glauben festhalten, möglichst auch im Denken zu erfassen"[2]. Am Schlusse seines Werkes über die Dreifaltigkeit hören wir Augustinus selbst in gerührtem und feurigem Gebete seinen Dank aussprechen für die intellektuellen Freuden und Früchte des Denkens, und zugleich seine Bitte, diesen Drang nach Erkenntnis weiter zu beleben und zu befriedigen[3]. Seit den Gesprächen von Cassiciacum und am meisten in den Konfessionen ist sein geistiges Arbeiten und Ringen stets von dem Hauch inbrünstigen Gebetes durchweht, der die abstraktesten Erörterungen durch Seufzer und freudige Aufwallungen unterbricht.

Für das Forschen selbst empfiehlt Augustin eine ruhige und friedliche Geistesverfassung, die, der Schranken des Ich und der Hoheit der Wahrheit eingedenk, sich durch Schwierigkeiten nicht abschrecken, durch Rätsel nicht verwirren, durch Enttäuschungen nicht entmutigen läßt. Wenn Augustin, wie wir hörten, alle Hast und Ungeduld als eine Gefahr für den moralischen Fortschritt ansieht, so sieht er in ihnen noch mehr ein Hindernis intellektueller Vervollkommnung. „Zu einer guten Geistesanlage muß die Frömmigkeit und ein gewisser Friede des Geistes hinzukommen; ohne dies läßt sich über so große Dinge überhaupt kein Verständnis gewinnen."[4] Öfters mahnt er seine Zuhörer, bei unbegreiflichen Dingen nicht ungeduldig zu werden; mit Ungestüm lasse sich das Erhabene und Übernatürliche nicht erzwingen. „Es bedarf eines ruhigen Herzens, eines demütigen und frommen Glaubens, einer religiösen Zweck-

---

[1] En. in ps. 118, sermo 18, 3.
[2] De Trin. 15, 49. Ebd. 4, 31: Quod (Verbum-caro) si difficillime intellegitur, mens fide purgetur magis magisque abstinendo a peccatis et bene operando et orando cum gemitu desideriorum sanctorum, ut per divinum adiutorium proficiendo et intellegat et amet. Epist. 30, 117: (Deus vult) exerceri in orationibus desiderium nostrum, quo possimus capere, quod praeparat dare.
[3] De Trin. 15, 51.
[4] De util. cred. 36. Nachdem er noch seinen Zweck, den Adressaten ad magna quaedam et divina discenda anzuleiten, betont hat, schließt er mit dem Wunsche: Placatiore autem animo tuo facto ero fortasse in caeteris promptior (d. h. zu weiteren Belehrungen bereit).

beziehung (tranquillo corde opus est, pia et devota fide, intentione religiosa)." Er hat mit Rücksicht auf gebildete, weniger zahlreiche Hörer in der Predigt Gedanken vorgebracht, die das Volk wahrscheinlich nicht verstehen wird; „wer sie versteht, freue sich; wer sie nicht versteht, schicke sich geduldig darein. Er ertrage es, nicht zu verstehen, und vertage es, um später zu verstehen" [1].

Die ganze Anlage der Heiligen Schrift geht nach Augustin darauf aus, den religiösen Wissensdrang des Menschen immer wieder anzuregen und zugleich in Schranken zu halten. Ihre Schroffheiten und Rätsel rufen unzählige Fragen wach, spannen das Denken und Forschen zu intensiver Tätigkeit, in einer Weise, daß der Geist durch die Frucht der Arbeit erquickt wird und zugleich der Unendlichkeit des Wahrheitszieles und der Pflicht geduldigen Harrens und Ringens eingedenk bleibt. „Das Offenbare sollte uns nähren, das Dunkle uns anstrengen und schulen" (non solum nos nutriri manifestis verum et exerceri oportebat obscuris) [2]. Das Wort exercere, das Augustin stets in dieser Verbindung gebraucht, ist das Gegenstück zu dem ἀσκεῖν der Griechen. Wie beim Körper Ernährung und anstrengende Bewegung Hand in Hand gehen, wie die gymnastische Übung die Vorschule des Kampfes und die Bedingung des Sieges ist, so muß sich auch im Aufstiege zur Weisheit mit der freudigen Einsicht in den gewonnenen Fortschritt das beharrliche Ringen mit Schwierigkeiten verbinden, wenn unser Geist die notwendige Spannkraft und die erforderliche Selbstlosigkeit zum Schauen der göttlichen Wahrheitswelt erlangen soll [3]. Eine der schönsten Erörterungen, die manches bisher Gesagte streift, findet sich in der Erklärung des 146. Psalms zu den Worten: Intellegentiae eius non est numerus. Augustin spricht von der „participatio Dei"; das ist ein Gedanke, der sich kaum in Worte fassen läßt. Seine

---

[1] Sermo 126, 8: Laetetur, qui intellegit; patienter ferat, qui non intellegit; quod non intellegit, ferat et, ut intellegat, differat.

[2] C. Mendac. 29. Vgl. Sermo 23, 3: Verumtamen ut nos exerceat eadem Scriptura, in multis locis velut carnaliter loquitur, cum semper spiritalis sit. En. in ps. 146, 13: (Scripturae) propterea clausae sunt, ut pulsantes exercerentur, non ut parvulis negarentur.

[3] Sermo 32, 1: Alia secretius in Scripturis absconduntur, ut quaerentes exerceant; alia vero in promptu et in manifestatione ponuntur, ut desiderantes curent. En. in ps. 103, sermo 1, 18: Ideo multos versus volui pronunciare, ut videatis, quam alta sint posita sacramenta Dei, ne fastidiamus oblata, ne prompta vilescant, ut semper quaesita etsi cum difficultate cum maiore iucunditate inveniantur.

Zuhörer sollen zunächst zur Arznei des Erlösers ihre Zuflucht nehmen, ihre Herzenshärtigkeit brechen und sich vom Bösen zum Guten wenden; dann wird Gott ihre Geistesschwäche heilen und kräftigen, so daß das Unmögliche ihnen möglich wird [1]. Dann aber mögen sie die folgenden Worte des Psalms beherzigen: „Suscipiens mansuetos Dominus." Weit entfernt, die Heilige Schrift bei dunkeln Lehren als verkehrt zu tadeln, sollen sie sich einstweilen in Ehrfurcht vor dem Worte Gottes bescheiden, ohne auf die spätere Aufklärung zu verzichten. Sie sollen nicht ärgerlich werden, sondern sanften und stetigen Gemütes weiter forschen, um so ihren Geist zu erweitern und für die Lösung empfänglich zu machen [2]. „Überstürze dich nicht; so wirst du es fassen. Höre, was folgt: ‚Beginnet, den Herrn zu preisen.' Damit beginne, wenn du zur klaren Erkenntnis der Wahrheit gelangen willst! Willst du von dem Wege des Glaubens zum Besitze des Spiegelbildes gelangen, so beginne mit dem Lobpreis (confessio). Klage dich zunächst an und dann lobe Gott! Rufe ihn an, den du noch nicht kennst, daß er komme und sich zu erkennen gebe; oder besser, nicht daß er komme, sondern daß er dich zu sich hinführe. Denn wie sollte er kommen, da er niemals weggegangen ist? Er, die Vollkommenheit der Weisheit, ist ja überall und ist doch fern von den Bösen. ... Aber wie kann jenes Wesen von jemand fern sein, das überall ist? Offenbar nur dadurch, daß sie in ihrer Entstellung (dissimilitudine) daliegen, das Ebenbild Gottes in sich zerstört haben! Indem sie ihm unähnlich wurden, haben sie sich entfernt; mögen sie sich umgestalten und so zurückkommen! ‚Beginnet darum mit dem Lobe Gottes.' Was aber folgt weiter? Die Übung guter Werke." [3] Noch eine andere Mahnung enthalten die Schwierigkeiten der Heiligen Schrift: sie zeigen den Segen des kirchlichen Lehramtes, sie legen dem Prediger die schöne und dankbare Pflicht auf, der Gemeinde die

---

[1] En. in ps. 146, 11.

[2] Ebd. 146, 12: Non intellegis, parum intellegis, non consequeris; honora Scripturam Dei, honora verbum Dei etiam non apertum; differ pietate intellegentiam. Noli protervus esse accusare aut obscuritatem aut quasi perversitatem Scripturae. Perversum hic nihil est, obscurum autem aliquid est; non, ut tibi negetur, sed ut exerceat accepturum. Ergo quando obscurum est, medicus illud fecit, ut pulses. Voluit, ut exercereris in pulsando; voluit, ut aperiret pulsanti. Pulsando exerceberis, exercitatus latior efficieris, latior factus capies, quod donatur. Ergo noli indignari, quod clausum est; mitis esto, mansuetus esto!

[3] Ebd. 146, 14.

göttliche Wahrheit zu erschließen. Wir loben Gott im Psalme, daß er „den Himmel mit Wolken verhüllt und der Erde aus ihnen Regen spendet; so verhüllt Gott den Himmel seines Wahrheitslichtes mit den Wolken der Bilder und Geheimnisse, läßt aber auch durch das Wort der Predigt erquickenden Regen aus dem Gewölk in die Herzen träufeln" [1].

Wie Augustin selbst für dieses Predigtamt sich vorbereitet hat, wie er durch „Mahnungen und Schrecken, Tröstungen und Fügungen" hindurchgegangen ist, um die Heilige Schrift zu verstehen, wie er immer fortfährt zu beten und zu forschen, um sie besser zu verstehen, schildern unvergleichlich seine Bekenntnisse. „Meine heilige Freude seien deine Schriften; daß ich mich nicht täusche in ihnen, nicht andere täusche durch sie. Schaue herab und erbarme dich meiner, Herr, mein Gott, Licht der Blinden und Kraft der Schwachen, zugleich auch Licht der Sehenden und Kraft der Starken! ... Dein ist der Tag und dein ist die Nacht. Auf deinen Wink fliehen die Augenblicke dahin. Gib uns Zeit, in die Geheimnisse deines Gesetzes einzudringen, und verschließe es nicht, wenn wir anklopfen! Du hast ja nicht umsonst die dunkeln Rätsel so vieler Blätter aufschreiben lassen. Oder sollen diese Wälder nicht auch ihre Hirsche haben, die sich in sie zurückziehen und vertiefen, in ihnen wandeln und weiden, ausruhen und verdauen? O Herr, vervollkommne mich und offenbare mir jene Geheimnisse! Siehe, deine Stimme ist meine Freude, deine Stimme geht mir über alle Fülle der Erdenlust! Gib mir, was ich liebe; denn Liebe trage ich in mir — und auch sie hast du gegeben. Laß deine Gaben nicht in mir verderben; verschmähe mich nicht, der ich dürste nach deiner Weide. ... Die Gottlosen haben mir Herrliches versprochen, aber es war nicht wie dein Gesetz, o Herr; das ist der Grund meiner Sehnsucht. Siehe, Vater, schaue mich an und erhöre mich; laß es deiner Barmherzigkeit gefallen, daß ich Gnade finde vor dir, daß mir, wenn ich anklopfe, aufgetan wird das Innere deiner Reden! Ich beschwöre dich bei unserem Herrn Jesus Christus, deinem Sohne, dem Manne deiner Rechten, dem Menschensohne, den du als Mittler zwischen dir und uns aufgestellt, durch den du uns gesucht hast, als wir dich nicht suchten, und gesucht hast, damit wir dich suchten; bei deinem Worte, durch welches du alles und auch mich gemacht hast, deinem Eingebornen, durch den du das Volk der Gläubigen und auch mich

---

[1] En. in ps. 146, 15.

zur Kindschaft berufen hast. Durch ihn bitte ich dich, der zu deiner Rechten sitzt und Fürbitte einlegt, in dem alle Schätze der Weisheit und Wissenschaft verborgen sind. Ihn suche ich in deinen Büchern!" [1]

IV. Die religiöse Erkenntnis des Christen und die Gottschauung des Jenseits.

Bezüglich der Erkenntnisstufe, die der Christ in der sittlichen Entwicklung dieser Zeit zu erreichen im stande ist, und ihres Verhältnisses zur himmlischen Anschauung Gottes haben gewisse Äußerungen Augustins zu Zweifeln und kritischen Ausstellungen geführt. Wie man in der Frömmigkeit Augustins überhaupt die direkte Hinwendung des Gemütes auf die Menschheit Christi vermißt [2], so weist man hier darauf hin, daß er einen Zustand des Erdenpilgers annehme, in dem „der geschichtliche Christus unter ihm liegt", der Mensch selbst durch Verbindung mit dem göttlichen Logos ein Christus geworden ist [3]. Schon der Schluß des zuletzt zitierten Gebetes zeigt aber, wie eng das Ideal der Weisheit und Erleuchtung, das unserem Lehrer vorschwebt, mit der Person Christi, und zwar der Person des „Menschensohnes", verknüpft ist. Ihn sucht er in allen Büchern der Heiligen Schrift, in ihm sind die Schätze der Weisheit verborgen. Mag das Fleisch als solches noch so wenig bei ihm gelten, in Christus ist das Fleisch mit der heiligsten Seele, ja mit dem ewigen Logos untrennbar verbunden, zur Rechten des Vaters erhoben. Da droben setzt der Mensch Christus seine opfernde und betende Tätigkeit als Mittler der Menschheit fort bis zum Ende der Welt [4]. Wie könnte also ein Christ den geschichtlichen Christus als „unter ihm liegend" sich vorstellen? Man beruft sich auf die Äußerung Augustins, Christus der „Weg", der Erlöser in seinen zeitlichen Heilstaten, wolle uns nicht bei sich festhalten; er wolle, daß wir durch diese Taten zu ihm, der „Wahrheit" und dem „Leben", hineilen. Aber gerade dort, wo er diesen Gegensatz zwischen Weg und Ziel am schärfsten formuliert, zieht er gleich wieder die

---

[1] Conf. 11, 3 4.   [2] Siehe Bd I, S. 23 f.
[3] H a r n a c k, Dogmengeschichte II 142 f.
[4] Vgl. C. epist. Parmen. 2, 14: Ille sacerdos post resurrectionem suam intravit in secreta coelorum, ut ad dexteram Patris interpellet pro nobis. Ebd. 2, 16: Oratio pro invicem membrorum omnium adhuc in terra laborantium ascendat ad caput, quod praecessit in coelum, in quo est propitiatio pro peccatis nostris.

Menschheit als verklärte Menschennatur in das Ziel, in die Gottheit Christi, hinein [1]. Außerdem bemerkt er, daß sogar der hl. Paulus, wenn er das hinter ihm Liegende vergißt und einer gewissen Vollkommenheit sich rühmt, überzeugt ist, noch auf dem „Wege" zu sein und erst „den Anfang des Weges" hinter sich zu haben. Was der Apostel von sich bekennt, wird dies nicht viel mehr von jedem Christen, mag er noch so fortgeschritten sein, gelten? Auch an der andern Beweisstelle: „Staunet und freuet euch; wir sind Christus geworden" [2], denkt Augustin nicht im entferntesten an die Folgerung, daß wir nun „den geschichtlichen Christus nicht mehr brauchen"; vielmehr sagt er weiter: „Denn wenn jener das Haupt ist, so sind wir Glieder; er und wir, das ist der ganze Mensch." Dieser Vergleich deutet gewiß auf die allerengste und notwendigste Verbindung der Glieder mit dem Haupte hin. Überall betont Augustin, daß Christus als Mensch unser Mittler ist; auf diese Mittlerschaft müssen wir unser ganzes Vertrauen setzen, wenn wir nicht verzweifeln wollen [3]. Der Fortschritt zur Gottheit Christi erreicht hienieden niemals eine Höhe, auf der wir den gläubigen Anschluß an den Menschen Christus preisgeben dürfen [4]. Solange wir fern vom Herrn weilen, müssen wir vom Fundamente des katholischen Glaubens aus das „Fleisch" Christi betrachten, auf die Taten seiner Liebe und seine Auferstehung bauen; je mehr wir hierin Festigkeit erlangen, um so

---

[1] De doctr. chr. 1, 38: ... ne rebus temporalibus, quamvis ab illo pro salute nostra susceptis et gestis, haereamus infirmiter, sed per eas potius curramus alacriter, ut ad eum ipsum, qui nostram naturam a temporalibus liberavit et collocavit ad dexteram Patris, provehi atque pervehi mereamur.

[2] In Io. Ev. tr. 21, 8.

[3] Conf. 10, 68 f: In quantum enim homo, in tantum mediator; in quantum autem Verbum, non medius, quia aequalis Deo.... Quomodo nos amasti, pro quibus ille, non rapinam arbitratus esse aequalis tibi, factus est subditus usque ad mortem crucis... pro nobis tibi sacerdos et sacrificium.... Merito mihi spes valida in illo est, quod sanabis omnes languores meos per eum, qui sedet ad dexteram tuam et te interpellat pro nobis; alioquin desperarem. Vgl. In Io. Ev. tr. 66, 2.

[4] Ebd. 98, 6: Proinde nec sic parvuli sunt lactandi, ut semper non intellegant Deum Christum, nec sic ablactandi, ut deserant hominem Christum. Quod alio modo id ipsum ita dici potest: Nec sic lactandi sunt, ut creatorem nunquam intellegant Christum, nec sic ablactandi, ut mediatorem unquam deserant Christum. In hoc quippe non convenit huic rei similitudo materni lactis et solidi cibi, sed potius fundamenti; quia et puer, quando ablactatur, ut ab alimentis infantiae iam recedat, inter solidos cibos non repetit ubera, quae sugebat; Christus autem crucifixus et lac sugentibus et cibus est proficientibus.

sicherer dürfen wir auf den Genuß seiner Gottheit hoffen[1]. Auch die sittliche Vollendung im engeren Sinne, die Vollkommenheit der Liebe, führt uns immer wieder zu Christus hin; das doppelte Gebot, Gott und den Nächsten zu lieben, ist vollkommen eines in der Liebe zu ihm, der Gott und Mensch zugleich ist[2].

Eine andere Frage bezieht sich darauf, ob die Einsicht, die der Glaube auf Erden erreicht, in ihren Höhepunkten eine Antizipation der himmlischen Erkenntnis, ein Schauen des göttlichen Wesens einschließt. Die lebhaften Schilderungen der Bekenntnisse, in denen Augustin die Erhebung seines Geistes über die Stufen des Geschaffenen zur Urwahrheit und Gottheit erzählt, haben zu dieser Vermutung Anlaß gegeben[3]. Schon die Tatsache, daß das erste dort geschilderte Erlebnis in die Zeit vor seiner Bekehrung fällt, widerlegt die Annahme, wir hätten es dabei mit einer den Glauben an Würde überragenden Erfassung Gottes zu tun. Augustin beschreibt tatsächlich den philosophischen Aufstieg zur Erkenntnis des Absoluten an der Hand der geschaffenen Wesen; die lebhafte und mystische Färbung der Schilderung rührt zum Teil aus der Anlehnung an die neuplatonische Erkenntnislehre, zum Teil aus der Erinnerung an besonders ergreifende Momente seines Lebens. Der Einfluß, den er bei diesen Erleuchtungen der Gottheit zuschreibt, kann ebensogut ein natürlicher wie ein übernatürlicher sein. Das schmerzlich empfundene Unvermögen, den aufleuchtenden Gottesbegriff länger festzuhalten, beweist gleichfalls nicht eine übernatürliche, aus besonderer Gnade stammende Erkenntnis. Es scheint eher die Schwierigkeit auszudrücken, das Unendliche in einer positiven, lebendigen, anschaulichen Idee vorzustellen. Jedenfalls nimmt einerseits die neuplatonische Färbung dieser Gedankengänge mit dem Fortschritt der Jahre bei Augustin ab und wird anderseits die Überzeugung immer fester, daß die Gotteserkenntnis, zu der der gläubige Christ durch sittliche Läuterung und denkende Vertiefung hienieden gelangt, auch in ihren höchsten Steigerungen wesentlich von der Anschauung Gottes verschieden ist. Wenn er eine Zeitlang besonders begnadeten Heiligen wie Moses und Paulus für gewisse Augenblicke eine solche Gottschauung zugesprochen hatte[4], so ließ er später diese Ansicht fallen; um so weniger konnte er daran denken, diese ekstatische und unmittelbare Gotteserkenntnis für eine Entwicklungsstufe

---

[1] De Trin. 2, 28 f.   [2] Sermo 261, 8.
[3] Conf. 7, 16; 9, 24 25. Vgl. Bd I, S. 88 f.   [4] De Gen. ad litt. 12, 56.

Mausbach, Ethik des hl. Augustinus. II.   24

des allgemeinen Christenlebens zu halten [1]. Man soll dem Gläubigen auf seine Fragen Rechenschaft ablegen, damit er einsieht, was er glaubt; aber dabei muß man auf seine geistige Fassungskraft Rücksicht nehmen und darf den Weg des Glaubens nicht verlassen. Nur so ist rechter Fortschritt zu erwarten; ein Fortschritt „zur Erkenntnis der geistigen und unveränderlichen Realitäten, soweit er in diesem Leben — und nicht für alle — möglich ist; und endlich der Fortschritt zu jener Erhabenheit der Anschauung, die der Apostel nennt: von Angesicht zu Angesicht" [2], zu der seligen Anschauung des Himmels.

Augustins Stellung ist anderseits darum getadelt worden, weil sie der trostreichen Wahrheit nicht ganz gerecht werde, „daß der hienieden zu erfahrende Glaube das ewige Leben bereits besitzen könne". Dabei legt man die Betonung auf den Glauben, nicht auf die Erkenntnis, und versteht unter dem ewigen Leben vor allem die „Seligkeit", die „selige Erfahrung" des im Glauben gegenwärtigen ewigen Lebens [3]. Diese Kritik ist insofern begründet, als Augustin in der Tat nicht daran denkt, die Tröstung und Seligkeit, die der Christ hienieden im gläubigen Verkehr mit Gott empfindet, dem Besitz des ewigen Lebens gleichzustellen. Er kennt und würdigt solche gnadenvolle Augenblicke in dankbarer Erinnerung. Er schreibt sie aber durchgehends der auf den Glauben gegründeten Erkenntnis oder Liebe zu [4]; oder wenn er den Glauben selbst nennt, so denkt er vorzüglich an die das künftige Heil erwartende Hoffnung — wie in den zahlreichen Variationen des paulinischen Wortes: Spe salvi facti sumus [5]. Da der Glaube ein Umfassen dunkler, nicht geschauter Wahrheit und Schönheit ist, da er vielfach mit Schwierigkeiten und Anfechtungen zu ringen hat, so ist er an sich nicht fähig, die Seligkeit zu geben, die der klaren und unverhüllten Erfassung des Unendlichen, der Erreichung des Zieles alles Geisteslebens, entspringt. Glauben und Schauen sind Gegensätze; der Standpunkt des Glaubens ist ein vorübergehender und kann schon deshalb nicht den Endzustand und seine Seligkeitswirkung antizipieren [6]. Die beatitudo

---

[1] In Io. Ev. tr. 3, 17; 53, 12. Vgl. Portalié, S. Augustin 2335; Reuter, Augustinische Studien 472 ff; Harnack, Dogmengeschichte III 122 f.

[2] Epist. 120, 4.   [3] Reuter a. a. O. 369 f.

[4] Conf. 7, 16; 9, 24; 10, 65. De mor. eccl. 64.   [5] Conf. 13, 15.

[6] Retr. 1, 14, 2: Sic accipiantur beatissimi, ut non in hac vita, sed in ea, quam speramus et ad quam per fidei viam tendimus, sint. . . . Illud enim facit beatissimos, quod ait: „Tunc autem facie ad faciem." Epist. 147, 31 48. Epist. 187, 29. De spir. et litt. 41.

und das r e g n u m aeternum hält Augustin für ausschließlich jen-
seitig[1]; nur von der v i t a aeterna gibt er zu, daß sie wesentlich
gleichartig schon im Diesseits grundgelegt wird. Aber sie ist hienieden
eine „vita a b s c o n d i t a in Deo", eine mystische Realität wie das
zur Winterszeit im Baume schlummernde Leben[2]. Sie ist weder unmittelbar und unfehlbar für ihren Träger erkennbar, noch würde eine
solche Erkenntnis, da sie ein geschöpfliches, wenn auch übernatürliches Gut zum Gegenstand hat, mit der unmittelbaren Erkenntnis
Gottes auf eine Linie zu stellen sein[3].

V. Der Nutzen des sittlichen Kampfes.

Aus der bisherigen Darstellung geht hervor, daß Augustin, indem er die wesentliche Neuheit und Übernatürlichkeit des Gnadenlebens anerkennt, doch im Moralischen wie im Intellektuellen ein
Werden und Wachsen desselben annimmt, das zugleich ein Ringen
mit Schwierigkeiten und Gefahren ist und hienieden niemals einen
völlig friedlichen Abschluß erreicht. Diese Tatsache des K a m p f e s
i m C h r i s t e n l e b e n bedarf einer besondern Betrachtung und Begründung. Schon zu seiner Zeit erhob man gegen Augustins Er-
lösungstheorie den Einwand, das Bleiben des Kampfes zwischen Sünde
und Heiligkeit im Getauften lasse den Sieg Christi über die Sünde als
in etwa unvollkommen erscheinen. Ein solcher Vorwurf sei vom
Standpunkte des Glaubens unzulässig; da anderseits die Tatsache des
Kampfes sicher durch die Erfahrung bezeugt werde, so müsse man
prinzipiell den sittlichen Kampf anders würdigen als Augustin, mit
andern Worten, man müsse ein anderes s i t t l i c h e s I d e a l aufstellen, als er es vor Augen habe.

Die Pflicht des Kampfes für den Gerechtfertigten lehrt Augustin
überall, vorzüglich unter Hinweis auf die nach der Taufe bleibende
Konkupiszenz: „Reatus eius regeneratione solutus est, conflictus eius
ad agonem relictus est."[4] Die böse Lust ist der Feind; sie will

---

[1] De s. virg. 24: Quid aliud istis restat, nisi ut ipsum regnum coelorum ad
hanc temporalem vitam, in qua nunc sumus, asserant pertinere? Cur enim non
et in hanc insaniam progrediatur caeca praesumptio?

[2] Siehe oben S. 126. C. duas epist. Pel. 3, 19.

[3] Etwas verklausuliert gibt das nachher auch R e u t e r (Augustinische Studien 370) zu.

[4] Op. imp. c. Iul. 1, 71. Julian gab die Notwendigkeit des Kampfes, der
Abtötung usw. zu, leugnete aber, daß die concupiscentia ein malum sei. C. Iul.
Pel. 6, 47 und oben S. 179 f.

die Burg der Seele erstürmen, sie erhebt sich wider uns, und jeder Sieg macht sie stärker[1]. „In diesem Kriege steht das ganze Leben der Heiligen. Was soll ich aber von den Unreinen sagen, die nicht einmal kämpfen? Sie werden gefangen fortgeschleppt; oder nicht geschleppt, sondern folgen freiwillig. Jenes ist, sage ich, der Kampf der Heiligen; und in diesem Kriege hat der Mensch stets Gefahren zu bestehen, bis er stirbt. Wie aber heißt es von dem Ende, d. h. von dem Sieg und Triumphe; wie sagt der Apostel, der schon diesen Triumph vorausschaut? Dann wird sich das Wort erfüllen, das geschrieben steht: Der Tod ist verschlungen im Sieg. Wo ist, o Tod, dein Streit?"[2]

In diesem Kampfe ist Gott Zuschauer und Helfer; mit der eigenen Anstrengung muß sich das Gebet zu Gott verbinden[3]. In diesem Kampfe ist Christus Führer und König; mit seinem Zeichen sind wir gestempelt, von seinem Tische empfangen wir die stärkende Nahrung. Eine weite Arena, gefüllt von den Anhängern Christi auf der einen, von denen des Teufels auf der andern Seite, umgibt uns und schaut erwartungsvoll auf unsere Haltung. Wollen wir siegen, so müssen wir zunächst dem göttlichen Kampfrichter die Ehre geben; wir müssen dem Feinde das Haupt zertreten, d. h. die bösen Gedanken abweisen, weiter Arme und Hände gebrauchen zu guten Werken, endlich einen sichern Halt für die Füße gewinnen und behaupten, d. h. die kirchliche Gemeinschaft festhalten und heidnische Vergnügungen meiden[4]. Die Verbindung mit der Kirche gibt keinen faulen, einschläfernden Trost; sie steigert die dramatische Spannung des Lebens, führt uns aber auch zum Siege und zur ruhigen Kraft. Die Kirche selbst ist bedrängt, von Versuchungen, Ärgernissen, Angriffen beunruhigt und gepeinigt. „Diese inneren Schmerzen fühlt derjenige in der Kirche nicht, der nicht fortschreitet; er glaubt, es sei Friede. Aber wenn er fortzuschreiten beginnt, sieht er, wie groß die Bedrängnis ist. Wenn das Getreide gewachsen ist und Frucht bringt, tritt auch das Unkraut ans Licht. Und wer die Erkenntnis mehrt, mehrt auch den Schmerz (Prd 1, 18). Er soll nur wachsen, so wird er sehen, wo er sich befindet; er soll nur Frucht

---

[1] Sermo 151, 3 4.

[2] Sermo 151, 7. Vgl. Sermo 216: Ecce ubi est stadium vestrum, ecce ubi lucta certantium, ecce ubi cursus currentium, ecce ubi ferientium pugillatus! Die schönste und ausführlichste Darstellung des sittlichen Kampfes siehe De Civ. Dei 22, c. 23.

[3] Sermo 156, 9.   [4] De cataclysmo 1 2.

bringen, so wird das Unkraut sich schon zeigen! Es ist ein Wort
des Apostels und gilt für alle Zeiten: Alle, die fromm leben wollen
in Christo, werden Verfolgung leiden (2 Tim 3, 12)". Daher muß
unser Wahlspruch sein: Sustine Dominum, viriliter age et confortetur
cor tuum (Ps 26, 14)[1]. Die Kirche gibt den jüngeren, heranreifenden
Kämpfern in den älteren erprobte Vorbilder. Und auch wenn einer
sich ganz einsam fühlen sollte, so muß er dennoch Treue wahren
und den Kampf aufnehmen; sein Beispiel wird eine werbende Kraft
entfalten und bewirken, daß zahlreiche Gleichgesinnte aus dem Dunkel
hervortreten[2].

Wenn wir fragen, welchen sittlichen Z w e c k dieser fortdauernde
Kampf hat, durch welche Gedanken wir in diesen Erschütterungen
unsere Ruhe und unser Gottvertrauen bewahren, so ist zunächst als
Grundsatz einzuprägen, daß die Versuchung k e i n e S ü n d e ist;
denen, die in Christo Jesu sind, erwächst keine Verdammnis aus
den Rückständen der alten Sünde, die sie mit ihrem Willen bekämpfen. „Sie sollen sich keine Sorge machen, wenn sie von un-
erlaubten Begierden gereizt werden; sie sollen sich keine Sorge
machen, wenn noch in ihren Gliedern ein Gesetz sich zeigt, das
dem Gesetze des Geistes widerstrebt."[3] Diese Überbleibsel der Sünde
sind in denen, die der Forderung des Geistes und der Gnade treu
bleiben, Anlaß zum V e r d i e n s t e, Mittel zur Förderung im Guten.
Wie der Tod auch für den Gerechten ein Übel ist, aber für den
geduldigen Gerechten, vor allem für den Märtyrer, ein herrliches
Verdienst wird, so geht es ähnlich mit allen andern Übeln, die aus
der Sterblichkeit (mortalitas) unserer Natur erwachsen und als Strafen
nach Vergebung der Sünde zurückbleiben[4]. Die Konkupiszenz selbst
„wird durch die Ehe geordnet, durch die Enthaltsamkeit bekämpft
und gezügelt, so daß, wie aus der Sünde die Strafe entstand, so
a u s d e r S t r a f e d a s V e r d i e n s t e n t s t e h t."[5]

Die Verbindung zwischen Strafe und sittlicher Förderung ist
nicht auffallend; soll ja die Strafe überall, wo es möglich ist, der

---

[1] En. in ps. 29, 2, 8.
[2] Sermo 228, 2 (an Neugetaufte): Eligite vobis, quos imitemini.... Non
dicat cor vestrum: Et ubi inveniemus tales? Estote tales et invenietis tales.
Omnis res similis ad similem cohaeret; si perditus vixeris, non se tibi iunget nisi
perditus. I n c i p e b e n e v i v e r e e t v i d e b i s, q u a n t i s o c i i t e c i r c u m-
d e n t, d e q u a n t a f r a t e r n i t a t e g r a t u l e r i s. Postremo non invenis, quod
imiteris? Esto, quod alius imitetur.
[3] Sermo 155, 3.   [4] De Civ. Dei 13, c. 4.   [5] De Gen. ad litt. 9, 18.

Besserung dienen, mit der Sühne zugleich Heilung wirken. Der Arzt muß nicht nur manche Schmerzen weiter wirken lassen, die aus gesundheitsschädlicher Lebensweise entstanden sind, er verschärft oft diese Schmerzen durch seine Heilmittel und Eingriffe und will doch nichts anderes als die volle Genesung. So läßt Gott die Nachwirkungen der Sünde als schmerzliche Widerstände im Christen bestehen, er vermehrt sie durch besondere Trübsale und Anfechtungen, ohne etwas anderes im Auge zu haben, als die gründliche Heilung der Sünde [1]. Darum beklage dich nicht, wenn dein Gebet um Erlösung nicht erhört wird; selbst Paulus betete vergebens um Wegnahme des „Stachels"; er erhielt die Antwort: Es genügt dir meine Gnade; deine Kraft wird in der Schwachheit vollendet (2 Kor 12, 9) [2]. Verliere nicht den Mut, wenn du nach der Bekehrung mehr Kampf und Schmerz empfindest als vorher; „es ist die Hand des Arztes, die einschneidet, nicht das Urteil des Richters, das ahndet". Die Sünde ist in der Form verkehrter L u s t in deinen seelischen Organismus gedrungen; soll sie nicht als tödliches Gift weiterwirken, so geht es nicht anders: sie muß durch zeitweilige B i t t e r k e i t und seelische Pein gleichsam v e r z e h r t u n d a u f g e l ö s t werden [3].

Die Sünde war nicht bloß verkehrte Lust, sie war vor allem S t o l z, Auflehnung gegen Gott, falsches Selbstvertrauen. Es ist ein gerechtes Gericht Gottes, „denjenigen, der ihn verläßt, sich selbst zu überlassen, so daß er sich selbst zur Strafe wird, dem Gott wahre Seligkeit gewesen war". Es ist eine verdiente B e s c h ä m u n g und heilsame D e m ü t i g u n g, wenn der Anspruchsvolle erkennt, daß er nicht einmal die Kraft besitzt, die eigene Seele und seelische Verfassung nach seinem Willen zu ordnen und zu beruhigen [4]. Der hl. Paulus sagt von dem Stachel des Fleisches, er sei ihm gegeben, damit die Größe der Offenbarungen ihn nicht aufblähe; so bezeugt selbst ein Apostel die Notwendigkeit, durch inneren Kampf in der Demut erhalten zu werden. Er nennt jene Versuchung einen „Satansengel" — eine merkwürdige Erinnerung an den Versucher im Paradiese; dort hat Satan zum Stolze verführt, nun muß er beim Christen ein Werkzeug der Demut werden, — wie man aus Schlangen Gegengift

---

[1] De div. quaest. 83, q. 82, 3.   [2] En. in ps. 85, 9.

[3] Sermo 278, 5: D u l c e p e c c a t u m e s t; p e r a m a r i t u d i n e s e r g o t r i b u l a t i o n i s p e r n i c i o s a d u l c e d o d i g e r a t u r. Delectabat te, quando fecisti malum; sed incidisti in infirmitatem faciendo. A contrario medicina est, facit sibi ad tempus dolorem, ut recipias perpetuam sanitatem.

[4] Op. imp. c. Iul. 4, 33.

gegen Schlangenbiß herzustellen pflegt [1]. Die Erfahrung solcher
inneren Kämpfe zwischen Fleisch und Geist, wie sie Paulus Röm 7
ausspricht, sagt es jedem, daß er deshalb der Lust unterliegt, weil er
falsch auf sich selbst vertraut hat (ideo non vicisti, quia de te prae-
sumpsisti). Du sollst dich über das Fleisch erheben, das dich herab-
ziehen und deinen Vorsätzen untreu machen will; aber „wenn du
dich dabei nur auf deinen Geist verlassen willst, durch den du Mensch
bist, so wird dieser Geist ins Fleisch zurücksinken, weil du ihm keinen
Halt gibst, an dem er sich festmacht. Er vermag sich nicht
zu enthalten, wenn er nicht gehalten wird. Also bleibe nicht in
dir, steige hinaus über dich; nimm deinen Standpunkt in dem, der
dich geschaffen hat!" [2]

Dieses erfahrungsmäßige Bedürfnis, durch den Kampf mit sittlicher Schwäche in der Demut erhalten zu werden, genügt aber Augustin nicht völlig zur Erklärung des tatsächlich oft so schwer
lastenden Druckes und Zwiespaltes. Freilich, schicken müßten wir
uns in die Tatsache dieser Zulassung, auch wenn wir sie nicht begreifen könnten; und glauben müßten wir auch, daß ihre Ursache
nicht in einer Ungerechtigkeit oder Machtlosigkeit Gottes liege. Aber
der „tiefe und verborgene Ratschluß Gottes" läßt sich in etwa so
beleuchten. „Es gibt unter allen Geschöpfen, was die Vorzüge (merita)
der gottgeschaffenen Naturen angeht, nichts, was dem vernünftigen Geiste überlegen ist. Daher die Folge, daß der gute
Geist sich selbst mehr gefällt, mehr an sich selbst Freude hat, als
an irgend einer andern Kreatur. Wie gefährlich aber, ja wie verderblich dieses Wohlgefallen ist, wenn er sich darüber aufbläht und
in kranker Selbstüberschätzung erhebt, darüber könnte man vieles
sagen. Freilich gilt dies nur solange, als er nicht, wie in der Ewigkeit, jenes höchste und unwandelbare Gut schaut, im
Vergleich zu dem er sich selbst verachtet, aus Liebe zu dem er
sich selbst geringschätzt, in dessen Geistesfülle er das höchste Gut
nicht allein mit der Vernunft, sondern auch mit ewiger
Liebe sich vorzieht. Das erkennt und fühlt derjenige, der, von
Hunger verzehrt, in sich geht und sagt: ‚Ich will mich aufmachen und
zu meinem Vater gehen' (Lk 15, 18)." Im Himmel bildet auch die
höchste Verherrlichung der Seele und das Wohlgefallen, das sie an ihr
empfindet, keine Gefahr für ihre Heiligkeit, weil das höchste Gut,
der Urgrund und Endzweck aller Heiligkeit, in vollem Glanze strahlt

---

[1] C. duas epist. Pel. 3, 18 f.   [2] Sermo 153, 9.

und herrscht — nicht bloß im Sollen, sondern auch im Wollen, nicht bloß in der Erkenntnis, sondern auch in der Liebe. Im Himmel ist das Selbst in keiner Weise Gegensatz und Gefahr des Sittlichen; es bleibt, obschon es zur höchsten Blüte und Kraft entfaltet ist, oder besser, weil es zur höchsten Wahrheit und Klarheit durchgedrungen ist, unwandelbar im Sittlichen gegründet, ist gleichsam mit ihm eins geworden. Weil wir hienieden nicht zu so vollkommener „Teilnahme an dem höheren Gute" (ad tantam participationem superioris illius boni) gelangen, so ist es „am Orte dieser unserer Schwachheit zur Abwehr stolzer Gesinnung so eingerichtet, daß wir unter der täglichen Verzeihung der Sünden leben" (ut sub quotidiana peccatorum remissione vivamus) [1].

Es entspricht dem Ziele des sittlichen Ringens, der Erhabenheit des jenseitigen Zustandes, daß das höchste Gut uns so umfängt und festhält, daß mit einem Schlage jedes Schwanken und Sinken unmöglich wird. Es entspricht der Zeitlichkeit und Geteiltheit des Erdenlebens, daß die Süßigkeit und Kraft des göttlichen Gutes durch stets wiederholtes Bedürfnis empfunden, die Liebe zu ihm durch tägliches Erflehen und Erfahren der Gnade gesteigert wird. Durch diese wiederholte Annäherung befestigt sich unsere innere Gottesnähe; durch diese Vielheit gleichartiger Akte erheben wir uns zur Einheit; durch diese stete Erinnerung an Gott wird Gott selbst uns innerlich; an der Reibung mit Widerständen entzündet sich stärker die Gottesliebe. Aus der Dankbarkeit für überstandene Gefahr erwächst die vollere Hingabe [2]. Durch die stete Kampfesübung erprobt

---

[1] C. Iul. Pel. 4, 28. Vgl. De pecc. mer. et rem. 2, 33: Secutum est... ex debita iusta poena tale vitium, ut iam molestum esset obedire iustitiae. Quod vitium nisi adiuvante gratia superetur, ad iustitiaw nemo convertitur; nisi operante gratia sanetur, iustitiae pace nemo perfruitur.... Idcirco etiam sanctos et fideles suos in aliquibus vitiis tardius sanat, ... ut, quantum pertinet ad integerrimam regulam veritatis eius, non iustificetur in conspectu eius omnis vivens. Nec in eo ipso vult nos damnabiles esse, sed humiles, commendans nobis eandem gratiam suam, ne facilitatem in omnibus assecuti nostrum putemus, quod eius est, qui error multum est religioni pietatique contrarius. Nec ideo tamen in eisdem vitiis permanendum esse existimemus, sed adversus ipsam maxime superbiam, propter quam in eis humiliamur, et nos vigilanter conemur et ipsum deprecemur ardenter..., ut in omnibus non ad nos respicientes, sed sursum cor habentes Domino Deo nostro gratias agamus et, cum gloriamur, in illo gloriemur.

[2] De lib. arb. 3, 65: Praecessit enim quaedam pars eius (animae) sublimior ad sentiendum, quod recte faciat bonum, sed quaedam tardior atque carnalis non consequenter in sentiam ducitur, ut ex ipsa difficultate admoneatur

sich die Treue und Tapferkeit [1]; in der Überwindung des Feindes steigt der Glanz und Ruhm des Sieges [2]. So ergibt sich auch die rechte Antwort auf den berührten Vorwurf Julians, die Erlösung habe nach Augustins Lehre das Unheil des Sündenfalles nicht ganz wieder gutgemacht, Christus sei kein wahrer Arzt der Menschheit. Die Gnade Christi wirkt in zwei Stufen; hier gibt sie dem Kämpfer Mut und Kraft, dort belohnt sie den Sieger mit Sicherheit und Seligkeit. Hier empfangen wir das Pfand des Heiligen Geistes, dort den unaussprechlichen Besitz seines Friedens [3]. Der christliche Glaube ist eben Glaube; „wenn der Lohn des Glaubens sofort gegeben würde, so wäre es kein Glaube mehr. Dieser schaut die gegenwärtigen Übel und erträgt sie ergeben, weil er die verheißenen Güter zwar nicht schaut, aber in Treue und Geduld erhofft" [4]. Es ist die wunderbare Kraft und überzeugende Macht des christlichen Glaubens, daß er so durch den Hinweis auf ein unsichtbares, zukünftiges Heil die menschliche Tatkraft anspannt und lebendig erhält, daß er mitten in der Not und Arbeit des Kampfes ein „Seligsein in Hoffnung", einen inneren Jubel der Seele, der den Sieg vorausnimmt, möglich macht [5].

Aber hat sich nicht Julian eine glücklichere Position gewählt, indem er die tatsächliche Verfassung der Menschennatur mit ihrem Zwiespalt und Kampf einfach als die gottgewollte und ideale Daseinsform hinstellt? War es ihm auch zunächst darum zu tun, den Beweis für die Erbsünde, den Augustin aus jener zwiespältigen Beschaffenheit herleitete, zu entkräften, so hatte ihn doch sowohl die Logik seiner Aufstellungen wie der empiristisch-nüchterne Zug seines Denkens zu jener allgemeinen ethischen These gedrängt. Sie konnte zugleich als gründlichste Widerlegung der manichäischen Auffassung des Menschen erscheinen. Der Manichäismus sah in der Last des Fleisches und in dem Reize der Sinnlichkeit die Äußerung eines

---

eundem implorare adiutorem perfectionis suae, quem inchoationis sentit auctorem, ut ex hoc ei fiat carior, dum non suis viribus, sed, cuius bonitate habet, ut sit, eius misericordia sublevatur, ut beata sit. Quanto autem carior illi est, a quo est, tanto in eo firmius acquiescit et tanto uberius aeternitate eius perfruitur.

[1] De Civ. Dei 22, c. 22, 4: Ad hoc meliores quosque in his malis adiuvat gratia, ut quanto fideliore tanto fortiore corde tolerentur.

[2] De nat. et gr. 25: Quibus molestiis exercitata vita iustorum splendidius enituit et eas per patientiam superando maiorem gloriam comparavit.

[3] Op. imp. c. Iul. 2, 106 141.   [4] Ebd. 2, 94.

[5] De Civ. Dei 19, c. 4. En. in ps. 145, 2 7. En. 2 in ps. 32, 1, 4. Sermo 255, 5.

bösen, gottfeindlichen Prinzips; Julian wollte die ganze Natur einschließlich der kräftig sich regenden Sinnlichkeit in das Licht des
Gottgewollten und Guten emporheben.

VI. Der Sieg und Friede der Vollendung.

Augustin war zum Manichäismus auch durch die Hoffnung hin-
gezogen worden, eine Erklärung für das Rätsel des Bösen zu finden.
Mitten in seinem sinnlichen Lebenswandel hatte er das tiefe Sehnen
nach geistiger Freiheit und Harmonie in sich getragen und glaubte
nun, in der manichäischen Spekulation und Aszese einen Weg zu
ihr zu finden. Aber Wille und Kraft zur Bekämpfung der Sinnlichkeit fehlten ihm. Das manichäische Dogma bot ihm für diese Verfassung den Trost, das Fleisch sei ein anderes, feindliches Wesen,
die fleischliche Sünde liege daher außerhalb des eigentlichen Ich [1].
Allmählich fand er, daß manche „Auserwählte" diese bequeme
Scheidung zwischen Geist und Fleisch vornahmen, statt durch Aszese
den wirklichen Sieg des Geistes anzustreben. Seine fortschreitende
Geistesklärung und Sittlichkeit ließen ihm den inneren Zwiespalt in
anderem Lichte erscheinen; es war keine fremde Natur, die sich in
sein Seelenleben eindrängte: „Ich war es, der wollte und nicht
wollte; ich, ich war es. Ich wollte nicht völlig und ich widerstrebte
nicht völlig. Daher kämpfte ich mit mir selbst und war zerfahren
in mir selbst." [2] Daß dieser Zustand der Halbheit und Uneinigkeit
nicht das wahre Bild der Menschennatur darstellt, daß dieser Kampf
der Gegensätze in einem Wesen nicht Vollkommenheit sei, sagte
ihm sein Herz, sein Glücksverlangen, sein gesunder Verstand; das
sagte ihm auch die platonische Philosophie, die das Eine und Gute
und Vollkommene in so enge Verbindung setzt. Volle Klarheit gab
ihm darüber die Offenbarung; sie zeigte ihm am Anfang der Zeiten
das Bild des paradiesischen Menschen, in der Mitte der Zeiten den
sündlosen Gottmenschen, am Ende der Zeiten die Auferstehung und
Verklärung des Fleisches. Hier fand er in der Gnade auch die
Kraft, die dem Geiste den Sieg verleiht über das Fleisch; zunächst
den prinzipiellen Sieg, der die Herrschaft des Fleisches bricht; sodann fortschreitend den vollkommenen Sieg, der sein Widerstreben
gegen den Geist aufhebt.

Diesem Standpunkte stellte sich nun Julian von anderer Seite her
entgegen; und zwar so, daß auch hier die Extreme — manichäische

---

[1] Conf. 5, 18.   [2] Conf. 8, 22.

und pelagianische Auffassung — einander berührten. Der Manichäismus bezeichnete die sinnliche Lust als ein Übel, ja als Erscheinung des Urbösen; diese scheinbare Strenge schlug praktisch leicht in Immoralität um, weil man die Verantwortung von dem eigentlichen Ich abwälzen konnte. Julian hatte für die Tragik und Schwierigkeit des Ringens gegen die Leidenschaft kein Verständnis; er leugnete, daß die regellose Lust ein Übel sei, und hielt sie für so unschuldig wie die Sinnlichkeit des Tieres. Vor allem die Geschlechtslust, die nach Augustin durch die Erbsünde am meisten infiziert war, folgt ja hier wie dort denselben Gesetzen. So schien denn der finstere, weltumfassende Gegensatz, in den der Manichäismus den seelischen Kampf des Menschen hineingedichtet hatte, zu einer Idylle herabgestimmt. Geist und Fleisch verkehren wie Mensch und Tier in natürlicher Unschuld; unbekümmert um den Widerstand des Fleisches, braucht der Geist nur seiner Ziele und seiner Kraft bewußt zu bleiben, um des Sieges und der Vollkommenheit sicher zu sein.

Aber damit, so ruft ihm Augustin entgegen, fällst du ja in einen ähnlichen Fehler wie die Manichäer: du zerreißest die Einheit des Menschenwesens, indem du die Sinnlichkeit neben dem Geiste betrachtest als ein fremdes, animalisches Wesen, dessen Regungen nicht mehr Bedeutung haben wie die Triebe eines Tieres! Die sinnliche Begier „ist deshalb bei den Tieren kein Übel, weil sie dort nicht begehrt wider den Geist. Denn sie haben keine Vernunft, durch die sie die Lüste siegreich unterwerfen oder kämpfend bezähmen können.“ ... In ihnen ist die carnalis concupiscentia gut, „weil in ihnen keine concupiscentia sapientiae möglich ist“ [1]. Mensch und Tiere sind zwar als Naturwesen gleich; aber im Menschen allein ist zugleich das Ebenbild Gottes, dessen Reinheit und Hoheit durch den Nebel und Überschwang der sinnlichen Lust getrübt wird. Auch das „Fleisch“ ist im Menschen und Tiere doch insofern anders gestellt, als es im Menschen zur ewigen Verbindung mit dem seligen Geiste bestimmt ist, wie Julian selbst zugibt [2]. Der Christ folgt nicht der bösen Lust, aber er fühlt sie in sich; und er fühlt durch sie seine eigene Natur gespalten. „Ich begehre noch; denn auch in jenem Seelenteile bin Ich. ... Es sind nicht zwei entgegengesetzte Naturen, sondern aus beiden besteht ein Mensch — wie auch ein Gott ist, der den Menschen gemacht hat.“ Indem ich das

---

[1] C. Iul. Pel. 4, 74. Vgl. ebd. 4, 35 71.   [2] Op. imp. c. Iul. 4, 39.

Gute tun will, liegt mir das Böse nahe. „Mir liegt es nahe; denn es ist nicht Fleisch, das nicht mein ist, oder Fleisch von anderer Substanz, oder Fleisch von einem andern Prinzip, etwa die Seele aus Gott, das Fleisch vom Geschlechte der Finsternis! Das sei ferne!“ [1]

Ähnliche Zersplitterung und Schwäche zeigt unser Geist in der Sphäre des Denkens; auch hier die beschämende Tatsache, daß die klarste Einsicht und Willensentschließung nicht bloß an äußeren Hindernissen scheitert, sondern durch innere Halbheit und Unbeständigkeit gebrochen wird; auch hier ein Kampf, der keineswegs immer Zeichen der Kraft und Durchgang zum Siege, sondern oft genug Gefährdung oder Trübung der Sittlichkeit ist. „Nichts ist doch törichter, als daß einer sich selbst verlockt und verführt. Nun erinnere sich jeder und sehe zu, was alles im menschlichen Herzen vorgeht, wie sogar unsere Gebete durch eitle Gedanken behindert werden, so daß das Herz sich kaum bei seinem Gotte festhält. Es will sich halten, daß es steht, aber es entschlüpft sich gleichsam selbst; es findet kein Gitter, sich einzuschließen, keinen Riegel, um die flüchtigen, in die Ferne schweifenden Gedanken zurückzuhalten und Halt und Freude zu suchen in Gott.“ Wir dürfen bei solcher Armseligkeit nicht verzweifeln; denn Gott ist ein gütiger und milder Gott. Wir dürfen aber auch diese Schwäche nicht als Gesundheit ausgeben, müssen vielmehr Gott um Heilung und Stärke anflehen: „Infolge meiner Krankheit sinke ich hinab; heile mich, und ich werde stehen, stärke mich, und ich werde fest stehen. Bis du es aber wirkst, erträgst du mich; denn du bist süß und milde, o Herr!“ [2]

Julian selbst gab für das christliche Gemeinbewußtsein Zeugnis ab, indem er nicht nur den Kampf gegen äußere Feinde, sondern auch die Abtötung und Kasteiung des Leibes als Hilfsmittel der Vollkommenheit empfahl. Damit widerspricht er seiner Lehre von der unschuldigen Sinnlichkeit; denn wenn der ernste und tapfere Christ sich selbst kasteit, so muß es in ihm Feinde geben [3].

Dieser Polemik begegnete Julian mit der Ausflucht, der Kampf gehöre zur „Wahrheit und Gesundheit unserer Natur“; die ungestüme Kraft und Willkür der Sinnlichkeit sei ebenso natürlich und wünschenswert wie die Schärfe des Gesichts oder Gehörs. Wenn sie auf der einen Seite die Gefahr des Falles mit sich bringe, so sei sie auf der

---

[1] Sermo 154, 8 9 13. Vgl. Sermo 151, 3. Op. imp. c. Iul. 5, 59.
[2] En. in ps. 85, 7. Vgl. ebd. 84, 10.   [3] C. Iul. Pel. 6, 46.

andern Seite für den Geist die einzige Gelegenheit, kraftvolle, hohe
Tugend zu üben.

Augustin widerlegt ihn zunächst durch einen Appell an das
unbestochene sittliche Urteil. Ist es nicht ein Zeichen sittlichen
Fortschritts, wenn der lüsterne Mensch, nachdem er zuerst seinen
Willen gebessert hat, allmählich auch weniger Reiz zur Unkeuschheit empfindet, oder wenn der bußfertige Trunkenbold von Tag zu
Tag eine schwächere Versuchung zum Trunk in sich fühlt? Gewiß,
der Sünder ist „sofort gut geworden" mit dem Augenblicke der ehr-
lichen Umkehr; aber wird er nicht besser, „wenn er mit dem Wachstum der guten Lust, die gegen die bösen Lüste der Unlauterkeit
und Trunksucht kämpft, eine innere Verfassung erreicht, die er nicht
gleich nach der Umkehr besaß, so daß auch der Wunsch der Sünde
in ihm immer seltener sich regt, daß der Kampf gegen jene Übel
geringer wird; geringer n i c h t d u r c h d i e M i n d e r u n g d e r
T u g e n d e n, s o n d e r n d e r F e i n d e, geringer, nicht weil der
K a m p f s c h w ä c h e r w i r d, sondern weil der Sieg v o r a n-
s c h r e i t e t?"[1]

Noch entschiedener und wirksamer konnte sich Augustin auf
das sittliche und religiöse Urteil des Christen berufen, als Julian,
durch die Logik seines naturalistischen Standpunktes gezwungen, den
angeführten Grundsatz auch a u f C h r i s t u s anzuwenden wagte[2].
Auch Christus hat die böse Lust, die „Begierde nach Sünden" in
sich getragen; Augustin verfällt der Irrlehre der Apollinaristen, wenn
er ihm die Konkupiszenz und damit die volle Menschlichkeit ab-
spricht. Was wäre das für eine Beherrschung der Sinne, die nicht
durch den Reiz zum Bösen geprüft würde, was könnte eine Peini-
gung des Fleisches bedeuten, wenn kein Gefühl des Schmerzes in ihm
wäre? Ähnlich würde auch der Ruhm und die Vorbildlichkeit der
Keuschheit Christi hinfällig, wenn er nicht unreine Lockungen und
Versuchungen zu bestehen gehabt hätte. Er wäre kein natürlicher
Mann, sondern ein Schwächling gewesen[3].

Augustin lehnt zunächst in überlegener Weise den Vorwurf des
Apollinarismus ab — nicht ohne Kritik der historischen Darstellung
Julians —; er legt ja Christus die volle Menschennatur mit allen,
auch den sinnlichen Kräften bei. Auch die Kraft zu zeugen hätte ihm
nicht gefehlt, wenn er sie hätte gebrauchen wollen; aber dabei bleibt
bestehen, daß „sein Fleisch niemals gegen den Geist begehrt hat".

---

[1] Ebd. 6, 56.   [2] Op. imp. c. Iul. 4, 45—57.   [3] Ebd. 4, 49 50.

Wenn es wahr wäre, daß Enthaltung ein großes Gut nur dort ist,
wo verkehrte Begierden sind, „so würde ja jeder um so rüh-
menswerter in der Tugend sein, je wollüstiger er im
Fleische ist. Und darum müßte Christus nach eurer schaurigen
und empörenden Verirrung, wie er in der Tugend über allen Menschen
steht, auch an fleischlicher Lust alle übertreffen.“[1] Nein, die Tugend
ist am größten in dem, der „nach dem Bösen nicht einmal
verlangt, nicht wegen der Unfähigkeit des Fleisches,
sondern wegen der Höhe und Vollendung der Tugend
(per summitatem perfectionemque virtutis)“[2]; „wegen der Größe
und Vollkommenheit des guten Willens (magnitudine et
perfectione voluntatis bonae)“[3]. Diese Vollkommenheit hat Christus
besessen. In ihr ist er unser Ideal, aber auch unser praktisches
Vorbild; auch wir sollen wünschen und nach Kräften uns bemühen,
die verkehrten Neigungen „durch täglichen Fortschritt abzuschwächen“.

Der Widerstand, der dem sittlichen Wollen entgegentritt, bietet
Gelegenheit, die Kraft desselben zu erproben; er ist aber nicht die
einzige Gelegenheit dazu und ist erst recht nicht der innere Grund
und Wertmesser der sittlichen Kraft. Die Heiligkeit kann im höchsten
Grade lebendig sein, auch wo sie nicht auf einen entsprechenden
Widerstand stößt. Ja bei der Einheit des menschlichen Wesens ist
es psychologisch und ethisch notwendig, daß die wirkliche Entschiedenheit, Glut und Festigkeit des Willens die inneren Widerstände besiegt, das sinnliche Streben und Fühlen auf die Dauer in
seine Richtung hineinzieht. Nur diese Einheit und Ruhe, die der
Kraft des sittlichen Wollens entspringt, hat Augustin, wie wir
hörten, hochgestellt und verteidigt. Er konnte es mit Recht als
sinnlos bezeichnen, den Kampf zu rühmen und den Sieg als gleichgültig hinzustellen. Auf den Krieg gegen die böse Lust muß „der
Friede des Sieges“ folgen[4].

Dieser Friede ist nach Augustin nicht ein Friede des Kirchhofs;
die Einheit und Ruhe im Menschen besteht nicht darin, daß irgend
eine lebendige Kraft ertötet und ausgeschieden würde. Gerade weil
es sich um Teile „unserer Natur“ handelt, wäre eine solche Aus-
nützung des Sieges, falls sie möglich wäre, nicht Vollendung und
Erhöhung, sondern Verstümmelung des Menschenwesens. Nur die

---

[1] Op. imp. c. Iul. 4, 49. Vgl. ebd. 4, 52 53.   [2] Ebd. 4, 52.
[3] Ebd. 4, 57.   [4] Ebd. 2, 217.

Unordnung der sinnlichen Strebekraft wird ausgeschieden, sie selbst wird „geheilt", wird mit dem Leibe, in dem sie wohnt, vergeistigt und verklärt. Daß sie gegen den Geist begehrt, macht sie selbst schlecht, den Geist kraftlos, den Menschen unvollkommen; alles wird besser, der ganze Mensch wird harmonisch und kraftvoll, wenn sie sich dem Geiste unterwirft und seinen sittlichen Zwecken dient. Der Christ verlangt nicht nach Befreiung vom Leibe als solchem — dann wäre der Tod sein Ziel; er verlangt nur frei zu werden von dem „Leibe dieses Todes" — darum ist sein Ziel das Leben [1]. So widersteht er auch der Sinnlichkeit, nicht aus „Haß", sondern um der inneren „Herrschaft" willen; er will sie nicht vernichten, sondern erlösen und „ins Bessere umwandeln" [2], dadurch, daß sie sich dem Geiste in vollkommenem Gehorsam anschließt [3].

Es ist einer der ersten Grundsätze Augustins, daß die Natur vom Geiste, die Kraft vom Gesetze, das Streben vom Ziele, das Handeln von der Ordnung beherrscht werde. Diese Abhängigkeit ist nicht Beeinträchtigung, sondern Steigerung des Lebens und der Vollkommenheit; was als rohe Kraft sich selbst und andere Wesen zerstören würde, wird so zur Segenskraft und sittlichen Größe. Durch Selbstherrschaft und Selbstzucht läßt sich erreichen, daß unsere Fehler sich in Tugenden verwandeln.

Eine feine Betrachtung hierüber, die wörtlich mitgeteilt zu werden verdient, knüpft Augustin an den Totschlag des Ägypters, mit dem Moses die Mißhandlung seines Volksgenossen zu rächen suchte. „Seelen von kraftvoller und reicher sittlicher Anlage entwickeln oft vorher gewisse Fehler, die erkennen lassen, für welche Tugend sie nach rechter Belehrung und Ausbildung besonders begabt sind. Die Landleute wissen ja auch, wenn sie ein Grundstück sehen, das besonders üppiges Unkraut treibt, daß es trefflicher Getreideboden ist; wo sie Farnkräuter gewahren, die ihnen jetzt zu schaffen machen, wissen sie, daß auch der Weinstock gut gedeihen wird; und wenn ein Berg sich mit dem Gestrüpp des wilden Ölbaumes überzieht, so erkennen sie ihn als trefflich geeignet für die Olivenzucht, falls er kultiviert wird. So war jenes Temperament, in dem Moses sich hinreißen ließ, den unbekannten Bruder, der

---

[1] Sermo 154, 15 17.   [2] De doctr. chr. 1, 25.

[3] C. Iul. Pel. 3, 62; 4, 69. De div. quaest. 83, q. 66, 3: Quarta est actio, cum omnino nihil est in homine, quod resistat spiritui, sed omnia sibimet concorditer iuncta et connexa unum aliquid firma pace custodiunt; quod fiet mortali corpore vivificato etc.

von einem bösen Mitbürger Unrecht erlitt, zu rächen, für seine sittliche Fruchtbarkeit keineswegs wertlos, wenn auch noch ungebildet
es gab einen Beweis hoher Leistungsfähigkeit, freilich einen verkehrten. Gott selbst hat nachher Moses durch seinen Engel und durch
göttliche Stimmen am Berge Sinai berufen, das Volk Israel aus Ägypter
zu befreien; er hat ihn durch das wunderbare Gesicht des flammen-
den und nicht verbrennenden Dornbusches und durch sein Wort zu
Frucht des Gehorsams vorbereitet; derselbe Gott, der auch der
Saulus, als er die Kirche verfolgte, vom Himmel anrief, zu Boder
warf, aufrichtete und (mit dem Geiste) erfüllte, gleich als hätte er
ihn niedergemäht, beschnitten, besät, befruchtet! Denn jene Wur
des Paulus, als er aus Eifer für die väterlichen Überlieferungen die
Kirche verfolgte und damit Gott zu dienen glaubte, war wie sündhaftes Gestrüpp, das auf reiche Triebfähigkeit hindeutet. Aus solchem
Grunde stammte auch die Tat des Petrus, als er das Schwert zog
zur Verteidigung des Herrn und dem Verfolger das Ohr abschlug
eine Tat, die der Herr drohend verbot: ‚Stecke dein Schwert in die
Scheide; denn wer das Schwert gebraucht, wird durch das Schwert
fallen!‘ Derjenige aber ‚gebraucht‘ das Schwert, der es ohne Befehl oder Erlaubnis einer höheren und gesetzlichen Gewalt zum
Blutvergießen verwendet. ... Wie könnte es also wundernehmen
daß Petrus nach dieser Sünde Hirt der Kirche wurde, daß Moses
nach der Tötung des Ägypters Führer der Synagoge geworden war
Denn beide hatten nicht in verabscheuungswürdiger
Roheit, sondern in besserungsfähiger Leidenschaft
die Regel des Gerechtigkeit überschritten; beide hatter
gesündigt aus Haß gegen fremden Frevel und aus Liebe, der eine
aus Liebe zu seinem Bruder, der andere aus einer noch fleischlicher
Liebe zu seinem Herrn. Der Fehler muß beschnitten, muß aus-
gerottet werden; das große Herz aber muß, wie die Erde für die
Frucht, für die Entfaltung der Tugenden ausgebildet werden.“ ¹
    Was Augustin als Ideal und Ziel der Charakterentwicklung
schaut, ist demnach — trotz der vielfach düstern Färbung des An-
fangszustandes und trotz des aszetischen Ernstes der Durchgangs-
periode — eine Daseinsform des Menschen, die weder düster noch
aszetisch, sondern strahlende Vollkommenheit, höchste Lebenskraft
ist. Alle die erhebenden Worte, in die zu allen Zeiten eine positive, ideale Sittenlehre ihre Ziele und Hoffnungen kleidete, und mit

---

¹ C. Faust. Man. 22, 70. — Kurz wiederholt Quaest. in Exod. 2, 2.

denen gerade heute die Ethik bei ihren Jüngern Eindruck macht,
finden sich bei Augustin so häufig wie bei keinem andern Moralisten:
Leben, Gesundheit, Licht, Friede, Einheit, Kraft, Seligkeit, Natur-
verklärung.

Aber wie steht es mit der Freiheit, die doch auch in jenen
Wortschatz gehört, nicht zum wenigsten in den augustinischen?
Muß nicht sie durch die fortschreitende Einheit und Bestimmtheit des
sittlichen Wesens geschwächt und schließlich aufgehoben werden? —
Auch diese Frage, die wiederholt zu Meinungsverschiedenheiten An-
laß gegeben, hat Augustin aus positivem Interesse wie aus polemischen
Rücksichten erwogen.

Er entdeckt zunächst keinen Widerspruch zwischen der Freiheit des Willens und der rein moralischen Bindung, die dem
Willen durch Gesetze oder durch selbstgewählte Verpflichtungen
auferlegt wird. So erklärt er das Gelübde der Keuschheit als eine
Art von Einschränkung der Freiheit, die, weil sie zum Besseren anhält,
nicht Verlust, sondern Gewinn ist: „Felix est necessitas, quae in
meliora compellit." [1] Auch das Gesetz Gottes ist kein Gegensatz
der sittlichen Freiheit; es bleibt bestehen unter der Herrschaft des
Glaubens und behält seine verpflichtende Kraft [2]. Aber der Neue
Bund will, „daß wir das Gesetz nicht auf Tafeln, sondern im Herzen
geschrieben zeigen, d. h. daß wir die Gerechtigkeit des Gesetzes im
innersten Gemüt umfassen, da wo der Glaube durch die Liebe
wirkt" [3]. Die Liebe ist es, die das Gesetz leicht und seine Bürde
süß macht. In ihr wird die Last, welche drückt, zum Fittich,
der trotz seines Gewichtes nicht drückt, sondern emporhebt [4]. In
dem Gehorsam des Christen, der in der Liebe den Geist des Gesetzes
erfaßt und sich zu eigen gemacht hat, sind Freiheit und Dienstbarkeit
wunderbar geeint [5].

Aber bei Geboten und Versprechungen, auch wenn sie durch
den idealen Zug der Liebe gestützt werden, bleibt doch die Möglichkeit des Andershandelns, die Wahlfreiheit des Willens bestehen. Hat aber nicht Augustin in sein Vollkommenheitsideal die

---

[1] Epist. 127, 8.   [2] De spir. et litt. 52.   [3] Ebd. 46.

[4] De perf. iust. 21: Perfecta caritas . . . facit praecepti sarcinam non solum
non prementem onere ponderum, verum etiam sublevantem vice pennarum. Vgl.
Epist. 127, 5.

[5] Enchir. 9: Liberaliter enim servit, qui sui domini voluntatem libenter
facit. . . . Ipsa est vera libertas propter recti facti laetitiam, simul et pia servitus
propter praecepti obedientiam.

Unmöglichkeit der Sünde, das non posse peccare aufgenommen? Und sieht er nicht hierin die höchste Vollendung der Freiheit? Mit dieser Folgerung treibt er die Kontroverse gegen Julian zum höchsten Punkte empor; in diese Höhe wagt ihm sein Gegner nicht zu folgen, weil Augustins Position hier zu fest mit dem christlichen Glaubensbewußtsein verwachsen ist. Die Behauptung, zur Freiheit gehöre unbedingt das Wählenkönnen zwischen Gut und Böse, das „Wechseln mit den Affekten", oder gar, die Sünde sei der eigentliche und rechte Beweis der Freiheit [1], scheitert hier offensichtlich. „Dann gibt es also in Gott keine Freiheit, weil er nichts Böses tun kann, wie er sich ja auch nicht selbst verleugnen kann. Er wird es aber auch uns als höchsten Lohn schenken, daß wir, zwar nicht Gott, aber seinen Engeln gleich, nicht mehr sündigen können." [2] Gott kann nicht sündigen wollen; Gott will nicht sündigen können! Wenn man das Notwendigkeit nennen will, ist es jedenfalls die seligste und erstrebenswerteste Notwendigkeit [3]. Tatsächlich ist die Freiheit, zwischen Gut und Böse zu wählen, nur ein Aufstieg zu der Freiheit, das Gute allein zu wählen; jene ist ein großes Gut, diese ist ein weit größeres [4].

Wäre der Wille eine Kraft ohne jede natürliche Bestimmtheit und Bestimmung, so würde allerdings eine solche Konzentration in ihm nicht Platz greifen können. Aber dann wäre auch sein Wählen Zufall und Sinnlosigkeit. Die innerliche Abschätzung der Werte gegeneinander, etwa der sinnlichen und geistigen, wäre unmöglich; das Resultat jenes Kampfes gegen die Sinnlichkeit, den Julian rühmt, wäre somit kein Werk des Willens und kein Verdienst, auch kein lebendiger Fortschritt und wirklicher Sieg. Das einzig Bleibende wäre der „Wechsel zwischen den Affekten"; der einzige Sieger und Herrscher wäre die Zeit und der Zufall.

Nach Augustin ist das Höchste nicht die Wahlfreiheit, sondern die Hingabe an das Gute aus innerer Würdigung desselben. Die erste und tiefste Anlage dazu gibt der Wille sich nicht selbst, sie liegt gottgegeben in seiner Natur; sie äußert sich in dem Streben

---

[1] Op. imp. c. Iul. 6, 11. [2] Ebd. 1, 102. [3] Ebd. 1, 103; 6, 11.
[4] Ebd. 5, 58. Vgl. 6, 19: Sed falso, inquis, diceretur liber homo, si motus proprios variare non posset. Nec te vides ipsi Deo tollere libertatem et nobis, quando cum illo in regno eius immortales vivere coeperimus nec motus nostros nunc in bonum, nunc in malum nobis erit possibile variare; et tamen tunc felicius liberi erimus, quando non poterimus servire peccato, sicut ipse Deus; sed nos ipsius gratia, ille vero sua natura.

nach Glückseligkeit, das die Wurzel alles Wollens, die Voraussetzung und Basis der Freiheit ist[1]. Im Guten wie im Bösen waltet diese Grundtendenz des Willens auf das Gute und Vollkommene im allgemeinsten Sinne. Der sittlich gute Gebrauch der Freiheit gibt dieser Tendenz einen festen Kurs, die Richtung auf das wahrhaft und absolut Gute. Der Fortschritt in der Tugend befestigt die Klärung und Erfüllung der Naturanlage. Die Vollendung der Heiligkeit im Schauen der Gottheit sättigt und erfüllt das Wesen des Willens in einem Grade, daß ihm der Abfall zum Bösen zur inneren Unmöglichkeit wird. So mündet die Freiheit in die Notwendigkeit, der Wechsel in die Ruhe, die Zeit in die Ewigkeit.

Die Notwendigkeit des Sünders, sündhaft zu bleiben, schließt nach Augustin nicht die Wahlfreiheit aus, dies oder jenes zu wollen, sein verkehrtes Streben in den mannigfachsten Formen zu befriedigen[2]. Um so mehr behält der selige, im Guten befestigte Wille die Freiheit, innerhalb der unendlichen Fülle gottgefälliger Güter zu wählen. Auch Gottes Wille, der sich selbst nimmer verleugnet, besitzt ja die höchste Freiheit in allem, was nicht er selbst ist, in den Werken der Schöpfung wie in den Fügungen seiner Gnadenwahl.

---

[1] Op. imp. c. Iul. 6, 11. Siehe oben S. 29 32 84.
[2] Siehe oben S. 248 ff 256 f.

Berichtigung.

Bd I. S. 226, A. 1 muß es heißen: De Trin. 9, 13.
Bd II. S. 87, Z. 12 statt des 1. Korintherbriefes: des Römerbriefes.